"十二五"普通高等教育本科国家级规划教材

机械设计

（第3版）

张锋　宋宝玉　敖宏瑞　主编

中国教育出版传媒集团

高等教育出版社·北京

内容提要

　　本书是"十二五"普通高等教育本科国家级规划教材和"十四五"普通高等教育省级规划教材。本书是根据《高等学校机械设计课程教学基本要求》，以培养学生的综合机械设计能力为主线，以机械设计的基本理论、基础知识和基本设计计算方法为主要内容，在第二版的基础上修订而成的，突出了设计性、实践性和综合性强的特点。

　　本书共16章，内容包括绪论，机械设计概论，螺纹连接，其他常用连接，带传动，齿轮传动，蜗杆传动，其他常用传动，轴，滚动轴承，滑动轴承，联轴器、离合器、制动器，弹簧，机架零件，机械传动系统方案设计，机械系统现代设计方法简介等。

　　本书主要用作高等学校机械类专业教材，也可供其他相关专业师生和工程技术人员参考。

图书在版编目（CIP）数据

　　机械设计／张锋，宋宝玉，敖宏瑞主编． -- 3版．
北京：高等教育出版社，2025.5．　-- ISBN 978 - 7 - 04
- 064045 - 8

　　Ⅰ. TH122

　　中国国家版本馆 CIP 数据核字第 2025PP6365 号

Jixie Sheji

| 策划编辑 | 宋　晓 | 责任编辑 | 宋　晓 | 封面设计 | 张申申　贺雅馨 | 版式设计 | 徐艳妮 |
| 责任绘图 | 黄云燕 | 责任校对 | 刘娟娟 | 责任印制 | 刘弘远 | | |

出版发行	高等教育出版社	网　　址	http://www.hep.edu.cn
社　　址	北京市西城区德外大街4号		http://www.hep.com.cn
邮政编码	100120	网上订购	http://www.hepmall.com.cn
印　　刷	天津鑫丰华印务有限公司		http://www.hepmall.com
开　　本	787mm×1092mm　1/16		http://www.hepmall.cn
印　　张	24.25	版　　次	2010年5月第1版
字　　数	520千字		2025年5月第3版
购书热线	010-58581118	印　　次	2025年5月第1次印刷
咨询电话	400-810-0598	定　　价	47.30元

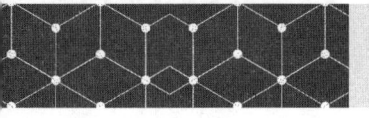

新形态教材网使用说明

机械设计
（第3版）

张锋　宋宝玉　敖宏瑞　主编

1　计算机访问 https://abooks.hep.com.cn/12271610 或手机微信扫描下方二维码进入新形态教材网。

2　注册并登录后，计算机端进入"个人中心"，点击"绑定防伪码"，输入图书封底防伪码（20位密码，刮开涂层可见），完成课程绑定；或手机端点击"扫码"按钮，使用"扫码绑图书"功能，完成课程绑定。

3　在"个人中心"→"我的学习"或"我的图书"中选择本书，开始学习。

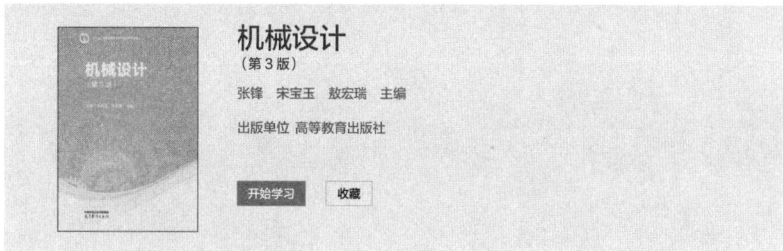

　　受硬件限制，部分内容可能无法在手机端显示，请按照提示通过计算机访问学习。

　　如有使用问题，请直接在页面点击答疑图标进行咨询。

https://abooks.hep.com.cn/12271610

第3版前言

本书是根据教育部普通高等学校机械基础课程教学指导分委员会最新制定的"机械设计课程教学基本要求"的精神,按照新工科背景下机械类专业人才培养要求以及毕业生能力要求,在总结哈尔滨工业大学机械设计课程教学改革、教学研究和教学实践成果的基础上,基于机械工程学科的特色和优势,编写而成的,适用于高等学校机械类、近机类各专业机械设计课程的教学。

机械基础系列课程是教育部组织实施的"面向21世纪教学内容和课程体系改革计划"的重要组成部分。作为普通高等学校机械类专业的一门主干技术基础课,机械设计课程承担着学生机械系统结构设计能力的培养任务,在引导学生掌握通用零部件设计规律的基础上,还注重提升学生的实践水平和创新意识与能力。因此,在培养学生综合设计能力的全局中,机械设计课程在课程体系中占有非常重要的地位。为了适应社会发展和技术进步,实现从制造大国向制造强国、创造强国的转变,我国在"十四五"规划中强调,要增强制造业竞争优势,推动制造业高质量发展。为应对新一轮科技革命与产业变革,现代制造业正朝着数字化网络化智能化的智能制造方向发展,与之对应的"新工科"也应运而生。"新工科"注重学科交叉、产教合作,对高等学校的传统机械类专业教学体系改革、人才培养质量提出了更高的要求。与传统制造业相比,智能制造的核心在于创新驱动发展,而创新和发展的原动力在于培养更多卓越的新工科人才。为更好地应对现代复杂装备关键机械零部件设计制造提出的挑战,培养知识种类多、学科交叉、创新能力强的机械类人才至关重要。基于智能制造的要求,机械产品设计的精密化、信息化和智能化需求越来越迫切,这为机械基础系列课程体系设置和课程内容安排提出了更高的要求。调研结果表明,许多现有的机械设计教材的结构体系和内容已越来越不能适应技术的发展和人才培养的需求。为了使学生能够在扎实地掌握机械设计理论的基础上,合理地拓展专业知识的广度和深度,能够在未来的工作中设计出具有国际竞争力的机械产品,必须从机械基础系列课程改革的总体目标出发,改革现有教材的体系和内容。

本书以系统设计为主线规划了全书的内容,注重机械设计学科新的理念和发展,使学生在树立正确的设计思想基础上,掌握设计或选用通用机械零部件的基本理论、基本知识,了解机械设计的一般规律和发展趋向,并能够综合应用基本原理,识别、表达、分析工程问题,对机械设计问题的解决方案进行比较与综合;能够在知识综合和文献分析的基础上,确定解决复杂机械工程问题的合理研究路径;具有设计机械传动装置和一般机械的能力和运用标准、规范及查阅技术资料的能力,能够对机械系统的总体技术指标进行分解,提出单元(部件)的技术指标,完成满足特定需求的机械系统或机械零部件的详细设计,并能够考虑安全、环境及文化等因素,在设计环节中体现创新意识。

本书力图从价值塑造、能力培养、知识传授三个方面组织内容,科学合理拓展机械设计课程的广度和深度,从课程所涉专业、行业、国家、国际等角度,增加课程的知识性、人文性。全书共十六章,设有:绪论,机械设计概论,螺纹连接,其他常用连接,带传动,齿轮传动,蜗杆传动,其他常用传动,轴,滚动轴承,滑动轴承,联轴器、离合器、制动器,弹簧,机架零件,机械传动系统方案设计和机械系统现代设计方法简介。

与本书同步的线上课程资源分别在学堂在线和爱课程(中国大学 MOOC)两个平台上线。“机械设计”和实验环节的“机械基础实景教学”均为首批国家级一流本科课程(线上一流课程),可以为学生的线上学习提供帮助,为教师的混合式教学提供资源。

本次修订是在第二版(“十二五”普通高等教育本科国家级规划教材)的基础上,广泛征求了使用教师和学生的意见完成的,主要特点如下:

1. 适当更新了部分内容,以拓展教材内容的广度和深度。结合机械工程及相关领域的新理论、新技术和新标准的发展与变化,对教材中的有关内容进行了更新,以适应教学工作和学生知识拓展的需要。

2. 适当增加了设计算例和工程应用实例,以加强实践导向。从课程所涉专业、行业等角度,使课程内容跟上现代科技发展的步伐,增加课程的知识性、实践性、时代性,增强学生理论联系实际的能力。

3. 为读者使用本书提供数字化拓展内容。读者可以通过扫描二维码查阅,了解和掌握各章节的主要学习内容、学习重点和难点,掌握各章节的知识脉络,或通过学习链接的视频、图片等素材,加深对相关知识点的理解。

4. 增加了“机械系统现代设计方法简介”一章,同时在齿轮和轴计算中,引入编程及算例,有利于使用本书的学生提高综合分析与创新设计能力和解决工程实际问题的能力。

5. 增加了大量的动画资源,使读者可以更加直观地学习相应的知识点。

6. 深度挖掘提炼专业知识体系中所蕴含的思想价值和精神内涵,增加了课程思政、思维拓展及行业最新发展介绍的内容。

7. 更正了第二版文字、插图和计算中的疏漏和错误。

8. 按照最新国家标准的内容对书中相关内容进行了更新。

参加本书修订工作的有:宋宝玉(第一章和第二章)、郑春辉(第三章和第四章)、于东(第五章和第六章)、任玉坤(第七章和第十三章)、郭丰(第八章和第十二章)、张锋(第九章和第十章)、敖宏瑞(第十一章和第十六章)和张宏生(第十四章和第十五章)。书中的动画视频、设计计算例题、工程案例等资源主要由张锋、敖宏瑞、郑春辉、于东、张宏生、郭丰、赵小力等制作和提供。本书由张锋、宋宝玉和敖宏瑞担任主编,敖宏瑞负责全书文稿及图表的整理。

教育部普通高等学校机械基础课程教学指导分委员会副主任委员、哈尔滨工业大学王黎钦教授审阅了本书,并提出了许多宝贵意见和建议,在此深表感谢。衷心感谢哈尔滨工业大学机械设计系的多位教师,他们为机械设计课程的改革和本书的修订给予了大力支持。

限于编者的水平有限,书中难免会有不当之处,恳请读者给予批评指正。作者邮箱:hongrui_ao@ hit.edu.cn。

编者

2024 年 10 月

第二版前言

本书为"十二五"普通高等教育本科国家级规划教材,是在普通高等教育"十一五"国家级规划教材的基础上,广泛征求了使用教师和学生的意见修订而成的。本次修订,主要做了以下几方面的工作:

(1) 对书中文字和图表中的错误进行了修改,对本书的文字重新进行审查和修改,改正了不够明确和不适当的文字。

(2) 采用最新的国家标准和规范。

(3) 精心设计思考题与习题。

(4) 结合近年来我国情况和机械工业的发展,充实了新的设计思想和概念(如节能减排)。

参加本书编写工作的有:宋宝玉(第一章、第二章、第十五章),王黎钦(第三章、第五章),古乐(第四章、第八章),吴伟国(第六章、第七章),张锋(第九章、第十二章),曲建俊(第十章、第十一章),敖宏瑞(第十三章、第十四章)。由张锋、宋宝玉、王黎钦任主编,张锋负责全书文稿及图表的整理。

本书由清华大学吴宗泽教授审阅,吴老师字斟句酌,给出了详细的意见和建议,在此向先生表示诚挚的感谢!哈尔滨工业大学机械设计系的陈铁鸣教授结合自己多年的教学经验,提出许多宝贵的修改意见和建议。哈尔滨工业大学机械设计系的许多老师也提出了很多意见和建议。在此一并表示衷心的感谢。

由于编者的水平所限,难免会有一些缺点,恳切希望广大读者给予批评指正。

编 者

2016 年 10 月

目　　录

第一章　绪　　论

人类在生产劳动中创造出了各种各样的机械设备,如机床、汽车、起重机、运输机、自动化生产线、机器人和航天器等。机械既能承担人力所不能或不方便进行的工作,又能较人工生产大大提高劳动生产率和产品质量,同时还便于集中进行社会化生产。因此,生产的机械化、自动化和智能化已成为反映当今社会生产力发展水平的重要标志。改革开放以来,我国社会主义现代化建设在各个方面都取得了长足的发展,船舶机械、高铁建设、工程机械、建筑机械、机器人和汽车工业等对机械的自动化及智能化要求也越来越迫切、越来越高,我国的机械产品正面临着更新换代的局面。高技术化、产品日益多样化和个性化,日益发展的极限制造、远程制造和智能制造技术已成为机械制造业发展的明显趋势。这一切都对机械工业和机械设计工作者提出了更新、更高的要求,而本课程就是为培养掌握机械设计基本理论和基本能力的工程技术人员而设置的一门重要课程。随着国民经济的进一步发展,本课程在国家建设中的地位和作用将显得日益重要。

学习要点及
思维导图

1.1　机械的组成及本课程研究的对象

1.1.1　机械的组成

生产和生活中的各种各样机械设备,尽管它们的构造、用途和性能千差万别,但一般都是由原动机、传动装置、工作机(或执行机构)和控制系统四大基本部分组成的,有的复杂机器还有辅助系统。例如,图 1.1 所示的捆钞机就是由电动机 1(原动机)、V 带传动 2、蜗杆减速器 3、螺旋传动 4(传动装置)、压头 5(工作机)和控制系统 7 组成的。

学习机械
设计课程
的意义

原动机是机械设备完成其工作任务的动力来源,最常用的是各类电动机;传动装置是将原动机的运动和动力传递给工作机的装置;工作机则是直接完成生产任务的执行装置,其结构形式取决于机械设备本身的用途;而控制系统是根据机械系统的不同工况对原动机、传动装置和工作机实施控制的装置。

从制造和装配方面来分析,任何机械设备都是由许多机械零部件组成的。机械零件是机械制造过程中不可拆分的最小单元,而机械部件则是机械制造过程中为完成同一目的而由若干协同工作的零件组合在一起的组合体。在各类机械中经常用到的零部件被称为通用零部件,例如螺栓、齿轮、轴、滚动轴承、联轴器、减速器等;而只有在特定类型

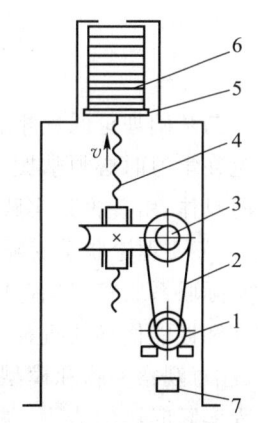

1—电动机;2—V 带传动;
3—蜗杆传动;4—螺旋传动;
5—压头;6—纸币;
7—控制系统。
图 1.1　捆钞机

捆钞机
工作原理

的机械中才能用到的零部件称为专用零部件,例如涡轮机上的叶片、往复式活塞内燃机的曲轴、飞机的起落架、起重机的吊钩等。

1.1.2 本课程研究的对象

本课程主要从研究一般机械传动装置的设计出发,研究机械中具有一般工作条件和常用参数范围内的通用机械零部件的工作原理、结构特点、基本设计理论和设计计算方法。

1.2 本课程的性质、地位和任务

本课程是一门设计性的技术基础课。它综合运用工程图学、工程力学、金属工艺学、机械工程材料与热处理、机械精度设计与检测基础和机械原理等相关课程的知识及生产实践经验,解决通用机械零部件的设计问题,使学生在设计一般机械传动装置或其他简单的机械方面得到初步训练,为学生进一步学习专业课程和今后从事机械设计工作打下基础。因此,本课程在机械类及近机类教学计划中具有承前启后的重要作用,是一门主干课程。

本课程的主要任务是培养学生:

1)初步树立正确的设计思想,能够综合应用基本原理,识别、表达、分析工程问题;

2)掌握设计或选用通用机械零部件的基本知识、基本理论和方法,了解机械设计的一般规律,具有设计一般机械传动装置和一般机械的能力,具有一定的工程意识和创新能力;

3)具有计算、绘图、查阅与运用有关技术资料的能力;

4)对机械设计的新发展有所了解。

1.3 本课程的特点和学习方法

与基础理论课程相比较,本课程是一门综合性、实践性很强的设计性课程。因此,学生在学习时必须掌握本课程的特点,在学习方法上应尽快完成由单科向综合、由抽象向具体、由理论到实践的思维方式的转变。通常在学习本课程时应注意以下几点:

1)要理论联系实际。本课程研究的对象是各种机械设备中的通用零部件,与工程实际联系紧密,只有从整台机械设备分析入手,才能设计出满足实际要求的机械零部件和性能优异的机械设备。因此,在学习时应利用各种机会深入生产现场和实验室,注意观察实物和模型,增强对机械及通用机械零部件的感性认识,提高分析与解决工程实际问题的能力,从而设计出方案合理、参数及结构正确的机械零部件或整台机械。

2)要抓住"设计"这条主线,掌握机械零部件的设计规律。本课程的内容看似杂乱无章,不同的机械零部件在工作原理、材料、结构特点、载荷与应力、失效形式与设计准则等方面都有很大的差异,但是在设计时却都遵循相同的设计规律,只要抓住"设

知识拓展
抽油机的
组成

计"这条主线,就能把本课程的各章内容贯穿起来。因此,学习本课程时一定要抓住"设计"这条主线,熟练掌握设计机械零部件的一般规律。一般情况下,设计的程序和要考虑的问题如下:

① 设计的产品要满足社会的需求,具有市场竞争力,经济实用,节能减排,符合国家的政策;

② 确定要设计的机械零部件的工作原理、类型、特点及其适用场合;

③ 对机械零部件的工作情况进行分析,如受力分析、应变分析等;

④ 研究机械零部件的失效形式和防止发生失效的设计计算准则,并列出相应的设计计算公式或校核计算公式;

⑤ 选择合适的材料及热处理方式,确定材料的力学性能(主要是许用应力);

⑥ 按设计公式确定该机械零部件的主要几何参数和尺寸,或按校核公式校核已经确定的几何参数和尺寸是否满足设计计算准则(主要是强度条件);

⑦ 进行机械零部件的结构设计,绘制零部件工作图。

3) 要努力培养解决工程实际问题的能力。要求所设计的产品有先进性、实用性、可靠性,有市场竞争力。要考虑节能减排,进行绿色设计。多因素的分析、设计参数多方案的选择、经验公式或经验数据的选用及结构设计,这些都是在解决工程实际问题中经常会遇到的问题,也是学生学习本课程的难点。因此,在学习本课程时一定要尽快适应这种情况,按照解决工程实际问题的思维方法,努力培养自己的机械设计能力,特别是要学会不断修改、逐步完善的设计方法。此外,还要注重培养结构设计能力,这就要求学生要多看(机械实物或模型)、多想、多问、多练,逐步积累结构设计知识,逐步提高结构设计能力。

4) 要综合运用先修课程的知识,解决工程实际问题。本课程讲授的各种机械零部件的设计,从分析研究到设计计算,直到完成零部件工作图,要用到多门先修课程的知识,因此在学习本课程时必须及时复习先修课程的有关内容,做到融会贯通、综合应用。同时,从系统出发,应用现代设计方法、互联网+等技术,不断提高设计水平。

阅读材料——学好机械设计课,实现制造强国梦

思考题与习题

1.1　分析下列机器的组成:① 汽车;② 车床;③ 电梯;④ 工业机器人。

1.2　本课程的性质和任务是什么?

1.3　学习本课程应注意哪些问题?

1.4　自动扶梯设计应该考虑哪些安全问题?

1.5　小汽车报废以后,应该如何考虑材料回收利用问题?这些问题在设计阶段如何考虑?

1.6　如何解决居民区的停车问题?

1.7　对于高层建筑的电梯有什么要求?办公楼和家属楼的电梯要求有什么不同?

第二章 机械设计概论

学习要点及
思维导图

2.1 机械设计的基本要求和一般程序

2.1.1 机械设计的基本要求

机械设计就是根据生产及生活上的某种需要,规划和设计出能实现预期功能的新机械或对原有机械进行改进的创造性工作过程。机械设计是机械生产的第一步,是影响机械产品制造过程和产品性能的重要环节。因此,尽管设计的机械种类繁多,但设计时都应满足下列基本要求。

1. 使用功能要求

要求所设计的机械应具有预期的使用功能,既能保证执行机构实现所需的运动(包括运动形式、速度、运动精度和平衡性等),又能保证组成机械的零部件工作可靠,有足够的强度和使用寿命,而且使用、维护方便。这是机械设计的基本出发点。

2. 工艺性要求

要求所设计的机械无论总体方案还是各部分结构方案,在满足使用功能要求的前提下,应尽量简单、实用,在毛坯制造、机械加工与热处理、装配与维修等方面都具有良好的工艺性,而且选用的材料要合理,应尽可能地选用标准件。

3. 经济性要求

设计机械时,一定要反对单纯追求技术指标而不顾经济成本的倾向。经济性要求是一个综合指标,它体现在机械设计、制造和使用的全过程中,因此设计机械时,应全面、综合地进行考虑。

提高设计、制造经济性的措施主要有:制订机械的合理总体方案,并运用现代设计方法,使设计参数最优化;推广标准化、通用化和系列化;采用新工艺、新材料、新结构;改善机械零部件的结构工艺性;合理地规定制造精度和表面粗糙度等。

提高使用经济性的措施主要有:选用效率高的传动系统和支承装置,以降低能源消耗;提高机械的自动化程度,以提高生产率;采用适当的防护及润滑,以延长机械的使用寿命等。

4. 其他要求

满足节能减排、回收利用、劳动保护的要求,应使机械的操作方便、安全,便于装拆,满足运输的要求等。

2.1.2 机械设计的一般程序

设计机械时,应按实际情况确定设计方法和步骤,但是通常都按下列一般程序进行。

1. 确定设计任务书

根据生产或市场的需求,在调查研究的基础上,确定设计任务书,对所设计机械的功能要求、性能指标、结构形式、主要技术参数、工作条件、生产批量、环保指标、价格及运输等做出明确的规定。设计任务书是进行设计、调试和验收机械的主要依据。

2. 总体方案设计

总体方案设计是最能体现机械设计具有多个解(方案)的特点和创新精神的设计阶段,设计时应根据设计任务书的规定,本着技术先进、使用可靠、经济合理的原则,拟订出几种能够实现机械功能要求的总体方案。然后就功能、尺寸、重量(质量)、寿命、工艺性、成本、节能减排、运输、使用与维护等方面进行分析比较,择优选定一种总体方案。

该阶段的设计内容有:综合考虑多种因素,对机械功能进行设计研究,确定工作机的运动和动力参数,拟订从原动机到工作机的传动系统方案,选择原动机,绘制整机的机构运动示意图并判断其是否有确定的运动,初步进行运动学和动力学的分析,确定各级传动比和各轴的运动和动力参数,合理安排各个零部件间的相互位置等。

3. 技术设计

根据总体设计方案的要求,对其主要零部件进行工作能力计算,或与同类相近机械进行类比,并考虑结构设计上的需要,确定主要零部件的几何参数和基本尺寸。然后,根据已确定的结构方案和主要零部件的基本尺寸,绘制机械的装配工作图、部件装配图和零件工作图。在这一阶段中,设计者既要重视理论设计计算,更要注重结构设计。而随着科学技术的发展,一些现代机械设计理论也被广泛采用,如优化设计、可靠性设计、有限元计算等,极大地提高了设计质量。

4. 编制技术文件

在完成技术设计后,应编制技术文件,主要有设计计算说明书、使用说明书、标准件明细表等,这是对机械进行生产、检验、安装、调试、运行和维护的依据。

5. 技术审定和产品鉴定

组织专家和有关部门对设计资料进行审定,认可后即可进行样机试制,并对样机进行技术审定。技术审定通过后可投入小批量生产,经过一段时间的使用实践后再作产品鉴定,鉴定通过后即可根据市场需求组织生产。至此,机械设计工作便告完成。

2.2 机械零件的载荷和应力

2.2.1 载荷

1. 静载荷与变载荷

作用在机械零件上的载荷,按它的大小和方向是否随时间变化可分为静载荷与变载荷两类。不随时间变化或变化缓慢的载荷称为静载荷,如物体重力;随时间作周期性变化或非周期性变化的载荷称为变载荷。前者如内燃机等往复式动力机械的曲轴所受的载荷,后者如支承车身的悬挂弹簧所受的载荷。

2. 名义载荷与计算载荷

根据原动机或工作机的额定功率计算出的作用于机械零件上的载荷称为名义载荷。它是机器在平稳工作条件下作用在机械零件上的载荷,它没有反映载荷的不均匀性及其他影响零件受载的因素。在设计计算时,常用载荷系数 K 来考虑这些因素的综合影响,载荷系数 K 与名义载荷 F 的乘积称为计算载荷 F_{ca},即

$$F_{ca} = KF \tag{2.1}$$

2.2.2 应力

1. 静应力与变应力

大小和方向不随时间变化或变化缓慢的应力称为静应力,静应力谱如图 2.1a 所示。零件在静应力作用下可能产生断裂或塑性变形。

大小和方向随时间变化的应力称为变应力,变应力谱如图 2.1b 所示。变应力可以由变载荷产生,也可以由静载荷产生,如在静载荷作用下转轴中的应力。零件在变应力作用下可能产生疲劳破坏。

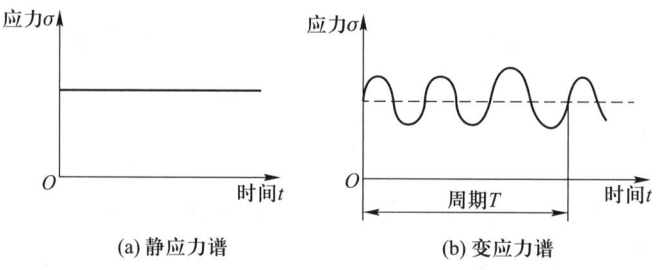

图 2.1 应力谱

周期、应力幅和平均应力保持常数的变应力称为稳定循环变应力,其应力谱如图 2.2 所示。图中: σ_{max} 与 σ_{min} 分别为稳定循环变应力的最大值与最小值; σ_a 为应力幅; σ_m 为平均应力[1]。按其循环特征 $r(r = \sigma_{min}/\sigma_{max})$ 的不同,可分为对称循环变应力、脉动循环变应力和非对称循环变应力三种。它们的变化规律见表 2.1。

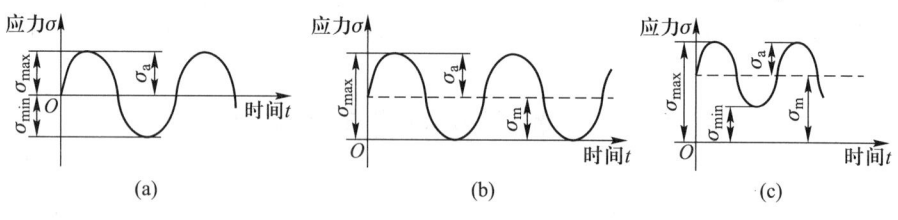

图 2.2 稳定循环变应力谱

---

[1] 国家标准 GB/T 228.1—2021 中规定了应力、抗拉强度、上屈服强度、下屈服强度等术语,分别采用 R、R_m、R_{eH}、R_{eL} 等表示。由于在本课程的先学课程"材料力学"中仍采用旧国标中的 σ、σ_B、σ_S 表示应力、强度极限(或抗拉强度)和屈服极限(屈服极限一般对应下屈服强度),所以为了课程的延续,本书中采用材料力学中的符号和术语。

表 2.1 稳定循环变应力的变化规律

循 环 名 称	循 环 特 征	应 力 特 点	应 力 谱
对称循环	$r=-1$	$\sigma_{max}=-\sigma_{min}=\sigma_a,\sigma_m=0$	图 2.2a
脉动循环	$r=0$	$\sigma_m=\sigma_a=\sigma_{max}/2,\sigma_{min}=0$	图 2.2b
非对称循环	$-1<r<1$	$\sigma_{max}=\sigma_m+\sigma_a,\sigma_{min}=\sigma_m-\sigma_a$	图 2.2c

当零件受切应力 τ 作用时,以上概念仍然适用,只需将 σ 改为 τ 即可。

2. 工作应力与计算应力

根据计算载荷,按照材料力学的基本公式求出的、作用于机械零件剖面上的应力称为工作应力。

当零件危险剖面上呈复杂应力状态时,按照某一强度理论求出的、与单向拉伸时有同等破坏作用的应力称为计算应力,以符号 σ_{ca} 表示。计算应力的表达式见"材料力学"的相关内容。

3. 极限应力

按照强度准则设计机械零件时,根据材料性质及应力种类而采用的材料某个应力极限值称为极限应力,以符号 σ_{lim}、τ_{lim} 表示。对于脆性材料,在静应力作用下的主要失效形式是脆性破坏,故取材料的强度极限(σ_b、τ_b)为极限应力,即 $\sigma_{lim}=\sigma_b,\tau_{lim}=\tau_b$;对于塑性材料,在静应力作用下的主要失效形式是塑性变形,故取材料的屈服极限(σ_s、τ_s)为极限应力,即 $\sigma_{lim}=\sigma_s,\tau_{lim}=\tau_s$;而材料在变应力作用下的主要失效形式是疲劳破坏,故取材料的疲劳极限(σ_r、τ_r)为极限应力,即 $\sigma_{lim}=\sigma_r,\tau_{lim}=\tau_r$。

疲劳极限又分无限寿命疲劳极限和有限寿命疲劳极限。在任一给定循环特征 r 的条件下,应力循环达到规定的 N_0 次后,材料不发生疲劳破坏时的最大应力称为材料的无限寿命疲劳极限,以符号 σ_r、τ_r 表示,工程上最常用的是对称循环变应力下的无限寿命疲劳极限,写做 σ_{-1} 和 τ_{-1}。这里,N_0 称为应力循环基数,一般对硬度 ≤350 HBW 的钢材,取 $N_0=10^7$;对硬度 >350 HBW 的钢材,取 $N_0=25\times10^7$。而在任一给定循环特征 r 的条件下,应力循环 N 次后,材料不发生疲劳破坏时的最大应力称为材料的有限寿命疲劳极限,以符号 σ_{rN}、τ_{rN} 表示。图 2.3 为根据疲劳试验结果而绘制的材料疲劳曲线。在有限寿命区,疲劳曲线方程为

故
$$\left.\begin{array}{l}\sigma_{rN}^m N=\sigma_r^m N_0=C\\[2mm]\sigma_{rN}=\sigma_r\sqrt[m]{N_0/N}=K_N\sigma_r\end{array}\right\} \tag{2.2}$$

式中:C 为常数;$K_N=\sqrt[m]{N_0/N}$,称为寿命系数;m 为取决于应力状态和材料的指数,如钢材弯曲时,取 $m=9$,钢材线接触时,计算接触强度,取 $m=6$;应力循环次数 N 的取值范围为 $10^3<N\leqslant N_0$,当 $N>N_0$ 时,取 $N=N_0$,$N<10^3$ 时,按静应力处理。

由于实际零件几何形状、尺寸和加工质量等因素的影响,使得零件的疲劳极限要小于材料试件的疲劳极限。影响零件疲劳极限的主要因素有:① 应力集中;

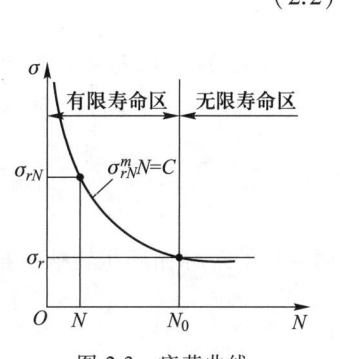

图 2.3 疲劳曲线

② 绝对尺寸;③ 表面状态。

(1) 应力集中对零件疲劳极限的影响

在零件剖面的几何形状突然变化处(如孔、圆角、键槽、螺纹等),局部应力要远远大于名义应力,这种现象称为应力集中(图 2.4)。应力集中使零件疲劳极限降低的程度常用有效应力集中系数 K_σ 或 K_τ 来表示。材料、尺寸和受载情况都相同的一个无应力集中试件和一个有应力集中试件的疲劳极限的比值称为有效应力集中系数,即

$$K_\sigma = \frac{\sigma_{-1}}{\sigma_{-1K}}, \quad K_\tau = \frac{\tau_{-1}}{\tau_{-1K}} \tag{2.3}$$

式中: σ_{-1}、τ_{-1} 分别为弯曲、扭转时无应力集中光滑试件的对称循环疲劳极限; σ_{-1K}、τ_{-1K} 分别为弯曲、扭转时有应力集中的试件的对称循环疲劳极限。

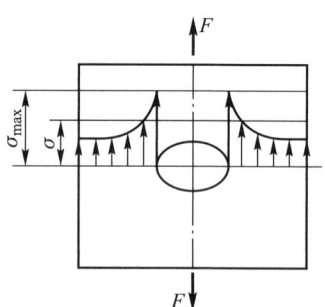

如果计算剖面上有几个不同的应力集中源,则零件的疲劳极限由各 K_σ(或 K_τ)中的最大值决定。

(2) 绝对尺寸对零件疲劳极限的影响

零件的绝对尺寸越大,材料包含的缺陷可能越多,机械加工后表面冷作硬化层相对越薄,因此零件的疲劳极限越低。零件绝对尺寸对零件疲劳极限的

图 2.4　受拉平板的应力集中

影响可用绝对尺寸系数 ε_σ 或 ε_τ 来表征。直径为 d 的大尺寸试件的疲劳极限 σ_{-1d}(或 τ_{-1d})与直径 $d_0 = 6 \sim 10$ mm 的标准试件的疲劳极限 σ_{-1}(或 τ_{-1})的比值称为绝对尺寸系数,即

$$\varepsilon_\sigma = \frac{\sigma_{-1d}}{\sigma_{-1}}, \quad \varepsilon_\tau = \frac{\tau_{-1d}}{\tau_{-1}} \tag{2.4}$$

(3) 表面状态对零件疲劳极限的影响

因为疲劳裂纹多发生在表面,不同的表面状态(表面质量、强化方法等)对零件的疲劳极限都会产生不同的影响。通常用表面状态系数 β 来表征。试件在某种表面状态下的疲劳极限 $\sigma_{-1\beta}$(或 $\tau_{-1\beta}$)与试件在精抛光下的疲劳极限 σ_{-1}(或 τ_{-1})的比值称为表面状态系数,即

$$\beta_\sigma = \frac{\sigma_{-1\beta}}{\sigma_{-1}}, \quad \beta_\tau = \frac{\tau_{-1\beta}}{\tau_{-1}} \tag{2.5}$$

由试验得知,应力集中、绝对尺寸和表面状态只对应力幅有影响。考虑了这些因素的综合影响后,零件的对称循环弯曲疲劳极限 σ_{-1e} 为

$$\sigma_{-1e} = \frac{\varepsilon_\sigma \beta_\sigma}{K_\sigma} \sigma_{-1} \tag{2.6}$$

而零件的对称循环扭转疲劳极限 τ_{-1e} 为

$$\tau_{-1e} = \frac{\varepsilon_\tau \beta_\tau}{K_\tau} \tau_{-1} \tag{2.7}$$

K_σ、K_τ、ε_σ、ε_τ、β_σ 和 β_τ 的值见第九章,其中弯曲疲劳时的钢材表面质量系数 β_σ 可参考表9.9查取。当无试验资料时,扭转剪切疲劳的表面质量系数 β_τ 可近似地等于 β_σ。

4. 许用应力和安全系数

设计零件时,计算应力允许达到的最大值称为许用应力,常用带方括号的应力符号 $[\sigma]$ 和 $[\tau]$ 来表示。许用应力等于极限应力 $\sigma_{\lim}$(或 $\tau_{\lim}$)和许用安全系数 $[S_\sigma]$(或 $[S_\tau]$)的比值,即

$$[\sigma] = \frac{\sigma_{\lim}}{[S_\sigma]}, \quad [\tau] = \frac{\tau_{\lim}}{[S_\tau]} \tag{2.8}$$

显然,合理地选择许用安全系数是强度计算中的一项重要工作。其值取得过小则不安全,而取得过大又会使机器尺寸增大,质量增加,很不经济。因此,合理的选择原则是:在保证安全可靠的原则下,尽可能地选择较小的安全系数。

影响安全系数的因素很多,主要有计算载荷的准确性、材料性能数据的可靠性、零件的重要程度和计算方法的精确程度等。通常确定安全系数的方法有以下三种:

1) 表格法　该法是指各个行业根据自己部门多年实践经验而制订的安全系数规范确定安全系数。这种方法适用范围较窄,但简单、具体。

2) 经验数据法　一般取 $[S] = 1.25 \sim 4$。如果材料性能数据可靠,载荷与应力计算准确,可取 $[S] = 1.25 \sim 1.5$。

3) 部分系数法　即取 $[S] = S_1 S_2 S_3$,式中:S_1 表示确定计算载荷和应力准确性的系数,一般取 $S_1 = 1 \sim 1.5$;S_2 表示材料力学性能不均匀的系数,一般取 $S_2 = 1.2 \sim 2.5$;S_3 表示零件重要程度的系数,一般取 $S_3 = 1 \sim 1.5$。

5. 接触应力

当两物体在压力下接触时,若两接触面(或其中一个)为曲面,便在接触处的表层产生很大的局部应力,这种应力称为接触应力,用符号 σ_H 表示。例如,齿轮传动、凸轮机构以及滚动轴承等,它们在工作时,理论上是通过点或线接触传递运动和载荷,而实际上受载后接触处产生局部的弹性变形,呈面接触,但因为接触面积很小,所以往往在接触处产生很大的接触应力。

这里只讨论线接触时接触应力的计算。设有两个半径分别为 ρ_1 和 ρ_2 的轴线平行的圆柱体以正压力 F_n 相压紧,则其接触处将呈一窄带形,如图2.5所示。其接触应力按椭圆柱规律分布,最大接触应力发生在窄中线的各点上,而且由于接触应力是在两个物体上的作用力与反作用力的影响下产生的,故它在两个物体上的分布规律及数值都是相同的。最大接触应力可按赫兹(Hertz)公式计算

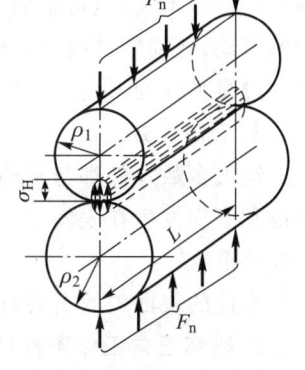

$$\sigma_H = \sqrt{\frac{F_n}{\pi L} \frac{\left(\dfrac{1}{\rho_1} \pm \dfrac{1}{\rho_2}\right)}{\dfrac{1-\mu_1^2}{E_1} + \dfrac{1-\mu_2^2}{E_2}}} = Z_E \sqrt{\frac{F_n}{L} \frac{1}{\rho_\Sigma}} \tag{2.9}$$

图2.5　接触应力计算简图

知识拓展
赫兹接触
应力

式中：F_n——正压力，N。

　　L——接触线长度，mm。

　　ρ_Σ——综合曲率半径，即 $\dfrac{1}{\rho_\Sigma} = \dfrac{1}{\rho_1} \pm \dfrac{1}{\rho_2}$，mm（正号用于外接触，负号用于内接触）。

　　Z_E——材料弹性系数，$Z_E = \sqrt{\dfrac{1}{\pi\left(\dfrac{1-\mu_1^2}{E_1} + \dfrac{1-\mu_2^2}{E_2}\right)}}$，$E_1$、$E_2$ 分别为两圆柱体材料的弹

性模量，MPa，μ_1、μ_2 分别为两圆柱体材料的泊松比。

2.3 机械零件的主要失效形式和设计计算准则

2.3.1 机械零件的主要失效形式

　　机械零件由于某些原因丧失工作能力或达不到设计要求的性能时称为失效。其主要失效形式有：

　　1. 断裂

　　当零件在外载荷作用下，某一危险剖面上的应力超过零件的强度极限时会发生断裂，例如螺栓被拧断；或者当零件在循环变应力的重复作用下，某一危险剖面上的应力超过零件的疲劳极限时会发生疲劳断裂，例如齿轮轮齿根部的断裂。

　　断裂是一种严重的失效形式，它不但使零件失效，有时还会导致严重的人身及设备事故。

　　2. 塑性变形

　　当零件在外载荷作用下，其应力超过了材料的屈服极限时，就会发生塑性变形，这会造成零件的尺寸和形状改变，破坏零件之间的相互位置和配合关系，使零件或机器不能正常工作，例如齿轮整个轮齿发生塑性变形就会破坏正确的啮合条件，在运转过程中会产生剧烈振动和大的噪声，甚至无法运转。

　　3. 过量的弹性变形

　　机械零件受载工作时，必然会发生弹性变形。在允许范围内的微小弹性变形对机器工作影响不大，但过量的弹性变形会使零件或机器不能正常工作，有时还会造成较大的振动，致使零件损坏。例如机床主轴的过量弹性变形会降低加工精度；发电机主轴的过量弹性变形会改变定子与转子间的间隙，影响发电机的性能。

　　4. 表面失效

　　绝大多数零件都与别的零件发生静的或动的接触和配合关系。载荷作用于表面，摩擦和磨损发生在表面，环境介质也包围着表面，因此表面失效是很多机械零件的主要失效形式。

　　零件的表面失效主要有磨损、疲劳点蚀、胶合、塑性流动、压溃和腐蚀等。

　　5. 破坏正常工作条件引起的失效

　　有些零件只有在一定的工作条件下才能正常地工作，而破坏了正常的工作条件就

会引起失效。例如在带传动中,若传递的载荷超过了带与带轮接触面上产生的最大摩擦力,就会产生打滑,使传动失效;在高速转动件中,若其转速与转动件系统的固有频率相同,就会发生共振,使振幅增大,以致引起断裂失效。

同一种零件可能有很多种失效形式,以齿轮为例,可能发生的失效形式是轮齿折断、齿面疲劳点蚀、齿面磨损、齿面胶合或齿面塑性变形,具体会发生哪种失效,与齿轮材料及热处理方式、载荷性质、工作环境等多种因素有关。以轴为例,对于载荷稳定的、一般用途的转轴,疲劳断裂是其主要失效形式;对于精密主轴,弹性变形量过大是其主要失效形式;而对于高速转动的轴,发生共振,丧失振动稳定性可能是其主要失效形式。失效通常考虑比较多的是强度、刚度和稳定性,但是很多情况下温度和润滑也是必须考虑的方面。例如高温环境下工作时要考虑材料的温度极限,考虑润滑是否失效。常温工作时接触应力大时,也要考虑发热对材料和润滑的影响。

2.3.2　机械零件的工作能力和设计计算准则

零件不发生失效时的安全工作限度称为工作能力。它可对载荷而言,也可对变形、速度、温度、压力等而言,通常是对载荷而言,故称承载能力。对应于不同的失效形式,零件的承载能力也不同,应该按照承载能力的最小值去设计零件,即应该保证按照各种失效形式求得的最小承载能力大于或等于外加载荷。

设计机械零件时,保证零件不产生失效所依据的基本原则称为设计计算准则。主要有以下几个设计计算准则。

1. 强度准则

强度是零件在载荷作用下抵抗断裂、塑性变形及表面失效(磨损、腐蚀除外)的能力,是机械零件首先应该满足的基本要求。为了保证零件有足够的强度,在设计计算时应使其危险剖面上或工作表面上的最大工作应力(或计算应力)不超过零件的许用应力。其表达式为

$$\sigma(\text{或} \ \sigma_{\text{ca}}) \leqslant [\sigma], \quad \tau \leqslant [\tau] \tag{2.10}$$

满足强度要求的另一种表达方式是使零件工作时危险剖面或工作表面上的实际安全系数 S 不小于许用安全系数 $[S]$,即

单向应力状态时

$$\left. \begin{aligned} S_\sigma &= \frac{\sigma_{\text{lim}}}{\sigma} \geqslant [S_\sigma] \\[2mm] S_\tau &= \frac{\tau_{\text{lim}}}{\tau} \geqslant [S_\tau] \end{aligned} \right\} \tag{2.11}$$

复杂应力状态时

$$S = \frac{S_\sigma S_\tau}{\sqrt{S_\sigma^2 + S_\tau^2}} \geqslant [S] \tag{2.12}$$

式中:S_σ、S_τ 分别为零件只受正应力 σ 或切应力 τ 时的安全系数。

2. 刚度准则

刚度是零件在载荷作用下抵抗弹性变形的能力。为了保证零件有足够的刚度,设计计算时应使零件工作时产生的弹性变形量 y(它广义地代表一种任何形式的弹性变

形量)不超过机器工作性能所允许的极限值,即许用变形量[y]。其表达式为

$$y \leq [y] \tag{2.13}$$

弹性变形量 y 可按各种求变形量的理论公式确定,也可用实验方法确定。许用变形量[y]则应根据不同的机器类型及其使用场合,按理论或经验来确定其合理的数值。例如,对一般用途的轴,可取其许用弯曲变形量[y]=(0.000 3~0.000 5)L,式中 L 为轴的跨距,mm。

3. 寿命准则

影响零件寿命的主要因素是材料的疲劳和由于磨损及腐蚀引起的表面失效。保证零件在使用期限内不发生疲劳失效、磨损和腐蚀是寿命准则的基本要求。

为防止发生疲劳失效,可依据材料的疲劳极限进行疲劳强度计算。但是,影响磨损的因素很多,计算方法还不完善,所以为了保证零件具有良好的耐磨性,一方面应该运用摩擦学原理设计零件的结构、选择摩擦副的材料和热处理方式,给予充分合理的润滑;另一方面可采用条件性计算,如限制压强 p 和压强 p 与速度 v 乘积的 pv 值来保证零件表面有一层强度较高的边界膜,以保护零件表面不产生过量磨损。同时,对磨损零件要及时更换。

至于腐蚀寿命,迄今为止还没有提出相应的计算方法,因而只好从材料选择和工艺措施两方面来提高零件的耐蚀性,如选用耐蚀的材料,采用发兰、表面镀层、喷涂漆膜及表面阳极化处理等表面保护措施。

4. 振动稳定性原则

机器在运转中一般都有振动,轻微的振动并不妨碍机器的正常工作,但机器中存在着很多周期性变化的激振源,如齿轮的啮合、滑动轴承中的油膜振荡和弹性轴的偏心转动等,如果某一零件本身的固有频率与上述激振源的频率重合或成整数倍关系,这些零件就会发生共振,此时零件的振幅急剧增大,这将在短期内导致零件甚至整个系统毁坏。因此,对易于丧失振动稳定性的高速机械应进行振动分析和计算,以确保零件及系统的振动稳定性。也就是说,在设计时要使机器中受激振作用的各零件的固有频率 f 与激振源的频率 f_p 错开,通常应保证下述条件:

$$0.85f > f_p \text{ 或 } 1.15f < f_p \tag{2.14}$$

5. 可靠性准则

可靠性表示系统、机器或零件等在规定时间内能正常工作的程度。可靠性通常用可靠度 R 来表示。系统、机器或零件等在规定的使用时间(寿命)内和预定的使用条件下,能正常实现其功能的概率称为可靠度。

设有 N_T 个零件在预定的使用条件下进行试验,在规定的使用时间 t 内,有 N_f 个零件随机失效,剩下 N_s 个零件仍能继续工作,则可靠度

$$R = \frac{N_s}{N_T} = \frac{N_T - N_f}{N_T} = 1 - \frac{N_f}{N_T} \tag{2.15}$$

一个由多个零件组成的串联系统,任意一个零件失效都会使整个机器失效。若 R_1、R_2、$\cdots$、R_n 为各零件的可靠度,则整个系统的可靠度为

$$R = \prod_{i=1}^{n} R_i \qquad (2.16)$$

由上式可知,串联系统的可靠度一定低于最低可靠度零件的可靠度,串联的零件越多,则可靠度越低。

设计系统、机器或零件,当提出可靠度要求时,要考虑现实的技术水平,对系统、机器或零件的工作要求和经济性等,可靠度不是越高越好。例如,在一般手册中给出的对称循环变应力下材料的疲劳极限 σ_{-1} 的值,是可靠度 $R=50\%$ 时的数值,如果可靠度要求高于 50%,则 σ_{-1} 的值将降低,零件的尺寸将增大,成本将增加,这对一般用途的零件来说是没有必要的。

2.4 机械零件材料的选用原则

机械零件所用的材料是多种多样的,常用的材料有钢、铸铁、有色金属、非金属材料等。从各种各样的材料中选择出合适的材料和热处理方式是机械设计中的一个重要问题,也是一个受到多方面因素制约的问题。在后面的各有关章节中,将分别介绍根据经验推荐的适用材料。以下仅提出选择材料的一般原则,作为选择机械零件材料的依据。

1. 载荷及应力的大小和性质

这方面的因素主要是从强度观点来考虑的,应在充分了解材料的力学性能的前提下来进行选择。通常,受载大的零件应选用机械强度高的材料;在静应力作用下工作的零件可选用脆性材料;而在冲击、振动及变载荷作用下工作的零件则应选用塑性材料。

2. 零件的工作情况

零件的工作情况是指零件所处的环境特点、工作温度和摩擦磨损的程度等。通常,在湿热环境下工作的零件应选用防锈和耐蚀性好的材料,如不锈钢、铜合金等。当工作温度变化很大时,一方面要考虑相互配合的两零件材料的线膨胀系数不能相差过大,以免在温度变化时产生过大的热应力或使配合松动;另一方面也要考虑材料的力学性能随温度而改变的情况。当零件在工作中有可能发生摩擦磨损时,要提高其表面硬度,以增强其耐磨性,因此应选用适于进行表面处理的淬火钢、渗碳钢、氮化钢等材料。

3. 零件的尺寸和质量

零件尺寸和质量与材料的品种及毛坯制取方法有关。用铸造材料制造毛坯时,一般不受零件尺寸和质量的限制,除非零件的尺寸过大,超过铸造设备和造型设备的容量;而用锻造材料制造毛坯时,则需考虑锻造机械设备的生产能力,一般用于零件尺寸和质量较小的情况。此外,应该尽可能选强度高而密度小的材料,以减小零件的尺寸和质量;而在一些情况下,如设计飞轮时,则应选用强度高且密度大的材料,以增大飞轮的质量。

4. 零件结构的复杂程度及材料的加工工艺性

结构复杂的零件宜用铸造毛坯,选用铸造工艺性好的铸造材料,如铸铁、铸钢等;

也可以用板材冲压出元件后再焊接而成,选用冲压工艺性与焊接工艺性好的材料;而结构简单的零件可用锻造毛坯,选用锻造工艺性好的材料,如锻钢等。

5.材料的经济性

首先应考虑材料本身的价格,在能达到使用要求的前提下,应尽可能选用价格低廉的材料。

其次,注意节约有色金属,考虑材料的回收利用及节能减排。

最后,应综合考虑选用材料的经济效果。对于大批量生产的零件,宜选用铸造材料,采用铸造毛坯;而对于单件生产的零件,则可选用焊接材料或锻造材料,采用焊接毛坯或自由锻造毛坯。对于某些机械零件,则可采用精密的毛坯制造方法,如精铸、精锻、冲压等,这样既可提高材料的利用率,又节省了机械加工的费用,因此可获得良好的经济效益。

6.材料的供应情况

选择材料时还应该考虑当时当地的材料供应情况,应该在满足使用要求的条件下,首先选用库存材料或当地材料、国产材料。

2.5　机械零件的结构工艺性

使机械零件具有良好的结构工艺性是设计机械零件应满足的基本要求之一,它贯穿于毛坯制造、切削加工、热处理、装配、使用、维修以至报废回收等各个阶段。按零件的全寿命周期考虑工艺性问题通常应从以下几方面考虑机械零件的结构工艺性,其示例见表2.2。

表2.2　机械零件的结构工艺性示例

	不合理的结构	改进后的结构	改进后结构的优点
铸造工艺性	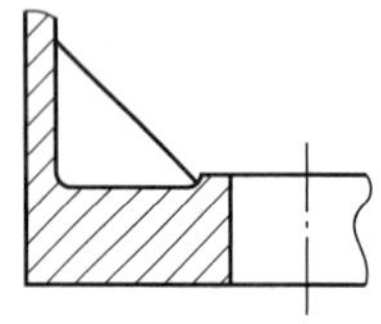	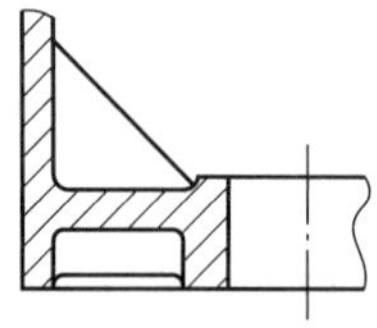	避免缩孔,减小质量,增加强度和刚度
	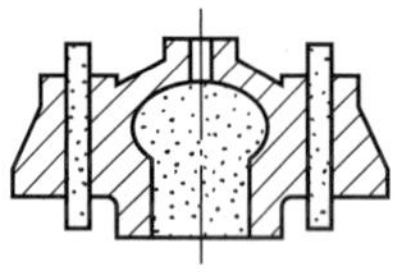	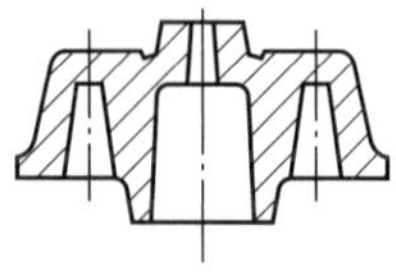	不需用型芯
模锻工艺性	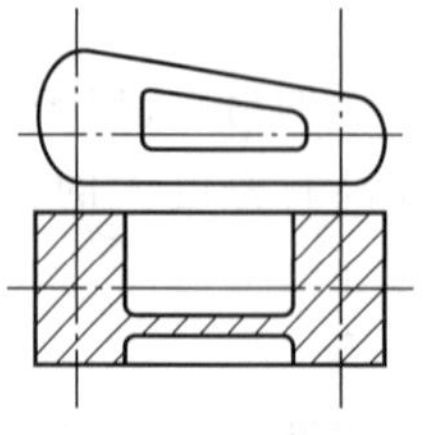	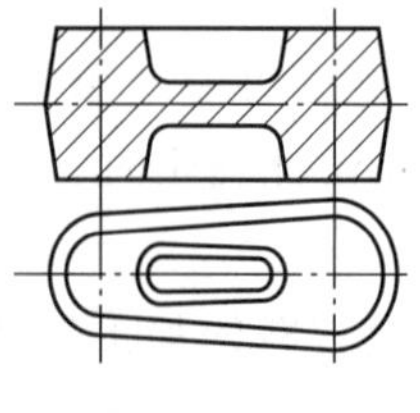	形状对称,有起模斜度,便于锻造

续表

不合理的结构	改进后的结构	改进后结构的优点
焊接工艺性		不开坡口,工艺简单
		未焊的一侧不受拉应力,焊缝受力好
		焊缝不在应力集中处,焊缝应力小,强度高
热处理工艺性		将尖角、棱角倒圆角或倒角,可减小应力集中,避免淬火时开裂
		加工工艺孔,减轻剖面厚薄不均匀的程度,使淬火变形小
切削加工工艺性		增加夹紧凸缘或开夹紧工艺孔,便于在机床上固定
		一次走刀可同时加工几个零件,生产效率高
		只需一次装卡,并且容易保证孔的同轴度
		减少精车长度,提高生产效率

续表

	不合理的结构	改进后的结构	改进后结构的优点
装配工艺性	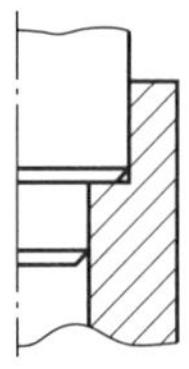	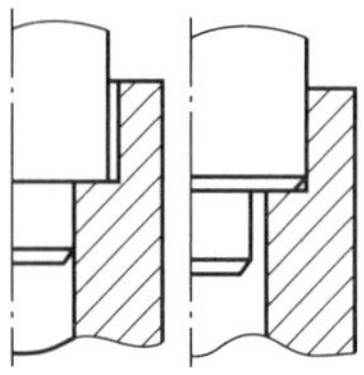	避免两平面(或圆柱面)同时接触,既可降低非配合面的加工精度,又便于装拆
	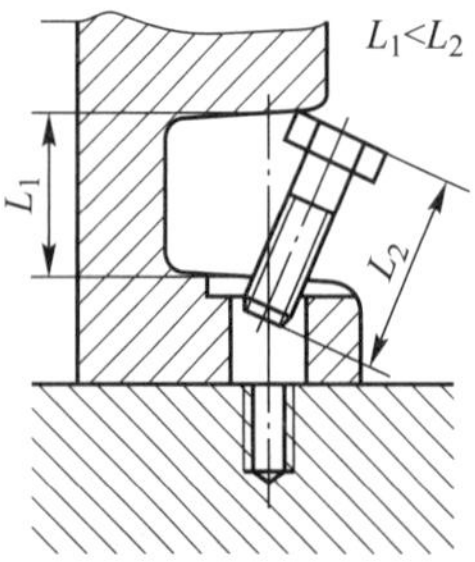 $L_1<L_2$	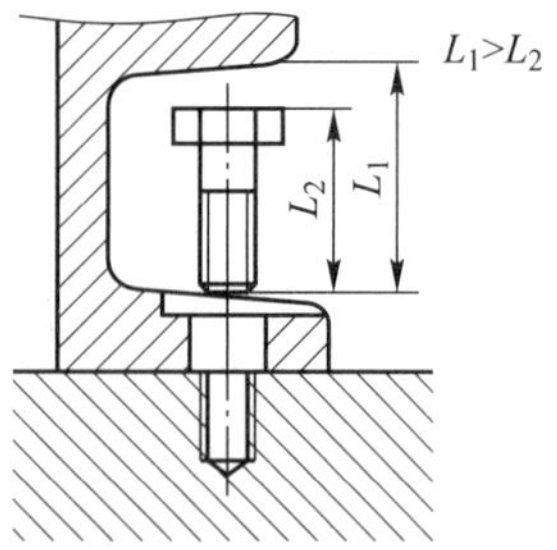 $L_1>L_2$	保证了必要的安装拆卸紧固件的空间,便于装拆

1. 零件的结构应与生产条件、批量大小及尺寸大小相适应

在大批量生产及有大型生产设备的条件下,对机械强度要求较高的零件,宜采用模锻毛坯;对形状复杂、尺寸大的零件,宜采用铸造毛坯。而单件或小批量生产的零件,应避免用铸造或模锻毛坯,否则将会因为模具使用率太低而造成成本提高,宜采用焊接毛坯或自由锻毛坯。

由于获得毛坯的方法不同,零件的结构也要有区别:

设计铸件时,铸件的最小壁厚应满足液态金属的流动性要求;铸件各部分的壁厚应均匀,且不宜过厚,以免发生缩孔及缺陷;铸件不同壁厚的连接处应采用均匀的过渡结构,并在各个面的接合处应有适当的铸造圆角;合理地选择分型面,垂直于分型面的表面应有适当的起模斜度,以利于造型和起模;要避免易使造型困难的死角,避免采用活块;铸件的结构还应便于清砂。

设计锻件及冲压件时,应该力求零件形状简单,不应有很深的凹坑,以便于制造。对于模锻件应留有适当的起模斜度和圆角半径,尽量设计成对称形状;对于自由锻件应避免带有锥形和楔形,不允许有加强筋,不允许在基体上有凸台。

设计焊接件时,应尽量不用或少用坡口,避免将焊缝设计在应力集中处,焊缝应错开,以减少应力,尽量减小焊缝的受力。

2. 零件造型应简单化

零件形状越复杂,制造越困难,成本就越高。因此,零件造型应简单化,尽量采用最简单的表面(如平面、圆柱面、共轭曲面等)及其组合来构成。同时,应力求减少被加工表面的数量和被加工表面的面积。

3. 零件的结构应适合进行热处理

很多的机械零件都要通过热处理来改善材料的力学性能,增强零件的工作可靠性,延长使用寿命。因此,在零件结构设计时一定要考虑零件的热处理工艺性,避免在热处理时产生裂纹及严重变形。通常应注意以下几点：

1）避免尖角、棱角。零件的尖角、棱角部分是淬火应力最为集中的地方，往往成为淬火裂纹的起点。因此，在设计带有尖角、棱角的零件时，应尽量改成圆角、倒角，而且圆角半径要大些。

2）避免厚薄悬殊。厚薄悬殊的零件在淬火冷却时，由于冷却不均匀易造成变形及开裂。因此，可采用开工艺孔、加厚零件太薄的部分及合理安排孔洞位置等方法来解决零件结构厚薄悬殊的问题。

3）零件形状力求简单、封闭和对称。零件形状为开口或不对称结构时，热处理时应力分布不均匀，容易引起变形。

4）采用组合结构。形状特别复杂或者不同部位有不同性能要求时，可用组合结构，如机床铸铁床身上镶钢导轨。

5）提高零件的结构刚性。

4. 零件的结构应保证加工的可能性、方便性和精确性

设计出的零件结构不仅应保证能够进行加工，而且还应保证能够很方便地加工出满足精度要求的零件。

5. 零件的结构应保证装拆的可能性和方便性

设计出的零件结构应保证不仅能够进行装配与拆卸，而且很方便。

2.6　机械设计中的标准化

标准化是组织现代化大生产的重要手段之一，是实现专业化协作生产的必要前提，也是实行科学管理的主要措施之一。因此，对于机械设计工作来说，标准化的作用是很重要的，现代化的程度越高，对标准化的要求也越高。根据国家标准 GB/T 20000.1—2014 的规定，标准化定义为：为了在既定范围内获得最佳秩序，促进共同效益，对现实问题或潜在问题确立共同使用和重复使用的条款以及编制、发布和应用文件的活动。制定、修订和贯彻标准是标准化活动的主要任务。标准化的基本特征是统一、简化。其意义在于以下几个方面：

1）能以最先进的方法在专门化的工厂中对那些用途最广泛的零部件进行大量、集中的制造，以提高质量、降低成本。

2）统一了材料和零部件的性能指标，使其能够进行比较，提高了零部件性能的可靠性。

3）采用了标准结构和标准零部件，可以简化设计工作，缩短设计周期，提高设计质量。

4）零件的标准化便于互换和机器的维修。

现已发布的与机械设计有关的标准，从运用范围上来讲，可分为国家标准（GB）、行业标准（如 HB、JB、YB 等）和企业标准三个等级。而国家标准、行业标准又分为强制性标准和推荐性标准。保障人体健康，人身、财产安全的标准和法律、行政法规规定强制执行的标准是强制性标准，其他标准是推荐性标准，记为 GB/T 或 JB/T 等。在进行机械设计时，必须自觉地执行标准。

2.7　摩擦、磨损和润滑基本知识

任何机械工作时,相互接触并作相对运动的界面都存在摩擦。摩擦是一种不可逆的过程,会导致传递能量消耗、摩擦表面及工作环境温度升高、工作条件恶化等,甚至有些零件因过热而失效;摩擦还使零件接触面发生磨损,过度磨损会使机械丧失应有的精度而失效。据统计,世界上在工业方面有 $1/3\sim1/2$ 的能量消耗在摩擦上,因磨损而报废的零件约占报废零件总数的 80%。可见,摩擦磨损造成的经济损失是巨大的,不容忽视。为了减小摩擦、降低磨损,乃至避免磨损、节约能源、延长机械的使用寿命,在研究机械设计之前应对摩擦、磨损及润滑方面的基本知识和基本原理有所了解,并在机械设计中正确运用这些知识。

值得指出的是,摩擦并非总是有害的,如带传动、摩擦轮传动、摩擦制动器等正是依靠摩擦工作的,这时需要研究增大摩擦的技术。

2.7.1　摩擦

摩擦可分为两大类:一类是发生在物质内部,阻碍分子间相对运动的内摩擦;另一类是当相互接触的两个物体发生相对运动或有相对运动的趋势时,在接触表面上产生的阻碍相对运动的外摩擦。根据摩擦表面间存在润滑剂的情况,又可将摩擦分为干摩擦、边界摩擦(边界润滑)、混合摩擦(混合润滑)及流体摩擦(流体润滑),如图 2.6 所示。其中,边界摩擦和混合摩擦也称为非流体摩擦。

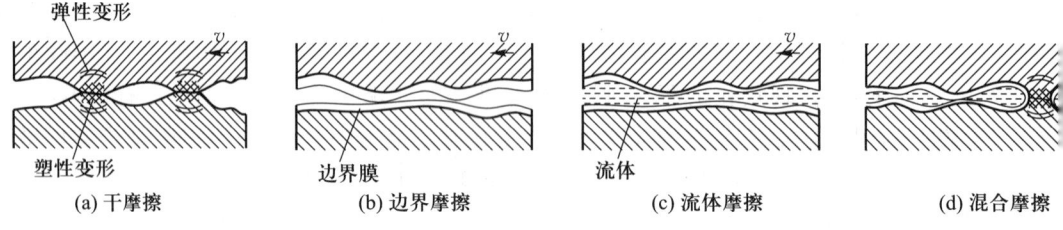

| (a) 干摩擦 | (b) 边界摩擦 | (c) 流体摩擦 | (d) 混合摩擦 |

图 2.6　摩擦状态

1. 干摩擦

干摩擦是指表面间无任何润滑剂或保护膜的零件表面材料直接接触时的摩擦(图 2.6a)。此时,摩擦因数最大, $f>0.3$,有大量的摩擦功损耗和严重的磨损,在滑动轴承中表现为强烈的升温,甚至会烧毁轴瓦,所以在滑动轴承中不允许出现干摩擦。

2. 边界摩擦(边界润滑)

两摩擦面间加入润滑剂后,在金属表面会形成一层边界膜,它可能是物理吸附膜和化学吸附膜,也可能是化学反应膜。边界膜很薄(厚度小于 $1\ \mu m$),不足以将两金属表面分隔开来,在相互运动时两金属表面微观的凸峰部分仍将相互接触,这种摩擦状态称为边界摩擦(边界润滑)(图 2.6b)。由于边界膜也有较好的润滑作用,故摩擦因数 $f=0.1\sim0.3$,磨损较轻。但边界膜强度不高,在较大压力作用下容易破坏,而且温度高时强度显著降低,所以使用时对压力和温度以及运动速度要加以限制,否则边界膜被破坏后将会出现干摩擦状态,产生严重磨损。

3. 流体摩擦（流体润滑）

两摩擦表面被流体（液体或气体）完全隔开（图 2.6c），没有金属表面间的摩擦，只有流体层之间的摩擦，这种摩擦称为流体摩擦（流体润滑），属于内摩擦。流体摩擦（流体润滑）的摩擦因数最小，$f = 0.001 \sim 0.01$，不会发生金属表面的磨损，是理想的摩擦状态。实现流体摩擦（流体润滑）有三种方法，现分述如下：

（1）流体动压润滑

流体动压润滑的实现可用图 2.7 所示的模型来说明。图中有互相倾斜的两块平板 A 和 B，其间充满黏性流体。B 板固定不动，当 A 板沿 x 方向运动时，就会将具有一定黏度的流体带入楔形间隙，形成具有一定动压力的油膜，只要外部作用于 A 板上的载荷不超过油膜动压力 p 的合力，A 板就会与 B 板保持一定的距离而不接触，形成流体摩擦。有关流体动压承载机理的详细论述见第十一章。

（2）弹性流体动压润滑

有些高副接触的机械零件（如齿轮、滚动轴承等）局部接触压力很高，接触区的弹性变形以及由于压力增高而引起的润滑油黏度的增大是不容忽视的。理论和实践都证明，高副接触表面的弹性变形区也能形成流体润滑膜。将这种考虑了接触区弹性变形和压力对接触区润滑油黏度的影响的动压润滑称为弹性流体动压润滑（Elasto-Hydrodynamic Lubrication，EHL），简称为弹流润滑。图 2.8 所示曲线为接触区弹性变形、油膜形状和压力分布曲线。在赫兹应力的作用下接触点产生弹性变形，两表面形成平行的赫兹接触区，接触区的宽度和干接触时的赫兹接触区宽度相等。两表面距离 h_0 称为平均油膜厚度。接触区的出口处油膜变薄，这种现象称为"颈缩"，此处两表面距离 $h_{\min}$ 称为最小油膜厚度。只要 $h_{\min}$ 大于两表面的表面粗糙度值之和，就能实现流体润滑。接触区的压力分布曲线与干接触时基本相同，只是在"颈缩"处出现二次压力峰。油膜厚度的大小与接触表面尺寸、形状，接触体的材料，接触体运动速度，润滑油的黏度，黏压指数以及载荷大小等因素有关。关于弹流润滑的理论及应用可参考相关文献的介绍。

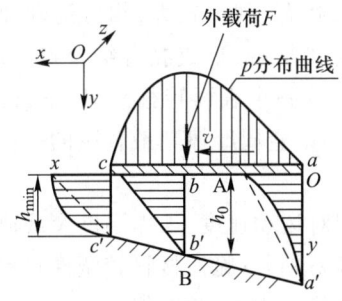

图 2.7　流体动压力的形成

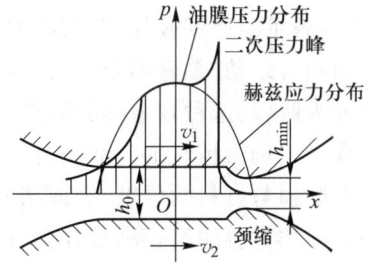

图 2.8　弹性流体动压润滑状态

（3）流体静压润滑

流体动压润滑和弹性流体动压润滑都是靠被润滑表面的运动速度足够大而将润滑油带入润滑部位的。机器起动和停车时速度较低，此时流体动压力不高，不足以平衡外载荷，不能保证流体润滑，因而不能避免磨损。此外，流体动压力的大小随零件的几何参数、运动参数及载荷的波动而变化，因此不能获得稳定的压力，也不能保证运动精度。采用流体静压润滑可以克服上述缺点,流体静压润滑原理如图2.9所示。用油泵将润滑油经过节流器以所需的压力注入被润滑表面的油室,再由油室的封油边流回油箱。油室内压力足够大时就可以和外载荷相平衡,使两表面保持一定距离,维护流体润滑状态。

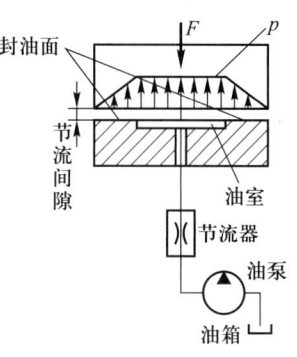

流体静压润滑是靠外界提供具有一定压力的润滑油实现的,承载能力不受两表面的相对速度和表面粗糙度等因素影响,运动精度高。在机床、发电机等设备中应用流体静压润滑已获得较满意效果,但流体静压润滑需要一个较复杂的液压(气压)系统,造价和维护费用较高。关于流体静压润滑的理论及应用可参考相关文献。

图 2.9　流体静压润滑原理

4. 混合摩擦(混合润滑)

当动压润滑条件不具备且边界膜遭到破坏时,两摩擦面间就会出现干摩擦、边界摩擦和流体摩擦同时存在的现象,这种摩擦状态称为混合摩擦(图2.6d),此时接触区可能有边界润滑膜,也可能存在零件表面材料直接接触。

2.7.2　磨损

运动副之间的摩擦将导致机体表面材料的逐渐丧失或转移,即形成磨损。磨损会影响机器的效率,降低工作的可靠性,甚至促使机器提前报废。因此,在设计时应预先考虑如何避免或减轻磨损,以保证机器达到设计寿命。

磨损的分类方法有很多种,大体上可概括为两类:一类是根据磨损结果来分类,着重对磨损表面外观的描述,如点蚀磨损、胶合磨损、擦伤磨损等;另一类则是根据磨损机理来分类,如黏着磨损、磨粒磨损、疲劳磨损、冲蚀磨损及腐蚀磨损。下面按后一类分类法对各种磨损的机理及影响因素作简要介绍。

1. 黏着磨损

当相对运动的两表面处于混合摩擦或边界摩擦状态,载荷较大,相对运动速度较大时,边界膜可能遭到破坏,两表面的粗糙度微峰直接接触,形成黏着结合点。此时,若两表面相对运动,黏着结合点会遭到破坏,材料会从一个表面转移到另一表面或离开表面成为磨粒,这种现象称为黏着磨损。黏着磨损是金属摩擦副最普遍的一种磨损形式。典型实例为齿轮的齿面胶合。

黏着磨损与材料的硬度、表面结构的粗糙度、相对运动速度、工作温度及载荷等因素有关。同类材料的摩擦副较异类材料的摩擦副容易黏着;脆性材料较塑性材料的抗黏着能力强;在一定范围内,零件表面结构的粗糙度值越小,抗黏着能力越强。

2. 磨粒磨损

摩擦副表面上较硬的微峰及从外界进入摩擦副间的硬质颗粒会起到"磨削"作用,使摩擦副表面材料不断损失,这种磨损称为磨粒磨损。除流体润滑状态外,其他摩擦状态下工作的零件均有可能出现磨粒磨损。磨粒磨损是干摩擦状态下的主要失效形式。典型实例为农机犁的磨损。磨粒磨损破坏零件表面的几何形状,使零件承载面积减小,当工作应力超过许用应力时,会发生突然折断。一般情况下,材料的硬度越高,耐磨性越好。

3. 疲劳磨损

高副接触的两表面(如齿轮、滚动轴承等),在接触应力(赫兹应力)的反复作用下,零件工作表面或表面下一定深度处会形成疲劳裂纹,随着裂纹的扩展与相互交接,会使表层金属削落,出现凹坑,这种磨损称为疲劳磨损,也称为疲劳点蚀,简称点蚀。典型实例为齿轮的齿面点蚀。

材料硬度越低,接触应力越大,越容易出现点蚀;表面粗糙度的值较大时,容易发生疲劳点蚀;油的黏度较大时,有利于减轻疲劳磨损。

4. 冲蚀磨损

具有一定速度的硬质微粒冲击物体表面时,物体表面受到法向力及切向力作用,当硬质微粒反复作用物体表面时,就会造成表面疲劳破坏,物体表面会不断地损失材料,这种磨损称为冲蚀磨损。例如,燃气涡轮机叶片、火箭发动机尾喷管这类零件的破坏均是由于冲蚀磨损而引起的。

5. 腐蚀磨损

摩擦副受到空气中的酸或润滑油中残存的少量无机酸和水分的化学或电化学作用,使摩擦副表面材料不断损失,这种磨损称为腐蚀磨损。典型实例为化工设备泵的叶片磨损。

2.7.3　润滑剂

在相对运动的摩擦面间加入润滑剂可降低摩擦,减少磨损,提高效率,延长机件的寿命,同时还会起到冷却、传力、绝缘、防腐、密封和排污等作用。机械中所用的润滑剂有气体、液体、半固体和固体物质,其中液体的润滑油和半固体的润滑脂被广泛采用。下边着重介绍润滑油和润滑脂的性能,以便正确地进行选择。

1. 润滑油

润滑油可分为三类:一是有机油,通常是动、植物油,动、植物油中因含有较多的硬脂酸,在边界润滑时有很好的润滑性能,但因其稳定性差,且来源有限,故使用不多;二是矿物油,主要是石油产品,因其来源充足,成本较低,适用范围广,且稳定性好,故应用最多;三是化学合成油,化学合成油多是针对某种特定需要而制成,不但适用面窄,而且费用极高,故应用很少。无论哪类润滑油,若从润滑观点考虑,主要是从以下几个理化性能指标来评判它们的优劣。

(1)黏度

黏度是表示润滑油黏性的指标,即流体抵抗变形的能力,它表征油层间内摩擦阻力的大小。如图 2.10 所示,在两个平行的平板间充满具有一定黏度的润滑油,若平板 A 以速度 v 移动,另一平板 B 静止不动,则由于油分子与平板表面的吸附作用,将使贴近板 A 的油层以同样的速度 v 随板移动,而贴近板 B 的油层则静止不动,于是形成各油层间的相对滑移,在各层的界面上就存在有相应的切应力。根据牛顿的黏性液体的摩擦定律(黏性定律),即在流体中任

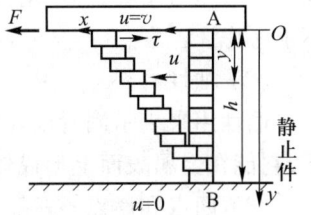

图 2.10　油膜中的黏性流动

意点处的切应力均与其剪切率(或速度梯度)成正比。若用数学形式表示这一定律,则为

$$\tau = - \eta \frac{\mathrm{d}u}{\mathrm{d}y}$$

式中:τ——流体单位面积上的剪切阻力,即切应力;

$\dfrac{\mathrm{d}u}{\mathrm{d}y}$——流体沿垂直运动方向的速度梯度,式中 u 是流体的速度,y 是垂直流速的

油膜厚度,"$-$"号表示 u 随 y 的增大而减小;

η——比例常数,即流体的动力黏度。

摩擦学中把凡是服从这个黏性定律的液体都称为牛顿液体。

黏度的表示方法有动力黏度、运动黏度和相对黏度。

1)动力黏度 η 图 2.11 所示为长、宽、高各为 1 m 的流体,如果使立方体顶面流体层相对底面流体层产生 1 m/s 的运动速度,所需要的外力 F 为 1 N 时,则流体的黏度 η 为 1 N·s/m^2,称为"帕秒",常用 Pa·s 表示。

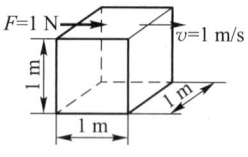

图 2.11 流体的动力黏度

2)运动黏度 ν 流体的动力黏度 η 与同温度下的密度 ρ 的比值称为运动黏度,即

$$\nu = \frac{\eta}{\rho}$$

式中:ρ 为流体的密度,kg/m^3,对矿物油,$\rho \approx 900$ kg/m^3。

运动黏度在法定计量单位中为 m^2/s,因单位太大,实际中常用 cm^2/s,称为"斯",用 St 表示,"斯"的百分之一称为"厘斯",用 cSt 表示。换算关系式为 1 m^2/s = 10^4 St = 10^6 cSt。

我国规定以润滑油在 40 ℃时的运动黏度的平均值(单位为 cSt)作为润滑油的牌号。常用润滑油黏度牌号、性能及应用可参考机械设计手册等相关资料。

3)相对黏度 生产中有时用相对黏度。恩氏黏度是相对黏度的一种,它是用 200 mL 的黏性流体,在给定的温度 t 下流经一定直径的小孔所需的时间,与同体积的蒸馏水在 20 ℃时流经同样的小孔所需时间的比值来衡量流体的黏性。恩氏黏度用 °E$_t$ 表示。

常用润滑油的牌号、性能和应用

以上三种黏度在生产和经营中都可采用,但润滑计算时多用动力黏度。

影响润滑油黏度的主要因素是温度和压力,其中温度的影响最显著。润滑油的黏度随温度变化而变化,温度越高,黏度越小。图 2.12 给出了几种润滑油的黏温关系曲线。一般压力增大,黏度增大,但压力小于 5 MPa 时,黏度随压力变化极小,计算时可不予考虑。

(2)油性

油性用来表示润滑油在摩擦表面上的吸附性能,油性越好的润滑油吸附能力越强,它能在金属表面上形成较为牢固的吸附膜;反之,油性差的油吸附能力差。

(3)闪点和燃点

将润滑油加热,油样蒸气与空气混合并接近明火发生闪光时的油温称为闪点。闪

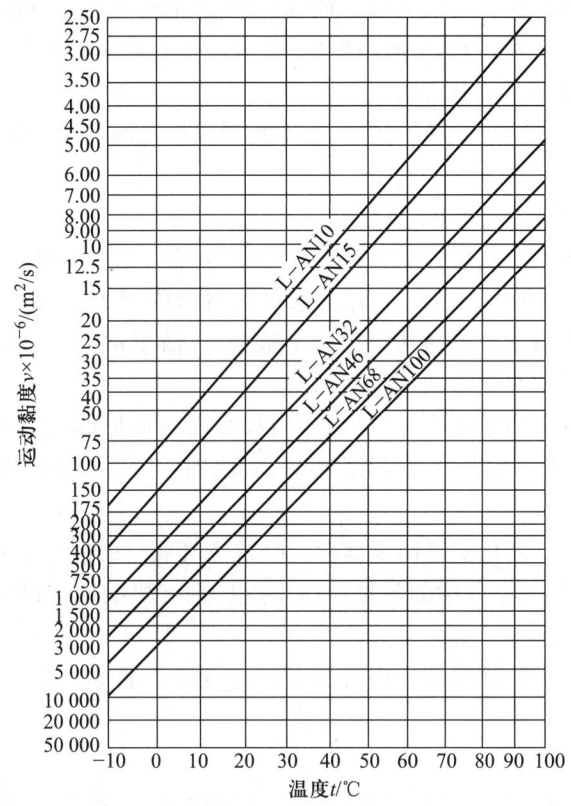

图 2.12　几种润滑油的黏温关系曲线

光时间连续达到 5 s 时的油温称为燃点。机器工作温度高时,应选用燃点高的润滑油。

（4）凝点

润滑油冷却到不能流动时的温度称为凝点。低温下工作的机器应选用凝点低的润滑油。

（5）极压性

润滑油中的活性分子与摩擦表面形成耐压、减摩、耐磨的化学膜的能力称为极压性。载荷大的高副接触的摩擦副间宜选用极压性好的润滑油。

（6）酸值

润滑油中含有有机酸,为中和 1 g 润滑油中的有机酸所需的氢氧化钾的毫克数称为酸值。酸值大的润滑油对零件有腐蚀作用,选择润滑油时要限制酸值。

进行机械设计时要根据机器的工作条件、载荷性质及润滑油的性质来选择润滑油,使润滑油的主要性能(如黏度、油性等)符合机器要求。

2. 润滑脂

润滑脂是润滑油与稠化剂(如钙、钠、锂的金属皂)的膏状混合物。根据调制润滑脂所用皂基的不同,润滑脂主要有以下几类:

1）钙基润滑脂。具有良好的抗水性,但耐热能力差,工作温度不宜超过 55 ℃。

2）钠基润滑脂。具有较高的耐热性,工作温度可达 120 ℃,但抗水性差。由于它能与少量水乳化,从而保护金属免遭锈蚀,故比钙基润滑脂有更好的防锈能力。

3）锂基润滑脂。既能抗水、耐高温(工作温度不宜高于 145 ℃),而且有较好的机械安定性,是一种多用途的润滑脂。

4）铝基润滑脂。具有良好的抗水性,对金属表面有高的吸附能力,故可起到很好的防锈作用。

润滑脂的主要性能指标有:

1）锥入度。指一个质量为 150 g 的标准锥体,在 25 ℃ 恒温下,由润滑脂表面经 5 s 后刺入的深度(以 0.1 mm 计)。它标志着润滑脂内阻力的大小和流动性的强弱。锥入度越小,表明润滑脂越不易从摩擦面中被挤出,故承载力强,密封性好,但同时摩擦阻力也大,而不易填充较小的摩擦间隙。

2）滴点。在规定的加热条件下,润滑脂从标准测量杯的孔口滴下第一滴时的温度称为润滑脂的滴点。它标志着润滑脂耐高温的能力。一般使用温度应低于滴点 20~30 ℃,甚至 40~50 ℃。

3）氧化安定性。氧化安定性指润滑脂抵抗空气氧化的能力。氧化安定性差的润滑脂在存储过程中易与空气中的氧接触而生成各种有机酸,对金属表面起腐蚀作用,同时失去润滑作用。

常用润滑脂的牌号、性能和应用可参考机械设计手册等相关资料,或扫描二维码查看。

常用润滑脂的牌号、性能和应用

3. 固体润滑剂

固体润滑剂的材料有无机化合物(石墨、二硫化钼、二硫化钨、氮化硼等)、有机化合物(蜡、聚四氟乙烯、酚醛树脂)和金属(铅、锡、锌)以及金属化合物,其中以石墨和二硫化钼应用最广。固体润滑剂一般用于不宜使用润滑油或润滑脂的特殊条件下,如高温、高压、极低温、真空、强辐射、不允许污染及无法给油的场合,或作为润滑油、润滑脂的添加剂以及与金属、塑料等混合制成自润滑复合材料。

固体润滑材料的应用

4. 气体润滑剂

用做润滑剂的气体有空气、氢气、氩气等,最常用的是空气。气体的黏度小,摩擦因数低,适用于高速轴承的润滑。气体润滑也应用在不能用润滑油的场合,如原子能工业、某些化学工业、怕油污的食品工业和纺织工业等。

思考题与习题

2.1　机械设计的基本要求有哪些?通常按什么程序进行设计?

2.2　机械零件的主要失效形式有哪些?机械零件的常用设计准则有哪些?

2.3　何谓静应力与变应力?反映变应力的主要参数有哪些?它们之间的关系如何?

2.4　影响机械零件疲劳强度的主要因素有哪些?

2.5　选择机械零件材料的主要原则是什么?

2.6　机械零件的结构工艺性包括哪些内容?试举例说明之。

2.7　何谓标准化?标准化的意义是什么?举出三个标准件的例子。

2.8　摩擦有哪几种类型?各有什么特点?

2.9　实现流体摩擦有几种方法?各有何特点?

2.10　磨损有几种主要类型？各举一例。

2.11　常用润滑剂有几类？

2.12　润滑油黏度的意义是什么？黏度单位有哪几种？影响黏度的主要因素是什么？它们是如何影响黏度的？

2.13　润滑油及润滑脂的主要性能指标各有哪些？

2.14　汽车发动机曲轴轴颈磨损，形状和尺寸都发生变化，不能使用，请想出 1~2 种修复的方法，采用你的方法在发动机设计时应该如何考虑？

2.15　HBW、HRC 各代表材料的什么性能？请查一下 45 钢正火和 20Cr 渗碳时上述参数的具体值。

2.16　小载荷、常温常压下的小滚动轴承，可以用哪种润滑剂？举出两个例子，并给出润滑剂主要的性能参数值。

2.17　当 A、B、C 三个相同的零件承受的 σ_{max} 相同，但应力的循化特征不同，分别为+1、0、−1，试问哪个零件最可能先疲劳？

第三章 螺纹连接

3.1 螺 纹

螺纹连接是利用螺纹零件构成的连接,属可拆连接。它结构简单、装拆方便,各种螺纹连接件均已标准化,故应用广泛。本章重点学习设计机器时如何选择合理的螺纹连接方式、结构及确定螺纹连接的尺寸。

3.1.1 常用螺纹类型及特点

根据螺纹牙在螺杆轴向剖面上形状的不同,螺纹可分为普通螺纹、矩形螺纹、梯形螺纹、锯齿形螺纹和管螺纹等(图 3.1)。根据母体的形状,螺纹可分为圆柱螺纹和圆锥螺纹两种。

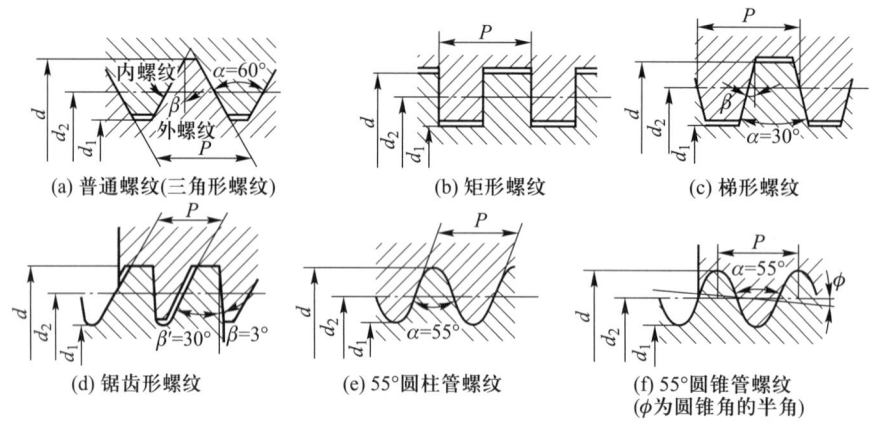

(a) 普通螺纹(三角形螺纹)　　(b) 矩形螺纹　　(c) 梯形螺纹

(d) 锯齿形螺纹　　(e) 55°圆柱管螺纹　　(f) 55°圆锥管螺纹
(ϕ为圆锥角的半角)

图 3.1　常用螺纹

螺纹是螺纹连接和螺旋传动的重要部分,要求有足够的强度(牙根和杆的断面)和良好的工艺性。此外,连接螺纹必须自锁,管螺纹还要求有紧密性,传动螺纹要求高效率,调整螺纹及传递运动的螺纹则要求有足够的精度,起重螺纹既希望工作行程效率较高,又要求自锁性能好。这些要求取决于正确选择螺纹的牙型和参数。

现将几种常用螺纹的特点和应用场合分述如下:

1)普通螺纹,如图 3.1a 所示。普通螺纹是牙型角 $\alpha = 2\beta = 60°$ 的三角形螺纹,用量最大。因为牙侧角 β 大,所以当量摩擦因数大(见式 3.5),自锁性能好,主要用于连接。这种螺纹分粗牙和细牙两种,一般用粗牙。在公称直径 d 相同时,细牙螺纹的螺距 P 较小,小径 d_1 和中径 d_2 较大(图 3.2),因而螺杆强度较高,螺纹升角 ψ 较小,自锁性能更好,常用于承受冲击、振动及变载荷,或空心、薄壁零件及微调装置中,其缺点是牙小、相同载荷下磨损快,易滑扣。

2）矩形螺纹,如图 3.1b 所示。牙型为矩形,牙侧角 $\beta=0°$,所以效率高,用于传动,现在还没有标准化。由于制造困难,螺母和螺杆同心度差,牙根强度弱,牙侧磨损后不能补偿,故常为梯形螺纹所代替。

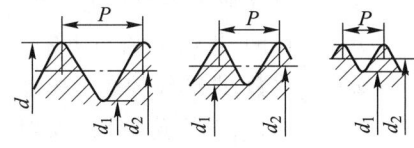

图 3.2　粗牙螺纹和细牙螺纹

3）梯形螺纹,如图 3.1c 所示。梯形螺纹的牙型角 $\alpha=2\beta=30°$。和矩形螺纹相比,效率略低,但牙根强度较高,易于制造,可以车削、铣削、磨削;且因内、外螺纹是以锥面贴合,易于对中。若采用剖分螺母,还可利用径向位移来消除因磨损而造成的牙侧间隙。因此,在螺旋传动中应用最为普遍。

4）锯齿形螺纹,如图 3.1d 所示。工作边的牙侧角 $\beta=3°$,传动效率高,且便于车削和铣削加工;非工作边牙侧角 $\beta'=30°$,在外螺纹牙根处有相当大的圆角。螺纹副的大径处无间隙,便于对中。它综合了矩形螺纹效率高和梯形螺纹牙根强度高的优点,能承受较大的载荷,但只能单向传动,适用于起重螺旋、螺旋压力机、大型螺栓连接(如水压机立柱)等单向受力的传动和连接机构中。

5）圆柱管螺纹,如图 3.1e 所示。圆柱管螺纹是用于管件端头连接的三角形螺纹,牙型角 $\alpha=55°$,圆柱管螺纹的螺纹尺寸代号用管子公称孔径来表示,可在密封面间加填料等来密封,适用于压强在 1.6 MPa 以下的管路连接。

6）圆锥管螺纹。常用的有牙型角为 55° 的圆锥管螺纹(图 3.1f)和牙型角为 60° 的圆锥管螺纹,螺纹均匀分布在 1:16 的圆锥管壁上。拧紧以后内、外螺纹面间没有间隙,使用时不用填料而依靠牙的变形来保证螺纹连接的紧密性,常用于高温高压系统的管件连接。

3.1.2　螺纹的主要参数

现以常用的普通圆柱螺纹(图 3.3)为例来说明螺纹的主要参数:

d——螺纹大径,与外螺纹牙顶相切的圆柱体的直径,是螺纹的公称直径。

d_1——螺纹小径,与外螺纹牙底相切的圆柱体的直径,常用做螺杆危险截面的计算直径。

d_2——螺纹中径,螺纹的牙厚和沟槽的轴向宽度相等处的假想圆柱体的直径,是螺

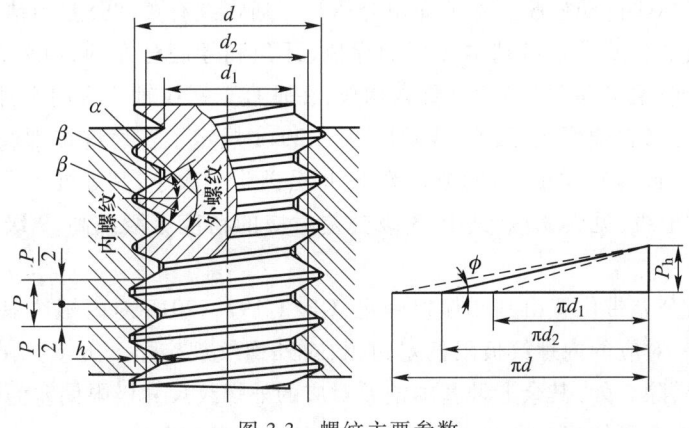

图 3.3　螺纹主要参数

纹几何关系及受力分析的参考尺寸。

P——螺距，螺纹上相邻两牙在中径线上对应两点间的轴向距离。

n——线数，即螺纹的螺旋线数。在圆柱体上若只有一条螺纹，称为单线螺纹；若有两条、三条或多条螺纹均匀分布(图 3.4)，则称为双线螺纹、三线螺纹或多线螺纹。线数多少可从端面上观察得到，一般 $n \leqslant 4$，图 3.4b 为三线螺纹。

P_h——导程，同一条螺旋线上的相邻两牙在中径线上对应两点间的轴向距离(图 3.4)，$P_h = nP$。

ϕ——螺纹升角，在中径圆柱上螺旋线的切线与垂直于螺纹轴线的平面之间的夹角。由图 3.3 可知

$$\phi = \arctan \frac{P_h}{\pi d_2} = \arctan \frac{nP}{\pi d_2} \qquad (3.1)$$

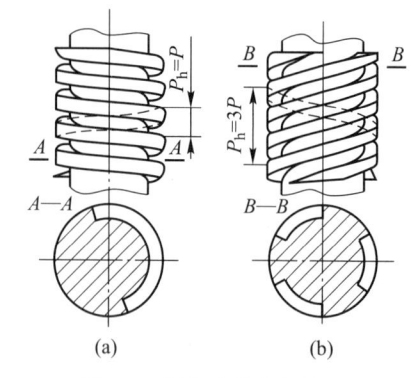

图 3.4　螺纹的线数与旋向

旋向——螺旋线绕行的方向，有右旋和左旋之分，如图 3.4 所示。一般用右旋，特殊情况下才用左旋。

α、β——牙型角和牙侧角，轴向剖面内螺纹牙型两侧边的夹角为牙型角 α，螺纹牙型侧边与螺纹轴线的垂直面的夹角为牙侧角 β(图 3.3)。

h——螺纹副的径向接触高度，mm。

除矩形螺纹外，其他螺纹的参数均已标准化。

3.1.3　螺纹的公差和精度

根据使用场所的不同，螺纹副的配合选用原则不同，对应的公差或精度也相应不同。对于管螺纹连接，要求工作状态下内、外螺纹牙间有一定的过盈量，以保证连接的气密性。对于丝杠等传动螺纹，要求具有足够的位移精度，因此要求螺距误差小、空行程小。而对于一般连接用的普通螺纹，一是要求具有良好的可旋入性，以便于装配和拆卸，实现互换；二是要求保证连接的可靠性，即保证具有一定的连接强度，同时螺纹不得过早地损坏或自动松脱。本节简单介绍与普通螺纹有关的公差和精度设计知识。

普通螺纹的公差带是沿基本牙型的牙侧、牙顶和牙底分布的，由公差(公差带大小)和基本偏差(公差带位置)两个要素构成，在垂直于螺纹轴线方向上计量相关的极限偏差和公差。《普通螺纹　公差》GB/T 197—2018 规定了普通连接螺纹的中径和顶径(外螺纹大径或内螺纹小径)的公差等级，即公差带的大小，其等级代号分别是 3、5、6、7、8、9，共七级，见表 3.1。其中，3 级公差对应的精度等级最高，9 级最低，6 级为基本级。

普通螺纹公差带位置由基本偏差确定，GB/T 197—2018 对内螺纹只规定了 H、G 两种基本偏差，对应的内螺纹极限偏差为正；对外螺纹规定了 a、b、c、d、e、f、g 和 h 共八种基本偏差，除 h 外，其余七种基本偏差对应的外螺纹尺寸极限偏差为负值。因此，内、外螺纹的接合面相当于圆柱体配合中的几种小间隙配合。

表 3.1　普通螺纹公差等级（摘自 GB/T 197—2018）

种别	螺纹直径		公差等级
内螺纹	中径	D_2	4,5,6,7,8
	小径（顶径）	D_1	
外螺纹	中径	d_2	3,4,5,6,7,8,9
	大径（顶径）	d	4,6,8

标准中还规定了三种不同的精度，其选用原则是：精密级——用于精密连接螺纹和要求配合变动小的螺纹，此时螺纹公差一般选 4~6 级；中等级——用于一般用途的螺纹连接，常用 5~7 级公差；粗糙级——用于不重要的连接或制造困难的连接，螺纹选用公差等级 7~8 级。

将公差等级代号和基本偏差代号组合，就构成了螺纹的公差带代号，如 7H 代表内螺纹的公差等级为 7 级，基本偏差为 H；又如 6g，是指外螺纹的公差等级为 6 级，基本偏差为 g。

螺纹标记分为单一螺纹标记和螺纹副标记，示例如下。详细规定另见 GB/T 197—2018。

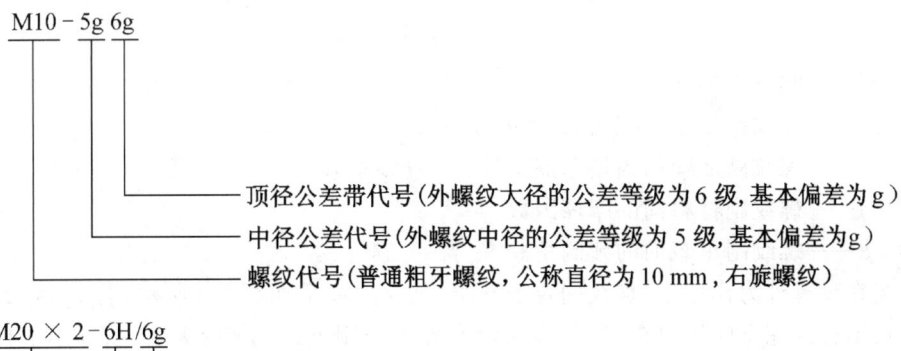

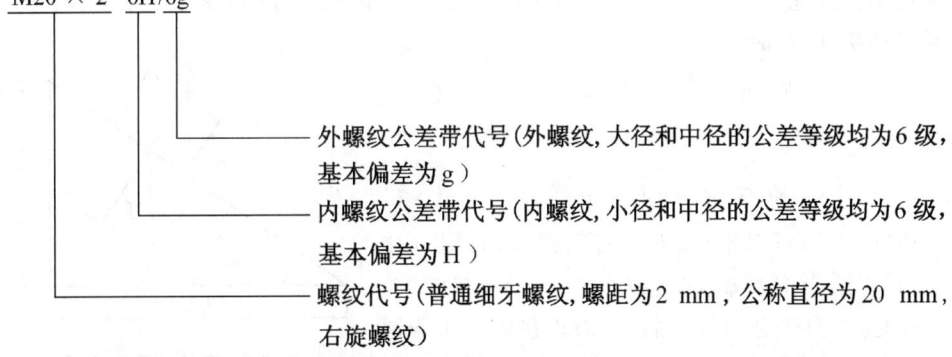

3.1.4　螺纹副的受力、效率和自锁

对于连接螺纹，希望拧紧后在没有外力作用时能够可靠地自锁；而对于传动螺纹（即螺旋传动），希望传动过程中效率越高越好。

由于拧紧（或放松）螺纹副的过程相当于一水平推力 F 推动一重量为 F' 的重物沿

斜面匀速上升(或下降)的过程,如图 3.5 所示。由力的平衡关系可知,要将螺纹副拧紧到轴向预紧力 F',需要在螺纹中径上施加的圆周力 F 和效率 η 分别是

$$F = F'\tan(\phi + \rho') \tag{3.2}$$

$$\eta = \tan\phi/\tan(\phi + \rho') \tag{3.3}$$

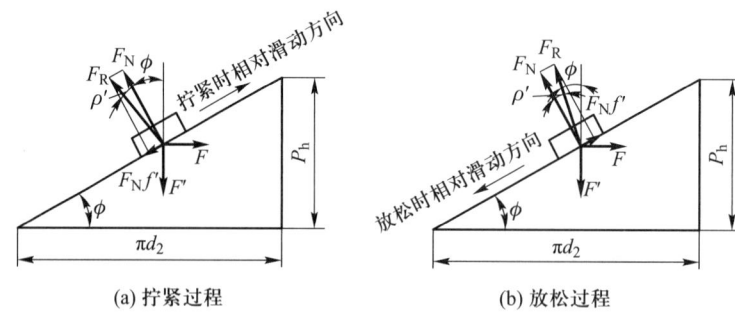

(a) 拧紧过程   (b) 放松过程

图 3.5 螺纹副在拧紧和放松过程中的受力关系

而要将一个已有轴向预紧力为 F' 的螺纹副松开,需要在螺纹中径上施加的圆周力 F 和效率 η 分别是

$$F = F'\tan(\phi - \rho') \tag{3.4}$$

$$\eta = \tan(\phi - \rho')/\tan\varphi \tag{3.5}$$

式中:F'——螺纹副轴向力,N;

ρ'——螺纹副当量摩擦角,$\rho' = \arctan f'$;

f'——螺纹副之间的当量摩擦因数,$f' = f/\cos\beta$;

f——螺纹副材料间的摩擦因数;

β——螺纹副承载面的牙侧角。

当在没有外力作用下,螺纹副要松开时,其受力关系如图 3.6 所示,若 $F_1 \leqslant f'F_N$,则螺纹副进入完全摩擦自锁状态,即在没有外力作用下,F_1 无论为多大,都不能使螺纹副自动松开,此时

$$F'\sin\phi \leqslant f'F'\cos\phi \tag{3.6}$$

即

$$\phi \leqslant \arctan f' = \rho' \tag{3.7}$$

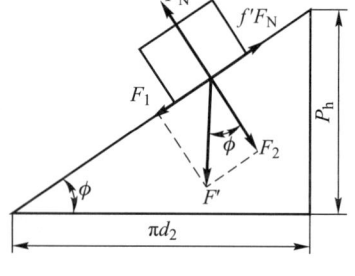

由式(3.3)可以推得,对于传动螺纹,希望 η 比较高,可以适当增大 ϕ,同时减小 β;对于连接螺纹,ρ' 比 ϕ 越大,自锁越可靠,因此一般连接螺纹用普通螺纹,$\phi = 1.5° \sim 5°$,细牙螺纹比粗牙螺纹的螺纹升角小,所以细牙螺纹的自锁性更好。

图 3.6 螺纹副摩擦自锁的受力分析

3.2 螺纹连接的基本类型和标准连接件

3.2.1 螺纹连接的基本类型及应用特点

螺纹连接的结构形式很多,可归纳为以下四种基本类型:

1. 螺栓连接

它是用螺栓穿过被连接件的光孔后拧紧螺母来实现的,用于连接两个都不太厚的零件,其结构形式如图 3.7 所示。由于不需要在被连接件的孔上加工螺纹,螺栓连接结构简单、装拆方便、损坏后容易更换,故应用较广泛。

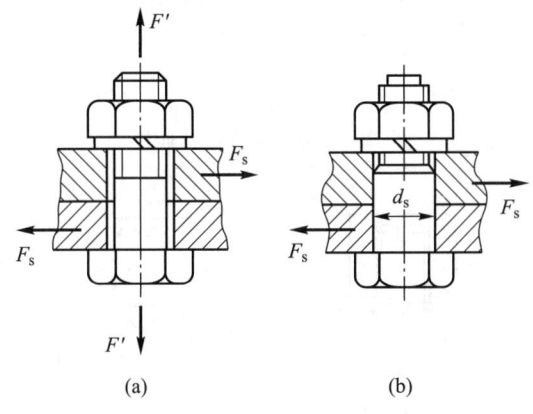

图 3.7 螺栓连接

螺栓连接按其受力状况不同,可分为受拉螺栓连接和受剪螺栓连接,其结构有所不同。前者在螺栓和孔壁间有间隙(图 3.7a),孔的加工精度要求低,又称为普通螺栓连接,该类连接因加工和装拆方便,其应用最广。后者在螺杆光杆部分与孔之间一般采用基孔制过渡配合(图 3.7b),用以承受横向载荷,有时还兼有两被连接件的精确定位作用。此时,孔需精制,如铰孔;连接件需用加强杆螺栓,故又称为加强杆螺栓连接。

2. 螺钉连接

当被连接件之一受结构厚度等限制,不能在其上加工通孔,或希望结构紧凑、有光整的外露表面及无法装拆螺母时,可以直接在不能加工通孔的被连接件上加工螺纹孔以代替螺母,如图 3.8a 所示,这种连接被称为螺钉连接。它不宜用于经常拆卸的场合,以免磨损被连接件的螺纹孔。而导致被连接件报废。

3. 双头螺柱连接

在需要用螺钉连接并且连接又需要经常拆卸或用螺钉无法安装时,则需使用双头螺柱连接。其座端旋入并紧定在螺纹孔中,拆卸时也不旋出,另一端与螺母旋合,将两被连接件连接成一体(图 3.8b)。

4. 紧定螺钉连接

如图 3.9 所示,紧定螺钉连接是利用紧定螺钉旋入一零件的螺纹孔中,其末端顶紧另一被连接的表面(图 3.9a)或顶入相应的凹坑中(图 3.9b)。这种连接通常用来固定两个零件的相对位置,有时也可以在两个被连接件之间传递不大的力或力矩。

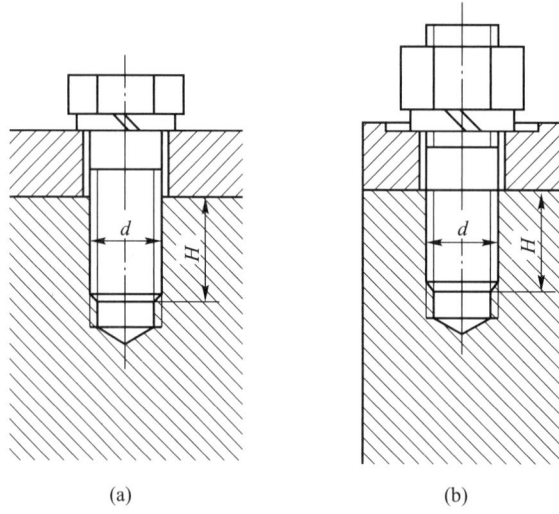

(a) (b)

图 3.8 螺钉、双头螺柱连接

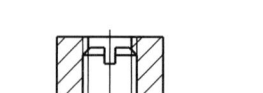

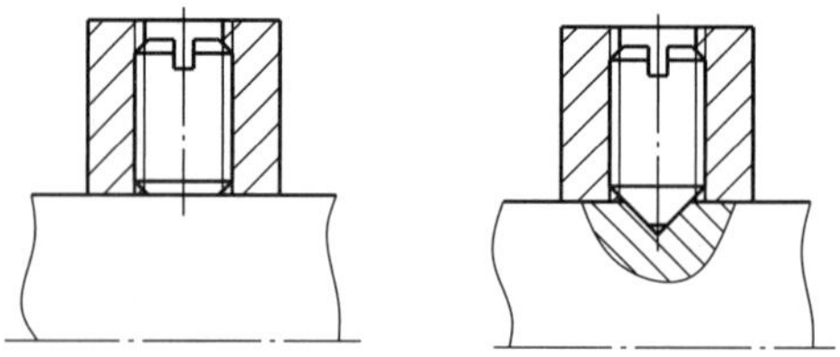

(a) (b)

图 3.9 紧定螺钉连接

3.2.2 标准螺纹连接件

螺纹连接件包括螺栓、螺钉、双头螺柱、紧定螺钉、螺母、垫圈及防松零件等,大多已有国家标准,公称尺寸为螺纹大径。螺纹连接件的制造精度分为 A、B、C 三级,A 级精度最高,用于要求装配精度高及受振动、变载荷等的重要连接,C 级用于一般连接。

1)螺栓 其结构形式很多,如图 3.10 所示。图 3.10a 为最常用的一般受拉螺栓;图 3.10b 为细杆螺栓,常用于受冲击、振动或变载荷处;图 3.10c 为加强杆螺栓;图 3.10d 为螺杆端部带销孔螺栓,与开槽螺母配合使用,连接后用开口销插入螺母槽和螺杆孔中以防松。

2)螺钉 其结构与螺栓大体相同,但头部形状多种多样,如图 3.11 所示,以适应不同的装配空间、拧紧程度、连接外观等方面的需要。

3)双头螺柱 双头螺柱螺纹部分有旋入端和螺母端,旋入端长度有 $1d$、$1.25d$、$1.5d$、$2d$ 等,以适应拧入不同材料的被连接零件,其结构如图 3.8b 所示。

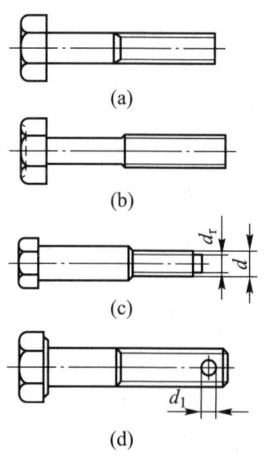

(a)

(b)

(c)

(d)

图 3.10 螺栓

4）紧定螺钉　紧定螺钉的头部和末端形状很多,如图 3.12 所示。末端有平端、圆柱端、锥端等形式,有较高的硬度。平端用于被顶表面硬度较高或常需调整相对位置的连接;圆柱端顶入被顶零件上的凹坑中,可传递一定的力或力矩;锥端用于被顶表面硬度较低或不常调整的场合。

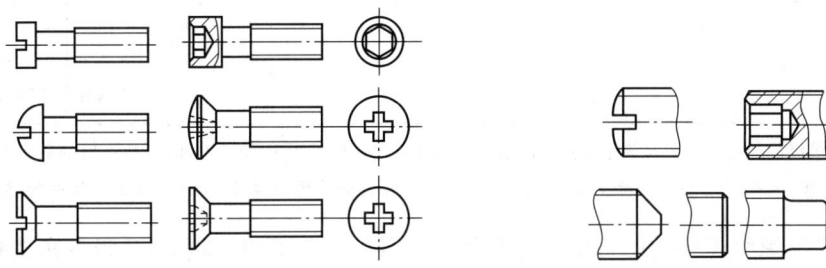

图 3.11　螺钉　　　　　　图 3.12　紧定螺钉的头部和末端结构

5）螺母　螺母的结构形式很多,六角螺母应用最普遍,其厚度有标准的和薄的两种。

6）垫圈　垫圈主要用以保护被连接件的支承表面,有大、小垫圈及用于工字钢、槽钢的方斜垫圈等。

7）防松零件　见 3.3.2 节。

3.2.3　螺纹连接件的常用材料及力学性能等级

制造螺纹连接件常用的材料一般为普通碳素结构钢和优质碳素结构钢,如 Q215、Q235 和 10、15、35、45 钢等。在承受变载荷或有冲击、振动的重要连接中,可用合金钢,如 15Cr、20Cr、40Cr、15MnVB、30CrMnSi 等。螺母材料一般较相配合的螺栓的硬度低 20～40 HBW,以减少螺栓磨损。当有耐蚀或导电要求时,也可用铜或其他有色金属。

螺纹连接件按照材料的力学性能分级,螺栓、螺钉、螺柱及螺母的力学性能等级见表 3.2,其中螺栓的性能等级在 8.8 级及以上的称为高强度螺栓。随着生产技术的不断发展,高强度螺栓的应用日益增多。

表 3.2　螺栓、螺钉、螺柱和螺母的力学性能等级
（摘自 GB/T 3098.1—2010 和 GB/T 3098.2—2015）

			性 能 等 级								
			4.6	4.8	5.6	5.8	6.8	8.8	9.8	10.9	12.9
螺栓、螺钉、螺柱	抗拉强度 σ_b/MPa	公称值	400		500		600	800	900	1 000	1 200
		最小值	400	420	500	520	600	800	830	900	1 040	1 220
	下屈服强度 σ_s/MPa	公称值	240	—	300	—	—	—	—	—	—
		最小值	240		300						
	布氏硬度 / HBW	最小值	114	124	147	152	181	245	250	286	316	380
	推荐材料		15、Q235	15、Q215	25、35	15、Q235	45	35	35	35、45	40Cr、15MnVB	30CrMnSi、15MnVB

续表

		性 能 等 级								
		4.6	4.8	5.6	5.8	6.8	8.8	9.8	10.9	12.9
相配合螺母	性能级别	5				6	8	—	10	12
	推荐材料	10、Q215					35		40Cr、15MnVB	30CrMnSi、15MnVB

注：性能等级的标记代号含义为小数点前的数字为公称抗拉强度极限 σ_b 的 1/100，小数点后的数字为屈强比的 10 倍，即 $10(\sigma_s/\sigma_b)$。在与外螺纹紧固件搭配使用时，较高性能等级的螺母可以替代低性能等级的螺母。

常用标准螺纹连接件的每个品种都规定了具体性能等级。例如，C 级六角头螺栓的性能等级为 4.6 级或 4.8 级；A 级、B 级六角头螺栓的性能等级为 8.8 级。选定规定性能等级后，可由表 3.2 查出相应的 σ_b 和 σ_s 值。规定性能等级的螺栓、螺母在图样上只标注性能等级。

3.3　螺纹连接的预紧与防松

3.3.1　螺纹连接的拧紧力矩及其控制方法

在实际使用中，绝大多数的螺纹连接都必须在装配时将螺母拧紧，称为紧连接。预紧可使连接在承受工作载荷之前就受到轴向预紧力 F' 的作用，以防止受载后被连接件之间出现间隙或横向滑移，也可以防松。所需预紧力 F' 的大小与工作载荷有关，其计算见 3.5.2 节。

预紧力 F' 过大，会使螺栓或螺母过载失效；预紧力不足，则又可能导致连接失效被连接件之间出现滑移。因此，对于重要的连接，在装配时预紧应进行控制，可通过控制拧紧力矩等方法来实现。

拧紧螺母时，要克服螺纹副的摩擦力矩 T_1 和螺母与支承面间的摩擦力矩 T_2（图 3.13），因此拧紧力矩 T 为

$$T = T_1 + T_2$$

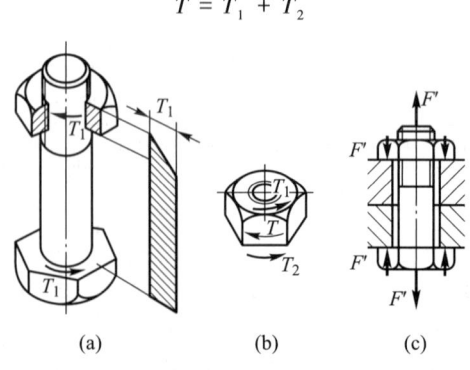

(a)　　　　　(b)　　　　　(c)

图 3.13　拧紧螺母的力矩和预紧力

参考式(3.2)可知

$$T_1 = F' \tan(\phi + \rho') \frac{d_2}{2}$$

按止推环摩擦力矩(参考图3.14的符号)可知

$$T_2 = \frac{1}{3} f F' \frac{D_1^3 - d_0^3}{D_1^2 - d_0^2} \tag{3.8}$$

因此

$$T = F' \left[\frac{d_2}{2} \tan(\phi + \rho') + \frac{1}{3} \frac{D_1^3 - d_0^3}{D_1^2 - d_0^2} f \right] \tag{3.9}$$

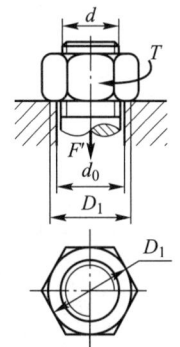

式中:f 为螺母与被连接件支承表面间的摩擦因数。

将常用钢制 M10~M68 普通螺栓的 d、d_2、d_0、D_1、ϕ 的值代入计算式,并取 $f \approx 0.15$、$\rho' \approx 8.5°$,可得

$$T \approx 0.2 F' d \tag{3.10}$$

图 3.14 计算螺母与支承面摩擦力矩用的符号

装配时控制拧紧力矩的方法有多种,例如使用测力矩扳手(图3.15a)或定力矩扳手(图3.15b),装配时测量螺杆的伸长(图3.16)有时甚至将螺杆末端切制成一个环 V 形的剪口断面,拧紧过程中当剪口断面被拧断时,预紧力即已达到规定的要求等。

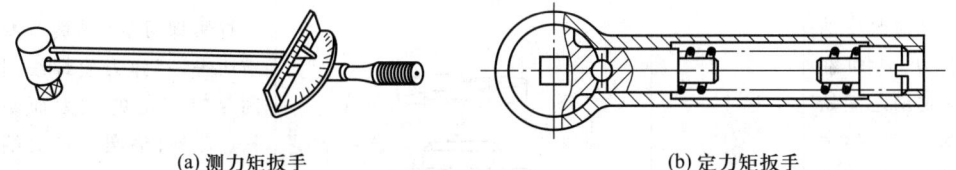

(a) 测力矩扳手 (b) 定力矩扳手

图 3.15 控制拧紧力矩

3.3.2 螺纹连接的防松

连接螺纹都是要满足自锁条件的,即螺纹升角小于螺纹副的当量摩擦角,在没有外界干扰或振动条件下可以保证拧紧后不会自动松脱。螺纹副间需保持足够阻止相对运动的摩擦力,这个摩擦力在冲击、振动及变载荷下或温度变化大时,使螺纹副中的正压力发生变化,甚至有可能在某一瞬间消失,产生相对滑动。这种现象多次重复,连接就会逐渐松退,使工作失常,甚至发生事故。所以,在设计螺纹连接时必须考虑防松。

防松的实质就是防止螺纹副之间的相对转动。防松的方法很多,就其工作原理可分为摩擦防松、机械防松和永久性防松三类,具体的防松方法及应用见表3.3。

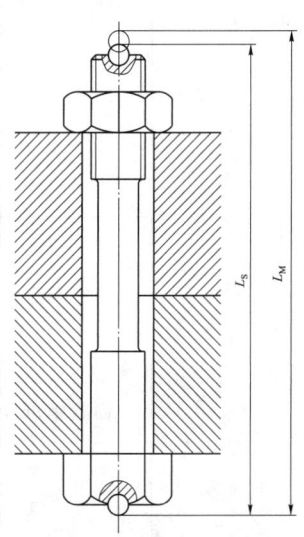

图 3.16 测量螺杆的伸长

表 3.3 螺纹连接的防松方法及应用

防 松 原 理	防 松 方 法	防 松 结 构	防 松 特 点
1. 摩擦防松（使螺纹副中有不随连接所受外载荷的变化而改变的压力，从而在螺纹副之间始终存在摩擦力而避免出现相对转动）	双螺母对置拧紧防松	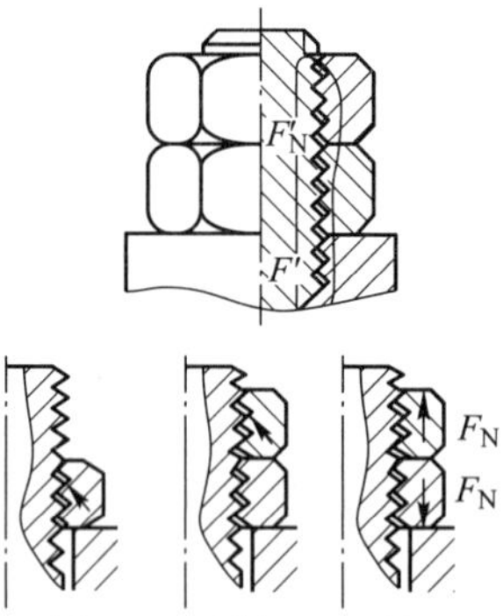 (a) (b) (c)	在螺杆上连续拧上两个螺母，图 a、b、c 分别表示单螺母及上面螺母的拧紧过程。上面螺母拧紧后，两螺母接触面上产生对顶力 F_N（图 c），使螺纹旋合部分的螺栓杆受拉、螺母受压，在两个螺母和螺栓之间形成一个封闭力，它不受外载荷变化的影响，始终保持螺纹表面间存在压力，因而摩擦力不会消失，起到防松作用。 双螺母防松结构简单，使用方便，但结构尺寸大。适用于平稳，低速和重载的固定装置上的连接防松
	弹簧垫圈	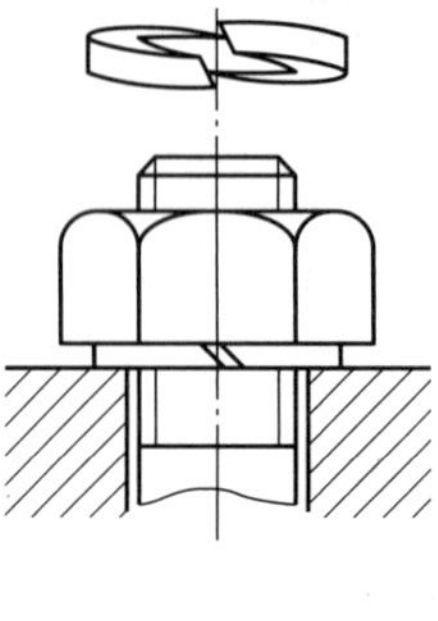	拧紧螺母后，弹簧垫圈被压平，其弹力使螺纹副间保持一定的压力而防松。此外，垫圈切口尖端逆着螺母旋松的方向，也有阻止螺母反转的作用。 但在多次拆卸后易破坏螺母或被连接件表面与垫圈切口尖端的接触面，用于一般的连接
	锁紧螺母	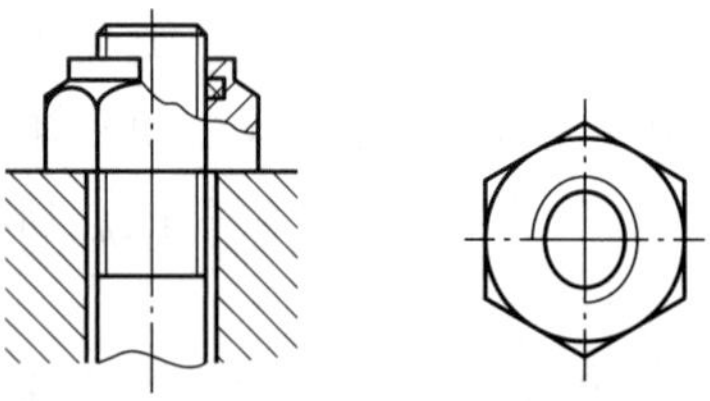 (a)　　　　　(b)	锁紧螺母的类型很多。如图 a、b 所示的分别是在拧紧螺母时利用嵌在螺母内的尼龙圈挤入旋合螺纹或螺母椭圆口的弹性变形箍紧螺杆，增大该处摩擦力而防松。 结构简单，可用于多次装拆的连接

双螺母防松

续表

防松原理	防松方法	防松结构	防松特点
2. 机械防松（在螺纹副之间利用专用止动元件阻止其相对转动，防松可靠、应用广泛）	止动垫圈	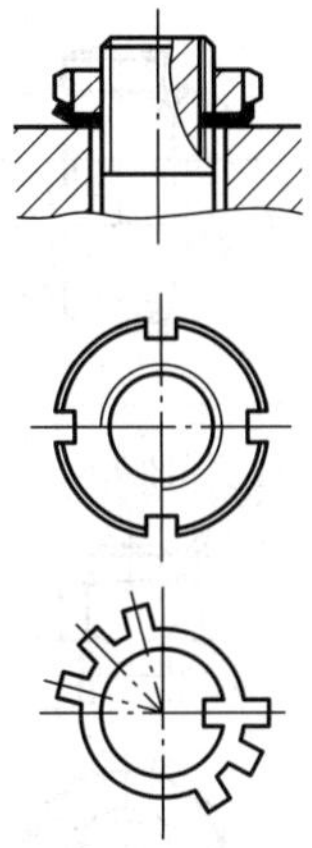 (a) 圆螺母+止动垫圈 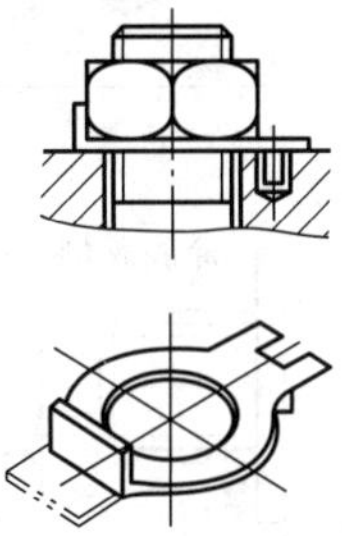 (b) 普通螺母+止动垫圈	止动垫圈种类很多，例如图 a 为与圆螺母配用的止动垫圈，内舌插入螺杆上预制的槽中，拧紧螺母后将其外翅之一弯入与圆螺母对应的槽中，使螺杆与螺母不能相对转动。图 b 为与一般六角螺母相配用的止动垫圈，垫圈约束螺母，而自身又被约束在被连接件上，使螺母不能转动，但同时还必须保证螺栓不转动
	开口销与六角开槽螺母配合使用	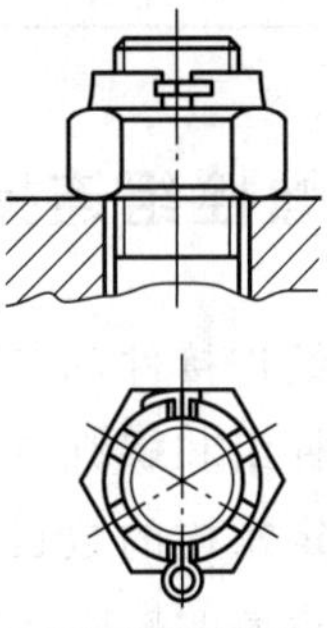	开槽螺母与杆端带孔螺栓（如图 3.10d 所示）配合使用拧紧螺母后，把开口销插入螺母槽与螺栓尾部孔中，并将销尾部掰开，阻止螺母与螺杆相对转动。 用于有振动、冲击的运动部件的连接
	螺栓组串联钢丝	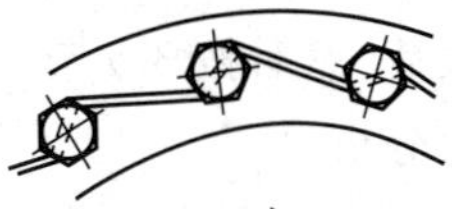 正确 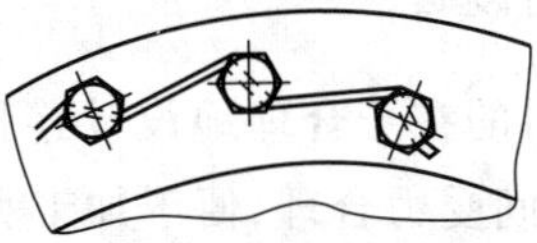 错误	钢丝穿入一组螺钉头部的小孔并拉紧。当螺钉有逆时针方向松动趋势时，钢丝将被拉得更紧，因此在使用时应注意钢丝穿入孔中的方向。 适用于螺钉组连接，工作可靠，但装拆不便。在航空发动机、武器装备等领域中应用广泛

圆螺母+
止动垫圈

螺栓组
串联钢丝

防松原理	防松方法	防松结构	防松特点
3. 永久防松（这种连接一经防松处理后，在不破坏连接件或被连接件的情况下不可拆卸，连接零件不可重复使用）	焊接防松	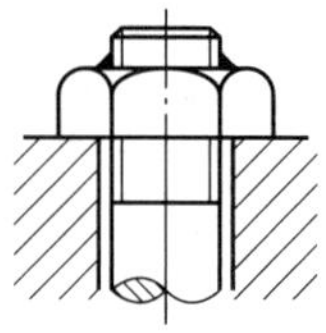	螺母拧紧后，将螺母与螺栓裸露部分用点焊焊为一体
	冲点防松	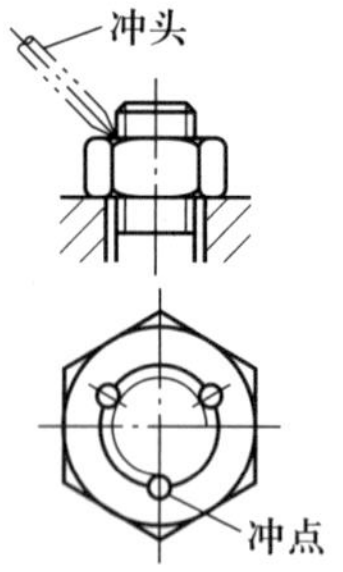 冲头 冲点	螺母拧紧后，利用冲头在螺栓末端与螺母旋合处冲点，破坏螺纹牙结构，使得螺母与螺栓之间无法发生相对转动
	黏接防松	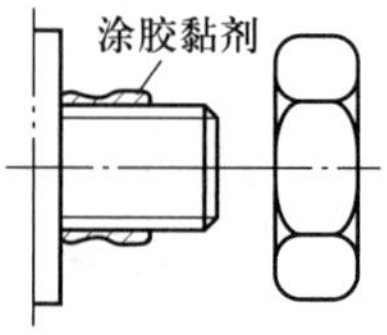 涂胶黏剂	旋合螺母前，在即将与螺母接触的螺栓部位涂胶黏剂，螺母拧紧后与螺栓被固化后的胶黏剂黏接成一体。 不破坏精度和对中性，无附加零件、工作可靠

3.4　螺栓组连接的设计

一般情况下，大多数机器的螺纹连接件都是成组使用的，其中以螺栓组连接最为典型，其基本结论也适用于双头螺柱组和螺钉组连接。

设计螺栓组连接时，首先要选定螺栓的数目及布置形式，然后确定螺栓连接的结构尺寸。在确定螺栓尺寸时，对不重要的螺栓连接，可参考现有的机器设备，用类比法确定，不再进行强度校核；对于重要的连接，应根据工作载荷分析各螺栓的受力状态，找出受力最大的螺栓及其工作载荷，然后按 3.5 节的方法对其进行强度计算。下面讨论螺栓组连接的结构设计和受力分析。

3.4.1　螺栓组连接的结构设计

螺栓组连接结构设计的目的在于合理地设计连接接合面的几何形状和螺栓的布置形式，力求各螺栓和接合面间受力合理，便于加工和装配。为此，设计时应综合考虑以下几方面的问题。

1）连接接合面的几何形状常设计成轴对称的简单几何形状（图 3.17）。这样便于加工和对称布置螺栓,使螺栓组的对称中心和接合面的几何中心重合,以保证连接接合面受力比较均匀。

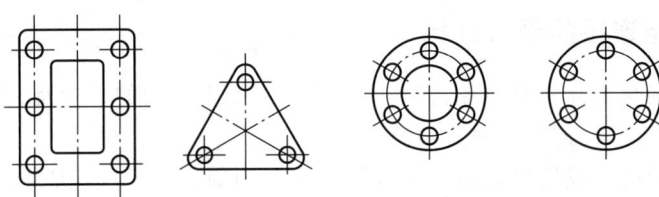

图 3.17 螺栓组连接接合面常用的几何形状

2)螺栓的布置应使各螺栓的受力合理。对于受剪的加强杆螺栓连接,不要在平行于工作载荷的方向上成排地布置 8 个以上的螺栓,以免由于螺栓孔位置加工误差使各螺栓受到的剪切载荷差异过大。当螺栓连接承受弯矩或扭矩时,应使螺栓的位置靠近接合面的边缘,以减小远离几何中心的螺栓的受力(图 3.18)。

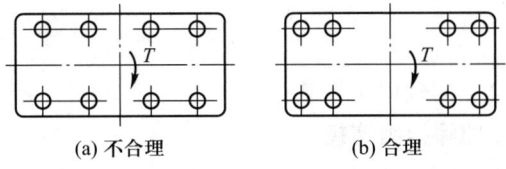

(a) 不合理　　　　　(b) 合理

图 3.18 螺栓组受弯矩或扭矩时螺栓的布置

如果同时承受轴向载荷和较大的横向载荷,应采用销、套筒、键等抗剪零件来承受横向载荷,以减小螺栓的预紧力及尺寸。

3)螺栓的排列应有合理的间距、边距。布置螺栓时,各螺栓轴线之间及螺栓轴线和机体壁面之间的最小距离应按扳手所需活动空间的大小来决定。扳手空间的尺寸(图 3.19)可查阅有关标准。对压力容器等紧密性要求较高的重要连接,螺栓间距 t_0 不得大于表 3.4 推荐的数值。

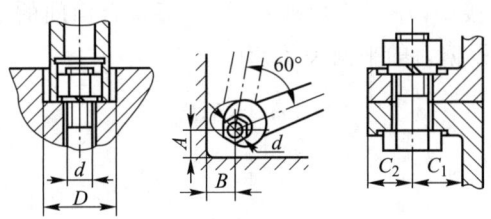

图 3.19 扳手空间的尺寸

表 3.4 螺 栓 间 距

	工作压力/MPa					
	≤1.6	>1.6~4	>4~10	>10~16	>1.6~20	>20~30
	t_0/mm					
	$7d$	$5.5d$	$4.5d$	$4d$	$3.5d$	$3d$

注:表中 d 为螺纹公称直径。

4）分布在同一圆周上的螺栓数目应取 4、6、8 等偶数,以便于钻孔时在圆周上分度和画线。同一螺栓组中螺栓的材料、直径和长度均应相同。

3.4.2　螺栓组连接的受力分析

螺栓组连接受力分析的任务,就是确定螺栓组受力最大的螺栓及其所受工作载荷的大小,以便进行螺栓连接的强度计算。

下面对几种典型螺栓组受力情况进行分析。为简化计算,分析时常作如下假定:① 被连接件是刚体;② 各螺栓的拉伸刚度或剪切刚度(即螺栓的材质、直径和长度)及预紧力都相同;③ 螺栓的应变在弹性范围内。

1. 受轴向载荷 F_Q 的螺栓组连接

如图 3.28a 所示的气缸盖螺栓组连接,载荷 F_Q 作用线与螺栓中心线平行并通过螺栓组形心,因此各螺栓所分担的工作载荷相等。设螺栓数目为 z,则

$$F = \frac{F_Q}{z} \tag{3.11}$$

F 即为作用在单个螺栓上的轴向工作载荷。

2. 受横向载荷 F_R 的螺栓组连接

如图 3.20 所示,载荷可通过普通螺栓或加强杆螺栓连接来传递。

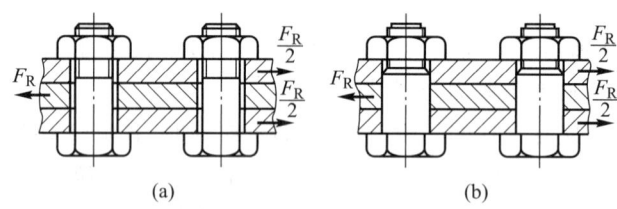

$$
\begin{array}{cc}
\text{(a)} & \text{(b)}
\end{array}
$$

图 3.20　受横向载荷的螺栓组连接

1）用普通螺栓连接。如图 3.20a 所示,连接靠接合面间的摩擦力来平衡外载荷,螺栓只受预紧力 F'。根据力的平衡关系,有

$$fF'mz = K_f F_R$$

每个螺栓所需的预紧力为

$$F' = \frac{K_f F_R}{fmz} \tag{3.12}$$

式中: f——接合面间的摩擦因数,见表 3.5;

　　　m——接合面数,在图 3.20 中 $m = 2$;

　　　z——螺栓数;

　　　K_f——考虑摩擦因数不稳定导致完全依赖摩擦传力的不可靠而引入的可靠性系数,一般取 $K_f = 1.1 \sim 1.3$。

连接预紧后,不论有无外载荷 F_R,螺栓所受的力不变,始终为 F'。

表 3.5   连接接合面间的摩擦因数 f

被 连 接 件	接合面的表面状态	f
钢或铸铁零件	干燥的机加工表面	0.10~0.16
	有油的机加工表面	0.06~0.10
钢结构件	经喷砂处理	0.45~0.55
	涂锌漆	0.35~0.40
	轧制、经钢丝刷清理浮锈	0.30~0.35
铸铁对砖、混凝土、木料	干燥表面	0.40~0.45

2）用加强杆螺栓连接。如图 3.20b 所示,连接靠螺栓杆受剪力来平衡外载荷 F_R。假设被连接件为刚体,则各螺栓所受的工作剪力相等。根据板的平衡条件有

$$zF_s = F_R$$

每个螺栓连接所受的最大横向工作载荷为

$$F_s = \frac{F_R}{z} \tag{3.13}$$

3. 受旋转力矩 T 的螺栓组连接

图 3.21 为一机座的螺栓组连接示意图,旋转力矩 T 作用在接合面内,使机座有绕螺栓组形心旋转的趋势。此载荷可用普通螺栓连接或加强杆螺栓连接来传递。

1）采用普通螺栓连接时,靠预紧后在接合面上各螺栓处摩擦力对形心的力矩之和来平衡外加力矩 T。设摩擦力作用在各螺杆中心处,其方向为阻止运动趋势的方向(图 3.21a),根据机座的受力平衡可得

$$fF'r_1 + fF'r_2 + \cdots + fF'r_z = K_f T$$

由此可得每个螺栓连接所需的预紧力为

$$F' = \frac{K_f T}{f(r_1 + r_2 + \cdots + r_z)} = \frac{K_f T}{f \sum\limits_{i=1}^{z} r_i} \tag{3.14}$$

式中:$r_1, r_2, \cdots, r_z$——各螺栓中心至螺栓组形心 O 的距离;

$\quad\quad\quad K_f$——可靠性系数,取值见公式 3.12;

$\quad\quad\quad f$——接合间的摩擦因数,见表 3.5。

2）采用加强杆螺栓连接时,忽略接合面上的摩擦力,外加力矩 T 靠螺栓所受剪力对底板旋转中心的力矩之和来平衡。第 i 个螺栓所受工作剪力 F_{si} 的方向垂直于螺栓中心与底板旋转中心的连线,如图 3.21b 所示。

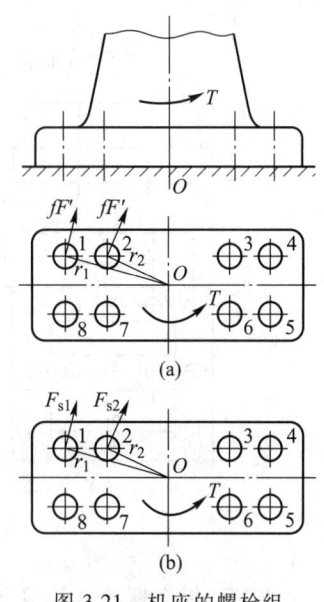

图 3.21   机座的螺栓组
连接示意图

根据机座的静力矩平衡条件有

$$F_{s1}r_1 + F_{s2}r_2 + \cdots + F_{sz}r_z = T \tag{3.15}$$

根据螺栓的弹性变形协调条件,各螺栓的剪切弹性变形量与螺栓中心至机座旋转中心 O 的距离成正比(假设被连接件为刚体,没有变形),而每个螺栓的剪切弹性变形量与其所受工作剪力成正比,即各螺栓的剪切刚度相同,则有

$$\frac{F_{s1}}{r_1} = \frac{F_{s2}}{r_2} = \cdots = \frac{F_{sz}}{r_z} \tag{3.16}$$

各螺栓所受工作剪力通过联立式(3.15)、式(3.16)即可求出,在图 3.21 中,1、4、5、8 四个螺栓与点 O 的距离相等且最大,所以它们所受的工作剪力也最大。

通过联立式(3.15)与式(3.16)得

$$\frac{F_{s1}}{r_1}(r_1^2 + r_2^2 + \cdots + r_z^2) = T$$

由此即可求得受力最大螺栓所受的工作剪力为

$$F_{smax} = F_{s1} = F_{s4} = F_{s5} = F_{s8} = \frac{Tr_1}{r_1^2 + r_2^2 + \cdots + r_8^2} = \frac{Tr_{max}}{\sum\limits_{i=1}^{z} r_i^2} \tag{3.17}$$

4. 受倾覆力矩 M 的螺栓组连接

图 3.22 为一受倾覆力矩 M 作用的螺栓组连接。M 作用在通过 S—S 轴线并垂直接合面的对称平面内。机座用普通螺栓连接在底板上。假设被连接件是弹性体,但变形后其接合面仍保持平直,预紧后在 M 的作用下机座有绕其对称轴线 O—O 翻转的趋势。

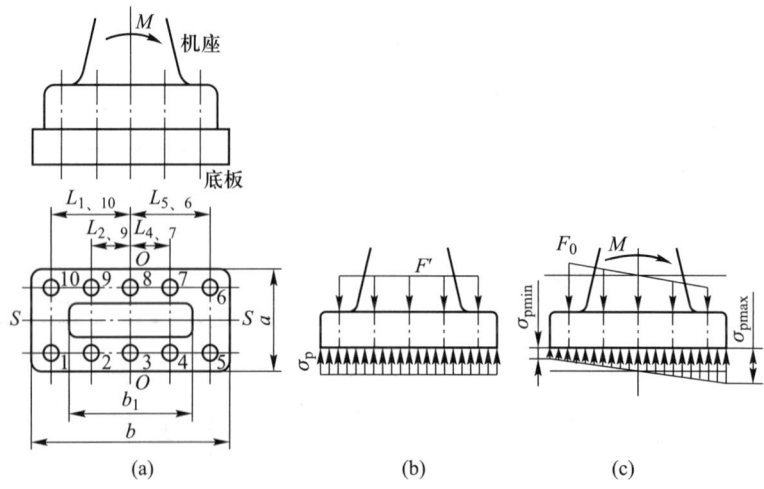

图 3.22 受倾覆力矩的螺栓组

拧紧后,每个螺栓连接受预紧力 F' 的作用,螺栓受拉,底板受压(图 3.22b)。在 M 作用下,图中 O—O 轴线左边螺栓的拉力和变形增加,轴线右边的则减小;而底板在轴

线左边的压力和变形减小,右边的则增加,其分布如图 3.22c 所示。由底板静力平衡条件可得每个螺栓的工作载荷 F_i。

$$F_1 L_1 + F_2 L_2 + \cdots + F_z L_z = M \qquad (3.18)$$

根据变形协调条件可知,各螺栓的伸长变形的增量 $\Delta\delta_{Bi}$ 和它到底板对称轴线 $O—O$ 的距离 L_i 成正比。因此,由于倾覆力矩的作用,各螺栓所受工作拉力 F_i 的大小也与其至对称轴线的距离 L_i 成正比,即

$$\frac{F_1}{L_1} = \frac{F_2}{L_2} = \cdots = \frac{F_z}{L_z} \qquad (3.19)$$

联立式(3.18)、式(3.19)可求得每个螺栓所受的工作拉力 F_i,其受力最大的螺栓为距对称轴线 $O—O$ 最远的螺栓,其工作拉力为

$$F_1 = F_{10} = \frac{M L_1}{L_1^2 + L_2^2 + \cdots + L_z^2}$$

即

$$F_{max} = \frac{M L_{max}}{\sum\limits_{i=1}^{z} L_i^2} \qquad (3.20)$$

受倾覆力矩的螺栓组连接除要求螺栓有足够的强度外,还应保证接合面既不出现缝隙也不被压溃。因此,接合面右端应满足

$$\sigma_{pmax} = \sigma_p + \Delta\sigma_{pmax} \leqslant [\sigma_p] \qquad (3.21)$$

而

$$\sigma_p = \frac{zF'}{A}, \quad \Delta\sigma_{pmax} \approx \frac{M}{W}$$

即

$$\sigma_{pmax} \approx \frac{zF'}{A} + \frac{M}{W} \leqslant [\sigma_p] \qquad (3.22)$$

左端应满足

$$\sigma_{pmin} = \sigma_p - \Delta\sigma_{pmax} > 0 \qquad (3.23)$$

即

$$\sigma_{pmin} \approx \frac{zF'}{A} - \frac{M}{W} > 0 \qquad (3.24)$$

式中:$[\sigma_p]$——接合面材料的许用挤压应力,MPa,见表 3.6;

　　　　A——机座与底板的实际接触面积;

　　　　W——实际接触面以对称轴线 $O—O$ 为弯曲对称线的弯曲模量,参见材料力学公式。

表 3.6　连接接合面材料的许用挤压应力 $[\sigma_p]$

材料	钢	铸铁	混凝土	砖(水泥浆缝)	木材
$[\sigma_p]$/MPa	$0.8\sigma_s$	$(0.4\sim0.5)\sigma_b$	$2.0\sim3.0$	$1.5\sim2.0$	$2.0\sim4.0$

注:① σ_s 为材料屈服极限,MPa;σ_b 为材料强度极限,MPa。

　　② 当连接接合面的材料不同时,应按强度较弱者选取。

　　③ 连接承受静载荷时,应取表中较大值;连接承受变载荷时,则应取较小值。

　　由式(3.22)、式(3.24)求得预紧力 F' 的取值范围,确定最终 F',并与最大工作拉力 F_{max} 一起求得作用在螺栓上的总拉力 F_0,再按总拉力 F_0 求出所需螺栓的直径。

　　实际使用中,螺栓组所受的载荷常常是上述四种状态的不同组合。不论螺栓组连接受力情况如何,均可利用静力分析方法,将各种受力状态转化为上述四种基本受力状态的某种组合,如后面例3.1就是轴向载荷 F_Q、横向载荷 F_R 和倾覆力矩 M 的组合。因此,只要分别计算出螺栓组在这些基本受力状态下每个螺栓连接处的工作载荷,然后将它们按向量相加,即可确定螺栓组中受力最大的螺栓及其所受的轴向和(或)横向工作载荷。一般来说,对于普通螺栓连接,按所受横向载荷及旋转力矩来确定作用于螺栓组连接的预紧力 F',然后求出螺栓的总拉力 F_0,并进行螺栓的强度计算;对于加强杆螺栓连接,则按横向载荷和旋转力矩确定受力最大的螺栓所受的工作剪力,然后进行剪切和挤压强度计算。

3.5　单个螺栓连接的强度计算

　　通常情况下,螺栓都是成组使用的。在螺栓组结构形式设计完成后,可以通过前面的计算将螺栓组的受力分配到每一个螺栓上去,只要保证了受力最大的螺栓的工作能力,螺栓组的工作能力也就得到了保证。普通螺栓连接的失效主要是螺杆抗拉薄弱环节被拉断,如图 3.23 所示;而受横向工作载荷作用的加强杆螺栓连接,可能发生螺杆与孔壁接触面的薄弱面被压溃或者螺杆被剪断的情况。

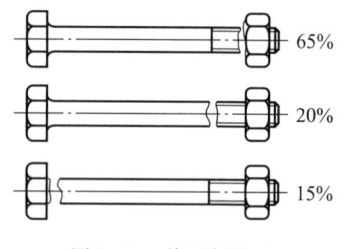

　　本章以螺栓连接为例介绍强度计算方法,该方法同样适用于螺钉和双头螺柱连接。

　　在少数情况下,连接在承受工作载荷之前不需要拧紧螺母,称为松螺栓连接,它只能承受轴向静载荷。松螺栓连接与紧螺栓连接的强度计算方法不同,将在后文中分别介绍。

图 3.23　普通螺栓的破坏部位及比例

3.5.1　松螺栓连接

　　图 3.24 所示为起重吊钩的松螺栓连接。装配时不需要将螺母拧紧,因此螺栓在工作时才承受轴向载荷 F(忽略自重,单位为 N),其强度条件为

$$\sigma = \frac{4F}{\pi d_1^2} \leqslant [\sigma] \qquad (3.25)$$

或

$$d_1 \geqslant \sqrt{\frac{4F}{\pi[\sigma]}} \qquad (3.26)$$

式中:σ——螺栓的拉应力,MPa。

　　$[\sigma]$——螺栓的许用拉应力,$[\sigma] = \dfrac{\sigma_s}{S}$,MPa。对普通用途的钢制螺栓,通常取 $S = 1.2 \sim 1.7$;对安全性要

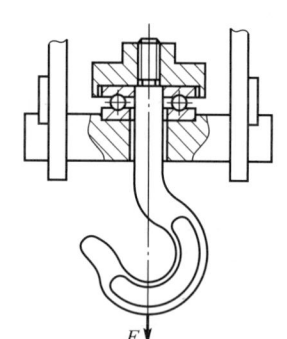

图 3.24　起重吊钩的松螺栓连接

求高的钢制螺栓,S 应取更大值,如起重吊钩的松螺栓连接通常取 $S=5$。

d_1——螺栓的小径,mm。

σ_s——螺栓材料的屈服极限,MPa,见表 3.2。

3.5.2 紧螺栓连接

紧螺栓连接的特点是承受工作载荷之前螺母必须拧紧到一定程度,使被连接件之间产生足够的预紧力 F',以便在承受横向工作载荷(图 3.25)时,被连接件之间不致因摩擦力不足而发生滑动,或在承受轴向工作载荷时被连接件之间出现间隙。紧螺栓连接既可承受静载荷,也可承受变载荷。下面介绍两种典型的紧螺栓连接,它们分别为受横向工作载荷和受轴向工作载荷的紧螺栓连接。

1. 受横向工作载荷的紧螺栓连接

如图 3.25 所示,被连接件承受横向工作载荷 F_s。连接靠预紧力 F' 在接合面上所产生的摩擦力平衡外载荷。装配时拧至所需预紧力 F'(3.4 节)。拧紧螺母后,当连接承受工作载荷 F_s 时,螺栓所受拉力保持不变,仍为 F'。此外,在拧紧螺母时,螺栓还受到摩擦力矩 $T_1 = F'\tan(\phi+\rho')\dfrac{d_2}{2}$ 的作用。螺栓

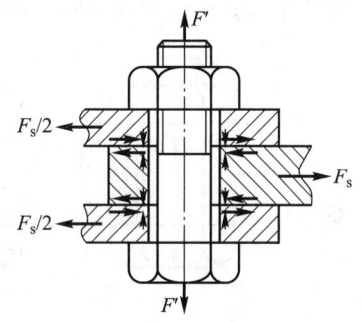

图 3.25 连接受横向载荷

受剪切面的抗扭剖面模量 $W_\mathrm{T}=\dfrac{\pi d_1^3}{16}$,因此螺杆截面上的拉应力和扭转切应力分别为

$$\sigma = \frac{4F'}{\pi d_1^2}$$

$$\tau = \frac{T_1}{W_\mathrm{T}} = \frac{F'\tan(\phi+\rho')\dfrac{d_2}{2}}{\dfrac{\pi d_1^3}{16}} = \frac{4F'}{\pi d_1^2}\tan(\phi+\rho')\frac{2d_2}{d_1}$$

对于常用的 M10~M68 钢制普通螺栓,$d_2 \approx 1.1 d_1$、$\phi \approx 2°30'$,取 $\rho' = \arctan 0.15$,代入上式得

$$\tau \approx 0.5\sigma$$

螺栓一般由塑性材料制成,在拉、扭复合应力的作用下,可由第四强度理论求得螺栓的当量应力为

$$\sigma_\mathrm{e} = \sqrt{\sigma^2 + 3\tau^2} = \sqrt{\sigma^2 + 3(0.5\sigma)^2} \approx 1.3\sigma \tag{3.27}$$

所以,螺栓的强度条件为

$$\sigma_\mathrm{e} = \frac{4 \times 1.3F'}{\pi d_1^2} \leqslant [\sigma] \tag{3.28}$$

或

$$d_1 \geqslant \sqrt{\frac{4 \times 1.3F'}{\pi[\sigma]}} \tag{3.29}$$

式中：$[\sigma]$ 为紧连接螺栓材料的许用拉应力，由螺栓性能等级及表 3.8 确定，MPa。

此强度条件表明，如果把螺栓的拉应力 σ 增加 30%，相当于考虑了扭转切应力。

必须指出，式(3.28)、式(3.29)中的 1.3 只适用于单线普通螺纹，对于矩形螺纹此值应为 1.2，对于梯形螺纹此值应为 1.25。

上述靠摩擦力传递横向工作载荷的紧螺栓连接在承受冲击、振动或变载荷时，工作不可靠且需要较大的预紧力（使接合面不滑动的预紧力 $F' \geqslant F_s/f$。若 $f = 0.2$，则需 $F' \geqslant 5F_s$），因此螺栓直径较大，但由于结构简单和装拆方便，且近年来开始使用高强度螺栓，因此这种螺栓连接仍经常使用。此外，为了避免因横向工作载荷过大，导致需要更大的预紧力 F'，可以采用套、键、销等各种抗剪件来承受横向载荷，如图 3.26 所示，此时螺栓仅起连接作用，所需预紧力小，螺栓直径也小。

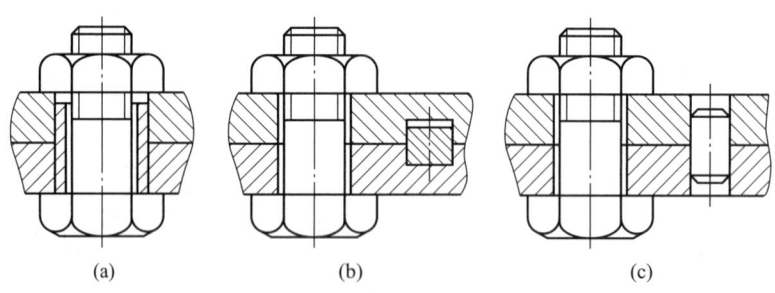

图 3.26　用抗剪件承受横向载荷

受横向工作载荷时，也常采用加强杆螺栓连接，如图 3.27 所示。在工作剪力 F_s 的作用下，螺栓在接合面处的横截面受剪切、螺栓与孔壁接触表面受挤压。连接的预紧力和摩擦力较小，可忽略不计。

螺栓杆的剪切强度条件为

$$\tau = \frac{4F_s}{\pi d_0^2 m} \leqslant [\tau] \qquad (3.30)$$

螺栓与孔壁的挤压强度条件为

$$\sigma_p = \frac{F_s}{d_0 h_{\min}} \leqslant [\sigma_p] \qquad (3.31)$$

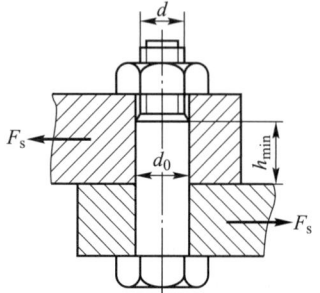

图 3.27　加强杆螺栓连接

式中：d_0——螺栓剪切面直径，mm；

　　　m——螺栓剪切面数目，在图 3.27 中 $m = 1$；

　　　$h_{\min}$——螺栓杆与孔壁挤压面的最小高度，设计时应使 $h_{\min} \geqslant 1.25d_0$，mm；

　　　$[\tau]$——螺栓的许用切应力，见表 3.9，MPa；

　　　$[\sigma_p]$——螺栓或孔壁材料的许用挤压应力，其值见表 3.9，MPa。

2. 受轴向工作载荷的紧螺栓连接

这种受力形式的紧螺栓连接应用十分广泛，图 3.28a 所示气缸盖的螺栓连接是一个典型的受轴向工作载荷的紧螺栓组连接实例。

（1）受力分析

工作之前（缸内无压力）螺栓必须拧紧，螺栓承受预紧力 F'，被连接件承受压力

F'。工作时,每个螺栓连接受工作载荷 F 的作用,由于螺栓和被连接件的弹性变形,螺栓受到的总拉力 F_0 不等于预紧力 F' 和工作载荷 F 之和,而与 F'、F 以及螺栓刚度 C_B 和被连接件刚度 C_m 有关。当螺栓连接中各零件受力均在弹性极限以内时,F_0 可根据静力平衡和变形协调条件计算。

如图 3.28 所示,当螺母尚未拧紧时(图 3.28b),各零件均不受力,也无变形。拧紧后(图 3.28c),被连接件受到压力 F' 的作用,产生压缩变形 δ_m,而螺栓受到被连接件所给的拉力 F',产生拉伸变形 δ_B。当受工作载荷 F 后(图 3.28d),螺栓所受拉力增至 F_0,其拉伸变形增加 $\Delta\delta_B$。此时,被连接件由于螺栓的伸长而随之被放松,压缩变形减少 $\Delta\delta_m$,其减少量正是螺栓的拉伸变形的增加量,即 $\Delta\delta_m = \Delta\delta_B$,于是被连接件所受压力由原来的 F' 减小到 F'',称 F'' 为剩余预紧力。

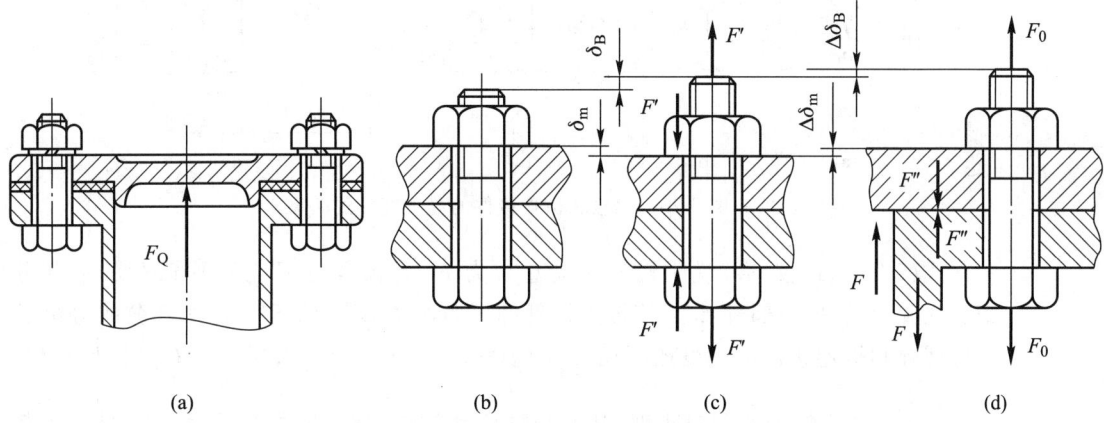

图 3.28　有轴向工作载荷时螺栓和被连接件的受力和变形

由螺栓的静力平衡条件可得

$$F_0 = F + F'' \tag{3.32}$$

根据变形协调条件

$$\Delta\delta_B = \frac{F_0 - F'}{C_B} = \frac{F + F'' - F'}{C_B}, \quad \Delta\delta_m = \frac{F' - F''}{C_m}$$

因　　　　　　　　　　　　　$\Delta\delta_B = \Delta\delta_m$

整理后得

$$F'' = F' - \frac{C_m}{C_B + C_m}F \tag{3.33}$$

由式(3.32)、式(3.33)可得 F_0 的另一表达式

$$F_0 = F' + \frac{C_B}{C_B + C_m}F \tag{3.34}$$

螺栓连接中各力之间的上述关系可用力与变形关系图清楚地予以表示。

图 3.29a 和图 3.29b 分别为预紧后螺栓和被连接件受力与变形的关系图,螺栓的受力与变形按直线关系变化,刚度 $C_B = \tan\gamma_B$;被连接件的受力与变形亦按直线变化,刚度 $C_m = \tan\gamma_m$。为了便于分析,将图 3.29a、b 合并,得图 3.29c。当有工作载荷 F 作

用时,螺栓受力由 F' 增至 F_0,变形量由 δ_B 增至 $(\delta_B + \Delta\delta_B)$,在图 3.29d 中,由 A 点沿 O_1A 线移动到 B 点;被连接件因压缩变形量减少 $\Delta\delta_m = \Delta\delta_B$,而由 A 点沿 AO_2 线移到 C 点,其受力为 F'',变形量为 $(\delta_m - \Delta\delta_m)$。由图中各线段的几何关系即可得连接中各力之间的关系,例如 $\overline{BD} = \overline{BC} + \overline{CD} = \overline{ED} + \overline{BE}$,即 $F_0 = F + F'' = F' + \dfrac{C_B}{C_B + C_m}F$;$\overline{ED} = \overline{CD} + \overline{CE}$,即

$$F' = F'' + \Delta F_m = F'' + \frac{C_m}{C_B + C_m}F。$$

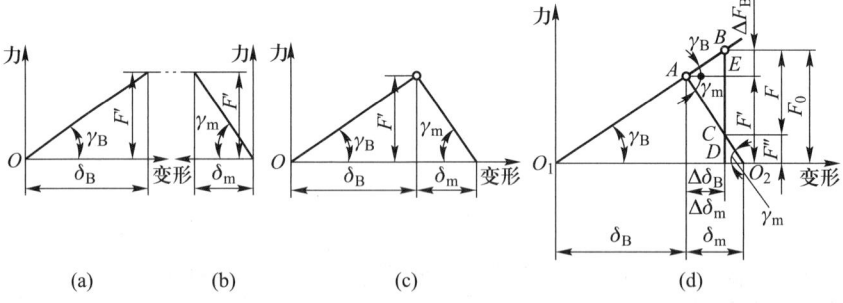

图 3.29 螺栓和被连接件的受力变形的关系

式(3.33)、式(3.34)说明螺栓所受总拉力 F_0 为预紧力 F' 与工作载荷的一部分 ΔF_B 之和,F 的另一部分 ΔF_m 使被连接件的压力由 F' 减小到 F''。这两部分的分配关系与螺栓和被连接件的刚度成正比。当 $C_B \gg C_m$ 时,$F_0 \approx F' + F$;当 $C_B \ll C_m$ 时,$F_0 \approx F'$。

$\dfrac{C_B}{C_B + C_m}$ 称为螺栓的相对刚度,其值与螺栓和被连接件的材料、尺寸、结构、工作载荷作用位置及连接中垫片的材料等因素有关,可通过计算或实验求出,在一般计算中,若被连接件材料为钢铁,可按表 3.7 选取。

表 3.7 螺栓的相对刚度

被连接钢板间所用垫片类型	$\dfrac{C_B}{C_B + C_m}$
金属垫片(或无垫片)	0.2~0.3
皮革垫片	0.7
铜皮石棉垫片	0.8
橡胶垫片	0.9

由式(3.33)可知,当工作载荷 F 过大或预紧力 F' 过小时,F'' 会过小,甚至为 0,接合面会出现缝隙,导致连接失去紧密性,并在载荷变化时发生冲击。为此,必须保证 $F'' > 0$。设计时,根据对连接紧密性的要求,F'' 可按下列参考值选取:

静载时　　　　　　　　　　$F'' = (0.2 \sim 0.6)F$

变载时　　　　　　　　　　$F'' = (0.6 \sim 1.0)F$

对有气密性要求的连接　　　$F'' = (1.5 \sim 1.8)F$

为了保证得到预期的剩余预紧力 F''，必须在拧紧螺母时控制预紧力 F'，使其满足式(3.33)。

（2）静强度计算

设计时，根据工作载荷 F 和工作要求选择剩余预紧力 F''，用式(3.32)求螺栓总拉力 F_0，以对螺栓进行强度计算。为了保证所需的 F''，应按式(3.33)求得预紧力 F'，并在拧紧时予以保证。若 F' 已由其他条件确定，则用式(3.34)求 F_0，并用式(3.33)求 F''，以检验其是否达到需要值。

考虑到承受工作载荷后，可能发现连接较松而需要补充拧紧（这种拧紧应尽量避免），则螺纹力矩为 $F_0\tan(\phi+\rho')d_2/2$。因此，其强度条件为

$$\sigma = \frac{4 \times 1.3F_0}{\pi d_1^2} \leqslant [\sigma] \tag{3.35}$$

或

$$d_1 \geqslant \sqrt{\frac{4 \times 1.3F_0}{\pi[\sigma]}} \tag{3.36}$$

式中：$[\sigma]$ 为紧连接螺栓的许用应力，MPa，见表3.8。

（3）疲劳强度计算

对于受变载荷的螺栓连接，按式(3.36)设计尺寸后，还需进行疲劳强度校核。

当工作载荷在 $0\sim F$ 变化时，螺栓所受总拉力在 $F'\sim F_0$ 变化，如图3.30所示。螺栓危险截面上的最大拉应力、最小拉应力和应力幅分别为

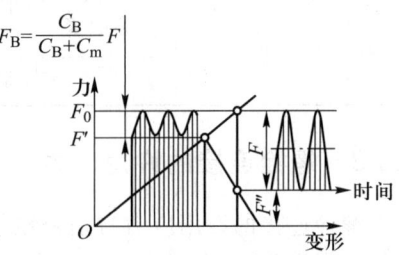

图 3.30　变载荷下螺栓的变化

$$\sigma_{\max} = \frac{4F_0}{\pi d_1^2}, \quad \sigma_{\min} = \frac{4F'}{\pi d_1^2}$$

$$\sigma_a = \frac{\sigma_{\max} - \sigma_{\min}}{2} = \frac{C_B}{C_B + C_m}\frac{2F}{\pi d_1^2}$$

考虑到对疲劳破坏起主要作用的是应力幅 σ_a，故其疲劳强度条件为

$$\sigma_a = \frac{C_B}{C_B + C_m}\frac{2F}{\pi d_1^2} \leqslant [\sigma_a] \tag{3.37}$$

其中许用应力幅

$$[\sigma_a] = \frac{\varepsilon_\sigma \kappa_m \sigma_{-1}}{K_\sigma S_a} \tag{3.38}$$

式中：σ_{-1}——螺栓材料的对称循环拉压疲劳极限，其值近似为 $0.45\sigma_b$，MPa；

$\quad K_\sigma$——有效应力集中系数，见表3.8；

$\quad \kappa_m$——螺纹制造工艺系数，见表3.8；

$\quad \varepsilon_\sigma$——尺寸系数，表3.8；

$\quad S_a$——安全系数，见表3.8。

表 3.8　普通螺栓紧连接的许用应力和安全系数

载荷情况	许用应力		不控制预紧力时 S		控制预紧力时 S
		直径 ＼ 材料	M6~M16	M16~M30	不分直径
静载荷	$[\sigma]=\dfrac{\sigma_s}{S}$	碳钢	4~3	3~2	1.2~1.5
		合金钢	5~4	4~2.5	
	按最大应力 $[\sigma]=\dfrac{\sigma_s}{S}$	碳钢	10~6.5	6.5	
		合金钢	7.5~5	5	

变载荷	按循环应力幅 $[\sigma_a]=\dfrac{\varepsilon_\sigma \kappa_m \sigma_{-1}}{K_\sigma S_a}$

		$S_a=2.5\sim5$						$S_a=1.5\sim2.5$			
尺寸系数 ε_σ	d/mm	≤12	16	20	24	30	36	42	48	56	64
	ε_σ	1.0	0.87	0.80	0.74	0.65	0.64	0.60	0.57	0.54	0.53
有效应力集中系数 K_σ	σ_b/MPa	400		600		800		1 000			
	K_σ	3.0		3.9		4.8		5.2			

螺纹制造工艺系数 κ_m：碾压，$\kappa_m=1.25$；车制，$\kappa_m=1.2$

3.5.3　螺栓连接的许用应力

螺栓连接的许用应力与是否预紧、能否控制预紧力、载荷性质（静载或变载）及材料等因素有关，可参考表 3.8 和表 3.9 选用。由表 3.8 可以看出，不控制预紧力时螺栓的许用应力还和螺栓直径有关。因此，设计时首先要估计直径，若计算结果和原估计直径相差很大，应重新估计，重新计算直到所估计的直径与计算结果接近为止。这种估算（精确计算、迭代进行确定结构主要参数的设计）方法在机械设计中是经常采用的，应逐步熟悉。

表 3.9　螺栓许用切应力及许用挤压应力

螺栓的许用切应力 $[\tau]$	静载荷		$\dfrac{\sigma_s}{2.5}$
	变载荷		$\dfrac{\sigma_s}{3.5\sim5}$
螺栓或被连接件的许用挤压应力 $[\sigma_p]$	静载荷	钢	$\dfrac{\sigma_s}{1.25}$
		铸铁	$\dfrac{\sigma_b}{2\sim2.5}$
	变载荷		较静载荷时减小 20%~30%

3.5.4　受轴向工作拉力作用的紧螺栓连接设计流程图

图 3.31 为受轴向工作拉力作用的紧螺栓连接设计流程图。

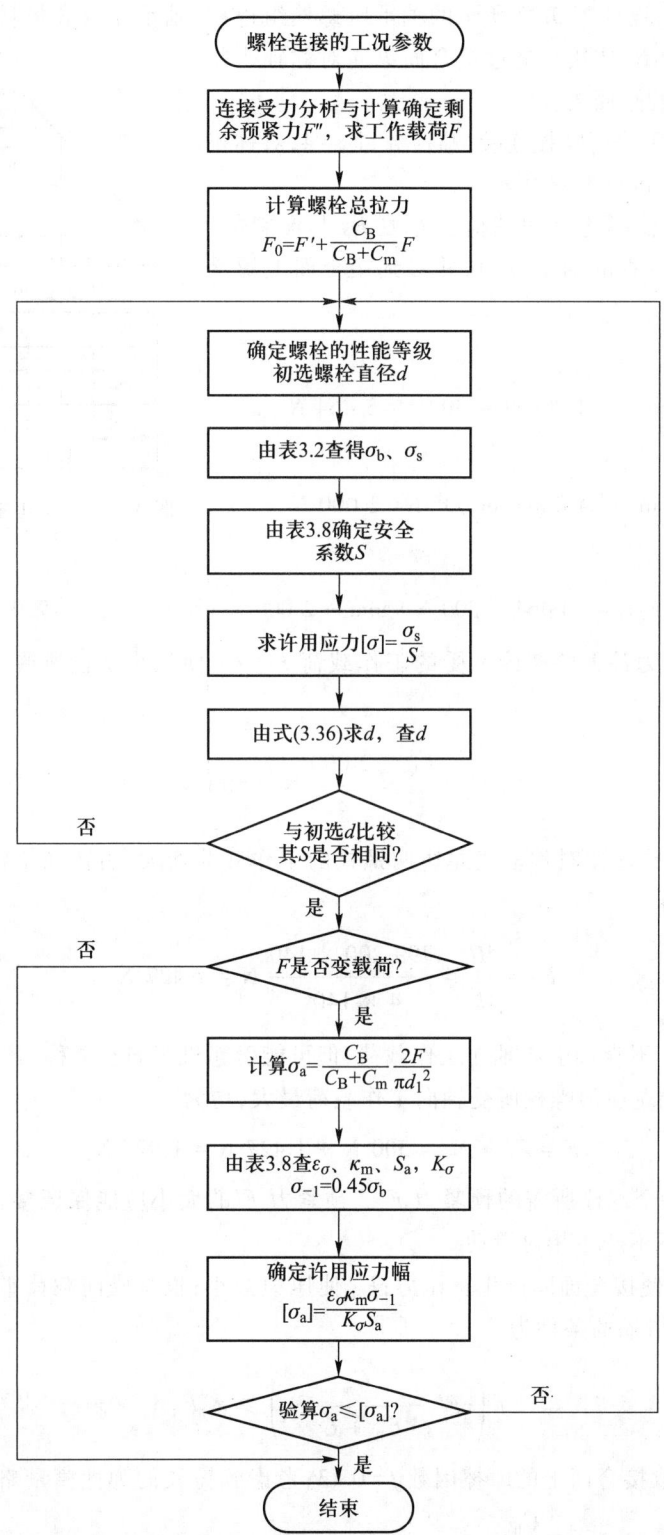

图 3.31 受轴向工作拉力作用的紧螺栓连接设计流程图

【**例 3.1**】　设计图 3.32 所示的轴承座螺栓组连接,轴承座及底板材料皆为铸铁。载荷 $F_P = 4\,000$ N,作用在通过接合面纵向对称轴线并垂直于接合面的平面内。

【**解**】　采用普通螺栓连接,螺栓数目 $z = 4$,对称布置,各部分尺寸如图 3.32 所示。

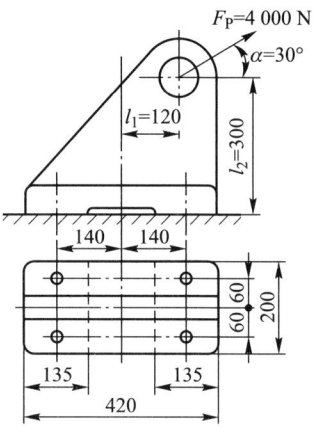

1) 分析螺栓组连接的载荷。外力 F_P 是倾斜的,可分解为互相垂直的两个分力,并移到接合面上螺栓组的形心处,得

横向载荷

$$F_R = F_P \cos \alpha = 4\,000 \times \cos 30° \text{ N} = 3\,464 \text{ N}$$

轴向载荷

$$F_Q = F_P \sin \alpha = 4\,000 \times \sin 30° \text{ N} = 2\,000 \text{ N}$$

图 3.32　轴承座螺栓组连接图

倾覆力矩

$$M = F_R l_2 - F_Q l_1 = 3\,464 \times 300 \text{ N·mm} - 2\,000 \times 120 \text{ N·mm} = 799\,200 \text{ N·mm}$$

2) 计算受力最大的螺栓承受的工作载荷 F。F_Q 使每个螺栓所受的工作载荷均等,其值 F_1 为

$$F_1 = \frac{F_Q}{z} = \frac{2\,000}{4} \text{ N} = 500 \text{ N}$$

由于 M 的作用使对称轴线左边两螺栓的工作载荷增大,右边两个螺栓的工作载荷减小,其值为

$$F_2 = \frac{Ml}{4l^2} = \frac{799\,200 \times 140}{4 \times 140^2} \text{ N} = 1\,427 \text{ N}$$

横向力 F_R 不直接引起轴向工作载荷,但可能引起机座向右滑移,必要时应校核。显然,轴线左边两螺栓所受轴向工作载荷最大,均为

$$F = F_1 + F_2 = 500 \text{ N} + 1\,427 \text{ N} = 1\,927 \text{ N}$$

3) 确定每个螺栓所需的预紧力 F'。预紧力 F' 的大小应能保证接合面在横向载荷 F_R 的作用下不产生相对滑动。

预紧力 F' 使接合面间产生正压力;F_Q 使压力减小;根据横向载荷平衡条件,可得保证接合面不滑动的条件为

$$f\left(zF' - \frac{C_m}{C_B + C_m}F_Q\right) \geqslant K_f F_R$$

由表 3.5 取接合面上的摩擦因数 $f = 0.13$;考虑到铸铁的弹性模量略小于钢,故由表 3.7 取螺栓相对刚度 $\dfrac{C_B}{C_B + C_m} = 0.3$;取可靠性系数 $K_f = 1.2$,则每个螺栓所需的预紧力为

$$F' \geq \frac{1}{z}\left(\frac{K_f F_R}{f} + \frac{C_m}{C_B + C_m}F_Q\right) = \frac{1}{4}\left[\frac{1.2 \times 3\,464}{0.13} + (1 - 0.3) \times 2\,000\right] \text{ N} = 8\,344 \text{ N}$$

取 $F' = 8\,500$ N。

4）检查接合面上的挤压应力。检查轴承座底座左端边缘是否会出现间隙、右端边缘是否会被压坏。

接合面上由 F'、F_Q、M 形成的挤压应力分布如图 3.33 所示，由图 3.31 可知，接合面积 $A = 2 \times 135 \times 200 \text{ mm}^2$，接合面抗弯截面模量 $W = \dfrac{200 \times (420^3 - 150^3)}{6} \times \dfrac{1}{420} \text{ mm}^3$，其中

$$\sigma_{pF'} = \frac{4F'}{A} = \frac{4 \times 8\,500}{2 \times 135 \times 200} \text{ MPa} = 0.630 \text{ MPa}$$

$$\sigma_{pQ} = \frac{\dfrac{C_m}{C_B + C_m}F_Q}{A} = \frac{(1 - 0.3) \times 2\,000}{2 \times 135 \times 200} \text{ MPa} = 0.026 \text{ MPa}$$

$$\sigma_{pM} = \frac{M}{W} = \frac{799\,200}{\dfrac{200 \times (420^3 - 150^3)}{12} \times \dfrac{2}{420}} \text{ MPa} = 0.142 \text{ MPa}$$

接合面左端的挤压应力最小，为

$$\sigma_{pmin} = \sigma_{pF'} - \sigma_{pQ} - \sigma_{pM} = (0.630 - 0.026 - 0.142) \text{ MPa} = 0.462 \text{ MPa} > 0$$

故接合面左端边缘不会出现间隙。

若不满足 $\sigma_{pmin} > 0$（或规定数值），则应加大预紧力 F'。

接合面右端的挤压应力最大，为

$$\sigma_{pmax} = \sigma_{pF'} - \sigma_{pQ} + \sigma_{pM} = (0.630 - 0.026 + 0.142) \text{ MPa} = 0.746 \text{ MPa}$$

由手册查得铸铁受压时的 $\sigma_b = 100$ MPa，由表 3.6 可知，$[\sigma_p] = 0.5\sigma_b = 0.5 \times 100 \text{ MPa} = 50 \text{ MPa}$，故有

$$\sigma_{pmax} \ll [\sigma_p]$$

即接合面不会被压坏。

如果出现 $\sigma_{pmax} > [\sigma_p]$ 的情况，则应改变螺栓组布置、改变被连接件材料或加大底板尺寸。

5）求螺栓直径 d_1。由式（3.34）可知，螺栓的总拉力为

$$F_0 = F' + \frac{C_B}{C_B + C_m}F = (8\,500 + 0.3 \times 1\,927) \text{ N}$$

$$= 9\,078 \text{ N}$$

选用 4.8 级螺栓，其 $\sigma_s = 320$ MPa。

考虑到螺栓的预紧力不经严格控制，故其安全系数与螺栓直径有关，根据表 3.8 初估直径为 6~16 mm，

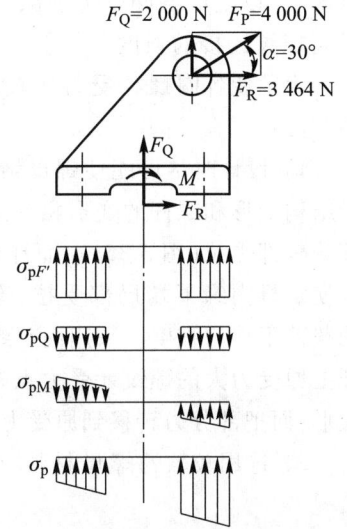

图 3.33 螺栓组载荷及接合面上挤压应力

取 $S = 3.5$，得螺栓的许用应力为

$$[\sigma] = \frac{\sigma_s}{S} = \frac{320}{3.5} \text{ MPa} = 91 \text{ MPa}$$

由式(3.36)得

$$d_1 \geqslant \sqrt{\frac{4 \times 1.3 F_0}{\pi [\sigma]}} = \sqrt{\frac{4 \times 1.3 \times 9\ 078}{\pi \times 91}} \text{ mm} = 12.850 \text{ mm}$$

查普通螺纹国家标准 GB/T 196—2003，M16 螺栓的 $d_1 = 13.853 \text{ mm} > 12.850 \text{ mm}$，故选 M16。与原估算直径相符，故不必修改 $[\sigma]$。

3.6　提高螺栓连接强度的措施

正确分析螺栓连接的受力情况是保证其强度的重要因素；此外，螺栓连接的结构、制造和装配工艺、螺纹牙受力分配、附加应力、应力集中、应力幅大小等因素也将影响螺栓连接强度。所以，从各方面采取提高螺栓强度的措施是螺纹连接设计和正确使用螺栓所必须考虑的。

3.6.1　改善螺纹牙上的载荷分配

螺纹连接的载荷是通过螺纹牙传递的，如果螺母和螺杆都是刚体且制造无误差，则每圈螺纹之间的载荷分配是均匀的，如图 3.34a 所示。但工程上螺栓和螺母都是弹性体，受力后螺栓、螺母和螺纹牙均产生变形。螺栓受拉伸长，螺距增大；螺母受压，螺距减小。这种螺距的变化差要靠螺纹牙的变形来补偿，造成各圈螺纹牙受力不均，如图 3.34b 所示。从传力开始的第一圈（下端）螺纹变形最大，因而受力也最大；以上的各圈受力递减，到第 8～10 圈后，受力很小，所以再加高螺母并不能提高螺纹连接的强度。

为了使各圈螺纹受力比较均匀，常采用以下一些方法：

1）设计时尽可能使螺母结构也受拉，以便使螺母结构变形和螺杆的变形相一致。悬置螺母的旋合部分全部受拉（图 3.35a），而环槽螺母（图 3.35b）可以使螺母内缘下端局部受拉，均可以改善螺纹牙上的载荷不均匀程度。采用内斜螺母（图 3.35c），使螺杆上原受力大的螺纹牙受力点外移，刚度变小，易于变形，而把部分力转移到原受力小的螺纹牙上。

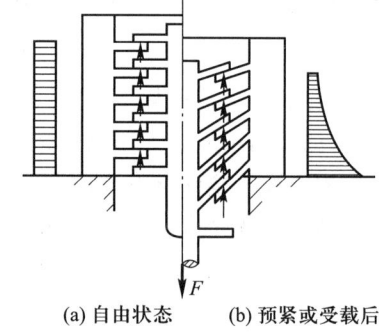

(a) 自由状态　　(b) 预紧或受载后

图 3.34　螺纹牙间载荷分配

2）选用较软的螺母材料，弹性模量小，容易变形，也可改善螺纹牙受力不均的情况。

3）采用钢丝螺套（图 3.36）。它是由菱形截面钢丝精确绕制的内、外均为三角形螺纹的螺套，装在内、外螺纹之间。由于它有一定弹性，可起到均载作用。

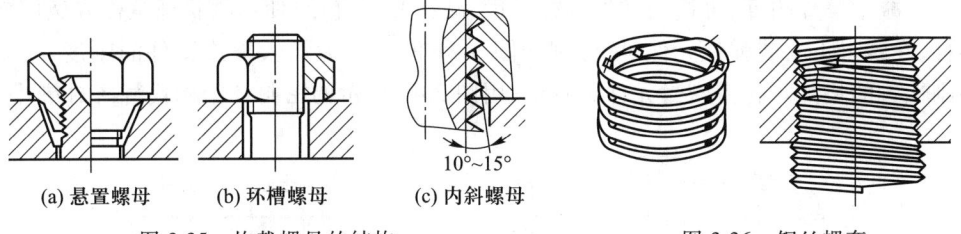

(a) 悬置螺母   (b) 环槽螺母   (c) 内斜螺母

图 3.35 均载螺母的结构   图 3.36 钢丝螺套

3.6.2 避免螺栓承受附加额外载荷

可能导致螺栓承受偏心载荷的原因如图 3.37 所示。除了要在结构上设法保证载荷不偏心外,还应在工艺上保证被连接件上螺母和螺栓头的支承面平整和相互平行,并与螺栓轴线相垂直。当在铸锻件等粗糙表面上安装螺栓时,应制成凸台或沉头座(图 3.38)。当支承面为倾斜面时,应采用斜垫圈(图 3.39)等。

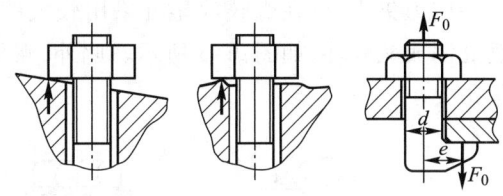

图 3.37 螺栓承受偏心载荷

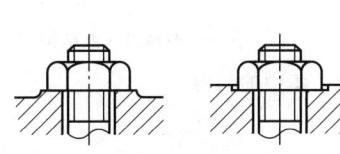
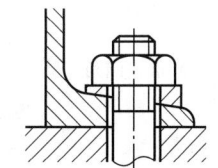

图 3.38 凸台和沉头座的应用   图 3.39 斜垫圈的应用

3.6.3 提高疲劳强度的措施

1. 减小应力幅

根据螺栓连接变形曲线,保持预紧力 F' 不变,减小螺栓刚度或增大被连接件刚度,均可使螺栓的应力幅减小,如图 3.40a、b 所示,但此时螺栓连接的剩余预紧力 F'' 会相应改变。

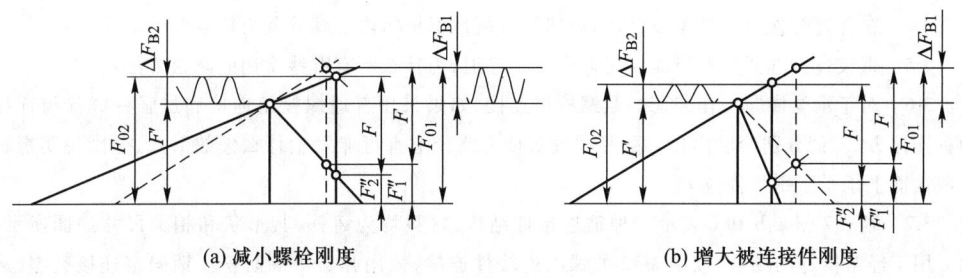

(a) 减小螺栓刚度   (b) 增大被连接件刚度

图 3.40 减小螺栓应力幅的措施

　　为减小螺栓刚度,可适当增加螺栓长度、减小螺杆直径、使用腰状杆螺栓或做成空心杆、在螺母下安装弹性元件等,分别如图 3.41 所示。为增大被连接件的刚度,应采用刚性大的垫片。若需密封元件,则可采用图 3.42 所示的密封环结构代替密封垫片。

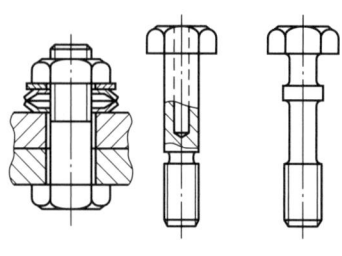 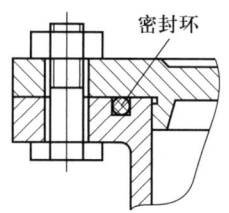

图 3.41　减小螺栓刚度的结构　　　　图 3.42　气缸盖密封环密封

2. 减小应力集中

　　螺杆上螺纹收尾处、螺栓头部到螺杆的过渡处都会产生应力集中,这些是产生断裂的危险部位。为了减小应力集中,可在螺纹收尾处采用较大的圆角过渡或退刀槽,在螺栓头部和杆部过渡处制成减载环,如图 3.43 所示。此外,碾压螺纹比切制的螺纹在牙根处产生的应力集中要小。

新型螺栓的
应用

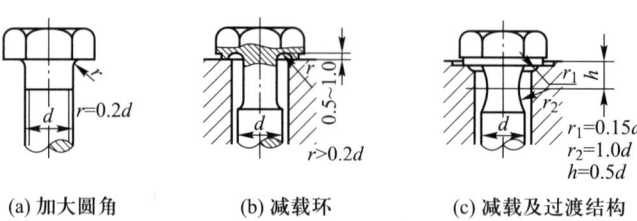

(a) 加大圆角　　　　(b) 减载环　　　　(c) 减载及过渡结构

图 3.43　减小应力集中的结构

思考题与习题

　　3.1　螺纹连接的效率与哪些因素有关?在设计普通螺纹连接时,什么时候用粗牙螺纹连接?什么时候用细牙螺纹连接?

　　3.2　螺栓、螺钉和双头螺柱分别用于什么场所?如何在螺纹连接的结构设计中防止螺栓受偏心载荷?

　　3.3　螺栓组的强度计算和单个螺栓的强度计算有什么区别?受横向工作载荷的普通螺栓组与受轴向工作载荷的普通螺栓组的连接设计过程有什么区别?

　　3.4　在普通螺栓组的结构设计中,如何尽可能地保证组内各螺栓受力均匀?

　　3.5　螺纹连接拧紧后有可能在工作中发生松退,为什么?有哪些常用的防松方法?

　　3.6　对于承受横向工作载荷的紧螺栓组连接,如果采用普通螺栓组连接和加强杆螺栓组连接两种连接方式,请分别绘制出传力路径并说明传力路径上有可能发生什么失效形式,分别说明螺杆中段截面上承受了哪几种应力。

　　3.7　题 3.7 图 a、b 和 c 表示三种被连接件结构,材料均为铸铁,其形状和相关尺寸如图所示,图 c 用于经常拆卸的场合,欲用 M12 的螺纹连接件连接,采用弹簧垫圈防松。请确定连接类型,从标准中查出所用螺纹连接件(包括弹簧垫圈)的尺寸,画出正确的连接结构。

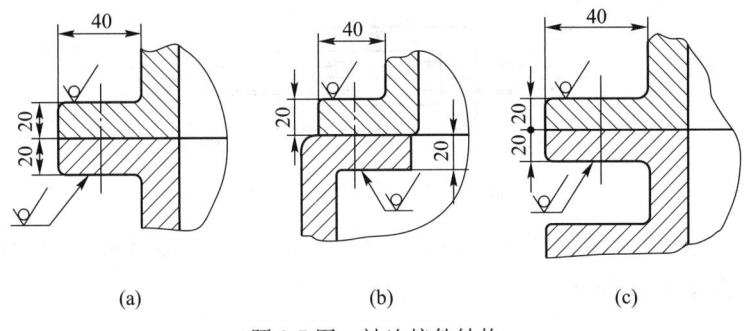

(a)   (b)   (c)

题 3.7 图   被连接件结构

3.8 题 3.8 图为一刚性凸缘联轴器,材料为 45 钢。凸缘之间用加强杆螺栓连接,螺栓数目 $z=8$,螺杆无螺纹部分直径 $d_0=17$ mm,材料强度等级为 8.8。试计算联轴器能传递的转矩。若欲采用相同数目的普通螺栓连接且传递同样的转矩,请确定螺栓直径。

3.9 一发动机的气缸和气缸盖的连接结构如题 3.9 图所示。已知气缸内压力在 0~1 MPa 变化,螺栓间的弧线距离不得大于 160 mm,试确定螺栓的数目与直径。

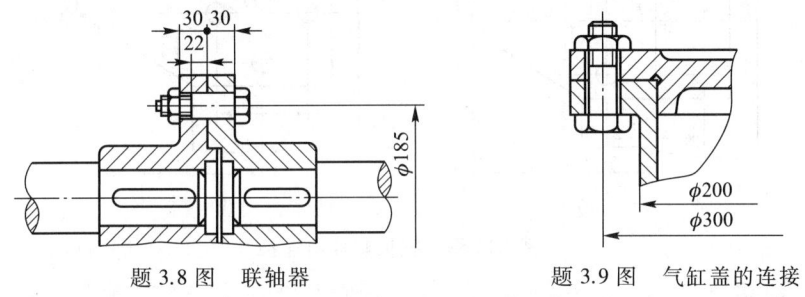

题 3.8 图   联轴器   题 3.9 图   气缸盖的连接

3.10 题 3.10 图所示为一托架,托架材料为 45 钢,20 kN 的载荷作用在托架宽度方向的对称线上,用 4 个螺栓将托架连接在一钢制梁上,试确定应采用哪种连接类型并计算出螺栓直径。

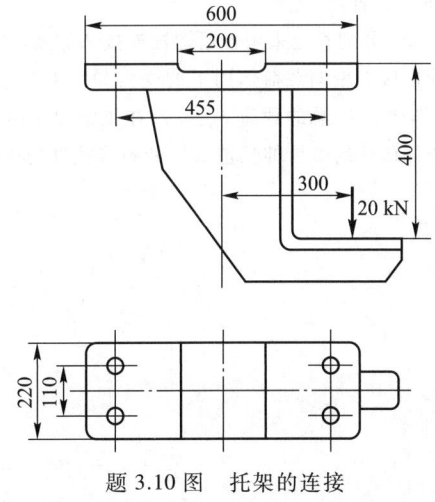

题 3.10 图   托架的连接

3.11 题 3.11 图所示螺旋拉紧装置,若按图上箭头方向旋转中间零件,能使两端螺杆 A、B 向中央移动,从而将两零件拉紧。试判断该装置中 A、B 上的螺纹旋向。

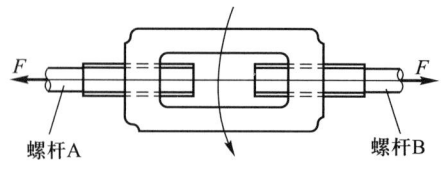

螺杆A   螺杆B

题 3.11 图   螺旋拉紧装置

3.12 一厚度 $\delta = 12$ mm 的钢板用 4 个螺栓固连在厚度 $\delta_1 = 30$ mm 的铸铁支架上,螺栓的布置有 a、b 两种方案,如题 3.12 图所示。

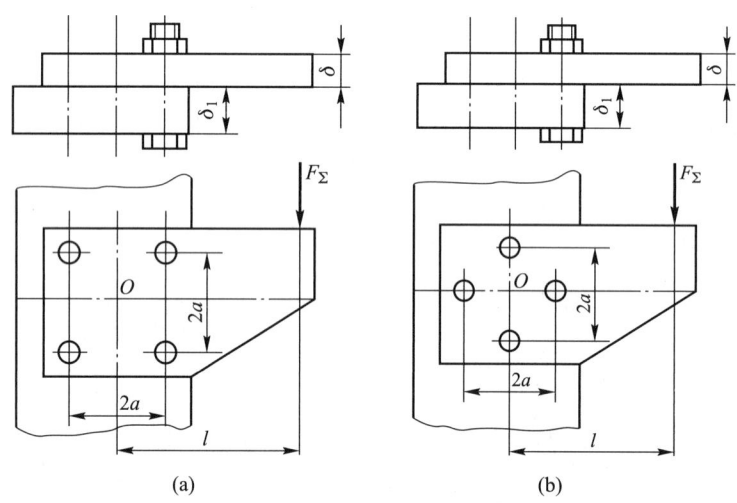

(a)   (b)

题 3.12 图   托架螺栓组连接

已知:螺栓材料为 Q235,$[\sigma] = 95$ MPa,$[\tau] = 96$ MPa,钢板 $[\sigma_p] = 320$ MPa,铸铁 $[\sigma_{p1}] = 180$ MPa,接合面间摩擦因数 $f = 0.15$,可靠性系数 $K_f = 1.2$,载荷 $F_\Sigma = 12\ 000$ N,尺寸 $l = 400$ mm,$a = 100$ mm。

(1)试比较哪种螺栓布置方案合理。

(2)按照螺栓布置合理方案,分别确定采用普通螺栓连接和加强杆螺栓连接时的螺栓直径。

3.13 请画出单个紧螺栓连接在轴向载荷作用下的受力和变形关系图,并请在图中分别标出:预紧力 F',剩余预紧力 F'',工作载荷 F,总的载荷 F_0,以及在预紧力作用下的螺栓伸长量 δ_B 和被连接件的压缩量 δ_m,在受到工作载荷后的螺栓伸长量 $\Delta\delta_B$ 和被连接件的压缩量 $\Delta\delta_m$。

第四章 其他常用连接

学习要点及
思维导图

4.1 键 连 接

键是一种标准零件,可以分为平键、楔键、半圆键、切向键等几大类。键连接常用来实现轴与轮毂间的周向固定并传递转矩,有些键连接还可以实现轴上零件的轴向固定或引导轴上零件沿轴向滑动。

4.1.1 平键连接

平键连接结构形式如图4.1所示,键的侧面是工作面,键的上表面与轮毂键槽底部之间留有空隙。平键连接对中性较好,应用最广,适用于高精度、高速或承受变载、冲击的场合。平键可分为普通平键、导向平键和滑键等。

1. 普通平键连接

普通平键常用做静连接,应用极为广泛。普通平键按型号分为 A、B、C 型三种,其结构如图4.2所示。A 型平键安装于指状铣刀铣出的键槽中;B 型平键安装于盘状铣刀铣出的键槽中,常需用螺钉紧固;C 型平键常用在轴伸处。轮毂上的键槽可用插削或拉削方式加工。

A 型键的
安装

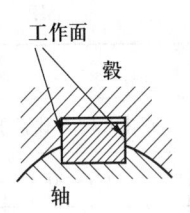

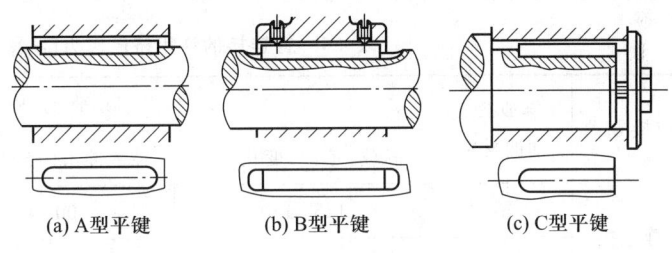

图 4.1 平键连接结构形式

(a) A 型平键　　(b) B 型平键　　(c) C 型平键

图 4.2 普通平键连接

铣刀加工
键槽

2. 导向平键连接

导向平键连接结构如图4.3所示,用于轮毂需沿轴向移动的场合。导向平键较长,通常需用螺钉固定于键槽内,且在键的中部布置一个起键螺孔,以便于键的拆卸。导向平键连接属于动连接,轮毂与键的配合较松。

3. 平键连接的尺寸选择和强度校核

按国家标准规定,键材料采用抗拉强度极限 σ_b 不低于 600 MPa 的钢材,通常为 45 钢;若轮毂采用低强度金属或非金属材料,键材料可采用 20、Q235 钢等。

平键的主要尺寸是键的截面尺寸 $b \times h$(图4.4)及键长 L。截面尺寸根据轴径 d 可由机械设计手册查出;键的长度可按轮毂的长度确定,一般略短于轮毂长度,并符合国家标准中规定的尺寸系列(见机械设计手册)。

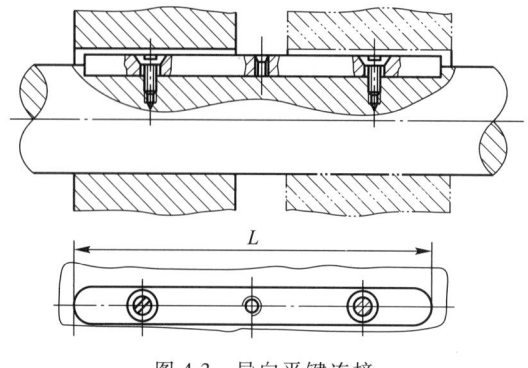

图 4.3　导向平键连接

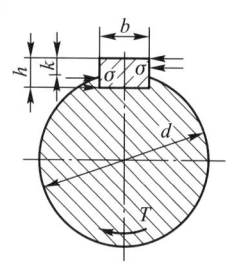

图 4.4　平键连接受力情况

平键连接的主要失效形式是工作面的压溃和键的剪断。对于通常采用的标准尺寸的平键连接,一般只需进行连接的挤压强度计算。如图 4.4 所示,假设键侧面的作用力沿键的工作长度和高度均匀分布,则挤压强度条件为

$$\sigma_{\mathrm{p}} = \frac{F}{kl} = \frac{2T}{dkl} \leqslant [\sigma_{\mathrm{p}}] \tag{4.1}$$

式中:F 为圆周力,N;T 为连接所传递的转矩,N·mm;d 为轴的直径,mm;k 为键与轮毂槽的接触高度,mm,$k \approx h/2$;l 为键的工作长度,mm,当用 A 型键时,$l = L - b$;$[\sigma_{\mathrm{p}}]$ 为键连接的许用挤压应力,可查表 4.1,并按连接中材料力学性能较弱的零件选取,MPa。

当平键连接强度不足时,可适当增加键长或采用双键(按 180°对称布置)。双键连接时载荷分布不均匀,在强度计算中可按 1.5 个键计算。

表 4.1　键连接的许用挤压应力 $[\sigma_{\mathrm{p}}]$　　　　　　　　MPa

连接方式	键或毂、轴的材料	载荷性质		
		静载(单向、变化小)	轻微冲击(经常启停)	冲击(双向载荷)
静连接	钢	125~150	100~120	60~90
	铸铁	70~80	50~60	30~45
动连接	钢	50	40	30

注:1. 动连接中有相对滑动,为限制工作面磨损,许用值较低;
　　2. 动连接中如与键有相对滑动的键槽经表面硬化处理,则表中值可提高 2~3 倍。

【例 4.1】　某蜗轮与轴用普通平键连接,蜗轮轮毂材料为 HT250,轮毂宽度 $B = 100$ mm,轮毂孔直径 $d = 58$ mm,轴的材料为 45 钢。该连接传递转矩为 $T = 500$ N·m,工作中有轻微冲击。试确定此键连接的型号及尺寸。

【解】

(1) 选键的型号和确定键的尺寸

选 A 型普通平键,键的材料为 45 钢。查机械设计手册,由 $d = 58$ mm 及 $B = 100$ mm 确定键的尺寸为:键宽 $b = 16$ mm,键高 $h = 10$ mm,键长为 $L = 90$ mm。

（2）校核键连接强度

轮毂材料为铸铁，由表 4.1 查得许用挤压应力 $[\sigma_p] = 50 \sim 60$ MPa；A 型普通平键工作长度 $l = L - b = 90 - 16$ mm $= 74$ mm，$k \approx h/2 = 10/2$ mm $= 5$ mm。

根据式（4.1）可得

$$\sigma_p = \frac{2T}{dkl} = \frac{2 \times 500 \times 10^3}{58 \times 5 \times 74} \text{ MPa} = 46.6 \text{ MPa} < [\sigma_p] = 50 \sim 60 \text{ MPa}$$

可知键连接的挤压强度足够。

故选键型号标记为：键 16×10×90 GB/T 1096—2003。

4.1.2 楔键连接

楔键连接如图 4.5 所示，分为圆头楔键、方头楔键和钩头楔键。楔键的上、下两表面为工作面，两侧面为非工作面。键的上表面和相配合的轮毂键槽底面均有 1:100 的斜度，装配后键的上、下两工作面分别与轮毂和轴的键槽工作面压紧，通过挤压和摩擦传递转矩并可承受单方向的轴向载荷，还可对轴上零件实现单方向轴向固定。由于楔紧作用会产生装配偏心，使得楔键连接定心精度较低，但楔键连接结构简单，被连接零件的轴向固定不必采用附加零件，故在低速、轻载及旋转精度要求不高的连接中仍常使用。

楔键连接的主要失效形式是楔紧的工作面被压溃，强度计算时应校核各工作面的抗挤压强度。

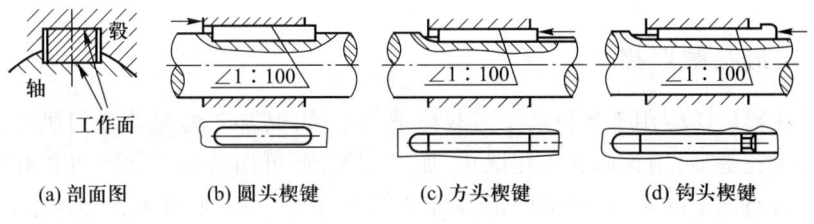

| (a) 剖面图 | (b) 圆头楔键 | (c) 方头楔键 | (d) 钩头楔键 |

图 4.5 楔键连接

4.1.3 半圆键连接

半圆键连接如图 4.6 所示。键用圆钢切制或冲压后磨制而成，轴上键槽采用尺寸与半圆键相同的盘状铣刀加工。半圆键的侧面为工作面，键能在键槽中绕其几何中心

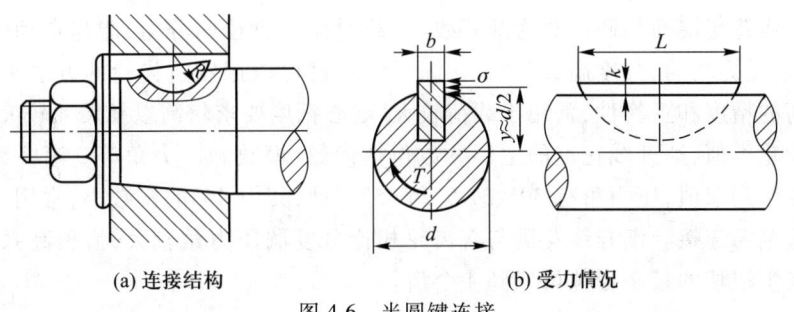

(a) 连接结构　　　　(b) 受力情况

图 4.6 半圆键连接

摆动。半圆键连接工艺性好,装配方便,尤其适用于锥形轴与轮毂的连接。但因轴上键槽较深,对轴的强度削弱较大,一般只用于轻载连接中。

半圆键连接的受力情况与平键连接相似(图 4.6b),在设计时仍可采用式(4.1)按工作面上的平均挤压应力进行条件性计算。但半圆键的高度 h 沿键长方向是变化的,因而半圆键与键槽的接触高度应根据键的尺寸从标准或手册中查取;键的工作长度 l 也沿键的高度方向变化,计算时可近似取其等于键的公称长度 L。

4.2 花 键 连 接

花键连接是通过轴和毂沿周向分布的多个键齿的互相啮合传递转矩,齿的侧面是工作面,可用于静连接或动连接。由于是多齿传递转矩,所以与平键连接相比,花键连接具有承载能力强、对轴削弱程度小(齿浅、应力集中小)、定心好和导向性好等优点。它适用于定心精度要求高、载荷大或经常滑移的连接。花键连接按其齿廓形状不同,可分为矩形花键连接(图 4.7a)和渐开线花键连接(图 4.7b)。

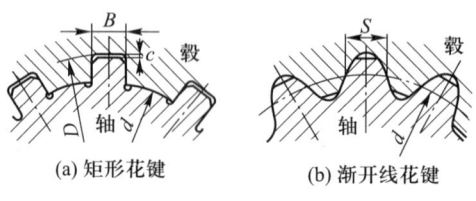

图 4.7   花键连接剖面图

4.2.1   矩形花键连接

矩形花键广泛应用于各行业中等载荷下的连接,其加工常采用专门机床,如用花键铣床加工花键轴,用拉床加工花键孔,加工方便,还可用磨削方法获得较高的精度。按齿数和齿高的不同规定,标准中矩形花键有轻、中两个系列,轻系列多用于轻载连接或固定连接,中系列多用于中等载荷静连接或空载下的动连接,各系列尺寸可根据小径在相应国家标准或机械设计手册中查取。

矩形花键的定心方式为小径定心,定心精度高,稳定性好,能用磨削的方法消除热处理变形,定心直径尺寸公差和位置公差都能获得较高的精度。

4.2.2   渐开线花键连接

渐开线花键端面两侧齿廓为渐开线,受载时齿上有径向分力,能起自动定心的作用,使各齿受力均匀,强度高,寿命长。渐开线花键可以用制造齿轮的方法来加工,易获得较高的精度和互换性,常用于载荷较大、定心精度要求较高以及尺寸较大的连接。

与齿轮类似,渐开线花键的主要参数包括齿数、模数和压力角等。渐开线花键模数按标准系列取值,压力角有 30°、37.5°和 45°三种,其中 45°的模数小,常用于轻载小直径和薄壁筒连接。渐开线花键与直齿轮相比分度圆压力角较大,齿顶高系数较小,花键不发生根切的最小齿数可以到 4 个齿。

4.2.3　花键连接的强度计算

花键连接的设计和键连接的设计相似,首先选连接类型,查出标准尺寸,然后再进行强度计算。花键连接的零件多用强度不低于 600 MPa 的钢制成,多数需热处理,特别是动连接的花键齿,应通过热处理获得足够的硬度以耐磨损。静连接的主要失效形式为齿面压溃,偶尔会发生齿根折断;动连接的主要失效形式是工作面的过度磨损。因此,一般只对花键连接进行挤压强度或耐磨性计算。

假设压力在齿侧接触面均匀分布,各齿压力的合力作用在平均直径 d_m 处。则强度条件为

挤压强度条件
$$\sigma_p = \frac{2T}{Kzhd_m l} \leqslant [\sigma_p] \tag{4.2}$$

耐磨性条件
$$p = \frac{2T}{Kzhd_m l} \leqslant [p] \tag{4.3}$$

式中:T 为传递的转矩,N·mm;d_m 为平均直径,矩形花键为 $0.5(D+d)$,渐开线花键为 d,mm;K 为各齿间载荷分布不均匀因子,其值视加工精度而定,一般为 0.7~0.8;z 为花键的齿数;h 为键的工作高度,mm。[矩形花键:$h = 0.5(D-d) - 2c$(c 为键齿顶部倒角);渐开线花键:30°压力角 $h = m$,37.5°压力角 $h = 0.9m$,45°压力角 $h = 0.8m$];l 为齿的接触长度,mm;$[\sigma_p]$ 和 $[p]$ 分别为许用挤压应力和许用压强,见表 4.2,MPa。

表 4.2　花键连接的许用挤压应力 $[\sigma_p]$ 和许用压强 $[p]$　　　　　　MPa

连接工作方式	工作条件	$[\sigma_p]$ 或 $[p]$	
		齿面未经热处理	齿面经过热处理
静连接 $[\sigma_p]$	I	35~50	40~70
	II	60~100	100~140
	III	80~120	120~200
动连接 $[p]$ (不在载荷下移动)	I	15~20	20~35
	II	20~30	30~60
	III	25~40	40~70
动连接 $[p]$ (在载荷下移动)	I	—	3~10
	II	—	5~15
	III	—	10~20

注:I——不良,指受变载荷、有双向冲击、振动频率高和振幅大、润滑不良、材料硬度不高和精度不高等情况;II——中等;III——良好。

4.3 销 连 接

销连接主要用于固定零件之间的相互位置并可传递较小的载荷,也可作为加工装配时的辅助零件或安全装置中的过载剪断元件。

销的类型很多,基本类型为圆柱销和圆锥销(图 4.8)。圆柱销经过多次拆装,其定位精度会降低。圆锥销有 1∶50 的锥度,可自锁,安装比圆柱销方便,多次拆装对定位精度的影响小。

销的常用材料为 35 钢、45 钢,一般强度极限不低于 500 MPa。

用做连接的销工作时通常受到挤压和剪切,有的还受弯曲。设计时可先根据连接的结构和工作要求来选择销的类型、材料和尺寸,再进行适当的强度计算。

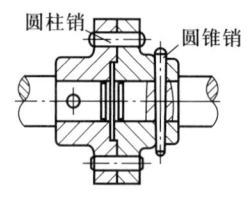

定位销通常不受或只受很小的载荷,其尺寸由经验决定。同一面的定位销至少要有两个。

图 4.8 销连接

4.4 成 形 连 接

成形连接是利用轴段非圆截面的柱体与相应的毂孔构成的连接(图 4.9)。轴和毂孔可做成柱形或锥形,前者只能传递转矩,但可用做空载下的动连接,后者还能传递轴向力。

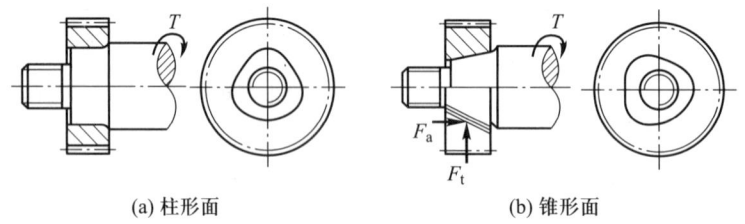

(a) 柱形面 (b) 锥形面

图 4.9 成形连接

这种连接没有应力集中源,定心性好,承载能力强,装拆方便;但由于加工工艺上的困难,应用并不普遍。非圆截面一般先经车削,然后磨制;毂孔先经钻镗或拉削,然后磨制。选择截面形状时应考虑能否适应磨削加工。

4.5 焊接和胶接

4.5.1 焊接

1. 焊接的类型、特点和应用

焊接是借助加热或加压使两个金属元件在连接处形成原子或分子间的结合而构成的不可拆连接。常用焊接方法及其特点见表 4.3。

表 4.3　常用焊接方法及其特点

焊接方法	原理及特点	应用范围			
		被焊接材料	接头类型	特　点	备　注
气焊	利用乙炔和氧气等可燃气体燃烧发热来熔化焊件及焊条。变形大,焊接质量不高,生产率较低	碳钢、铸铁、铝铜及其合金等	对接	用于载荷不大的结构	常用于焊接薄钢板、黄铜和焊补铸铁件;也可作为钎焊、热处理等的加热热源
手工电弧焊	利用电弧产生高温熔化金属进行焊接。操作灵活方便,但生产率较低	碳钢、低合金钢、不锈钢、铸铁、铝铜及其合金	对接、搭接、丁字接	可用于紧固、紧密型的焊缝	具有较高的灵活性,是目前应用最广泛的一种方法
埋弧自动焊	利用电弧加热、渣保护进行焊接。焊接质量稳定,生产率高,焊件变形小	碳钢、低合金钢、铝铜及其合金	对接、搭接	可用于紧固、紧密型的焊缝	适用于大批量生产的长直焊缝及环缝
等离子弧焊	利用等离子弧加热进行焊接,不开坡口,一次焊成	合金钢、铜合金及钨、钼、钴、钛等难熔金属	对接	适用于薄壁件的焊接,焊接质量好	可焊箔材、微型电容器及薄壁容器。但设备复杂,气体消耗量大
电子束焊	利用在真空中电子轰击金属表面产生的热量来熔化金属。金属不氧化,无污染,焊缝表面平滑,熔合好,无缺陷	低合金钢、不锈钢、高强度钢、铝、钛、锆、钼、铍、钽,也可焊接异种金属	对接、搭接、丁字接	适用于焊接要求变形小的经过精加工的零件或贵重零件的补焊,且焊后不需再加工	含锌高的铝合金、黄铜、未脱氧的低碳钢等不能焊。焊件尺寸受真空室限制,用于原子能、航空、航天等部门

　　焊接工艺简单、施工方便,有较高的强度和刚度。焊接不减小被焊件的强度;焊接结构比同尺寸的铆接结构质量轻 10%~20%;焊缝紧密性好。在机械制造中焊接结构已基本上取代了铆接结构,广泛应用于船体、车辆底盘、起重机及挖掘机的梁柱、桁架、吊臂以及锅炉等各种容器。但是,焊接接头在承受冲击载荷时不如铆接接头工作可靠;焊接质量不易从外部检查。

　　随着制造业的发展,大量的焊接结构件取代了传统的铸造结构件,因为焊接结构件生产周期短、质量小、所需设备相对简单、改型快。有较多的欧美国家的机床制造商更是逐步以焊接件取代了大部分的铸造件,如床身、龙门、横梁及滑枕等。

常用金属材料中,低碳钢的焊接性良好,中、高碳钢的焊接性不好;灰铸铁的焊接性一般,而球墨铸铁焊接性较差;常用铝、铜、钛及其合金的焊接性较好。常用异种金属间的焊接性见表 4.4。

表 4.4 常用异种金属间的焊接性

金属名称	碳钢	不锈钢	青铜	黄铜	铝
铝	好	不能焊接	尚好,但焊缝脆弱	不好	好
黄铜	好	好	好	好	—
青铜	好	好	好	—	—
不锈钢	好	好	—	—	—
碳钢	好	—	—	—	—

2. 焊接接头形式

焊接结构的基本形式可分为对接接头、搭接接头、丁字(十字)接头、角接接头和塞焊接头五种。

(1)对接接头

对接接头如图 4.10 所示,主要用于连接面基本上在同一平面上的金属板,接头受力比较均匀,传力效率高,应力集中较低,并易于保证焊透和易于排除工艺缺陷,可获得较好的综合性能,是重要零件和结构的优选接头,应用比较广泛。其缺点是焊接前准备工作量较大,组装费工时,并且焊接变形也较大。

(2)搭接接头

搭接接头如图 4.11 所示,其构件形状变化较大,应力集中比对接接头严重,因此其工作应力分布较复杂。另外,该接头还有母材及焊接材料的消耗量较大、强度(尤其是动载强度)较低的弱

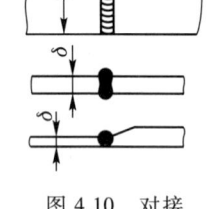

图 4.10 对接接头

点。但是由于其焊前准备和装配工作比对接接头要简单得多,横向收缩量比对接接头小,对焊工的技术水平要求比对接接头的低,因此广泛用于工作条件良好且又不重要的结构中。

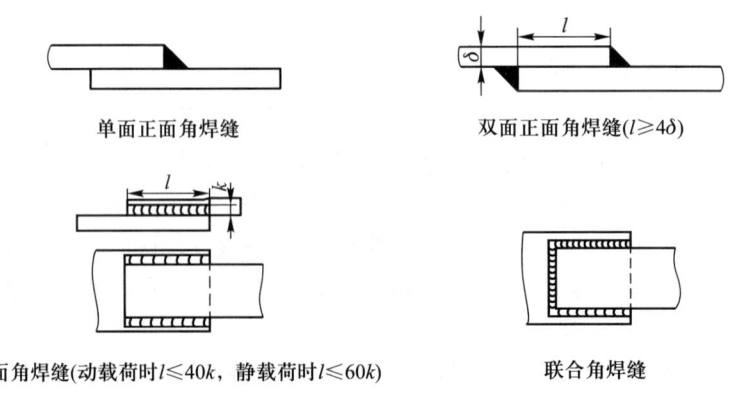

单面正面角焊缝 双面正面角焊缝($l \geqslant 4\delta$)

侧面角焊缝(动载荷时 $l \leqslant 40k$,静载荷时 $l \leqslant 60k$) 联合角焊缝

图 4.11 搭接接头

（3）丁字（十字）接头

丁字（十字）接头是连接相互垂直板件的重要接头形式，如图 4.12a 所示。该类接头具有较严重的应力集中，接头强度通常低于母材。丁字（十字）接头中角焊缝的根部和过渡处都有很大的应力集中，开坡口并焊透是降低应力集中的重要措施之一。丁字（十字）接头应尽量避免在板厚方向承受较高的拉应力，因为这样容易出现层状撕裂现象，故应将其工作焊缝转化为联系焊缝（图 4.12b、c）。

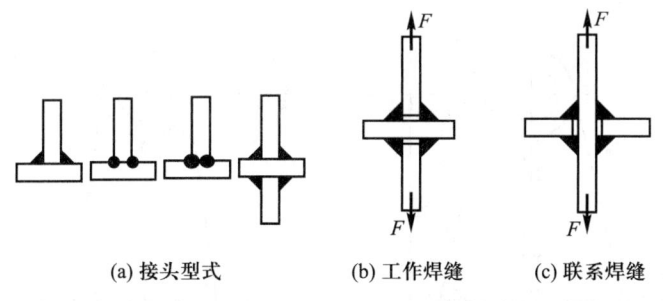

(a) 接头型式　　　　(b) 工作焊缝　　　(c) 联系焊缝

图 4.12　丁字（十字）接头

（4）角接接头

角接接头常用于箱形构件，常见的角接接头如图 4.13 所示。角接接头是两焊件边缘相互垂直，在顶端边缘上进行焊接的接头。特点是承载能力低，但能承受各种方向的力和力矩。

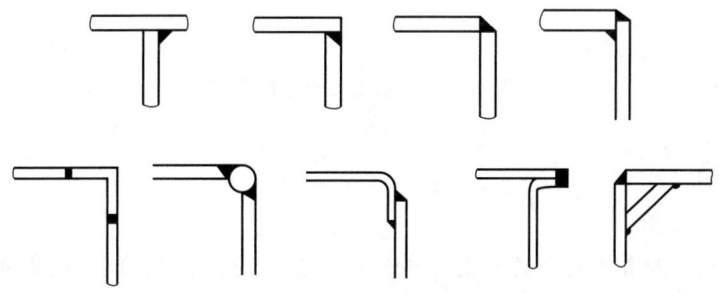

图 4.13　角接接头

3. 焊接接头的强度计算

焊缝在焊接结构中按其功能可分为工作焊缝与联系焊缝两类。工作焊缝是与被连接元件串联的焊缝，它担负传递全部或部分载荷的功能，焊缝上的应力为工作应力，一旦焊缝断裂，结构立即失效；联系焊缝是与被连接元件并联的焊缝，只传递很小的载荷，只起到连接作用。设计时对工作焊缝必须进行强度计算，对于联系焊缝不必进行强度计算；对具有双重作用的焊缝，只计算工作应力，联系应力可忽略不计。

焊接接头在承载时，焊缝上的工作应力分布是不均匀的，尤其是在角焊缝的焊根与焊趾处都存在着应力集中，难以精确计算，设计时常根据理论研究的结果和生产实践的经验，对接头作某些假定与简化，推导出一些简便的公式，供设计时选用。

焊接结构中的不连续性、接头处的应力集中和残余应力以及焊接缺陷等对结构的疲劳强度都有很大的影响，在对结构进行强度计算并确定各构件截面尺寸和连接细节后,为避免疲劳破坏,通常还要进行疲劳强度验算。

国家标准《钢结构设计规范》(GB 50017—2017)、《起重机设计规范》(GB/T 3811—2008)、《钢制压力容器》(GB 150—1998)、焊接手册等对焊接接头的强度计算有较详细的规定,可参考使用。

4. 轴承座支架焊接

轴承座支架焊接结构如图 4.14 所示。

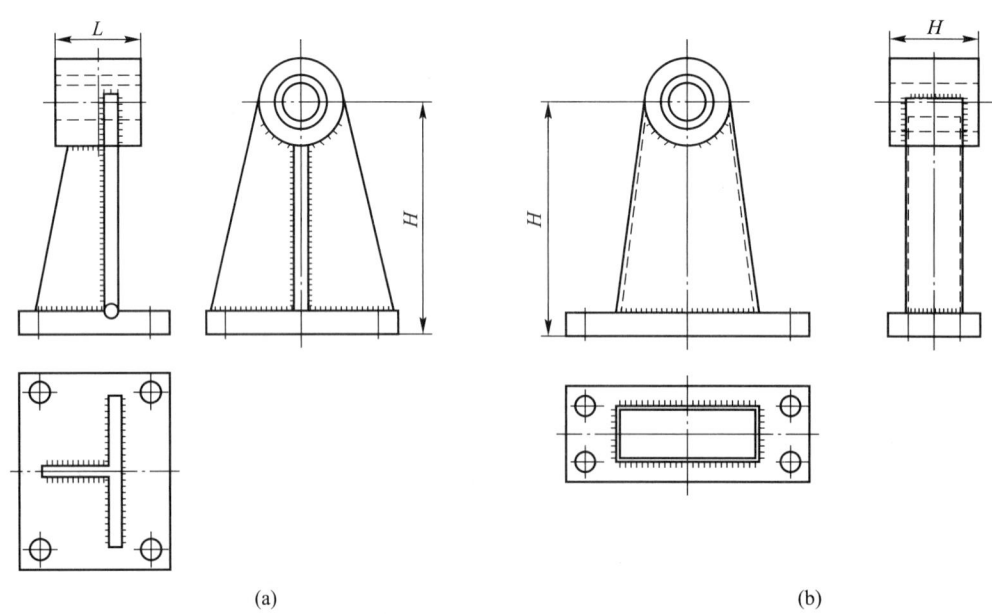

(a)   (b)

图 4.14 轴承座支架焊接型式

4.5.2 胶接

1. 特点和应用

胶接是利用胶黏剂进行连接的一种连接方法。胶接工艺简单,设备要求不高,成本低。胶接技术广泛应用于各种领域。与其他方法相比,胶接可连接金属、木材、工程塑料、复合材料以及陶瓷等材料,乃至连接各种不同材料;可节省大量的铆钉、螺栓,无铆接接头和焊缝,连接面外形美观;胶接接头的应力分布均匀,应力集中系数比较低,抗疲劳性能较好;胶接接头的密封性能好,可减小化学腐蚀作用,电绝缘体的胶黏剂还可防止金属之间的电化学腐蚀。但与高强度的被胶黏件相比,胶接强度还不够高,使用温度过高或过低时均会使强度迅速下降,并且胶接强度的分散性也比较大;某些胶黏剂耐环境老化、耐溶剂的性能较差;某些胶黏剂中含有毒性物质,使用时要有安全保护措施。

2. 常用胶黏剂

按主要组成成分的不同,胶黏剂可分为有机胶黏剂和无机胶黏剂。有机胶黏剂又包括天然胶黏剂和合成胶黏剂;无机胶黏剂主要包括磷酸盐型、硅酸盐型和硼酸盐型胶黏剂。

胶黏剂一般由几种组分组成,常以高分子化合物为基料,加入固化剂、填料、增韧

剂以及稀释剂等混合而成。常用胶黏剂的特点及用途见表4.5,更多胶黏剂参见相关
手册。

表 4.5 常用胶黏剂的特点及用途

类 别	特点及用途
环氧胶黏剂	主要组分是环氧树脂。有较高的黏接强度、良好的电绝缘性能和力学性能,适用于受力部位的黏接。因配方不同,有室温固化和加热固化两种,主要用来黏接金属、玻璃、陶瓷、橡胶、木材、塑料等
酚醛-氯丁橡胶胶黏剂	由醋酸乙酯和汽油的混合溶剂配制而成。初粘力强,能在室温下黏接和固化,使用简便,应用较广。适用于黏接金属和非金属材料。市场上销售的有铁锚801强力胶、百得胶、CX-401胶等
酚醛-丁腈橡胶胶黏剂	由酚醛树脂和丁腈混炼胶溶于溶剂中制得。韧性好、耐油、耐水、耐冲击,能在$-60\sim150$ ℃的温度下长期使用,可用于钢、不锈钢、硬铝等金属材料或非金属材料的黏接。国内研制和生产的主要品种有 J-01、J-03、J-15、JX-10、CH-505 等
瞬间胶黏剂	由 α-氰基丙烯酸酯单体和少量稳定剂、增塑剂等配制而成。组分简单,无毒,不用配料,能在常温常压下迅速固化。使用时,被黏物表面不需特殊处理,能满足工业自动化流水线的需要。不仅适合黏接各种金属、非金属材料,还可用于医疗方面的黏接;但不适宜于大面积和多孔材料的黏接。常用的是 α-氰基丙烯酸乙酯的商品为 502 胶,医用的 α-氰基丙烯酸丁酯的商品为 504 胶
厌氧胶	主要成分是甲基丙烯酸双酯。在室温、有空气时不能固化,排除空气(即无氧条件)就能迅速固化。主要用作螺纹的紧固密封和轴承的装配。对非活性金属,如不锈钢、锌、银等需加入促进剂以加速固化。商品有铁锚300系列,GY-100、200、300系列,Y-150 胶等
丙烯酸胶黏剂	第二代丙烯酸酯胶黏剂(SGA)在黏接时形成化学键,黏接强度比较大,可用于结构件的黏接。只需把胶液分别涂于被黏接材料上,黏合后几分钟内就有一定的强度,并有良好的耐冲击性能,适合金属和非金属(聚烯烃和氟、硅塑料除外)材料的自粘和互粘。市场上销售的品种有 SA-200、AB 胶、J-39、J-50、SGA-404、丙烯酸酯胶等。丙烯酸共聚物还可制成压敏型胶黏剂,涂在各种基材上制得各种胶黏带,如聚氯乙烯胶黏带、聚酯透明胶黏带、BOPP 封箱胶黏带、表面保护膜等
有机硅胶黏剂	主要组分是有机硅氧烷。耐紫外线、耐臭氧、耐化学介质和耐潮湿性能优良,热稳定性和低温柔韧性好。能黏接金属、玻璃、陶瓷等材料,特别能黏接通常不易黏接的硅橡胶、氟橡胶等。主要用于电子工业中的灌封、电气元件连接部位和接头处的密封,可防止灰尘和潮气等的侵害。还可做建筑工程的防水密封材料。分单组分、双组分、室温硫化和加热硫化等多种,室温硫化型产品牌号有 703、704、D-05、FS-203、GD-400 等

3. 胶接工艺

胶接工艺过程主要包括被胶接件的表面处理、配胶、涂胶、晾置、合拢、固化、检查等步骤,它们都会对胶接面的接合力和力学性能产生影响。

表面处理的目的是清除被胶接面上的油污、锈蚀,使胶黏剂直接黏附在被胶接表面上,表面处理的好坏直接影响胶接强度的高低和耐久性的好坏。表面处理的方法有脱脂处理、机械处理、化学处理以及物理化学活化处理等。脱脂处理常用方法是用丙酮、无水乙醇、汽油、乙酸乙酯等有机溶剂擦洗,用三氯乙烯热蒸气清洗或者将待胶接件放到碱性溶液中清洗;机械处理主要是利用钳工刮削、锉削、粗车削、砂纸砂布打磨等方法去除氧化皮,增加表面粗糙度;化学及电化学处理是通过化学或电化学作用使材料表面腐蚀、氧化,从而得到具有极性的新表面层。

思考题与习题

4.1　简述平键连接、半圆键连接、楔键连接、花键连接的工作原理和特点。

4.2　简述销连接和成形连接的特点。

4.3　A 型、B 型和 C 型的普通平键各有何特点? 其轴上的键槽是如何加工的? 各适用于什么场合?

4.4　为什么采用两个平键时,一般设在轴上相隔 180°的位置;采用两个楔键时相隔 90°~120°;而采用两个半圆键时,则又设在同一母线上?

4.5　题 4.5 图为在直径 $d = 80$ mm 的轴端安装一钢制直齿圆柱齿轮,轮毂长 $L = 120$ mm,工作时有轻微冲击。试确定平键连接尺寸,并计算其传递的最大转矩。

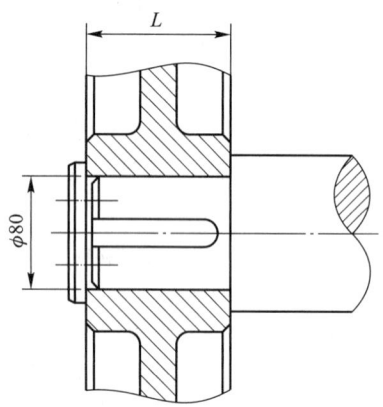

题 4.5 图　轴端安装直齿圆柱齿轮

4.6　某带轮与轴拟采用平键连接。已知:传递转矩 $T = 800$ N·m,轴径 $d = 60$ mm,轮毂宽度 $B = 70$ mm,轴的材料为 45 钢,轮毂材料为铸铁,试选定平键尺寸并进行强度计算。若强度不足,有何措施?

第五章 带 传 动

学习要点及
思维导图

5.1 带传动概述

带传动的结构如图 5.1 所示,一般由主动轮、从动轮和传动带组成。按照带和带轮之间传递动力和运动的原理不同,带传动可以分成两大类,即摩擦型带传动(图 5.1a)和啮合型带传动(图 5.1b)。

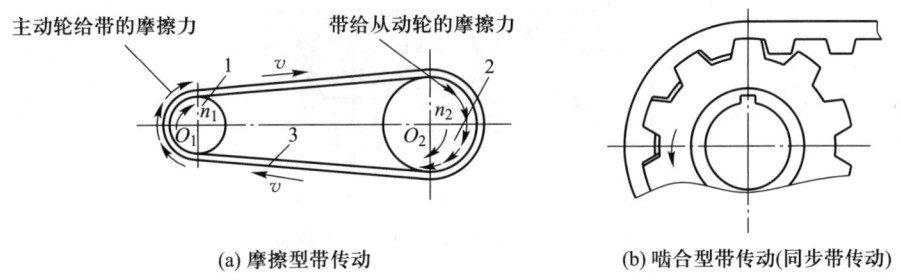

(a) 摩擦型带传动   (b) 啮合型带传动(同步带传动)

1—主动轮;2—从动轮;3—传动带。

图 5.1 带传动的结构及工作原理

摩擦型带传动靠带与带轮间的摩擦力传递运动和动力;工作前传动带以一定的初拉力 F_0 紧套在带轮上,在 F_0 的作用下,带与带轮的接触面间产生正压力,当主动轮 1 回转时,接触面间产生摩擦力,主动轮靠摩擦力使传动带 3 与其一起运动。同时,传动带靠摩擦力驱使从动轮 2 与其一起运动,从而使主动轴上的运动和动力通过传动带传递给从动轴。

摩擦型带传动主要特点如下:

1)传动带具有弹性和挠性,可吸收振动并缓和冲击,从而使传动平稳、噪声小,可用于高速场合;

2)当过载时,传动带与带轮间可发生相对滑动而不损伤其他零件,当过载消失,带传动恢复正常工作,从而起过载保护作用;

3)适合于主、从动轴间中心距较大的传动;

4)由于有弹性滑动存在,故不能保证准确的传动比,传动效率较低;

5)张紧力会产生较大的压轴力,使轴承受较大的力,缩短传动带寿命;

6)摩擦易产生静电火花,不适于高温、易燃、易爆等场合。

啮合型带传动(同步带传动)靠带齿和轮齿的啮合传递动力和运动,有关知识在 5.5.1 节介绍。

5.2 传动带的应用基础

5.2.1 传动带的类型和特点

靠摩擦力工作的传动带按截面形状不同主要分为平带、V 带(如普通 V 带、窄 V 带、联组 V 带)和特殊带(如多楔带、圆形带和接头 V 带)。平带以其内表面为工作面 (图 5.2a),F_Q 为由张紧力引起的带对带轮的压力,F_N 为带轮对带的正压力,则工作时带与带轮表面间的摩擦力为

$$F_f = fF_N = fF_Q \tag{5.1}$$

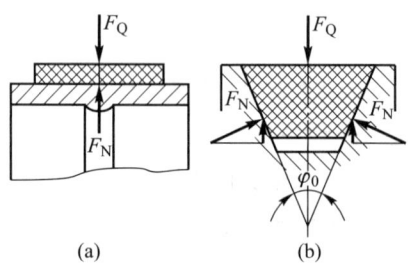

(a)   (b)

图 5.2 平带和 V 带传动的受力比较

V 带的工作面是两侧面(图 5.2b)。工作时,带轮对带的正压力为 F_N,根据径向力平衡条件得

$$F_Q = 2F_N \sin \frac{\varphi_0}{2}$$

即

$$F_N = \frac{F_Q}{2\sin \dfrac{\varphi_0}{2}}$$

则 V 带与轮槽两侧面的摩擦力为

$$F_f = 2fF_N = \frac{fF_Q}{\sin \dfrac{\varphi_0}{2}} = f'F_Q \tag{5.2}$$

式中:φ_0——V 带轮的轮槽角,见表 5.3;

f——带与带轮间的摩擦因数;

f'——V 带传动的当量摩擦因数,$f' = \dfrac{f}{\sin \dfrac{\varphi_0}{2}}$。

比较式(5.1)和式(5.2)可见 $f' > f$,表明在相同张紧力的情况下,V 带在轮槽表面上能产生较大的正压力 F_N 和摩擦力,且有两个摩擦工作面,即 V 带传动能力比平带强。

窄 V 带(图 5.3b)是采用聚酯等合成纤维做抗拉体的新型 V 带。与普通 V 带(图 5.3a)相比,当高度 h 相同时,窄 V 带的顶宽 b 约缩小 1/3,它的顶部呈弓形,侧面(工作面)呈内凹曲线形,承载能力显著强于普通 V 带,适用于传递大功率且要求结构紧凑的场合。

联组 V 带(图 5.3c)是几条相同的 V 带在顶面连成一体的传动带。由于连接层的相互控制作用,使联组 V 带不仅具有单根 V 带的优点,而且减少或克服了各单根 V 带传动时的横向振动,增加了横向稳定性,保证了各根 V 带长度一致,使整个胶带的载荷均匀,从而提高了带的寿命。联组 V 带常用于大功率、重负荷、高转速、振动较大的传动中。

多楔带是平带和 V 带的组合结构,其楔形部分嵌入带轮上的楔形槽内(图 5.3d),靠楔面摩擦工作。多楔带兼有平带和 V 带的优点,柔性好、摩擦力大、能传递较大的功率,并解决了多根 V 带长短不一而使各根带受力不均的问题。其传动比可达 10,带速可达 40 m/s。

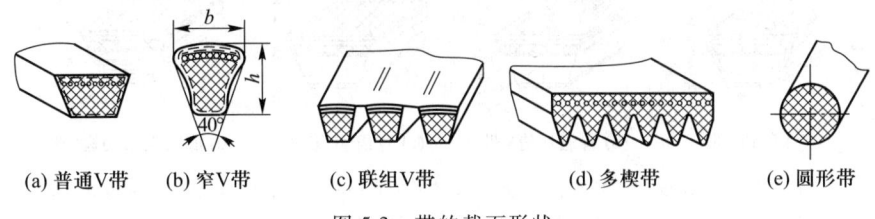

(a) 普通V带 (b) 窄V带 (c) 联组V带 (d) 多楔带 (e) 圆形带

图 5.3 带的截面形状

传动带的类型多,选用时需要根据工作机的种类、工况条件、使用环境、类型特点等综合考虑。在设计一般工业用途的带传动时,可以参照图 5.4 选择带的类型。

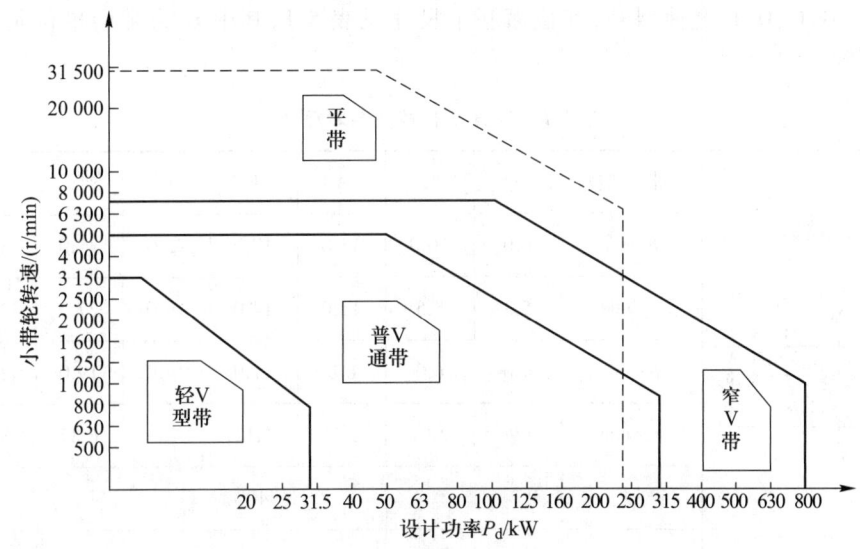

图 5.4 根据工况参数选择带的类型

5.2.2 普通 V 带的结构、型号和基本尺寸

1. 普通 V 带的结构

普通 V 带是工业应用最广的一种传动带,对普通 V 带的结构要求是曲挠性好、横向刚度大、承载能力强、寿命长。

普通 V 带的截面呈梯形,由胶帆布、顶胶、缓冲胶、芯绳、底胶等组成(图 5.5)。它根据结构分为包边 V 带(图 5.5a)和切边 V 带[普通切边 V 带(图 5.5b)有齿切边 V 带(图 5.5c)和底胶夹布切边 V 带(图 5.5d)]两种。胶帆布由涂胶帆布制成,它能增强带的强度,减少带的磨损。顶胶层、底胶层和缓冲胶由橡胶制成,在胶带弯曲时,顶胶层受拉,底胶层受压,可在底胶加几层底胶夹布或横向纤维,以提高其横向刚度。芯绳是 V 带的骨架层,用来承受纵向拉力,它由一排粗线绳组成,芯绳材料采用聚酯纤维等材料。

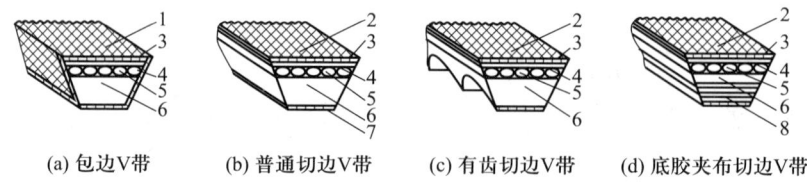

(a) 包边V带　　(b) 普通切边V带　　(c) 有齿切边V带　　(d) 底胶夹布切边V带

1—胶帆布;2—顶布;3—顶胶;4—缓冲胶;5—芯绳;6—底胶;7—底布;8—底胶夹布。

图 5.5　普通 V 带的结构

2. 普通 V 带的型号和基本尺寸

国家标准 GB/T 11544—2012 规定,按截面尺寸的不同,我国的普通 V 带分为 Y、Z、A、B、C、D、E 七种型号,其截面基本尺寸见表 5.1,其中 m 为带的单位长度的质量。

表 5.1　普通 V 带截面基本尺寸

带　型	Y	Z	A	B	C	D	E
b/mm	6.0	10.0	13.0	17.0	22.0	32.0	38.0
b_p/mm	5.3	8.5	11.0	14.0	19.0	27.0	32.0
h/mm	4.0	6.0	8.0	11.0	14.0	19.0	23.0
h_a/mm	0.96	2.01	2.75	4.12	4.8	6.87	8.24
φ	40°						
m/(kg/m)	0.023	0.06	0.105	0.17	0.30	0.63	0.97

国家标准规定,普通 V 带的长度用基准长度 L_d 表示。普通 V 带的基准长度见表 5.2。

表 5.2 普通 V 带基准长度 L_d(mm)及长度系数 K_L

(摘自 GB/T 11544—2012、GB/T 13575.1—2022)

Y		Z		A		B		C		D		E	
L_d	K_L	L_d	K_L	L_d	K_L	L_d	K_L	L_d	K_L	L_d	K_L	L_d	K_L
200	0.81	405	0.87	630	0.81	930	0.83	1 565	0.82	2 740	0.82	4 660	0.91
224	0.82	475	0.90	700	0.83	1 000	0.84	1 760	0.85	3 100	0.86	5 040	0.92
250	0.84	530	0.93	790	0.85	1 100	0.86	1 950	0.87	3 330	0.87	5 420	0.94
280	0.87	625	0.96	890	0.87	1 210	0.87	2 195	0.90	3 730	0.90	6 100	0.96
315	0.89	700	0.99	990	0.89	1 370	0.90	2 420	0.92	4 080	0.91	6 850	0.99
355	0.92	780	1.00	1 100	0.91	1 560	0.92	2 715	0.94	4 620	0.94	7 650	1.01
400	0.96	920	1.04	1 250	0.93	1 760	0.94	2 880	0.95	5 400	0.97	9 150	1.05
450	1.00	1 080	1.07	1 430	0.96	1 950	0.97	3 080	0.97	6 100	0.99	12 230	1.11
500	1.02	1 330	1.13	1 550	0.98	2 180	0.99	3 520	0.99	6 840	1.02	13 750	1.15
		1 420	1.14	1 640	0.99	2 300	1.01	4 060	1.02	7 620	1.05	15 280	1.17
		1 540	1.54	1 750	1.00	2 500	1.03	4 600	1.05	9 140	1.08	16 800	1.19
				1 940	1.02	2 700	1.04	5 380	1.08	10 700	1.13		
				2 050	1.04	2 870	1.05	6 100	1.11	12 200	1.16		
				2 200	1.06	3 200	1.07	6 815	1.14	13 700	1.19		
				2 300	1.07	3 600	1.09	7 600	1.17	15 200	1.21		
				2 480	1.09	4 060	1.13	9 100	1.21				
				2 700	1.10	4 430	1.15	10 700	1.24				
						4 820	1.17						
						5 370	1.20						
						6 070	1.24						

注：V 带在作垂直其底边的纵向弯曲时，在带中保持不变的周线称为 V 带的节线，由节线组成的面称为节面。V 带节面的宽度 b_p 称为节宽。在 V 带轮轮槽上与所配用的 V 带节面处于同一位置，并在规定公差范围内与 V 带的节宽值 b_p 相同的槽宽 b_d 称为 V 带轮轮槽的基准宽度（表 5.3 中的图）。带轮在轮槽基准宽度处的直径 d_d 称为 V 带轮的基准直径（表 5.3 中的图）。而在规定张紧力下，V 带位于两测量带轮基准直径上的周线长度 L_d 称为 V 带的基准长度。

3. 带传动的几何计算

带传动的主要几何参数有两个带轮的基准直径 d_{d1} 和 d_{d2}、带传动的中心距 a、包角 α、带的基准长度 L_d 等，它们的近似关系和计算公式如下（图 5.6）：

1）包角 α。传动带与带轮接触弧所对应的中心角称为包角。由图 5.6 可见，小带轮上的包角为

$$\alpha_1 \approx 180° - \frac{d_{d2} - d_{d1}}{a} \times 57.3° \qquad (5.3)$$

式中：d_{d2}、d_{d1} 为带轮基准直径，mm。

2）带的基准长度 L_d(mm)为

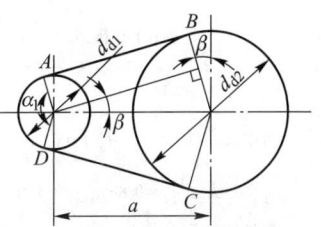

图 5.6 带传动的几何关系

$$L_d \approx 2a + \frac{\pi}{2}(d_{d2} + d_{d1}) + \frac{(d_{d2} - d_{d1})^2}{4a} \tag{5.4}$$

3）中心距 a。已知带长时，由式（5.4）可得中心距 a（mm）为

$$a \approx \frac{2L_d - \pi(d_{d2} + d_{d1}) + \sqrt{[2L_d - \pi(d_{d2} + d_{d1})]^2 - 8(d_{d2} - d_{d1})^2}}{8} \tag{5.5}$$

5.2.3　V 带轮的结构设计

带轮通常由三部分组成：轮缘（用以安装传动带）、轮毂（与轴连接）、轮辐或腹板（连接轮缘和轮毂）。

对带轮的主要要求是质量小且分布均匀，工艺性好，与带接触的工作表面要具有一定的精度（通常表面粗糙度 $Ra = 3.2$ μm 或 1.6 μm），以减小带的磨损。转速高时要进行动平衡。铸造和焊接带轮的应力要小。

带轮的常用材料是铸铁，如 HT150、HT200，转速较高时可用铸钢或钢板冲压后焊接而成，小功率时可用铸铝或非金属。

带轮的典型结构形式有以下几种：

1）实心式（图 5.7a），用于尺寸较小的带轮（$d_d \leqslant 2.5d$ 时）；

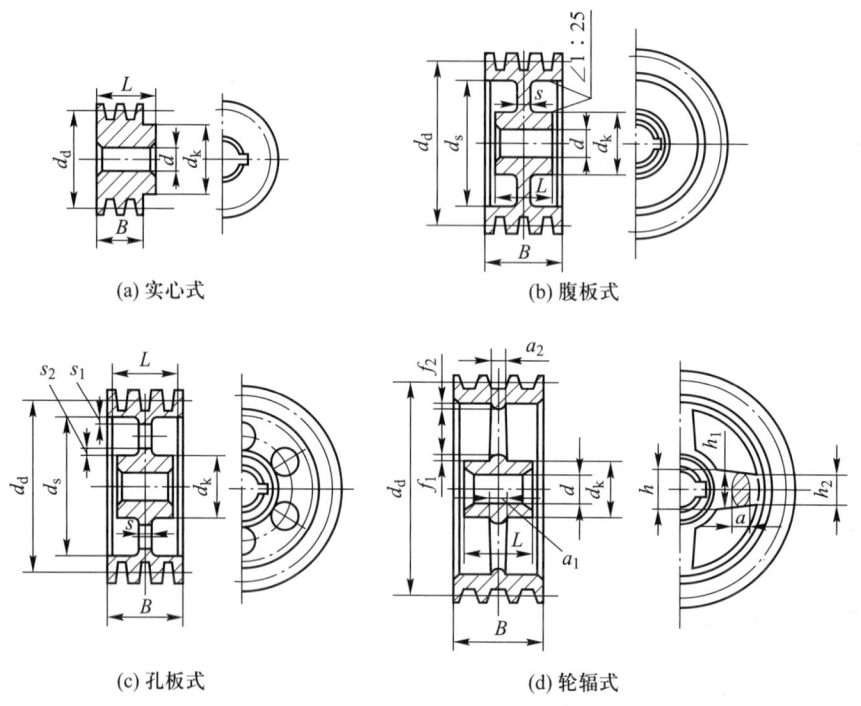

(a) 实心式　　(b) 腹板式

(c) 孔板式　　(d) 轮辐式

图 5.7　V 带轮结构

图中：$d_k = (1.8 \sim 2)d$, $L = (1.5 \sim 2)d$; $s = \left(\dfrac{1}{7} \sim \dfrac{1}{4}\right)B$, $s_1 > 1.5s$, $s_2 > 0.5s$; $h_1 = 290\sqrt[3]{\dfrac{P}{nA}}$, $h_2 = 0.8h_1$, $a_1 = 0.4h_1$, $a_2 = 0.8a_1$; $f_1 = 0.2h_1$, $f_2 = 0.2h_2$; P 为传递功率，kW; A 为轮辐数; h_1、a_1 为轮辐靠近轮毂处的宽度和厚度，mm; h_2、a_2 为轮辐靠近轮缘处的宽度和厚度，mm; n——转速，r/min。

2）腹板式（图5.7b），用于中小尺寸的带轮（$d_d \leq 300$ mm 时）；

3）孔板式（图5.7c），用于尺寸较大的带轮（$d_s - d_k > 100$ mm 时）；

4）轮辐式（图5.7d），用于尺寸大的带轮（$d_d > 500$ mm 时）。

普通 V 带轮的结构设计主要是根据直径大小选择结构形式，根据带型确定轮槽尺寸（表 5.3），其他结构尺寸可参考图 5.7 中的经验公式或根据有关资料确定。

表 5.3　普通 V 带带轮轮槽尺寸　　　　　　　　　　mm

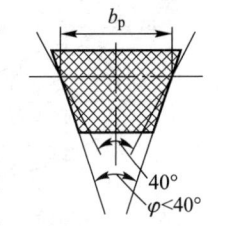

轮槽剖面尺寸		型号						
		Y	Z	A	B	C	D	E
$h_{f\min}$		4.7	7	8.7	10.8	14.3	19.9	23.4
$h_{a\min}$		1.6	2.0	2.75	3.5	4.8	8.1	9.6
e		8±0.3	12±0.3	15±0.3	19±0.4	25.5±0.5	37±0.6	44.5±0.7
$f_{\min}$		6	7	9	11.5	16	23	28
b_d		5.3	8.5	11	14	19	27	32
φ_0 ±0.5°	32°	d_d	≤60						
	34°			≤80	≤118	≤190	≤315		
	36°		>60					≤475	≤600
	38°			>80	>118	>190	>315	>475	>600

普通 V 带两侧面间的夹角是 40°，带在带轮上弯曲时，由于截面形状的变化使带的楔角变小（图 5.8）。为使带轮槽角适应这种变化，国家标准规定普通 V 带轮槽角为 32°、34°、36°、38°。

图 5.8　V 带弯曲后楔角变化

带的夹角与轮槽角的关系

5.2.4　带传动的张紧

传动带是一种黏弹性体，经过一段时间运转后会因伸长而松弛，从而初拉力 F_0 减小，使传动能力下降甚至丧失。为保证必需的初拉力 F_0，需对带进行张紧。张紧装置可分为定期张紧装置和自动张紧装置两大类。前者简单，由人工定期检查初拉力 F_0，张紧通过增加中心距的方式来实现。而后者在工作中能自动调节和保持所需的张紧力。自动张紧装置又分为保持固定不变张紧力的自动张紧装置和随外载荷变化而自动调节张紧力的自动张紧装置两种。常见的张紧装置有定期张紧装置、张紧轮张紧装置、自动张紧装置三种。

1. 定期张紧装置

定期张紧装置是利用定期改变中心距的方法来调节传动带的初拉力，使其重新满足初拉力要求。在水平或倾斜不大的传动中，可采用图 5.9a 所示的滑道式结构。电动机装在机座的滑轨上，旋动调整螺杆推动电动机，调节中心距以控制初拉力，然后固定。在垂直或接近垂直的传动中,可以采用图 5.9b 所示的摆架式结构,电动机固定在摆动架上,用旋动调整螺杆上的调节螺母来调节。

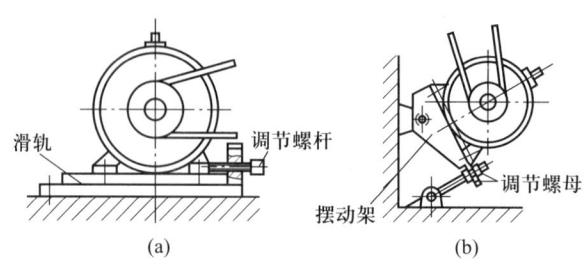

图 5.9　定期张紧装置

2. 张紧轮张紧装置

采用张紧轮进行张紧,一般用于中心距不可调的情况。因置于紧边需要的张紧力大,且张紧轮也容易跳动,故通常张紧轮置于带的松边。图 5.10 所示为用张紧轮进行张紧的机构。图 5.10a 是张紧轮压在松边的内侧,此时,张紧轮应尽量靠近大带轮,以免小带轮上包角减小过多。V 带传动常用这种装置。图 5.10b 是张紧轮压在松边的外侧,它使带承受反向弯曲,会降低寿命。这种装置形式常用于需要增大包角或空间受到限制的传动中。

3. 自动张紧装置

图 5.11 是一种能随外载荷变化而自动调节张紧力大小的装置。它将装有带轮的电动机放在摆动架上,当带轮传递转矩 T_1 时,在电动机机座上产生反力矩 T_R,使电动机轴 O 绕摆动架轴 O_1 向外摆动。工作中传递的圆周力越大,反力矩 T_R 越大,电动机轴向外摆动角度越大,张紧力越大。

张紧轮张紧

自动张紧

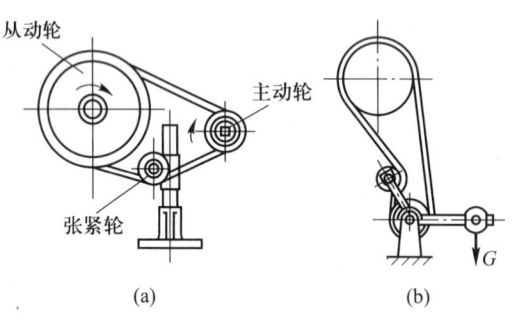

图 5.10　张紧轮张紧装置

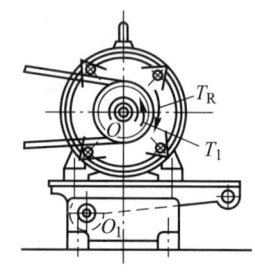

图 5.11　自动张紧装置

5.3　带传动的工作能力分析

5.3.1　带传动的受力分析

靠摩擦力传递运动和动力的带传动,不工作时,主动轮上的驱动转矩 $T_1 = 0$,带轮两边传动带所受的拉力均为初拉力 F_0(图 5.12a);而工作时,主动轮上的驱动转矩 $T_1 > 0$,

当主动轮转动时,在摩擦力的作用下,带绕入主动轮的一边被进一步拉紧,称为紧边,其所受拉力由 F_0 增大到 F_1;而带的另一边则被放松,称为松边,其所受拉力由 F_0 降到 F_2(图 5.12b)。F_1、F_2 分别称为带的紧边拉力和松边拉力。

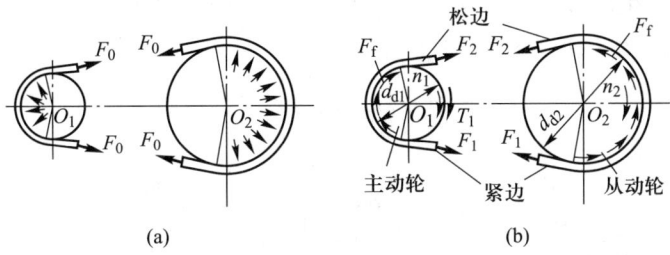

图 5.12 带传动的受力分析

当取主动轮一端的带为分离体时,根据作用于带上的总摩擦力 F_f 及紧边拉力 F_1 与松边拉力 F_2 对轮心 O_1 的力矩平衡条件,可得

$$F_f = F_1 - F_2$$

而带的紧、松边拉力之差就是带传递的有效圆周力 F,即

$$F = F_1 - F_2 \tag{5.6}$$

显然 $F = F_f$,由图 5.12b 可以看出有效圆周力不是作用在某一固定点的集中力,而是带与带轮接触弧上各点摩擦力的总和。

若假设带在工作前后总长度不变,则带工作时,其紧边的伸长增量等于松边的伸长减量。由于带工作在弹性变形范围内,则可认为紧边拉力的增量等于松边拉力的减量,即

$$F_1 - F_0 = F_0 - F_2 \quad 或 \quad F_1 + F_2 = 2F_0 \tag{5.7}$$

当带处于在带轮上即将打滑而尚未打滑的临界状态时,F_1 与 F_2 的关系可用著名的欧拉公式表示,即

$$F_1 = F_2 e^{f\alpha_1} \tag{5.8a}$$

式中:e——自然对数的底数(e = 2.718…);

f——带和带轮间的摩擦因数(对 V 带传动用当量摩擦因数 f');

α_1——带在小带轮上的包角,rad。

将式(5.6)、式(5.7)和式(5.8a)联立求解,可得欧拉公式的另一形式,即摩擦型带传动所能传递的最大有效圆周力(临界值)

$$F_{max} = 2F_0 \frac{1 - \dfrac{1}{e^{f\alpha_1}}}{1 + \dfrac{1}{e^{f\alpha_1}}} \tag{5.8b}$$

由式(5.8b)可见,F_{max} 与初拉力 F_0、包角 α_1 和摩擦因数 f 等因素有关。F_0、α_1、f 增大,则产生的摩擦力增大,传递的最大有效圆周力亦增大。

5.3.2 带传动的应力分析

传动带在工作中不仅有拉力产生的应力,还有带在绕上带轮时,由于离心力产生的应力和弯曲产生的应力。

1) 由紧边和松边拉力产生的应力。

紧边拉应力
$$\sigma_1 = \frac{F_1}{A}$$

松边拉应力
$$\sigma_2 = \frac{F_2}{A} \tag{5.9}$$

式中:A 为传动带的横截面面积。

σ_1 和 σ_2 的值不相等,带绕过主动轮时,拉力产生的应力由 σ_1 逐渐降为 σ_2,而绕过从动轮时又由 σ_2 逐渐增大到 σ_1。

2) 由离心力产生的应力。带绕过带轮作圆周运动时,由于本身质量将产生离心力,为平衡离心力,在带内将引起离心拉力 F_c 及相应的拉应力 σ_c。如图 5.13 所示,设带以速度 $v(\text{m/s})$ 绕带轮运动,带中的离心拉应力 σ_c 为

$$\sigma_c = \frac{F_c}{A} = \frac{mv^2}{A} \tag{5.10}$$

式中:m 为带单位长度的质量,其值见表 5.1,kg/m。

离心力引起的拉应力作用在带的全长上,且各处大小相等。

3) 由带在带轮上弯曲产生的应力。带绕过带轮时发生弯曲(图 5.14),产生弯曲应力 σ_b(只发生绕在带轮部分上),由材料力学可得

$$\sigma_b = \frac{E_b Y_a}{\rho} = \frac{2 E_b Y_a}{d_d} \tag{5.11}$$

式中:d_d——带轮基准直径,mm;

$\qquad \rho$——曲率半径,$\rho = \dfrac{d_d}{2}$,mm;

$\qquad Y_a$——带最外层至中性层的距离,对平带 $Y_a = \dfrac{h}{2}$,对 V 带 $Y_a \approx h_a$,mm;

$\qquad E_b$——带材料的弹性模量,MPa。

由式(5.11)可见,带轮直径越小,带越厚,弯曲应力越大。

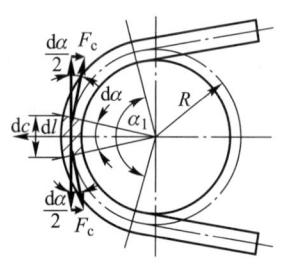

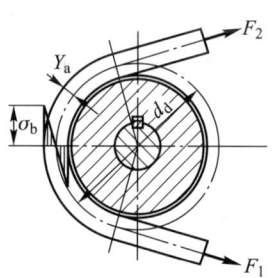

图 5.13 带的离心拉力 　　　　　 图 5.14 带的弯曲应力

带中各截面上的应力大小如用自该处所作的径向线(即把应力相位转 90°)长短表示,可画成图 5.15 所示的应力分布图。可见,带在工作中所受的应力是变化的,在减速传动中,带上最大应力产生在由紧边进入小带轮处,其值为

$$\sigma_{max} = \sigma_1 + \sigma_{b1} + \sigma_c \tag{5.12}$$

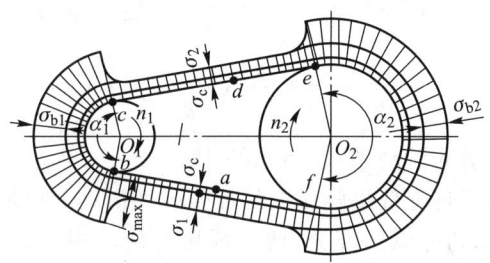

带工作时的
应力分布

图 5.15　带工作时应力变化

一般情况下,弯曲应力最大,离心应力较小,离心应力随带速的提高而增大。显然,当应力循环次数达到某一值后,处于变应力状态下工作的传动带将发生疲劳破坏。

5.3.3　带传动的弹性滑动和打滑现象

如带工作时不伸长,则主动轮和从动轮的圆周速度 v_1 和 v_2 将与带的线速度 v_0 相等,即 $v_1 = v_2 = v_0$。因为 $\dfrac{\pi d_{d1} n_1}{60 \times 1\,000} = \dfrac{\pi d_{d2} n_2}{60 \times 1\,000}$,则理论传动比为

$$i = \frac{n_1}{n_2} = \frac{d_{d2}}{d_{d1}} \tag{5.13}$$

实际上胶带是有弹性的,受拉力后将产生弹性伸长,拉力越大,伸长量越大;反之越小。带工作时,由于紧边拉力 F_1 大于松边拉力 F_2,因此带在紧边的伸长量将大于松边的伸长量。在图 5.16 中,设带的实际速度为 v,当带的紧边在 b 点进入主动轮时,带速与带轮圆周速度相等,皆为 v_1。而实际上,假设有一段单位长度的带,随带轮由 b 点转到 c 点离开带轮的这一过程中,其拉力逐渐由 F_1 减小到 F_2,从而使带的弹性伸长量也相应地减少,该段带的实际长度缩短了,即带相对带轮向后缩了一点,这就使带速逐渐落后于带轮圆周速度 v_1,到 c 点后带速降到 v_2。同样,当带绕过从动轮时,带所受的拉力由 F_2 逐渐增大到 F_1,其弹性伸长量逐渐增加,致使带相对从动带轮向前移动一点,带速逐渐大于从动轮圆周速度 v_2,即 $v_2 < v < v_1$。这种由于带的弹性变形而引起带与带轮之间相对滑动的现象称为弹性滑动。弹性滑动是摩擦型带传动中不可避免的现象,是正常工作时固有的特性。

弹性滑动会引起下列后果:

1)从动轮的圆周速度总是落后于主动轮的圆周速度并随载荷而变化,导致此传动的传动比不准确。

2)损失一部分能量,传动效率降低,会使带的温度升高并引起带的磨损。

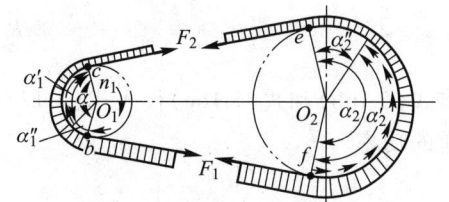

带的弹性
滑动现象
和打滑

图 5.16　带传动中的弹性滑动

由于弹性滑动引起从动轮线速度低于主动轮线速度,其相对变化量通常称为带传动的滑动系数或滑动率,用 ε 表示

$$\varepsilon = \frac{v_1 - v_2}{v_1} = \frac{\pi d_{d1} n_1 - \pi d_{d2} n_2}{\pi d_{d1} n_1} = \frac{n_1 - i n_2}{n_1} \qquad (5.14)$$

这样,计入弹性滑动时的从动轮转速 n_2 与主动轮转速 n_1 的关系应为

$$n_2 = (1 - \varepsilon) \frac{d_{d1}}{d_{d2}} n_1 \qquad (5.15)$$

一般情况下,带传动的滑动系数 $\varepsilon = 1\% \sim 2\%$。

在正常情况下,并不是全部接触弧上都发生弹性滑动。接触弧可分为有相对滑动的滑动弧和无相对滑动的静弧两部分,两段弧所对应的中心角分别称为滑动角 α' 和静角 α''。静弧总是发生在带与带轮同速度的接触区域(图 5.16)。

带不传递载荷时,滑动角为零。随着载荷的增加,滑动角 α' 逐渐增大,而静角 α'' 则逐渐减小。当滑动角 α' 增大到 α_1 时,达到极限状态,带传动的有效圆周力达到最大值。若传递的外载荷超过最大有效圆周力,带就在带轮上发生显著的相对滑动现象,即打滑。打滑将造成带的严重磨损,并使带的运动处于不稳定状态,传动失效。带在大轮上的包角大于小轮上的包角,所以打滑总是在小轮上先开始。

打滑是由于过载引起的,故避免过载就可避免打滑。

5.3.4　带传动的失效形式和设计准则

由前面分析可以看出,带传动的主要失效形式是打滑和带的疲劳破坏。因此,带传动的设计准则是在保证带工作时不打滑的条件下,具有一定的疲劳强度和寿命。

为满足强度条件,在设计时要求 $\sigma_{max} \leqslant [\sigma]$,即

$$\sigma_{max} = \sigma_1 + \sigma_{b1} + \sigma_c \leqslant [\sigma] \qquad (5.16a)$$

当 $\sigma_{max} = [\sigma]$ 时,带传动将发挥最大传动能力,则得

$$\sigma_1 = [\sigma] - \sigma_{b1} - \sigma_c \qquad (5.16b)$$

式中:$[\sigma]$ 为在一定条件下由带的疲劳强度决定的许用拉应力。

在即将打滑的临界状态下,带传动的最大有效圆周力可由式(5.6)和式(5.8a)求得

$$F_{max} = F_1 \left(1 - \frac{1}{e^{f'\alpha_1}} \right) = \sigma_1 A \left(1 - \frac{1}{e^{f'\alpha_1}} \right) \qquad (5.16c)$$

带的有效圆周力 $F(N)$ 与带传递的功率 $P(kW)$、带速 $v(m/s)$ 之间关系是

$$P = \frac{F_{max} v}{1\ 000} \qquad (5.17)$$

将式(5.16b)和式(5.16c)代入式(5.17)可得带既不打滑又有一定疲劳强度时所能传递的功率

$$P_1 = ([\sigma] - \sigma_{b1} - \sigma_c) \left(1 - \frac{1}{e^{f'\alpha_1}} \right) \frac{Av}{1\ 000} \qquad (5.18)$$

在载荷平稳、包角 $\alpha_1 = 180°$（即 $i = 1$）、带长 L_d 为特定长度、抗拉体为化学纤维芯绳结构的条件下，由式（5.18）可求得单根普通 V 带所能传递的基本额定功率 P_1，见表 5.4。

表 5.4　单根普通 V 带的基本额定功率 P_1（摘自 GB/T 13575.1—2022）　　kW

型号	小带轮基准直径 d_{d1}/mm	小带轮转速 n_1/(r/min)															
		200	400	700	800	950	1 200	1 450	1 600	2 000	2 400	2 800	3 200	3 600	4 000	5 000	6 000
Z	50	0.04	0.06	0.09	0.10	0.12	0.14	0.16	0.17	0.20	0.22	0.26	0.28	0.30	0.32	0.34	0.31
	56	0.04	0.06	0.11	0.12	0.14	0.17	0.19	0.20	0.25	0.30	0.33	0.35	0.37	0.39	0.41	0.40
	63	0.05	0.08	0.13	0.15	0.18	0.22	0.25	0.27	0.32	0.37	0.41	0.45	0.47	0.49	0.50	0.48
	71	0.06	0.09	0.17	0.20	0.23	0.27	0.30	0.33	0.39	0.46	0.50	0.54	0.58	0.61	0.62	0.56
	80	0.10	0.14	0.20	0.22	0.26	0.30	0.39	0.39	0.44	0.50	0.56	0.61	0.64	0.67	0.66	0.61
	90	0.10	0.14	0.22	0.24	0.28	0.33	0.36	0.40	0.48	0.54	0.60	0.64	0.68	0.72	0.73	0.56
A	75	0.22	0.38	0.58	0.64	0.73	0.86	0.98	1.05	1.21	1.35	1.47	1.57	1.65	1.72	1.79	1.72
	90	0.30	0.53	0.84	0.93	1.06	1.27	1.47	1.58	1.85	2.09	2.30	2.48	2.64	2.77	2.96	2.94
	100	0.36	0.64	1.01	1.12	1.28	1.54	1.78	1.92	2.26	2.56	2.83	3.06	3.26	3.42	3.66	3.63
	112	0.42	0.76	1.21	1.34	1.54	1.86	2.15	2.32	2.74	3.11	3.44	3.73	3.97	4.16	4.41	4.31
	125	0.49	0.89	1.42	1.58	1.82	2.20	2.55	2.75	3.25	3.69	4.08	4.41	4.68	4.89	5.12	4.86
	140	0.57	1.04	1.66	1.86	2.14	2.58	2.99	3.23	3.81	4.33	4.77	5.14	5.44	5.65	5.77	5.23
	160	0.68	1.23	1.98	2.21	2.55	3.08	3.57	3.85	4.54	5.14	5.64	6.04	6.32	6.49	6.33	—
	180	0.78	1.42	2.29	2.56	2.95	3.56	4.13	4.45	5.23	5.89	6.42	6.82	7.06	7.14	6.53	—
B	125	0.65	1.13	1.75	1.93	2.19	2.59	2.94	3.13	3.58	3.92	4.17	4.30	4.32	4.23	3.40	
	140	0.79	1.40	2.18	2.41	2.75	3.27	3.73	3.99	4.58	5.05	5.38	5.58	5.62	5.50	4.42	
	160	0.97	1.74	2.74	3.04	3.48	4.15	4.75	5.09	5.86	6.46	6.88	7.10	7.11	6.89	5.20	
	180	1.16	2.08	3.29	3.66	4.19	5.01	5.74	6.14	7.07	7.77	8.23	8.42	8.31	7.89	—	
	200	1.34	2.42	3.84	4.27	4.89	5.84	6.70	7.16	8.21	8.97	9.41	9.50	9.19	8.46	—	
	224	1.55	2.81	4.48	4.99	5.71	6.82	7.80	8.33	9.49	10.26	10.61	10.47	9.79	8.52		
	250	1.79	3.24	5.16	5.74	6.57	7.84	8.94	9.52	10.75	11.46	11.59	11.07	9.81	—	—	
	280	2.05	3.72	5.92	6.59	7.54	8.96	10.17	10.79	12.02	12.56	12.29	11.13	—	—	—	
C	200	1.94	3.39	5.19	5.72	6.46	7.53	8.41	8.85	9.69	9.93	9.60	8.59				
	224	2.35	4.14	6.40	7.07	7.99	9.36	10.48	11.03	12.06	12.35	11.82	10.38				
	250	2.78	4.93	7.67	8.49	9.62	11.26	12.61	13.27	14.41	14.58	13.65	11.48				
	280	3.27	5.84	9.12	10.09	11.43	13.37	14.93	15.66	16.80	16.62	14.94	—				
	315	3.84	6.87	10.76	11.90	13.47	15.70	17.42	18.18	19.10	18.21	15.23	—				
	355	4.48	8.04	12.57	13.89	15.70	18.19	19.98	20.69	21.05	18.89	—					
	400	5.19	9.32	14.55	16.05	18.19	20.74	22.46	22.99	22.28	18.03	—					
	450	5.97	10.72	16.66	18.32	20.74	23.24	24.68	24.84	22.33	—	—					

注：因为 Y 型 V 带主要用于传递运动，故在此表中没有列出。

当实际工作条件与上述特定条件不同时,应对 P_1 值加以修正。

若 $i \neq 1$,大轮和小轮对弯曲应力的影响是不同的。当 $i>1$ 时,带在大轮上弯曲程度较小,即带绕过大轮时所产生的弯曲应力较绕过小轮时要小。因此,在同样寿命条件下,$i>1$ 时带所能传递的功率可以相应地增大一些。这一功率增量 ΔP_1(kW)可由下式计算:

$$\Delta P_1 = K_b n_1 \left(1 - \frac{1}{K_i}\right) \tag{5.19}$$

式中:K_b——弯曲影响系数,见表5.5;

　　　K_i——传动比系数,见表5.6;

　　　n_1——小带轮转速,r/min。

因此,在上述条件下单根 V 带所能传递的功率为 $P_1+\Delta P_1$。

若实际工作情况与上述条件不同,则还应引入相应的包角系数 K_α 和长度系数 K_L 对功率值加以修正,见式(5.23)。

表 5.5　弯曲影响系数 K_b

带型	K_b
Z	$0.292\ 5\times10^{-3}$
A	$0.772\ 5\times10^{-3}$
B	$1.987\ 5\times10^{-3}$
C	5.625×10^{-3}
D	19.95×10^{-3}
E	37.35×10^{-3}

表 5.6　传动比系数 K_i

传动比 i	K_i
$1.00\sim1.01$	$1.000\ 0$
$1.02\sim1.04$	$1.013\ 6$
$1.05\sim1.08$	$1.027\ 6$
$1.09\sim1.12$	$1.041\ 9$
$1.13\sim1.18$	$1.056\ 7$
$1.19\sim1.24$	$1.071\ 9$
$1.25\sim1.34$	$1.087\ 5$
$1.35\sim1.51$	$1.103\ 6$
$1.52\sim1.99$	$1.120\ 2$
$\geqslant2.00$	$1.137\ 3$

5.4　普通 V 带传动的设计计算步骤和方法

带传动设计
算例

1. 确定设计功率 P_d

设计功率是根据需要传递的名义功率及考虑载荷性质、原动机类型和每天连续工作的时间等因素而确定的,表达式如下:

$$P_d = K_A P \tag{5.20}$$

式中:P——所需传递的名义功率,kW;

　　　K_A——载荷工况系数,按表5.7选取。

2. 选择带的型号

V 带的型号可根据设计功率 P_d 和小带轮转速 n_1 由图5.17选取。当 P_d 和 n_1 值坐标交点位于或接近两种型号区域边界处时,可取相邻两种型号同时计算,比较结果,最后选定一种。

表 5.7　载荷工况系数 K_A

工　况		原　动　机					
		Ⅰ 类			Ⅱ 类		
		每天工作小时数/h					
		<10	10~16	>16	<10	10~16	>16
载荷平稳	液体搅拌机;离心式水泵;通风机和鼓风机(≤7.5 kW);离心式压缩机;轻型运输机	1.0	1.1	1.2	1.1	1.2	1.3
载荷变动小	带式运输机(运送砂石、谷物);通风机(>7.5 kW);发电机;旋转式水泵;金属切削机床;剪床;压力机;印刷机;振动筛	1.1	1.2	1.3	1.2	1.3	1.4
载荷变动较大	螺旋式运输机;斗式提升机;往复式水泵和压缩机;锻锤;磨粉机;锯木机和木工机械;纺织机械	1.2	1.3	1.4	1.4	1.5	1.6
载荷变动很大	破碎机(旋转式、颚式等);球磨机,棒磨机;起重机;挖掘机;橡胶辊压机	1.3	1.4	1.5	1.5	1.6	1.8

注:1. Ⅰ类原动机包括普通笼型交流电动机,同步电动机,直流电动机(并励),$n \geqslant 600$ r/min 的内燃机;Ⅱ类原动机包括交流电动机(双笼型、滑环式、单相、大转差率),直流电动机(复励、串励),单缸发动机,$n \leqslant 600$ r/min 的内燃机。

2. 在反复启动、正反转频繁、工作条件恶劣等场合,表中 K_A 值均应乘以 1.1。

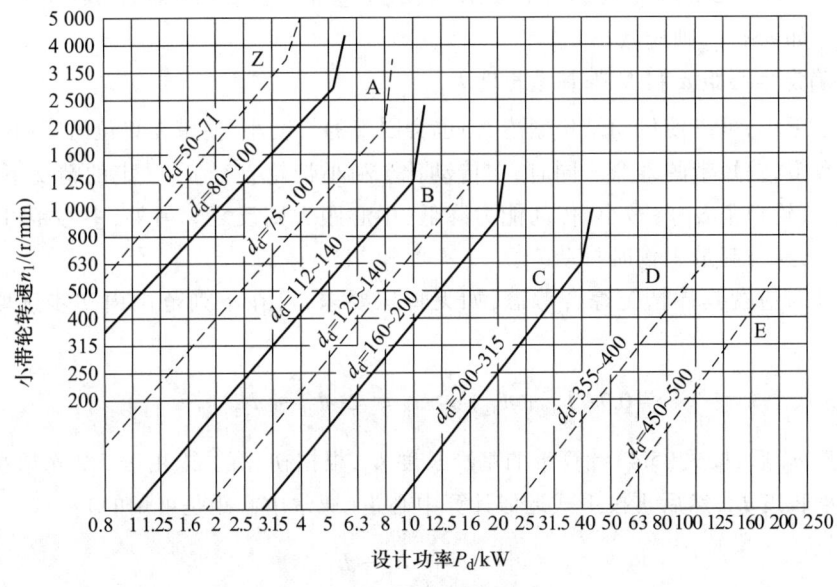

图 5.17　普通 V 带选型图

3. 确定带轮的基准直径 d_{d1} 和 d_{d2}

传动带中的弯曲应力变化是最大的,它是引起带疲劳破坏的主要因素。带轮直径越小,弯曲应力越大。因此,为减小弯曲应力应采用较大的小带轮直径 d_{d1}。但 d_{d1} 过大,会使传动的结构尺寸增大。如无特殊要求,一般取 d_{d1} 大于等于许用的最小带轮基准直径 d_{dmin} 即可(表 5.8)。所选带轮直径应圆整为带轮直径系列值。

大带轮基准直径 $d_{d2} = \dfrac{n_1}{n_2} d_{d1}$,计算后也应圆整为带轮直径系列值。当要求传动比比较精确时,应考虑用式(5.21)中滑动系数 ε 来计算轮径,此时 d_{d2} 可不圆整。

表 5.8　V 带带轮最小基准直径 d_{dmin}

槽型	Y	Z	A	B	C	D	E
d_{dmin}	20	50	75	125	200	355	500

$$d_{d2} = \frac{n_1}{n_2} d_{d1}(1 - \varepsilon) \tag{5.21}$$

通常取 $\varepsilon = 0.02$。

4. 验算带的速度 v

由 $P = \dfrac{Fv}{1\,000}$ 可知,传递一定功率时,带速越高,圆周力越小,所需带的根数越少,但带速过高,带在单位时间内绕过带轮的次数增加,使疲劳寿命缩短。同时,增加带速会显著增大带的离心力,减小带与带轮间的接触压力。当带速达到某一数值后,不利因素将超过有利因素,传动能力将下降,因此设计时应使 $v \leqslant v_{max}$,一般在 $v = 5 \sim 25$ m/s 内选取,以 $v = 20 \sim 25$ m/s 最有利。对 Y、Z、A、B、C 型带 $v_{max} = 25$ m/s;对 D、E 型带,$v_{max} = 30$ m/s。如 $v > v_{max}$,则应减小 d_{d1}。

5. 确定中心距 a 和 V 带基准长度 L_d

中心距小,可以使传动结构紧凑,但也会因带的长度小,使带在单位时间内绕过带轮的次数多,缩短带的寿命。同时,在传动比 i 和小带轮直径 d_{d1} 一定的情况下,中心距小,小带轮包角 α_1 将减小,传动能力降低;中心距大则反之。另外,中心距过大,当带速高时,易引起带工作时抖动。

设计时应视具体情况综合考虑,如无特殊要求,可在下列范围内初步选取中心距 a_0:

$$0.7(d_{d1} + d_{d2}) \leqslant a_0 \leqslant 2(d_{d1} + d_{d2})$$

初选 a_0 后,按式(5.4)计算带的基准长度 L_d',根据初算的 L_d' 由表 5.2 选取接近的标准基准长度 L_d,然后再按下式近似计算中心距(通常中心距是可调的):

$$a \approx a_0 + \frac{L_d - L_d'}{2} \tag{5.22}$$

6. 计算小轮包角 α_1

按式(5.3)计算小轮包角 α_1。增大 α_1,可以提高带的传动能力,由式(5.3)及式(5.13)可知,α_1 与传动比 i 有关,i 越大,带轮直径差 $d_{d2}-d_{d1}$ 越大,α_1 越小。因此,为了保证 α_1 不过小,传动比 i 不宜过大。通常应使 $i \leqslant 7$,个别情况下可达 10。

7. 确定 V 带根数 z

$$z = \frac{P_d}{(P_0 + \Delta P_0) K_\alpha K_L} \tag{5.23}$$

式中:K_α——包角修正系数,考虑包角 $\alpha \neq 180°$ 对传动能力的影响,由表 5.9 查取;

K_L——带长修正系数,考虑带长不为特定带长时对使用寿命的影响,由表 5.2 查取。

带的根数越多,其受力越不均匀,故设计时应限制带的根数。一般 $z < 10$,否则应改选带的型号,重新设计或改用联组 V 带。

表 5.9 包角修正系数 K_α

包角 α_1	180°	174°	169°	163°	157°	151°	145°	139°	133°	127°	120°	113°	106°	99°	91°	83°
K_α	1.00	0.99	0.97	0.96	0.94	0.93	0.91	0.89	0.87	0.85	0.82	0.80	0.77	0.73	0.70	0.65

8. 确定初拉力 F_0

F_0 是保证带传动正常工作的重要因素,它影响带的传动能力和寿命。F_0 过小,易出现打滑,传动能力不能充分发挥,F_0 过大,带的使用寿命降低,且轴和轴承的受力增大。单根普通 V 带合适的初拉力可按下式计算:

$$F_0 = 500 \frac{P_d}{vz}\left(\frac{2.5 - K_\alpha}{K_\alpha}\right) + mv^2 \tag{5.24}$$

式中各符号意义同前,普通 V 带每米长度的质量 m 值见表 5.1。

9. 计算作用在轴上的压力 F_Q

为了求得对张紧装置应加的力及计算轴和轴承的需要,应计算传动带作用在轴上的压力 F_Q。

压力 F_Q 等于松边和紧边拉力的向量和,如果不考虑带两边的拉力差,可以近似地按带两边所受初拉力的合力来计算。由图 5.18 得

$$F_Q = 2F_0 z\cos \frac{\beta}{2} = 2zF_0\sin \frac{\alpha_1}{2} \tag{5.25}$$

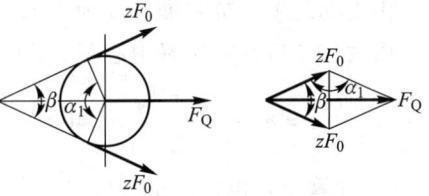

图 5.18 带作用在轴上的压力 F_Q

带初次安装在带轮上时,所需初拉力要比带正常工作时大很多,故计算轴和轴承时,通常取 $F_{Qmax} = 1.5F_Q$。

【例 5.1】 设计某铣床传动系统中与电动机相接的普通 V 带传动。已知电动机型号为 Y112M-4,额定功率为 $P = 4$ kW,转速 $n_1 = 1\ 440$ r/min,传动比 $i = 3.6$,三班制

工作,载荷变动小,要求结构紧凑。

【解】

1)确定设计功率。由表5.7查得载荷工况系数 $K_A = 1.3$,则

$$P_d = K_A P = 1.3 \times 4 \text{ kW} = 5.2 \text{ kW}$$

2)选取带型。根据 P_d、n_1,由图5.17查取,选 A 型带。

3)确定带轮的基准直径。根据表5.8推荐的带轮最小基准直径,可选小带轮直径为 $d_{d1} = 100 \text{ mm}$,则大带轮直径为

$$d_{d2} = i d_{d1} = 3.6 \times 100 \text{ mm} = 360 \text{ mm}$$

根据表5.4取 $d_{d2} = 355 \text{ mm}$,其传动比误差 $\dfrac{\Delta i}{i} < 5\%$,故可用。

4)验算带的速度。

$$v = \frac{\pi d_{d1} n_1}{60 \times 1\,000} = \frac{\pi \times 100 \times 1\,440}{60 \times 1\,000} \text{ m/s} = 7.54 \text{ m/s} < 25 \text{ m/s} = v_{\max}$$

故符合要求。

5)确定 V 带长度和中心距。根据 $0.7(d_{d1}+d_{d2}) \leqslant a_0 \leqslant 2(d_{d1}+d_{d2})$ 初步确定中心距

$$0.7 \times (100 + 355) \text{ mm} = 318.5 \text{ mm} \leqslant a_0 \leqslant 2 \times (100 + 355) \text{ mm} = 910 \text{ mm}$$

因要求结构紧凑,故取偏小值 $a_0 = 400 \text{ mm}$。

根据式(5.4)计算 V 带基本长度

$$L_d' = 2a_0 + \frac{\pi}{2}(d_{d1} + d_{d2}) + \frac{(d_{d2} - d_{d1})^2}{4a_0}$$

$$= \left[2 \times 400 + \frac{\pi}{2}(100 + 355) + \frac{(355 - 100)^2}{4 \times 400} \right] \text{ mm}$$

$$= 1\,555.35 \text{ mm}$$

由表5.2选 V 带基准长度为 $L_d = 1\,600 \text{ mm}$。

由式(5.22)计算实际中心距 a

$$a = a_0 + \frac{L_d - L_d'}{2} = \left(400 + \frac{1\,600 - 1\,555.35}{2} \right) \text{ mm} = 422.33 \text{ mm}$$

6)计算小轮包角。由式(5.3)得

$$\alpha_1 = 180° - \frac{d_{d2} - d_{d1}}{a} \times 57.3° = 180° - \frac{355 - 100}{422.33} \times 57.3° = 145.4°$$

7)确定 V 带根数。根据式(5.23)计算带的根数 z。由表5.4查取单根 V 带所能传递的功率为 $P_1 = 1.3 \text{ kW}$,由表5.5查得 $K_b = 0.772\,5 \times 10^{-3}$,由表5.6查得 $K_i = 1.14$,由式(5.19)计算功率增量 ΔP_1。

$$\Delta P_1 = K_b n_1 \left(1 - \frac{1}{K_i} \right) = 0.14 \text{ kW}$$

由表 5.9 查得 $K_\alpha = 0.90$，由表 5.2 查得 $K_L = 0.99$，则带的根数为

$$z = \frac{P_d}{(P_1 + \Delta P_1) K_\alpha K_L} = \frac{5.2}{(1.3 + 0.14) \times 0.9 \times 0.99} = 4.05$$

取 $z = 4$ 根。

8）计算初拉力。

由表 5.1 查得 $m = 0.1 \text{ kg/m}$，由式（5.24）得初拉力

$$F_0 = 500 \frac{P_d}{zv} \left(\frac{2.5 - K_\alpha}{K_\alpha} \right) + mv^2 = \left[500 \times \frac{5.2}{4 \times 7.54} \times \left(\frac{2.5 - 0.9}{0.9} \right) + 0.1 \times 7.54^2 \right] \text{ N}$$

$$= 158.94 \text{ N}$$

9）计算作用在轴上的压力。由式（5.25）得

$$F_Q = 2zF_0\cos\frac{\beta}{2} = 2zF_0\sin\frac{\alpha}{2} = 2 \times 4 \times 158.9 \times \sin\frac{145.4°}{2} \text{ N} = 1\,213.69 \text{ N}$$

10）带轮结构设计（略）。

5.5 其他带传动简介

5.5.1 同步带传动

同步带的
发展和应用

同步带传动是通过带齿与轮齿的啮合传递运动和动力，如图 5.19 所示。与摩擦型带传动相比，同步带传动兼有带传动、链传动和齿轮传动的一些特点，具有传动比准确、效率高、传动平稳、噪声低、使用寿命长、中心距允许范围大、轴上压力小、能承受一定冲击、不需润滑、较其他类型带传动结构紧凑等优点。同步带传动的速度最大可到 80 m/s，单级传动比可达 10，传动效率可达 0.98～0.99，传动功率可达几百千瓦，现已广泛用于各种仪器、计算机、汽车、纺织机构、粮食机械、机床、石油机械等机械传动中。

目前，应用较广的同步带齿有梯形齿和圆弧齿两大类，如图 5.20 所示，前者带的齿廓为直线，它有周节制和模数制两种，周节制有国际标准和国家标准。圆弧齿同步带齿廓由一段或几段圆弧组成，它齿根应力集中小、载荷分布合理，故传递的载荷大、寿命长。

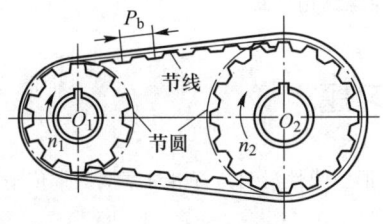

图 5.19 同步带传动

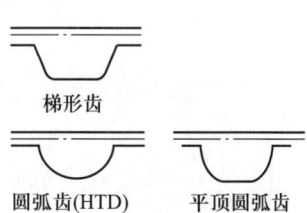

图 5.20 同步带常用齿形

同步带的主要参数是节距 P_b 或模数 m。由于抗拉层强度高,工作中长度不变,故将抗拉层中心线定为节线,节线周长定为公称长度。相邻两齿对应点间沿节线量得的长度为带的节距,用 P_b 表示,模数 $m = P_b/\pi$。各种型号同步带的规格及设计方法可查阅有关手册。

5.5.2 高速带传动

带速 $v > 30$ m/s 或高速轴转速在 10 000 r/min 以上的带传动称为高速带传动,带速 $v \geqslant 100$ m/s 的带传动称为超高速带传动。随着工业技术的发展,高速带传动在高速机床、高速离心机、高速内圆磨床上的应用等日益广泛。

由于要求传动可靠、运转平稳并具有一定的寿命,高速带一般采用质量轻、厚度薄而均匀、挠曲性能好、强度较高的特制环形平带,如薄型聚酰胺片基平带、高速环形胶带、特制编织带(麻织带、丝织带、锦纶编织等)等,以减小其工作时的离心力。

高速带传动通常用于增速传动,其增速比一般小于 4。根据速度选定带的类型后,小带轮的直径可取 40~50 倍的带的厚度。带轮结构设计时要求质量轻、质量分布均匀对称、运转时空气阻力小,因此通常采用合金钢或铝合金制造,工作表面粗糙度 Ra 值控制在 3.2 μm 以下,并应进行动平衡。

为防止掉带,带轮轮缘表面应制成凸面或 2°左右的双锥面,如图 5.21a、图 5.21b 所示。由于楔形效应,高速带和带轮工作面之间极易产生气膜,从而减小工作面摩擦因数,降低摩擦型带传动的传动能力并导致掉带,因此通常还需在带轮表面开凹坑或环形槽,如图 5.21c 所示槽深 1 mm 左右,槽间距 5~10 mm。详细设计请参照有关传动设计手册。

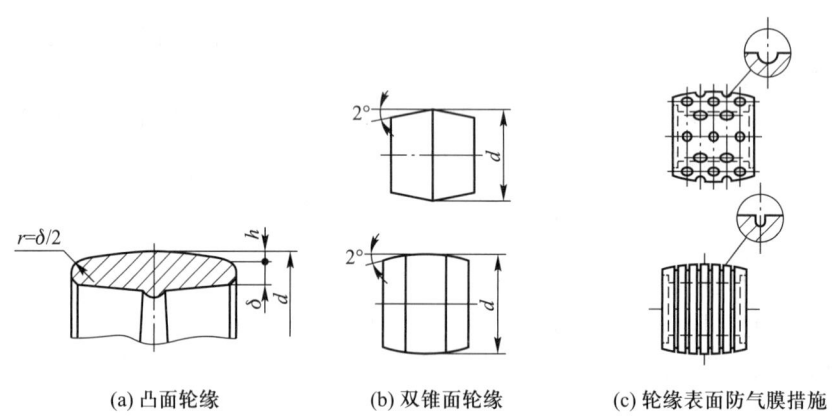

| (a) 凸面轮缘 | (b) 双锥面轮缘 | (c) 轮缘表面防气膜措施 |

图 5.21 高速带轮的轮缘结构形式

思考题与习题

5.1 什么是带传动中的弹性滑动现象?什么是打滑?弹性滑动与打滑对摩擦型带传动有什么影响?

5.2 在 V 带传动设计中,为什么要限制带轮的最小基准直径 d_{dmin} 和带的最高圆周速度 v_{max}?

5.3 单根 V 带所能传递的最大功率主要受哪些因素影响?设计过程中,为什么要对表 5.4 中单根带所能传递的最大功率进行修正？修正过程中考虑哪些因素的影响？

5.4　平带传动和 V 带传动各有什么特点？分别适用于什么场合？

5.5　摩擦型带传动为什么要张紧？有哪些常见的张紧形式？如果用张紧轮张紧，张紧轮应该置于松边还是紧边？靠近大带轮还是小带轮？带的内侧还是外侧？为什么？

5.6　带传动设计过程中为什么要限制带的根数？如果按照设计流程设计的结果所需带的根数大于 10，如何修改处理？

5.7　有一普通 V 带传动，其传动简图如题 5.7 图所示。已知小带轮为主动轮，且 $n_1 = 1\,440$ r/min，$d_{d1} = 160$ mm，$d_{d2} = 450$ mm，中心距 $a = 860$ mm。试求：

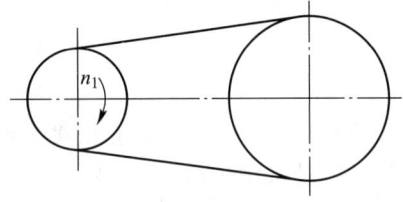

题 5.7 图

（1）在图上画出 α_1 和 α_2，指出松边和紧边；

（2）求传动带的基准长度 L_d；

（3）求滑动率 $\varepsilon = 0.02$ 时大带轮的实际转速。

5.8　请设计车床用普通 V 带传动。已知传递的名义功率 $P = 3.2$ kW，小带轮的转速 $n_1 = 1\,460$ r/min，传动比 $i = 3.6$。要求每日两班制工作，结构尽可能紧凑。

5.9　已知某 V 带传动传递的功率 $P = 7.5$ kW，带的圆周速度为 $v = 10$ m/s，紧边拉力是松边拉力的两倍，即 $F_1 = 2F_2$。试求紧边拉力 F_1、有效圆周拉力 F 和所需的初拉力 F_0。

5.10　设单根 V 带所能传递的最大功率 $P = 5$ kW，已知主动轮基准直径 $d_{d1} = 140$ mm，转速 $n_1 = 1\,460$ r/min，包角 $\alpha_1 = 140°$，带与带轮之间的当量摩擦因数 $f' = 0.5$，此传动装置处在打滑前的临界状态。试求紧边拉力 F_1 和最大有效圆周拉力 F_{max}。

学习要点及
思维导图

第六章 齿轮传动

6.1 齿轮传动概述

齿轮传动依靠一对齿轮或多个齿轮轮齿间相互啮合来传递运动和动力,是应用最广泛的一种机械传动形式。

1. 齿轮传动主要特点

同带传动、链传动相比,齿轮传动具有如下特点:

1)瞬时传动比恒定,而且可实现大传动比。单级谐波齿轮传动的传动比可达几十至几百,比单级带传动、链传动的传动比大得多。

2)传动效率高,一对齿轮副传动效率可达 98%～99%。

3)工作可靠,使用寿命长。

4)结构紧凑。

5)适用范围大,传递功率小至 1 W 以下,大到数万千瓦,转速可从每分钟几转至上万转。

6)需要专门的机床和刀具加工,专门的量仪或量具测量,成本高。

7)可以实现高精度。齿轮传动分 0～12 级共 13 个精度等级,常用 7 级、8 级精度,要求精度较高时可采用 5 级、6 级精度。

8)精度低时噪声大,有回差。

9)不宜用于传递轴间距过大的运动和动力。

2. 齿轮传动分类

齿轮传动的类型较多,可分别按齿廓曲线类型、工作条件、齿轮轴线间的相对位置以及齿面硬度等进行分类。

1)按齿廓曲线类型不同分为渐开线齿轮传动、摆线针轮传动、圆弧齿轮传动等。其中,渐开线齿廓的齿轮传动应用最为广泛,本章主要讲述渐开线齿轮传动的设计计算。

2)按齿轮的工作条件不同分为开式齿轮传动、半开式齿轮传动和闭式齿轮传动。

开式齿轮传动的齿轮完全暴露在外,工作条件不如闭式,不能防尘,只能靠人工定期更换、添加润滑剂,因此仅用于低速、对传动要求不高的场合。

半开式齿轮传动的工作条件较开式有所改善,多数情况是齿轮部分浸入润滑油中,外装防护罩,但不完全封闭,因而防尘效果差。

闭式齿轮传动的工作条件较好,齿轮、轴系部件等皆安装在密封的箱体内并且采用防尘措施,其安装精度较高,齿轮及轴承的润滑也能够得到保证,是广泛应用的传动形式。

3）按齿轮传动轴线间的相对位置不同分为轴线平行的圆柱齿轮传动、轴线相交的锥齿轮传动、轴线相错的螺旋齿轮传动和轴线相错且垂直的蜗杆传动等。

4）按齿面硬度不同分为软齿面（齿面硬度值小于或等于 350 HBW）及硬齿面（齿面硬度值大于 350 HBW）的齿轮传动。其中，硬齿面齿轮的齿面接触疲劳强度、齿根弯曲疲劳强度及齿面抗胶合能力都较软齿面齿轮有很大程度的提高，因此硬齿面齿轮是当前发展的趋势。

3. 渐开线齿轮的标准模数

国家标准 GB/T 1357—2008 中规定了齿轮的标准模数，见表 6.1。

表 6.1　渐开线齿轮的标准模数 m（摘自 GB/T 1357—2008）　　mm

第一系列	1	1.25	1.5	2.0	2.5	3	4	5	6	8	10	12	16	20	25	32	40	50
第二系列	1.125	1.375	1.75	2.25	2.75	3.5	4.5	5.5	(6.5)	7	9	11	14	18	22	28	35	45

注：1. 对于斜齿圆柱齿轮及人字齿轮，取法向模数为标准模数；对锥齿轮，取大端模数为标准模数。
　　2. 应优先选用第一系列，括号中的模数尽可能不使用。

4. 齿轮的精度等级

（1）渐开线圆柱齿轮的精度等级

渐开线圆柱齿轮精度的国家标准（GB/T 10095.1—2022、GB/T 10095.2—2023）对齿轮及齿轮副规定了 0~12 级精度共 13 个精度等级，数字越大，精度越低，第 0 级的精度最高，第 12 级最低。目前，0~2 级受工艺限制尚属展望精度等级，标准中未规定公差值；常用的精度等级是 7 级和 8 级，要求精度较高时可采用 5 级和 6 级精度。

根据齿轮传动的用途、使用要求及工作条件等选择齿轮的精度等级，还应考虑成本，齿轮精度要求越高，成本也越高。

（2）锥齿轮精度等级

锥齿轮传动的精度采用国家标准 GB/T 11365—2019。标准中规定了 10 个精度等级，从 2 级到 11 级，精度逐级降低。在选用时，应根据锥齿轮用途、使用条件，如圆周速度、传递的功率、传递运动的精确性、平稳性等要求而定。

6.2　齿轮传动的主要失效形式和设计准则

6.2.1　齿轮传动的主要失效形式

齿轮传动在工作时，齿轮副不断地重复着轮齿进入啮合状态到退出啮合状态，即轮齿受载到轮齿不受载的过程，因而轮齿齿面、齿根在工作中受着脉动应力的作用。此外，负载突然变化、齿轮正反转以及齿轮制造误差等原因都可能会引起应力的瞬间突然变大，最终由于疲劳的累积甚至过载等因素而失效。

齿轮传动的失效主要发生在轮齿部分，其主要失效形式有轮齿折断、齿面疲劳点蚀、齿面磨损、齿面胶合和轮齿塑性变形五种。

1. 轮齿折断

轮齿折断可能导致机器设备的重大事故,是齿轮传动中最严重的失效形式,必须避免。

(1)轮齿折断的受载分析

齿轮传动工作时轮齿受载情况相当于悬臂梁,在齿根处有最大的弯曲应力,而且齿根的过渡圆角处有应力集中,齿轮周而复始的转动意味着齿根受脉动的弯曲应力作用。当齿根弯曲应力超过材料的弯曲疲劳极限且多次重复作用时,在齿根处受拉的一侧产生的微小疲劳裂纹会因为轮齿承载能力的逐渐降低而逐渐扩展,最终导致轮齿疲劳折断。

对于用脆性材料(如铸铁、整体淬火钢等)制成的齿轮,当受到过大的冲击或严重过载时,工作中产生的裂纹将瞬间急剧扩大,轮齿容易发生突然折断,即轮齿脆性折断。

(2)轮齿折断部位

轮齿受载时相当于悬臂梁,齿根部所受弯曲应力最大,因而直齿轮从齿根部全齿折断,如图 6.1a 所示;而对于斜齿轮、人字齿轮、偏载的直齿轮,由于轮齿啮合过程中在齿面上的接触线是倾斜的,故一般是局部齿折断,如图 6.1b 所示。

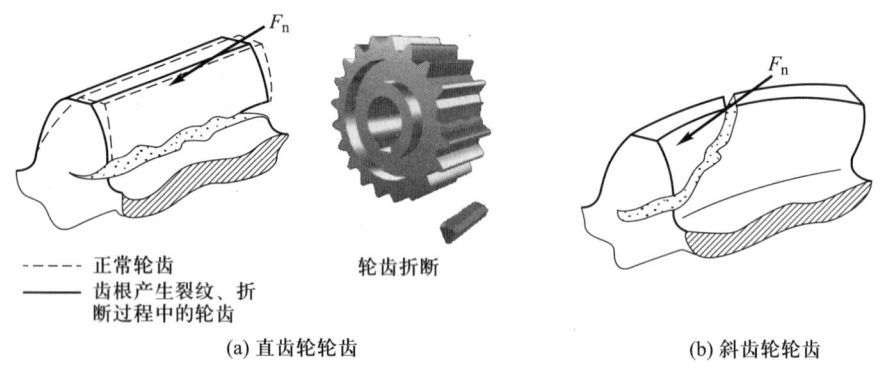

- - - - - 正常轮齿
———— 齿根产生裂纹、折断过程中的轮齿

轮齿折断

(a) 直齿轮轮齿　　　　　　　　　　　　　　(b) 斜齿轮轮齿

图 6.1　轮齿的折断

(3)防止轮齿折断的措施

除进行齿根弯曲疲劳强度计算外,为提高轮齿的抗折断能力,可采取的措施有以下几种:

1)适当增加齿根过渡圆角半径以减小应力集中;

2)选择合理的材料、热处理方式;

3)合理提高齿轮的制造、安装精度;

4)对齿根进行喷丸、滚压等强化处理。

2. 齿面疲劳点蚀

齿面疲劳点蚀是由相啮合齿面间所受的交变接触应力引起的,是软齿面闭式齿轮传动最主要的失效形式。

(1)齿面疲劳点蚀的成因及后果

一对相啮合齿轮齿面的接触情况相当于两轴线平行的圆柱滚子间接触,理想情况下沿齿长方向的接触区为线接触，接触应力大。工作时随着齿轮的转动，齿面不断重复从进入啮合到退出啮合的过程，齿面间有脉动的正压力作用，在接触区将产生脉动循环变化的接触应力 σ_H。在 σ_H 反复作用下，轮齿表面会出现微小的疲劳裂纹并向周围逐渐扩展，使得齿面金属脱落，从而在齿面上形成麻点状凹坑，这种现象称为齿面疲劳点蚀。

齿面发生疲劳点蚀后，保证齿轮传动平稳性和准确性的齿廓形状由于齿面金属材料剥落而遭到破坏，齿轮在啮合过程中将产生振动，噪声变大，严重时将导致齿轮不能正常工作而使传动失效。

（2）局限性点蚀和扩展性点蚀

齿面疲劳点蚀在软、硬齿面上的表现是不同的。对于齿面硬度值 ≤350 HBW 的软齿面、未经跑合的一对新齿轮而言，齿面啮合时少数凸起的金属微峰相接触产生较大的接触应力，金属微峰根部产生微小裂纹而出现点蚀，但随着齿面磨损和碾压，凸起逐渐变平，随着承压面的逐渐增加，啮合齿面间接触应力下降，点蚀不再继续发展甚至消失，这种点蚀被称为局限性点蚀；对于长期工作的齿面，由于齿面疲劳，产生的点蚀将随着工作时间的延长而向周围不断扩展，被称为扩展性点蚀。对于硬齿面齿轮，硬齿面的脆性使得点蚀一经产生即为扩展性点蚀。

（3）点蚀发生的部位及原因

疲劳点蚀往往首先发生在齿面节线附近靠近齿根的一侧，如图 6.2 所示。这是因为：

1）轮齿在节线附近啮合时，同时啮合的齿对数少（特别地，对于直齿轮而言，往往只有一对齿啮合），因此在节线及节线附近啮合时的接触应力大，易于发生疲劳点蚀；

2）节线附近啮合时，齿面间的相对滑动速度小（特别地，在节线位置为零），润滑油膜不易形成，摩擦力大，而且摩擦力方向在节线两侧是相反的，不利于阻止点蚀的扩展；

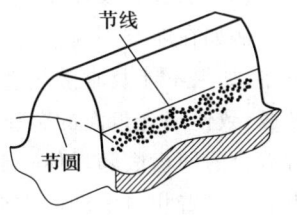

图 6.2 齿面点蚀

3）齿根部分的切向分速度较低，当齿面齿根部分的裂纹进入啮合区时，其裂纹口会被相啮合轮齿的齿顶面压紧，同时润滑油就会被密闭在裂纹内，随着裂纹部分的齿面被挤压和齿面温升等原因，裂纹内储存的润滑油将产生很高的油压，从而加快了裂纹的扩展。

因此，疲劳点蚀往往首先在齿面节线附近靠近齿根的一侧发生，然后再向其他部位扩展。

（4）提高齿面抗点蚀能力的措施

齿面抗点蚀的能力主要与齿面硬度有关，齿面硬度值越高，则抗点蚀能力越强。齿面疲劳点蚀是软齿面闭式齿轮传动的主要失效形式；开式齿轮传动中，首先发生的失效形式是较快的齿面磨损，齿面上的裂纹还来不及出现或者扩展就被磨损掉，因此开式齿轮传动中通常无点蚀现象发生。

提高齿面抗点蚀能力的措施有：① 提高齿面硬度；② 降低齿面的表面粗糙度值；③ 合理选用润滑油黏度。

3. 齿面磨损

齿面磨损是开式齿轮传动的主要失效形式。在齿轮传动中,当工作环境不良,如有杂质颗粒、铁屑等磨粒性物质进入相啮合的齿面间时,齿面逐渐被磨损,正常齿廓与磨损后的齿廓如图 6.3 所示。

（1）齿面磨损分析及后果

一对相啮合齿轮的两齿面有相对滑动速度（特别地,节点处为零）,相对滑动速度越大,则磨损越严重。越靠近齿顶、齿根的部位,齿面间相对滑动速度就越大,因而齿顶、齿根部位磨损越大。

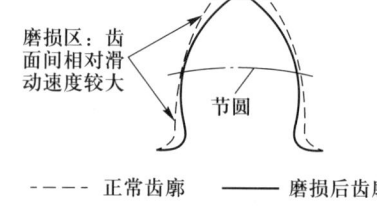

图 6.3　齿面磨损

轮齿齿面被磨损后,保证传动平稳性和准确性的轮齿齿廓形状被破坏,从而引起冲击、振动,噪声加大;轮齿磨损后,齿厚减薄,承载能力下降,严重时将导致轮齿折断。

（2）减轻齿面磨损的措施

1）改善密封和润滑条件;

2）提高齿面硬度;

3）将开式齿轮传动改为闭式齿轮传动是避免齿面磨损最有效的方法。

4. 齿面胶合

齿面胶合分为热胶合和冷胶合两种。

（1）热胶合及发生部位

例如在航空用齿轮的高速重载传动中,齿面啮合压力大、相对滑动速度大,摩擦发热多,如果不能及时散热降温,则齿面啮合处温度过高,润滑油黏度降低,润滑油膜被破坏,致使啮合齿面的金属微峰在高压力、高温下直接接触并瞬间互相黏连在一起,同时啮合的两齿面随母体一起还要相对运动,其结果必然是瞬间黏连的部位被撕开,在齿面上沿着相对滑动的方向形成条痕（图 6.4）,这种现象称为热胶合。显然,热胶合发生在相对滑动速度大的齿顶或齿根部位。

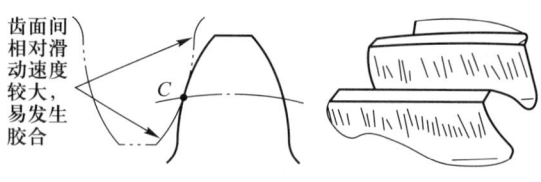

图 6.4　齿面胶合

（2）冷胶合及发生部位

在低速重载的齿轮传动中,齿面间啮合压力大、相对滑动速度低,齿面间润滑油膜难以形成或者由于局部偏载使得原本形成的润滑油膜被破坏,两啮合齿面的金属微峰直接接触并在高压力下黏连在一起,但无明显的瞬时高温,如同冷焊。两齿面相对运动使得黏连部位被撕开,从而在齿面上沿着相对滑动的方向形成条痕,这种现象称为冷胶合。导致冷胶合的主要原因是重载下的齿面间过大的啮合压力,因此冷胶合发生在啮合齿面的单对齿啮合区。

（3）齿面胶合的后果

齿轮传动一旦发生胶合，振动和噪声增大，导致失效。热胶合是高速齿轮传动的主要失效形式。

（4）提高齿面抗胶合能力的措施

1）减小模数，降低齿高，以降低滑动系数；

2）提高齿面硬度值，降低齿面粗糙度值；

3）采用齿廓修形，以减少轮齿的啮入冲击；

4）采用抗胶合能力强的齿轮材料和加入极压添加剂的润滑油。

5. 轮齿塑性变形

轮齿塑性变形常发生在齿面材料较软、低速重载、频繁启动的齿轮传动中。它有齿体塑性变形和齿面塑性变形两种情况。

（1）齿体塑性变形

由于突然过载引起的轮齿歪斜的现象称为齿体塑性变形，如图 6.5a 所示。

（2）齿面塑性变形

过载使得啮合齿面间的压力过大，超过了齿面间润滑油膜的承载能力，润滑油膜被破坏，金属表面直接接触，齿面间摩擦力剧增。由机械原理可知齿轮在理论啮合线上各点啮合位置时的相对速度方向可以判别主、从动轮齿面在节线两侧摩擦力方向如图 6.5b 所示。节线附近摩擦力及其方向导致在从动轮齿面节线处产生突起，而在主动轮齿面节线处产生凹沟，这种现象称为齿面塑性变形，如图 6.5b 所示。

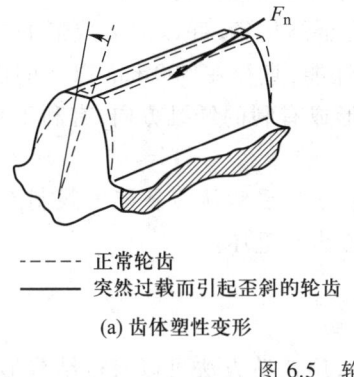
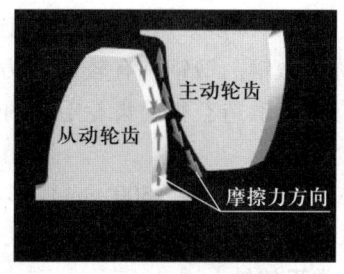
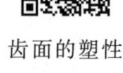

------- 正常轮齿
——— 突然过载而引起歪斜的轮齿

(a) 齿体塑性变形   (b) 齿面塑性变形

图 6.5 轮齿塑性变形

齿面的塑性
变形

（3）提高抗塑性变形能力的措施

轮齿的塑性变形破坏了轮齿的正确啮合位置和齿廓形状，提高齿面硬度和采用黏度高的润滑油可以防止或减轻轮齿的塑性变形。

6.2.2 齿轮传动的设计准则

齿轮传动设计应遵循的设计准则取决于齿轮传动可能出现的失效形式。

1）对于软齿面闭式齿轮传动，齿面点蚀是其主要失效形式，因此通常按齿面接触疲劳强度进行设计，计算齿轮的分度圆直径（或中心距）及主要几何参数，然后校核齿根弯曲疲劳强度。

2) 对于硬齿面闭式齿轮传动,齿面接触承载能力较强,因此通常按齿根弯曲疲劳强度进行设计,确定出齿轮模数及其余几何参数,然后校核齿面接触疲劳强度。

3) 对于高速重载齿轮传动,齿面胶合是其主要失效形式,因此除按前面两项要求选择设计准则外,还需校核齿面胶合强度。

4) 对于开式齿轮传动,齿面磨损是其主要失效形式,而且在轮齿被磨薄后往往会发生轮齿折断。但目前对于齿面磨损尚无完善的计算方法,因此通常按齿根弯曲疲劳强度进行设计,然后考虑磨损的影响需将算得的模数适当增大,一般增大 10% ~ 15% 后取标准值。

6.3　齿轮常用材料及其热处理方法

6.3.1　齿轮常用材料

齿轮常用材料包括金属材料和非金属材料。金属材料中最为常用的是以传递运动和动力为主的钢材,其次是铸铁,以及以传递运动为主、载荷其次的铜、铝等有色金属;而非金属材料如尼龙、塑料等主要用于传递轻载和以传递运动为主的齿轮传动中。

1. 齿轮常用钢

钢在经过适当的热处理后既能够提高齿面的硬度,使齿面具有较高的抗点蚀、抗胶合、抗塑性变形及耐磨损的能力,又能获得良好的轮齿芯部韧性以及机械加工工艺性等,因此钢材是以传递运动和动力为主的齿轮传动的首选常用材料。

制造齿轮的钢材多采用碳素结构钢和合金结构钢,并以锻造成形的方式制作毛坯,这类钢称为锻钢。锻钢具有较高的力学性能,直径在 500 mm 以下的齿轮一般都采用锻钢制造,经锻造获得的齿轮毛坯内部形成有利的纤维方向,有利于轮齿强度的提高。

当齿轮直径较大(大于 500 mm)、形状复杂且受锻压设备能力限制不能锻造时,一般采用铸钢作为齿轮材料,用铸造方法制作齿轮毛坯。

2. 齿轮常用铸铁

齿轮常用的铸铁材料有灰铸铁和球墨铸铁。

灰铸铁具有良好的铸造工艺性和切削性,用铸造方法可以获得结构形状复杂、尺寸较大的齿轮毛坯,价格也较低。灰铸铁还具有一定的抗点蚀、抗胶合能力,但抗弯强度低、冲击韧性差。此外,灰铸铁材料中含有的石墨具有润滑作用,因此通常适用于低速、无冲击、大尺寸以及开式齿轮传动场合。由于灰铸铁材料性脆,为避免接触不良和载荷集中引起齿端折断,齿轮宽度应较窄。

球墨铸铁的力学性能和抗冲击性能高于灰铸铁,可替代调质钢制造某些大齿轮,应用较广泛。

3. 其他齿轮材料

在某些特殊场合(如在腐蚀介质环境)中工作的轻载齿轮可以采用铜、铝或钛等有色金属材料制造。在高速、轻载、要求噪声低而精度要求不高的情况下,可以采用塑料、夹布胶木等非金属材料制造齿轮。由于非金属材料弹性模量小,故振动小、噪声低;但非金属材料导热性差,与导热性好的金属齿轮配对使用则有利于散热。

齿轮常用材料的力学性能和应用范围见表 6.2。

表 6.2 齿轮常用材料的力学性能及应用范围

材料牌号	热处理方法	力学性能			应用范围
		强度极限 σ_b/MPa	屈服极限 σ_s/MPa	硬度 HBW、HRC 或 HV	
45	正火	580	290	162~217 HBW	低中速、中载的非重要齿轮
	调质	640	350	217~255 HBW	低中速、中载的重要齿轮
	调质—表面淬火			齿面 40~50 HRC	高速、中载而冲击较小的齿轮
40Cr	调质	700	500	241~286 HBW	低中速、中载的重要齿轮
	调质—表面淬火			齿面 48~55 HRC	高速、中载、无剧烈冲击的齿轮
38SiMnMo	调质	700	550	217~269 HBW	低中速、中载的重要齿轮
	调质—表面淬火			齿面 45~55 HRC	高速、中载、无剧烈冲击的齿轮
20Cr	渗碳—淬火	650	400	齿面 56~62 HRC	高速、中载并承受冲击的重要齿轮
20CrMnTi	渗碳—淬火	1 100	850	齿面 54~62 HRC	
16MnCr5	渗碳—淬火	780~1 080	590	齿面 54~62 HRC	
17CrNiMo6	渗碳—淬火	1 080~1 320	785	齿面 54~62 HRC	
38CrMoAlA	调质—渗氮	1 000	850	>850 HV	耐磨性好、载荷平稳、润滑良好的传动
ZG310-570	正火	570	310	163~197 HBW	低中速、中载的大直径齿轮
ZG340-640		640	340	179~207 HBW	
HT250	人工时效	250		170~240 HBW	低中速、轻载、冲击较小的齿轮
HT300		300		187~255 HBW	
HT350		350		179~269 HBW	

续表

材料牌号	热处理方法	力学性能			应用范围
		强度极限 σ_b/MPa	屈服极限 σ_s/MPa	硬度 HBW、HRC 或 HV	
QT500-5	正火	500	350	170~230 HBW	低中速、轻载、有冲击的齿轮
QT600-2		600	420	190~270 HBW	
QT700-2		700	490	225~305 HBW	
布基酚醛层压板		100		30~50 HBW	高速、轻载、要求声响小的齿轮
MC 尼龙		90		21 HBW	

注：① 我国已研制出许多低合金高强度钢,使用时应注意选用。40MnB、40MnVB 可替代 40Cr;20Mn2B、20MnVB 可替代 20Cr、20CrMnTi。

　　② 表中的速度界限是：当齿轮的圆周速度 $v<3$ m/s 时称为低速;当 3 m/s $\leqslant v<6$ m/s 时称为低中速;当 6 m/s $\leqslant v \leqslant 15$ m/s 时称为中速;当 $v>15$ m/s 时称为高速。

6.3.2　齿轮常用热处理方式

　　按齿面硬度不同齿轮分为软齿面齿轮和硬齿面齿轮,金属材料的齿轮可通过选择合适的材料和合适的热处理方式得到所需要的齿面硬度。

　　1. 获得软齿面齿轮的热处理方法

　　采用正火、调质的热处理方法可获得齿面硬度值≤350 HBW 的软齿面。对于传动比为 $i\neq1$ 的软齿面齿轮传动,由于小齿轮所受应力的循环次数是大齿轮应力循环次数的 i 倍,为使大小齿轮接近等强度,相互啮合的一对齿轮通常是小齿轮采用调质而大齿轮采用正火的热处理方式,使小齿轮的齿面硬度值比大齿轮的齿面硬度值高 30~50 HBW。

　　2. 获得硬齿面齿轮的热处理方法

　　硬齿面齿轮的齿面接触疲劳强度、齿根弯曲疲劳强度及齿面抗胶合能力相较软齿面齿轮都得到很大程度的提高,是目前发展的主要趋势。

　　获得硬齿面(齿面硬度>350 HBW)的热处理方法有整体淬火、表面淬火、渗碳淬火、氮化等。一般是在齿轮切齿后作齿面硬化处理,为了消除热处理引起的变形,要进行磨齿等精加工,精度可达 5 级、4 级。若采用硬质合金滚刀或者钴高速钢滚刀可精滚齿轮而不必磨齿。

齿轮磨削

6.3.3　齿轮材料及热处理方式的选择

　　选择以传递运动和动力为主的齿轮材料时应综合考虑齿轮的工作要求及条件、制造工艺性和经济性等因素。

　　1. 满足齿轮的工作要求及条件

　　对于金属材料齿轮,选择时应考虑的基本要求是：齿面要有足够的硬度,以获得较高的抗点蚀、抗磨损、抗胶合、抗塑性变形的能力;轮芯要有足够的强度和韧性,以获得良好的抗冲击和抗断齿等能力;具有良好的机械加工和热处理工艺性。

1）一般地,对于工作速度较高的闭式齿轮传动,齿面接触应力循环次数较高、啮合齿面的相对滑动速度较大,齿轮易发生齿面点蚀或胶合。因此,应选择能够通过热处理得到较高齿面硬度的高频感应加热淬火钢材料,如 45、40Cr、42SiMn 等钢进行表面淬火。

2）对于中速、中载的齿轮传动,可选择综合性能较好的调质钢,如 45、40Cr 等钢。

3）开式齿轮传动润滑条件差,主要失效形式为齿面的磨粒磨损,应选用减摩、耐磨性好的材料。在速度不高且传动比较平稳的工作条件下,可选用铸铁或者钢与铸铁材料搭配使用。

4）受冲击载荷作用的齿轮传动,应选择齿面硬度值高而齿心部韧性好的渗碳钢,如 20Cr 或者 20CrMnTi 等钢进行渗碳淬火处理。

5）高速轻载的齿轮传动,为了降低噪声,可选用非金属材料。

6）重要或结构要求紧凑的齿轮传动,应选择力学性能高的合金钢。

7）对于结构无特殊要求的一般齿轮传动,可选用力学性能较差的一般材料,如常用的 45 钢。

2. 综合考虑齿轮毛坯的成形方法、热处理方式和轮齿加工条件

直径在 500 mm 以下的齿轮,一般毛坯需经锻造加工,故采用锻钢。直径在 500 mm 以上的齿轮,受一般的锻压设备能力限制不便采用锻造毛坯而采用铸造成形,故选用铸钢或铸铁。单件、小批量生产的大直径齿轮,往往采用焊接方法制作齿轮毛坯以缩短时间、降低成本。

当齿轮材料的热处理方式为正火、调质或表面淬火时,应选用中碳钢或者中碳合金钢。调质钢在强度、硬度和韧性等力学性能方面均优于正火钢,但切削性能不如正火钢。而合金钢的切削性能不如碳钢。通常,滚齿和插齿等切齿方法只能切削硬度小于 270 HBW 的齿坯,超过该硬度时,齿轮往往需进行磨齿加工而增加齿轮成本。但是,若齿轮选择表面淬火,如齿面高频感应加热淬火,则热处理过程中加热时间短而轮齿变形小,故对于普通精度要求的齿轮可以不磨齿,而且生产效率高,便于实现热处理工艺的自动化,适于大规模生产方式。

3. 综合考虑齿轮生产的工艺性与经济性

在满足使用性能要求的前提下,选材应遵循降低成本的原则。一般地,碳钢和铸铁的材料价格较低,且具有较好的加工工艺性,因此在满足使用性能要求的前提下应优先选用。经济性与齿轮批量大小、制造工艺密切相关,单件小批生产时工艺性对经济性的影响并不突出,而在大批大量生产的条件下齿轮生产的工艺性、经济性对齿轮材料的选择起决定性作用。

6.4　齿轮传动的计算载荷

齿轮传动中,由齿轮传递的额定功率计算出的载荷称为名义载荷。但是,由于原动机及工作机性能、齿轮制造及安装误差、齿轮及其轴系支承件受载后变形等因素的影响,实际作用于齿轮上的载荷可能会大于名义载荷。因此,考虑到齿轮传动实际工况等因素对齿轮强度的影响,应对名义载荷进行修正,将其乘以载荷系数 K 作为计算载荷来计算齿轮的强度。载荷系数 K 是由 4 个分别考虑齿轮的使用工况、动载荷、载荷沿齿宽分布不均匀影响、载荷在啮合齿间分配不均匀影响的系数乘积得到的,即 $K=K_A K_v K_\beta K_\alpha$。下面对这 4 个系数分别加以介绍。

6.4.1　使用系数 K_A ($\geqslant 1$)

1. 使用系数 K_A 的物理意义

使用系数 K_A 是考虑由于齿轮啮合的外部因素引起附加动载荷影响的系数。

2. 影响 K_A 的主要因素

原动机和工作机的工作特性,齿轮传动装置与原动机、工作机轴连接部件(如联轴器)的刚度等。

3. K_A 值的确定

K_A 值可根据原动机和工作机的工作特性按表 6.3 查取。

表 6.3　使用系数 K_A

原动机工作特性	工作机工作特性			
	均匀平稳	轻微冲击	中等冲击	严重冲击
均匀平稳	1.00	1.25	1.50	1.75
轻微冲击	1.10	1.35	1.60	1.85
中等冲击	1.25	1.50	1.75	2.00
严重冲击	1.50	1.75	2.00	2.25 或更大

注：1. 对于增速传动,根据经验建议取表值的 1.1 倍;

　　2. 当外部机械(如工作机、原动机)与齿轮传动装置之间为挠性连接时,通常 K_A 值可适当减小。

6.4.2　动载系数 K_v ($\geqslant 1$)

1. 动载系数 K_v 的物理意义

动载系数 K_v 是考虑由于齿轮制造精度、运转速度等轮齿内部因素引起的附加动载荷影响的系数。齿轮制造精度越低,则齿轮基节和齿形偏差越大,啮合时产生的传动误差越大,特别地,在正、反转运转情况下由回差引起的附加动载荷也越大;运转速度越高,引起的附加动载荷也越大。

2. 影响 K_v 的主要因素

1)由基节和齿形偏差产生的传动误差;

2)齿轮的节线速度;

3)轮齿的啮合刚度等。

此外,磨合效果、润滑油特性、轴承及箱体的支承刚度以及动平衡精度等对 K_v 也都有影响。

基节误差是齿轮啮合内部冲击产生的主要根源。在此,主要分析由基节误差引起的啮入冲击和换齿冲击。

① 由基节误差引起的啮入冲击

如图 6.6a 所示，理想情况下，主、从动齿轮的基节 $P_{b1} = P_{b2}$，从动轮齿顶的理论啮入点在 A 点，但由于齿轮的制造误差，基节 $P_{b1} < P_{b2}$，后一对齿尚未进入啮合区就提前在啮合线之外的 A' 点相接触，使从动轮的角速度 ω_2 突然增大而产生动载荷。此时，实际啮合点由 C 变为 C'，瞬时传动比为

$$i = \frac{r_2 - \Delta r}{r_1 + \Delta r} < \frac{r_2}{r_1}$$

这种情况称为啮入冲击。

② 由基节误差引起的换齿冲击

如图 6.6b 所示，理想情况下，主、从动齿轮的基节 $P_{b1} = P_{b2}$，从动轮齿顶的理论啮入点在 A 点，但由于齿轮的制造误差，基节 $P_{b1} > P_{b2}$，前一对齿在 E 点应该退出啮合时，后一对齿仍未能啮合上，而形成前一对齿在理论啮合线之外的 E' 点仍保持接触，导致从动轮的角速度 ω_2 降低，直至主动轮的后一个齿撞上从动轮齿，进入正常啮合，ω_2 恢复，同时前一对齿也才在 E' 点脱离啮合，如图 6.6c 所示。此时，实际啮合点由 C 变为 C'，瞬时传动比为

$$i = \frac{r_2 + \Delta r}{r_1 - \Delta r} > \frac{r_2}{r_1}$$

这种情况称为换齿冲击。

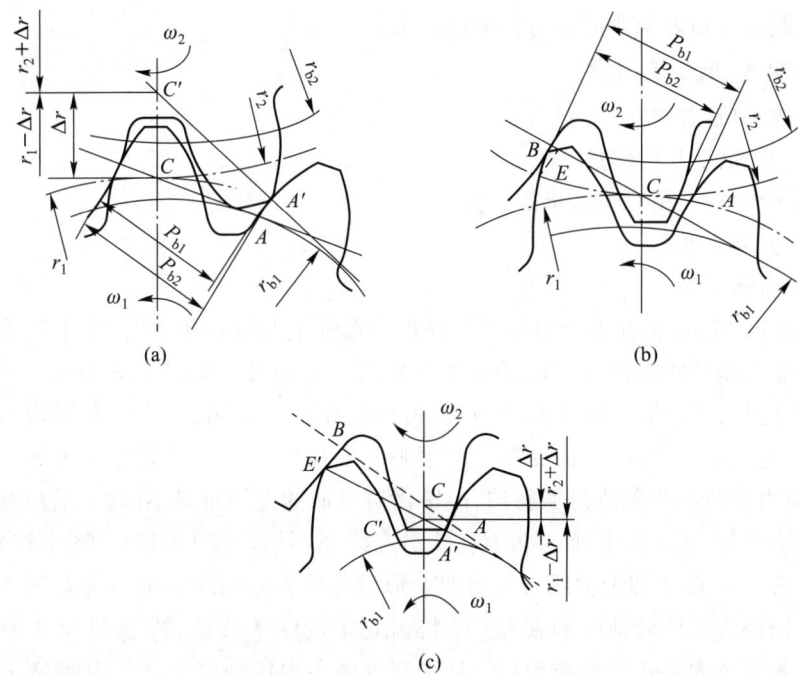

图 6.6 基节误差引起的附加动载荷

3. 减小啮合冲击的措施

为了减小啮入冲击和换齿冲击,除应适当提高齿轮的加工精度外,对于高速或硬齿面齿轮传动,还可进行如图 6.6b 所示的齿廓修形,使实际啮合点 E' 靠近理论啮合线。

4. K_v 值的确定

K_v 值可根据齿轮运动平稳性精度等级和节圆速度从图 6.7 的曲线中查取。

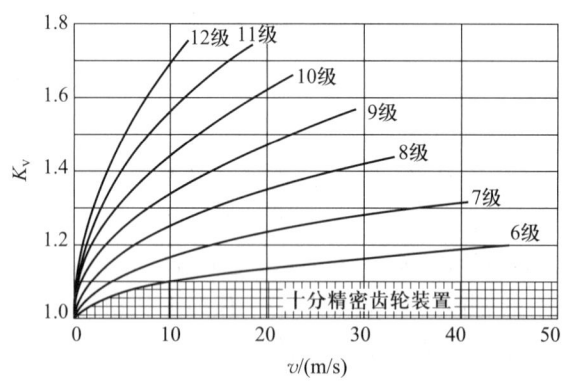

图 6.7　动载系数 K_v

6.4.3　齿向载荷分布系数 $K_\beta (\geqslant 1)$

1. 齿向载荷分布系数 K_β 的物理意义

齿向载荷分布系数 K_β 是考虑齿轮工作时轮齿所受载荷沿齿宽方向分布不均匀对齿面接触应力和齿根弯曲应力影响的系数。

2. 影响 K_β 的主要因素

1) 齿轮的制造和安装误差;

2) 轮齿、轴系及机体的刚度;

3) 齿轮在轴上相对于轴承的位置;

4) 轮齿的宽度;

5) 齿面硬度等。

如图 6.8a 所示,相互啮合的一对圆柱齿轮在轴上非对称布置时,由于轴受载后会产生弯曲变形而使两齿轮的轴线随着支承轴的变形而发生偏斜。如图 6.8b 所示,如果齿轮刚度很大可被看作绝对刚体,则轮齿只能在一端接触,载荷分布不均匀情况严重;实际上轮齿是弹性体,齿面受挤压产生弹性变形后仍可沿齿宽方向接触甚至全齿宽接触,但由于两齿轮轴线是偏斜的,故沿齿宽方向的变形量是不同的,沿齿宽方向载荷分布就不均匀(图 6.8c),而且齿宽越大分布就越不均匀(图 6.8d)。图中符号 γ_1、γ_2 分别是齿轮 1、齿轮 2 理论轴线与轴挠曲变形后齿轮实际轴线夹角;γ 是齿轮 1、齿轮 2 在各自的轴挠曲变形后轴线的夹角;T_1 是齿轮 1 的输入转矩,T_2 是齿轮 2 的输出转矩;P_{min} 是齿宽方向最小接触应力;P_m 是齿宽方向平均接触应力;P_{max} 是齿宽方向最大接触应力。

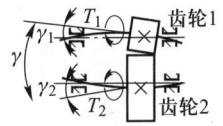
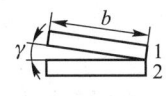
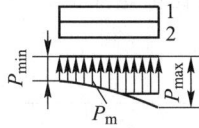
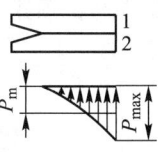

(a) 非对称布置的圆柱齿轮受   (b) 轮齿为绝对刚体   (c) 轮齿为弹性体   (d) b 或 γ 较大时齿
载后齿轮位置产生偏斜   时全齿宽接触   宽方向接触情况

图 6.8 由轴挠曲变形引起的载荷分布不均匀情况分析

此外,齿轮和轴受转矩作用产生的扭转变形同样会使载荷沿齿宽分布不均匀,转矩输入端轮齿变形大,受载也大,如图 6.9 所示。

3. 改善齿向载荷分布不均匀状况的措施

1）提高齿轮的制造精度和安装精度;

2）提高轴及轴承、机座的支承刚度;

3）设计时合理地选择齿轮轮齿宽度;

4）合理布置齿轮在轴上的位置;

5）采用软齿面齿轮,通过跑合使载荷分布趋于均匀;

6）对于硬齿面齿轮,可将齿端修薄(图 6.10a)或做成鼓形齿(图 6.10b);

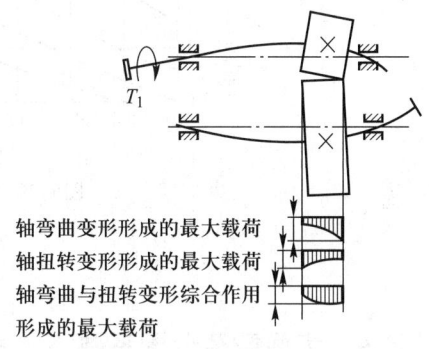

轴弯曲变形形成的最大载荷
轴扭转变形形成的最大载荷
轴弯曲与扭转变形综合作用形成的最大载荷

图 6.9 轴弯扭变形的综合作用分析

7）将齿轮布置在远离转矩输入端的位置,利用轴的弯曲变形和扭转变形的综合作用,也可使载荷分布不均匀状况得到改善(图 6.9、图 6.11a)。

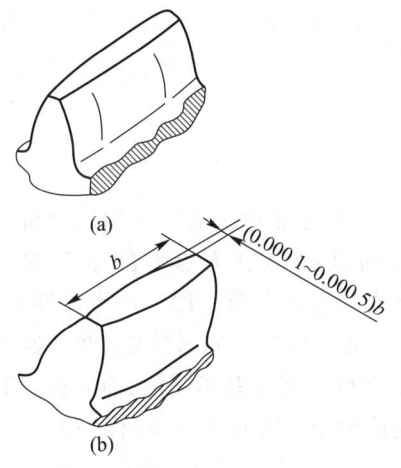

图 6.10 齿向修形

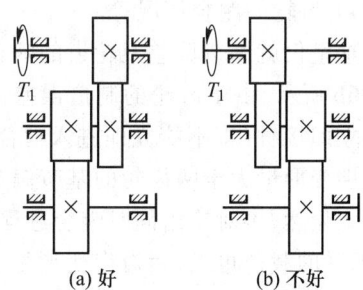

(a) 好   (b) 不好

图 6.11 齿轮布置在远离转矩输入端

4. K_β 值的确定

K_β 值与诸多因素有关。对于 8 级精度运动平稳的一般工业用齿轮传动,可根据齿轮在支承轴上的布置形式、齿宽系数 $\phi_d(=b/d_1)$ 和齿面硬度由简化的曲线图 6.12 查得。当精度高于 8 级时,K_β 降低 5%~10%,反之则增大 5%~10%。图中符号 d_m 取锥齿轮齿宽中截面上分度圆直径(即大小端面分度圆直径的平均值);ϕ_R 为用锥齿轮齿宽 b 与锥顶距 R 的比值定义的齿宽系数。

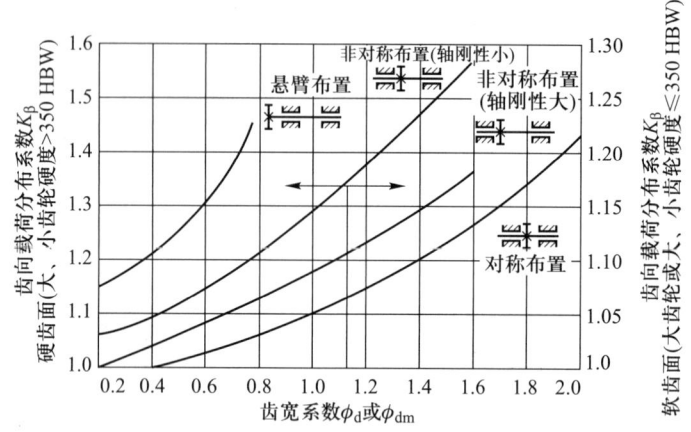

图 6.12　齿向载荷分布系数 K_β

$$圆柱齿轮 \; \phi_d = \frac{b}{d_1}, \; 锥齿轮 \; \phi_{dm} = \frac{b}{d_{m1}} = \frac{\phi_R \sqrt{u^2+1}}{2-\phi_R}$$

6.4.4　齿间载荷分配系数 K_α (≥1)

1. 齿间载荷分配系数 K_α 的物理意义

齿间载荷分配系数 K_α 是考虑齿轮工作时载荷在同时啮合的各对轮齿间载荷分配不均匀对齿面接触应力和齿根弯曲应力影响的系数。

2. 影响 K_α 的主要因素

1)轮齿的制造误差,特别是基节偏差;

2)轮齿的啮合刚度;

3)齿轮啮合的重合度;

4)齿轮的跑合情况等。

这里仅就基节偏差及轮齿的啮合刚度对齿间载荷分配情况的影响加以分析。如图 6.6b 所示,由于齿轮的制造误差,基节 $P_{b1} > P_{b2}$ 时,前对齿在 E 点啮合时,后对齿并不能立即接触(即不能立即进入啮合状态),只有当轮齿在载荷作用下产生弹性变形,其弹性变形量大于两齿轮的基节偏差时,后对齿才能开始进入啮合状态,并开始承担载荷。显然,多对轮齿同时啮合过程中,各对齿的弹性变形量是不同的,前对齿变形量大,承受的载荷也大,后对齿变形量小,承受的载荷也小。因此,同时啮合的各对齿间的载荷分配是不均匀的。

3. K_α 值的确定

对于一般的工业用齿轮传动,K_α 值可根据齿轮传动类型(直齿轮/斜齿轮)、精度等级(Ⅱ组)、齿面是否经硬化处理或者重合度系数查表 6.4 选取或计算得出。

表 6.4 齿间载荷分配系数 K_α

运动平稳性精度等级		5	6	7	8	9	
直齿轮	未经表面硬化	1.0	1.0	1.0	1.1	1.2	
	经表面硬化	1.0	1.0	1.1	1.2	接触	$1/Z_\varepsilon^2 \geqslant 1.2$
						弯曲	$1/Y_\varepsilon \geqslant 1.2$
斜齿轮	未经表面硬化	1.0	1.0	1.1①	1.2	1.4	
	经表面硬化	1.0	1.1	1.2	1.4	$\dfrac{\varepsilon_\gamma}{\varepsilon_\alpha Y_\varepsilon} \geqslant \varepsilon_\alpha/\cos^2\beta_b \geqslant 1.4$	

注：① 对修形齿轮 $K_\alpha = 1.0$。

表 6.4 中符号说明及相应的计算公式如下：

Z_ε——计算齿面接触应力时的重合度系数，其值根据端面重合度与轴面重合度由图 6.16 查取。

Y_ε——计算齿根弯曲应力时的重合度系数，其值根据端面重合度由图 6.22 查取。

β_b——齿轮的基圆螺旋角，(°)。

ε_γ——总重合度，ε_γ 为端面重合度 ε_α 和轴面重合度 ε_β 之和，即 $\varepsilon_\gamma = \varepsilon_\alpha + \varepsilon_\beta$，对于标准齿的外啮合齿轮传动，端面重合度 ε_α 可由下式近似计算：

$$\varepsilon_\alpha = \left[1.88 - 3.2\left(\frac{1}{z_1} + \frac{1}{z_2} \right) \right] \cos\beta \tag{6.1}$$

式中：z_1、z_2——主、从动齿轮的齿数。

β——齿轮的分度圆螺旋角，(°)。

齿轮的轴面重合度 ε_β 可由下式计算：

$$\varepsilon_\beta = \frac{b\sin\beta}{\pi m_n} = 0.318\phi_d z_1 \tan\beta \tag{6.2}$$

式中：ϕ_d 为齿宽系数。

6.5 标准直齿圆柱齿轮传动的强度计算

6.5.1 轮齿的受力分析

由机械原理可知，一对标准直齿圆柱齿轮啮合传递转矩时，啮合齿面间作用着沿齿面法线方向的正压力和沿齿面切线方向的摩擦力，如图 6.13a 所示。按强度准则的设计要求，轮齿受力分析的目的是通过建立轮齿的力学模型并分析其所受载荷类型，确定受载最大的轮齿和危险截面及载荷大小。但在进行轮齿受力分析之前必须明确：① 实际啮合线上有单对齿啮合区和多对齿啮合区，取何时啮合状态进行受力分析为宜；② 对于啮合的轮齿，力的作用位置取在何处；③ 啮合齿面间的摩擦力如何考虑。

考虑实际啮合线上单对齿啮合时只有一对轮齿传递转矩,轮齿受力最大,而且在节点 C 附近主、从动轮轮齿相对滑动速度较小(特别地,在节点 C 处为零),所以取在单对齿啮合区节点 C 处啮合时进行受力分析,为简化计算,不计齿面间摩擦力,并用作用于齿宽中点处的集中载荷代替沿接触线的分布载荷。

设主、从动齿轮的分度圆直径分别为 d_1、d_2,所传递的转矩分别为 T_1、T_2,则按照前面的考虑并简化掉摩擦力,如图 6.13b 所示,在节点 C 处啮合时齿面只有沿啮合线方向的法向力 F_n,并且 F_n 可以分解成互相垂直的两个分力,即沿分度圆切线方向的圆周力 F_t 和指向轮心的径向力 F_r。

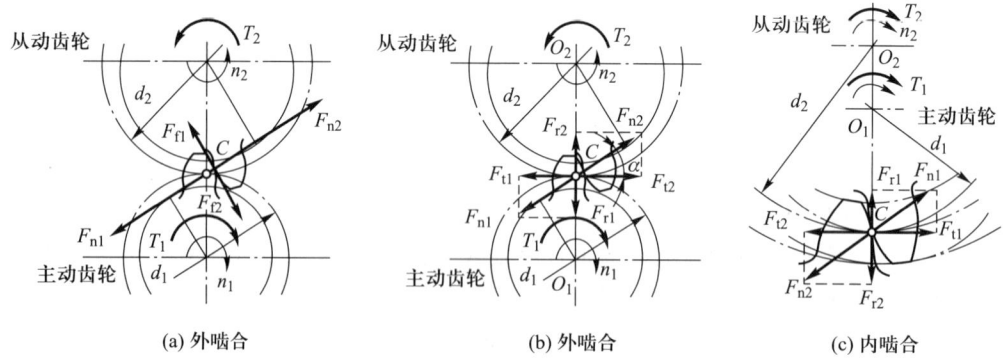

| (a) 外啮合 | (b) 外啮合 | (c) 内啮合 |

图 6.13　直齿圆柱齿轮传动受力分析

至此,总结直齿圆柱齿轮传动受力分析如下。

1. 轮齿受力的分解

$$主动齿轮:法向力 \quad F_{n1} \longrightarrow \left\{ \begin{array}{l} F_{t1} \\ F_{r1} \end{array} \right.$$

$$从动齿轮:法向力 \quad F_{n2} \longrightarrow \left\{ \begin{array}{l} F_{r2} \\ F_{t2} \end{array} \right.$$

径向力 圆周力

2. 各力及分力的大小

$$
\left.
\begin{array}{ll}
圆周力 & F_{t1} = \dfrac{2T_1}{d_1} = -F_{t2} \\[3mm]
径向力 & F_{r1} = F_{t1} \tan \alpha = -F_{r2} \\[3mm]
法向力 & F_{n1} = \dfrac{F_{t1}}{\cos \alpha} = -F_{n2}
\end{array}
\right\} \tag{6.3}
$$

式中:d_1 —— 小齿轮分度圆直径,mm。

α ——分度圆压力角,(°)。

T_1 ——小齿轮传递的名义转矩,N·mm。

"$-$"——负号表示力的方向相反。

3. 各力方向判别

作用于主、从动轮上的各对力均大小相等,方向相反,如图 6.13b、c 所示。

　　圆周力 F_t 方向——主动轮上圆周力 F_{t1} 对其轴线的力矩对于主动轮来说为阻力
　　　　　　　　　矩，其方向与主动轮回转方向相反；从动轮上圆周力 F_{t2} 对其
　　　　　　　　　轴线的力矩对于从动轮来说是驱动力矩，其方向与从动轮回
　　　　　　　　　转方向相同。

　　径向力 F_r 方向——与齿轮啮合方式有关，对于外啮合齿轮传动，主、从动轮所受
　　　　　　　　　的径向力永远指向各自的轮心；对于内啮合齿轮传动，内齿轮
　　　　　　　　　所受的径向力背离其轮心向外，外齿轮所受径向力指向其轮
　　　　　　　　　心，如图 6.13c 所示。

轮齿所受法向力 F_n——总是沿着齿面接触点处法线方向指向工作齿面。

6.5.2　齿面接触疲劳强度计算

1. 齿面接触疲劳强度计算的目的

防止齿面在预定使用寿命期限内发生疲劳点蚀。

2. 齿面接触疲劳强度计算的条件式

由 6.5.1 节分析可知，齿轮传递载荷时啮合齿面间作用着法向压力。在齿轮齿廓
渐开线曲面为绝对精确制造以及齿轮绝对精确安装等理想情况下，该法向正压力沿接
触线方向均匀地分布在整个接触区上。但是绝对精确是不可能的，由于齿轮受加
工精度、轮齿表面粗糙度以及支承刚度、安装误差等限制，微观情况下的齿面凸凹
不平，局部区域有微峰，而且轴线偏斜会导致沿齿宽方向的偏载，轮齿啮合传递载
荷时首先是齿面上局部区域范围内金属微峰与金属微峰接触而非整个齿宽接触，
金属微峰上作用着很大的接触应力，这正是齿面点蚀产生的根源。因此，为防止
齿面发生点蚀，按照强度准则需要计算啮合齿面上的接触应力 σ_H，并使其满足如
下条件：

$$\sigma_H \leqslant [\sigma_H] \tag{6.4}$$

式中：σ_H——齿面的接触应力，MPa。

　　$[\sigma_H]$——齿轮的许用接触应力，MPa。

　　因此，齿面接触疲劳强度计算的主要内容就是如何通过分析找到齿轮工作时作用在
齿面上的最大接触应力 σ_H 及许用接触应力 $[\sigma_H]$ 的计算式，再根据强度条件式(6.4)
确定满足此条件的齿轮主要参数。

3. 用于齿面接触应力计算的力学模型及计算公式

　　一对渐开线直齿圆柱齿轮的轮齿在某一啮合点啮合的情况，可以看作是以该啮合
点处齿面各自曲率半径 ρ_1、ρ_2 为半径、轴线平行、沿轴向接触宽度为 L(一对齿啮合时
L 即为齿宽 b)的两个圆柱面相接触(图 6.14)。啮合齿面间的法向力 F_n 就是作用在
两个圆柱面间的正压力。设配对齿轮材料的弹性系数为 Z_E，则可使用赫兹公式计算
齿面接触应力 σ_H，即

$$\sigma_H = Z_E \sqrt{\frac{F_n}{L\rho_\Sigma}}$$

式中：$\rho_\Sigma = \rho_1\rho_2/(\rho_2 \pm \rho_1)$ 为啮合齿面的综合曲率半径,对于外啮合齿轮取"+",对于内啮合齿轮取"−"。这里必须指出的是,一对渐开线齿轮齿廓不同位置处的曲率半径不同,不同啮合点处的综合曲率半径也不同,因此齿轮工作过程中齿廓上各啮合点的接触应力 σ_H 也不同。这就涉及下面的问题：用于齿面接触疲劳强度计算的啮合点取在何处?

4. 用于齿面接触应力计算的啮合位置选取

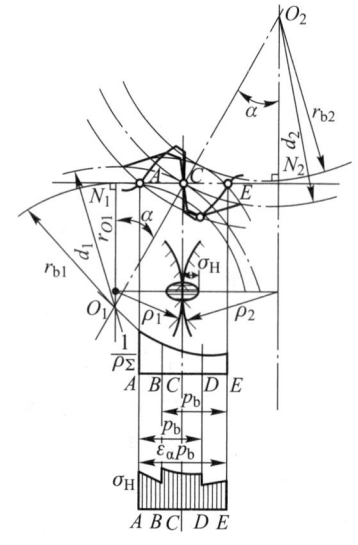

图 6.14　齿面接触应力

由于齿廓上各点的曲率半径不同,接触应力 σ_H 也不同,图 6.14 给出了渐开线齿廓沿啮合线各点的综合曲率半径 ρ_Σ 及接触应力 σ_H 的变化情况。由图中可以看出：在小齿轮的单对齿啮合区下界点 B 处啮合时 σ_H 最大,因为点 B 处是单对齿啮合,轮齿承担的载荷比多对齿啮合时要大（即啮合齿面间的法向力 F_n 大）,而且点 B 处啮合时的综合曲率在单对齿啮合区也最大（即综合曲率半径 ρ_Σ 最小）,显然由赫兹公式可以看出 σ_H 大。这与点蚀首先出现在节点附近偏向齿根侧的实际情况也是相符的。因此,理应按小齿轮单齿啮合区下界点 B 来计算接触疲劳强度,但是小齿轮单齿啮合区下界点 B 处的参数比较复杂,计算麻烦,所以为简化计算,仍按节点 C 处啮合时计算 σ_H。因为,在点 B 和点 C 处接触应力相差不大,只有对于重要传动,小齿轮齿数 z_1 小于 20 时才按点 B 处啮合计算接触应力。

5. 节点 C 处啮合时的载荷及参数

按赫兹公式计算单对齿节点 C 处啮合时齿面接触应力 σ_H 需确定法向计算载荷 F_{nC}、节点 C 处啮合的参数 $1/\rho_\Sigma$ 及接触线长度 L。

（1）法向计算载荷 F_{nC}

根据轮齿受力分析按单对齿节点处啮合可以计算出法向载荷 F_n,并考虑载荷系数 K,有

$$F_{nC} = KF_n = \frac{KF_t}{\cos \alpha}$$

式中：F_t——轮齿所受的圆周力,N。

　　　　α——分度圆压力角,(°)。

（2）综合曲率 $1/\rho_\Sigma$

由图 6.14 可知,在节点 C 处两齿廓曲率半径分别为 $\rho_1 = \dfrac{d_1}{2}\sin \alpha$,　$\rho_2 = \dfrac{d_2}{2}\sin \alpha$,则节点 C 处齿廓综合曲率 $1/\rho_\Sigma$ 为

$$\frac{1}{\rho_\Sigma} = \frac{1}{\rho_1} \pm \frac{1}{\rho_2} = \frac{\rho_2 \pm \rho_1}{\rho_1\rho_2} = \frac{2(d_2 \pm d_1)}{d_1 d_2 \sin \alpha}$$

令 $\dfrac{d_2}{d_1} = \dfrac{z_2}{z_1} = u$，代入上式，则有

$$\frac{1}{\rho_\Sigma} = \frac{2}{d_1 \sin \alpha} \frac{u \pm 1}{u}$$

（3）接触线长度 L

若重合度 $\varepsilon_\alpha = 1$，即只有一对齿啮合时，接触线长度 L 应为齿宽 b。对于直齿轮 $1 < \varepsilon_\alpha < 2$，且随着 ε_α 的增大，两对齿啮合区扩大，齿面接触强度得到提高。因此，考虑重合度增大对齿面接触应力的影响，用有效齿宽 b_r 表示两轮齿啮合时的接触线总长，则有

$$L = b_r = \frac{b}{Z_\varepsilon^2}$$

其中 Z_ε 为重合度系数。

6. 直齿圆柱齿轮传动齿面接触疲劳强度校核计算和设计计算公式

将节点 C 处啮合时计算载荷及有关参数代入赫兹公式 $\sigma_H = Z_E \sqrt{F_n / (L\rho_\Sigma)}$，计算单对齿节点 C 处啮合时齿面接触应力 σ_H，有

$$\sigma_H = Z_E \sqrt{\frac{F_{nC}}{L\rho_\Sigma}} = Z_E \sqrt{\frac{KF_t Z_\varepsilon^2}{bd_1} \frac{u \pm 1}{u} \frac{2}{\cos \alpha \sin \alpha}}$$

令

$$Z_H = \sqrt{\frac{2}{\cos \alpha \sin \alpha}} \tag{6.5}$$

则得

$$\sigma_H = Z_E Z_H Z_\varepsilon \sqrt{\frac{KF_t}{bd_1} \frac{u \pm 1}{u}} \tag{6.6}$$

进而有

（1）齿面接触疲劳强度校核计算公式

$$\sigma_H = Z_E Z_H Z_\varepsilon \sqrt{\frac{KF_t}{bd_1} \frac{u \pm 1}{u}} \leqslant [\sigma_H] \tag{6.7}$$

取 $\phi_d = b/d_1$ 或 $\phi_a = b/a$，$F_t = 2T_1/d_1$ 并代入式（6.7）得设计计算公式。

（2）齿面接触疲劳强度设计计算公式

$$d_1 \geqslant \sqrt[3]{\frac{2KT_1}{\phi_d} \frac{u \pm 1}{u} \left(\frac{Z_E Z_H Z_\varepsilon}{[\sigma_H]} \right)^2} \tag{6.8}$$

或

$$a \geqslant (u \pm 1) \sqrt[3]{\frac{KT_1}{2\phi_a u} \left(\frac{Z_E Z_H Z_\varepsilon}{[\sigma_H]} \right)^2} \tag{6.9}$$

（3）对式（6.7）~式（6.9）中参数及符号的说明

1）u——齿数比，为大齿轮齿数与小齿轮齿数之比，$u \geqslant 1$。

2) ±——"+"号用于外啮合齿轮传动,"−"号用于内啮合齿轮传动。

3) Z_E——材料弹性系数,根据配对的大、小齿轮的材料按表6.5查取,$\sqrt{MPa}$;

表6.5 材料弹性系数 Z_E $\sqrt{MPa}$

小齿轮材料	大齿轮材料				
	钢	铸钢	铸铁	球墨铸铁	夹布胶木
钢	189.8	186.9	165.4	181.4	56.4
铸钢	186.9	188.0	161.4	180.5	
铸铁	165.4	161.4	146.0	156.6	
球墨铸铁	181.4	180.5	156.6	173.9	

4) Z_H——节点区域系数,反映了节点齿廓形状对接触应力的影响,根据大、小齿轮变位系数和(内啮合为差)与齿数和(内啮合为差)的比值 $(x_{n2} \pm x_{n1})/(z_2 \pm z_1)$、分度圆螺旋角 β 按图6.15查取。对标准直齿轮,$\alpha = 20°$,$Z_H = 2.5$。

5) Z_ε——重合度系数,是考虑重合度对齿面接触应力影响的系数。根据端面重合度 ε_α 和轴面重合度 ε_β 按图6.16查取。

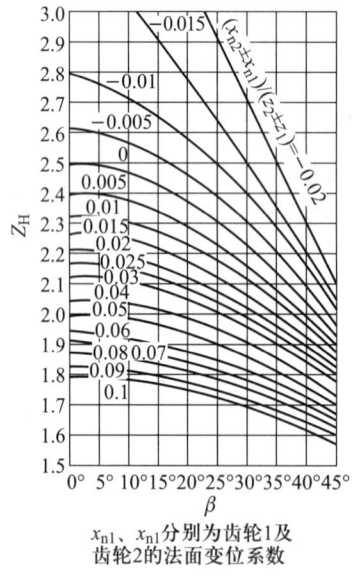

图6.15 节点区域系数 $Z_H(\alpha_n = 20°)$

x_{n1}、x_{n1} 分别为齿轮1及齿轮2的法面变位系数

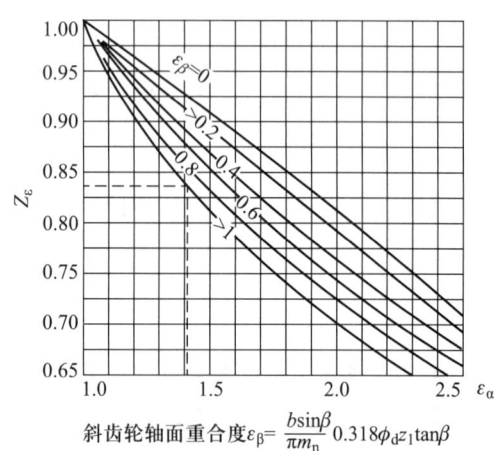

斜齿轮轴面重合度 $\varepsilon_\beta = \dfrac{b\sin\beta}{\pi m_n} 0.318\phi_d z_1 \tan\beta$

图6.16 重合度系数 Z_ε

6) $\phi_d(\phi_a)$——齿宽系数,ϕ_d 是按齿宽 b 与小齿轮分度圆直径 d_1 比值定义的齿宽系数,而 ϕ_a 则是用齿宽 b 与齿轮传动中心距 a 比值定义的齿宽系数。由 $\phi_a = b/a$,$\phi_d = b/d_1$,$a = (d_1 + d_2)/2 = (u+1)d_1/2$ 可知:两者可互相转化,有 $\phi_d = \phi_a(u+1)/2$。ϕ_d 可根据齿轮相对于轴承的布置形式、齿面硬度按表6.6查取。

表 6.6 齿宽系数 $\phi_{\mathrm{d}} = b/d_1$

齿轮相对于轴承的布置形式	齿 面 软 硬	
	软齿面	硬齿面
对称布置	0.8 ~ 1.4	0.4 ~ 0.9
非对称布置	0.6 ~ 1.2	0.3 ~ 0.6
悬臂布置	0.3 ~ 0.4	0.2 ~ 0.25

注：① 对于直齿圆柱齿轮宜取取值范围中的偏小值,斜齿轮情况下可取偏大值,人字齿轮甚至可取到 2。
② 载荷稳定、轴刚度大的情况下,宜取取值范围中的偏大值,轴刚度小的宜取偏小值。

7) d_1——小齿轮分度圆直径,mm。

8) b——齿宽,mm。

9) T_1——小齿轮传递的转矩,N·mm。

10) a——齿轮传动中心距,mm。

11) $[\sigma_{\mathrm{H}}]$——许用接触应力,按式(6.26)计算,MPa。

（4）对齿面接触疲劳强度校核计算公式(6.7)的说明

对前面推导出的齿面接触疲劳强度校核计算公式

$$\sigma_{\mathrm{H}} = Z_{\mathrm{E}} Z_{\mathrm{H}} Z_{\varepsilon} \sqrt{\frac{KF_{\mathrm{t}}}{bd_1} \frac{u \pm 1}{u}} \leqslant [\sigma_{\mathrm{H}}]$$

作如下讨论：

1) 当载荷 F_{n}、材料(Z_{E})、齿数比($z_2/z_1 = u$)、齿宽 b 一定时,齿面接触应力 σ_{H} 主要取决于 d_1 或 a。d_1 或 a 越大,σ_{H} 越小。

2) d_1 或 a 确定后,无论齿数 z_1 和模数 m 如何组合,σ_{H} 基本不变。如 $z_1 = 25$,$m = 2.0$；$z_1 = 20$,$m = 2.5$。

3) 一对齿轮啮合时,两啮合齿面所受的接触力是大小相等方向相反的一对作用力和反作用力,因此两啮合齿面的接触应力大小相等,即 $\sigma_{\mathrm{H1}} = \sigma_{\mathrm{H2}}$。但许用接触应力 $[\sigma_{\mathrm{H1}}]$、$[\sigma_{\mathrm{H2}}]$ 分别与一对齿轮各自的材料、热处理、应力循环次数有关,一般情况下 $[\sigma_{\mathrm{H1}}]$ 与 $[\sigma_{\mathrm{H2}}]$ 并不相等。因此,式(6.7)或式(6.9)中应取 $[\sigma_{\mathrm{H}}] = \min\{[\sigma_{\mathrm{H1}}], [\sigma_{\mathrm{H2}}]\}$。

4) 由 $\sigma_{\mathrm{H}} \leqslant [\sigma_{\mathrm{H}}]$ 可知,减小 σ_{H}、增大 $[\sigma_{\mathrm{H}}]$,可提高齿面接触疲劳强度。

6.5.3 齿根弯曲疲劳强度计算

1. 齿根弯曲疲劳强度计算的目的

防止轮齿在预定使用寿命期限内发生疲劳断裂。

2. 齿根弯曲疲劳强度计算的条件式

由机械原理及前节轮齿受力分析可知,齿轮传递载荷时一对轮齿由进入啮合到退出啮合的过程中,齿面间作用着法向正压力 F_{n},轮齿相当于悬臂梁,随着啮合点的变化,法向正压力的作用位置由齿根（齿顶）过渡到齿顶（齿根）,该力对齿根部形成弯矩并在齿根部产生弯曲应力。当齿根弯曲应力超过轮齿材料所能承受的最大应力时将会在齿根部产生微小裂纹,随着齿轮转动,轮齿啮合次数不断增加,在齿根部弯曲应力循环作用下,裂纹不断扩展直至轮齿断裂失效。此外,轮齿在工作中齿面磨损后变薄,抗弯剖面模量减小,导致齿根弯曲应力增加,齿根裂纹的扩展加剧。因此,为防止轮齿的疲劳断裂,需要保证齿轮在工作中齿根部产生的最大弯曲应力 σ_F 小于某一许用弯曲应力$[\sigma_F]$,即满足强度条件式

$$\sigma_F \leqslant [\sigma_F] \tag{6.10}$$

式中:σ_F——齿根弯曲应力,MPa。

　　$[\sigma_F]$——齿轮的许用弯曲应力,MPa。

3. 用于齿根弯曲应力计算的力学模型及计算公式

由于齿轮轮毂及轮缘的刚度较大,因此轮齿在啮合过程中的受载情况可以看做是齿面承受压力 F_n 的悬臂梁,其危险截面理论上应该是齿根部位受弯矩最大的截面。因此,只要建立起确切的轮齿受载力学模型,就可按材料力学中悬臂梁的力学模型及其弯曲应力计算方法对轮齿根部所受弯曲应力 σ_F 进行分析和计算。

为导出用于齿根弯曲应力计算的公式,需要确定出齿根危险截面的位置和在齿根处产生最大弯矩时的载荷作用点的位置。

（1）确定危险截面的 30°切线法

根据实验和光弹性分析得出,危险截面可用 30°切线法确定,如图 6.17 所示。作与轮齿对称线 a—a 成 30°角并分别与左、右两侧齿根过渡曲线相切的两条切线,切点分别为 b'、b",用通过这两个切点并与齿轮轴线平行的平面截断轮齿所得的截面即为齿根危险截面。

（2）齿根处产生最大弯矩时的载荷作用点位置

1）在实际啮合线上弯矩最大的位置

由理论啮合线上看齿面受载情况如图 6.18 所示,显然以图中齿轮 1 轮齿为分析对象,单对齿啮合区上界点 D 处啮合时受载最大(齿面载荷最大,对齿根的力臂较大)。注意:同理可知,若以图中齿轮轮齿 2 为分析对象,则单对齿啮合区点 B 处弯矩最大。

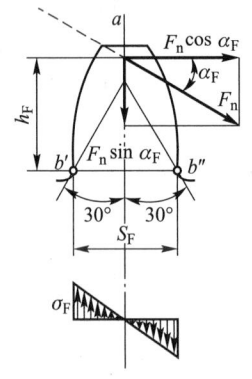

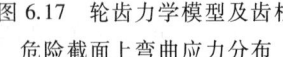

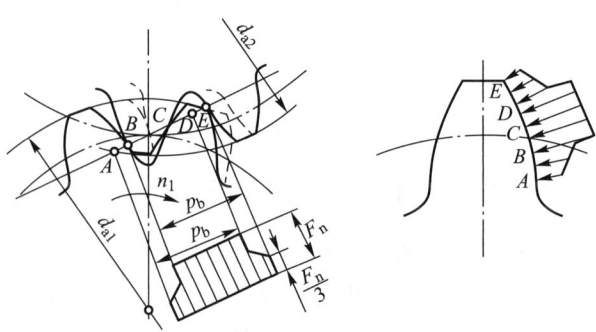

图 6.17　轮齿力学模型及齿根
危险截面上弯曲应力分布

图 6.18　由理论啮合线上看齿面受载情况

2）实际计算时轮齿载荷作用点的选取

从上述分析可知:理论上应取单对齿啮合区上界点 D 处啮合作为齿根产生最大

弯矩时的载荷作用点位置。但是,由于点 D 在齿面上的位置与重合度 ε_α 有关,计算较复杂,故采用简化方法,假设全部载荷作用在一对齿轮啮合时的齿顶进行计算,即取齿顶处作为载荷作用点。

(3)对简化方法的修正

至此,对用于齿根弯曲应力计算的简化力学模型及计算方法进行了初步确定,考虑到简化模型带来的影响,按全部载荷作用于齿顶计算出 σ_F 后,再引入以下两个系数对其进行修正:

1)引入小于 1 的重合度系数 Y_ε,将其折算为载荷作用于上界点时的齿根应力;

2)考虑齿根处有应力集中,用 Y_S 系数加以修正。

下面的问题就是如何根据力学模型及计算方法推导出 σ_F 的计算公式。

(4)σ_F 计算公式推导

如图 6.17 轮齿力学模型所示,设载荷与对称线 a—a 垂直线间的夹角(锐角)、载荷与对称线 a—a 的交点至齿根危险截面的距离(即力臂)、齿根危险截面的厚度分别为 α_F、h_F、S_F;载荷 F_n 可以分解成沿水平方向的 $F_n\cos\alpha_F$ 和沿垂直方向的 $F_n\sin\alpha_F$ 两个分量。前者 $F_n\cos\alpha_F$ 在齿根危险截面 b'—b'' 处产生弯曲应力,即齿根弯曲应力,其在危险截面的分布情况如图 6.17 所示:a—a 左侧截面受拉应力,右侧受压应力,当齿轮长期工作时,左侧受拉引起的疲劳裂纹不断扩展,严重时将引起轮齿疲劳断裂;后者 $F_n\sin\alpha_F$ 则在危险截面 b'—b'' 处产生压应力。但由于 α_F 较小,垂直分量较小,故忽略压应力的影响,仅考虑水平分量对齿根受拉侧产生的弯曲应力对轮齿可能产生破坏的影响,即按受拉的左侧计算 σ_F。

由上述分析及材料力学中悬臂梁应力计算公式可知

$$\sigma_F = \frac{M}{W} = \frac{F_n\cos\alpha_F h_F}{\frac{bS_F^2}{6}} = \frac{F_t}{bm} \cdot \frac{6\dfrac{h_F}{m}\cos\alpha_F}{\left(\dfrac{S_F}{m}\right)^2\cos\alpha}$$

令

$$Y_F = \frac{6\dfrac{h_F}{m}\cos\alpha_F}{\left(\dfrac{S_F}{m}\right)^2\cos\alpha} \tag{6.11}$$

则有

$$\sigma_F = \frac{F_t}{bm}Y_F$$

前面提到应引入两个系数 Y_ε 和 Y_S 对用简化模型得到的 σ_F 进行修正,此外这里的 F_t 应该用齿轮传动的计算载荷 F_{ca} 算得,因此需引入载荷系数 K,则按齿根弯曲疲劳强度进行校核计算的公式如下:

$$\sigma_F = \frac{KF_t}{bm}Y_F Y_S Y_\varepsilon \leqslant [\sigma_F] \tag{6.12}$$

取 $\phi_{\mathrm{d}}=b/d_1$，$F_{\mathrm{t}}=2T_1/d_1$，$d_1=mz_1$，代入上式并整理得按齿根弯曲疲劳强度的设计计算公式为

$$m \geqslant \sqrt[3]{\frac{2KT_1}{\phi_{\mathrm{d}}z_1^2}\frac{Y_{\mathrm{F}}Y_{\mathrm{S}}Y_{\varepsilon}}{[\sigma_{\mathrm{F}}]}} \tag{6.13}$$

（5）σ_{F}、m 的计算公式（6.12）、公式（6.13）中的参数说明

1）Y_{F}——齿形系数，反映了轮齿几何形状对齿根弯曲应力 σ_{F} 的影响。凡影响齿廓形状的参数（z、x、α、h_{a}^*、综合曲率半径 ρ_{Σ} 等）都影响 Y_{F}，而与模数 m 无关。例如齿数 z 增大，变位系数 x、分度圆压力角 α 增大，均可使齿根增厚（图6.19），使 Y_{F} 变小，从而使 σ_{F} 也减小。而只有模数变化时，就像放大镜一样使齿廓放大（或缩小），但齿廓形状不变，因此 Y_{F} 不变。对于符合基准齿形的圆柱外齿轮，可根据齿数 z（或当量齿数 z_{v}）、变位系数 x 查图6.20。

2）Y_{S}——应力修正系数，用以考虑齿轮过渡圆角处的应力集中和除弯曲应力以外的其他应力对齿根应力的影响。其值可根据齿数 z（或当量齿数 z_{v}）、变位系数 x 查图6.21。

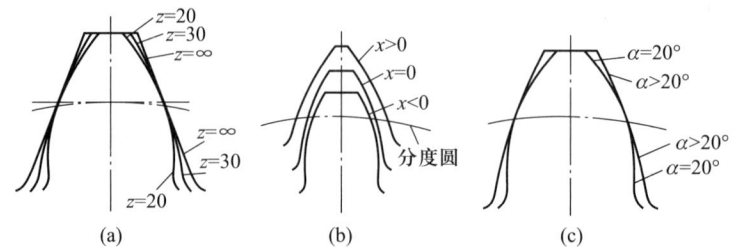

图6.19　z、x、α、h_{a}^* 等对齿廓形状的影响

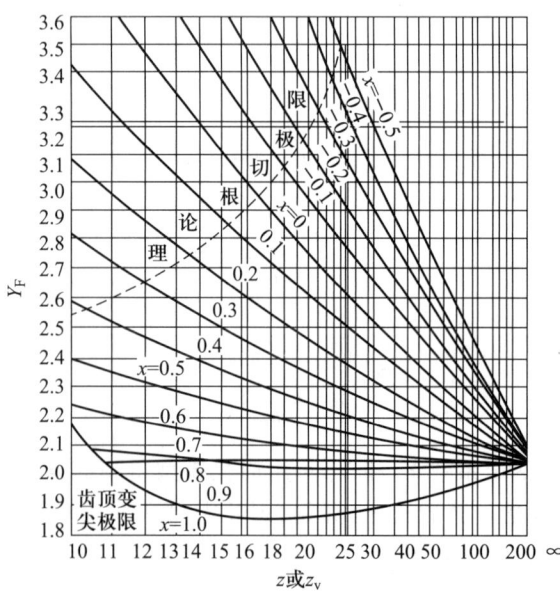

图6.20　外齿轮齿形系数 Y_{F}

$\alpha_{\mathrm{n}}=20°$，$h_{\mathrm{a}}^*=1.0$，$c^*=0.25$，$\rho=0.38m_{\mathrm{n}}$

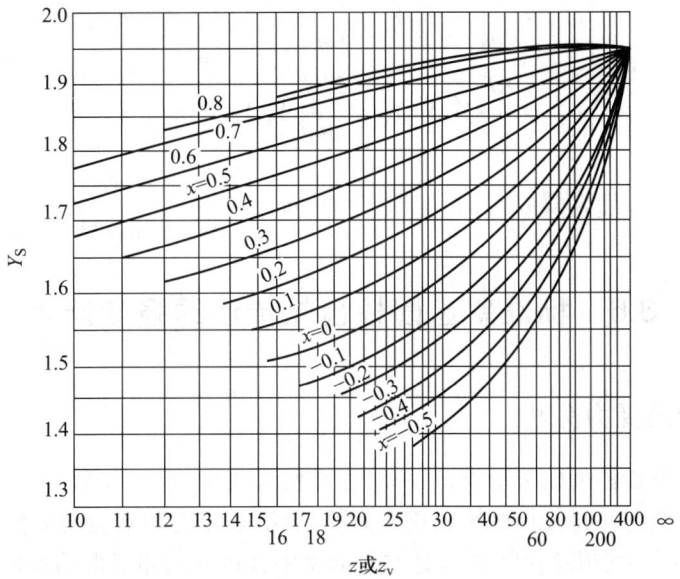

图 6.21 外齿轮应力修正系数 Y_S

$\alpha_n = 20°$, $h_a^* = 1.0$, $c^* = 0.25$, $\rho = 0.38m_n$

3) Y_ε——用于弯曲疲劳强度计算的重合度系数,是将全部载荷作用于齿顶时的齿根应力折算为载荷作用于单对齿啮合区上界点时的齿根应力系数。其值可根据端面重合度按下式进行计算:

$$Y_\varepsilon = 0.25 + \frac{0.75}{\varepsilon_\alpha} \tag{6.14}$$

或者根据端面重合度值查图 6.22。

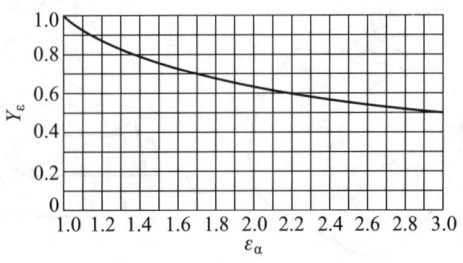

图 6.22 重合度系数 Y_ε

4) 对公式的说明

强度校核公式 $\sigma_F = \dfrac{KF_t}{bm} Y_F Y_S Y_\varepsilon \leqslant [\sigma_F]$ 中的 $[\sigma_F]$ 将由后面的式(6.29)给出。

对于相啮合的一对齿轮而言,若 $z_1 < z_2$,则分别由图 6.20 和图 6.21 可知:$Y_{F1} > Y_{F2}$、$Y_{S1} < Y_{S2}$,但 $Y_{F1}Y_{S1} > Y_{F2}Y_{S2}$,故 $\sigma_{F1} > \sigma_{F2}$,而往往 $[\sigma_{F1}] \neq [\sigma_{F2}]$,因此在校核齿轮弯曲强度时,大小齿轮应分别进行计算:

$$\begin{cases} \sigma_{F1} = \dfrac{KF_t}{bm} Y_{F1} Y_{S1} Y_\varepsilon = \dfrac{2KT_1}{bmd_1} Y_{F1} Y_{S1} Y_\varepsilon \leqslant [\sigma_{F1}] \\[4mm] \sigma_{F2} = \dfrac{KF_t}{bm} Y_{F2} Y_{S2} Y_\varepsilon = \dfrac{2KT_1}{bmd_1} Y_{F2} Y_{S2} Y_\varepsilon \leqslant [\sigma_{F2}] \end{cases} \tag{6.15}$$

使用式(6.13)计算模数 m 时,应取 $\dfrac{Y_F Y_S}{[\sigma_F]} = \max\left\{ \dfrac{Y_{F1} Y_{S1}}{[\sigma_{F1}]}, \dfrac{Y_{F2} Y_{S2}}{[\sigma_{F2}]} \right\}$。

6.6 标准斜齿圆柱齿轮传动的强度计算

6.6.1 轮齿的受力分析

同标准直齿圆柱齿轮传动类似,一对标准斜齿轮啮合时,齿面间作用着一对沿齿面法线方向并指向各自齿面的法向正压力 F_n 和沿着轮齿相对运动方向(齿面切线方向)的摩擦力 F_f。当齿轮在节点 C 处啮合时两啮合齿面的相对滑动速度为零,而且在润滑条件良好的工况下,齿面间摩擦小(特别地,形成流体动压油膜的情况下为流体摩擦,摩擦因数很小),此时齿面间的摩擦力可忽略不计。轮齿在节点 C 处的受力分析如图 6.23 所示,法向正压力 F_n 可沿三个互相垂直的方向进行分解,即

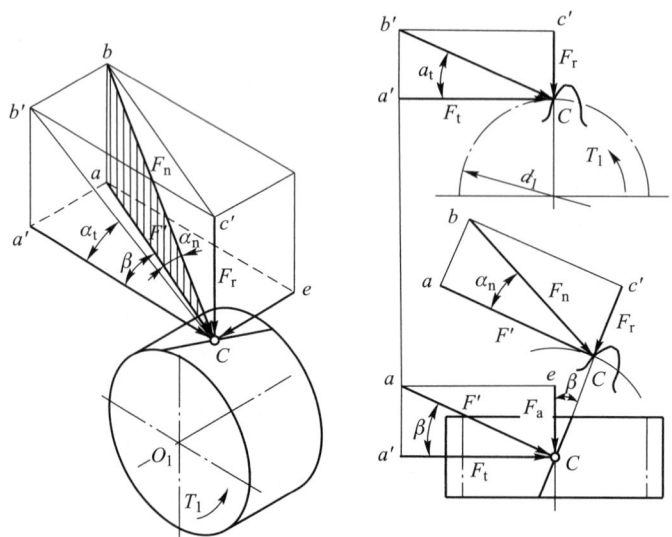

图 6.23 斜齿圆柱齿轮传动节点 C 处啮合时轮齿法向正压力分解

1. 轮齿受力的分解

主动齿轮:法向力 $F_{n1} \longrightarrow \begin{cases} F_1' \\ F_{r1} \end{cases}$

从动齿轮:法向力 $F_{n2} \longrightarrow \begin{cases} F_{r2} \\ F_2' \end{cases}$

2. 分力的大小

圆周力　$F_t = \dfrac{2T_1}{d_1} \Rightarrow F_{t1} = \dfrac{2T_1}{d_1} = -F_{t2}$

径向力　$F_r = F_t \dfrac{\tan \alpha_n}{\cos \beta} = F_t \tan \alpha_t \Rightarrow F_{r1} = F_{t1} \dfrac{\tan \alpha_n}{\cos \beta} = F_{t1} \tan \alpha_t = -F_{r2}$

轴向力　$F_a = F_t \tan \beta \Rightarrow F_{a1} = F_{t1} \tan \beta = -F_{a2}$

法向力　$F_n = \dfrac{F_t}{\cos \alpha_n \cos \beta} = \dfrac{F_t}{\cos \alpha_t \cos \beta_b} \Rightarrow F_{n1} = \dfrac{F_{t1}}{\cos \alpha_n \cos \beta} = \dfrac{F_{t1}}{\cos \alpha_t \cos \beta_b} = -F_{n2}$

$$(6.16)$$

式中：d_1——小齿轮分度圆直径，mm；

$\quad T_1$——小齿轮传递的名义转矩，N·mm；

$\quad \alpha_n$——分度圆柱上的法向压力角，$\alpha_n = 20°$；

$\quad \alpha_t$——分度圆柱上的端面压力角，(°)；

$\quad \beta_b$——基圆柱上的螺旋角，(°)；

$\quad \beta$——分度圆柱上的螺旋角，(°)；

"－"——负号表示力的方向相反。

3. 各力方向判别

作用于主、从动轮上的各对力均大小相等，方向相反，如图 6.24b、c 所示。其中，法向力、圆周力、径向力方向的判别方法与直齿圆柱齿轮相同，如图 6.24a，b 所示。

轮齿所受法向力 F_n——总是沿垂直于齿面的法线方向并指向工作齿面，为正压力。

圆周力 F_t 的方向——主动轮上圆周力 F_{t1} 对其轴线的力矩对于主动轮来说为阻力矩，其方向与主动轮回转方向相反；从动轮上圆周力 F_{t2} 对其轴线的力矩对于从动轮来说是驱动力矩，其方向与从动轮回转方向相同。

径向力 F_r 的方向——与齿轮啮合方式有关，对于外啮合齿轮传动，无论主、从动轮，所受的径向力永远指向各自的轮心，如图 6.24b 所示；对于内啮合齿轮传动，内齿轮所受的径向力背离其轮心向外，外齿轮所受径向力指向其轮心。

轴向力 F_a 的方向——F_a 的方向由三个要素来判别，即：① 主、从动轮；② 转向——顺、逆时针；③ 轮齿旋向——左旋、右旋。这三要素缺一不可，应用它们就能用力分析方法或左(右)手法则判断出 F_a 方向。

判别 F_a 方向的主动轮左(右)手法则：对主动轮，轮齿的旋向若为右旋，则用右手(左旋用左手)握住齿轮的轴线，并使四指的方向顺着齿轮的转动方向，此时拇指的指向即为主动轮上轴向力的方向，如图 6.24c 所示。

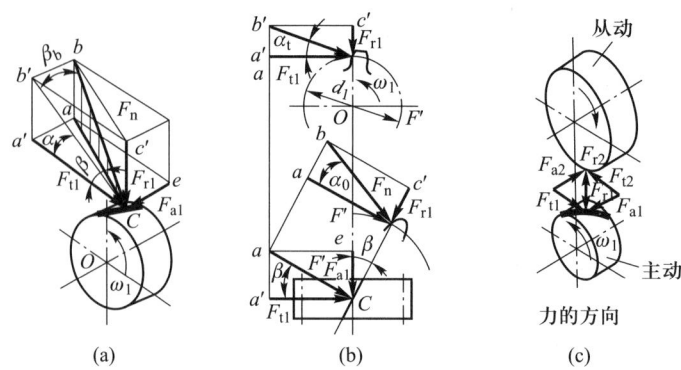

图 6.24 斜齿圆柱齿轮传动节点 C 处啮合时轮齿受力分析及轴向力方向判别

6.6.2　齿面接触疲劳强度计算

1. 斜齿轮齿面接触疲劳强度计算目的

同直齿圆柱齿轮传动一样,防止齿面在预定使用寿命期限内发生疲劳点蚀。

2. 计算原理和方法

由机械原理相关知识可知,一对斜齿轮传动可以看做是当量齿数的直齿轮传动,因此斜齿圆柱齿轮齿面接触疲劳强度的计算原理和方法与直齿圆柱齿轮基本相同,仍按齿轮节点处啮合时进行计算。不同的是:

1)斜齿轮啮合点的曲率半径应按法面计算;

2)接触线总长度比直齿轮传动情况下要大;

3)实践和实验证明,其他条件相同的情况下,斜齿轮承载能力比具有同样曲率半径和接触线长度的直齿轮还要大,接触应力小,对此需引入一个螺旋角系数 Z_{β} 来考虑。

考虑前述的三个不同点,将赫兹公式 $\sigma_{\mathrm{H}} = Z_{\mathrm{E}} \sqrt{F_{nC}/(L\rho_{\Sigma})}$ 应用于斜齿轮的当量直齿轮重新推导。因此,需要求出单对齿节点 C 处啮合时法向计算载荷 F_{nC}、节点 C 处啮合的参数 $1/\rho_{\Sigma}$ 及接触线长度 L。

3. 节点 C 处啮合时的载荷及参数

（1）法向计算载荷 F_{nC}

按单对齿节点处啮合计算出法向载荷 F_{n}（式6.16）,并考虑到载荷系数 K,有

$$F_{nC} = KF_{\mathrm{n}} = \frac{KF_{\mathrm{t}}}{\cos \alpha_{\mathrm{t}} \cos \beta_{\mathrm{b}}}$$

式中:F_{t}——为轮齿所受的圆周力,N。

α_{t}——为分度圆端面压力角,(°)。

β_{b}——为基圆螺旋角,(°)。

（2）综合曲率 $1/\rho_{\Sigma}$

由图 6.25 可知,法面内节点处两齿廓曲率半径分别为

$$\rho_{n1} = \frac{\rho_{t1}}{\cos \beta_{\mathrm{b}}} = \frac{d_1 \sin \alpha_{\mathrm{t}}}{2\cos \beta_{\mathrm{b}}}, \quad \rho_{n2} = \frac{\rho_{t2}}{\cos \beta_{\mathrm{b}}} = \frac{d_2 \sin \alpha_{\mathrm{t}}}{2\cos \beta_{\mathrm{b}}}$$

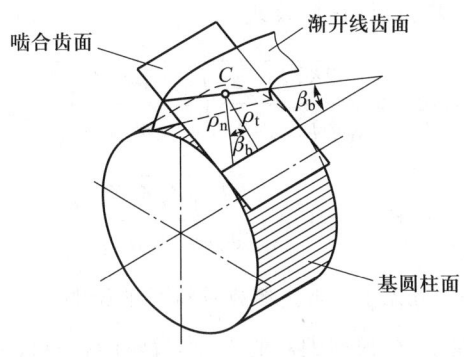

图 6.25　节点曲率半径

式中：$\rho_{t1} = \dfrac{d_1 \sin \alpha_t}{2}$，$\rho_{t2} = \dfrac{d_2 \sin \alpha_t}{2}$，并令 $\dfrac{d_2}{d_1} = \dfrac{z_2}{z_1} = u$，代入上式得节点 C 处齿廓综合曲率 $1/\rho_\Sigma$ 为

$$\frac{1}{\rho_\Sigma} = \frac{1}{\rho_{n1}} \pm \frac{1}{\rho_{n2}} = \frac{\rho_{n2} \pm \rho_{n1}}{\rho_{n1}\rho_{n2}} = \frac{2(d_2 \pm d_1)\cos \beta_b}{d_1 d_2 \sin \alpha_t} = \frac{2\cos \beta_b}{d_1 \sin \alpha_t} \frac{u \pm 1}{u} \tag{6.17}$$

（3）接触线长度 L

斜齿轮啮合时的接触线是倾斜的，其长度为同时啮合的几对齿接触线长度的总和，其值与端面重合度 ε_α 和轴面重合度 ε_β 有关，同直齿轮类似，用有效齿宽 b_r 及基圆螺旋角 β_b 计算啮合线总长度，有

$$L = \frac{b_r}{\cos \beta_b} = \frac{b}{Z_\varepsilon^2 \cos \beta_b} \tag{6.18}$$

其中 Z_ε 为重合度系数。

4. 斜齿圆柱齿轮传动齿面接触疲劳强度校核计算和设计计算公式

将节点 C 处啮合时计算载荷及有关参数代入赫兹公式，有

$$\sigma_H = Z_E Z_\beta \sqrt{\frac{KF_t Z_\varepsilon^2}{bd_1} \frac{u \pm 1}{u} \frac{2\cos \beta_b}{\cos \alpha_t \sin \alpha_t}} = Z_E Z_H Z_\varepsilon Z_\beta \sqrt{\frac{KF_t}{bd_1} \frac{u \pm 1}{u}}$$

式中：

$$Z_H = \sqrt{\frac{2\cos \beta_b}{\cos \alpha_t \sin \alpha_t}} \tag{6.19}$$

进而有

（1）齿面接触疲劳强度校核计算公式

$$\sigma_H = Z_E Z_H Z_\varepsilon Z_\beta \sqrt{\frac{KF_t}{bd_1} \frac{u \pm 1}{u}} \leqslant [\sigma_H] \tag{6.20}$$

取 $\phi_d = b/d_1$ 或 $\phi_a = b/a$，$F_t = 2T_1/d_1$ 并代入式（6.20）得齿面接触疲劳强度的设计计算式。

（2）齿面接触疲劳强度设计计算公式

$$d_1 \geqslant \sqrt[3]{\frac{2KT_1}{\phi_d} \frac{u \pm 1}{u} \left(\frac{Z_E Z_H Z_\varepsilon Z_\beta}{[\sigma_H]}\right)^2} \tag{6.21}$$

或

$$a \geqslant (u \pm 1) \sqrt[3]{\frac{KT_1}{2\phi_d u} \left(\frac{Z_E Z_H Z_\varepsilon Z_\beta}{[\sigma_H]}\right)^2} \tag{6.22}$$

（3）对式（6.20）~式（6.22）中部分参数及符号的说明

1）Z_E——材料弹性系数，根据配对的大、小齿轮的材料按表 6.5 查取，$\sqrt{\text{MPa}}$。

2）Z_H——节点区域系数，反映了节点齿廓形状对接触应力的影响，根据大、小齿轮变位系数和（内啮合为差）与齿数和（内啮合为差）的比值 $(x_{n2} \pm x_{n1})/(z_2 \pm z_1)$、分度圆螺旋角 β 按图 6.15 查取。对标准直齿轮，$\alpha = 20°$，$Z_H = 2.5$。

3）Z_ε——重合度系数，是考虑重合度对齿面接触应力影响的系数。根据端面重合度 ε_α 和轴面重合度 ε_β 按图 6.16 查取。

4）Z_β——螺旋角系数，是考虑斜齿轮（$\beta > 0$）同其当量直齿轮（$\beta = 0$）相比承载能力得到提高对齿面接触应力影响的系数。可根据分度圆螺旋角 β 按式（6.23）计算或按图 6.26 查取。显然，$Z_\beta < 1$，使得 σ_H 减小，接触疲劳强度得到提高。

$$Z_\beta = \sqrt{\cos \beta} \tag{6.23}$$

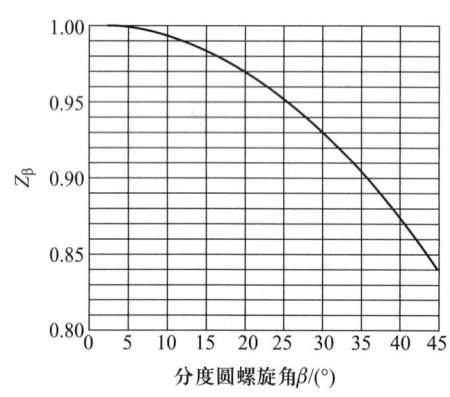

图 6.26 螺旋角系数 Z_β

其他参数与直齿圆柱齿轮的相同。

6.6.3 齿根弯曲疲劳强度计算

1. 斜齿轮齿根弯曲疲劳强度计算的目的

同直齿轮一样，防止轮齿在预定使用寿命期限内发生疲劳断裂。但由于斜齿轮啮合时接触线是倾斜的，轮齿往往是局部折断，如图 6.27 所示。

2. 齿根弯曲疲劳强度的计算方法及计算式

由于斜齿轮的接触线是倾斜的，齿根弯曲应力精确计算较复杂，工程上通常用其

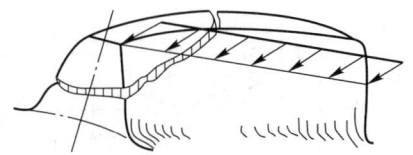

图 6.27　斜齿圆柱齿轮轮齿的受载及局部折断示意图

法面上的当量直齿圆柱齿轮按照 6.5.3 节直齿圆柱齿轮齿根弯曲疲劳强度计算式(6.12)进行近似计算。此时,图 6.17 的齿廓为法面齿廓,各齿形参数均为法面参数。另外,由于斜齿轮的接触线倾斜,使得接触线上从齿顶开始,各接触点到齿根危险截面的距离由大变小,相应的,由齿根危险截面到从齿顶开始的各接触点上法向正压力的力臂也由大变小(图 6.27),因而齿根处产生的弯曲应力比其当量直齿轮小,也说明了斜齿轮承载能力比相应的直齿轮承载能力要高。对于这一有利因素,引入螺旋角系数 Y_β 来修正当量直齿轮的齿根弯曲应力,则可得斜齿轮齿根弯曲强度计算公式。

（1）斜齿圆柱齿轮的齿根弯曲疲劳强度校核计算公式

$$\sigma_F = \frac{KF_t}{bm} Y_F Y_S Y_\varepsilon Y_\beta \leqslant [\sigma_F] \tag{6.24}$$

取 $\phi_d = \dfrac{b}{d_1}$、$d_1 = \dfrac{m_n Z_1}{\cos\beta}$,代入上式并经整理可得设计计算式。

（2）斜齿圆柱齿轮的齿根弯曲疲劳强度设计计算公式

$$m_n \geqslant \sqrt[3]{\frac{2KT_1 Y_\varepsilon Y_\beta \cos^2\beta}{\phi_d z_1^2} \frac{Y_F Y_S}{[\sigma_F]}} \tag{6.25}$$

（3）对式(6.24)、式(6.25)中部分参数的说明

1）Y_F——齿形系数[①],反映了轮齿几何形状对齿根弯曲应力 σ_F 的影响。凡影响齿廓形状的参数(z、x、α、h_a^*、曲率半径 ρ_{a0} 等)都影响 Y_F,而与模数 m 无关。可根据齿数 z(或当量齿数 z_v)、变位系数 x 查图 6.20。

2）Y_S——应力修正系数,用以考虑齿轮过渡圆角处的应力集中和除弯曲应力以外的其他应力对齿根应力的影响。其值可根据当量齿数 $z_v = z/\cos^3\beta$、变位系数 x 查图 6.21。

3）Y_ε——重合度系数。其值可根据式(6.14)计算或根据端面重合度值查图 6.22。

4）Y_β——螺旋角系数,考虑斜齿轮轮齿倾斜使承载能力得到提高对齿根弯曲应力的影响系数,其值可根据分度圆螺旋角 β 及轴面重合度 ε_β 值查图 6.28。

其他参数与直齿圆柱齿轮的相同。

[①]也称为齿廓系数,参见 GB/T 3480.1—2019,下同。

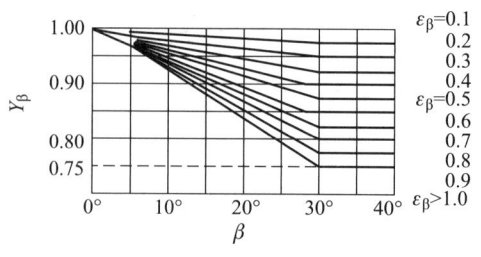

图 6.28　螺旋角系数 Y_β

6.7　齿轮传动强度计算中的许用应力

6.7.1　齿轮传动的许用应力、齿轮极限应力 σ_{Hlim} 与 σ_{Flim}

　　齿轮传动的许用应力是按强度准则设计齿轮传动所必须遵循、由计算载荷算得的齿面或齿根的危险部位应力(即齿面接触应力、齿根弯曲应力)不允许超过的一个界限,期望齿轮在实际使用期限内不发生提前失效。因此,许用应力只有通过齿轮强度试验来确定才有实际意义。具体的方法是:用标准试验齿轮在一定的试验条件下进行加载运转试验,以分别获得齿面接触疲劳强度下的极限应力 σ_{Hlim} 和齿根弯曲疲劳强度下的极限应力 σ_{Flim},然后根据实际设计的齿轮传动工作条件和要求对其进行修正并考虑一定的安全余量得到许用应力 $[\sigma_H]$、$[\sigma_F]$。

　　试验齿轮参数及试验条件:$m = 3 \sim 5$ mm,$\alpha = 20°$,$b = 10 \sim 50$ mm,齿面表面粗糙度 $Ra = 3$ μm,齿根过渡表面粗糙度 $Ra = 10$ μm,节线速度 $v = 10$ m/s,矿物油润滑,失效概率为 1%。

　　当所设计的齿轮与上述条件不同时,应对上述条件下得到的极限应力予以修正。但因对极限应力值影响不大,为使问题简化本书不予考虑。

　　具体地,在使用时可根据齿轮材料和齿面硬度及热处理方式由图 6.29 查取 σ_{Hlim} 和 σ_{Flim} 值。图 6.29 是根据齿轮材料质量、热处理质量达到中等要求时的疲劳极限取值线绘制的。

6.7.2　许用接触应力 $[\sigma_H]$

$$[\sigma_H] = \frac{\sigma_{Hlim} Z_N}{S_H} \tag{6.26}$$

式中:σ_{Hlim}——试验齿轮的齿面接触疲劳极限,由图 6.29 根据齿轮材料、热处理方式及齿面硬度查取,MPa。

　　　Z_N——接触强度计算的寿命系数。当设计齿轮为有限寿命时,用寿命系数 Z_N 提高其极限应力,Z_N 可由下式计算:

$$Z_N = \sqrt[m]{\frac{N_0}{N}} \tag{6.27}$$

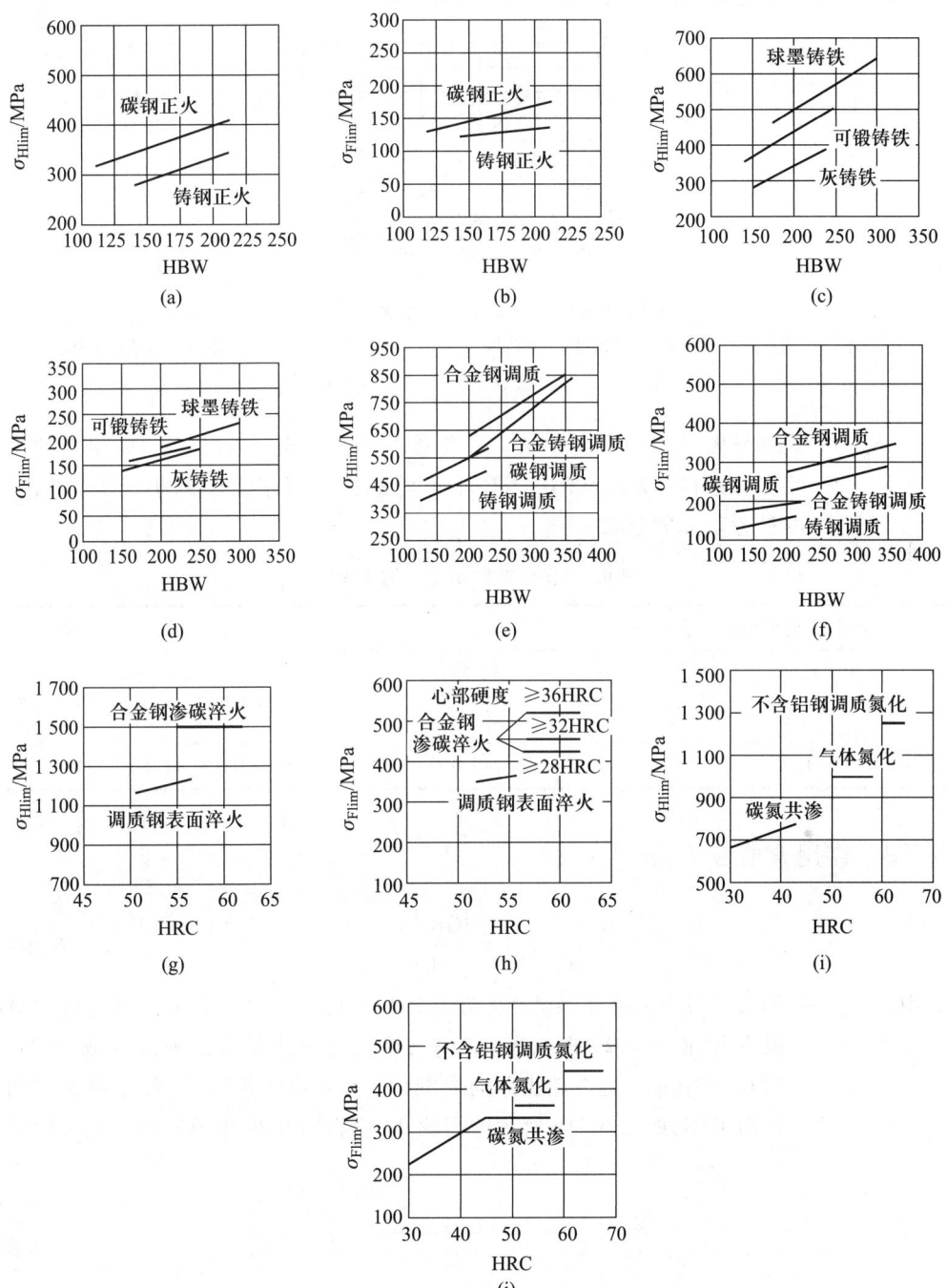

图 6.29　齿面接触疲劳强度极限应力 σ_{Hlim} 和齿根弯曲疲劳强度极限应力 σ_{Flim}

式中：N_0——应力循环基数，与疲劳曲线指数 m、材料及热处理方式有关。

　　　N——所设计齿轮的应力循环次数，根据齿轮的使用寿命 L_{10h}、每转一周同一侧

　　　　齿面啮合次数 a、齿轮的转速 n，由下式确定：

$$N = 60naL_{10h} \tag{6.28}$$

Z_N 可根据齿轮应力循环次数 N 由图 6.30 查取。

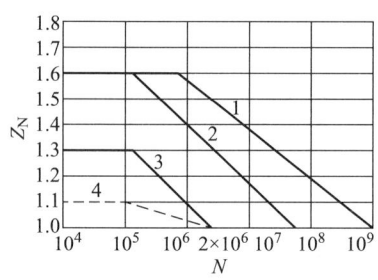

1—钢正火、调质或表面硬化，球墨铸铁，可锻铸铁，允许有局限性点蚀；

2—钢正火、调质或表面硬化，球墨铸铁，可锻铸铁；3—钢气体氮化，灰铸铁；4—钢调质后液体氮化。

图 6.30   齿面接触疲劳强度寿命系数 Z_N

S_H——接触强度计算的安全系数。一般按与试验齿轮失效概率 1% 相同的失效要求条件，取 $S_H = 1.0$；当要求齿轮的失效概率大于或小于 1% 时，S_H 可参考表 6.7 选取。

表 6.7   安全系数 S_H、S_F 的参考值

要求的失效概率	S_H	S_F
0.1%	$\geqslant 1.25$	$\geqslant 1.5$
1%	$\geqslant 1.0$	$\geqslant 1.25$
10%	在 $0.85 \leqslant S_H < 1.0$ 范围取值	在 $1.0 \leqslant S_H < 1.25$ 范围取值

6.7.3   许用弯曲应力 $[\sigma_F]$

$$[\sigma_F] = \frac{\sigma_{Flim} Y_N}{S_F} \tag{6.29}$$

式中：σ_{Flim}——加入齿根应力修正系数 Y_S（值为 2.0）之后试验齿轮的齿根弯曲疲劳极限应力，由图 6.29 根据齿轮材料、热处理方式及齿面硬度查取，MPa。

图 6.29 中 σ_{Flim} 是在轮齿单向受载（图 6.31a）时作出的，若轮齿为双侧齿面工作，如图 6.31b 所示的惰轮 2′，应将图 6.29 中值乘以 0.7。

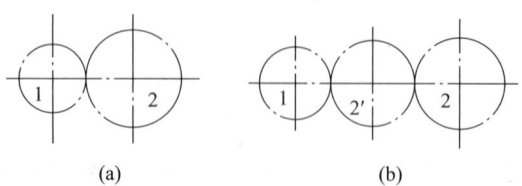

(a)   (b)

图 6.31   轮齿单侧齿面、双侧齿面工作示意图

Y_N——齿根弯曲疲劳强度计算的寿命系数。当设计齿轮为有限寿命时，用寿命系数 Y_N 提高其极限应力，Y_N 可由下式计算：

$$Y_N = \sqrt[m']{\frac{N_0}{N}} \qquad (6.30)$$

式中:N_0——应力循环基数,与疲劳曲线指数 m'、材料及热处理方式有关;

   N——所设计齿轮的应力循环次数,可由式(6.28)计算确定;

   Y_N 可根据齿轮应力循环次数 N 由图 6.32 查取。

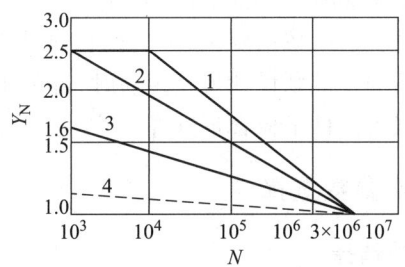

1—结构钢,调质钢,灰铸铁,球墨铸铁,可锻铸铁;2—渗碳硬化钢;3—气体氮化钢;4—钢调质后液体氮化。

图 6.32 齿根弯曲疲劳强度寿命系数 Y_N

    S_F——齿根弯曲疲劳强度计算的安全系数。与齿面接触疲劳损伤(齿面点蚀)相比,轮齿折断造成的后果更为严重,所以一般取 $S_F = 1.25$;当要求齿轮的失效概率大于或小于 1% 时,S_F 可参考表 6.7 选取。

6.8 圆柱齿轮传动的设计

6.8.1 概述

  齿轮传动作为一种广泛应用的传动形式,在设计时需考虑诸多方面的因素,如:

  1) 以传递运动为主、不传递载荷或载荷较小的齿轮传动:设计时主要满足传递运动的传动比、精度以及最小齿数等要求,同时考虑结构空间、质量轻等要求,可选择非金属材料按结构要求(如中心距大小、齿轮宽度、直径大小、结构形式等)设计而无需按强度设计。但注意:仅按结构要求不按强度进行设计的齿轮传动,其传动参数(如模数、分度圆压力角、齿顶高系数、顶隙系数等)及主要结构尺寸(如分度圆、齿顶圆、齿根圆、齿根高、齿顶高、中心距等)仍按一般的齿轮传动几何尺寸要求计算。

  2) 以传递运动和动力为主、结构无特殊要求的一般齿轮传动:设计时必须满足强度要求,同时考虑单件、小批量、中批量或大批量生产等条件以及加工工艺、经济性等因素,选择合适的材料、热处理方式及齿轮轮坯结构形式等,按照齿轮传动的设计准则进行齿面接触疲劳强度、齿根弯曲疲劳强度设计。尤其中、大批量生产时必须考虑经济性及生产效率要求,在满足强度要求的前提下,从材料选择、热处理方式及齿面硬度、轮坯结构形式、轮齿加工等方面着重考虑降低成本、提高生产效率问题。例如,中小型齿轮传动,中、大批量生产时能用铸铁的不用碳钢,能用碳钢的不用合金钢,以降低原材料成本;用滚齿法加工轮齿,而不用插齿(除非结构限制,否则更不能用铣齿加工轮齿),轮坯用模锻而不用自由锻,以提高生产效率等。

3）以传递运动和动力为主、结构有特殊要求（如要求结构紧凑、质量要严格轻便等）的齿轮传动：设计时除考虑 2）中内容外，需在材料、热处理方式等选择上提高齿轮的承载能力以减小齿轮传动的结构尺寸，如采用力学性能高的合金钢、选择获得硬齿面的热处理方式等。若受结构限制齿轮轮缘部分较窄，热处理后容易变形，齿轮精度要求较一般齿轮传动高的情况下，材料及热处理方式选择尤为重要，如可选用适于渗氮或碳氮共渗的材料 38CrMoAlA 等以减小变形量。

以上主要就齿轮按结构设计、按强度设计时材料、热处理方式选择等问题进行了论述，仅供设计时参考。按强度准则设计齿轮传动时，齿轮几何参数对齿轮尺寸、传动质量有很大影响，在满足强度条件下应合理选择。

6.8.2 齿轮传动的主要参数选择

1. 模数 m 和齿数 z_1 的选择

（1）模数 m 的选取

模数 m 是标准的，应从表 6.1 中选择。

（2）模数 m 对齿根弯曲疲劳强度和齿面接触疲劳强度的影响

由齿轮强度计算公式

$$\begin{cases} \sigma_H = Z_E Z_H Z_\varepsilon Z_\beta \sqrt{\dfrac{K F_t}{b d_1} \dfrac{u \pm 1}{u}} \leqslant [\sigma_H] \\ \sigma_F = \dfrac{K F_t}{b m} Y_F Y_S Y_\varepsilon Y_\beta \leqslant [\sigma_F] \end{cases}$$

可知，模数 m 主要影响齿根弯曲疲劳强度，其他参数不变的情况下，m 越大，齿根越厚，齿根弯曲应力 σ_F 就越小，轮齿抗弯强度就越高；虽然分度圆直径 d_1 取决于模数 m 和齿数 z_1，d_1 越大，σ_H 越小，但如果保持 d_1（如增大模数 m 减少齿数 z_1）、齿数比 u（或中心距 a）不变，则改变模数 m 与齿数 z_1 对齿面接触疲劳强度就没有直接影响。因此，可以得出结论：模数 m 主要影响齿根弯曲疲劳强度，而对齿面接触疲劳强度没有直接影响。

（3）模数 m 的计算

既然模数对齿面接触疲劳强度没有直接影响，按接触疲劳强度计算出 d_1 或中心距 a 后，可按经验公式 $m = (0.01 \sim 0.02)a$ 估算并确定 m；或者先选取 $z_1 = 18 \sim 30$，由 a 或 d_1 计算 $(z_1 + z_2)$ 或 z_1 再计算出 m，并按表 6.1 取标准模数。

（4）模数 m 的取值

1）对于软齿面闭式齿轮传动应尽量选取较小的模数 m，在分度圆直径 d 一定的情况下，模数越小，齿数 z 就越多，重合度越大，齿轮传动越平稳；模数越小，齿顶高也变小，从而可以减小齿面间的相对滑动速度、减小摩擦损耗、提高抗胶合能力。

2）模数 m 的最小允许值由轮齿的弯曲强度决定，但对于动力传动，模数 m 应不小于 1.5 mm，以防止短期过载时轮齿折断。

3）对开式齿轮传动，考虑齿面磨损，根据式（6.13）计算出 m 值后加大 10% ～ 15%，再取标准模数。

4）选取的标准模数与计算值差别较大时，虽能满足强度条件，但会使中心距 a、齿轮直径等传动尺寸过大，制造成本增加，因此应重新选择齿数 z_1，使 m 的标准取值与计算值接近。

（5）齿数 z_1 的取值

按齿根弯曲疲劳强度设计时 z_1 取小些，一般为 17～20，以免传动尺寸过大。

2. 齿宽系数 ϕ_d 与 ϕ_a

由齿轮传动强度计算公式可以看出：当增大齿宽 b 时，σ_H、σ_F 均减小，承载能力在一定程度上得到提高（如所在轴系支承刚度好、齿轮制造安装精度较高的情况下）；若保持 σ_H 一定，则 u 一定的情况下 d_1、d_2 均减小，使得中心距 a 减小，即齿轮传动的结构尺寸变小。但是，如果齿宽过大，将使载荷沿齿向分布更趋于不均匀，反而使 σ_H、σ_F 增大。因此，齿宽系数 $\phi_d(\phi_a)$ 既不能太大，也不能太小，应合理选择。

（1）ϕ_d 与 ϕ_a 的选择

一般取 $\phi_a = 0.1 \sim 1.2$；闭式传动取 $\phi_a = 0.3 \sim 0.6$，通用减速器取 $\phi_a = 0.4$；开式传动取 $\phi_a = 0.1 \sim 0.3$。如使用 ϕ_d，可根据齿轮相对于轴承的位置、齿面硬度从表 6.6 选取。

（2）齿轮的齿宽 b_1 与 b_2 的关系

$$b_1 = b_2 + (5 \sim 10)\ \text{mm}$$

为避免如图 6.33 所示的情况以保证装配后的接触宽度 b，对于一对啮合的齿轮，通常取小齿轮的齿宽 b_1 比大齿轮齿宽 b_2 大 5～10 mm（图 6.34）。

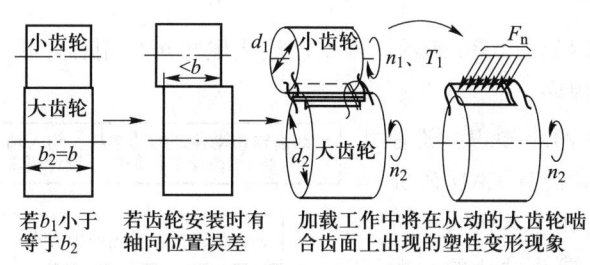

图 6.33 齿宽 $b_1 \leqslant b_2$ 时大齿轮齿面塑性
变形情况示意图

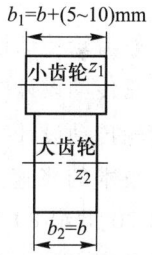

图 6.34 正确的齿宽
$b_1 = b_2 + (5 \sim 10)$ mm

3. 分度圆压力角 α

若分度圆压力角 α 增大，则轮齿齿根厚度、齿面曲率半径都增大，使 σ_H、σ_F 均减小，因此齿根弯曲疲劳强度和齿面接触疲劳强度都得到提高。但从齿轮径向力计算公式 $F_r = F_t \tan \alpha_n / \cos \beta = F_t \tan \alpha_t$ 来看，在传递相同转矩 T_1 的前提下，α 增大也使得径向力 F_r 增大，从而增加了轴系上轴承的载荷。因此，一般用途齿轮的标准压力角 $\alpha = 20°$，在我国航空齿轮标准中，还规定了 $\alpha = 25°$ 的标准分度圆压力角，以提高航空齿轮传动的齿根弯曲疲劳强度和齿面接触疲劳强度。

4. 齿数比 u

选择齿数比 $u(u = z_2/z_1)$ 时要综合考虑传动系统整体结构尺寸大小的问题，即各级传动要合理地分配传动比，以使各级传动保持合理的尺寸比例，原则是使整个传动系统的结构尺寸最小、质量最轻。图 6.35 给出了总传动比为 10 左右的齿轮传动单级和两级传动总体尺寸的对比情况。显然,用两级传动得到的总体尺寸要比只用单级情况下小,因此一般单级齿轮传动取 $u \leqslant 7$。

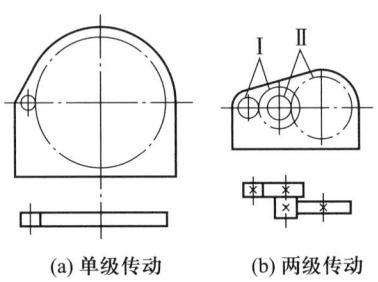

(a) 单级传动   (b) 两级传动

图 6.35 单级齿轮传动与两级齿轮传动的总体尺寸比较

5. 分度圆螺旋角 β

分度圆螺旋角 β 选得太小,则斜齿轮传动平稳及承载能力得到提高的优点不能得到充分的发挥。若 β 选得过大,从公式 $F_a = F_t \tan \beta$ 可以看出:轴向力随着螺旋角 β 的增大而增大,导致齿轮传递给轴承的轴向力加大,这会影响轴承部件的结构。因此,分度圆螺旋角 β 选得既不能太大,也不能过小,一般取 $\beta = 8° \sim 25°$;对于人字齿轮(可以假想为两个轮齿旋向相反的斜齿轮对在一起),因其轴向力可以抵消,可取 $\beta = 25° \sim 30°$。

6.8.3 齿轮传动设计流程图

一般齿轮传动设计流程图如图 6.36 所示。根据该流程图也可以用程序设计语言编写齿轮传动设计的计算机程序。

齿轮传动设计智能 CAD 的小知识:随着计算机技术的飞速发展,机械设计 CAD 研究人员从 20 世纪 80 年代初期开始模仿人类机械设计专家大脑设计活动思维及设计的一般规律,结合齿轮传动设计知识,利用 CAD 技术、人工智能领域专家系统技术及人工智能语言(如 Lisp 语言、Prolog 语言等),通过建立齿轮传动设计的知识库、事实库、推理机以及根据"设计—分析—再设计"的一般设计规律建立的分析、决策模块等,研究、开发了自动进行齿轮传动设计的专家系统;另外,与参数化绘图的 CAD 技术结合起来可以完成齿轮零件工作图的设计。

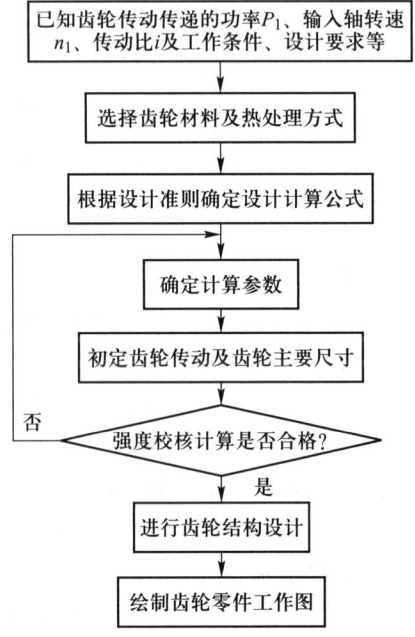

图 6.36 一般齿轮传动设计流程图

斜齿圆柱
齿轮算例

【例 6.1】 设计图 6.37 所示为带式运输机二级展开式圆柱齿轮减速器中的齿轮传动,高速级采用斜齿圆柱齿轮传动,低速级采用直齿圆柱齿轮传动。已知小齿轮 1 传递的功率 $P_1 = 3.9\ \mathrm{kW}$，小齿轮 1 的转速 $n_1 = 1\ 440\ \mathrm{r/min}$，高速级传动比 $i_\mathrm{I} = 5.2$，低速级传动比 $i_\mathrm{II} = 3.65$，运输机单向运转，载荷平稳，两班制，使用期限为 6 年（每年工作日按 250 天计），大批大量生产。

【解】

1. 高速级斜齿圆柱齿轮传动设计

（1）选择齿轮材料、热处理方式和精度等级

考虑到带式运输机为一般机械，故大、小齿轮均选用 45 钢，采用软齿面，由表 6.2 得：小齿轮调质处理，齿面硬度为 217～255 HBW，平均硬度为 236 HBW；大齿轮正火处理，齿面硬度为 162～217 HBW，平均硬度为 190 HBW。大、小齿轮齿面硬度差为 46 HBW，在 30～50 HBW 范围内，选用 8 级精度。

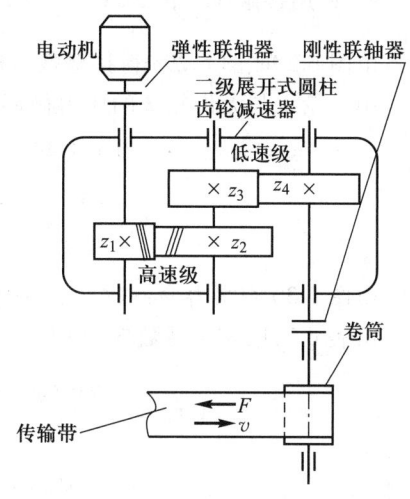

图 6.37　带式运输机传动简图

（2）初步计算传动主要尺寸

由于是软齿面闭式传动，故按齿面接触疲劳强度进行设计。由式（6.21），即

$$d_1 \geqslant \sqrt[3]{\dfrac{2KT_1}{\phi_\mathrm{d}}\dfrac{u+1}{u}\left(\dfrac{Z_\mathrm{E}Z_\mathrm{H}Z_\varepsilon Z_\beta}{[\sigma_\mathrm{H}]}\right)^2}$$

式中各参数为

1）小齿轮传递的转矩

$$T_1 = 9.55 \times 10^6 \times \dfrac{P_1}{n_1} = 9.55 \times 10^6 \times \dfrac{3.9}{1\ 440}\ \mathrm{N \cdot mm} = 25\ 864.6\ \mathrm{N \cdot mm}$$

2）设计时，因 v 值未知，K_v 不能确定，故可初选载荷系数 $K_\mathrm{t} = 1.1 \sim 1.8$，本题初取 $K_\mathrm{t} = 1.4$。

3）由表 6.6，软齿面，非对称布置，取齿宽系数 $\phi_\mathrm{d} = 1.1$。

4）由表 6.5 查得弹性系数 $Z_\mathrm{E} = 189.8\sqrt{\mathrm{MPa}}$。

5）初选螺旋角 $\beta = 12°$，由图 6.15 查得节点区域系数为 $Z_\mathrm{H} = 2.46$。

6）齿数比 $u = i_\mathrm{I} = 5.2$。

7）初选 $z_1 = 21$，则 $z_2 = uz_1 = 5.2 \times 21 = 109.2$，取 $z_2 = 109$。

由式（6.1）得端面重合度

$$\varepsilon_\alpha = \left[1.88 - 3.2\left(\dfrac{1}{z_1} + \dfrac{1}{z_2}\right)\right]\cos\beta = \left[1.88 - 3.2 \times \left(\dfrac{1}{21} + \dfrac{1}{109}\right)\right] \times \cos 12° = 1.66$$

由式（6.2）得轴面重合度

$$\varepsilon_\beta = 0.318\phi_\mathrm{d}z_1\tan\beta = 0.318 \times 1.1 \times 21 \times \tan 12° = 1.56$$

由图 6.16 查得重合度系数 $Z_\varepsilon = 0.775$。

8）由图 6.26 查得螺旋角系数 $Z_\beta = 0.99$。

9) 许用接触应力由式(6.26),即 $[\sigma_H] = \dfrac{Z_N \sigma_{Hlim}}{S_H}$ 算得。

由图 6.29e、图 6.29a 得接触疲劳极限应力 $\sigma_{Hlim1} = 570$ MPa、$\sigma_{Hlim2} = 390$ MPa。

小齿轮 1 与大齿轮 2 的应力循环次数分别为

$$N_1 = 60 n_1 a L_{10h} = 60 \times 1\,440 \times 1.0 \times 2 \times 8 \times 250 \times 6 = 2.073\,6 \times 10^9$$

$$N_2 = \frac{N_1}{i_1} = \frac{2.073\,6 \times 10^9}{5.2} = 3.99 \times 10^8$$

由图 6.30 查得寿命系数 $Z_{N1} = 1.0$,$Z_{N2} = 1.05$(允许局部点蚀)。

由表 6.7,取安全系数 $S_H = 1.0$,得

$$[\sigma_{H1}] = \frac{Z_{N1} \sigma_{Hlim1}}{S_H} = \frac{1.0 \times 570}{1.0}\ \text{MPa} = 570\ \text{MPa}$$

$$[\sigma_{H2}] = \frac{Z_{N2} \sigma_{Hlim2}}{S_H} = \frac{1.05 \times 390}{1.0}\ \text{MPa} = 410\ \text{MPa}$$

故取 $$[\sigma_H] = [\sigma_{H2}] = 410\ \text{MPa}$$

初算小齿轮 1 的分度圆直径 d_{1t},得

$$d_{1t} \geqslant \sqrt[3]{\frac{2KT_1}{\phi_d} \frac{u+1}{u} \left(\frac{Z_E Z_H Z_\varepsilon Z_\beta}{[\sigma_H]} \right)^2}$$

$$= \sqrt[3]{\frac{2 \times 1.4 \times 25\,864.6}{1.1} \times \frac{5.2+1}{5.2} \times \left(\frac{189.8 \times 2.46 \times 0.775 \times 0.99}{410} \right)^2}\ \text{mm}$$

$$= 39.13\ \text{mm}$$

(3) 确定传动尺寸

1) 计算载荷系数。由表 6.3 查得使用系数 $K_A = 1.0$。

因 $$v = \frac{\pi d_{1t} n_1}{60 \times 1\,000} = \frac{\pi \times 39.13 \times 1\,440}{60 \times 1\,000}\ \text{m/s} = 2.95\ \text{m/s}$$

由图 6.7 查得动载系数 $K_v = 1.18$。

由图 6.12 查得齿向载荷分布系数 $K_\beta = 1.11$(设轴刚性大)。

由表 6.4 查得齿间载荷分配系数 $K_\alpha = 1.2$。

故载荷系数 $K = K_A K_v K_\beta K_\alpha = 1.0 \times 1.18 \times 1.11 \times 1.2 = 1.57$。

2) 对 d_{1t} 进行修正。因 K 与 K_t 有较大差异,故需对按 K_t 值计算出的 d_{1t} 进行修正,即

$$d_1 = d_{1t} \sqrt[3]{\frac{K}{K_t}} = 39.13 \times \sqrt[3]{\frac{1.57}{1.4}}\ \text{mm} = 40.65\ \text{mm}$$

3) 确定模数 m_n。

$$m_n = \frac{d_1 \cos \beta}{z_1} = \frac{40.65 \times \cos 12°}{21}\ \text{mm} = 1.89\ \text{mm}$$

按表 6.1，取 $m_n = 2$ mm。

4）计算传动尺寸。

中心距 $\qquad a = \dfrac{m_n(z_1 + z_2)}{2\cos\beta} = \dfrac{2 \times (21 + 109)}{2 \times \cos 12°}$ mm = 132.9 mm

圆整为 $a = 135$ mm，则螺旋角

$$\beta = \arccos\frac{m_n(z_1 + z_2)}{2a} = \arccos\frac{2 \times (21 + 109)}{2 \times 135} = 15.642° = 15°38'32''$$

因 β 值与初选值相差较大，故与 β 值有关数值需修正，修正后的结果是：$\varepsilon_\alpha = 1.63$，$\varepsilon_\beta = 2.055$，$Z_H = 2.43$，$Z_\varepsilon = 0.79$，$Z_\beta = 0.984$，$d_{1t} = 39.15$ mm，$d_1 = 40.67$ mm。显然 β 值改变后，d_1 的变化量很小（由 40.65 mm 变为 40.67 mm），因此不再修正 m_n 和 a。故

$$d_1 = \frac{m_n z_1}{\cos\beta} = \frac{2 \times 21}{\cos 15°38'32''} \text{ mm} = 43.615 \text{ mm} \quad (d_1 > 40.67 \text{ mm，合适})$$

$$d_2 = \frac{m_n z_2}{\cos\beta} = \frac{2 \times 109}{\cos 15°38'32''} \text{ mm} = 226.385 \text{ mm}$$

由 $b = \phi_d d_1 = 1.1 \times 43.615$ mm = 47.977 mm，取 $b_2 = b = 48$ mm。

又 $b_1 = b_2 + (5 \sim 10)$ mm，取 $b_1 = 55$ mm。

（4）校核齿根弯曲疲劳强度

$$\sigma_F = \frac{2KT_1}{bm_n d_1} Y_F Y_S Y_\varepsilon Y_\beta \leqslant [\sigma_F]$$

式中各参数：

1）K、T_1、m_n、d_1 值同前。

2）齿宽 $b = b_2 = 48$ mm。

3）齿形系数 Y_F 和应力修正系数 Y_S。

当量齿数

$$z_{v1} = \frac{z_1}{\cos^3\beta} = \frac{21}{\cos^3 15°38'32''} = 23.52$$

$$z_{v2} = \frac{z_2}{\cos^3\beta} = \frac{109}{\cos^3 15°38'32''} = 122.07$$

由图 6.20 查得 $Y_{F1} = 2.68$，$Y_{F2} = 2.22$。

由图 6.21 查得 $Y_{S1} = 1.58$，$Y_{S2} = 1.81$（Y_F、Y_S 均由图中插值得到）。

4）由图 6.22 查得重合度系数 $Y_\varepsilon = 0.72$。

5）由图 6.28 查得螺旋角系数 $Y_\beta = 0.86$。

6）许用弯曲应力可由式（6.29），即 $[\sigma_F] = \dfrac{Y_N \sigma_{Flim}}{S_F}$ 算得。

由图 6.29f、图 6.29b 查得弯曲疲劳极限应力

$$\sigma_{Flim1} = 220 \text{ MPa}, \quad \sigma_{Flim2} = 170 \text{ MPa}$$

由图 6.32 查得寿命系数 $Y_{N1} = Y_{N2} = 1.0$。

由表 6.7 查得安全系数 $S_F = 1.25$，故

$$[\sigma_{F1}] = \frac{Y_{N1}\sigma_{Flim1}}{S_F} = \frac{1.0 \times 220}{1.25} \text{ MPa} = 176 \text{ MPa}$$

$$[\sigma_{F2}] = \frac{Y_{N2}\sigma_{Flim2}}{S_F} = \frac{1.0 \times 170}{1.25} \text{ MPa} = 136 \text{ MPa}$$

$$\sigma_{F1} = \frac{2KT_1}{bm_nd_1}Y_{F1}Y_{S1}Y_\varepsilon Y_\beta = \frac{2 \times 1.57 \times 25\,864.6}{48 \times 2 \times 43.615} \times 2.68 \times 1.58 \times 0.72 \times 0.86 \text{ MPa}$$

$$= 50.9 \text{ MPa} < [\sigma_{F1}]$$

$$\sigma_{F2} = \sigma_{F1}\frac{Y_{F2}Y_{S2}}{Y_{F1}Y_{S1}} = 50.9 \times \frac{2.22 \times 1.81}{2.68 \times 1.58} \text{ MPa} = 48.3 \text{ MPa} < [\sigma_{F2}]$$

满足齿根弯曲疲劳强度。

（5）计算齿轮传动其他尺寸（略）

（6）结构设计并绘制齿轮零件工作图（略）

注：若齿轮材料为 40Cr，采用中硬齿面，即小齿轮调质处理，齿面硬度为 306~332 HBW，大齿轮亦调质处理，齿面硬度 283~314 HBW，其他条件同上，那么传动中心距可减小为 $a = 100$ mm。

2. 低速级直齿圆柱齿轮传动设计

（1）选择齿轮材料、热处理方式和精度等级（同 1）

（2）初步计算主要尺寸

按齿面接触疲劳强度进行设计。由式（6.8），即

$$d_3 \geqslant \sqrt[3]{\frac{2KT_3}{\phi_d}\frac{u+1}{u}\left(\frac{Z_E Z_H Z_\varepsilon}{[\sigma_H]}\right)^2}$$

式中各参数：

1）小齿轮 3 传递的转矩 T_3。由有关手册可查取齿轮传动效率 $\eta_{gear} = 0.98$，滚动轴承效率 $\eta_{braring} = 0.98$，小齿轮 3 所传递的转矩为

$$T_3 = T_1 i_1 \eta_{gear}\eta_{braring} = 25\,864.6 \times 5.2 \times 0.98 \times 0.98 \text{ N} \cdot \text{mm} = 129\,169.9 \text{ N} \cdot \text{mm}$$

2）初取载荷系数 $K_t = 1.3$。

3）由表 6.6 取齿宽系数 $\phi_d = 1.1$。

4）由表 6.5 查得弹性系数 $Z_E = 189.8\sqrt{\text{MPa}}$。

5）由图 6.15 查得节点区域系数 $Z_H = 2.5$。

6）齿数比 $u = i_{II} = 3.65$。

7）初选 $z_3 = 24$，则 $z_4 = uz_3 = 3.65 \times 24 = 87.6$，取 $z_4 = 88$。

由式（6.1）得 $\varepsilon_\alpha = \left[1.88 - 3.2\left(\frac{1}{z_1} + \frac{1}{z_2}\right)\right]\cos\beta = \left[1.88 - 3.2 \times \left(\frac{1}{24} + \frac{1}{88}\right)\right] \times 1.0 = 1.71$。

由图 6.16 得重合度系数 $Z_\varepsilon = 0.876$。

8）许用接触应力由式（6.26），即 $[\sigma_H] = \dfrac{Z_N \sigma_{Hlim}}{S_H}$ 算得，由前面的高速级设计可知 $\sigma_{Hlim3} = 570$ MPa，$\sigma_{Hlim4} = 390$ MPa，$S_H = 1.0$。而 $N_3 = N_2$，故 $Z_{N3} = Z_{N2} = 1.05$（允许有局部点蚀）；$N_4 = \dfrac{N_3}{i_{II}} = \dfrac{3.99 \times 10^8}{3.65} = 1.09 \times 10^8$，由图 6.30 查得 $Z_{N4} = 1.15$（允许有局部点蚀），则

$$[\sigma_{H3}] = \frac{Z_{N3}\sigma_{Hlim3}}{S_H} = \frac{1.05 \times 570}{1.0} \text{ MPa} = 598.5 \text{ MPa}$$

$$[\sigma_{H4}] = \frac{Z_{N4}\sigma_{Hlim4}}{S_H} = \frac{1.15 \times 390}{1.0} \text{ MPa} = 448.5 \text{ MPa}$$

故取

$$[\sigma_H] = [\sigma_{H4}] = 448.5 \text{ MPa}$$

计算小齿轮 3 的分度圆直径 d_{3t}，得

$$d_{3t} \geqslant \sqrt[3]{\frac{2K_t T_3}{\phi_d}\frac{u+1}{u}\left(\frac{Z_E Z_H Z_\varepsilon}{[\sigma_H]}\right)^2}$$

$$= \sqrt[3]{\frac{2 \times 1.3 \times 129\,169.9}{1.1} \times \frac{3.65+1}{3.65} \times \left(\frac{189.8 \times 2.5 \times 0.876}{410}\right)^2} \text{ mm} = 69.388 \text{ mm}$$

（3）确定传动尺寸

1）计算载荷系数。由表 6.3 查得使用系数 $K_A = 1.0$。

齿轮线速度如下式：

$$v = \frac{\pi d_{3t} n_3}{60 \times 1000} = \frac{\pi \times 69.388 \times \dfrac{1\,440}{5.2}}{60 \times 1000} \text{ m/s} = 1.01 \text{ m/s}$$

由图 6.7 查得动载系数 $K_v = 1.08$，由图 6.12 查得齿向载荷分布系数 $K_\beta = 1.09$（对称布置），由表 6.4 查得齿间载荷分配系数 $K_\alpha = 1.2$。故载荷系数

$$K = K_A K_v K_\beta K_\alpha = 1.0 \times 1.08 \times 1.09 \times 1.2 = 1.41$$

2）对 d_{3t} 进行修正。因 K 与 K_t 有较大差异，故需对按 K_t 值计算出的 d_{3t} 进行修正，即

$$d_3 = d_{3t}\sqrt[3]{\frac{K}{K_t}} = 69.388 \times \sqrt[3]{\frac{1.41}{1.3}} \text{ mm} = 71.292 \text{ mm}$$

3）确定模数 m。

$$m = \frac{d_3}{z_3} = \frac{71.292}{24} \text{ mm} = 2.97 \text{ mm}$$

按表 6.1，取 $m = 3$ mm。

4）计算传动尺寸。中心距

$$a = \frac{m(z_3 + z_4)}{2} = \frac{3 \times (24 + 88)}{2} \text{ mm} = 168 \text{ mm}$$

对直齿圆柱齿轮传动，圆整中心距的方法有两种，即采用变位齿轮或改变 m 和 z 的搭配。当 z 变化后，传动比会有变化，但对于传动比准确性要求不高的机械，$|\Delta i/i| \leqslant 5\%$ 是允许的。

① 若对齿轮 3 采用正变位，圆整中心距 $a' = 170$ mm，则中心距变动系数

$$\gamma = \frac{170 - 168}{3} = 0.667$$

$$d_3 = mz_3 = 3 \times 24 \text{ mm} = 72 \text{ mm} (d_3 > 71.292 \text{ mm}，合适)$$
$$d_4 = mz_4 = 3 \times 88 \text{ mm} = 264 \text{ mm}$$
$$b = \phi_d d_3 = 1.0 \times 76 \text{ mm} = 76 \text{ mm}$$

取 $b_4 = 80$ mm，$b_3 = 85$ mm。

② 若改变 m 和 z 的搭配，圆整中心距。中心距要求按 0 或 5 结尾来圆整，可取 $z_3 = 25$，$z_4 = 95$，则

$$a = \frac{m(z_3 + z_4)}{2} = \frac{3 \times (25 + 95)}{2} \text{ mm} = 180 \text{ mm}$$

$$i'_{\text{II}} = \frac{95}{25} = 3.8，\left| \frac{\Delta i_{\text{II}}}{i_{\text{II}}} \right| = \left| \frac{3.8 - 3.65}{3.65} \right| = 4.11\% < 5\% \quad 是允许的。$$

（4）校核齿根弯曲疲劳强度（略）

（5）计算齿轮其他几何尺寸

因为齿轮 3 采用正变位，圆整中心距 $a' = 170$ mm，则啮合角为 α'，$\cos \alpha' = \dfrac{a}{a'} \cos \alpha =$

$\dfrac{168}{170} \times \cos 20° = 0.092\,863\,7$，即

$$\alpha' = 21.776\,6° = 21°46'35''$$

故变位系数

$$x_\Sigma = \frac{z_3 + z_4}{2\tan \alpha}(\text{inv } \alpha' - \text{inv } \alpha)$$

$$= \frac{24 + 88}{2\tan 20°} \times (\text{inv } 21°46'35'' - \text{inv } 20°)$$

$$= \frac{24 + 88}{2\tan 20°} \times (0.619\,423\,9 - 0.014\,904)$$

$$= 0.695$$

取 $x = x_\Sigma = 0.695$。

中心距变动系数 $y = \dfrac{a' - a}{m} = \dfrac{170 - 168}{3} = 0.667$。

齿顶高变动系数 $\Delta y = x_\Sigma - y = 0.695 - 0.667 = 0.028$。

所以节圆直径 $d_3' = d_3 \cos\alpha / \cos\alpha' = 72 \times \cos 20° / \cos 21°46'35'' \text{ mm} = 72.857 \text{ mm}$。

齿顶高 $h_a = (h_a^* + x - \Delta y)m = (1 + 0.695 - 0.028) \times 3 \text{ mm} = 5.001 \text{ mm}$。

齿根高 $h_f = (h_a^* + c^* - x)m = (1 + 0.25 - 0.695) \times 3 \text{ mm} = 1.665 \text{ mm}$。

齿顶圆直径 $d_{a3} = d_3 + 2h_a = (72 + 2 \times 5.001) \text{ mm} = 82.002 \text{ mm}$。

齿根圆直径 $d_{f3} = d_3 - 2h_f = (72 - 2 \times 1.665) \text{ mm} = 68.67 \text{ mm}$。

同理,节圆直径 $d_4' = d_4 \cos\alpha / \cos\alpha' = 264 \times \cos 20° / \cos 21°46'35'' \text{ mm} = 267.143 \text{ mm}$。其他齿轮几何尺寸略。

(6)结构设计并绘制齿轮零件工作图(略)

【例 6.2】 设计二级展开式齿轮减速器中高速级斜齿圆柱齿轮传动(图 6.37)。已知输入功率 $P_1 = 43.85 \text{ kW}$,小齿轮转速 $n_1 = 1\,460 \text{ r/min}$,传动比 $i_1 = 4$,由电动机驱动,工作载荷平稳,两班制,每年工作 250 天,使用期限为 8 年。

【解】

(1)选择齿轮材料、热处理方式和精度等级

考虑到此减速器所传递的功率较大,故大、小齿轮均选用 40Cr,表面淬火,由表 6.2 得齿面硬度为 48~55 HRC,选用 7 级精度。

(2)初步计算传动主要尺寸

因为大、小齿轮均用硬齿面,齿面抗点蚀能力较强,所以初步决定按齿根弯曲疲劳强度设计齿轮传动主要参数和尺寸。由式(6.25),即

$$m_n \geqslant \sqrt[3]{\frac{2KT_1 Y_\varepsilon Y_\beta \cos^2\beta}{\phi_d z_1^2} \frac{Y_F Y_S}{[\sigma_F]}}$$

式中各参数为

1)小齿轮传递的转矩

$$T_1 = 9.55 \times 10^6 \times \frac{P_1}{n_1} = 9.55 \times 10^6 \times \frac{43.85}{1\,460} \text{ N} \cdot \text{mm} = 286\,827 \text{ N} \cdot \text{mm}$$

2)初选 $z_1 = 17$,则 $z_2 = i_1 z_1 = 4 \times 17 = 68$。

3)初取 $K_t = 1.3$。

4)初选螺旋角 $\beta = 13°$,由式(6.1)得端面重合度

$$\varepsilon_\alpha = \left[1.88 - 3.2 \times \left(\frac{1}{z_1} + \frac{1}{z_2}\right)\right]\cos\beta = \left[1.88 - 3.2 \times \left(\frac{1}{17} + \frac{1}{68}\right)\right] \times \cos 13° = 1.60$$

由图 6.22 查得重合度系数 $Y_\varepsilon = 0.73$。

5)由式(6.2)得轴面重合度

$$\varepsilon_\beta = 0.318\phi_d z_1 \tan\beta = 0.318 \times 0.5 \times 17 \times \tan 13° = 0.624$$

由图 6.28 查得螺旋角系数 $Y_\beta = 0.93$。

6)由表 6.6,选取齿宽系数 $\phi_d = 0.5$。

7)齿形系数 Y_F 和应力修正系数 Y_S。

当量齿数

$$z_{v1} = \frac{z_1}{\cos^3 \beta} = \frac{17}{\cos^3 13°} = 18.38$$

$$z_{v1} = \frac{z_1}{\cos^3 \beta} = \frac{68}{\cos^3 13°} = 72.51$$

由图 6.20 查得 $Y_{F1} = 2.88$，$Y_{F2} = 2.25$；由图 6.21 查得 $Y_{S1} = 1.54$，$Y_{S2} = 1.75$（Y_F、Y_S 均由图插值得到）。

8）许用弯曲应力可由式（6.29），即 $[\sigma_F] = \dfrac{Y_N \sigma_{Flim}}{S_F}$ 算得。

由图 6.29h 查得齿根弯曲疲劳极限应力 $\sigma_{Flim1} = \sigma_{Flim2} = 360$ MPa。

由表 6.7 查得安全系数 $S_F = 1.25$。

小齿轮 1 与大齿轮 2 的应力循环次数分别为

$$N_1 = 60 n_1 a L_h = 60 \times 1\,460 \times 1.0 \times 2 \times 8 \times 250 \times 8 = 2.803 \times 10^9$$

$$N_2 = \frac{N_1}{i_I} = \frac{2.803 \times 10^9}{4} = 7.01 \times 10^8$$

由图 6.32 查得寿命系数 $Y_{N1} = Y_{N2} = 1.0$。

故许用弯曲应力　　　　$[\sigma_{F1}] = \dfrac{Y_{N1} \sigma_{Flim1}}{S_F} = \dfrac{1.0 \times 360}{1.25}$ MPa $= 288$ MPa

$$[\sigma_{F2}] = \frac{Y_{N2} \sigma_{Flim2}}{S_F} = \frac{1.0 \times 360}{1.25} \text{ MPa} = 288 \text{ MPa}$$

$$\frac{Y_{F1} Y_{S1}}{[\sigma_{F1}]} = \frac{2.88 \times 1.54}{288} = 0.015\,4$$

$$\frac{Y_{F2} Y_{S2}}{[\sigma_{F2}]} = \frac{2.25 \times 1.75}{288} = 0.013\,7$$

所以　　　　　　　　　$\dfrac{Y_F Y_S}{[\sigma_F]} = \dfrac{Y_{F1} Y_{S1}}{[\sigma_{F1}]} = 0.015\,4$

初算法面模数 m_{nt}

$$
\begin{aligned}
m_{nt} &\geqslant \sqrt[3]{\frac{2 K_t T_1 Y_\varepsilon Y_\beta \cos^2 \beta}{\phi_d z_1^2} \frac{Y_F Y_S}{[\sigma_F]}} \\
&= \sqrt[3]{\frac{2 \times 1.3 \times 286\,827 \times 0.73 \times 0.93 \times \cos^2 13°}{0.5 \times 17^2} \times 0.015\,4} \text{ mm} = 3.71 \text{ mm}
\end{aligned}
$$

（3）计算传动尺寸

1）计算载荷系数 K。

由表 6.3 查得使用系数 $K_A = 1.0$。

$$v = \frac{\pi d_{1t} n_1}{60 \times 1\,000} = \frac{\pi m_{nt} z_1 n_1}{60 \times 1\,000 \times \cos \beta} = \frac{\pi \times 3.71 \times 17 \times 1\,460}{60 \times 1\,000 \times \cos 13°} \text{ m/s} = 4.9 \text{ m/s}$$

由图 6.7 查得动载系数 $K_v = 1.14$。

由图 6.12 查得齿向载荷分布系数 $K_\beta = 1.08$。

由表 6.4 查得齿间载荷分配系数 $K_\alpha = 1.2$，则

$$K = K_A K_v K_\beta K_\alpha = 1.0 \times 1.14 \times 1.08 \times 1.2 = 1.48$$

2）对 m_{nt} 进行修正，并圆整为标准模数。

$$m_n = m_{nt} \sqrt[3]{\frac{K}{K_t}} = 3.71 \times \sqrt[3]{\frac{1.48}{1.3}} \text{ mm} = 3.87 \text{ mm}$$

按表 6.1 圆整为 $m_n = 4$ mm。

3）计算传动尺寸。

中心距 $\quad a = \dfrac{m_n(z_1 + z_2)}{2\cos\beta} = \dfrac{4 \times (17 + 68)}{2 \times \cos 13°} \text{ mm} = 174.5 \text{ mm}$

圆整为 $\qquad\qquad\qquad\qquad a = 175 \text{ mm}$

修正螺旋角

$$\beta = \arccos \frac{m_n(z_1 + z_2)}{2a} = \arccos \frac{4 \times (17 + 68)}{2 \times 175} = 13.729\ 13° = 13°43'45''$$

所以

$$d_1 = \frac{m_n z_1}{\cos\beta} = \frac{4 \times 17}{\cos 13°43'44''} \text{ mm} = 70.000 \text{ mm}$$

$$d_2 = \frac{m_n z_2}{\cos\beta} = \frac{4 \times 68}{\cos 13°43'44''} \text{ mm} = 280.000 \text{ mm}$$

$$b = \phi_d d_1 = 0.5 \times 70 \text{ mm} = 35 \text{ mm}$$

取 $b_2 = b = 35$ mm，$b_1 = 40$ mm。

（4）校核齿面接触疲劳强度

由式（6.20），即

$$\sigma_H = Z_E Z_H Z_\varepsilon Z_\beta \sqrt{\frac{2KT_1}{bd_1^2} \frac{u+1}{u}} \leqslant [\sigma_H]$$

式中各参数：

1）K、T_1、b、d_1 值同前。

2）齿数比 $u = i_\mathrm{I} = 4$。

3）由表 6.5 查得弹性系数 $Z_E = 189.8\sqrt{\text{MPa}}$。

4）由图 6.15 查得节点区域系数 $Z_H = 2.45$。

5）由图 6.16 查得重合度系数 $Z_\varepsilon = 0.83$。

6）由图 6.26 查得螺旋角系数 $Z_\beta = 0.985$。

7）许用接触应力由式（6.26），即 $[\sigma_H] = \dfrac{Z_N \sigma_{H\lim}}{S_H}$ 算得。

由图 6.29g 查得接触疲劳极限应力 $\sigma_{Hlim1} = \sigma_{Hlim2} = 1\,200$ MPa。

由图 6.30 查得寿命系数 $Z_{N1} = Z_{N2} = 1.0$。

由表 6.7,取安全系数 $S_H = 1.0$,故

$$[\sigma_H] = \frac{1.0 \times 1\,200}{1.0}\,\text{MPa} = 1\,200\,\text{MPa}$$

$$\sigma_H = Z_E Z_H Z_\varepsilon Z_\beta \sqrt{\frac{2KT_1}{bd_1^2}\frac{u+1}{u}} = 189.8 \times 2.45 \times 0.83 \times 0.985 \times$$

$$\sqrt{\frac{2 \times 1.48 \times 286\,827}{35 \times 70^2} \times \frac{4+1}{4}}\,\text{MPa} = 945.7\,\text{MPa} < [\sigma_H]$$

知识拓展——
齿轮的有限元
分析

即满足齿面接触疲劳强度。

（5）计算齿轮传动其他尺寸（略）

（6）结构设计并绘制齿轮零件工作图（略）

6.9　直齿锥齿轮传动的强度计算

锥齿轮用于两相交轴之间的齿轮传动,有直齿、斜齿和曲齿之分,且两轴交角可以为任意角度,因此除传递运动和动力外,还可以用来改变输出轴的方向。最常用的轴交角为 90°,即两轴线相交且互相垂直。因此,本节主要以如图 6.38 所示的轴交角为 90°的直齿锥齿轮传动为对象讲述其强度计算问题。

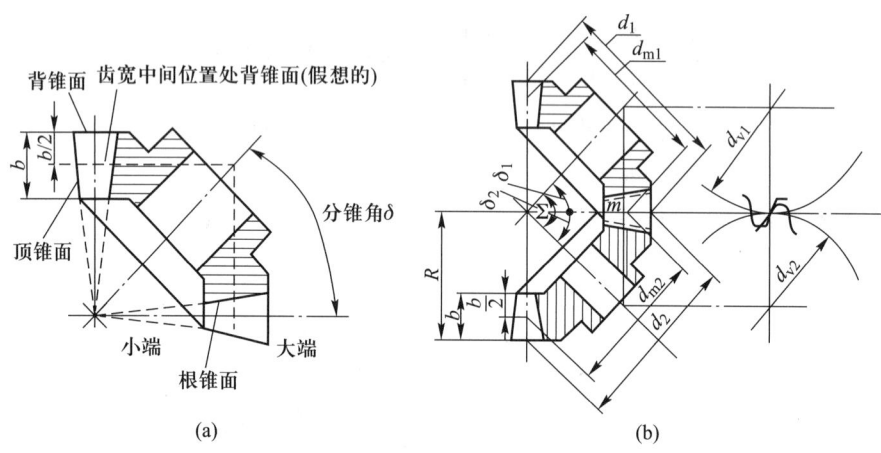

(a)　　　　　　　　　　　　　　(b)

图 6.38　直齿锥齿轮各部分名称及啮合传动几何关系

6.9.1　直齿锥齿轮传动强度计算的特点

1. 直齿锥齿轮齿廓

直齿锥齿轮的齿廓理论上应为球面渐开线,但实际上由展成法刨削而成的锥齿轮,其背锥上的齿廓与球面渐开线之间有偏差,因此齿廓精度较低。

2. 轮齿强度计算的基准

如图 6.38a 所示,直齿锥齿轮的轮齿齿廓从大端到小端是逐渐收缩的。为简化分

析和计算,取齿宽中间位置处背锥上的齿廓为强度计算的基准。

3. 轮齿强度计算的方法

按齿宽中间位置背锥上的齿廓进行强度计算也很复杂,为进一步简化分析和计算,可以将齿宽中间位置的背锥展开得到其当量直齿圆柱齿轮。因此,直齿锥齿轮传动强度计算可以按其齿宽中间位置的背锥展开后所得的当量直齿圆柱齿轮进行,从而可以直接应用直齿圆柱齿轮的强度计算公式。但同时必须考虑以下因素:

1) 公式中的参数应为当量齿轮的;

2) 由于锥齿轮齿廓精度低,其承载能力比当量直齿圆柱齿轮低,这一影响相当于把齿宽减少了 15%,因此取有效齿宽 $b_r = 0.85b$ 进行强度计算;

3) 由于直齿锥齿轮传动精度低,很难实现两对齿同时分担载荷,故强度计算中不考虑重合度的影响,即 Z_ε、Y_ε 均为 1.0,当然也就不计入齿间载荷分配系数 K_α。

6.9.2 直齿锥齿轮传动几何参数计算

为便于分析、加工和测量,规定直齿锥齿轮的齿廓参数以大端为标准。所以,需要把其当量齿轮的参数用大端参数来表示。图 6.38b 给出了一对相啮合的两轴交角 $\Sigma = 90°$ 的直齿锥齿轮几何关系。

1) 大端分度圆直径: $d_1 = mz_1$, $d_2 = mz_2$。

2) 锥顶距: $$R = \frac{1}{2}\sqrt{d_1^2 + d_2^2} = \frac{1}{2}\sqrt{d_1^2 + (ud_1)^2} = \frac{d_1}{2}\sqrt{1+u^2}。 \tag{6.31}$$

3) 分度圆锥顶角(亦称分锥角): $$\begin{cases} \tan \delta_1 = \dfrac{d_1}{d_2} = \dfrac{1}{u} \\[2mm] \tan \delta_2 = \dfrac{d_2}{d_1} = u \end{cases} \tag{6.32}$$

$$\begin{cases} \cos \delta_1 = \dfrac{d_2}{2R} = \dfrac{d_2}{d_1}\dfrac{1}{\sqrt{1+u^2}} = \dfrac{u}{\sqrt{1+u^2}} \\[3mm] \cos \delta_2 = \dfrac{d_1}{2R} = \dfrac{1}{\sqrt{1+u^2}} \end{cases} \tag{6.33}$$

4) 齿宽: 设 $\phi_R = b/R$,则齿宽 $b = \phi_R R$。 \tag{6.34}

5) 齿宽中间位置处分度圆直径: $$\begin{cases} d_{m1} = d_1 \dfrac{R - 0.5b}{R} = d_1(1 - 0.5\phi_R) \\[2mm] d_{m2} = d_2(1 - 0.5\phi_R) \end{cases} \tag{6.35}$$

6) 当量齿轮分度圆直径: $$\begin{cases} d_{v1} = \dfrac{d_{m1}}{\cos \delta_1} = d_1(1 - 0.5\phi_R)\dfrac{\sqrt{1+u^2}}{u} \\[3mm] d_{v2} = \dfrac{d_{m2}}{\cos \delta_1} = d_2(1 - 0.5\phi_R)\sqrt{1+u^2} \end{cases} \tag{6.36}$$

7）当量齿轮模数：$m_v = m_m = \dfrac{d_{m1}}{z_1} = m(1-0.5\phi_R)$。（$m_m$ 为锥齿轮齿宽中点处的模数）

$$(6.37)$$

8）当量齿轮齿数：
$$
\begin{cases}
z_{v1} = \dfrac{d_{v1}}{m_m} = \dfrac{d_{m1}}{m_m \cos \delta_1} = \dfrac{z_1}{\cos \delta_1} \\[4mm]
z_{v2} = \dfrac{d_{v2}}{m_m} = \dfrac{z_2}{\cos \delta_2}
\end{cases}
$$

$$(6.38)$$

9）当量齿轮齿数比：$u_v = \dfrac{z_{v2}}{z_{v1}} = \dfrac{z_2 \cos \delta_1}{z_1 \cos \delta_2} = u\tan \delta_2 = u^2$。

$$(6.39)$$

6.9.3　直齿锥齿轮轮齿受力分析

同圆柱齿轮轮齿受力分析类似，相啮合的一对锥齿轮轮齿齿面间作用着沿啮合点处齿面法线方向并指向各自齿面的法向正压力 F_n 和齿面间相对滑动产生的摩擦力 F_f。为简化分析和计算，仍然把齿面法向力 F_n 看做集中载荷作用并假设作用在齿宽中点的法向截面齿廓上，另外，考虑齿面良好润滑使得摩擦因数减小等因素，为简化分析和计算，忽略齿面间的摩擦力 F_f。因此，在分度圆上可将齿面法向力 F_n 沿径向、轴向及周向三个互相垂直的方向进行分解，得到三个互相垂直的分力，如图 6.39 所示。

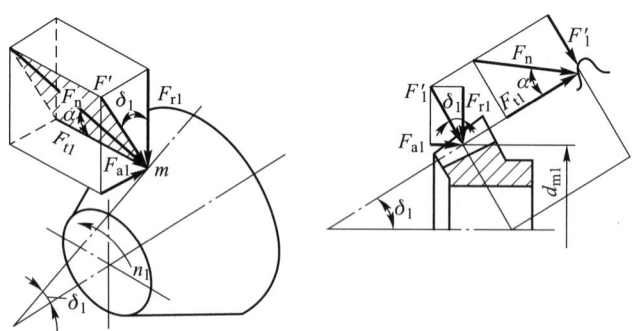

图 6.39　直齿锥齿轮传动轮齿的受力分析

1. 轮齿受力的分解

主动齿轮：法向力　$F_{n1} \longrightarrow$
$\begin{cases} F_1' \\ F_{t1} \end{cases}$
$\begin{cases} F_{a1} \\ F_{r1} \end{cases}$
圆周力　径向力　轴向力

从动齿轮：法向力　$F_{n2} \longrightarrow$
$\begin{cases} F_{t2} \\ F_2' \end{cases}$
$\begin{cases} F_{r2} \\ F_{a2} \end{cases}$

2. 各力大小

$$
\left.
\begin{aligned}
\text{圆周力}\quad & F_{t1} = \frac{2T_1}{d_{m1}} = \frac{2T_1}{d_1(1-0.5\phi_R)} = -F_{t2} \\[2mm]
\text{径向力}\quad & F_{r1} = F'\cos \delta_1 = F_t \tan \alpha \cos \delta_1 = -F_{a2} \\[2mm]
\text{轴向力}\quad & F_{a1} = F'\sin \delta_1 = F_t \tan \alpha \sin \delta_1 = -F_{r2}
\end{aligned}
\right\}
$$

$$(6.40)$$

法向力　　$F_n = \dfrac{F_t}{\cos \alpha}$　　　　　　　　　　　　　　　　(6.41)

式中: d_{m1}——小齿轮齿宽中点处分度圆直径, mm;

　　　T_1——小齿轮传递的名义转矩, N·mm;

　　　α——分度圆压力角, 标准齿轮 $\alpha = 20°$;

　　　"–"——负号表示力的方向相反。

3. 各力方向

作用于主、从动轮上的各对力均大小相等, 方向相反。

轮齿所受法向力 F_n——总是沿垂直于齿面的法线方向并指向工作齿面, 为正压力。

　　　圆周力 F_t 方向——主动轮上圆周力 F_{t1} 对其轴线的力矩对于主动轮来说为阻力矩, 其方向与主动轮回转方向相反; 从动轮上圆周力 F_{t2} 对其轴线的力矩对于从动轮来说是驱动力矩, 其方向与从动轮回转方向相同。

　　　径向力 F_r 方向——无论主、从动轮, 所受的径向力永远指向各自的轮心。

　　　轴向力 F_a 方向——主、从动轮上的轴向力分别指向各自的大端。

6.9.4　直齿锥齿轮的载荷系数 K

由于直齿锥齿轮传动精度低, 很难实现两对齿同时分担载荷, 当然载荷系数中也就不计入齿间载荷分配系数 K_α, 故载荷系数 K 为

$$K = K_A K_v K_\beta \tag{6.42}$$

式中: K_A——使用系数, 可根据原动机和工作机的工作特性按表6.3查取。

　　　K_v——动载系数, 可根据齿轮制造精度和节圆速度从图6.7的曲线中降低一级精度查取。例如, 8级精度的锥齿轮 K_v 值按9级精度的圆柱齿轮的 K_v 选取。

　　　K_β——齿向载荷分布系数, 可根据齿轮在支承轴上的布置形式、齿宽系数和齿面硬度由简化的曲线图6.12查得。图中的齿宽系数按下式计算:

$$\phi_{dm} = \frac{b}{d_{m1}} = \phi_R \frac{\sqrt{1 + u^2}}{2 - \phi_R}$$

6.9.5　直齿锥齿轮的齿面接触疲劳强度计算

将直齿锥齿轮的当量圆柱齿轮有关参数代入直齿圆柱齿轮齿面接触疲劳强度计算公式(6.7), 即 $\sigma_H = Z_E Z_H Z_\varepsilon \sqrt{KF_t/bd_1 \cdot (u \pm 1)/u} \le [\sigma_H]$ 中(将传动比 u、齿宽 b 分别用其当量齿轮齿数比 u_v、有效齿宽 $b_r = 0.85b$ 替代), 并考虑直齿锥齿轮传动精度低导致难以实现两对齿同时分担载荷的不利影响因素, 从公式中略去重合度系数 Z_ε, 得

$$\sigma_H = Z_E Z_H \sqrt{\frac{KF_t}{0.85 b d_{v1}} \frac{u_v \pm 1}{u_v}} \le [\sigma_H] \tag{6.43}$$

将式(6.36)、式(6.38)、式(6.39)代入到式(6.43)中并整理得直齿锥齿轮齿面接触疲劳强度的校核公式。

1. 齿面接触疲劳强度的校核计算公式

$$\sigma_{\mathrm{H}} = Z_{\mathrm{E}} Z_{\mathrm{H}} \sqrt{\frac{KF_{\mathrm{t}}}{0.85 b d_1 (1 - 0.5\phi_{\mathrm{R}})} \frac{\sqrt{1 + u^2}}{u}} \leqslant [\sigma_{\mathrm{H}}] \qquad (6.44)$$

由式(6.31)和式(6.34)得

$$b = \phi_{\mathrm{R}} R = \frac{d_1}{2} \phi_{\mathrm{R}} \sqrt{1 + u^2}$$

将上式与式(6.40)的 $F_{\mathrm{t}} = \dfrac{2T_1}{d_1(1-0.5\phi_{\mathrm{R}})}$ 一起代入式(6.44)并经整理得齿面接触疲劳强度的设计公式。

2. 齿面接触疲劳强度的设计计算公式

$$d_1 \geqslant \sqrt[3]{\frac{4KT_1}{0.85\phi_{\mathrm{R}} u (1 - 0.5\phi_{\mathrm{R}})^2} \left(\frac{Z_{\mathrm{E}} Z_{\mathrm{H}}}{[\sigma_{\mathrm{H}}]}\right)^2} \qquad (6.45)$$

3. 对式(6.44)或式(6.45)中部分参数的说明

1) Z_{E}——材料弹性系数，$\sqrt{\mathrm{MPa}}$，根据配对的大、小齿轮的材料按表 6.5 查取；

2) Z_{H}——节点区域系数，反映了节点齿廓形状对接触应力的影响，按图 6.15 查取，对于标准传动或高度变位传动，取 $Z_{\mathrm{H}} = 2.5$；

3) $[\sigma_{\mathrm{H}}]$——许用接触应力，按式(6.26)计算；

4) T_1——小锥齿轮所传递的转矩，N·mm。

6.9.6　直齿锥齿轮的齿根弯曲疲劳强度计算

将直齿锥齿轮的当量圆柱齿轮有关参数代入到直齿圆柱齿轮齿根弯曲疲劳强度计算公式(6.12)，即 $\sigma_{\mathrm{F}} = KF_{\mathrm{t}}/bm \cdot Y_{\mathrm{F}} Y_{\mathrm{S}} Y_{\varepsilon} \leqslant [\sigma_{\mathrm{F}}]$ 中，将模数 m 用当量齿轮模数 $m_{\mathrm{v}} = m_{\mathrm{m}} = m(1-0.5)\phi_{\mathrm{R}}$，齿宽用有效齿宽 $b_{\mathrm{r}} = 0.85b$ 代替，并考虑直齿锥齿轮传动精度低导致难以实现两对齿同时分担载荷的不利影响因素，从公式中略去重合度系数 Y_{ε}，得直齿锥齿轮齿面接触疲劳强度的校核公式。

1. 齿根弯曲疲劳强度的校核计算公式

$$\sigma_{\mathrm{F}} = \frac{KF_{\mathrm{t}}}{0.85 b m_{\mathrm{m}}} Y_{\mathrm{F}} Y_{\mathrm{S}} = \frac{KF_{\mathrm{t}}}{0.85 b m (1 - 0.5\phi_{\mathrm{R}})} Y_{\mathrm{F}} Y_{\mathrm{S}} \leqslant [\sigma_{\mathrm{F}}] \qquad (6.46)$$

将 $b = \dfrac{d_1}{2} \phi_{\mathrm{R}} \sqrt{1+u^2}$ 与式(6.40)的 $F_{\mathrm{t}} = \dfrac{2T_1}{d_1(1-0.5\phi_{\mathrm{R}})}$ 一起代入式(6.46)并经整理得齿根弯曲疲劳强度的设计公式。

2. 齿根弯曲疲劳强度的设计计算公式

$$m \geqslant \sqrt[3]{\frac{4KT_1Y_FY_S}{0.85\phi_R z_1^2(1-0.5\phi_R)^2\sqrt{1+u^2}[\sigma_F]}} \qquad (6.47)$$

3. 对式(6.46)、式(6.47)中部分参数的说明

1)　　Y_F——齿形系数,根据当量齿数 z_v 按图 6.20 查取;

2)　　Y_S——应力修正系数,根据当量齿数 z_v 按图 6.21 查取;

3)　　$[\sigma_F]$——许用弯曲应力,按式(6.29)计算;

4)　　T_1——小锥齿轮所传递的转矩,N·mm;

5)　　u——锥齿轮的齿数比,$u=z_2/z_1$。

6.9.7　主要参数选择

1)直齿锥齿轮传动的小齿轮不发生根切的最小齿数 $z_{1min}=17\cos\delta_1$,其中 δ_1 由齿数比 u 确定。

2)齿数比 u 影响锥顶角的大小,一般取 $u\leqslant3$,最大不超过 5。

3)因当量齿轮沿齿宽载荷分布不均匀情况比圆柱齿轮严重,所以一般取齿宽系数 $\phi_R=0.3$,但应使 $b\geqslant4m$,m 为模数。

【**例 6.3**】　一个单级锥齿轮减速器的直齿锥齿轮传动,如图 6.40 所示,轴交角 $\Sigma=90°$。已知小齿轮 1 传递的功率 $P_1=5.3$ kW,小齿轮 1 的转速为 $n_1=960$ r/min,传动比 $i=2.3$,电动机驱动,载荷平稳,单向转动,每天工作两班,使用年限为 10 年。

【**解**】

(1)选择齿轮材料、热处理方式和精度等级

考虑到减速器为一般机械,故大、小齿轮均选用 45 钢,采用软齿面,由表 6.2 得:小齿轮调质处理,齿面硬度为 217~255 HBW,平均硬度为 236 HBW;大齿轮正火处理,齿面硬度为 162~217 HBW,平均硬度为 190 HBW。大、小齿轮齿面平均硬度差为46 HBW,在 30~50 HBW 范围内,选用 8 级精度。

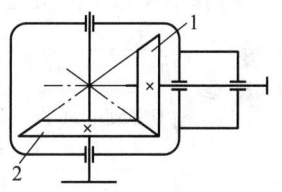

图 6.40　直齿锥齿轮
传动简图

(2)初步计算传动主要尺寸

由于是软齿面闭式传动,故按齿面接触疲劳强度进行设计。由式(6.45)计算,即

$$d_1 \geqslant \sqrt[3]{\frac{4KT_1}{0.85\phi_R u(1-0.5\phi_R)^2}\left(\frac{Z_EZ_H}{[\sigma_H]}\right)^2}$$

式中各参数为

1)小齿轮传递的转矩

$$T_1=9.55\times10^6\times\frac{P_1}{n_1}=9.55\times10^6\times\frac{5.3}{1\,440}\text{ N·mm}=35\,149\text{ N·mm}$$

2)初取 $K_t=1.4$。

3）取齿宽系数 $\phi_R = 0.3$。

4）由表 6.5 查得弹性系数 $Z_E = 189.8\sqrt{\text{MPa}}$。

5）由图 6.15 查得节点区域系数 $Z_H = 2.5$。

6）齿数比 $u = i = 2.3$。

7）许用接触应力由式（6.26），即 $[\sigma_H] = \dfrac{Z_N\sigma_{Hlim}}{S_H}$ 算得。

由图 6.29e、图 6.29a 得接触疲劳极限应力 $\sigma_{Hlim1} = 570$ MPa、$\sigma_{Hlim2} = 390$ MPa。
小齿轮 1 与大齿轮 2 的应力循环次数分别为

$$N_1 = 60n_1aL_h = 60 \times 960 \times 1.0 \times 2 \times 8 \times 250 \times 10 = 2.304 \times 10^9$$

$$N_2 = \frac{N_1}{u} = \frac{2.304 \times 10^9}{2.3} = 1.00 \times 10^9$$

由图 6.30 查得寿命系数 $Z_{N1} = Z_{N2} = 1.0$。
由表 6.7，取安全系数 $S_H = 1.0$，即

$$[\sigma_{H1}] = \frac{Z_{N1}\sigma_{Hlim1}}{S_H} = \frac{1.0 \times 570}{1.0} \text{ MPa} = 570 \text{ MPa}$$

$$[\sigma_{H2}] = \frac{Z_{N2}\sigma_{Hlim2}}{S_H} = \frac{1.0 \times 390}{1.0} \text{ MPa} = 390 \text{ MPa}$$

故取
$$[\sigma_H] = [\sigma_{H2}] = 390 \text{ MPa}$$

初算小齿轮 1 的分度圆直径 d_{1t}，得

$$d_{1t} \geqslant \sqrt[3]{\frac{4KT_1}{0.85\phi_R u(1 - 0.5\phi_R)^2}\left(\frac{Z_E Z_H}{[\sigma_H]}\right)^2}$$

$$= \sqrt[3]{\frac{4 \times 1.3 \times 35\,149}{0.85 \times 0.3 \times 2.5 \times (1 - 0.5 \times 0.3)^2} \times \left(\frac{189.8 \times 2.5}{390}\right)^2} \text{ mm} = 83.74 \text{ mm}$$

（3）确定传动尺寸

1）计算载荷系数。由表 6.3 查得使用系数 $K_A = 1.0$。
由式（6.35）得

$$d_{m1} = d_{1t}(1 - 0.5\phi_R) = 83.74 \times (1 - 0.5 \times 0.3) \text{ mm} = 71.179 \text{ mm}$$

故
$$v_{m1} = \frac{\pi d_{m1t}n_1}{60 \times 1\,000} = \frac{\pi \times 71.179 \times 960}{60 \times 1\,000} \text{ m/s} = 3.58 \text{ m/s}$$

由图 6.7 按 9 级精度查得动载系数 $K_v = 1.25$。（锥齿轮动载系数按降低一级精度查取，即 8 级精度的锥齿轮的动载系数按 9 级精度的圆柱齿轮的动载系数值选取。）

$$\phi_{dm} = \frac{\phi_R\sqrt{u^2 + 1}}{2 - \phi_R} = \frac{0.3 \times \sqrt{2.3^2 + 1}}{2 - 0.3} = 0.443$$

由图 6.12 查得齿向载荷分布系数 $K_\beta = 1.12$（图示锥齿轮为悬臂布置）。

故载荷系数 $K = K_A K_v K_\beta = 1.0 \times 1.25 \times 1.12 = 1.4$。

2）修正小齿轮 1 分度圆直径。

$$d_1 = d_{1t} \sqrt[3]{\frac{K}{K_t}} = 83.74 \times \sqrt[3]{\frac{1.4}{1.3}} \text{ mm} = 85.834 \text{ mm}$$

3）选齿数 $z_1 = 25$，$z_2 = uz_1 = 2.3 \times 25 = 57.5$，取 $z_2 = 58$，则

$$u' = \frac{58}{25} = 2.32,\ \left| \frac{\Delta u}{u} \right| = \left| \frac{2.32 - 2.3}{2.3} \right| = 0.87\% < 5\%，在允许的范围之内。$$

4）大端模数

$$m = \frac{d_1}{z_1} = \frac{85.834}{25} \text{ mm} = 3.433 \text{ mm}$$

按表 6.1，取 $m = 4$ mm。

5）大端分度圆直径

$$d_1 = mz_1 = 4 \times 25 \text{ mm} = 100 \text{ mm} \quad (d_1 > 85.834 \text{ mm}，合适)$$

$$d_2 = mz_2 = 4 \times 58 \text{ mm} = 232 \text{ mm}$$

6）锥顶距。由式（6.31）得

$$R = \frac{d_1}{2} \sqrt{u^2 + 1} = \frac{100}{2} \times \sqrt{2.32^2 + 1} \text{ mm} = 126.317 \text{ mm}$$

7）齿宽。由式（6.34）得

$$b = \phi_R R = 0.3 \times 126.317 \text{ mm} = 37.895 \text{ mm}$$

取 $b = 38$ mm。

（4）校核齿根弯曲疲劳强度

$$\sigma_F = \frac{KF_t}{0.85bm(1 - 0.5\phi_R)} Y_F Y_S \leqslant [\sigma_F]$$

式中各参数：

1）K、b、m、ϕ_R 值同前。

2）圆周力可由式（6.40）算得

$$F_t = \frac{2T_1}{d_1(1 - 0.5\phi_R)} = \frac{2 \times 35\,149}{100 \times (1 - 0.5 \times 0.3)} \text{ N} = 827 \text{ N}$$

3）齿形系数 Y_F 和应力修正系数 Y_S。

由式（6.33）得

$$\cos \delta_1 = \frac{u}{\sqrt{u^2 + 1}} = \frac{2.32}{\sqrt{2.32^2 + 1}} = 0.918\,3$$

$$\cos \delta_2 = \frac{1}{\sqrt{u^2 + 1}} = \frac{1}{\sqrt{2.32^2 + 1}} = 0.395\ 8$$

由式(6.38)得

$$z_{v1} = \frac{z_1}{\cos \delta_1} = \frac{25}{0.918\ 3} = 27.22$$

$$z_{v2} = \frac{z_2}{\cos \delta_2} = \frac{58}{0.395\ 8} = 146.54$$

由图 6.20 查得 $Y_{F1} = 2.58$，$Y_{F2} = 2.18$。

由图 6.21 查得 $Y_{S1} = 1.61$，$Y_{S2} = 1.82$（Y_F、Y_S 均由图插值得到）。

4）许用弯曲应力可由式(6.29)，即 $[\sigma_F] = \dfrac{Y_N \sigma_{Flim}}{S_F}$ 算得。

由图 6.29f、图 6.29b 查得弯曲疲劳极限应力

$$\sigma_{Flim1} = 220\ \text{MPa}, \quad \sigma_{Flim2} = 170\ \text{MPa}$$

由图 6.32 查得寿命系数 $Y_{N1} = Y_{N2} = 1.0$。

由表 6.7 查得安全系数 $S_F = 1.25$，故

$$[\sigma_{F1}] = \frac{Y_{N1} \sigma_{Flim1}}{S_F} = \frac{1.0 \times 220}{1.25}\ \text{MPa} = 176\ \text{MPa}$$

$$[\sigma_{F2}] = \frac{Y_{N2} \sigma_{Flim2}}{S_F} = \frac{1.0 \times 170}{1.25}\ \text{MPa} = 136\ \text{MPa}$$

$$\sigma_{F1} = \frac{KF_t}{0.85bm(1 - 0.5\phi_R)} Y_{F1} Y_{S1} = \frac{1.42 \times 1\ 240.7}{0.85 \times 38 \times 4 \times (1 - 0.5 \times 0.3)} \times 2.58 \times 1.61\ \text{MPa}$$
$$= 66.6\ \text{MPa} < [\sigma_{F1}]$$

$$\sigma_{F2} = \sigma_{F1} \frac{Y_{F2} Y_{S2}}{Y_{F1} Y_{S1}} = 66.6 \times \frac{2.18 \times 1.82}{2.58 \times 1.61}\ \text{MPa} = 63.6\ \text{MPa} < [\sigma_{F2}]$$

满足齿根弯曲疲劳强度。

（5）计算齿轮传动其他尺寸（略）

（6）结构设计并绘制齿轮零件工作图（略）

6.10　齿轮的结构设计

6.10.1　齿轮结构设计的主要内容

除实心式齿轮和与轴一体的齿轮外，齿轮结构大体上可以分为有轮齿的轮缘、轮毂和位于两者中间的轮腹三部分，如图 6.41 所示。齿轮传动强度设计主要计算的是轮齿部分强度，得到传动参数和有关几何尺寸，主要有：模数 m，齿数 z_1、z_2，变位系数 x_1、x_2，分度圆螺旋角 β，齿宽 b_1、b_2，齿顶圆直径 d_{a1}、d_{a2}，齿根圆直径 d_{f1}、d_{f2}，分度圆直

径 d_1、d_2、齿根高 h_{f1}、h_{f2}、齿顶高 h_{a1}、h_{a2}、齿全高 h 等,这些参数和尺寸基本确定了轮齿、轮坯的外圆和宽度;而轮缘、轮毂、轮腹部的结构形式和尺寸需要在齿轮结构设计中确定,因此齿轮结构设计的主要内容如下。

1. 根据齿轮尺寸大小(如齿轮的顶圆直径)、材料、加工方法等选择合适的结构形式

齿轮的结构与轮坯加工方法是密切相关的,而轮坯的制造方法又与所选择的齿轮材料相关。常用的轮坯制造方法有铸造毛坯、锻造毛坯和焊接轮坯。其中,锻造毛坯又分为模锻和自由锻两种,模锻成本高、效率高,适于大批量生产的齿轮,结构上要有起模斜度;自由锻成本较低、效率低,因此适于单件小批生产的齿轮。焊接轮坯只适用于单件小批或者结构尺寸较大、受材料或结构、加工设备能力等限制难以用铸造、锻造方法加工的齿轮。

图 6.41　齿轮结构中的三个部分

常用的齿轮加工方法

2. 合理地选择齿轮的结构形式之后,按相应的经验公式确定具体的结构尺寸

关于齿轮结构设计中尺寸圆整及取舍问题的说明如下:

1)如果所用齿轮传动设备要求结构紧凑,齿轮轮坯结构尺寸可以有小数,而且仅限于用机械加工去除表面材料的方法获得的尺寸。

2)通常情况下,除轮齿部分的分度圆直径、齿顶圆直径、齿根圆直径、齿顶高、齿根高、全齿高等尺寸及螺旋角不能圆整(需保留三位小数,螺旋角要保留到秒)外,齿轮齿宽、轮坯结构尺寸一般都应取为整数。

3)齿轮结构上的倒角、圆角等尺寸可按照机械设计手册等提供的经验数据或公式进行计算或选择。

6.10.2　齿轮的常用结构形式与结构尺寸的确定

1. 齿轮轴

一般齿轮与相配合的轴设计成分开的两个零件,但是当圆柱齿轮齿根圆到齿轮轮毂键槽底面的距离 $e \leqslant 2.5m$(或 m_n)(图 6.42a),锥齿轮小端齿根圆到齿轮轮毂键槽底面的距离 $e \leqslant 1.6m$(图 6.42b)时,则齿轮与轴应设计成齿轮轴,如图 6.43a、b 所示。此时,齿轮轴的材料均应按齿轮的材料选择。

关于是否设计成齿轮轴结构形式的补充说明:

1)圆柱齿轮 $e \leqslant 2.5m$(或 m_n)或锥齿轮 $e \leqslant 1.6m$ 时,必须设计成齿轮轴的结构形式。

齿轮轴的判断

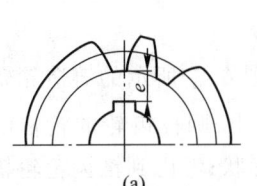

(a)

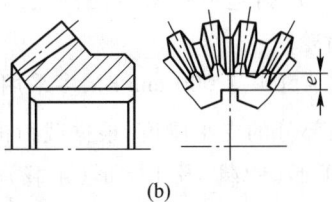

(b)

图 6.42　齿轮结构尺寸 e

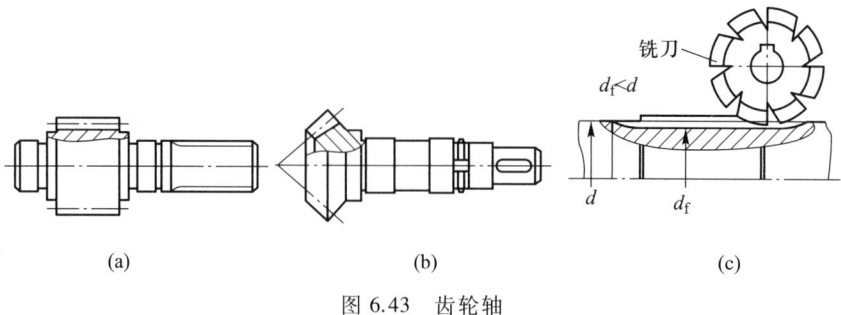

图 6.43　齿轮轴

2）当圆柱齿轮 $e>2.5m$ 或锥齿轮 $e>1.6m$ 时，不一定必须设计成齿轮与轴分开的结构形式，可根据实际情况确定。如需考虑到批量大小、在使用中齿轮轴是否更换、更换次数多少（齿轮轴上的轮齿损坏后整根齿轮轴就报废了；若齿轮与轴分开，齿轮虽然报废，但剩下的轴还可以使用）以及齿轮与轴、轴系部件的装配是否方便等实际问题。可从以下方面考虑：

当 $e>2.5m$ 但超过不多时（如十几毫米以内），设计成齿轮轴在可长期使用、批量不大、齿轮材料与轴材料价格相差不大的情况下，则仍然设计成齿轮轴的形式；反之，若批量大、齿轮材料价格高、设计成齿轮轴不便于装拆等情况下，则齿轮与轴分开设计。

3）实际设计中，按 1）的要求齿轮与轴必须设计成齿轮轴而且齿轮齿根圆直径小于或等于齿轮轴轮齿两侧轴段直径时（图 6.43c），只能用成形齿轮铣刀加工齿轮轴轮齿，但这种加工轮齿的方法效率最低、精度差，只适用于传动精度要求不高（7 级以下）的一般传动中，若要求齿轮传动精度高（7 级或 6 级以上），则不能用铣齿，因此需重新考虑齿轮与轴的设计。

4）考虑到锥齿轮精度低，且为便于加工、安装和调整以及保证精度，一般情况下锥齿轮传动中的小齿轮多设计成齿轮轴的结构形式。

2. 实心式齿轮

当齿顶圆直径 $d_a \leqslant 200$ mm，且直齿圆柱齿轮 $e>2.5m$（或 m_n）、锥齿轮 $e>1.6m$ 时，齿轮可做成如图 6.44 所示的实心式齿轮结构。

3. 腹板式齿轮

当齿顶圆直径 $d_a \leqslant 500$ mm 时，为了减小齿轮的质量、转动惯量和节约材料，通常要设计成如图 6.45、图 6.46 所示的腹板式结构。其中，应用最为广泛的是锻造腹板式齿轮

图 6.44　实心式齿轮结构

（图 6.45）；而对铸铁或铸钢等材料的不重要齿轮，则采用铸造腹板式齿轮（图 6.46）。需要注意的是，采用铸造或模锻方法制造的齿轮毛坯，在结构上一定要有起模斜度。

4. 轮辐式齿轮

当齿顶圆 $d_a = 500 \sim 1\,000$ mm 时，多采用如图 6.47 所示的铸造轮辐式结构。为了增加轮辐对轮缘部分的支承刚度，根据载荷的大小，圆柱齿轮的轮辐剖面可以设计成椭圆形（轻载）、T 形（中载）及工字形（重载）等形状；考虑到锥齿轮轮辐部分的径向和轴向刚度问题，而且小锥齿轮多以悬臂形式布置在轴系上，为此锥齿轮的轮辐剖面只采用 T 形。图 6.48 给出的是常用的轮辐剖面形状。

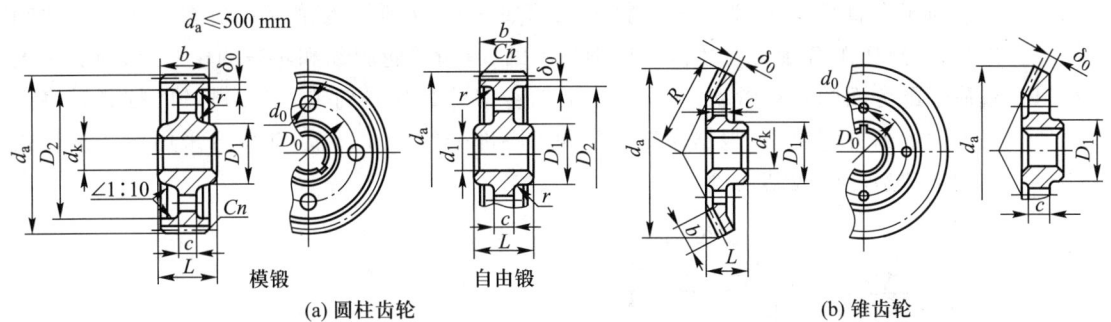

图 6.45　锻造腹板式齿轮结构

$D_1 \approx 1.6d_k$；$D_2 \approx d_a - 10m$；$L = (1.2 \sim 1.5)d_k$；$r = 0.5c$；

圆柱齿轮：$D_0 \approx 0.5(D_1 + D_2)$；$d_0 \approx 0.25(D_2 - D_1)$；$\delta_0 = (2.5 \sim 4)m$（或 m_n）≥ 10 mm；$c = (0.2 \sim 0.3)b$

锥齿轮：$\delta_0 = (3 \sim 4)m \geq 10$ mm 或 $\delta_0 \approx 0.2R$；D_0、d_0 由结构设计确定。

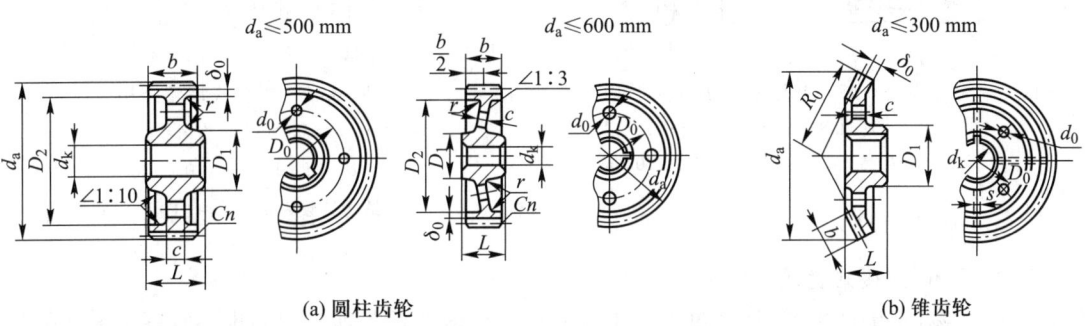

图 6.46　铸造腹板式齿轮结构

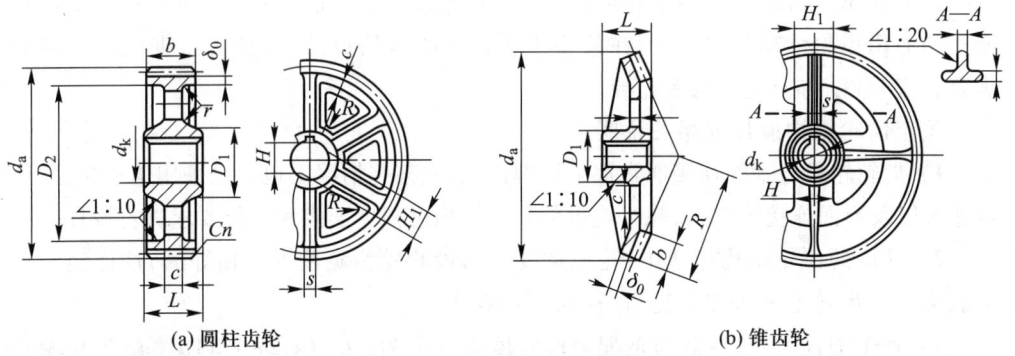

图 6.47　铸造轮辐式齿轮结构

$D_1 = (1.6 \sim 1.8)d_k$；$L = (1.2 \sim 1.5)d_k \geq b$；$D_2 \approx d_a - 10m$（或 m_n）；$H \approx 0.8d_k$；$H_1 \approx 0.8H$

圆柱齿轮：$c \approx 0.2H$；$s \approx H/6$；r、R 由结构确定。锥齿轮：$L = (1.0 \sim 1.2)d_k$；$\delta_0 = (3 \sim 4)m \geq 10$ mm；

$c = (0.1 \sim 0.17)R \geq 10$ mm；$s \approx 0.8c \geq 10$ mm。

5. 镶套式齿轮

对于大直径齿轮,为节省材料可采用如图 6.49 所示的镶套式齿圈。如锻造的钢齿圈,用热压配合镶套在铸铁或铸钢材料的、有齿轮轮腹部和轮毂的轮芯上,为防止大载荷下配合面的相对滑动,在配合缝上加 4~8 个紧定螺钉或六角头螺钉(拧紧后将露在外面的部分锯掉)。根据齿轮大小和齿圈部分的尺寸,轮芯部分可采用铸造腹板式结构或铸造轮辐式结构。

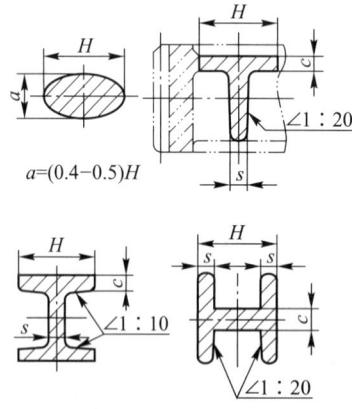

图 6.48　常用的轮辐剖面形状

$H = 0.8d$(d 为齿轮孔直径);

$c = 0.25H \geqslant 10$ mm; $s = 0.17H \geqslant 10$ mm。

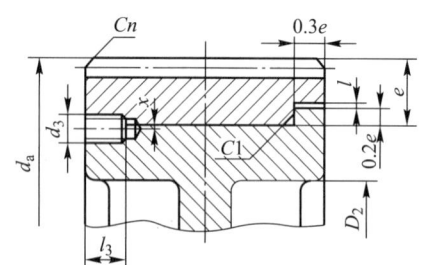

图 6.49　镶套式齿轮结构

$e \approx 5m$; $d_3 \approx 0.05d_k$(d_k 为齿轮孔直径);

$D_2 \approx d_a - 18m$; $l_3 \approx 0.15d_k$;

骑缝螺钉数为 4~8; $x = (1~3)$ mm。

6. 焊接式齿轮

对于单件生产、尺寸过大且不宜铸造或受锻造设备能力限制也不宜锻造轮坯的齿轮,可采用焊接齿轮毛坯的结构。焊接出轮坯并经充分的时效处理以消除应力后,才能加工齿轮的轮齿部分。焊接式齿轮结构如图 6.50 所示。

以上介绍了齿轮常用的结构形式,适用于绝大多数的齿轮传动,如工农业生产中使用的通用齿轮传动装置等,但在某些传动系统的齿轮设计中,还要根据实际结构的需要确定,可以与上述结构有差异。

关于齿轮结构设计的相关说明:

1)齿轮轮毂与轴的连接通常都采用键连接,但某些情况下也可以采用销连接、螺栓组连接以及形面连接等形式,此时轮毂部分的结构可根据连接和定位要求进行设计。

2)常用的齿轮结构形式中,轮毂宽度 L 与齿轮轮齿宽度 b 是相等的,这样便于一次装夹数个齿轮毛坯来加工轮齿,提高生产效率。

3)对于圆柱齿轮,轮毂与轴配合段宽度 L 一般为: $L = (1.2~1.5)d_k$(d_k 为与轮毂配合的轴段直径),并取整。之所以取 1.2~1.5 倍轴径是从轮毂套装在轴上不易产生轴线偏斜的角度考虑而定的,但如果受结构要求限制轮毂宽度与配合轴段直径之比小于 1.2(如 1.0 甚至 1.0 以下)时,为防止装配后齿轮轴线偏斜,可通过选择更紧的配合来加以弥补;锥齿轮也是如此。

4)齿轮结构设计上除传动参数、轮齿部分几何尺寸等必须按有关公式设计计算

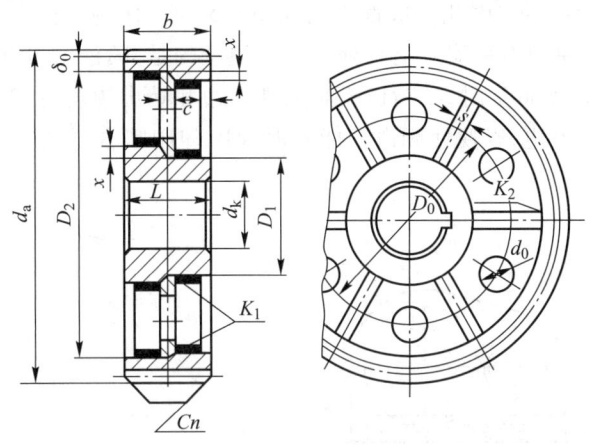

图 6.50　焊接式齿轮结构

$D_1 = 1.6d_k$；$L = (1.2 \sim 1.5)d_k \geqslant b$；$\delta_0 \approx 2.5m($或 $m_n) \geqslant 8$ mm；$c = (0.1 \sim 0.15)b \geqslant 8$ mm；$s \approx 0.8c$；$x = 5$ mm；

$$D_0 \approx 0.5(D_1 + D_2)；\quad d_0 \approx 0.2(D_2 - D_1)；\quad K_1 = \frac{2}{3}c；\quad K_2 = \frac{2}{3}c。$$

外,轮芯的结构和尺寸的确定不是一成不变的。如不需整周回转的齿轮,只需设计、加工出一部分轮齿即可;结构需要时圆柱齿轮的左右结构也不一定是对称的,如此等等。总之,可灵活掌握和运用。

6.11　齿轮传动的润滑

　　齿轮传动时,相啮合的齿面理想情况下(即绝对刚性)为线接触,实际上由于材料的弹性或塑性变形,受载时齿面的接触区是很窄的矩形区,齿面间承受很大的法向正压力。除节点处的啮合外,齿面间有相对滑动,在大载荷、齿面间干摩擦或者润滑状态不好的情况下,轮齿磨损将加快,因此齿面的摩擦、磨损问题是不容忽视的,为减小摩擦、减轻齿面磨损,齿轮传动必须进行润滑。此外,润滑还可以起到散热、减小振动和降低噪声的作用,通过润滑剂的流动将轮齿工作产生的部分热量带走,起到降温的作用。

6.11.1　齿轮传动的润滑方式

　　开式齿轮传动和半开式齿轮传动的速度较低,所以一般采用人工定期加油或在齿面涂润滑脂的方法。

　　闭式齿轮传动中,润滑方式取决于齿轮的圆周速度 v。当 $v \leqslant 10$ m/s 时,可采用齿轮浸油润滑,如图 6.51 所示。将大齿轮的轮齿浸入油池中,靠大齿轮工作时的转动,将油带入啮合处并对齿面进行润滑,同时吸收了齿轮工作中产生热量的润滑油被甩到箱体内壁上,又把热量从箱体上散发掉,从而起到了散热降温的作用。浸油齿轮工作时因浸油深度过深会造成较大的搅油功率损失;若齿轮浸油深度过浅,则带油量不充足,不能保证轮齿的正常润滑,通常圆柱齿轮浸油深度一般不超过 3 个全齿高,但也不应小于 10 mm;对于锥齿轮,轮齿浸油深度则最少为 1 个齿宽,但也不应小于 10 mm。当 $v > 10$ m/s 时,若靠齿轮浸油润滑,被带到齿面上的润滑油会很快因较大的离心力而

被甩掉,造成供油不充足,因此一般都采用如图 6.52 所示的喷油润滑方式,将 $2 \times 10^5 \sim$
2.5×10^5 Pa 的压力油用喷嘴喷入啮合处。但应注意的是,喷油的方向取决于齿轮圆周
速度及转向,当 $v \leqslant 25$ m/s 时,喷嘴位于轮上啮入边和啮出边均可;当 $v > 25$ m/s 时,喷
嘴应位于轮齿的啮出边,以便使润滑油能及时地冷却刚啮合过的轮齿,同时也对轮齿
进行润滑。

齿轮的浸油
深度

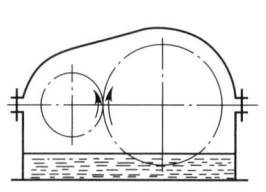

图 6.51　浸油润滑

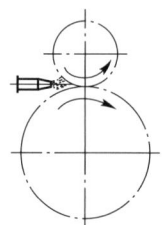

图 6.52　喷油润滑

6.11.2　润滑剂的选择

选择润滑剂时,要考虑啮合齿面间载荷大小、齿轮圆周速度高低以及齿轮工作温
度等因素,以使齿面上能够保持有一定厚度且能够承受一定压力的润滑油膜。一般根
据齿轮的圆周速度 v 选择润滑油黏度,再根据润滑油黏度选择润滑油的牌号。表 6.8
为齿轮传动润滑油黏度荐用值表。

表 6.8　齿轮传动荐用的润滑油运动黏度 $\nu_{40\ ℃}$ 　　　　　　　　　　mm²/s

齿轮材料	抗拉强度极限 σ_b/MPa	圆周速度 v/(m/s)						
		<0.5	0.5~1	1~2.5	2.5~5	5~12.5	12.5~25	>25
铸铁、青铜	—	320	220	150	100	80	60	—
钢	450~1 000	500	320	220	150	100	80	60
	1 000~1 250	500	500	320	220	150	100	80
渗碳或表面淬火钢	1 250~1 600	1 000	500	500	320	220	150	100

注:多级减速器的润滑油黏度应按各级黏度的平均值选择。

*6.12　谐波齿轮传动简介

谐波齿轮传动以其传动比大、质量轻、结构紧凑、高精度等优点在机器人及自动化
技术领域发挥着举足轻重的作用。如著名的 Motoman 工业机器人腕部传动,日本本田
公司的仿人机器人 ASIMO 腿、臂部关节的传动等都使用了高性能的谐波齿轮传动。
我国在 20 世纪 60 年代中期才开始谐波齿轮传动技术的研究;20 世纪 70 年代末期开
展了理论分析、设计、试验和试制工作,研制出了一些性能较好的谐波齿轮减速器;自
1980 年起,开始进行谐波减速器标准化和系列化工作;1985 年制订了中小功率的通用
谐波减速器系列标准,成为世界上拥有通用谐波减速器标准的第四个国家。此后,谐

波齿轮传动在各个领域尤其是国防、军事、航空航天等领域里得以广泛应用。

谐波齿轮传动与圆柱齿轮、锥齿轮等普通齿轮传动形式同属靠轮齿啮合传递运动和动力的,但其传动的形成原理与普通齿轮传动不同,它是通过具有柔性的薄壁外齿齿轮产生弹性变形后与刚性的内齿齿轮进行内啮合来实现传动的。它由有内齿的刚轮、有外齿的柔轮、放在柔轮内的波发生器三大传动元件组成,如图 6.53 所示。刚轮和柔轮的齿距相等,但柔轮的齿数比刚轮的齿数少 1、2 或 3,波发生器是使柔轮产生弹性变形的构件。波发生器连续转动使柔轮啮入、啮合、啮出、脱开不断改变部位时,由于刚轮和柔轮齿数不同而产生错齿运动。但需说明的是,仅有谐波传动的三大传动元件是不可能使谐波传动正常工作的,如同齿轮传动只有齿轮没有轴系部件和支座不能正常工作一样,必须给这三大元件提供用来支承它们的轴系和壳体从而构成完整的谐波齿轮减速器。在使用上,如果对传动结构尺寸、整机质量等没有特殊要求,可向生产厂家购买完整的谐波减速器;如果特别要求质量轻、结构紧凑,则可订制整机或者只选购谐波齿轮传动的三大元件,然后按要求自行设计轴系和壳体,可以获得比厂家生产的通用整机结构更紧凑、质量更轻的效果。

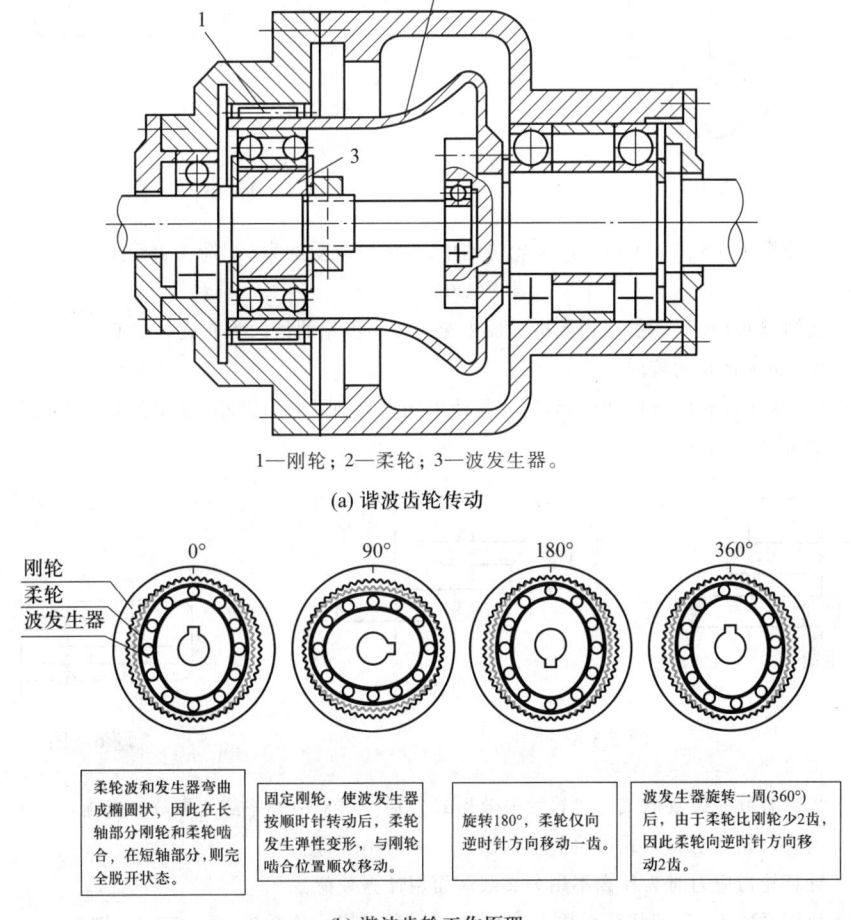

1—刚轮;2—柔轮;3—波发生器。

(a) 谐波齿轮传动

图 6.53 谐波齿轮传动原理与构成

思考题与习题

6.1　分析题 6.1 图分别在：① 当 2 和 4 为主动轮时；② 当 1 和 5 为主动轮时，齿轮 2、4 的圆周力方向。（主动轮为顺时针转动。）

6.2　分析题 6.2 图中的斜齿轮 1 和 2 上的圆周力 F_t、径向力 F_r 和轴向力 F_a 的方向。当分别为下列情况时：

（1）1 轮主动、齿的旋向和转动方向如图所示时；

（2）1 轮主动，齿的旋向和图示相反时；

（3）2 轮主动，其他条件与（1）相同；

（4）转向与图示相反，其他条件与（1）相同。

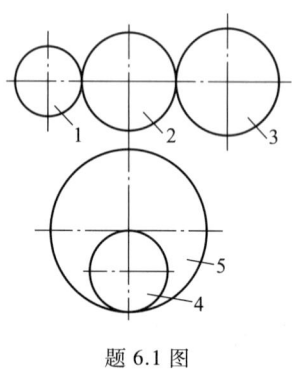　　　　　　　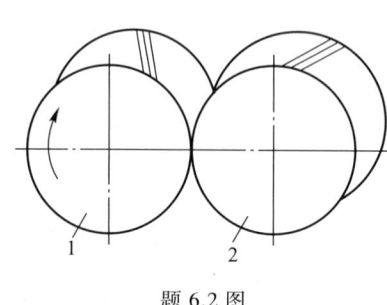

　　　　题 6.1 图　　　　　　　　　　　　　　题 6.2 图

6.3　试分析题 6.3 图 a、b 所示的齿轮传动中，各齿轮所受的力（用箭头表示出各力的作用位置及方向）。

6.4　已知题 6.4 图所示二级齿轮减速器中第一级小齿轮的齿向为右旋。试求：

（1）第一级大齿轮的旋向；

（2）第二级小齿轮的旋向如何确定，才能使中间轴上的轴向力最小（使中间轴上两齿轮的轴向力相反，以便抵消一部分）。

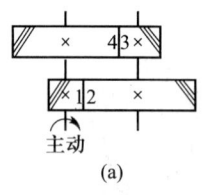　　　　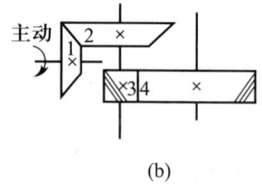　　　　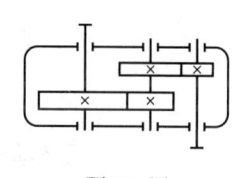

　　　　　(a)　　　　　　　　　　(b)

　　　　　题 6.3 图　　　　　　　　　　　　題 6.4 图

6.5　齿轮有哪些失效形式？对每种失效形式分别可以采用哪些防止失效的措施？

6.6　闭式齿轮传动和开式齿轮传动在设计上有何不同特点？

6.7　计算轮齿应力时为什么不用名义载荷而用计算载荷？

6.8　使用系数 K_A 和动载荷系数 K_v 都是考虑动载荷影响的系数，两者有何区别？

6.9　引起内部动载荷的原因是什么？有哪些措施可以使其减小？

6.10　齿向载荷分布不均是怎么产生的? 哪些因素对其不均匀的程度有影响?

6.11　提高轮齿的抗点蚀能力和抗弯曲能力有哪些可能的措施?

6.12　齿根弯曲应力计算公式中的 Y_F、Y_S、Y_ε、Y_β 的意义分别是什么?

6.13　齿轮传动中,相啮合两齿轮的齿面接触应力和齿根弯曲应力是否相等? 为什么?

6.14　锥齿轮与圆柱齿轮在强度计算方面有何异同?

6.15　试设计闭式圆柱齿轮传动,已知 $P_1 = 7.5$ kW, $n_1 = 1\,450$ r/min, $n_2 = 700$ r/min,两班制,工作 8 年,齿轮对轴承不对称布置,传动平稳,齿轮精度为 7 级。

6.16　已知:一级斜齿圆柱齿轮减速器用电动机驱动,工作平稳,中心距 $a = 230$ mm, $m_n = 3$ mm, $z_1 = 25$, $z_2 = 125$, $b = 115$ mm;小齿轮材料为 40Cr 调质、齿面硬度为 260~280 HBW,大齿轮材料为 45 钢正火、齿面硬度为 190~217 HBW;小齿轮转速 $n_1 = 975$ r/min,要求长寿命。试求此减速器的许用功率 $P(\text{kW})$。(可不必进行精确检验)

6.17　如题 6.17 图所示为带棘轮制动器绞车的传动方案,其中的齿轮传动为二级开式齿轮传动,Ⅱ轴扭矩 $T_{\text{Ⅱ}} = 1\,242.24$ N·mm,Ⅱ轴上齿轮分度圆直径 $d = 42$ mm,作用在Ⅱ轴上带的压轴力为 $F_Q = 1\,210$ N,图中 $a = 200$ mm, $b = 50$ mm,试计算Ⅱ轴上受到的最大弯矩,并画出Ⅱ轴的弯矩图。

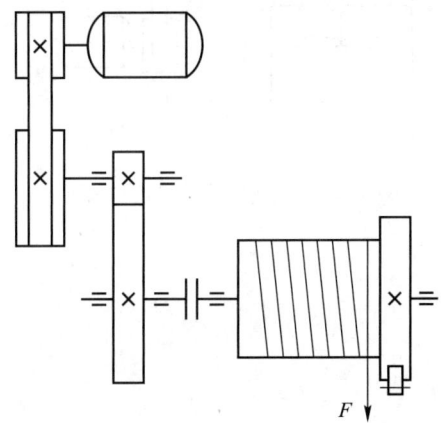

题 6.17 图　带棘轮制动器绞车的传动方案

6.18　一对标准斜齿圆柱齿轮传动如题 6.18 图所示,已知:输入轴转速 $n_1 = 960$ r/min,输入功率 $P = 3$ kW,齿轮齿数 $z_1 = 21$, $z_2 = 62$,法向模数 $m_n = 2.5$ mm,分度圆螺旋角 $\beta = 8.849\,725°$,分度圆柱上的法面压力角 $\alpha_n = 20°$,试求:

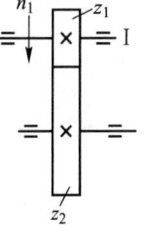

题 6.18 图

(1) 求输入轴 I 上的转矩;

(2) 求大斜齿圆柱齿轮上三个分力的大小;

(3) 在啮合点处标出三对力的方向。

6.19　一圆锥-圆柱齿轮减速器如题 6.19 图所示。已知直齿锥齿轮的齿数 $z_1 = 27$, $z_2 = 82$,大端模数 $m = 3$ mm,齿宽 $b = 35$ mm,小锥齿轮转速 $n_1 = 960$ r/min,传递功率 $P_1 = 5.1$ kW;斜齿圆柱齿轮的齿数 $z_3 = 23$, $z_4 = 77$,法面模数 $m_n = 4$ mm,法面压力角 $\alpha_n = 20°$,中心距 $a = 405$ mm。试求:

(1) 求锥齿轮传动的锥顶距 R,分度锥顶角 δ_1、δ_2,小齿轮齿宽中点分度圆直径 d_{m1};

(2) 求斜齿圆柱齿轮的螺旋角 β,两齿轮的分度圆直径 d_3、d_4;

(3) 确定小锥齿轮转向,使中间轴上两齿轮的轴向力方向相反;

(4) 计算齿轮 2、齿轮 3 所受的力,并按(3)中确定的转向,在图中画出各个分力的方向。

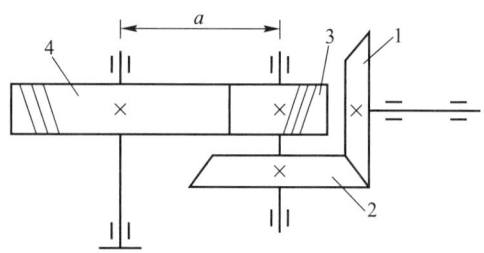

题 6.19 图　圆锥-圆柱齿轮减速器

6.20　设计如题 6.20 图所示的液体搅拌机传动装置中开式直齿锥齿轮传动。已知电动机额定功率 $P = 5.5$ kW，$n_1 = 960$ r/min。V 带传动比 $i_带 = 2.2$，传动效率 $\eta = 0.95$，锥齿轮传动比 $i_锥 = 2.6$，单班工作，使用寿命 10 年。

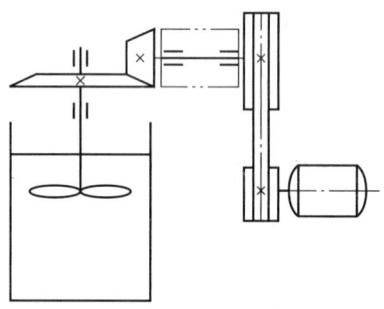

题 6.20 图　液体搅拌机传动装置

第七章　蜗杆传动

学习要点及
思维导图

7.1　蜗杆传动的概述

7.1.1　蜗杆传动的组成、主要特点及应用

1. 组成

蜗杆传动是用来传递空间相互垂直且相错的两轴之间运动和动力的一种常用机械传动形式。其主要由蜗轮和蜗杆组成,如图 7.1a 所示。

2. 蜗轮蜗杆传动的螺旋传动演化

螺旋传动是由螺杆和螺母组成的,如果把螺杆看作蜗杆,假设螺母沿轴线方向足够长,把螺母用两个分别通过母线和轴线的截面切开,取出切下的一长条(内面有被切断的螺纹牙),把这一长条背向弯成圆周就把螺母演化成了蜗轮,如图 7.1b 所示。因此,可以把螺旋传动看作蜗轮分度圆直径为无穷大的蜗杆传动;也可以把蜗杆传动看作螺旋传动的特例,即可以说,蜗杆传动是由螺旋传动演化而来的,蜗杆相当于螺杆,而蜗轮相当于螺母。此外,蜗杆传动又是一种特殊的齿轮传动。因此,蜗杆传动与螺旋传动、齿轮传动有许多共同点,也有其自己的许多特点。

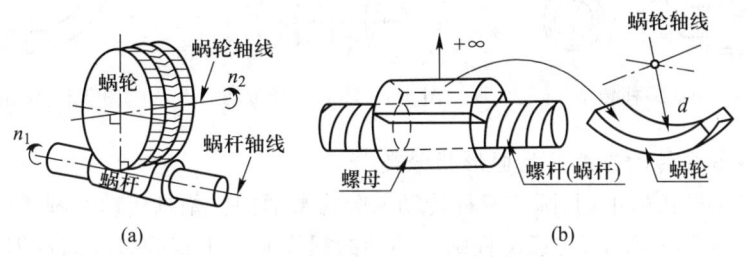

图 7.1　蜗轮蜗杆传动组成及其螺旋传动演化示意图

蜗杆的演化

3. 蜗杆传动主要特点及应用

(1)与齿轮传动相比的主要特点

1)单级传动比大,结构紧凑。传递动力时,单级传动比 $i=8\sim80$;只传递运动时,如分度机构的传动比 i 可达 1 000。

2)连续啮合且同时啮合齿对多,故传动平稳,噪声低。

3)当蜗杆导程角 γ 小于当量摩擦角 ρ' 时,可实现自锁。

4)传动效率低。因为其齿面间相对滑动速度 v_s 大,摩擦损失大,效率 η 较低。当蜗杆为主动时,$\eta=70\%\sim90\%$;当传动自锁时,$\eta<50\%$。

5)蜗轮采用青铜等贵重减摩材料时,成本较高,设计时应考虑贵重金属、铜合金如何回收利用。

（2）应用

适用于传动比大且结构要求紧凑或自锁的中小功率传动场合。在机床、汽车、冶金、矿山和起重运输机械等设备的传动系统中广泛使用。例如机床设备中,一般低转速工作台和分度机构中常采用;在各种提升设备、电梯和自动扶梯等起重运输机械中也常使用。

7.1.2　蜗杆传动的主要类型

1. 按蜗杆形状分类

按蜗杆上的螺旋线分别绕在圆柱面、环面上和锥面上的不同,相应地将蜗杆传动分为圆柱蜗杆传动、环面蜗杆传动和锥蜗杆传动三大类,如图 7.2 所示。相应的蜗杆传动结构简图分别如图 7.3、图 7.4、图 7.5 所示,其中,应用最早最广泛、加工制造最方便的是圆柱蜗杆传动。

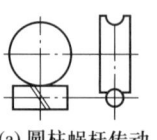 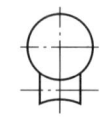

(a) 圆柱蜗杆传动　　(b) 环面蜗杆传动　　(c) 锥面蜗杆传动

图 7.2　按蜗杆形状不同划分的三大类蜗杆传动示意图

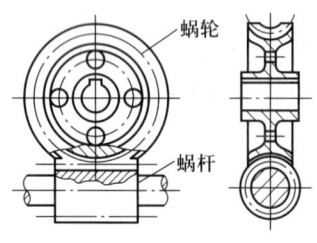 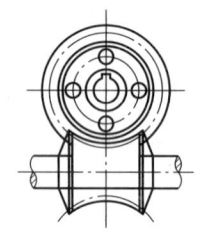 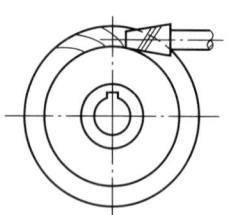

图 7.3　圆柱蜗杆传动　　　　图 7.4　环面蜗杆传动　　　　图 7.5　锥蜗杆传动

2. 圆柱蜗杆传动按蜗杆齿面形状分类

根据齿面形状的不同,圆柱蜗杆传动又分为普通圆柱蜗杆传动和圆弧圆柱蜗杆传动两类。如图 7.6a 所示,普通圆柱蜗杆传动的螺旋面是用直线刃或圆盘刀具加工的;而圆弧圆柱蜗杆的螺旋面是用刃边为凸圆弧形刀具加工出来的,如图 7.6b 所示。

3. 普通圆柱蜗杆传动按蜗杆齿廓曲线分类

（1）阿基米德蜗杆(ZA 蜗杆)

蜗杆的螺旋面可在车床上用直线刃的梯形车刀加工,加工时车刀的刀刃与蜗杆轴线在同一水平面内。在垂直于蜗杆轴线的剖面(即端面)上,齿廓即为阿基米德螺旋线,在通过蜗杆轴线的 *I—I* 剖面(即轴面)上,齿廓为直线,相当于直齿齿条齿廓,如图 7.7a 所示。当导程角 γ 较大时,蜗杆加工不便且难于磨削,不易保证加工精度。

（2）渐开线蜗杆(ZI 蜗杆)

蜗杆的螺旋面可用两把直线刀刃的车刀在

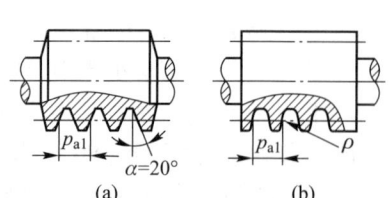

图 7.6　按齿面形状分圆柱蜗杆的类型

车床上加工,刀刃顶面应与基圆柱相切,其中一把刀具刀刃高于蜗杆轴线,另一把刀具刀刃则低于蜗杆轴线。在端面上,齿廓为渐开线;在轴面 $I-I$ 上,齿廓为凸曲线,如图 7.7b 所示。这种蜗杆可以磨削,易保证机械加工精度,传动效率较其他直齿廓圆柱蜗杆传动高,一般用于蜗杆头数多、较精密、传动功率较大的传动中。

（3）法向直廓蜗杆（ZN 蜗杆）

蜗杆的螺旋面也可以用两把直线刀刃的车刀在车床上加工出来,但是车刀刀刃平面要置于螺旋线的法面上。在端面上,齿廓为延伸渐开线;在法面 $N-N$ 上,齿廓为直线,如图 7.7c 所示。这种蜗杆可以磨削,一般用于蜗杆头数多的精密传动中。

（4）锥面包络圆柱蜗杆（ZK 蜗杆）

蜗杆的螺旋面是圆锥面族的包络曲面,是用盘状铣刀或砂轮加工的,加工时除蜗杆作螺旋运动外,刀具还要绕其自身的轴线作回转运动。蜗杆在各个剖面上的齿廓均为曲线,如图 7.7d 所示。这种蜗杆便于磨削,易获得高精度,应用日渐广泛。

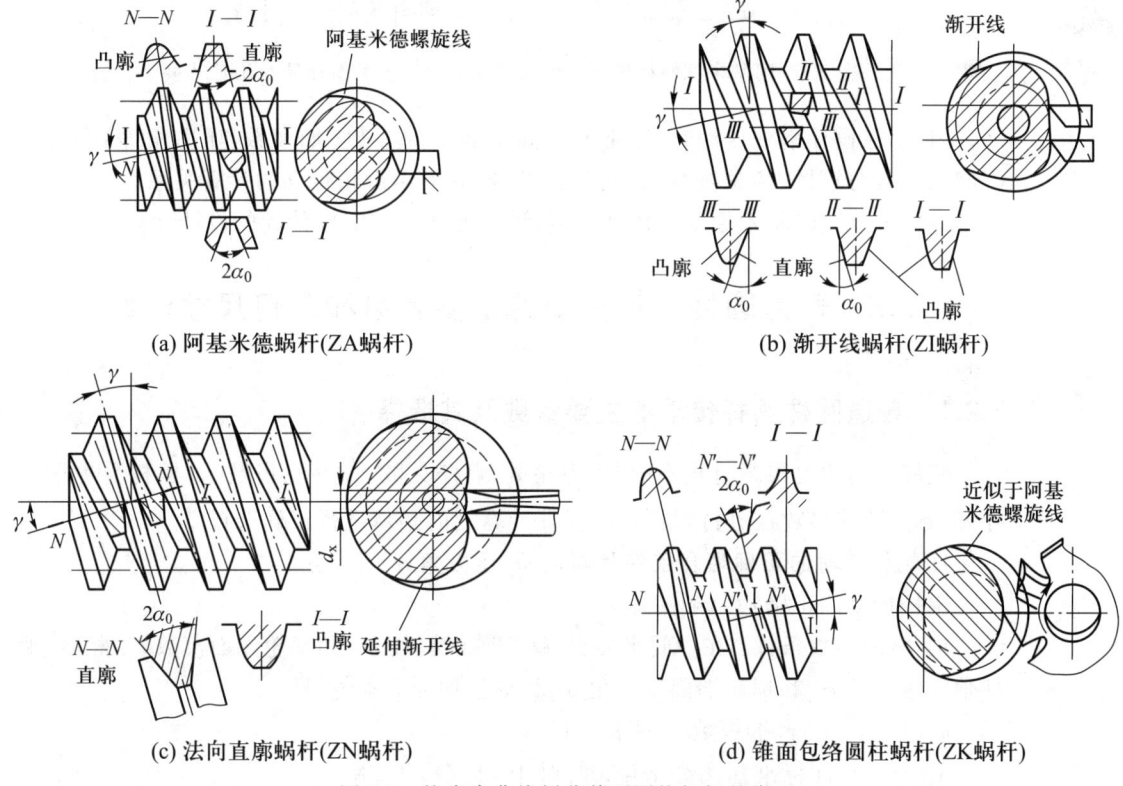

图 7.7　按齿廓曲线划分普通圆柱蜗杆的类型

4. 蜗轮齿廓的加工

蜗轮齿廓完全取决于与之相啮合的蜗杆齿廓。蜗轮一般是在滚齿机上用蜗轮滚刀加工的,加工时就像蜗轮与蜗杆在啮合传动一样,加工蜗轮的滚刀就相当于蜗杆。为了保证蜗杆与蜗轮的正确啮合,切削蜗轮的滚刀齿廓除滚刀齿顶高比相应蜗杆齿顶高大 $C^* m$（C^* 为径向间隙系数;m 为模数）外,其余部分完全相同。滚齿加工蜗轮时,蜗轮与滚刀的中心距与蜗轮蜗杆啮合传动的中心距相同。

5. 阿基米德蜗杆传动在中间平面上的啮合关系

中间平面定义：将通过蜗杆轴线并与蜗轮轴线垂直的平面定义为蜗杆传动的中间平面。

阿基米德蜗杆传动在中间平面上的啮合关系：蜗杆齿廓为直线，相当于直齿齿条；蜗轮齿廓为渐开线，因此，在中间平面上，蜗杆传动相当于直齿齿条与渐开线齿轮的啮合关系。阿基米德蜗杆传动在中间平面上的啮合关系和基本几何尺寸如图7.8所示。

中间平面

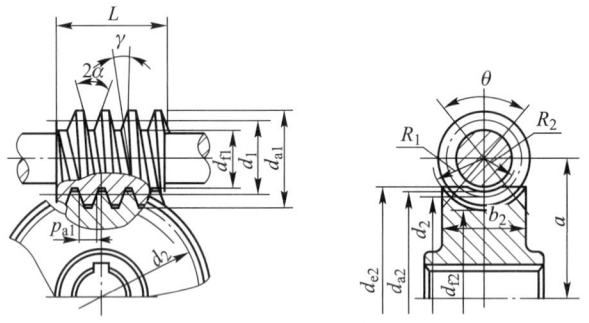

图 7.8　阿基米德蜗杆传动在中间平面上的啮合关系和基本几何尺寸

因此，在设计蜗杆传动时，通常取中间平面上的参数（如模数、压力角等）和尺寸（如齿顶圆、分度圆、齿根圆等）作为计算基准，并沿用齿轮传动的计算关系。

本章重点以阿基米德蜗杆传动为例，讲述普通圆柱蜗杆传动的设计计算问题。

7.2　普通圆柱蜗杆传动的主要参数和几何尺寸计算

7.2.1　普通圆柱蜗杆传动的主要参数及其选择

蜗杆传动主要参数有模数 m、压力角 α、蜗杆头数 z_1、蜗轮齿数 z_2、蜗杆分度圆直径 d_1 等。这些参数在进行蜗杆传动设计计算之前必须进行正确选择。

1. 蜗杆传动的正确啮合条件及模数 m、压力角 α

蜗杆传动的正确啮合条件为

1）标准参数条件：在中间平面上，蜗杆轴面模数 m_{a1} 和蜗轮端面模数 m_{t2} 相等、蜗杆轴面压力角 α_{a1} 和蜗轮端面压力角 α_{t2} 相等且均为标准值，即

$m_{a1} = m_{t2} = m$（标准模数 m 见表7.1）

$\alpha_{a1} = \alpha_{t2} = \alpha$（标准压力角 $\alpha = 20°$，对于 ZI、ZN 和 ZK 蜗杆，其法向压力角 α_n 为标准值 $\alpha_n = 20°$）

2）螺旋线旋向条件：蜗杆传动通常是两轴交错角成 $90°$ 的空间运动，也是一种特殊的螺旋传动，蜗杆螺旋线状的"轮齿"旋向有左右之分，因此为保证蜗杆传动的正确啮合，还必须使蜗杆与蜗轮轮齿的螺旋线旋向相同，并且蜗杆分度圆柱上导程角 γ 等于蜗轮分度圆柱上螺旋角 β_2，即 $\gamma = \beta_2$，如图7.9所示。

蜗轮蜗杆
螺旋线旋向
的关系

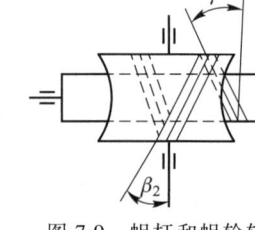

图 7.9　蜗杆和蜗轮轮齿
螺旋线旋向的关系

2. 蜗杆分度圆直径 d_1 和导程角 γ

切削蜗轮的滚刀除顶圆直径之外其余直径和齿形参
数(如模数 m、压力角 α、导程角 γ 等)必须与相应的蜗杆相同。于是,只要有一种尺寸
的蜗杆,就需要有用来加工与该蜗杆相啮合蜗轮的蜗轮滚刀。显然,这样做是不经济
的,也难以通用化和标准化。为了限制蜗轮滚刀的数目和便于蜗轮刀具标准化,国家
标准对每一标准模数规定了一定数目的蜗杆分度圆直径 d_1,见表 7.1。

表 7.1　普通圆柱蜗杆传动的模数 m、分度圆直径 d_1 及 m^2d_1 的匹配值

(摘自 GB/T 10085—2018)

m/mm	1	1.25		1.6		2		2.5		3.15		4	
d_1/mm	18	20　22.4		20　28		(18)　22.4 (28)　35.5		(22.4)　28 (35.5)　45		(28)　35.5 (45)　56		(31.5)　40 (50)　71	
m^2d_1/mm^3	18	31.25　35		51.2　71.68		72　89.6 112　142		140　175 221.9　281		277.8　352.2 446.5　556		504　640 800　1 136	
m/mm		5		6.3		8		10		12.5		16		
d_1/mm		(40)　50 (63)　90		(50)　63 (80)　112		(63)　80 (100)　140		(71)　90 (112)　160		(90)　112 (140)　200		(112)　140 (180)　250		
m^2d_1/mm^3		1 000　1 250 1 575　2 250		1 985　2 500 3 175　4 445		4 032　5 376 6 400　8 960		7 100　9 000 112 000　16 000		14 062　17 500 21 875　31 250		28 672　35 840 46 080　64 000		

注: 如果采用非标准滚刀或飞刀切削蜗轮,则 d_1 不受该标准的限制;除此之外,设计时必须按本表选取标准
的模数 m、分度圆直径 d_1 及 m^2d_1。

当蜗杆的分度圆直径 d_1 和头数 z_1 选定后,蜗杆分度圆柱上的导程角 γ 就确定
了。由图 7.10 可知

$$\tan\gamma = z_1 p_{a1}/(\pi d_1) = z_1 m/d_1 \tag{7.1}$$

式中: p_{a1} 为蜗杆轴向齿距, $p_{a1} = \pi m$。

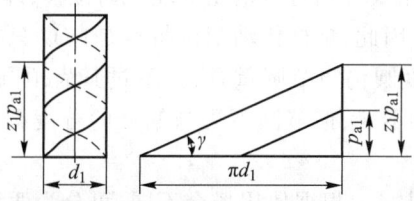

图 7.10　蜗杆分度圆螺旋线导程角 γ、轴向齿距 p_{a1}、直径 d_1 的几何关系

对于动力传动,为提高传动效率,宜选用较大的导程角 γ,但导程角 γ 过大,车削
蜗杆时会有困难,并且齿面间相对滑动速度也随着导程角 γ 的增大而增大,当润滑条
件不良时,会加速齿面的磨损。

3. 传动比 i、蜗杆头数 z_1 和蜗轮齿数 z_2

1）传动比 $i = z_2/z_1$。蜗杆传动通常以蜗杆为主动件，当蜗杆回转一周时，蜗轮将转过 z_1 个齿，即转过 z_1/z_2 周。因此，当蜗杆为主动件时，蜗杆传动的传动比 $i = n_1/n_2 = z_2/z_1$。

2）蜗杆头数 z_1 通常取为 1、2、4 或 6。当传动比 i 较大或要求自锁时可取 $z_1 = 1$，但传动效率低；当传动比 i 较小时，为了避免根切，或为了传递较大功率时，可选多头蜗杆，取 z_1 为 2、4 或 6。但是蜗杆头数过多时，会因为多条螺旋线并行绕在蜗杆圆柱面上给蜗杆、蜗轮滚刀制造精度提出更高要求，使制造困难。

3）蜗轮齿数 $z_2 = iz_1$，一般取 $z_2 = 28 \sim 80$。为了保证有足够的啮合齿对数，使传动平稳，z_2 不应小于 28 个齿。但对于动力传动，z_2 也不宜超过 80 个齿，因为当蜗轮直径 d_2 不变时，z_2 越多，模数 $m = d_2/z_2$ 就越小，蜗轮轮齿的弯曲强度就越低；若模数 m 不变，则 z_2 越大，蜗轮直径 $d_2 = mz_2$ 就越大，蜗杆传动结构尺寸如中心距 a、蜗杆轴向尺寸变大，同时如图 7.11 所示，支承蜗杆轴的轴承间跨距加大，使得蜗杆轴的弯曲刚度降低，容易产生挠曲而影响轮齿正常啮合；当用于分度机构传递运动时，z_2 的选择可不受此限制；z_1 和 z_2 的荐用值见表 7.2。

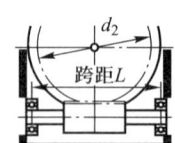

图 7.11　蜗杆传动
跨距与蜗轮直径
之间的影响

表 7.2　z_1 和 z_2 的荐用值

$i = z_2/z_1$	$5 \sim 6$	$7 \sim 13$	$14 \sim 27$	$28 \sim 80$
z_1	6	4	2	1
z_2	$30 \sim 36$	$28 \sim 52$	$28 \sim 54$	$28 \sim 80$

4. 传动中心距 a 和变位系数 x

1）标准中心距：$a = (d_1 + d_2)/2$。

2）变位的目的：① 配凑中心距；② 改变传动比；③ 提高承载能力及传动效率。

3）变位的方法：在蜗杆传动中，中间平面内蜗杆相当于齿条、蜗轮相当于渐开线齿轮；而且加工蜗轮的滚刀除齿顶圆直径外其余皆与蜗杆一样，若对蜗杆进行变位，则蜗轮滚刀也随之改变，标准中规定的蜗杆参数也就随之而变，失去了通用性和经济性。因此，变位只能通过将蜗轮滚刀相对于蜗轮毛坯径向位移，即对蜗轮进行变位，而蜗杆无论如何是不能变位的。因此，蜗杆传动变位特点是：① 只对蜗轮变位，蜗杆不能变位；② 变位后，蜗轮的分度圆仍与节圆重合，只不过其齿顶圆、齿根圆改变了；而变位后蜗杆的参数和尺寸保持不变，但节圆不再与蜗杆的分度圆重合。图 7.12 给出了几种变位情况。

4）蜗杆传动的变位方式：根据使用场合不同，可分为两种形式：

① 变位前后，蜗轮齿数不变（$z_2' = z_2$），而传动中心距改变（$a' \neq a$），如图 7.12a、c 所示。其中心距为

$$a' = a + xm = \frac{1}{2}(d_1 + mz_2 + 2mx) \tag{7.2}$$

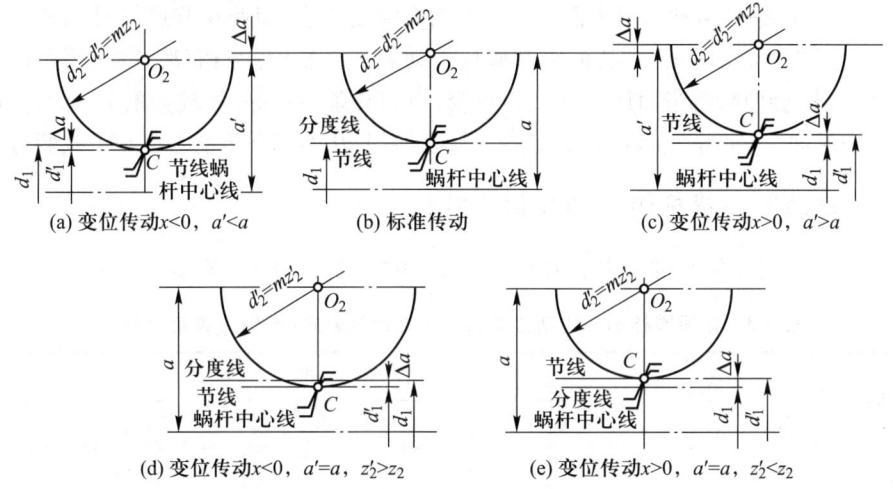

图 7.12 蜗杆传动的变位

式中:x 为变位系数。x 过大会使蜗轮轮齿齿顶变尖、过小会引起轮齿根切,故一般选取 $|x| \leqslant 1$。

② 变位前后,蜗轮传动中心距不改变($a'=a$),而蜗轮齿数发生变化($z_2' \neq z_2$,$d_2' \neq d_2$),如图 7.12d、e 所示。其中心距为

$$a' = \frac{1}{2}(d_1 + mz_2' + 2mx) \tag{7.3}$$

而

$$a' = a = \frac{1}{2}(d_1 + mz_2' + 2mx) = \frac{1}{2}(d_1 + mz_2)$$

则 $z_2' = z_2 - 2x$,有

$$x = \frac{1}{2}(z_2 - z_2') \tag{7.4}$$

显然,当正变位时,$z_2' < z_2$;当负变位时,$z_2' > z_2$。从避免齿顶变尖或根切的角度考虑有 $|x| \leqslant 1$,故 $|\Delta z_2| = |z_2 - z_2'| \leqslant 2$。利用这种变位方式,可以微调蜗杆传动的传动比。

5. 相对滑动速度 v_s

普通圆柱蜗杆传动的两轴线是空间相错且垂直的。如图 7.13 所示,蜗轮和蜗杆在中间平面内相当于直齿齿条与齿轮传动,在节点 C 处啮合时,蜗杆齿面、蜗轮齿面上节点 C 处的各自圆周方向上的线速度分别为 v_1、v_2,且 v_1、v_2 相互垂直,因此两齿面有相对滑动速度 v_s 为

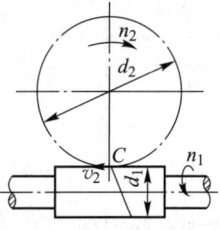

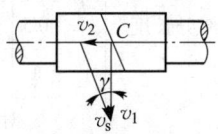

$$v_s = \sqrt{v_1^2 + v_2^2} = \frac{v_1}{\cos\gamma} = \frac{\pi d_1 n_1}{60 \times 1\,000\cos\gamma} \tag{7.5}$$

式中:d_1——蜗杆分度圆直径,mm;

n_1——蜗杆转速,r/min;

γ——蜗杆分度圆柱上的导程角,(°)。

图 7.13 蜗杆传动的
相对滑动速度

由此可知,蜗杆传动的两齿面间始终有相对滑动速度,即使在节点 C 处啮合也是如此。齿面间相对滑动速度 v_s 的大小对蜗杆传动有很大影响。当润滑、散热等条件不良时,较大的 v_s 会使啮合齿面产生磨损和胶合;当润滑条件良好时,较大的 v_s 有助于齿面上形成润滑油膜,使齿面间摩擦因数减小,减轻磨损,从而提高传动效率和承载能力。

7.2.2 普通圆柱蜗杆传动的几何尺寸计算

蜗杆传动的几何尺寸及其计算公式分别如图 7.8 及表 7.3 所示。

表 7.3 普通圆柱蜗杆传动主要几何尺寸计算公式(两轴交错角为 90°)

名称	符号	计 算 公 式	
		蜗杆	蜗轮
齿顶高	h_a	$h_{a1} = m$	$h_{a2} = (1+x)m$
齿根高	h_f	$h_{f1} = 1.2m$	$h_{f2} = (1.2-x)m$
全齿高	h	$h_1 = 2.2m$	$h_2 = 2.2m$
分度圆直径	d	d_1(按表 7.1 选取)	$d_2 = mz_2$①
齿顶圆直径	d_a	$d_{a1} = d_1 + 2h_{a1}$	$d_{a2} = d_2 + 2h_{a2}$②
齿根圆直径	d_f	$d_{f1} = d_1 - 2h_{f1}$	$d_{f2} = d_2 - 2h_{f2}$
蜗杆分度圆上导程角	γ	$\gamma = \arctan(z_1 m/d_1)$	
蜗轮分度圆柱上螺旋角	β_2		$\beta_2 = \gamma$
节圆直径	d'	$d'_1 = d_1 + 2xm$	$d'_2 = d_2$
传动中心距	a'	$a' = \dfrac{1}{2}(d_1 + d_2 + 2xm)$	
蜗杆轴向齿距	p_{a1}	$p_{a1} = \pi m$	
蜗杆螺旋线导程	p_s	$p_s = z_1 p_{a1}$	

蜗杆螺旋部分长度	L	z_1 / x	1~2	4~6	
		-1	$L \geqslant (10.5 + z_1)m$	$L \geqslant (10.5 + z_1)m$	
		0.5	$L \geqslant (8 + 0.06z_2)m$	$L \geqslant (9.5 + 0.09z_2)m$	
		0	$L \geqslant (11 + 0.06z_2)m$	$L \geqslant (12.5 + 0.09z_2)m$	
		0.5	$L \geqslant (11 + 0.1z_2)m$	$L \geqslant (12.5 + 0.1z_2)m$	
		1	$L \geqslant (12 + 0.1z_2)m$	$L \geqslant (13 + 0.1z_2)m$	
		对磨削的蜗杆,应将 L 值增大。$m < 6$ mm 时,加长 25 mm;$m = (10\sim14)$ mm,加长 35 mm;$m > 16$ mm 时,加长 50 mm			

续表

名称	符号	计 算 公 式		
		蜗杆	蜗轮	
蜗轮外圆直径	d_{e2}		z_1	
			1	2	4,6
			$d_{e2} \leqslant$ $d_{a2}+2m$	$d_{e2} \leqslant$ $d_{a2}+1.5m$	$d_{e2} \leqslant$ $d_{a2}+m$
蜗轮齿宽	b_2		z_1	
			1,2	4,6
			$b_2 \leqslant 0.75d_{a1}$	$b_2 \leqslant 0.67d_{a1}$
齿根圆弧面半径	R_1		$R_1 = d_{a1}/2+0.2m$	
齿顶圆弧面半径	R_2		$R_2 = d_{f1}/2+0.2m$	
齿宽角	θ		$\sin\dfrac{\theta}{2} \approx b_2/(d_{a1}-0.5m)$	

注：① 当按第二种方式变位时，计算 d_2、d_{a2}、d_{f2} 及 a' 值时应该采用 z_2'。

② d_{a2} 称为蜗轮喉圆直径。

7.3 蜗杆传动的主要失效形式、设计准则和材料选择

7.3.1 失效形式和设计准则

1. 主要失效形式

齿面胶合、齿面点蚀、齿面磨损和齿根弯曲疲劳折断，且失效通常发生在蜗轮齿面上。

1）齿面胶合

蜗杆传动的啮合齿面间有较大的相对滑动速度，若润滑、散热条件不良时，齿面间摩擦产生的热量不能及时散发掉会导致齿面温升加快，严重时两啮合齿面材料会瞬间高温黏连，同时两齿面间又有相对滑动，黏连之处必须脱开，一般情况下蜗轮轮齿部分的材料比蜗杆材料软，因此黏连在一起的蜗轮材料被撕开后黏附在蜗杆齿面，发生齿面胶合失效，同时引发振动和噪声。

2）齿面点蚀

同齿轮传动一样，齿面点蚀也分为扩展性点蚀和非扩展性点蚀。一般情况下蜗轮轮齿部分的材料较蜗杆材料软，因此点蚀易发生在蜗轮齿面上。

3）齿面磨损

机械加工的齿面粗糙程度取决于表面结构的粗糙度，实际上齿面在微观下是凹凸不平的，当两啮合齿面在法向正压力作用下，凹凸相间的金属微峰互相嵌藏，当两齿面

相对运动时,材料较硬的蜗杆齿面的金属微峰就像犁地的"铁犁"一样将阻挡其相对运动的蜗轮齿面的金属微峰"犁"掉,导致蜗轮齿面材料损失,即齿面磨损。

2. 设计准则

由于目前对于胶合和磨损的计算还缺乏可靠的方法和数据,因此蜗杆传动设计准则如下:

1) 通常按齿面接触疲劳强度条件计算蜗杆传动的承载能力;

2) 在选择许用应力时,适当考虑胶合和磨损等失效因素的影响;

3) 对闭式蜗杆传动要进行热平衡计算;

4) 必要时对蜗杆轴进行强度和刚度计算。

7.3.2　蜗杆和蜗轮的常用材料

由蜗杆传动的主要失效形式可知,蜗杆、蜗轮的材料不仅要有足够的强度,在材料的搭配上还要考虑摩擦副的耐磨性、减摩性和跑合性能。另外,从制造上考虑减小摩擦,要求蜗杆、蜗轮齿面要光洁,蜗杆齿面要有足够的硬度。

1. 蜗杆材料

蜗杆一般采用碳素钢或合金钢制造。

1) 对于高速重载的蜗杆传动:蜗杆的常用材料有 20、15Cr、20Cr、20CrMnTi、20MnVB 等钢材,经渗碳淬火后,齿面硬度值可达 58~63 HRC;也可采用 40、45、40Cr、40CrNi、42SiMn 等钢材,经表面淬火后,齿面硬度值可达 45~55 HRC。

2) 对于低速、中载的一般蜗杆传动:可用 40 或 45 等优质碳钢,经调质处理,齿面硬度值可达 220~300 HBW。

2. 蜗轮材料

常用的蜗轮材料一般有铸造锡青铜(ZCuSn10P1、ZCuSn5PbZn5)、铸造铝铁青铜(ZCuAl10Fe3)、灰铸铁(HT150、HT200)等。通常按齿面间的相对滑动速度 v_s 大小来选择。

1) 相对滑动速度 v_s>6 m/s(最大可达 25 m/s)的重要传动:常用锡青铜。其减摩性、耐磨性最好,抗胶合能力最强,但是强度较低,价格较高。

2) 相对滑动速度 $v_s \leqslant 6$ m/s 的一般传动:常用铝铁青铜。其减摩性、耐磨性、抗胶合能力都比锡青铜差,但有足够的强度,价格较低。

3) 相对滑动速度 $v_s \leqslant 2$ m/s 的低速或手动传动:用灰铸铁。

7.4　普通圆柱蜗杆传动的强度计算和刚度计算

7.4.1　蜗杆传动的受力分析与计算载荷

1. 蜗杆传动运动与受力分析

1) 运动分析:即根据蜗杆转向、蜗轮转向、轮齿螺旋线方向(即旋向)三者中的两个已知条件判断未知的另一个,如图 7.14 所示。

2) 受力分析:蜗杆传动受力分析与圆柱斜齿轮传动相似,但是蜗杆传动中齿面

蜗杆传动的
受力分析

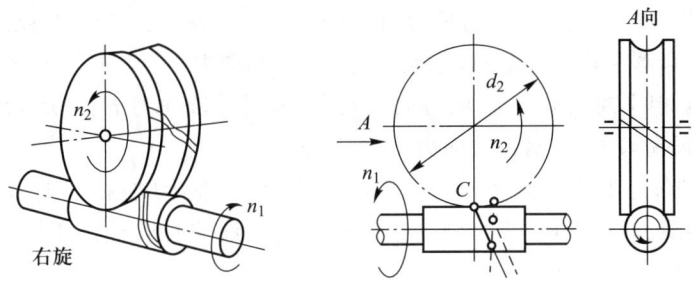

图 7.14 蜗杆传动的运动分析

啮合时摩擦损失较大,因此需考虑齿面间的摩擦力。如图 7.15 所示,当蜗杆主动时,节点啮合齿面间作用着沿齿面法向的正压力 F_n 和沿轮齿螺旋线切线方向的摩擦力 fF_n,可将两者的合力 F_R 分别沿径向、切向、轴向这三个相互垂直的方向进行分解,得到三个分力:径向力 F_r、圆周力 F_t、轴向力 F_a。由于蜗杆传动两轴线成空间交错 $90°$ 角,故在蜗杆、蜗轮齿面间相互作用着 F_{t1} 与 F_{a2}、F_{a1} 与 F_{t2}、F_{r1} 与 F_{r2} 三对大小相等方向相反的分力。即

$$\begin{cases} F_{t1} = -F_{a2} = \dfrac{2T_1}{d_1} \\ \\ F_{t2} = -F_{a1} = \dfrac{2T_2}{d_2} \\ \\ F_{r1} = -F_{r2} \approx F_{a1}\tan\alpha \end{cases} \tag{7.6}$$

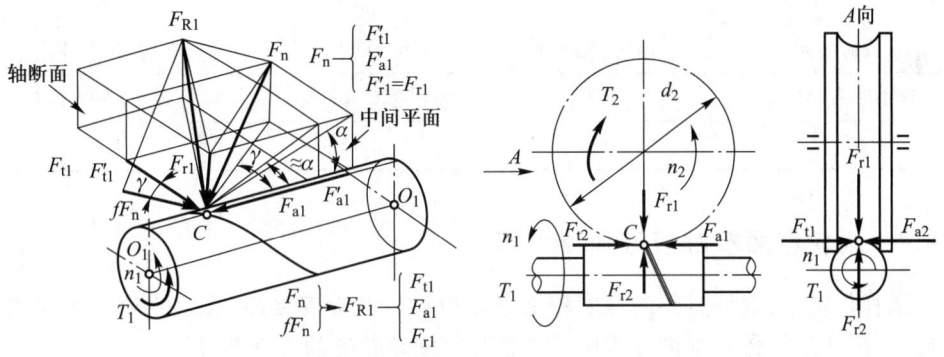

图 7.15 蜗杆传动的受力分析

法向力 $F_n = F'_{a1}/(\cos\gamma\cos\alpha_n)$,取 $F'_{a1} \approx F_{a1}$,$\cos\alpha_n \approx \cos\alpha$,则有

$$F_n \approx \frac{F_{a1}}{\cos\alpha\cos\gamma} = \frac{2T_2}{d_2\cos\alpha\cos\gamma} \tag{7.7}$$

式中:T_1、T_2——蜗杆和蜗轮轴上的转矩,$N\cdot mm$;$T_2 = i\eta T_1$,η 为传动效率,i 为传动比。

　　d_1、d_2——蜗杆和蜗轮的分度圆直径,mm。

　　α——压力角,$\alpha = 20°$。

　　γ——蜗杆分度圆柱上的导程角,$(°)$。

3）各力的方向及判别：周向分力（即圆周力 F_t）和径向分力（即径向力 F_r）的判别方法与外啮合圆柱齿轮相同；确定轴向分力（即轴向力 F_a）方向的方法有如下三种：

① 可根据相应的圆周力 F_t 的方向来判定，即蜗杆轴向力 F_{a1} 与蜗轮圆周力 F_{t2} 方向相反；蜗杆圆周力 F_{t1} 与蜗轮轴向力 F_{a2} 方向相反。

② 按主动件左右手定则来判断：主动件轮齿旋向左旋（右旋），则用左手（右手），握住主动件轴线，四指指向主动件转向，拇指与主动件轴线成平行姿势时所指的方向即为主动件上轴向力方向。

③ 用蜗杆传动的运动分析法可以判别轴向力方向。

2. 蜗杆传动的计算载荷

与齿轮传动一样，考虑到蜗杆传动实际工作时的工况、轮齿啮合时内部和外部因素引起附加动载荷等对承载能力影响，蜗杆传动的计算载荷定义为名义载荷与载荷系数 K 的乘积，即 $K = K_A K_v K_\beta$。

式中：K_A——使用系数，根据工作类型、载荷性质等按表 7.4 查取。

K_v——动载系数，由于蜗杆传动平稳，故 K_v 值较小，当蜗轮圆周速度 $v_2 \leqslant 3$ m/s 时，取 $K_V = 1.0$；当 $v_2 > 3$ m/s 时，取 $K_v = 1.1 \sim 1.2$。

K_β——齿向载荷分布系数，当蜗杆传动在稳定载荷下工作时，良好的跑合状况使得载荷分布不均匀现象得以改善，此时取 $K_\beta = 1.0$；当载荷变化较大或有冲击、振动时，由于蜗杆的变形不固定，不可能靠跑合使载荷分布均匀，取 $K_\beta = 1.1 \sim 1.3$，当蜗杆轴刚度大时，K_β 取小值，反之取大值。

表 7.4　使用系数 K_A

工 作 类 型	I	II	III
载荷性质	均匀、无冲击	不均匀、小冲击	不均匀、大冲击
每小时启动次数	<25	25 ~ 50	>50
K_A	1.0	1.15	1.2

7.4.2　蜗轮齿面接触疲劳强度计算

蜗杆传动中，蜗杆材料的强度较蜗轮轮齿材料的强度要高，失效主要发生在蜗轮轮齿上，因此蜗杆传动强度计算中一般仅计算蜗轮轮齿的强度即可。

在中间平面上，蜗杆相当于直齿齿条，蜗轮轮齿是倾斜的，相当于渐开线圆柱斜齿齿轮，蜗杆传动相当于直齿齿条与渐开线斜齿轮的啮合传动。因此，可以沿用斜齿轮传动齿面接触疲劳强度的计算方法，以赫兹公式 $\sigma_H = Z_E \sqrt{F_n / (L \rho_\Sigma)}$ 为原始公式，并按节点啮合的条件来计算赫兹公式中的有关参数，推导蜗轮齿面接触应力计算公式。

1. 计算综合曲率半径 ρ_Σ

由于蜗杆齿在法截面上近似为直线齿廓，因此可取蜗杆齿节点 C 处的法截面曲率半径 $\rho_1 = \infty$；蜗轮轮齿在节点处的法截面曲率半径 ρ_2 可按渐开线斜齿圆柱齿轮的计算公式求得。斜齿圆柱齿轮在节点处法截面上的曲率半径为 $\rho_2 \approx d_2 \sin \alpha_t / (2\cos \beta_b)$，相应地，蜗轮在节点处法截面上的曲率半径为 $\rho_2 \approx d_2 \sin \alpha / (2\cos \gamma)$。有

$$\frac{1}{\rho_\Sigma} = \frac{1}{\rho_1} + \frac{1}{\rho_2} = \frac{1}{\infty} + \frac{1}{\rho_2} = \frac{1}{\rho_2}$$

则可得蜗杆传动在中间平面内节点处啮合时综合曲率半径为

$$\rho_\Sigma = \rho_2 \approx d_2 \sin \alpha / (2\cos \gamma) \tag{7.8}$$

2. 计算载荷 F_{nC}

由 $F_{nC} = K F_n$ 及 $F_n \approx 2T_2 / (d_2 \cos \alpha \cos \gamma)$ 得，$F_{nC} \approx \dfrac{2KT_2}{d_2 \cos \alpha \cos \gamma}$ \hfill (7.9)

3. 计算蜗轮齿面接触线长度 L

$$L \approx 1.31 d_1 / \cos \gamma \tag{7.10}$$

4. 计算蜗轮齿面接触应力 σ_H

将式(7.8)~式(7.10)代入赫兹公式中并取 $\alpha = 20°$，$\cos \gamma = 0.95$ 经过整理可得

$$\sigma_H = Z_E \sqrt{9KT_2 / (d_1 d_2^2)} = Z_E \sqrt{9KT_2 / (m^2 d_1 z_2^2)}$$

5. 蜗轮齿面接触疲劳强度计算公式

校核计算式 $\qquad \sigma_H = Z_E \sqrt{\dfrac{9KT_2}{d_1 d_2^2}} = Z_E \sqrt{\dfrac{9KT_2}{m^2 d_1 z_2^2}} \leqslant [\sigma_H]$ \hfill (7.11)

设计计算式 $\qquad m^2 d_1 \geqslant 9KT_2 \left(\dfrac{Z_E}{z_2 [\sigma_H]} \right)^2$ \hfill (7.12)

6. 对式(7.11)、式(7.12)中参数的说明

1) $\quad Z_E$——材料的弹性系数,对于青铜或铸铁蜗轮与钢制蜗杆配对时,取 $Z_E = 160\sqrt{\mathrm{MPa}}$。

2) $[\sigma_H]$——蜗轮材料的许用接触应力,MPa。

3) $\quad T_2$——蜗轮传递的负载转矩,N·mm。

4) $\quad z_2$——蜗轮齿数。

7. 蜗轮材料的许用接触应力 $[\sigma_H]$

(1) 蜗轮材料为 $\sigma_b < 300$ MPa 的青铜时的 $[\sigma_H]$

蜗轮齿面主要失效形式是疲劳点蚀,其许用应力 $[\sigma_H]$ 与应力循环次数 N 有关,有

$$[\sigma_H] = K_{HN} [\sigma_{H0}] \tag{7.13}$$

式中:$[\sigma_{H0}]$——应力循环次数 $N = 10^7$ 时,蜗轮材料的基本许用接触应力。根据蜗轮材料、铸造方法及蜗杆齿面硬度由表 7.5 查得。

$\quad K_{HN}$——寿命系数。$K_{HN} = \sqrt[8]{10^7 / N}$,其中应力循环次数 N 的取值范围为 $2.6 \times 10^5 \leqslant N \leqslant 25 \times 10^7$。

表 7.5　　$\sigma_b < 300$ MPa 的锡青铜蜗轮的基本许用接触应力 $[\sigma_{H0}]$　　MPa

蜗 轮 材 料	铸 造 方 法	蜗杆齿面硬度	
		≤ 45HRC	> 45HRC
铸锡磷青铜 ZCuSn10P1	砂模铸造	180	200
	金属模铸造	200	220
铸锡铅锌青铜 ZCuSn5Pb5Zn5	砂模铸造	110	125
	金属模铸造	135	150

（2）蜗轮材料为 $\sigma_b \geq 300$ MPa 的青铜或铸铁时的 $[\sigma_H]$

蜗轮齿面的主要失效形式为齿面胶合，进行齿面接触疲劳强度计算是条件性的，是通过限制齿面接触应力 σ_H 的大小来防止发生齿面胶合，因此要根据抗胶合条件来选择许用接触应力，即根据蜗杆副材料组合及相对滑动速度 v_s 的大小来确定，而与应力循环次数无关。$[\sigma_H]$ 可由表 7.6 查取。

实践证明：在一般情况下蜗轮轮齿因弯曲疲劳强度不够而失效的情况较少，因此本章只介绍蜗轮轮齿的齿面接触疲劳强度计算，如需进行弯曲疲劳强度计算时可查阅有关资料。

表 7.6　　$\sigma_b \geq 300$ MPa 的青铜及灰铸铁蜗轮的许用接触应力 $[\sigma_H]$　　MPa

蜗杆副材料		相对滑动速度 $v_s/(\text{m/s})$						
蜗轮	蜗杆	0.25	0.5	1	2	3	4	6
铝铁青铜 ZCuAl10Fe3	钢、淬火[1]	—	250	230	210	180	160	120
锰铅青铜 ZCuZn38MnPb2	钢、淬火[1]	—	215	200	180	150	135	95
灰铸铁 HT150、HT200	渗碳钢	160	130	115	90	—	—	—
	调质或正火钢	140	110	90	70	—	—	—

注：① 蜗杆未经淬火时，表中的值需降低 20%。

7.4.3　蜗杆轴的强度与刚度计算

与一般轴的计算方法相同，通常把蜗杆螺旋线部分看做是以蜗杆齿根圆直径 d_{f1} 为直径的轴段（图 7.16a），经过简化后得到的普通阶梯轴（图 7.16b），然后按第十章轴的设计的内容进行强度与刚度计算。

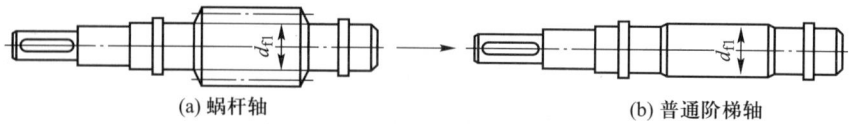

(a) 蜗杆轴　　　　　　　　　　　　　(b) 普通阶梯轴

图 7.16　蜗杆轴与简化后的普通阶梯轴

7.5 蜗杆传动的效率、润滑和热平衡计算

7.5.1 蜗杆传动的效率

图 7.17 所示的闭式蜗杆传动功率损耗包括三部分：齿面间啮合摩擦损耗、蜗杆轴上轴承摩擦损耗、搅动箱体内润滑油的溅油损耗。因此，蜗杆传动的总效率为

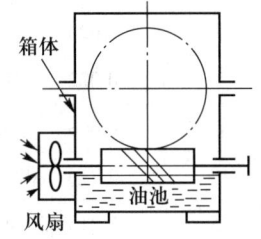

图 7.17 闭式蜗杆传动简图

$$\eta = \eta_1 \eta_2 \eta_3 \qquad (7.14)$$

式中：η_1——啮合效率，是影响蜗杆传动效率的主要因素。当蜗杆为主动时，$\eta_1 = \tan\gamma / \tan(\gamma + \rho')$。式中：$\gamma$ 为蜗杆分度圆柱上的导程角；ρ' 为当量摩擦角，其值可根据蜗轮齿圈部分材料、蜗杆齿面硬度和相对滑动速度 v_s 由表 7.7 查取。

η_2、η_3——轴承效率和溅油效率。一般地，$\eta_2\eta_3 = 0.95 \sim 0.96$。

即

$$\eta = (0.95 \sim 0.96)\frac{\tan\gamma}{\tan(\gamma + \rho')} \qquad (7.15)$$

由式(7.15)可知，导程角 γ 是影响蜗杆传动效率的主要参数之一，在 γ 值的常规范围内，η 随着 γ 的增大而提高，所以为提高传动效率，常采用多头蜗杆；但 γ 过大会导致蜗杆加工困难，而且当 $\gamma > 28°$ 时，进一步加大 γ 效率提高很少。因此，导程角 γ 一般小于 28°。在设计蜗杆传动时，可根据蜗杆头数 z_1 按表 7.8 初步估计蜗杆传动的总效率。

表 7.7 当量摩擦因数 f' 及当量摩擦角 ρ'

蜗轮齿圈材料	锡 青 铜				无 锡 青 铜		灰 铸 铁			
蜗杆齿面硬度	≥45 HRC		<45 HRC		≥45 HRC		≥45 HRC		<45 HRC	
相对滑动速度 v_s/(m/s)	f'	ρ'	f'	ρ'	f'	ρ'	f'	ρ'	f'	ρ'
0.01	0.110	6°17′	0.120	6°51′	0.180	10°12′	0.180	10°12′	0.190	10°45′
0.05	0.090	5°09′	0.100	5°43′	0.140	7°58′	0.140	7°58′	0.160	9°05′
0.10	0.080	4°34′	0.090	5°09′	0.130	7°24′	0.130	7°24′	0.140	7°58′
0.25	0.065	3°43′	0.075	4°17′	0.100	5°43′	0.100	5°43′	0.120	6°51′
0.50	0.055	3°09′	0.065	3°43′	0.090	5°09′	0.090	5°09′	0.100	5°43′
1.0	0.045	2°35′	0.055	3°09′	0.070	4°00′	0.070	4°00′	0.090	5°09′
1.5	0.040	2°17′	0.050	2°52′	0.065	3°43′	0.065	3°43′	0.080	4°34′
2.0	0.035	2°00′	0.045	2°35′	0.055	3°09′	0.055	3°09′	0.070	4°00′
2.5	0.030	1°43′	0.040	2°17′	0.050	2°52′	——		——	

续表

蜗轮齿圈材料	锡 青 铜				无锡青铜		灰 铸 铁			
蜗杆齿面硬度	≥45 HRC		<45 HRC		≥45 HRC		≥45 HRC		<45 HRC	
相对滑动速度 v_s/(m/s)	f'	ρ'	f'	ρ'	f'	ρ'	f'	ρ'	f'	ρ'
3.0	0.028	1°36′	0.035	2°00′	0.045	2°35′	—	—	—	—
4	0.024	1°22′	0.031	1°47′	0.040	2°17′	—	—	—	—
5	0.022	1°16′	0.029	1°40′	0.035	2°00′	—	—	—	—
8	0.018	1°02′	0.026	1°29′	0.030	1°43′	—	—	—	—
10	0.016	0°55′	0.024	1°22′	—	—	—	—	—	—
15	0.014	0°48′	0.020	1°09′	—	—	—	—	—	—
24	0.013	0°45′	—	—	—	—	—	—	—	—

表 7.8 蜗杆传动设计时总效率 η 的初步估计值

	z_1	1	2	4	6
η	闭式传动	0.7~0.75	0.75~0.82	0.87~0.92	0.95
	开式传动	0.6~0.7			

7.5.2 蜗杆传动的润滑

润滑对于蜗杆传动(尤其是闭式蜗杆传动)具有特别重要的意义。当润滑状况不良时,伴随着传动效率的显著降低,轮齿齿面还将剧烈磨损乃至胶合。因此,为了减少磨损、防止胶合的发生,蜗杆传动必须保持良好的润滑状况,为此往往采用黏度大的矿物油,并在润滑油中加入必要的添加剂,以在啮合齿面间形成强度较高的润滑油膜,提高齿面的抗胶合能力。

1. 润滑的主要目的

1)减小摩擦、减轻磨损;

2)散热降温;

3)降低振动和噪声。

2. 闭式蜗杆传动的润滑

主要根据相对滑动速度 v_s 和载荷情况按表 7.9 选择润滑油黏度和供油方法。如果采用传动件浸入油池润滑时,为了有利于在啮合齿面间形成强度较高的动压油膜并有助于散热,油池中应保持适当的油量,对传动件应有足够的浸油深度。对于下置蜗杆的传动,浸油深度不小于10 mm,如图 7.18b 所示;对于蜗杆上置的传动,蜗轮的浸油深度约为蜗轮外径的1/3,如图 7.18a 所示。如图 7.19 所示,如果采用喷油润滑,喷油嘴要对准蜗杆啮入端靠啮入运动将润滑油带入啮合区。蜗杆传动正反转工作情况下,两边都要有喷油嘴,而且要控制油压,以保证油有足够的压力避免高速旋转的蜗杆将油甩走,确保润滑油进入啮合区。

表 7.9　蜗杆传动的润滑油黏度推荐值和供油方法

相对滑动速度 $v_s/(\text{m/s})$	>0~1	>1~2.5	>2.5~5	>5~10	>10~15	>15~25	>25
载荷情况	重载	重载	中载	—	—	—	—
黏度×$10^{-6}/(\text{m}^2/\text{s})$ (40 ℃)	1 000	680	320	220	150	100	75
润滑方法	浸入油池			喷油润滑或油池润滑	喷油润滑时的喷油压力/MPa		
					0.07	0.2	0.3

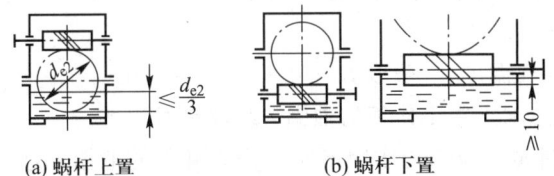

(a) 蜗杆上置　　　　　　(b) 蜗杆下置

图 7.18　闭式蜗杆传动浸油润滑的传动件浸油深度要求

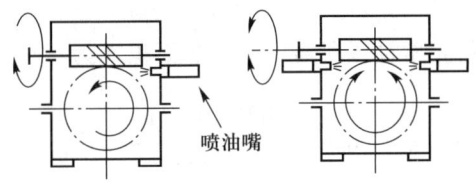

喷油嘴

图 7.19　闭式蜗杆传动喷油润滑的喷油嘴设置

3. 开式蜗杆传动的润滑

常采用黏度较高的齿轮油或润滑脂进行定期供油(脂)润滑。

7.5.3　蜗杆传动的热平衡计算

由于蜗杆传动效率较低,工作时发热量较大。在闭式蜗杆传动中,蜗杆蜗轮啮合齿面间、蜗杆轴上高速转动的滚动轴承内外圈与滚动体间以及蜗杆轴系浸油时高速搅油等均有摩擦并产生热量,如果热量不能及时散发掉,啮合齿面温度及油温将不断升高,导致齿面材料软化、润滑油黏度下降,润滑条件恶化,在啮合齿面间产生的、将齿面金属微峰隔开的高强度润滑油膜被破坏,两齿面金属微峰直接接触,从而导致齿面磨损加剧乃至齿面胶合,蜗杆传动失效。因此在设计时,要结合工作条件对闭式蜗杆传动进行热平衡计算,以将油温限制在正常工作所允许的规定范围内。热平衡条件:产生的热流量=散发掉的热流量。

1. 单位时间内摩擦功耗产生的热流量——Φ_1

$$\Phi_1 = 1\,000 P_1 (1 - \eta) \tag{7.16}$$

式中:P_1——蜗杆传动的功率,kW;

η——蜗杆传动的总效率。

2. 以自然冷却方式,单位时间内箱体外壁散发到空气中的热流量——Φ_2

$$\Phi_2 = h_{d}A(t - t_0) \tag{7.17}$$

式中:h_{d}——箱体的表面传热系数,根据箱体周围通风条件而定,没有循环空气流动时,取 $h_{d} = 8.15 \sim 10.5$ W/($m^2 \cdot ℃$);通风良好时,取 $h_{d} = 14 \sim 17.5$ W/($m^2 \cdot ℃$)。

A——散热面积,m^2,指箱体内壁能被润滑油飞溅到而外壁又能被周围空气冷却的箱体表面积;在箱体上设计有凸缘及散热片的情况下,其散热面积按实际面积的 50% 计算。

t——达到平衡时箱体内的油温,一般限制在 $60 \sim 70$ ℃ 的范围内,最高不超过 80 ℃。

t_0——周围空气温度,一般取 $t_0 = 20$ ℃。

3. 由热平衡条件求正常工作下的油温 t 或散热面积 A

根据热平衡条件 $\Phi_1 = \Phi_2$,可求得既定工作条件下的油温 t 为

$$t = t_0 + \frac{1\,000P_1(1 - \eta)}{h_{d}A} \tag{7.18}$$

在既定工作条件下,保持正常油温所需要的散热面积 A 为

$$A = \frac{1\,000P_1(1 - \eta)}{h_{d}(t - t_0)} \tag{7.19}$$

4. 若 $t>80$ ℃或有效散热面积不足时提高散热能力的措施

常用措施:

1) 合理设计箱体结构,在箱体外部铸出或焊上散热片,以增大散热面积;

2) 在蜗杆轴上装置风扇,进行人工通风,以提高散热系数,如图 7.17 所示;

3) 在箱体油池内装设蛇形冷却水管,如图 7.20a 所示;

4) 采用压力喷油循环润滑,如图 7.20b 所示。

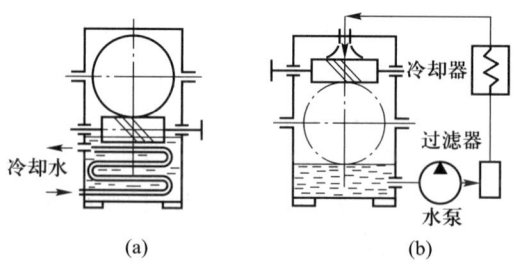

图 7.20　提高闭式蜗杆传动散热能力的措施

7.6 蜗杆和蜗轮的结构设计

7.6.1 蜗杆结构

蜗杆一般设计成如图 7.21a 所示的与轴一体的整体型式,称为蜗杆轴。按照蜗杆螺旋齿面的加工方法的不同,可分为车制蜗杆轴与铣制蜗杆轴两种结构形式。图 7.21b 所示为车制蜗杆,为车削螺旋齿面的轴段部分,螺旋齿面轴段两侧应有退刀槽;图 7.21c 所示为铣制蜗杆,可在轴上直接铣出螺旋齿面,在结构上不需要退刀槽。

当蜗杆的螺旋齿面直径较大时(d_{f1} 大于 1.7 倍轴径 d),可将蜗杆与轴分开设计、加工,然后装配在一起。

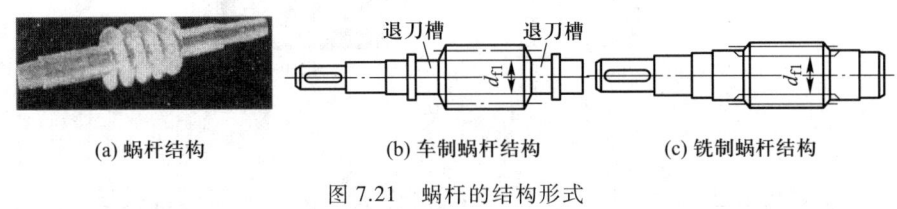

| (a) 蜗杆结构 | (b) 车制蜗杆结构 | (c) 铣制蜗杆结构 |

图 7.21　蜗杆的结构形式

7.6.2 蜗轮结构

蜗轮可设计成整体式或装配式结构。当蜗轮轮齿部分选为青铜等贵重有色金属材料时,为了节省材料,大多数蜗轮设计成装配式,作为轮缘的齿圈部分采用贵重有色金属材料,而轮毂和轮辐部分设计成一体并采用铸铁或碳钢等价格较低的材料。常用的蜗轮结构形式有以下几种:

1. 整体式

如图 7.22a 所示,主要用于铸铁蜗轮、铝合金蜗轮及直径小于 100 mm 的青铜蜗轮。

2. 齿圈压配式

如图 7.22b 所示,这种结构由青铜齿圈与铸铁轮芯所组成,齿圈与轮芯多采用过盈配合H7/s6 或 H7/r6,并在轮芯上的配合面旁加台阶用以轴向定位、沿接合面圆周方向加装 4~6 个螺钉以增强连接的可靠性。由于齿圈部分与轮芯部分材料硬度不同,为了便于钻孔,应将螺纹孔中心线向材料较硬的轮芯一侧偏移 2~3 mm,以使得钻孔时能够准确定位。由于这种结构主要靠过盈配合来传递转矩,故选用时必须考虑工作温度变化,否则会由于温度变化时两种不同材料线膨胀系数的不同改变配合质量。因此,这种结构适用于尺寸不太大、工作温度变化较小、齿圈与轮芯不拆或很少拆卸的蜗轮,以免热膨胀及多次拆卸影响配合质量。

3. 螺栓连接式

如图 7.22c 所示,这种结构的青铜齿圈与铸铁轮芯可采用过渡配合 H7/js6,用普通螺栓连接;也可采用间隙配合 H7/h6,用铰制孔螺栓连接。蜗轮的圆周力靠螺栓组连接来传递,因此螺栓的尺寸和数目必须经过严格的强度计算确定。这种结构工作可靠、装拆方便,多用于尺寸较大或容易磨损需经常更换齿圈的蜗轮。

4. 镶铸式

如图 7.22d 所示,这种结构的青铜齿圈是浇铸在已加工好的铸铁轮芯上,然后对轮缘进行切齿。为防止齿圈与轮芯相对滑动或转动,在轮芯外圆柱面上预先制出榫槽。此种方法只适用于大批生产的蜗轮。

蜗轮的几何尺寸可按表 7.3 中相应的计算公式来确定,而其他的结构尺寸可按图 7.22 中给出的经验数据或公式确定。

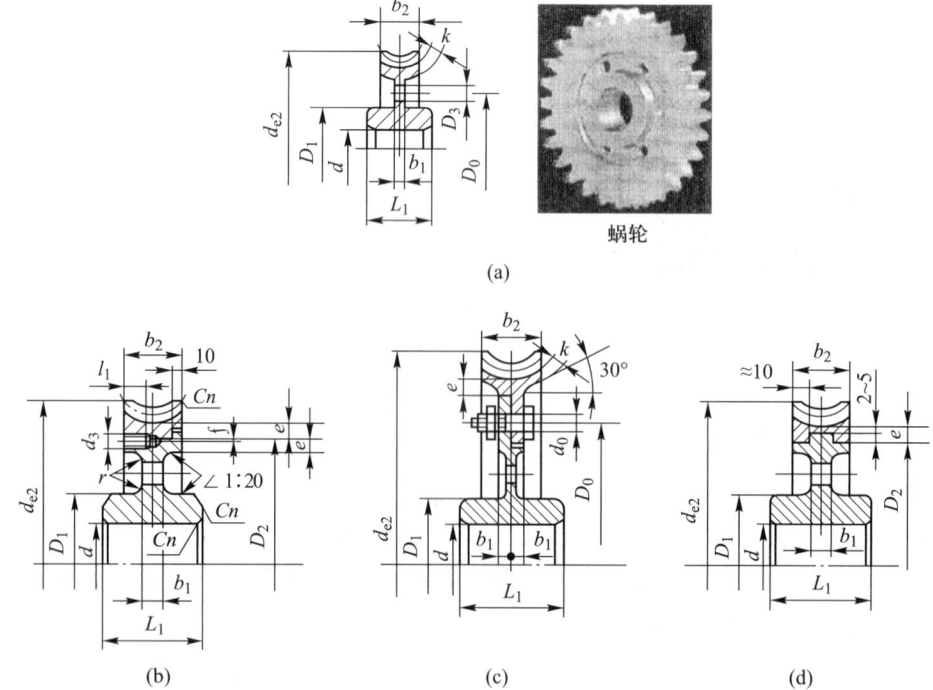

图 7.22 蜗轮的结构形式

$D_1 = (1.6 \sim 1.8)d$; $b_1 = 1.7m \geqslant 10$ mm; $l_1 = 3d_3$; D_0、D_2、D_3、r、n、n_1 等由结构确定;

$L_1 = (1.2 \sim 1.8)d$; $e = 2m \geqslant 10$ mm; $d_3 = (1.2 \sim 1.5)m$; $k = 1.7m$; d_0 按强度计算确定。

【**例 7.1**】 设计一混料机用的闭式普通圆柱蜗杆传动。已知:蜗杆输入功率 $P_1 = 9.5$ kW,蜗杆转速 $n_1 = 1\,440$ r/min,传动比 $i = 18$,单向转动,载荷平稳,一班制,使用期限为 4 年(每年工作日按 250 天计),批量生产。

【**解**】

(1)选择材料、热处理方式

考虑到蜗杆传动传递的功率不大,速度也不太高,蜗杆选用 45 钢制造,调质处理,齿面硬度为 $220 \sim 250$ HBW;假设相对滑动速度 $v_s > 6$ m/s,则蜗轮轮缘选用铸锡磷青铜 ZCuSn10P1,又因批量生产,采用金属模铸造。

(2)选择蜗杆头数 z_1 和蜗轮齿数 z_2

由表 7.2,按 $i = 18$,选取 $z_1 = 2$,则

$$z_2 = iz_1 = 18 \times 2 = 36$$

（3）按齿面接触疲劳强度确定模数 m 和蜗杆分度圆直径 d_1

$$m^2 d_1 \geqslant 9KT_2 \left(\frac{Z_E}{z_2 [\sigma_H]} \right)^2$$

1）确定作用于蜗轮上的扭矩 T_2。

按 $z_1 = 2$，初取 $\eta = 0.82$，则

$$T_2 = i\eta T_1 = i\eta \times 9.55 \times 10^6 \times \frac{P_1}{n_1}$$

$$= 18 \times 0.82 \times 9.55 \times 10^6 \times \frac{9.5}{1\,440} \text{ N} \cdot \text{mm} = 9.299 \times 10^5 \text{ N} \cdot \text{mm}$$

2）确定载荷系数 $K = K_A K_v K_\beta$。

由表 7.4 查取使用系数 $K_A = 1.0$；假设蜗轮圆周速度 $v_2 < 3$ m/s，则动载系数 $K_v = 1.0$；因工作载荷平稳，故取齿向载荷分布系数 $K_\beta = 1.0$。所以

$$K = K_A K_v K_\beta = 1.0 \times 1.0 \times 1.0 = 1.0$$

3）确定许用接触应力 $[\sigma_H] = K_{HN} [\sigma_{H0}]$。

由表 7.5 查取基本许用接触应力 $[\sigma_{H0}] = 200$ MPa。

应力循环次数 $N = 60 n_2 a L_h = 60 \times \frac{1\,440}{18} \times 1 \times 8 \times 250 \times 4 = 3.84 \times 10^7$

故寿命系数

$$K_{HN} = \sqrt[8]{\frac{10^7}{N}} = \sqrt[8]{\frac{10^7}{3.84 \times 10^7}} = 0.85$$

所以

$$[\sigma_H] = K_{HN} [\sigma_{H0}] = 0.85 \times 200 \text{ MPa} = 170 \text{ MPa}$$

4）确定弹性系数 $Z_E = 160 \sqrt{\text{MPa}}$。

5）确定模数 m 和蜗杆分度圆直径 d_1。

$$m^2 d_1 \geqslant 9KT_2 \left(\frac{Z_E}{z_2 [\sigma_H]} \right)^2 = 9 \times 1.0 \times 9.299 \times 10^5 \times \left(\frac{160}{36 \times 170} \right)^2 \text{ mm}^3 = 5\,720 \text{ mm}^3$$

由表 7.1，按 $m^2 d_1 \geqslant 5\,720$ mm^3，选取 $m = 8$ mm，$d_1 = 100$ mm。

（4）计算传动中心距 a

蜗轮分度圆直径 $\qquad d_2 = m z_2 = 8 \times 36 \text{ mm} = 288 \text{ mm}$

所以 $\qquad\qquad a = \frac{d_1 + d_2}{2} = \frac{100 + 288}{2} \text{ mm} = 194 \text{ mm}$

（5）验算蜗轮圆周速度 v_2、相对滑动速度 v_s 及传动效率 η

$$v_2 = \frac{\pi d_2 n_2}{60 \times 1\,000} = \frac{\pi \times 288 \times \frac{1\,440}{18}}{60 \times 1\,000} \text{ m/s} = 1.21 \text{ m/s}$$

显然 $v_2 < 3$ m/s，与原假设相符，取 $K_v = 1.0$ 合适。

由 $\tan \gamma = m z_1 / d_1 = 8 \times 2 / 100 = 0.16$，得 $\gamma = 9°5'25''$

所以　　　$v_s = \dfrac{\pi d_1 n_1}{60 \times 1\,000 \times \cos\gamma} = \dfrac{\pi \times 100 \times 1\,440}{60 \times 1\,000 \times \cos 9°5'25''}$ m/s $= 7.64$ m/s

显然 $v_s > 6$ m/s，与原假设相符，选用 ZCuSn10P1 作为蜗轮轮缘材料合适。由 $v_s = 7.64$ m/s，查表 7.7，插值得当量摩擦角 $\rho' = 1°29'$，所以

$$\eta = (0.95 \sim 0.96)\frac{\tan\gamma}{\tan(\gamma + \rho')} = (0.95 \sim 0.96) \times \frac{\tan 9°5'25''}{\tan(9°5'25'' + 1°29')}$$

$$= 0.816 \sim 0.823$$

与原来初取值相符。

（6）计算蜗杆和蜗轮的主要几何尺寸（略）

（7）热平衡计算

所需散热面积

$$A = \frac{1\,000 P_1 (1 - \eta)}{K_s (t - t_0)}$$

取油温 $t = 70$ ℃，周围空气温度 $t_0 = 20$ ℃，设通风良好，取散热系数 $K_s = 15$ W/$(\text{m}^2 \cdot \text{℃})$、传动效率 $\eta = 0.82$，则

$$A = \frac{1\,000 P_1 (1 - \eta)}{K_s (t - t_0)} = \frac{1\,000 \times 9.5 \times (1 - 0.82)}{15 \times (70 - 20)} \text{ m}^2 = 2.28 \text{ m}^2$$

若箱体散热面积不足此值，则需加散热片、装置风扇或采取其他散热冷却方式。

（8）选取精度等级和侧隙种类

因为这是一般动力传动，且 $v_2 < 3$ m/s，故取 8 级精度，侧隙种类代号为 c，即传动 8c（GB/T 10089—2018）。

（9）蜗杆和蜗轮的结构设计，绘制蜗杆和蜗轮的零件工作图（略）

思考题与习题

7.1　蜗杆传动特点有哪些？为什么？

7.2　圆柱蜗杆传动正确啮合的条件是什么？

7.3　蜗杆传动中为什么对每一个模数 m 规定了一定数量的标准的蜗杆分度圆直径 d_1？

7.4　如何选择蜗杆头数 z_1？对于动力传动，为什么蜗轮齿数 z_2 不应小于 28，也不宜大于 80？

7.5　蜗杆传动的变位有何特点？为什么？

7.6　蜗杆传动中对蜗杆副材料有什么要求？常用的蜗杆副材料有哪些？蜗轮材料一般根据什么条件来选择？铝铁青铜有什么优缺点？

7.7　为什么无锡青铜或铸铁蜗轮的许用接触应力 $[\sigma_H]$ 与齿面相对滑动速度 v_s 有关？为什么含锡青铜蜗轮的许用接触应力 $[\sigma_H]$ 与应力循环次数 N 有关，而与 v_s 无关？

7.8　蜗杆传动的主要失效形式是什么？为什么？蜗杆传动设计计算准则是什么？

7.9　为什么闭式蜗杆传动必须进行热平衡计算？采取哪些措施可改善蜗杆传动的散热条件？

7.10　标出题 7.10 图中未注明的蜗杆或蜗轮轮齿螺旋线方向及转动方向（均为蜗杆主动），画出蜗杆和蜗轮受力的作用点及三个分力（用箭头或 ⊗ ⊙ 表示，例如 →F_{a1}、⊗F_{t1}）。

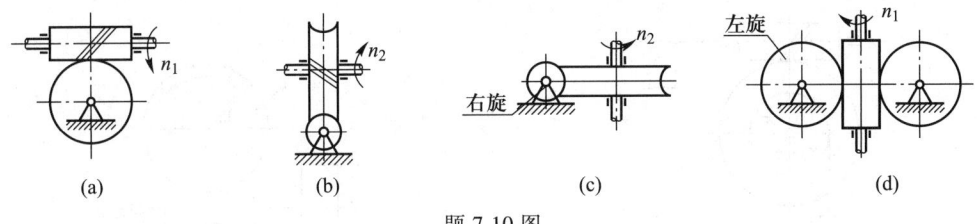

(a)　　　　　　　　(b)　　　　　　　(c)　　　　　　　　(d)

题 7.10 图

7.11　一标准圆柱蜗杆传动,已知:蜗杆转速 $n_1 = 960$ r/min,模数 $m = 8$ mm,蜗杆分度圆直径 $d_1 = 80$ mm,蜗杆头数 $z_1 = 2$,蜗轮齿数 $z_2 = 45$。试分析计算:

(1) 蜗轮的分度圆直径 d_2、传动中心距 a、传动比 i、蜗杆分度圆柱上的导程角 γ;

(2) 求节点啮合处蜗杆与蜗轮的相对滑动速度 v_s;

(3) 蜗杆为主动时,标出题 7.11 图中蜗杆螺旋线方向、蜗轮轮齿旋向及转向、受力的作用点及各传动件所受分力的方向(用箭头或 $\odot \otimes$ 表示)。

7.12　题 7.12 图所示有一闭式蜗杆传动,已知:蜗杆输入功率 $P_1 = 2.8$ kW,蜗杆转速 $n_1 = 960$ r/min,蜗杆头数 $z_1 = 2$,蜗轮齿数 $z_2 = 40$,模数 $m = 8$ mm ,蜗杆分度圆直径 $d_1 = 80$ mm,蜗杆和蜗轮齿面间的当量摩擦因数 $f' = 0.1$。试求:

(1) 该传动的啮合效率 η_1 及传动总效率 η;

(2) 作用于蜗杆轴上的转矩 T_1 及蜗轮轴上的转矩 T_2;

(3) 作用于蜗杆和蜗轮上的各分力的大小和方向。

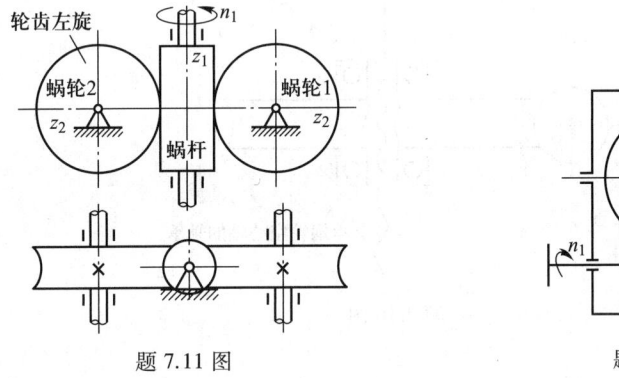

题 7.11 图　　　　　　　　　　题 7.12 图

7.13　如题 7.13 图所示,有一手动绞车采用蜗杆传动。已知:模数 $m = 8$ mm,蜗杆头数 $z_1 = 1$,蜗杆分度圆直径 $d_1 = 80$ mm,蜗轮齿数 $z_2 = 40$,卷筒直径 $D = 200$ mm,传动效率 $\eta = 0.4$。试求:

(1) 欲使重物 W 上升 1 m,手柄应转多少转?并在图上标出手柄的转动方向。

(2) 若起重量 $F_w = 10^4$ N,人手推力 $F = 200$ N,手柄长 L 为多少?

(3) 按起重量 $F_w = 10^4$ N,上升时确定在节点 C 处各分力的大小和方向。

7.14　试设计电动机驱动的闭式单级圆柱蜗杆传动,已知:蜗杆轴上输入功率 $P_1 = 7$ kW,蜗杆转速 $n_1 = 1 440$ r/min,蜗轮的转速 $n_2 = 80$ r/min,载荷平稳,单向转动,工作寿命 3 年,每日工作 16 h,批量生产。

7.15　题 7.15 图为一级斜齿圆柱齿轮加一级蜗杆传动。斜齿轮 1 由电动机驱动。已知当斜齿轮 1 按图示方向转动时,蜗轮输出轴按图示的顺时针方向转动。试分析为使轴 II 轴向力较小,合理确定出斜齿轮 2 轮齿旋向和蜗杆螺旋线旋向;分别画出斜齿轮 1、2 的轮齿旋向,并判断出蜗轮的轮齿旋向,画出各传动件啮合点受力方向。

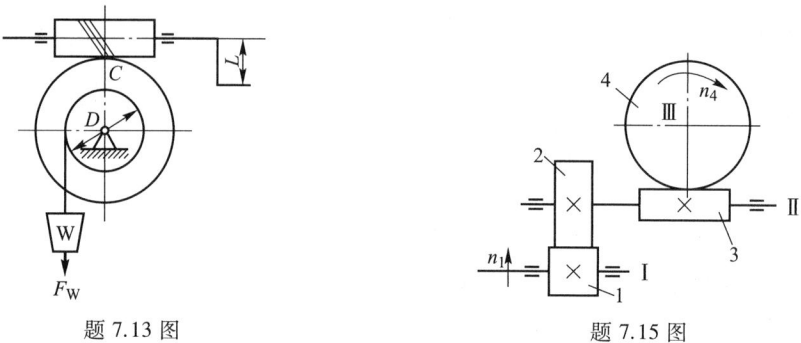

题 7.13 图　　　　　　　　　　题 7.15 图

7.16　有一开式蜗杆传动与螺旋传动联用的重物升降系统如题 7.16 图所示,蜗杆带动蜗轮转动,蜗轮轮毂的中部有螺纹孔(即蜗轮轮毂兼作螺母),蜗轮转动时,螺杆上下移动。蜗杆、螺杆均为右旋。已知重物上升时,螺杆的传动效率 $\eta_0 = 0.35$,蜗杆传动效率 $\eta = 0.66$。蜗杆头数 $z_1 = 1$,蜗轮齿数 $z_2 = 39$,螺旋传动的螺距 $P = 6$ mm,单线,起重量 $F_Q = 140$ kN,试分析重物上升时蜗杆的转向、重物上升 500 mm 时,蜗杆转多少圈? 推动重物上升时,蜗杆所需的转矩为多少? 重物上升和下降时,蜗杆传动的效率是否相同,螺旋传动效率是否相同? 并给出理由。

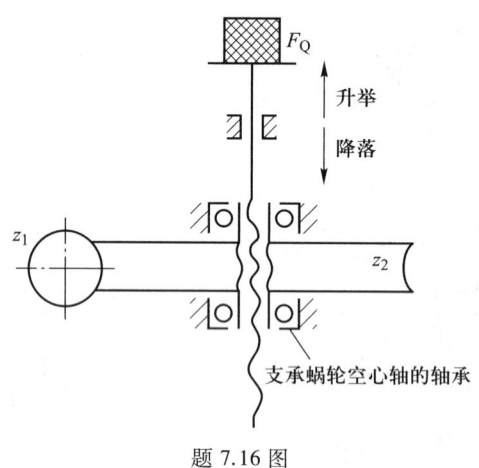

题 7.16 图

第八章 其他常用传动

8.1 链 传 动

8.1.1 链传动的特点和应用

链传动是在两个或多个链轮之间用链作为挠性拉曳元件的一种啮合传动,如图 8.1 所示。链传动是一种广泛应用的机械传动形式,通常用于中心距较大、多轴、平均传动比要求准确的传动以及环境恶劣的开式传动或低速重载传动等场合。

1. 链传动的特点

链传动同时兼有带传动和啮合传动的一些特点。

与摩擦型带传动相比,链传动不会发生弹性滑动和打滑现象,平均传动比准确,传动效率稍高;链条不需要很大的张紧力,作用于轴上的压力较小;传递相同载荷时,链传动结构较为紧凑;同时,链传动还能在高温、多尘、油污等恶劣的环境下工作。

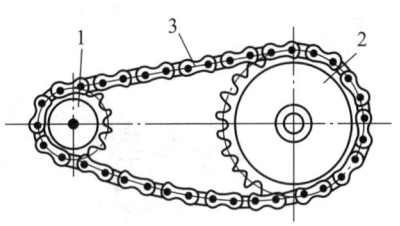

1—主动链轮;2—从动链轮;3—链条。
图 8.1 链传动

与齿轮传动相比,链传动的制造与安装精度要求较低,成本低;中心距大且结构轻便;作为挠性件传动具有一定的缓冲和减振能力;链轮多齿同时啮合,承载能力较大。

但是,链传动只能用于平行轴间同向回转的传动;运转时不能保持恒定的瞬时传动比;磨损后易发生跳齿、掉链;工作时有噪声;不宜在高速或载荷变化很大和急速反向的传动中应用。

2. 链传动的类型和应用

按照用途不同,链可分为传动链、输送链和起重链。一般机械传动中常用的是传动链。传动链从结构形式上又划分为滚子链、套筒链、齿形链和成形链等,如图 8.2 所示。套筒链与滚子链在结构上基本相同,只是在啮合部位缺少了滚子,所以套筒容易磨损,适用于低速传动(通常 $v \leqslant 2$ m/s)。齿形链是利用特定齿形的链片与链轮相啮合来实现传动的,因而传动平稳准确,振动噪声低(也称无声链),承受冲击载荷的能

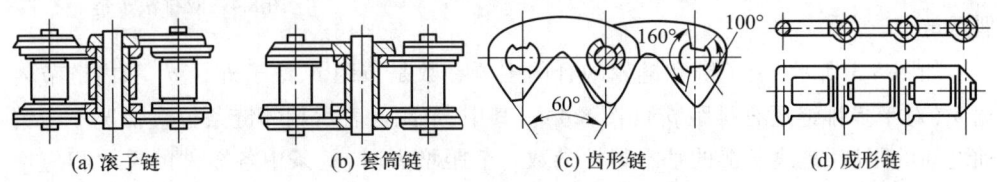

(a) 滚子链   (b) 套筒链   (c) 齿形链   (d) 成形链

图 8.2 传动链

力强;但其质量较大、制造及安装成本较高,适用于传动速度较高、载荷较大或传动精度要求较高的场合,允许线速度可达 40 m/s。成形链结构简单、装拆方便,通常应用于低速传动和农业机械中。

滚子链泛指短节距传动用精密滚子链、双节距传动用精密滚子链和重载传动用弯板滚子链等,但通常是指短节距精密滚子链。本章主要讨论滚子链。

8.1.2　滚子链的结构和规格

滚子链的结构如图 8.3 所示。它是由滚子 1、套筒 2、销轴 3、内链板 4 和外链板 5 所组成。内链板与套筒之间、外链板与销轴之间分别采用过盈配合。滚子与套筒之间,套筒与销轴之间则均为间隙配合。当内、外链板相对挠曲时,套筒可绕销轴自由转动。工作时滚子沿链轮齿廓滚动,可减轻齿廓的磨损。链的磨损主要发生在销轴与套筒的接触面上,因此内、外链板间一般应留出间隙,以便润滑油渗入销轴和套筒的摩擦面间。

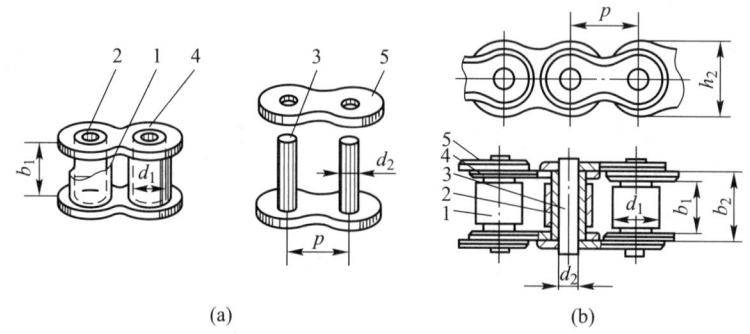

(a)　　　　　　　　　　　　(b)

1—滚子;2—套筒;3—销轴;4—内链板;5—外链板。

图 8.3　滚子链的结构

链的使用寿命在很大程度上取决于链的材料及热处理方法。因此,组成链的所有元件均需经过热处理,以提高其强度、耐磨性和耐冲击性。为减小链的质量和运动的惯性力,同时保持各横剖面具有相近的抗拉强度,链板一般制成 8 字形。

当传递大功率时,可采用双排链(图 8.4)或多排链。多排链各排间的载荷不易均匀,故排数不宜过多,一般在 6 排以下。滚子链的接头形式如图 8.5 所示。当链节数为偶数时,大节距可采用钢丝锁销(图 8.5a)固定,小节距采用弹簧锁片(图 8.5b)固定;当链节数为奇数时,需采用过渡链节(图 8.5c)。过渡链节中链板受到附加弯矩作用,降低链传动的强度,因此一般常用偶数链节。

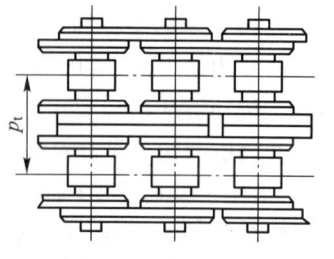

图 8.4　双排滚子链

如图 8.3 所示,滚子链和链轮啮合的主要参数是节距 p、滚子外径 d_1 和内链节内宽 b_1(对于多排链还有排距 p_t)(图 8.4)。其中,节距 p 表示相邻链条拉直情况下两销轴之间的距离,是滚子链的基本特性参数。节距增大时,链条中各零件的尺寸相应增大,传动能力也随之增大。

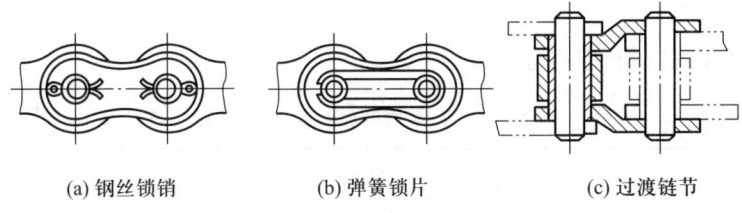

(a) 钢丝锁销　　　　　(b) 弹簧锁片　　　　　(c) 过渡链节

图 8.5　滚子链的接头形式

滚子链结构及其基本参数和尺寸已标准化(GB/T 1243—2024),它包括两种系列(对应美国 ANSI、欧洲标准)。滚子链规格、基本参数及其抗拉载荷见表 8.1,其中的链号为英制单位表示的节距大小,节距 $p=$ 链号×25.4/16 mm。

滚子链的标记方法为

链号-排数-整链链节数　标准编号

例如 40-1-88 GB/T 1243—2024,表示 ANSI 链号为 40、节距为 12.7 mm、单排、88 节组成的滚子链。

表 8.1　滚子链规格、基本参数及其抗拉载荷(摘自 GB/T 1243—2024)

链号	节距 $p/$ mm	排距 $p_t/$ mm	滚子直径 $d_{1\,max}/$ mm	内链节内宽 $b_{1\,min}/$ mm	销轴直径 $d_{2\,max}/$ mm	内链板高度 $h_{2\,max}/$ mm	抗拉载荷(单排) $F_Q^{①}/$kN	每米质量(单排) $q/$(kg/m)
05B	8.00	5.64	5.00	3.00	2.31	7.11	4.4	0.18
06B	9.525	10.24	6.35	5.72	3.28	8.26	8.9	0.40
08B	12.70	13.92	8.51	7.75	4.45	11.81	17.8	0.70
40	12.70	14.38	7.92	7.85	3.98	12.07	13.9	0.60
50	15.875	18.11	10.16	9.40	5.09	15.09	21.8	1.00
60	19.05	22.78	11.91	12.57	5.96	18.10	31.3	1.50
80	25.40	29.29	15.88	15.75	7.94	24.13	55.6	2.60
100	31.75	35.76	19.05	18.90	9.54	30.17	87.0	3.80
120	38.10	45.44	22.23	25.22	11.11	36.20	125.0	5.60
140	44.45	48.87	25.40	25.22	12.71	42.23	170.0	7.50
160	50.80	58.55	28.58	31.55	14.29	48.26	223.0	10.10
200	63.50	71.55	39.68	37.85	19.85	60.33	347.0	16.10
240	76.20	87.83	47.63	47.35	23.81	72.39	500.0	22.00

注:① 使用过渡链节时,其极限拉伸载荷按表列数值的 80%计算。

8.1.3　滚子链链轮的材料和结构

1. 链轮的材料

链轮的材料应能保证轮齿具有足够的强度和耐磨性。由于小链轮轮齿的啮合次数比大链轮轮齿的啮合次数多,所受冲击也较严重,故小链轮应采用强度更高的材料制造。

链轮常用的材料和应用范围见表 8.2。

表 8.2　链轮常用的材料及应用范围

材　　料	热　处　理	热处理后硬度	应　用　范　围
15、20	渗碳、淬火、回火	50~60 HRC	齿数 $z\leqslant 25$，有冲击载荷的主、从动链轮
35	正火	160~200 HBW	在正常情况下，齿数较多($z>25$)的链轮
40、50、ZG310-570	淬火、回火	40~50 HRC	无剧烈振动及冲击的链轮
15Cr、20Cr	渗碳、淬火、回火	50~60 HRC	有动载荷及传递较大功率的重要链轮($z<25$)
35SiMn、40Cr、35CrMo	淬火、回火	40~50 HRC	使用优质链条、重要的链轮
Q235、Q275	焊接后退火	140 HBW	中等速度，传递中等功率的较大链轮
普通灰铸铁（不低于 HT150）	淬火、回火	260~280 HBW	齿数 $z>50$ 的从动链轮
夹布胶木	—	—	功率小于 6 kW，速度要求较高，要求传动平稳和噪声低的链轮

2. 链轮的基本参数及主要尺寸

链轮的基本参数是配用链条的节距 p，滚子最大外径 d_1，排距 p_t 以及齿数 z。链轮的主要尺寸及计算公式见表 8.3。链轮轮毂孔的最大许用直径见表 8.4。

表 8.3　滚子链链轮主要尺寸及计算公式　　　　　　　　　mm

名　　称	代号	计　算　公　式	备　　注
分度圆直径	d	$d=p/\sin(180°/z)$	
齿顶圆直径	d_a	$d_{a\,max}=d+1.25p-d_1$ $d_{a\,min}=d+(1-1.6/z)p-d_1$	$d_{a\,max}$ 和 $d_{a\,min}$ 都可应用于最大和最小齿槽形状。$d_{a\,max}$ 的极限由刀具来限制
分度圆弦齿高	h_a	$h_{a\,max}=(0.625+0.8/z)p-0.5d_1$ $h_{a\,min}=0.5(p-d_1)$	h_a 是为简化放大齿形图的绘制而引入的辅助尺寸(图 8.6) $h_{a\,max}$ 相应于 $d_{a\,max}$ $h_{a\,min}$ 相应于 $d_{a\,min}$
齿根圆直径	d_f	$d_f=d-d_1$	
齿侧凸缘（或导槽圆直径）	d_g	$d_g=p\cot(180/z)-1.04h_2-0.76$	h_2——内链板高度，见表 8.1

注：d_a、d_g 值取整数，其他尺寸精确到 0.01 mm。

表 8.4　链轮轮毂孔最大许用直径 $d_{k\max}$　　　　　　　　　　　　　　mm

p \ z	11	13	15	17	19	21	23	25
8.00	10	13	16	20	25	28	31	34
9.525	11	15	20	24	29	33	37	42
12.70	18	22	28	34	41	47	51	57
15.875	22	30	37	45	51	59	65	73
19.05	27	36	46	53	62	72	80	88
25.40	38	51	61	74	84	95	109	120
31.75	50	64	80	93	108	122	137	152
38.10	60	79	95	112	129	148	165	184
44.45	71	91	111	132	153	175	196	217
50.80	80	105	129	152	177	200	224	249
63.50	103	132	163	193	224	254	278	310
76.20	127	163	201	239	276	311	343	372

3. 链轮齿形

滚子链链轮齿形已标准化,滚子链链轮的齿形由标准齿槽形状定出,如图 8.6 所示。但滚子链与链轮的啮合属于非共轭啮合,标准中仅规定了最大、最小齿槽形状及其极限参数,凡在两个极限齿槽形状之间的标准齿形均可采用。齿槽各部分尺寸计算公式见表 8.5。链轮轴向齿廓及尺寸也应符合标准规定,见图 8.7 及表 8.6。这种齿形的链轮在工作时的啮合接触应力较小,具有较高的承载能力。链轮齿廓可用标准刀具加工。因此,按标准齿形设计链轮时,设计工作图上不需要标出其端面齿形,只需按 GB/T 1243—2024 注明链轮的基本参数、主要尺寸和齿形即可。

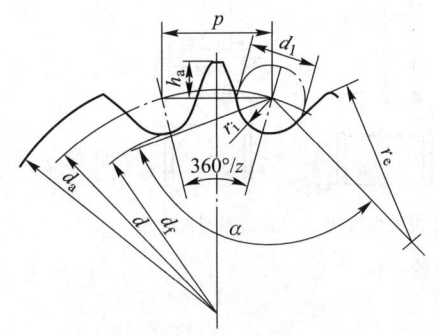

图 8.6　滚子链链轮齿槽形状

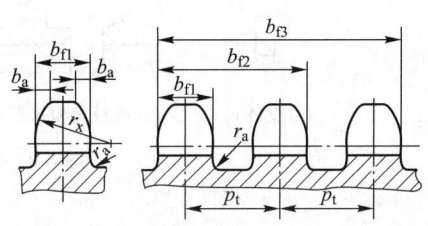

图 8.7　滚子链链轮轴向齿廓

表 8.5　滚子链链轮的齿槽尺寸计算公式

名　称	代号	计 算 公 式	
		最大齿槽形状	最小齿槽形状
齿槽圆弧半径	r_e	$r_{e\,min} = 0.008d_1(z^2+180)$	$r_{e\,max} = 0.12d_1(z+2)$
齿沟圆弧半径 （或滚子定位圆弧半径）	r_i	$r_{i\,max} = 0.505d_1 + 0.069\sqrt[3]{d_1}$	$r_{i\,min} = 0.505d_1$
齿沟角（或滚子定位角）	$\alpha/(°)$	$\alpha_{min} = 120° - 90°/z$	$\alpha_{max} = 140° - 90°/z$

表 8.6　滚子链链轮轴向齿廓尺寸　　　　　　　　　　mm

名　称		代号	计 算 公 式		备　注
			$p \leqslant 12.7$	$p > 12.7$	
齿宽	单排	b_{f1}	$0.93b_1$	$0.95b_1$	$p > 12.7$ mm 时,经制造商同意,亦可使用 $p \leqslant 12.7$ mm 时的齿宽。 $p \leqslant 12.7$ mm 中给出的四排以上链轮公式可由用户、制造商间协商使用,b_1 为内链节宽,见表 8.1
	双排、三排		$0.91b_1$	$0.93b_1$	
	四排以上		$0.88b_1$	$0.93b_1$	
齿侧倒角		$b_{a公称}$	$b_{a公称} = (0.1 \sim 0.15)p$		
齿侧半径		$r_{x公称}$	$r_{x公称} = p$		
齿侧凸缘（或排间槽）圆角半径		r_a	$r_a = 0.04p$		
链轮齿总宽		b_{fm}	$b_{fm} = (m-1)p_t + b_{f1}$		m 为链条排数

4. 链轮结构

如图 8.8 所示,同带轮、齿轮结构类似,链轮结构根据其尺寸分为整体式、腹板式和孔板式、齿圈焊接式、齿圈螺栓连接式等。大型链轮还可采用轮辐式铸造结构。

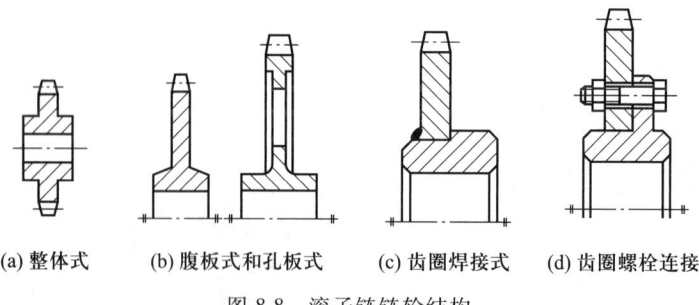

　(a) 整体式　　　(b) 腹板式和孔板式　　(c) 齿圈焊接式　　(d) 齿圈螺栓连接

图 8.8　滚子链链轮结构

8.1.4　链传动的运动特性

1. 链传动的运动不均匀性

　　链是由刚性链节通过销轴连接而成,传动过程中链节与相应轮齿啮合后,这一段链条将曲折成为正多边形的一部分(图 8.9)。该正多边形的边长等于链条的节距 p,边数等于链轮齿数 z。链轮每转一周,随之转过的链长为 zp,所以链的平均速度 v 为

$$v = \frac{n_1 z_1 p}{60 \times 1\,000} = \frac{n_2 z_2 p}{60 \times 1\,000} \tag{8.1}$$

式中:z_1、z_2——主、从动链轮的齿数;

　　　n_1、n_2——主、从动链轮的转速, r/min;

　　　　p——链的节距, mm。

　　链传动的平均传动比为

$$i_{12} = \frac{n_1}{n_2} = \frac{z_2}{z_1} \tag{8.2}$$

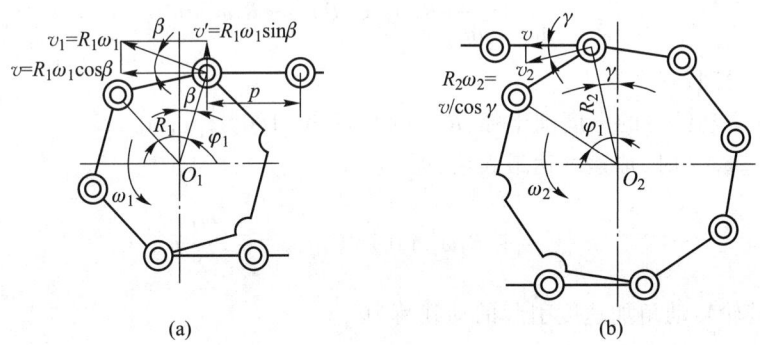

(a)　　　　　　　　　　　　　(b)

图 8.9　链传动的速度分析

　　通常使用式(8.1)和式(8.2)来求链速和传动比,但它们反映的仅是平均值。如图 8.9 所示,链轮转动时,绕在其上的链条只有销轴的轴心沿链轮分度圆运动,而链节其余部分的运动轨迹均不在分度圆上。

　　若主动链轮以等角速度 ω_1 转动,该链节的铰链销轴轴心作等速圆周运动,其圆周速度 $v_1 = R_1 \omega_1$。v_1 的水平分量,即链速为 $v = v_1 \cos\beta = R_1 \omega_1 \cos\beta$。式中:$\beta$ 是圆周速度与水平线的夹角,如图 8.9 所示。β 的变化范围在 $-\varphi_1/2 \sim \varphi_1/2$ 之间,$\varphi_1 = 360°/z_1$ 为主动轮上一个节距对应的圆心角。

　　由于 β 角的变化,链速 v 将随链轮转动的位置而变化。当 $\beta = 0$ 时,链速最大,$v_{\max} = R_1 \omega_1$;当 $\beta = \pm \varphi_1/2$ 时,链速最小,$v_{\min} = R_1 \omega_1 \cos(\varphi_1/2)$。

　　设从动轮的角速度为 ω_2,圆周速度为 v_2,则

$$v_2 = \frac{v}{\cos\gamma} = \frac{v_1 \cos\beta}{\cos\gamma} = R_2 \omega_2 \tag{8.3}$$

瞬时传动比

$$i_i = \frac{\omega_1}{\omega_2} = \frac{d_2 \cos \gamma}{d_1 \cos \beta} \tag{8.4}$$

可见链传动的瞬时传动比随着 β 和 γ 的变化而不断变化。当主动链轮以等角速度回转时,从动链轮的角速度将周期性变动。只有在两链轮齿数相同且传动中心距恰为节距 p 的整数倍时,β 和 γ 的变化规律才一致,传动比才能在整个啮合过程中保持不变且恒为 1。

2. 链传动的动载荷

链传动在工作过程中,链条和从动链轮都是作周期性的变速运动,因而造成和从动链轮相连的零件也产生周期性的速度变化,从而引起动载荷。动载荷的大小与回转零件的质量和加速度大小有关。

链条前进加速度引起的动载荷为

$$F_{d1} = m a_c \tag{8.5}$$

式中:m——紧边链条的质量,kg;

a_c——链条加速度,m/s^2。

$$a_c = \frac{\mathrm{d}v}{\mathrm{d}t} = \frac{\mathrm{d}}{\mathrm{d}t}(R_1 \omega_1 \cos \beta) = -R_1 \omega_1^2 \sin \beta \tag{8.6}$$

式中:t——时间,s;

R_1——主动链轮的分度圆半径,$R_1 = (p/2)/\sin(180°/z_1)$,m。

当 $\beta = \pm \varphi_1/2$ 时,加速度达最大值,即

$$a_{c\,max} = \mp R_1 \omega_1^2 \sin(180°/z_1) = \mp \frac{\omega_1^2}{2} p \tag{8.7}$$

从动链轮转动角加速度引起的动载荷为

$$F_{d2} = \frac{J}{R_2} \frac{\mathrm{d}\omega_2}{\mathrm{d}t} \tag{8.8}$$

式中:J——从动系统转化到从动链轮轴上的转动惯量,kg·m^2;

ω_2——从动链轮的角速度,rad/s;

R_2——从动链轮的分度圆半径,m。

计算结果表明,链轮转速越高,节距越大,齿数越少,则传动的动载荷就越大。同时,由于链条沿垂直方向的分速度也在作周期性的变化,将使链条发生横向振动,甚至发生共振。这也是链传动产生动载荷的重要原因之一。

此外,链节和链轮啮合瞬间的相对速度,也将引起冲击和动载荷。如图 8.10 所示,当链节啮合上链轮轮齿的瞬间,作直线运动的链节铰链和作圆周运动的链轮轮齿,将以一定的相对速度突然相互啮合,从而使链条和链轮受到冲击,并产生附加动载荷。显然链节距越大,链轮的转速越高,则冲击越强烈。

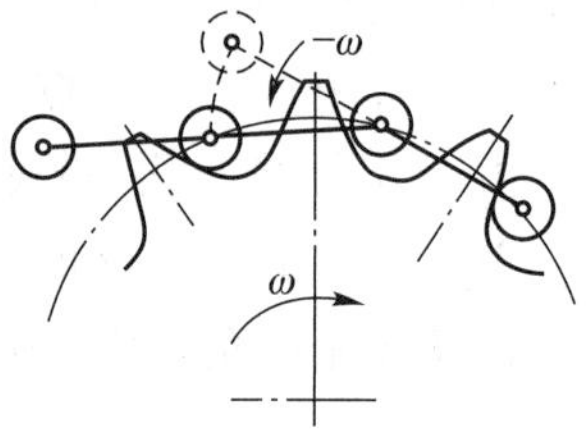

图 8.10　链条和链轮的啮合冲击

张紧不好的链传动,松边将有较大垂度,在启动、制动、反转、载荷波动等状态变化过程中出现的惯性冲击,也将增大链传动中的动载荷。

上述链传动运动不均匀性和动载荷的特征是由于传动中链形成了正多边形,称为链传动的多边形效应,是链传动的固有特性。

8.1.5 链传动的受力分析

同带传动相同,链传动在安装时也应保持一定的张紧力。但链传动张紧的主要目的是使松边不至于过松,以免影响链条正常啮合和产生振动、跳齿或脱链现象,所需的张紧力比起带传动要小。

链传动工作过程中紧边拉力和松边拉力也不相等,链传递的有效圆周力 F 是紧边拉力 F_1 和松边拉力 F_2 的差值。不考虑传动中的动载荷,链的松边拉力 F_2 是由链条松边垂度引起的悬垂拉力 F_f 和链的离心拉力 F_c 组成。故有:

$$F = F_1 - F_2 = 1\ 000\ \frac{P}{v} \qquad (8.9)$$

$$F_2 = F_c + F_f = qv^2 + K_f qga \qquad (8.10)$$

$$F_1 = F + F_2 = F + F_c + F_f \qquad (8.11)$$

式中:P——传递功率,kW。

v——链速,m/s。

q——单位长度链条的质量,见表 8.1,kg/m。

a——链传动的中心距,m。

K_f——垂度系数,指链松边下垂度 $f = 0.02a$ 时的拉力系数,见表 8.7。表中 α 为两链轮中心连线与水平面的倾斜角。

g——重力加速度,$g = 9.8$ m/s^2。

表 8.7　垂度系数 K_f

α	0°	30°	60°	75°	90°
K_f	7	6	4	2.5	1

链传动作用在轴上的压轴力为

$$F_Q \approx F_1 + F_2 = K_Q F \qquad (8.12)$$

式中:K_Q 为压轴力系数。对于水平传动,$K_Q = 1.15$;对于垂直传动,$K_Q = 1.05$。

8.1.6 滚子链传动的设计计算

1. 链传动的主要失效形式

1) 链条疲劳破坏　闭式链传动中,链条各个元件都在变应力作用下工作,经过一定应力循环后,链板将会出现疲劳断裂,套筒、滚子表面会出现疲劳裂纹或疲劳点蚀。在润滑可靠条件下,疲劳破坏是决定链传动承载能力的主要因素。

2) 链条铰链的磨损　链条在工作中,铰链的销轴与套筒在较大的压力下相对转动,导致铰链容易磨损,使链的实际节距变长,如图 8.11 所示。铰链磨损后,会发生传动不平稳、跳齿、振动、噪声变大等现象。磨损是开式链传动的主要失效形式。

　　3）链条铰链的胶合　润滑不良或链速过高时,铰链摩擦表面间的润滑油膜易被破坏,从而导致胶合。胶合失效在一定程度上限制了链传动的极限转速。

　　4）链条的过载拉断　低速重载的链条过载时,易发生静强度不足而被拉断。

2. 链的额定功率曲线

　　链传动在不同工作情况下主要失效形式也不同。图 8.12 给出了最常用的由链条元件疲劳和铰链胶合限定的额定功率曲线图。其中,曲线 1 表示由链板疲劳强度限定的额定功率;曲线 2 表示由滚子、套筒冲击疲劳强度限定的额定功率;曲线 3 表示由销轴和套筒胶合限定的额定功率。

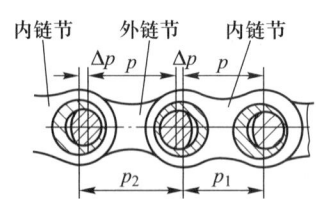

图 8.11　链条磨损后的实际节距

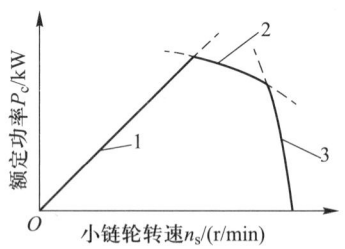

图 8.12　滚子链额定功率曲线

　　图 8.13 为 A 系列单排链条典型承载能力图,它是在下列实验条件下制订的:单排,平稳载荷,小链轮齿数为 19,链长为 120 节,传动比为 1:3 到 3:1,符合规定润滑方式,预期使用寿命为 15 000 h,工作温度在 $-5\sim70\ ℃$ 的情况下制订的。根据小链轮转速 n_s 可在图中查得各种链条的额定功率 P_c。

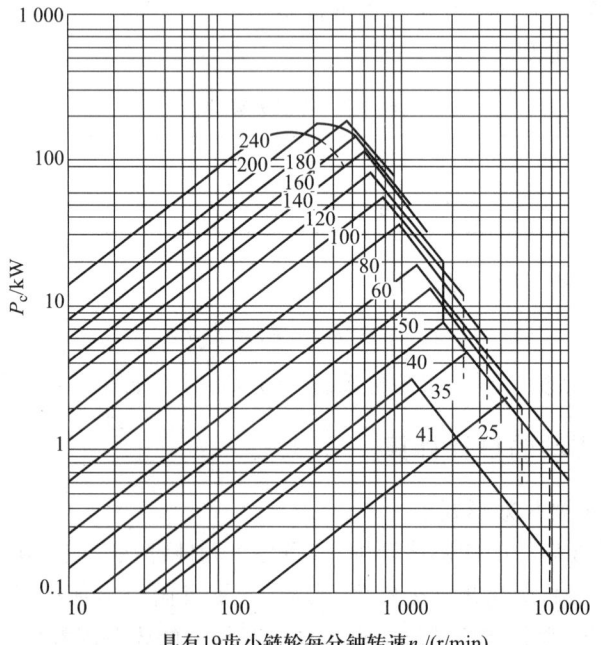

图 8.13　A 系列单排链条典型承载能力图

（使用双排链时的额定功率是单排链的 1.7 倍,三排链时的额定功率是单排链的 2.5 倍）

3. 链传动的设计

链是标准零件,链传动设计主要是确定链节距、排数、链轮齿数、传动比、中心距和链节数等。具体设计步骤如下:

(1)选择链轮齿数 z_1、z_2 和传动比 i

小链轮齿数 z_1 对链传动平稳性和工作寿命影响很大。当链节距相同时,齿数过少会使多边形效应显著,传动的不均匀性和动载荷增加,铰链磨损加剧;齿数太多会导致传动尺寸和系统质量增大,磨损后还易发生跳齿和掉链现象,缩短链的使用寿命。一般取链轮的最少齿数 $z_{1min} = 17$,对于高速或承受冲击载荷的链传动,小链轮至少应选择 25 个齿,并且齿面应淬硬。z_1 可根据链速的大小从表 8.8 中选取。

表 8.8　链速与小链轮齿数 z_1 的关系

链速 $v/(m/s)$	$0.6 \sim 3$	$3 \sim 8$	>8	>25
齿数 z_1	≥ 17	21	≥ 25	≥ 35

大链轮的齿数为 $z_2 = i_{12}z_1$。一般推荐最大齿数 $z_{2max} = 114$。选取链轮齿数,还应考虑轮齿和链的均匀磨损问题。通常链节数取偶数,故两链轮齿数最好取互质的奇数。

链传动的传动比 i 一般应小于 7,常用传动比 $i = 2 \sim 3.5$,以保证传动时小链轮上的包角不致过小(通常包角最好不小于 $120°$)。当链速较低、载荷平稳和传动尺寸允许时 i 可达 10。

(2)确定链节距和排数

链节距 p 大小可确定链条和链轮各部分的主要尺寸的大小,可根据传递的额定功率 P_c 和小链轮转速 n_s 由图 8.13 选取。当链传动工作的实际情况与图 8.13 规定的实验条件不符时,应对实际功率按式(8.15)加以修正,即

$$P_c = f_1 f_2 P \tag{8.13}$$

式中:P_c——在特定条件下,单排链所能传递的额定功率,kW,见图 8.13;

P——链传递的功率,kW;

f_1——应用系数,见表 8.9;

f_2——齿数系数。

表 8.9　应用系数 f_1

从动机械特性	主动机械特性		
	平 稳 运 转	轻 微 振 动	中 等 振 动
平稳载荷	1.0	1.1	1.3
中等冲击载荷	1.4	1.5	1.7
较大冲击载荷	1.8	1.9	2.1

应用系数 f_1 主要考虑由链传动的操作条件和主、从动机械引起的附加动载荷;小链轮齿数系数 f_2 则主要考虑小链轮齿数变化对由链板疲劳强度限制的额定功率修正,数值利用式 8.14 计算可得。

$$f_2 = (19/z_1)^{1.08} \tag{8.14}$$

式中：z_1 为小链轮的齿数。

一般按照小链轮转速 n_s 和计算出的修正额定功率 P_c，根据链条承载能力图 8.13 选择满足要求的具有最小节距的单排链。当速度超过了最小节距单排链的限制或在要求传动紧凑的场合，可考虑选用较小节距的多排链。

（3）计算链节数和链轮中心距

链条长度用链节数 L_p 来表示。在计算 L_p 之前，应先根据结构要求初步确定，或按推荐值 $a_0 = (30 \sim 50)p$（$a_{0\max} = 80p$）初选链传动中心距 a_0。再按式（8.15）计算 L_p 为

$$L_p = \frac{2a_0}{p} + \frac{z_1 + z_2}{2} + \left(\frac{z_1 - z_2}{2\pi}\right)^2 \frac{p}{a_0} \tag{8.15}$$

计算出的 L_p 应圆整，最好取偶数，避免采用过渡链节。根据圆整后的链节数计算理论中心距为

$$a = \frac{p}{4}\left[\left(L_p - \frac{z_1 + z_2}{2}\right) + \sqrt{\left(L_p - \frac{z_1 + z_2}{2}\right) - 8\left(\frac{z_2 - z_1}{2\pi}\right)^2}\right] \tag{8.16}$$

为便于安装并保证链条松边有一个合适的垂度 $f = (0.01 \sim 0.02)a$，实际中心距 a 应较理论中心距略小。

（4）根据式（8.12）计算压轴力 F_Q

（5）选择润滑方式

链传动的润滑方式可根据链节距和链速按图 8.14 中所推荐的方式润滑。当实际情况不能保证图 8.14 中推荐的润滑方式时，链传动的工作能力和使用寿命将会下降，甚至根本不能工作。

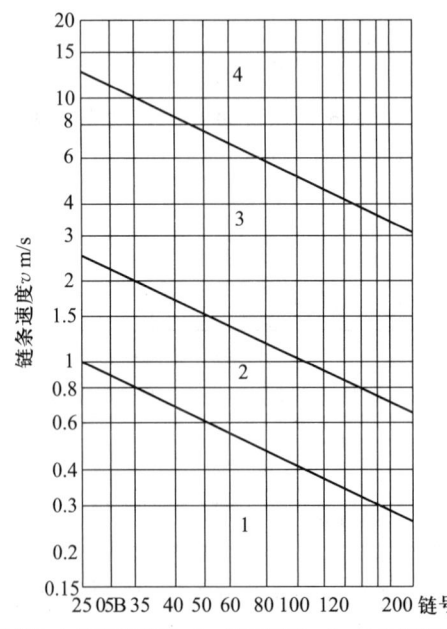

1—用油壶或油刷由人工定期润滑；2—滴油润滑；3—油池润滑或油盘飞溅润滑；

4—强制润滑，带过滤器，假如必要可带油冷却器。

图 8.14   润滑范围选择图

润滑油推荐采用 L–AN32、L–AN46、L–AN68 全损耗系统用油。对于开式及重载低速传动,可在润滑油中加入二硫化钼、二硫化钨等添加剂。对于不方便使用润滑油的场合,可以使用润滑脂,但应定期清洗与更换。

4. 低速链传动的静强度计算

链速 $v<0.6$ m/s 的链传动属于低速链传动,其主要失效形式是过载拉断,应进行静强度计算。

按照式(8.19)安全系数法计算低速链传动的静强度,即

$$S = \frac{1\,000F_{lim}n}{f_1F} \geqslant 4 \tag{8.17}$$

式中:F_{lim}——单排链的极限拉伸载荷,kN,查表 8.1;

　　　n——链排数;

　　　f_1——应用系数,见表 8.8;

　　　F——链传动的工作拉力,N。

8.1.7　链传动的布置和张紧

1. 链传动的布置

链传动的链轮应布置在同一铅垂平面内,其布置形式及评价见表 8.10。

表 8.10　链传动的布置

传 动 参 数	正 确 布 置	不正确布置	说　　明
$i=2\sim3$ $a=(30\sim50)p$	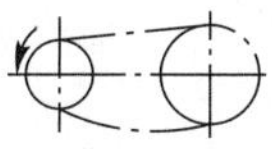	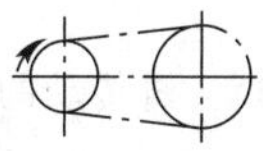	两轮轴线在同一水平面,紧边一般布置在上边,但布置在下边亦可
$i>2$ $a<30p$ 大传动比、小中心距场合	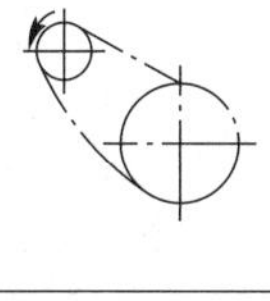	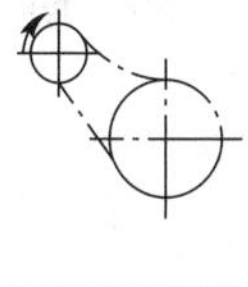	两轮轴线不在同一水平面,松边应在下面,否则松边下垂量增大后,链条易与链轮卡死
$i<1.5$ $a>60p$ 小传动比、大中心距场合	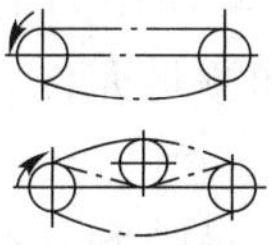	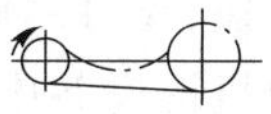	两轮轴线在同一水平面,松边应在下面,否则下垂量增大后,松边会与紧边相碰,需经常调整中心距
垂直传动 i、a 为任意值	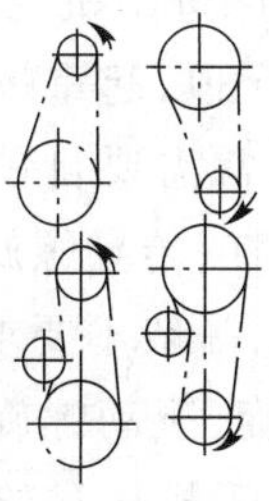	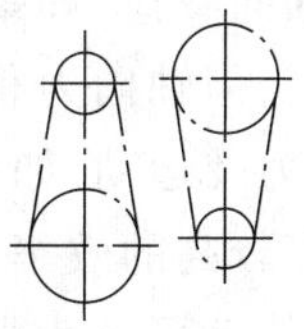	两轮轴线在同一铅垂面内,下垂量增大,会减小下链轮的有效啮合齿数,降低传动能力,应采用中心距可调,增加张紧装置,或使上、下两轮轴线不在同一铅垂面内

2. 链传动的张紧

链传动的张紧程度可用其松边垂度大小表示。链传动张紧的目的,主要是为了避免链条垂度过大时产生啮合不良和链条的振动,同时增加链条与链轮的啮合包角。

链传动的张紧方法包括调整中心距、缩短链长和设置张紧装置。张紧装置如图 8.15 所示,可采用链轮或无齿滚轮作为张紧轮(图 8.15a、b、d),也可用压板和托板张紧(图 8.15c、e)。张紧轮一般紧压在松边靠近小链轮处,图 8.16a、b 采用弹簧、吊重等自动张紧,图 8.16c、d 采用螺旋、偏心等定期调整装置张紧。

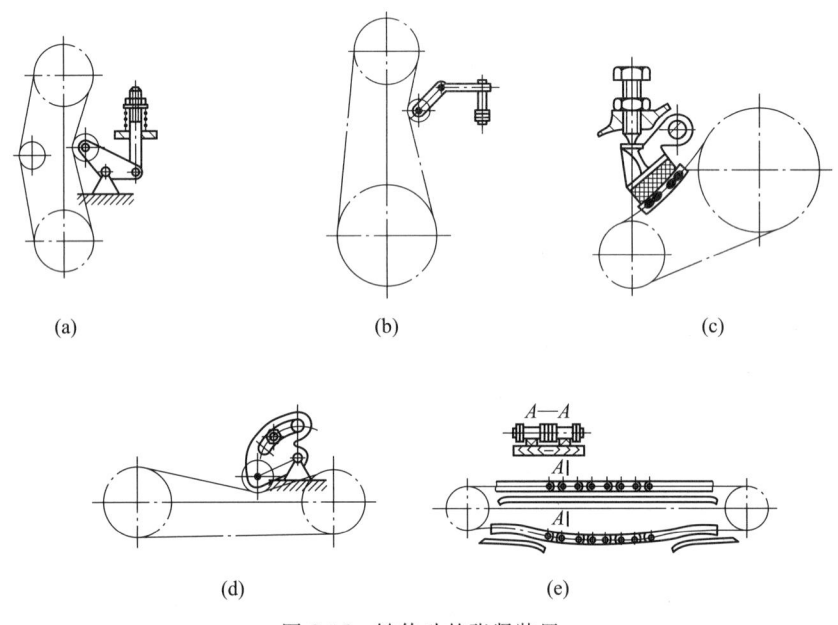

(a)　　　　　　　　　(b)　　　　　　　　　(c)

(d)　　　　　　　　　(e)

图 8.15　链传动的张紧装置

8.2　螺　旋　传　动

8.2.1　螺旋传动的类型和应用

螺旋传动是利用螺杆和螺母组成的螺旋副传递运动和动力的机构。螺旋传动可实现旋转运动和直线运动的相互转换,还可用做调整和测量元件,广泛应用于机床、起重机械、锻压设备、测量仪器及其他机械设备中。

按其用途螺旋传动可分为调整螺旋、起重螺旋和传导螺旋。调整螺旋用以固定零件的位置,一般不在工作载荷作用下作旋转运动,如机床进给机构中的微调螺旋;起重螺旋用以举起重物或克服很大的轴向载荷,如螺旋千斤顶,起重螺旋一般为间歇性工作,每次工作时间较短、速度也不高,但轴向力很大,通常需要自锁,因工作时间短,不追求高效率;传导螺旋用以传递动力及运动,如机床丝杠,传导螺旋多在较长时间连续工作,有时速度也较高,因此要求有较高的效率和精度,一般不要求自锁。

按螺纹间摩擦性质不同,螺旋传动可分为滑动螺旋、滚动螺旋和静压螺旋。滑动螺旋摩擦阻力大,易于自锁,结构简单,加工方便,常用于机床进给、分度机构,摩擦压力机和千斤顶等。滚动螺旋摩擦阻力小,低速不爬行,但抗冲击性能较差,结构复杂,制造困难,常用于机床、测试机械、仪器的传动和调整机构,转向机构等。静压螺旋摩擦阻力最小,工作平稳无爬行,寿命长,但螺母结构复杂且需要精密供油系统,常用于精密机床的进给、分度机构。

本节主要介绍滑动螺旋的设计方法。

千斤顶

8.2.2　滑动螺旋的材料及许用应力

螺杆的材料要求有足够的强度,常用 45、50 钢。对于重要传动,要求高的耐磨性,需要进行热处理,可选用 T12、65Mn、40Cr、40CrMn、20CrMnTi 等钢。对于精密传动螺旋还要求热处理后有较好的尺寸稳定性,可选用 9Mn2V、CrWMn 等钢。

螺母材料除要求有足够的强度外,还要求与螺杆材料配副后摩擦因数小和耐磨损。常选用铸造青铜 ZCuSn10Pb1、ZCuSn5Pb5Zn5;重载低速时选用高强度铸造青铜 ZCuAl10Fe3 或铸造黄铜 ZCuZn25Al6Fe3Mn3;低速小载荷也可用耐磨铸铁。

滑动螺旋副材料的许用压强见表 8.11,许用应力见表 8.12。

螺纹形状的选择参考本书 3.1.1 节。

表 8.11　滑动螺旋副材料的许用压强

螺杆和螺母副材料	滑动速度 v_s/(m/s)	许用压强$[p]$/ MPa
钢-青铜	低速	18~25
	< 0.05	11~18
	0.1~0.2	7~10
	> 0.25	1~2
钢-钢	低速	7.5~13
钢-耐磨铸铁	0.1~0.2	6~8
钢-铸铁	< 0.4	13~18
	0.1~0.2	4~7
淬火钢-青铜	0.1~0.2	10~13

表 8.12　滑动螺旋副材料的许用应力　　　　　　　　MPa

材料		许用应力		
		$[\sigma]$	$[\sigma_b]$	$[\tau]$
螺杆	钢	$\sigma_s/(3\sim5)$		
螺母	钢		$(1\sim1.2)[\sigma]$	$0.6[\sigma]$
	青铜		40~60	30~40
	耐磨铸铁		50~60	40
	铸铁		45~55	40

8.2.3 滑动螺旋传动的设计计算

滑动螺旋的主要失效形式为螺纹磨损、螺杆断裂、螺纹牙根剪断和弯断,螺杆很长时还可能失稳。一般常根据抗磨损条件或螺杆断面强度条件设计螺杆尺寸,对其他失效形式进行校核计算。对有自锁要求的螺旋副,要校核其自锁条件,对传动精度要求高的螺旋副,需校核由螺杆变形造成的螺距变化量是否超过许用值。

1. 耐磨性计算

螺纹的磨损多发生在螺母上。磨损与螺纹工作表面的压强、滑动速度、工作表面的粗糙度及润滑状况等因素有关,其中最主要的是压强。压强越大,螺纹工作表面越容易磨损。所以,耐磨性计算主要是限制螺纹工作表面的压强,以防止过度磨损。

假想螺纹牙可展开成一长条,如图 8.16 所示。设螺旋的轴向载荷为 F,螺母旋合高度为 H、螺距为 P,螺纹旋合圈数为 $z = H/P$,螺纹工作高度为 h,承压面积(垂直于轴线方向上的投影面积)为 A,螺纹工作面上的压强为 p_s,则螺纹的耐磨性条件为

$$p_s = \frac{F}{A} = \frac{F}{\pi d_2 hz} = \frac{FP}{\pi d_2 hH} \leqslant [p] \tag{8.18}$$

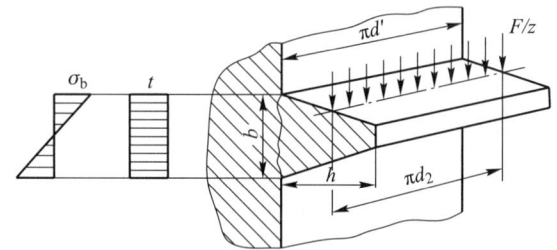

图 8.16 展开后的一圈螺纹

若需按耐磨性条件设计螺纹中径 d_2 时,可引用系数 $\psi = H/d_2$ 以消去 H,得

$$d_2 \geqslant \sqrt{\frac{FP}{\pi \psi h [p]}} \tag{8.19}$$

对于矩形和梯形螺纹,$h = 0.5P$,则

$$d_2 \geqslant 0.8 \sqrt{\frac{F}{\psi [p]}} \tag{8.20}$$

对于锯齿形螺纹,$h = 0.75P$,则

$$d_2 \geqslant 0.65 \sqrt{\frac{F}{\psi [p]}} \tag{8.21}$$

式中:$[p]$ 为许用压强,MPa,见表 8.11。

系数 ψ 的值,可根据螺母结构选定。对于整体式螺母,磨损后间隙不能调整,取 $\psi = 1.2 \sim 2.5$;对于剖分式螺母,间隙可调整;若需螺母兼作支承且受力较大时,可取 $\psi = 2.5 \sim 3.5$;对于传动精度较高,要求寿命较长时,允许取 $\psi = 4$。

计算出 d_2 后,应选为标准值,螺纹的其他参数根据 d_2 按标准确定。由于旋合各

圈受力不均,应使 $z \leqslant 10$。

2. 螺杆强度计算

螺杆断面承受轴向力 F 和转矩 T 的作用,例如千斤顶的受力如图 8.17 所示。根据第四强度理论,螺杆危险截面的强度条件为

$$\sigma = \sqrt{\left(\frac{4F}{\pi d_1^2}\right)^2 + 3\left(\frac{16T}{\pi d_1^3}\right)^2} \leqslant [\sigma] \quad (8.22)$$

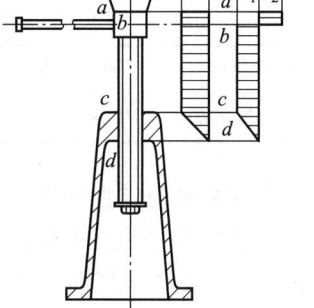

对于起重螺旋,因所受轴向力大,速度低,常需根据螺杆强度确定螺杆螺纹小径,即

对于矩形和锯齿形螺纹

$$d_1 \geqslant \sqrt{\frac{4 \times 1.2F}{\pi[\sigma]}} \quad (8.23)$$

对于梯形螺纹 $\quad d_1 \geqslant \sqrt{\frac{4 \times 1.25F}{\pi[\sigma]}} \quad (8.24)$

图 8.17 千斤顶螺杆截面受力图

式中:d_1——螺杆螺纹小径, mm;

$[\sigma]$——螺杆材料许用应力, MPa,见表 8.12;

F——螺杆所受轴向力,N;

T——螺杆所受转矩,N·mm,$T = F \cdot \dfrac{d_2}{2} \tan(\phi + \rho')$,其中 ϕ 为螺纹升角,ρ' 为

当量摩擦角。

3. 螺纹牙强度计算

因螺母材料强度低于螺杆,故螺纹牙的剪切和弯曲破坏多发生在螺母上。可将展开后的螺母螺纹牙看做一悬臂梁,螺纹牙根部的剪切强度校核计算式为

$$\tau = \frac{F}{\pi d'bz} \quad (8.25)$$

螺纹牙根部的弯曲强度校核计算式为

$$\sigma_b = \frac{\dfrac{F}{z} \dfrac{h}{2}}{\dfrac{\pi d'b^2}{6}} = \frac{3Fh}{\pi d'zb^2} \leqslant [\sigma_b] \quad (8.26)$$

式中: d'——螺母螺纹大径, mm;

h——螺纹牙的工作高度, mm;

b——螺纹牙根部厚,梯形螺纹的 $b = 0.65P$,锯齿形螺纹的 $b = 0.74P$,矩形螺纹的 $b = 0.5P$, mm;

$[\tau]$、$[\sigma_b]$——螺母材料的许用切应力和许用弯曲应力,MPa。

如果螺杆和螺母材料相同,因螺杆螺纹小径 d_1 小于螺母螺纹大径 d',应校核螺杆螺纹牙强度,只要将两式中的 d' 改为 d_1 即可。

4. 螺纹副自锁条件校核

对有自锁要求的螺旋,要校核其自锁性,其条件为

$$\phi \leqslant \rho' \tag{8.27}$$

其中 $\rho' = \arctan f'$,梯形螺纹副的当量摩擦因数 f' 见表 8.13。

表 8.13　螺旋传动螺纹副的当量摩擦因数 f'(定期润滑)

螺纹副材料	钢-青铜	钢-耐磨铸铁	钢-铸铁	钢-钢	淬火钢-青铜
当量摩擦因数 f'	0.08~0.10	0.10~0.12	0.12~0.15	0.11~0.17	0.06~0.08

5. 螺杆的稳定性计算

对于细长的受压螺杆,当轴向压力 F 大于某一临界值时,螺杆会发生横向弯曲而失去稳定。受压螺杆的稳定性条件式为

$$\frac{F_c}{F} \geqslant 2.5 \sim 4 \tag{8.28}$$

式中: F_c 为螺杆稳定的临界载荷。

临界载荷 F_c 与螺杆材料及长径比(柔度) $\lambda = \dfrac{\mu l}{i} = \dfrac{4\mu l}{d_1}$ 有关。

对于淬火钢螺杆

当 $\lambda \geqslant 85$ 时

$$F_c = \frac{\pi^2 EI}{(\mu l)^2}$$

当 $\lambda < 85$ 时

$$F_c = \frac{490}{1+0.000\,2\lambda^2} \frac{\pi d_1^2}{4}$$

对于不淬火螺杆

当 $\lambda > 90$ 时

$$F_c = \frac{\pi^2 EI}{(\mu l)^2}$$

当 $\lambda < 90$ 时

$$F_c = \frac{340}{1+0.000\,13\lambda^2} \frac{\pi d_1^2}{4}$$

对于 $\lambda < 40$ 的螺杆,一般不会失稳,不需进行稳定性校核。

上列各式中

l——螺杆的最大工作长度,mm。若螺杆为两端支承,取 l 为两支点间的距离,若螺杆一端以螺母支承,则取 l 为螺母中部到另一端支点间的距离。

μ——螺杆长度系数,与螺杆的支承情况有关,见表 8.14。

I——螺杆危险截面的轴惯性矩, $I = \dfrac{\pi d_1^4}{64}$,mm^4。

i——螺杆危险截面的惯性半径, $i = \sqrt{\dfrac{I}{A}} = \dfrac{d_1}{4}$,其中 A 为危险截面的面积,mm。

E——螺杆材料的弹性模量,对于钢, $E = 2.07 \times 10^5$ MPa。

表 8.14　螺杆长度系数 μ

端部支承情况	长度系数 μ	备　　注
两端固定	0.5	判断螺杆端部支承情况的方法：
一端固定,一端不完全固定	0.6	滑动支承时:长径比小于 1.5;
一端铰支,一端不完全固定	0.7	铰支:长径比 1.5~3.0;
两端不完全固定	0.75	不完全固定:长径比大于 3.0; 固定支承:
两端铰支	1.0	整体螺母作支承时,同滑动支承; 剖分螺母作支承时,为不完全固定支承;
一端固定,一端自由	2.0	滚动支承时:有径向约束——铰支,有径向和轴向约束——固定支承

8.2.4　滚动螺旋传动简介

　　滚动螺旋利用滚动体将滑动摩擦改变为滚动摩擦,提高了传动效率。滚动螺旋间的滚动体多采用钢球或陶瓷球,也有采用圆柱、圆锥滚子的。滚动螺旋传动又被称为滚珠丝杠副。按照球的循环方式,滚珠丝杠副分为外循环(图 8.18a)和内循环(图 8.18b)两种。外循环的导路为一导管;内循环导路为每圈螺纹有一反向器,钢球只在本圈内循环。

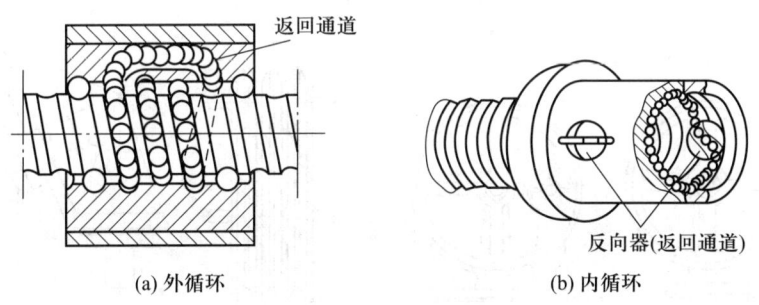

(a) 外循环　　　　　　　　　　　(b) 内循环

图 8.18　滚动螺旋传动

8.2.5　静压螺旋传动简介

　　静压螺旋传动如图 8.19 所示,利用静压原理使螺旋传动副始终处于液体摩擦状态。螺杆为具有梯形螺纹的普通螺杆,在螺母每圈螺纹牙两侧面的中径处,各均匀分布 3~4 个油腔。液压系统中的压力油经节流器进入油腔并产生一定油腔压力。螺杆所受外力由节流器调节作用产生的压力差相平衡。

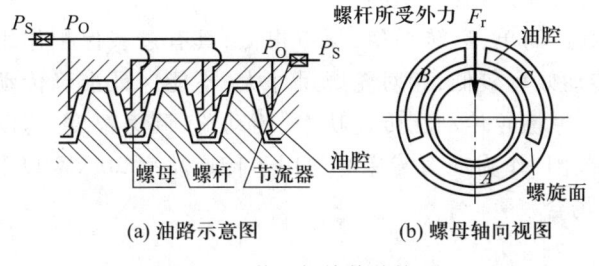

(a) 油路示意图　　　　　(b) 螺母轴向视图

图 8.19　静压螺旋传动简图

8.3　摩擦轮传动

8.3.1　摩擦轮传动的类型和应用

摩擦轮传动是由两个相互压紧的滚轮,依靠接触面间的摩擦传递运动和动力。具有结构简单、制造容易、运转平稳、过载可以打滑,以及能连续平滑地改变传动比的特点,有着较大的应用范围,是无级变速传动的主要元件。

根据摩擦轮传动润滑状态的不同,分为干摩擦型和有润滑型两类。干摩擦轮传动中一轮多由非金属材料(如橡胶、皮革、塑料、木材、织物等)包覆,受到材料性能和接触应力限制,其结构尺寸较大,运转中有滑动,传动效率低,常用于中小功率传动。有润滑型摩擦轮传动常称为牵引传动,一般指相互压紧的金属滚轮,工作在压黏指数很高的流体中,其接触区在高压下会产生抗剪强度很高的润滑油膜,可以传递很大的摩擦力(牵引力);金属表面一般都经过硬化处理,润滑油通常是矿物油、硅制剂或合成润滑油。

根据摩擦轮形状分为圆柱平摩擦轮传动(图 8.20a、b)、圆柱槽形摩擦轮传动(图 8.20c)和圆锥摩擦轮传动(图 8.20d)。

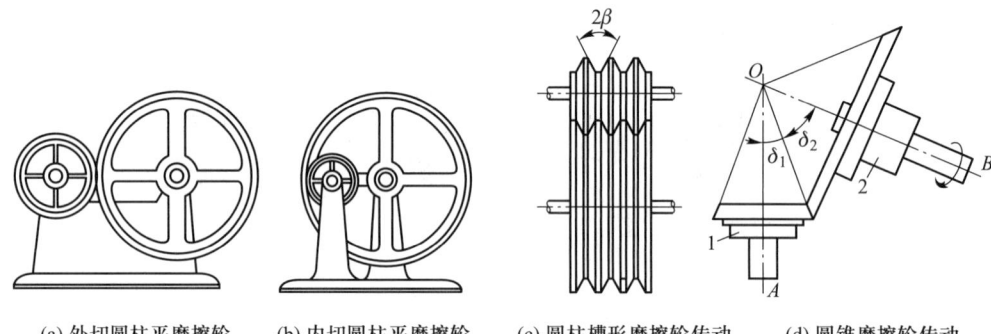

(a) 外切圆柱平摩擦轮　　(b) 内切圆柱平摩擦轮　　(c) 圆柱槽形摩擦轮传动　　(d) 圆锥摩擦轮传动

图 8.20　圆柱、圆锥摩擦轮传动

根据传动比是否变化,分为定传动比传动和变传动比传动。图 8.20 中传动都属于传动比基本固定的摩擦轮传动。若主动轮以一定转速回转,而从动轮的转速可随两轮接触位置的不同而改变,从而调节传动比和从动轮转速的摩擦轮传动通常称为摩擦无级变速器。表 8.15 为常见摩擦无级变速器形式,根据主从动轮是否接触分为直接接触式和间接接触式摩擦无级变速器。

摩擦轮传动制造简单,运转平稳,噪声很低,具有过载保护作用,能无级调速等优点;但同时有传动效率较低,相对轮廓尺寸大,不能保证准确传动比,干摩擦时磨损寿命低等缺点。摩擦轮传动在传递功率、传动比、调速幅度、速度、轴间距等方面都有很大的适用范围,作为动力传递时常用于传递功率 20 kW 以下、传动比≤7、圆周速度≤25 m/s 场合。

表 8.15　常见摩擦无级变速器形式

圆　盘　式	圆　锥　式	球　面　式
	直接接触的摩擦无级变速器 	
	利用中间机件的间接接触的摩擦 无级变速器 	

8.3.2　摩擦轮材料

制造摩擦轮的材料应该是:弹性模量大,摩擦因数高,接触疲劳强度和耐磨性好,吸湿性小(对于非金属材料),价廉并易于加工。

要求结构紧凑、传动效率高时,两轮都选用淬火钢轮面,如 GCr15、GCr15SiMn、GCr9SiMn 或 20CrMnTi、18CrNiWA 等,经表面硬化处理后达到 60HRC 以上。轮面应有较高的制造精度和低的表面结构粗糙度值。为提高其寿命,应在油中工作。

对于摩擦轮尺寸较大、转速较低的开式传动以及结构复杂的摩擦轮常采用铸铁与铸铁(或钢)相配的轮面。为提高轮面硬度可采用冷铸或进行表面硬化处理。

要求较高的摩擦因数和较低的噪声时,可采用铸铁(或钢)与皮革、夹布胶木、压制石棉纤维、橡胶等材料覆盖的轮面,但其接触强度低。

各种摩擦轮材料的摩擦因数,许用接触应力和单位接触长度的许用压力见表 8.16。

表 8.16　摩擦轮材料副的摩擦因数 f,许用接触应力 $[\sigma_H]$ 和单位接触长度的许用载荷 $[q]$

摩擦轮材料	工 作 条 件	f	$[\sigma_H]$/MPa	$[q]$/(N/mm)
钢-钢	良好润滑	0.04~0.05	25~30 HRC	150~200
铸铁-铸铁	良好润滑	0.05~0.06	1.5~1.6 HBW	105~135
钢-钢	无润滑	0.15~0.20	1.2~1.5 HBW	100~150
铸铁-钢(铸铁)	无润滑	0.10~0.15	$1.5\sigma_b$	100~135
夹布胶木-钢(铸铁)	无润滑	0.20~0.25	50~100	40~80
皮革-铸铁	无润滑	0.20~0.35	12~15	15~25
纤维制品-钢(铸铁)	无润滑	0.20~0.25	—	25~40

续表

摩擦轮材料	工 作 条 件	f	$[\sigma_{\text{H}}]$/MPa	$[q]$/(N/mm)
木材-铸铁	无润滑	0.30 ~ 0.50	—	2.5 ~ 5
橡胶-钢（铸铁）	无润滑	0.45 ~ 0.60	—	10 ~ 30
石棉基材料-钢（铸铁）	无润滑	0.30 ~ 0.40	—	—

8.3.3 摩擦轮传动中的滑动

摩擦轮传动工作时在接触面间存在不同性质的滑动,有几何滑动、弹性滑动和打滑。

1. 弹性滑动和打滑

摩擦轮传动时,主动轮依靠与从动轮之间的接触摩擦传递运动和动力。由于接触面上受到摩擦力的作用,使主动轮的表层在进入接触区时受到压缩,而在离开接触区时受到拉伸。相反的,从动轮的表层在进入接触区时受到拉伸,离开接触区时受到压缩。因此,两摩擦轮的表层都将产生不同程度的切向弹性变形,这种由材料弹性变形而产生的滑动称为弹性滑动。

弹性滑动导致从动轮的速度落后于主动轮的速度,摩擦轮的磨损和工作表面升温。它是摩擦传动的固有现象,是不可避免的,但可通过用高弹性模量材料制造轮面的方法予以减轻。同摩擦型带传动相同,弹性滑动对从动轮速度的影响通过滑动率 ε 来表示,不同摩擦轮材料在传动正常工作时的 ε 值约为:钢-钢 0.2%;钢-夹布胶木 1%;钢-橡胶 3%。

摩擦轮传动时,主动轮依靠与从动轮之间的接触摩擦传递运动和动力。摩擦轮之间在法向力作用下运动时,由于接触面上摩擦力的作用,主动轮的表层在进入接触区时进一步受到挤压,在离开接触区时则趋向松弛;相反,从动轮的表层在进入接触区时会松弛,离开接触区时进一步挤压(图 8.21)。因此两摩擦轮的表层都将产生不同程度的切向弹性变形,这种由材料弹性变形而产生的滑动称为弹性滑动。

当从动轮连接的系统总的阻力大于主动轮和从动轮接触面的最大摩擦力时,就会在主、从动轮接触面之间产生显著的相对滑动,即产生了打滑。这是由过载引起的。打滑是摩擦轮传动的一种失效形式。

2. 几何滑动

由于传动的几何关系所引起的滑动称为几何滑动。如图 8.22 所示,槽摩擦轮传

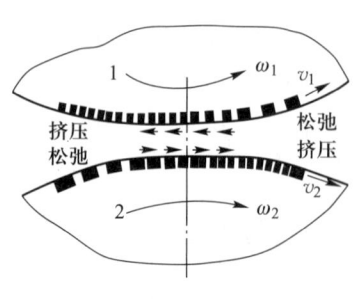

图 8.21 弹性滑动和打滑

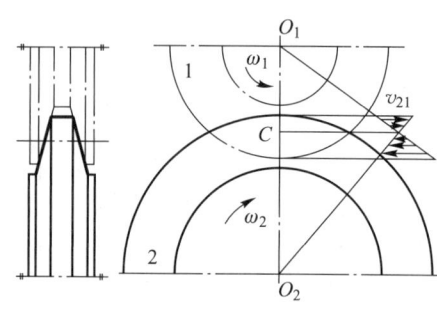

图 8.22 几何滑动

动中两轮沿接触长度各点速度与几何关系有关,只有点 C 的表面速度相等,其他各点都有相对滑动。不发生相对滑动的点 C 称为节点,通过节点的摩擦轮直径称为节圆直径。节点位置随着传递转矩的大小而改变,节圆直径也相应改变,因此有几何滑动的摩擦轮传动传动比不为常数。实际计算时常取接触长度上的平均直径作为节圆直径。

并不是所有摩擦轮传动都存在几何滑动,如两轴平行的圆柱平摩擦轮传动和锥顶交于一点的圆锥摩擦传动没有几何滑动。

几何滑动影响传动比的准确性,同时会加速磨损和降低效率。因此,在设计有几何滑动的传动时应尽量降低接触长度以减小相对滑动。

摩擦式
压力机

8.3.4 摩擦轮传动的计算

摩擦轮传动的计算步骤为:选定传动形式和摩擦轮材料副,通过强度计算确定主要尺寸,最后进行结构设计。

圆柱与圆锥型常见摩擦轮传动的计算方法见表 8.17。

表 **8.17** 圆柱与圆锥形常见摩擦轮传动的计算方法

类　　型	圆柱摩擦轮传动	圆锥摩擦轮传动
传动简图		
压紧力	$F_Q = \dfrac{KF}{f} = \dfrac{2\times10^3 KT_1}{fd_1}$, $T_1 = 9.55\times10^3 \dfrac{P_1}{n_1}$	$F_Q = \dfrac{2\times10^3 KT_1}{fd_{1m}}$, $T_1 = 9.55\times10^3 \dfrac{P_1}{n_1}$
作用在轴上的力 / 总压力	$F_{R1} = F_{R2} = \sqrt{F^2 + F_Q^2}$ $= \dfrac{2\times10^3 T_1}{d_1}\sqrt{1 + \left(\dfrac{K}{f}\right)^2}$	$F_{R1} = \dfrac{2\times10^3 T_1}{d_{1m}}\sqrt{1 + \left(\dfrac{K}{f}\cos\varphi_1\right)^2}$, $F_{R2} = \dfrac{2\times10^3 T_1}{d_{1m}}\sqrt{1 + \left(\dfrac{K}{f}\cos\varphi_2\right)^2}$
作用在轴上的力 / 径向力	$F_{Qr} = F_Q$	$F_{Qr1} = F_{Qa2}$, $F_{Qr2} = F_{Qa1}$
作用在轴上的力 / 轴向力	$F_{Qa} = 0$	$F_{Qa1} = F_Q\sin\varphi_1$, $F_{Qa2} = F_Q\sin\varphi_2$

类　型		圆柱摩擦轮传动	圆锥摩擦轮传动
按强度设计	按接触强度设计	$a=(i+1)\sqrt[3]{E_e\dfrac{K}{f\psi_a}\dfrac{P_1}{in_1}\left(\dfrac{1\,300}{[\sigma_H]}\right)^2}$， 其中 $E_e=\dfrac{2E_1E_2}{E_1+E_2}$； $\psi_a=\dfrac{b}{a}$，常取 $\psi_a=0.2\sim0.4$， 轴系刚性好的取大值	当 $\varphi_1+\varphi_2=90°$ 时， $L=\sqrt{i^2+1}\sqrt[3]{E_e\dfrac{K}{f\psi_L}\dfrac{P_1}{in_1}\left(\dfrac{1\,300}{(1-0.5\psi_L)[\sigma_H]}\right)^2}$； $\psi_L=\dfrac{b}{L}$，常取 $\psi_L=0.2\sim0.3$
	按接触长度上的压力设计	$a=3\,100\sqrt{\dfrac{K}{f\psi_a}\dfrac{P_1}{in_1}\dfrac{(i+1)}{[q_p]}}$	当 $\varphi_1+\varphi_2=90°$ 时， $L=3\,100\sqrt{\dfrac{K}{f\psi_L}\dfrac{P_1}{n_1}\dfrac{\sqrt{i^2+1}}{(1-0.5\psi_L)[q_p]}}$
几何计算		$d_1=\dfrac{2a}{i+1}\geqslant4d_0$，其中 d_0 为轴径； $d_2=id_1(1-\varepsilon)$； $b=\psi_a a$	$d_1=2L\sin\varphi_1$； $d_2=id_1(1-\varepsilon)$ 或 $d_2=2L\sin\varphi_2$； $b=\psi_L L$
结构特点、设计要求及应用		1) 结构简单,制造容易。 2) 压紧力大,易用于小功率传动。 3) 为减小压紧力,可将轮面之一用非金属材料做覆面。 4) 大功率传动时,摩擦轮常用淬火钢(如 GCr15,硬度 60HRC 以上),并采用自动压紧卸载环。 5) 为降低两轴的平行度要求,可将轮面之一制成鼓形,轴系刚度差时亦应如此。 6) 用于回转筒驱动装置,仪表调节装置等	1) 结构简单,容易制造。 2) 设计与安装时,应保证轴线的相对位置正确,锥顶重合;否则几何滑动大,磨损严重。 3) 由于 $\varphi_1<\varphi_2$,故 $F_{Qa1}<F_{Qa2}$,应在小轮处施加压紧力。 4) 常用大功率摩擦压力机

注：K——可靠性系数,动力传动 $K=1.2\sim1.5$,用于仪表 $K=3.0$；

　　$[\sigma_H]$——许用接触应力,见表 8.16。

8.3.5　摩擦轮传动的润滑

无润滑型摩擦轮传动,其滑动面上不应有润滑剂,也不得被油渍污染,以免降低摩擦,影响传动。

有润滑型摩擦轮传动,其滑动面间应选用性能优良的牵引油,它具有高的牵引系数和油膜强度。在传动过程中能在摩擦面间形成一定的油膜厚度,使其在弹性流体动力润滑状态下,有足够的油膜牵引力,以提高传动的承载能力。其次,还需要考虑油的黏度、黏压特性、黏温特性、稳定性和抗腐蚀性等。

目前,常用牵引油有石蜡基矿物油、环烷基矿物油和专用合成润滑油等。合成牵引油较矿物油的牵引系数高,形成的油膜厚。国内外都有商品牵引油供应,如美国Santotrac 系列、日本 Diamond 系列、中国 S(合成油型)系列和 UB(矿物油型)系列等。

牵引系数受牵引油及摩擦副材料的性质、表面形貌、滑动率、滑滚比、载荷和温度等多种因素的影响而变化,只有通过实测才能获得准确值,常用牵引油的牵引系数可查相关手册。

思考题与习题

8.1　如题 8.1 图所示链传动布置形式中,小链轮为主动轮,中心距 a 约为链节距的 40 倍。则图 a、b 所示布置中应如何回转才算合理?两轮轴线布置在同一铅垂面内有何缺点?应采取何种措施?

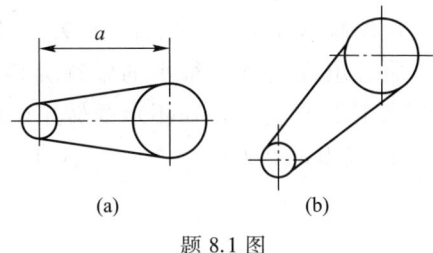

题 8.1 图

8.2　说明链传动的多边形效应的特征并分析其产生的原因。

8.3　比较说明 V 带传动和摩擦轮传动中的弹性滑动发生的原因及对传动的影响。

8.4　设计一输送装置用链传动,已知链传动功率 $P = 5.5$ kW,转速 $n_1 = 720$ r/min,从动轮转速 $n_2 = 200$ r/min,载荷平稳,中心距可以调节。

8.5　请设计一螺旋千斤顶。要求起重量为 45 000 N,起重高度为 180 mm。

第九章　轴

9.1　轴的概述

　　轴是机器中的重要零件之一,用来支承轴上的零件,并传递运动和动力。

9.1.1　轴的分类

　　按照轴的承载情况,轴可以分为转轴、心轴和传动轴三种。工作时既承受弯矩又承受转矩的轴称为转轴,如齿轮减速器上的输出轴(图 9.1),转轴是机器中最常见的轴。工作时传递转矩不承受弯矩或受弯矩很小的轴称为传动轴,如汽车的传动轴(图 9.2)。用来支承转动零件且只承受弯矩而不承受转矩的轴称为心轴。心轴又可分为转动心轴(图 9.3a)和固定心轴(图 9.3b)。

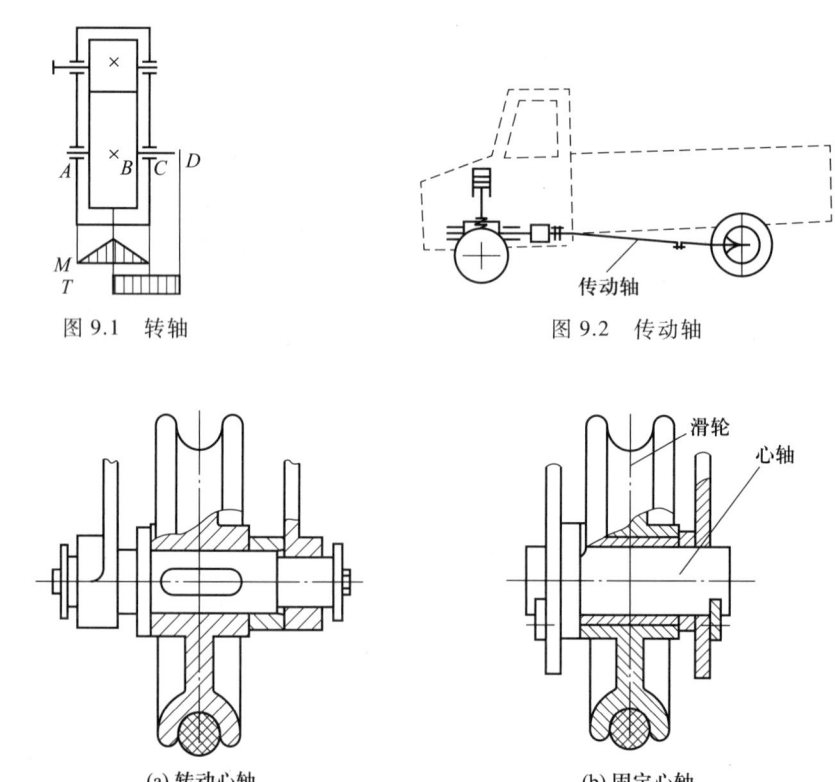

图 9.1　转轴　　　　　　　　　　图 9.2　传动轴

(a) 转动心轴　　　　　　　　　(b) 固定心轴

图 9.3　心轴

9.1.2　转轴的力和应力分析及失效形式

以齿轮减速器的输出轴（图 9.1）为例来讨论转轴的力、应力及失效形式。

在齿轮法向力 F_n 的作用下，转轴的受力和应力情况见表 9.1 和表 9.2。

表 9.1　转轴的受力和应力情况

	受力情况	应力情况
AB 段	M	σ_b
BC 段	M、T	σ_b、τ
CD 段	T	τ

表 9.2　BC 段 σ_b 及 τ 的循环特征

应力名称	变应力种类	循环特征
σ_b	对称循环变应力	$r=-1$（图 9.4a）
τ	T 大小和方向不变	$r=+1$（图 9.4b）
	T 为脉动循环	$r=0$（图 9.4c）
	T 为对称循环	$r=-1$（图 9.4d）

一般减速器中的轴，在变应力的作用下，其失效形式主要是疲劳断裂。疲劳断裂是一个损伤累积的过程。在初期，由于表层的某种缺陷，如夹渣、气孔、成分偏析、应力集中、刀痕等，在零件表层形成微裂纹。随着应力循环次数的增多，裂纹不断扩展。同时，在断层上，轴每转一周受一次挤压作用，由于反复多次的挤压，呈现光亮状态。在轴产生裂纹的截面上没断裂的截面积在不断减少，因而其上的工作应力不断增大，当工作应力超过许用应力且不足以承受外载荷时，就会突然断裂，突然断裂区呈现粗糙状态（图 9.5）。

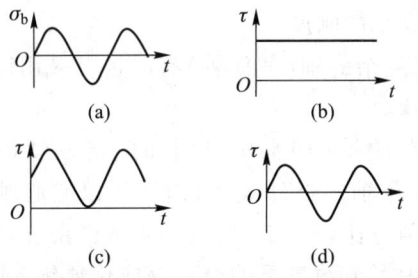

图 9.4　弯曲应力 σ_b 与扭转切应力 τ 的循环特征

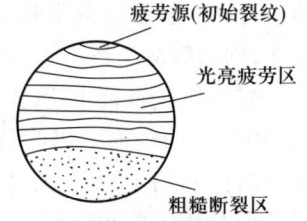

图 9.5　轴的弯曲疲劳断裂的断口

9.1.3　轴的设计

轴的设计主要解决两个方面的问题：① 设计计算。为了保证轴具有足够的承载能力，以防断裂和过大的塑性变形，要根据轴的工作要求对轴进行强度计算；对有刚度要求的轴(如车床的主轴),要进行刚度计算,以防止工作时产生不允许的弹性变形;对于高速运转的轴,为避免共振,还要进行振动稳定性计算。② 结构设计。根据轴上零件装拆、定位和加工等结构设计要求,确定出轴的形状和各部分尺寸。

对于转轴,如果知道了轴所受的转矩和弯矩,就可计算出轴的各段尺寸(直径及长度)。但在一般情况下,开始计算时,并不知道轴的形状和尺寸,无法确定轴的跨距和力的作用点,也就无法求出弯矩。为了解决这个问题,轴的设计分三步进行:第一,初定轴径;第二,结构设计,确定轴的尺寸,得到轴的跨距和力的作用点;第三,强度计算,作出弯矩图、转矩图,校核危险截面强度。如不满足要求,则应修改初定轴径,重复第二、三步,直到满足设计要求。图 9.6 为转轴设计程序框图。在轴的设计过程中,结构设计和设计计算交叉进行,这是转轴设计的特点。

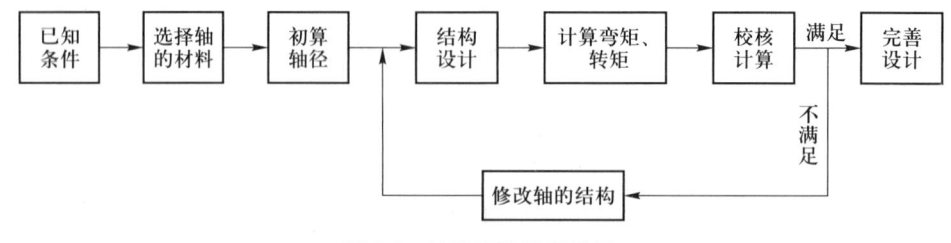

图 9.6 转轴设计程序框图

9.2 轴 的 材 料

轴的材料主要采用碳钢和合金钢。

碳素钢比合金钢价格低,并且对应力集中的敏感性较小,所以应用广泛。常用的优质碳钢有 30、40、45 和 50 钢,其中 45 钢应用最多。为保证其力学性能,应进行调质或正火处理。一般不重要的轴可使用普通碳钢 Q235。

合金钢具有较高的机械强度,淬透性也较好,但价格较高,多用于有特殊要求和重要的轴。常用的合金钢有 20Cr、40Cr、35SiMn 和 35CrMo 等。需要指出的是,合金钢对应力集中的敏感性较高,因此在结构设计时,应注意减小应力集中。另外,碳钢和合金钢弹性模量相差不多,不能靠选合金钢来提高轴的刚度。

轴的毛坯一般用圆钢或锻件。对于形状复杂的轴(如曲轴)有时也可采用铸钢或球墨铸铁,轴的铸造毛坯易于得到合理的形状。

为了减小质量或结构需要,有一些机器的轴(如水轮机轴和航空发动机主轴等)常采用空心的截面。因为传递转矩主要靠轴的近外表面材料,所以空心轴比实心轴在材料的利用上更经济。但空心轴的制造比较费工,所以必须从经济和技术指标进行全面分析才能决定是否有利。有时为了节约贵重的合金钢或优质钢,或是为了解决大件锻造的困难,也可用焊接的毛坯。表 9.3 列出了轴的常用材料及其主要力学性能。

表 9.3 轴的常用材料及其主要力学性能

材料牌号	热处理	毛坯直径/mm	硬度/HBW	抗拉强度极限 σ_b/MPa	屈服极限 σ_s/MPa	弯曲疲劳极限 σ_{-1}/MPa	扭转疲劳极限 τ_{-1}/MPa	备注
Q235				440	240	180	105	用于不重要或载荷不大的轴
45	正火	25	≤241	610	360	260	150	应用最广泛
	正火+回火	≤100	170~217	600	300	240	140	
		>100~300	162~217	580	290	235	135	
		>300~500		560	280	225	130	
	调质	≤200	217~255	650	360	270	155	
40Cr	调质	≤100	241~286	750	550	350	200	用于载荷很大而无很大冲击的重要轴
35SiMn、42SiMn	调质	≤100	229~286	800	520	400	205	性能接近于40Cr,用于中心型轴
35CrMo	调质	≤100	207~269	750	550	350	200	性能接近于40CrNi,用于重要的轴
38SiMnMo	调质	≤100	229~286	750	600	360	210	用于重要的轴,性能接近于40CrNi
		>100~300	217~269	700	550	335	195	
20Cr	渗碳	15	表面56~62 HRC	850	550	375	215	用于要求强度及韧性均较高的轴
	淬火	30		650	400	280	160	
	回火	≤60		650	400	280	160	

注: 剪切屈服极限 $\tau_s = (0.55 \sim 0.62)\sigma_s$, $\sigma_0 \approx 1.4\sigma_{-1}$, $\tau_0 = 1.5\tau_{-1}$。

9.3 轴径的初步估算

设计轴时,通常要估算轴的最小直径,以此作为结构设计的依据。下面介绍几种估算方法。

9.3.1 类比法

类比法就是参考同类型机器的轴的结构和尺寸,经分析对比,确定所设计的轴的直径。

9.3.2　经验公式计算

对于一般减速器,也可采用经验公式来估算轴的直径。高速输入轴的直径 d 可按与其相连的电动机轴的直径 D 估算,$d \approx (0.8 \sim 1.2)D$;各级低速轴的直径 d 可按同级齿轮传动中心距 a 估算,$d \approx (0.3 \sim 0.4)a$。

9.3.3　按扭转强度计算

这种方法是按扭转强度条件确定轴的最小直径,可用于传动轴的计算或用于转轴的初估轴径。对于转轴,由于跨距未知,无法计算弯矩,在计算中只考虑转矩,而弯矩的影响则用降低许用应力的方法来考虑。

由材料力学可知,轴受转矩作用时,其强度条件为

$$\tau = \frac{T}{W_{\mathrm{T}}} \approx \frac{9.55 \times 10^6 \dfrac{P}{n}}{0.2d^3} \leqslant [\tau] \tag{9.1}$$

或

$$d \geqslant \sqrt[3]{\frac{9.55 \times 10^6 \dfrac{P}{n}}{0.2[\tau]}} = C\sqrt[3]{\frac{P}{n}} \tag{9.2}$$

式中:d——轴的直径,mm;

τ——轴剖面中最大扭转切应力,MPa;

P——轴传递的功率,kW;

n——轴的转速,r/min;

$[\tau]$——许用扭转切应力,见表 9.4,MPa;

C——由许用扭转切应力确定的系数,见表 9.4;

W_{T}——抗扭剖面模量。

表 9.4　轴的常用材料的许用扭转切应力 $[\tau]$ 和 C 值

轴的材料	Q235	45	40Cr、35SiMn、35CrMo
$[\tau]/$ MPa	12~20	30~40	40~52
C	158~135	118~106	106~97

注:当轴上的弯矩比转矩小时或只有转矩时,C 取较小值。

由式(9.2)计算出的直径为轴的最小直径 $d_{\min}$,若该剖面有键槽时,应将计算出的轴径适当加大,当有一个键槽时增大 5%,当有两个键槽时增大 10%,然后圆整为标准直径。

9.4　轴的结构设计

轴的结构设计主要是使轴的各部分具有合理的形状和尺寸。在满足轴支承轴上零件和传递力矩的功能的基础上,主要要求是:① 轴应便于加工,轴上零件应便于装

拆(制造安装要求);② 轴和轴上零件应有正确而可靠的工作位置(定位固定要求);③ 轴的受力合理,尽量减小应力集中等。设计时以初估轴径为基础,边画图边定尺寸。通常按照这些要求设计出的是阶梯轴。

应指出的是,虽然阶梯轴是常用结构形式,但是在某些行业,例如组合机床,由于特殊需要,常采用等直径的光轴,而用其他措施实现轴的固定、安装要求。

下面结合图 9.7 所示的减速器的低速轴加以说明。

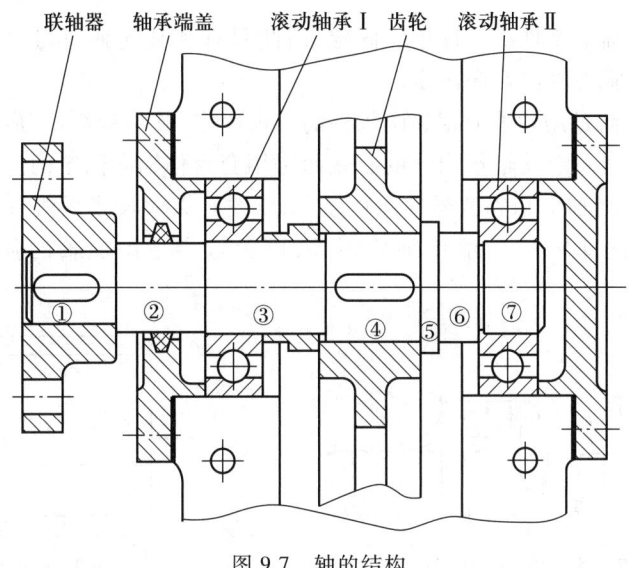

图 9.7　轴的结构

9.4.1　制造安装要求

为了便于轴上零件的装拆,常将轴做成阶梯形,它的直径从轴端逐渐向中间增大。如图 9.7 所示,齿轮、套筒、滚动轴承 Ⅰ、轴承端盖和联轴器按顺序从轴的左端装拆,滚动轴承 Ⅱ 从轴的右端装拆。为了便于装拆齿轮,轴段④的直径应比轴段③略大一些;为了便于滚动轴承的装拆,轴段③的直径应比轴段②略大一些。为了便于安装零件,轴的两端应有倒角,其尺寸可参照GB/T 6403.4—2008。有较大过盈配合的轴段的压入端,应做成圆锥角为 10°左右的导向锥面。

在满足使用要求的情况下,轴的形状和尺寸应尽可能简单,以便加工。需要磨削的轴段应留出砂轮越程槽(图 9.7 中的轴段⑦),其尺寸按 GB/T 6403.5—2008 选取;需要车螺纹的轴段应有退刀槽(图 9.9);当同一轴上有多个单键连接时,键宽应尽可能统一,并设计在同一加工直线上(图 9.7 中轴段①与④),还应使键槽靠近装入端,以便安装时容易使毂槽对准轴槽中的键。

9.4.2　固定要求

零件在轴上必须有固定的位置,为此需要轴向固定和周向固定。

1. 轴上零件的轴向固定

轴上零件的轴向固定方法有很多种,下面介绍常用的几种轴向固定方法。

1）轴肩：阶梯轴上截面变化处称为轴肩。轴肩固定是一种简单可靠的轴向固定方法，应优先采用。它可承受较大的轴向载荷。在图 9.7 中，轴段④和⑤间的轴肩使齿轮右方向固定，①和②间的轴肩使联轴器右方向固定，⑥和⑦间的轴肩使右轴承内环左方向固定。

为保证轴上零件的端面紧靠在轴肩上，轴肩的圆角半径 r 必须小于相配零件的倒角 C 或圆角半径 R，轴肩高 h 必须大于相配零件孔的倒角 C 或圆角半径 R，如图 9.8 所示。

轴肩只能使轴上零件沿轴向单向固定，因此只有和其他轴向固定方法联合使用，才能使轴上零件实现轴向双向固定。

2）套筒：套筒是用做轴上相邻两零件的轴向固定，其结构简单、应用较多。图 9.7 中齿轮的左端面与左滚动轴承内环的右端面是用套筒作轴向固定的。

3）圆螺母：当轴上相邻两零件间距较大，以致套筒太长或无法采用套筒时，可采用圆螺母固定（图 9.9）。一般用细牙螺纹，以免过多地削弱轴的强度。圆螺母见 GB/T 812—1988。

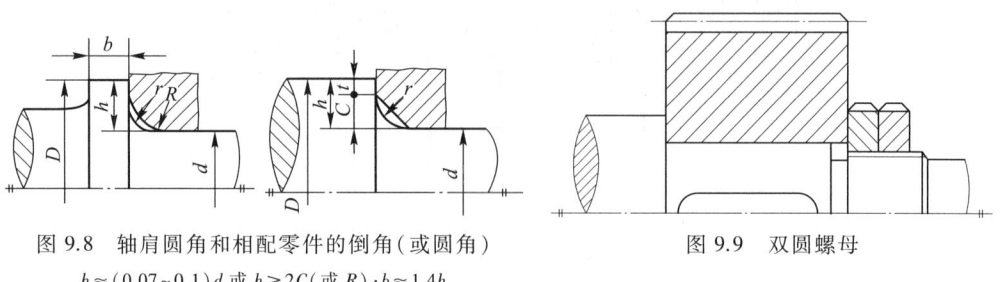

图 9.8　轴肩圆角和相配零件的倒角（或圆角）

$h \approx (0.07 \sim 0.1)d$ 或 $h \geqslant 2C$（或 R）；$b \approx 1.4h$

（与轴承相配合处的 h 值见轴承手册）

图 9.9　双圆螺母

4）轴端挡圈：位于轴端的轴上零件的轴向固定常用轴端挡圈（图 9.10）。轴端挡圈尺寸见 GB/T 892—1986。

当采用套筒、圆螺母、轴端挡圈作轴向固定时，为使套筒、圆螺母、轴端挡圈靠紧零件端面，设计时应使装零件的轴段长度比零件轮毂长度略短一些。

5）弹性挡圈：当轴向力很小，或仅为防止零件偶然轴向移动时，可采用弹性挡圈（图 9.11）。这种方法简单，但对轴的强度削弱较大，弹性挡圈尺寸见 GB/T 894—2017。

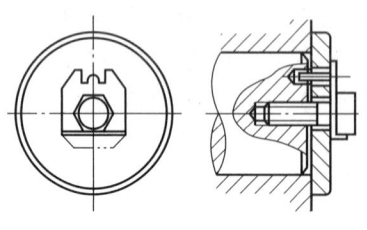

图 9.10　轴端挡圈

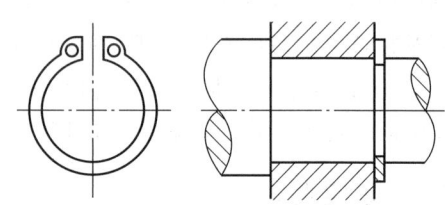

图 9.11　弹性挡圈

6）紧定螺钉：当轴向力较小时，可采用紧定螺钉（图 9.12）。紧定螺钉连接既可起轴向固定作用，又可起周向固定作用，紧定螺钉尺寸见 GB/T 71—2018。

2. 轴上零件的周向固定

为了传递运动和转矩,或因某些需要,轴上零件还需有周向固定,如键、花键、成形轴、弹性环、销、过盈等连接,详细内容可见第四章其他常用连接。

9.4.3 提高轴的强度的措施

疲劳断裂是轴的主要失效形式,在设计时应在结构方面采取措施,减小受力、应力,以提高轴的疲劳强度。

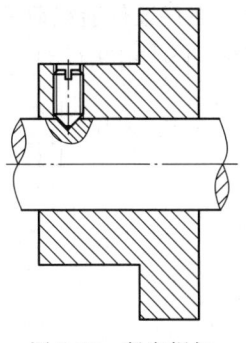

图 9.12 紧定螺钉

1. 合理布置轴上传动零件的位置

当动力由两个轮输出时,应将输入轮布置在两个输出轮的中间,以减小轴上的转矩。如图 9.13 所示,输入转矩为 T_1+T_2,且 $T_1>T_2$,按图 9.13a 布置时,轴的最大转矩为 T_1,而按图 9.13b 布置时,轴的最大转矩为 T_1+T_2。

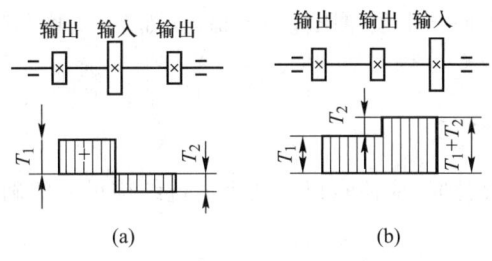

图 9.13 轴的两种布置方案

2. 合理设计轴上零件的结构

改进轴上零件的结构也可减小轴的载荷。图 9.14 所示为卷筒的轮毂结构,图 9.14a 中卷筒的轮毂配合面很长,若把轮毂配合面分成两段,如图 9.14b 所示,将减小轴的弯矩,同时还改善了轴孔配合。

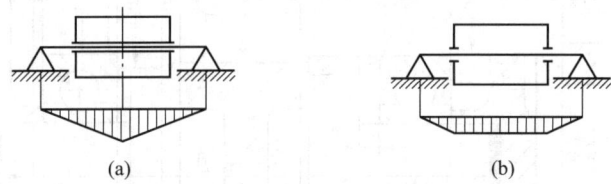

图 9.14 卷筒的轮毂结构

3. 减小应力集中

进行结构设计时,应尽量减小应力集中。

零件截面发生突然变化的地方,都会产生应力集中现象。因此,对于阶梯轴,阶梯的变化应尽量小,并应在阶梯两侧直径变化处采用圆角过渡。在结构设计时应尽量采用较大的过渡圆角,当受结构限制不能用较大圆角过渡时,可采用过渡肩环(图 9.15a)或凹切圆角(图 9.15b),从而增大轴肩圆角,以减小局部应力集中。

当轴毂连接采用过盈配合时,轴配合边缘处为应力集中源。为了减小应力集中,除了在保证传递载荷的前提下尽量减小过盈量外,还可在轴上或轮毂上加工卸载槽(图 9.15c、图 9.15d)。

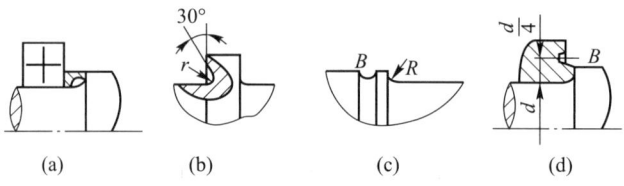

图 9.15　减小应力集中的措施

在轴上还应尽量避免开槽孔、切口或凹槽。对于安装平键的轴槽,用盘铣刀加工出的轴槽要比用指状铣刀加工出的轴槽的应力集中小。

4. 提高轴的表面质量

轴的表面质量对轴的疲劳强度有显著的影响。经验证明,轴表面受拉应力处首先产生疲劳裂纹。在轴表面产生预加压应力的措施,如滚压、喷丸等,可以显著提高轴的疲劳强度。

9.4.4　轴的结构设计

在进行轴的结构设计时,应注意以下几个关键结构尺寸的确定(图 9.16)。

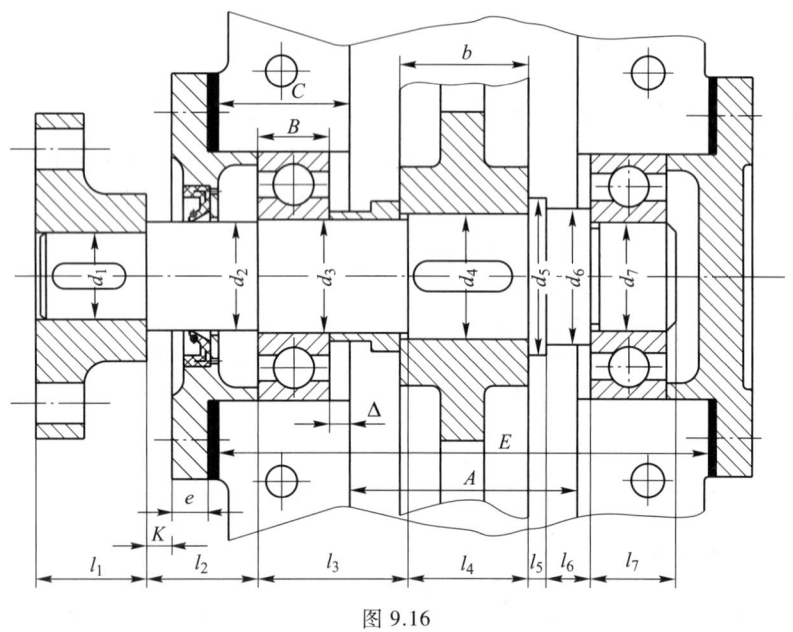

图 9.16

1. 箱体内壁位置的确定

为避免转动的齿轮和静止不动的箱体相碰撞,在齿轮和箱体内壁之间应留有间隙 H,对中小型减速器,一般取 $H = 10 \sim 15$ mm。箱体的两内壁之间的距离 $A = b + 2H$,b 为齿宽,A 值应圆整。

2. 轴承座端面位置的确定

对于剖分式箱体,考虑在拧紧轴承座连接螺栓时所需的扳手空间,并便于轴承座孔外端口的加工,取轴承座宽度 $C = \delta + C_1 + C_2 + (5 \sim 10)$ mm,δ 为箱体壁厚,C_1、C_2 为由连接螺栓直径确定的扳手空间尺寸。相应地,两轴承座端面间的距离 $E = A + 2C$,B 值应圆整。

3. 轴承在轴承座孔中位置的确定

考虑到箱体内壁间距 A 的铸造误差,为保证轴承外圈能全部在轴承座孔中,并使轴承支点间跨距尽可能小,通常在轴承端面与箱体内壁之间留有一定距离 Δ。Δ 值的大小与轴承的润滑方式有关,当传动件圆周速度 $v \geqslant 2$ m/s 时,可采用传动件溅起的油来润滑轴承,一般取 $\Delta = 3 \sim 5$ mm;当 $v < 2$ m/s 时,轴承应采用脂润滑,需在轴承与传动件之间安装挡油板,一般取 $\Delta = 8 \sim 12$ mm。

4. 轴的外伸长度的确定

轴的外伸长度与轴端上的零件及轴承盖的结构尺寸有关。① 当轴端装有弹性套柱销联轴器时,为便于更换橡胶套,在轴承端盖与联轴器轮毂端面之间应留有足够的装配用的间距 K(图 9.17a),K 值由联轴器的型号确定。② 当使用凸缘式轴承端盖时,为便于拆卸轴承端盖上的连接螺栓,在轴承端盖与联轴器轮毂端面之间应留有足够的间距 K(图 9.17b)。K 值由连接螺栓的长度确定。③ 当轴承端盖与轴端零件都不需拆卸,或不影响轴承端盖连接螺栓的拆卸时,轴承端盖与轴端零件的间距 K 应尽量小(图 9.17c),保证二者不触碰即可,一般取 $K = 5 \sim 8$ mm。

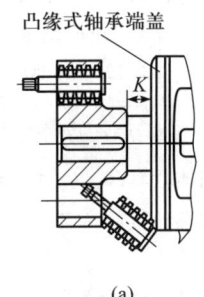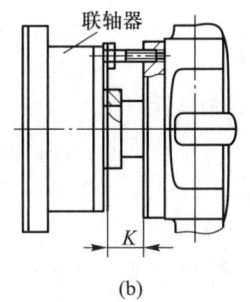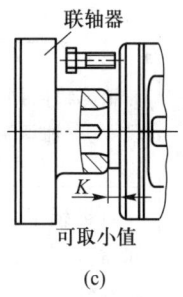

凸缘式轴承端盖	联轴器	联轴器
(a)	(b)	(c) 可取小值

图 9.17 轴的外伸长度的确定

轴的外伸长度的确定

关键尺寸确定之后,以 d_1 为基础依次确定各段轴的直径。

1)最小直径 d_1 由式 9.2 确定,并考虑联轴器的尺寸。

2)外伸段轴肩高度 h 按固定传动零件的要求给出。轴肩高度 h 应大于或等于两倍轮毂孔倒角 C。密封处轴径 d_2 同时还应符合密封标准轴径要求,一般为以 0、2、5、8 结尾的轴径(详见密封标准),见图 9.16。

3)根据安装方便和轴承内径的要求,确定安装轴承处的轴径 d_3。一般轴径 d_3 比 d_2 大且取以 0、5 结尾的数值。一根轴上的轴承常成对使用。

4)安装轴承固定用套筒或挡油板处的直径,可与轴承处直径相同(图 9.16),也可不同(图 9.18),d_3' 比 d_3 略大即可,但应圆整。

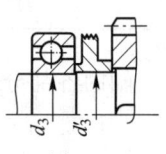

图 9.18

5）根据受力合理及装配方便的原则,确定安装齿轮处的直径 d_4。这一段直径比前段大 2~5 mm。

6）固定齿轮的轴环直径 d_5,根据固定要求定出,轴环高度应是 $h \geqslant 2C$,C 为齿轮轮毂孔的倒角尺寸。

7）固定轴承的轴肩尺寸,取决于轴承的安装尺寸 d_a、r_a(见机械设计手册或轴承手册)。

各轴段的长度可按照表 9.5 的说明,从与传动件轮毂相配合的轴段 l_4 开始,向两侧逐一展开。归纳上述内容列于表 9.5。

表 9.5 轴的结构设计(参见图 9.16)

径向尺寸	确定原则	轴向尺寸	确定原则
d_1	初算轴径,并根据联轴器尺寸定轴径	l_1	根据联轴器尺寸确定
		l_4	$l_4 = b - (2 \sim 3)$ mm
d_2	联轴器轴向固定,并考虑密封的要求。$d_2 = d_1 + 2h$,$h = (0.07 \sim 0.1) d_1$	l_5	$l_5 = 1.4h$
		l_7	$l_7 = B$,B—轴承宽度
d_3	$d_3 = d_2 + (1 \sim 2)$ mm,并满足轴承内径系列,便于轴承安装	齿轮至箱体内壁的距离 H	运动和不动零件间要有间隔,以避免干涉,则 $H = 10 \sim 15$ mm
d_4	$d_4 = d_3 + (1 \sim 2)$ mm,便于齿轮安装		
d_5	齿轮轴向固定,$d_5 = d_4 + 2h$,轴肩高 $h = (0.07 \sim 0.1) d_4$	轴承至箱体内壁的距离 Δ	考虑箱体铸造误差: $\Delta = \begin{cases} 3 \sim 5 \text{ mm(轴承油润滑)} \\ 8 \sim 12 \text{ mm(轴承脂润滑)} \end{cases}$
d_6	轴承轴向固定,应符合轴承拆卸尺寸,查轴承手册确定	轴承座宽度 C	$C = \delta + C_1 + C_2 + (5 \sim 10)$ mm,δ 为箱体壁厚;C_1、C_2 可由轴承旁连接螺栓直径确定
d_7	一根轴上的两轴承型号如果相同,$d_7 = d_3$;如有特殊要求,视具体情况确定	轴承端盖厚 e	见机械设计手册
键宽 b 槽深 t	根据轴的直径查手册	联轴器至轴承端盖的距离 K	考虑动与不动零件间有一定距离,并保证联轴器易损件更换所需空间,或拆卸轴承端盖螺栓所需空间
键长 L_j	$L_j \approx 0.85\, l$,l 为有键槽的轴段的长度,并查手册取标准长度 L_j,同时应满足挤压强度要求	l_2、l_3、l_6	在齿轮、壳体、轴承、轴端盖、联轴器的位置确定后,通过作图得到

轴的各部分结构和尺寸确定后,定出力的支点和跨距,并进行相应的强度校核。

9.5 轴的强度计算

在完成轴的结构初步设计后,应进行校核计算。通常根据工作条件和重要性,有选择地校核计算轴的强度、刚度、振动稳定性。

9.5.1 轴的计算简图

为了进行轴的强度和刚度计算,首先要画出轴的受力简图,标出各作用力的大小、方向和作用点的位置,画简图时应注意以下几点:

1)将阶梯轴简化为一简支梁。

2)齿轮、带轮等传动件作用于轴上的均布载荷,在一般计算中应简化为集中力,并作用在轮缘宽度的中点(图9.19a、b)。这种简化,一般偏于安全。

3)作用在轴上的转矩,在一般计算中简化为从传动件轮毂宽度的中点算起的转矩。

4)轴的支承反力的作用点随轴承类型和布置方式而异,可按图9.19c、d确定,其中 a 值参见机械设计手册。简化计算时,常取轴承宽度中点为作用点。

简化后,将双支点轴当做受集中力的简支梁进行计算。

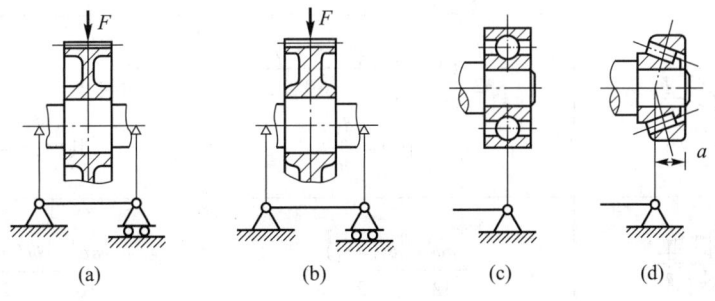

(a)   (b)   (c)   (d)

图9.19 轴的受力和支点的简化

9.5.2 按弯扭合成强度计算

按弯扭合成强度计算,需同时考虑弯矩和转矩的作用,而对影响轴的疲劳强度的各个因素则采用降低许用应力值的办法来考虑,因而计算较简单,适用于一般转轴。

对于同时承受弯矩和转矩的转轴,假设计算截面上的弯矩为 M,相应的弯曲应力 $\sigma_b = M/W$,转矩为 T,相应的扭转切应力 $\tau = T/W_T$。按第三强度理论的公式,求出危险截面的当量应力 σ_e,其强度条件为

$$\sigma_e = \sqrt{\sigma_b^2 + 4\tau^2} \leqslant [\sigma_b]$$

由于回转的转轴的弯曲应力 σ_b 为对称循环变应力,而扭转切应力 τ 的循环特征可能与 σ_b 不同,考虑到 σ_b 与 τ 的循环特征的不同,引入折合系数 α,则

$$\sigma_e = \sqrt{\sigma_b^2 + 4(\alpha\tau)^2} = \sqrt{\left(\frac{M}{W}\right)^2 + 4\left(\frac{\alpha T}{W_T}\right)^2} \leqslant [\sigma_{-1b}] \tag{9.3}$$

式中：W——抗弯剖面模量，见表 9.6。

W_T——抗扭剖面模量，见表 9.6。

α——根据转矩性质而定的折合系数，对于不变的转矩，$\alpha = \dfrac{[\sigma_{-1b}]}{[\sigma_{+1b}]} \approx 0.3$；

当转矩脉动变化时，$\alpha = \dfrac{[\sigma_{-1b}]}{[\sigma_{0b}]} \approx 0.6$；对于频繁正反受扭的轴，$r$ 可看成为

对称循环应力，则 $\alpha = \dfrac{[\sigma_{-1b}]}{[\sigma_{-1b}]} \approx 1$；若转矩的变化规律不清楚，一般可按脉

动循环处理。

$[\sigma_{-1b}]$、$[\sigma_{0b}]$、$[\sigma_{+1b}]$——对称循环、脉动循环及静应力状态下的许用弯曲应力，详见

表 9.7。

表 9.6   抗弯、抗扭剖面模量计算公式

剖面	W	W_T
	$\dfrac{\pi d^3}{32} \approx \dfrac{d^3}{10}$	$\dfrac{\pi d^3}{16} \approx \dfrac{d^3}{5}$
	$\dfrac{\pi d^3}{32}(1-r^4) \approx \dfrac{d^3(1-r^4)}{10}$ 其中，$r = \dfrac{d_1}{d}$	$\dfrac{\pi d^3}{16}(1-r^4) \approx \dfrac{d^3(1-r^4)}{5}$ 其中，$r = \dfrac{d_1}{d}$
	$\dfrac{\pi d^3}{32} - \dfrac{bt(d-t)^2}{2d}$	$\dfrac{\pi d^3}{16} - \dfrac{bt(d-t)^2}{2d}$
	$\dfrac{\pi d^3}{32} - \dfrac{bt(d-t)^2}{d}$	$\dfrac{\pi d^3}{16} - \dfrac{bt(d-t)^2}{d}$
	$\dfrac{\pi d^3}{32}\left(1 - 1.54\dfrac{d_0}{d}\right)$	$\dfrac{\pi d^3}{16}\left(1 - \dfrac{d_0}{d}\right)$
	$\dfrac{\pi d^4 + bz(D-d_1)(D+d_1)^2}{32D}$ （z 为花键齿数）	$\dfrac{\pi d^4 + bz(D-d_1)(D+d_1)^2}{16D}$ （z 为花键齿数）
	$\dfrac{\pi d^3}{32} \approx \dfrac{d^3}{10}$	$\dfrac{\pi d^3}{16} \approx \dfrac{d^3}{5}$

表 9.7 轴的许用弯曲应力 MPa

材 料	σ_b	$[\sigma_{+1b}]$	$[\sigma_{0b}]$	$[\sigma_{-1b}]$
碳钢	400	130	70	40
	500	170	75	45
	600	200	95	55
	700	230	110	65
合金钢	800	270	130	75
	900	300	140	80
	1 000	330	150	90
铸钢	400	100	50	30
	500	120	70	40

9.5.3 轴的安全系数校核计算

对一些重要的轴,要对轴的危险剖面的疲劳强度安全系数进行校核计算。这种方法考虑了影响疲劳强度的诸因素,如应力循环特征、应力集中、表面质量、尺寸等。因此,这种方法是一种精确的方法。对于瞬时尖峰载荷,要进行静强度的安全系数校核计算。

1. 疲劳强度的安全系数校核计算

轴的疲劳强度的校核计算,是针对轴的危险剖面进行的。危险剖面是指发生破坏可能性最大的剖面。但是,在校核计算前,有时很难确定哪个剖面是危险剖面,因为影响轴疲劳强度的因素较多,弯矩和转矩最大的剖面不一定就是危险剖面,而其他弯矩和转矩不是最大的剖面,可能因其直径小,应力集中严重,成为危险剖面。在无法确定危险剖面的情况下,就必须对可能的危险剖面一一进行校核,它们的安全系数都应大于许用值。

校核危险剖面疲劳强度安全系数的公式为

$$S = \frac{S_\sigma S_\tau}{\sqrt{S_\sigma^2 + S_\tau^2}} \geqslant [S] \tag{9.4}$$

$$S_\sigma = \frac{\sigma_{-1}}{\dfrac{K_\sigma}{\beta\varepsilon_\sigma}\sigma_a + \psi_\sigma\sigma_m} \tag{9.5}$$

$$S_\tau = \frac{\tau_{-1}}{\dfrac{K_\tau}{\beta\varepsilon_\tau}\tau_a + \psi_\tau\tau_m} \tag{9.6}$$

式中：S_σ——只考虑弯矩时的安全系数。

S_τ——只考虑转矩时的安全系数。

σ_{-1}、τ_{-1}——材料对称循环的弯曲疲劳极限和扭转疲劳极限，查表9.3。

β——表面质量系数，$\beta = \beta_1 \beta_2$，β_1 值见表9.8，β_2 值见表9.9。

K_σ、K_τ——弯曲时和扭转时轴的有效应力集中系数，其取值见表9.10 和表9.11。

ε_σ、ε_τ——零件的绝对尺寸系数，见表9.12。

ψ_σ、ψ_τ——把弯曲和扭转时轴的平均应力折算为应力幅的等效系数，碳钢 $\psi_\sigma = 0.1 \sim 0.2$，$\psi_\tau = 0.05 \sim 0.1$；合金钢 $\psi_\sigma = 0.2 \sim 0.3$，$\psi_\tau = 0.1 \sim 0.15$。

σ_a、σ_m——弯曲应力的应力幅和平均应力，MPa。

τ_a、τ_m——扭转切应力的应力幅和平均应力，MPa。

$[S]$——许用疲劳强度安全系数，见表9.13。

表 9.8　各种强化处理的表面质量系数 β_1

强化方法	心部强度 σ_b/ MPa	β_1		
		光　轴	低应力集中的轴 $K_\sigma \leqslant 1.5$	高应力集中的轴 $K_\sigma \geqslant 1.8 \sim 2$
高频淬火	600 ~ 800	1.5 ~ 1.7	1.6 ~ 1.7	2.4 ~ 2.8
	800 ~ 1 000	1.3 ~ 1.5	1.4 ~ 1.5	2.1 ~ 2.4
渗氮	900 ~ 1 200	1.1 ~ 1.25	1.5 ~ 1.7	1.7 ~ 2.1
渗碳	400 ~ 600	1.8 ~ 2.0	3	3.5
	700 ~ 800	1.4 ~ 1.5	2.3	2.7
	1 000 ~ 1 200	1.2 ~ 1.3	2	2.3
喷丸硬化	600 ~ 1 500	1.1 ~ 1.25	1.5 ~ 1.6	1.7 ~ 2.1
滚子滚压	600 ~ 1 500	1.1 ~ 1.3	1.3 ~ 1.5	1.6 ~ 2.0

注：1. 高频淬火是根据直径为 10~20 mm，淬硬层厚度为 $(0.05 \sim 0.20)d$ 的试件实验求得的数据，对大尺寸的试件，强化系数的值会有一些降低。

2. 氮化层厚度为 $0.01d$ 时用小值，在 $(0.03 \sim 0.04)d$ 之间时用大值。

3. 喷丸硬化是根据厚度为 8~40 mm 的试件求得的数据，喷丸速度低时用小值，速度高时用大值。

4. 滚子滚压是根据直径 $\phi17 \sim \phi130$ mm 的试件求得的数据。

表 9.9　加工表面的表面状态系数 β_2 值

加工方法	材料强度 σ_b/ MPa		
	400	800	1 200
磨削（$Ra0.2 \sim 0.4$ mm）	1	1	1
车削（$Ra0.8 \sim 3.2$ mm）	0.95	0.90	0.80
粗车（$Ra6.3 \sim 25$ mm）	0.85	0.80	0.65
未加工表面（氧化铁层等）	0.75	0.65	0.45

表 9.10 圆角处的有效应力集中系数

$\dfrac{D-d}{r}$	$\dfrac{r}{d}$	K_σ σ_b/MPa								K_τ σ_b/MPa							
		400	500	600	700	800	900	1 000	1 200	400	500	600	700	800	900	1 000	1 200
2	0.01	1.34	1.36	1.38	1.40	1.41	1.43	1.45	1.49	1.26	1.28	1.29	1.29	1.30	1.30	1.31	1.32
	0.02	1.41	1.44	1.47	1.49	1.52	1.54	1.57	1.62	1.33	1.35	1.36	1.37	1.37	1.38	1.39	1.42
	0.03	1.59	1.63	1.67	1.71	1.76	1.80	1.84	1.92	1.39	1.40	1.42	1.44	1.45	1.47	1.48	1.52
	0.05	1.54	1.59	1.64	1.69	1.73	1.78	1.83	1.93	1.42	1.43	1.44	1.46	1.47	1.50	1.51	1.54
	0.10	1.38	1.44	1.50	1.55	1.61	1.66	1.72	1.83	1.37	1.38	1.39	1.42	1.43	1.45	1.46	1.50
4	0.01	1.51	1.54	1.57	1.59	1.62	1.64	1.67	1.72	1.37	1.39	1.40	1.42	1.43	1.44	1.46	1.47
	0.02	1.76	1.81	1.86	1.91	1.96	2.01	2.06	2.16	1.53	1.55	1.58	1.59	1.61	1.62	1.65	1.68
	0.03	1.76	1.82	1.88	1.94	1.99	2.05	2.11	2.23	1.52	1.54	1.57	1.59	1.61	1.64	1.66	1.71
	0.05	1.70	1.76	1.82	1.88	1.95	2.01	2.07	2.19	1.50	1.53	1.57	1.59	1.62	1.65	1.68	1.74
6	0.01	1.86	1.90	1.94	1.99	2.03	2.08	2.12	2.21	1.54	1.57	1.59	1.61	1.64	1.66	1.68	1.73
	0.02	1.90	1.96	2.02	2.08	2.13	2.19	2.25	2.37	1.59	1.62	1.66	1.69	1.72	1.75	1.79	1.86
	0.03	1.89	1.96	2.03	2.10	2.16	2.23	2.30	2.44	1.61	1.65	1.68	1.72	1.74	1.77	1.81	1.88
10	0.01	2.07	2.12	2.17	2.23	2.28	2.34	2.39	2.50	2.12	2.18	2.24	2.30	2.37	2.42	2.48	2.60
	0.02	2.09	2.16	2.23	2.30	2.38	2.45	2.52	2.66	2.03	2.08	2.12	2.17	2.22	2.26	2.31	2.40

注:当 r/d 值超过表中给出的最大值时,按最大值查取 K_σ、K_τ。

表 9.11 螺纹、键、花键、横孔处及配合边缘处的有效应力集中系数

σ_b/MPa	螺纹 (K_τ=1) K_σ	键 槽 K_σ		键槽 K_τ	花键 K_σ	花键 K_τ		横 孔 K_σ		横孔 K_τ	配 合 H7/r6		H7/k6		H7/h6	
		A 型	B 型	A 型、B 型		矩形	渐开线形	d_0/d =0.05 ~0.15	d_0/d =0.15 ~0.25	d_0/d =0.05 ~0.25	K_σ	K_τ	K_σ	K_τ	K_σ	K_τ
400	1.45	1.51	1.30	1.20	1.35	2.10	1.40	1.90	1.70	1.70	2.05	1.55	1.55	1.25	1.33	1.14
500	1.78	1.64	1.38	1.37	1.45	2.25	1.43	1.95	1.75	1.75	2.30	1.69	1.72	1.36	1.49	1.23
600	1.96	1.76	1.46	1.54	1.55	2.35	1.46	2.00	1.80	1.80	2.52	1.82	1.89	1.46	1.64	1.31
700	2.20	1.89	1.54	1.71	1.60	2.45	1.49	2.05	1.85	1.80	2.73	1.96	2.05	1.56	1.77	1.40
800	2.32	2.01	1.62	1.88	1.65	2.55	1.52	2.10	1.90	1.85	2.96	2.09	2.22	1.65	1.92	1.49
900	2.47	2.14	1.69	2.05	1.70	2.65	1.55	2.15	1.95	1.90	3.18	2.22	2.39	1.76	2.08	1.57
1 000	2.61	2.26	1.77	2.22	1.72	2.70	1.58	2.20	2.00	1.90	3.41	2.36	2.56	1.86	2.22	1.66
1 200	2.90	2.50	1.92	2.39	1.75	2.80	1.60	2.30	2.10	2.00	3.87	2.62	2.90	2.05	2.5	1.83

注:1. 滚动轴承与轴的配合按 H7/r6 配合选择系数;

2. 蜗杆螺旋根部有效应力集中系数可取 $K_\sigma = 2.3 \sim 2.5$,$K_\tau = 1.7 \sim 1.9$。

表 9.12　零件的绝对尺寸系数

毛坯直径 D/ mm	碳　钢		合　金　钢	
	ε_σ	ε_τ	ε_σ	ε_τ
>20~30	0.91	0.89	0.83	0.89
>30~40	0.88	0.81	0.77	0.81
>40~50	0.84	0.78	0.73	0.78
>50~60	0.81	0.76	0.70	0.76
>60~70	0.78	0.74	0.68	0.74
>70~80	0.75	0.73	0.66	0.73
>80~100	0.73	0.72	0.64	0.72
>100~120	0.70	0.70	0.62	0.70
>120~150	0.68	0.68	0.60	0.68

表 9.13　轴的许用安全系数 $[S]$ 和 $[S_0]$

许用疲劳强度安全系数 $[S]$		许用静强度安全系数 $[S_0]$		
载荷可精确计算，材质均匀	1.3~1.5	尖峰载荷作用时间极短，其值可精确计算	高塑性 $\sigma_s/\sigma_b = 0.6$	1.2~1.4
载荷计算不够精确，材质不够均匀	1.5~1.8		中等塑性钢 $\sigma_s/\sigma_b = 0.6 \sim 0.8$	1.4~1.8
			低塑性钢 $\sigma_s/\sigma_b = 0.8$	1.8~2
载荷计算粗略，材料均匀性很差	1.8~2.5	铸造轴及脆性材料制的轴		3~4
		尖峰载荷很难准确计算的轴		2~3

对于一般回转的转轴，弯曲应力按对称循环变化，故 $\sigma_a = \dfrac{M}{W}$，$\sigma_m = 0$。当轴不转动或载荷随轴一起转动时，考虑到载荷波动的实际情况，弯曲应力可当作脉动循环变化来考虑，即 $\sigma_a = \sigma_m = \dfrac{M}{2W}$。多数情况下，转矩的变化规律往往不易确定，故对一般转轴通常当做脉动循环来考虑，即 $\sigma_a = \sigma_m = \dfrac{M}{2W}$；当轴经常受双向转矩时，则当做对称循环变化，即 $\tau_a = \dfrac{T}{W_T}$，$\tau_m = 0$。

2. 静强度的安全系数校核计算

对瞬时尖峰载荷，应校核轴的静强度

$$S_0 = \frac{S_{0\sigma} S_{0\tau}}{\sqrt{S_{0\sigma}^2 + S_{0\tau}^2}} \geqslant [S_0] \tag{9.7}$$

$$S_{0\sigma} = \frac{\sigma_s}{\sigma_{max}} \quad (9.8)$$

$$S_{0\tau} = \frac{\tau_s}{\tau_{max}} \quad (9.9)$$

式中：$[S_0]$——许用静强度安全系数，见表9.13；

σ_s、τ_s——材料的抗拉和抗剪屈服极限，见表9.3，MPa；

σ_{max}、τ_{max}——尖峰载荷时轴的最大弯曲应力和扭转切应力，MPa；

$S_{0\sigma}$、$S_{0\tau}$——只考虑弯矩和只考虑转矩时的安全系数。

验算后，如发现轴的强度不够，应采取相应的措施。例如，减少应力集中、增大尺寸、改换材料、采取工艺措施改善表面物理状态（降低表面结构的粗糙度值、表面处理、冷作硬化）等。如算出强度过分充裕，说明材料没有充分发挥作用，增加了成本。但是，是否减小轴的直径还要综合考虑轴的刚度、结构要求、轴上标准件的要求等多种因素，全面分析以后再作处理。

9.6　轴的刚度计算

轴受弯矩作用会产生弯曲变形（图9.20a），受转矩作用会产生扭转变形（图9.20b）。如果轴的刚度不够，将影响轴上零件的正常工作。例如，安装齿轮的轴的弯曲变形，会使齿轮啮合时发生偏载。又如，滚动轴承支承的轴的弯曲变形，会使轴承内、外环相互倾斜，当超过允许值时，将使轴承寿命显著降低。因此，设计时必须根据工作要求限制轴的变形量，即

$$\left.\begin{array}{lll} \text{挠度} & y \leqslant [y] \\ \text{偏转角} & \theta \leqslant [\theta] \\ \text{扭转角} & \varphi \leqslant [\varphi] \end{array}\right\} \quad (9.10)$$

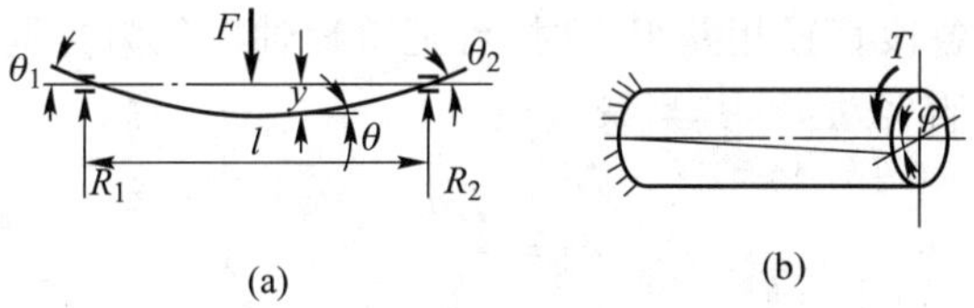

图 9.20　轴的弯曲刚度和扭转刚度

式中：$[y]$、$[\theta]$、$[\varphi]$分别为轴的许用挠度、许用偏转角、许用扭转角，见表9.14。

表 9.14　轴的许用挠度$[y]$、许用偏转角$[\theta]$和许用扭转角$[\varphi]$

变　　形	应 用 场 合	许 用 值
许用挠度$[y]$/ mm	一般用途的轴	$(0.000\ 3 \sim 0.000\ 5)l$
	刚度要求较高的轴	$0.000\ 2l$
	安装齿轮的轴	$(0.01 \sim 0.05)m_n$
	安装蜗轮的轴	$(0.02 \sim 0.05)m_t$

续表

变　　　形	应 用 场 合	许　用　值
许用偏转角$[\theta]$/rad	滑动轴承	0.001
	向心球轴承	0.005
	向心球面球轴承	0.05
	圆柱滚子轴承	0.002 5
	圆锥滚子轴承	0.001 6
	安装齿轮处	0.001 ~ 0.002
许用扭转角$[\varphi]$/[(°)/m]	一般传动	0.5 ~ 1
	较精密的传动	0.25 ~ 0.5
	精密传动	0.25

注：l 为轴的跨距，mm；m_n 为齿轮法向模数；m_t 为蜗轮端面模数。

9.6.1　弯曲变形计算

由材料力学可知，等直径轴的挠曲线近似微分方程为

$$\frac{\mathrm{d}^2 y}{\mathrm{d}x^2} = \frac{M}{EJ} \tag{9.11}$$

式中：M——弯矩，N·mm；

E——材料的弹性模量，MPa；

J——轴的惯性矩，$J = \dfrac{\pi d^4}{64}$，mm^4。

对式(9.11)作一次积分得偏转角方程，作二次积分得挠曲线方程，根据边界条件（轴的支承条件或挠曲线上某点的已知变形条件）就可得到轴的偏转角 θ 及挠度 y。

对于阶梯轴，当各段直径相差很小时，可把阶梯轴简化为当量直径为 d_m 的等直径轴来计算变形（当量直径法）。其当量直径

$$d_m = \frac{\sum d_i l_i}{\sum l_i} \tag{9.12}$$

式中：d_i、l_i 分别为阶梯轴第 i 段的直径与长度。

阶梯轴的弯曲变形计算，除当量直径法外，还有图解法和能量法，可参考材料力学相关知识。

9.6.2　扭转变形计算

由材料力学可知，等直径轴受转矩作用时，其扭转角 φ[单位为(°)/m]的计算公式为

$$\varphi = 5.73 \times 10^4 \frac{T}{GJ_p} \tag{9.13}$$

式中：T——转矩，N·mm；

　　J_p——轴的极惯性矩，其中实心轴 $J_p = \dfrac{\pi d^4}{32}$，mm⁴；

　　G——材料的切变模量，MPa；

　　d——轴的直径，mm。

对于阶梯轴，扭转角 φ 的计算式为

$$\varphi = 5.73 \times 10^4 \frac{1}{Gl} \sum_{i=1}^{n} \frac{T_i l_i}{J_{pi}} \qquad (9.14)$$

式中： l——轴受到转矩作用的长度，mm；

T_i、l_i、J_{pi}——阶梯轴第 i 段的转矩、长度、极惯性矩，单位同式(9.13)。

应指出的是，由于轴的应力与其直径的三次方成反比，而变形与其直径的四次方成反比，因而按强度条件确定出的小直径的轴，常发生刚度不足的问题，而按刚度条件确定出的大直径的轴，常发生强度不够的问题。

思考题与习题

9.1　心轴、传动轴和转轴是如何分类的？试各举一实例，并分析其受力特点及应力变化情况。

9.2　一般情况下，轴的设计为什么要分三步进行？每一步解决什么问题？轴的设计特点是什么？

9.3　观察多级齿轮减速器，为什么低速轴的直径通常比高速轴的直径大？

9.4　轴的结构设计应考虑哪几方面的问题？

9.5　轴上零件的轴向固定的常用方法有哪些？试以草图表示，并说明其适用场合。

9.6　试指出题 9.6 图所示轴的结构设计不正确之处，并在轴线下方绘图改正之。

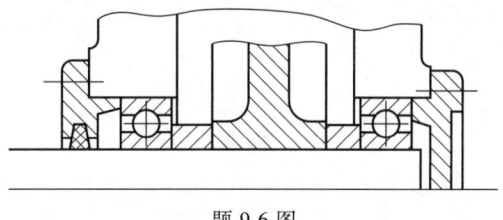

题 9.6 图

9.7　请画图说明阶梯轴的轴肩圆角半径 r、轴肩高度 h 和轴上零件倒角高度 C、轴上零件圆角半径 R 的关系。

9.8　轴的强度计算有哪几种方法？各在什么情况下适用？各有什么优缺点？

9.9　提高轴的疲劳强度的措施有哪些？

9.10　设有一斜齿圆柱齿轮减速器，其传动简图如题 9.10 图所示，试设计其输入轴，并校核轴的强度。已知，该轴输入功率 $P_1 = 15$ kW，转速 $n_1 = 970$ r/min，小齿轮节圆直径 $d_1 = 134.949$ mm，齿轮宽度 $b_1 = 140$ mm，分度圆螺旋角 $\beta_1 = 12°$，法向压力角 $\alpha_n = 20°$，法面模数 $m_n = 4$ mm，机体内壁至轴承座端面距离 $l = 60$ mm，小齿轮端面至机体内壁距离 $\Delta_2 = 15$ mm，采

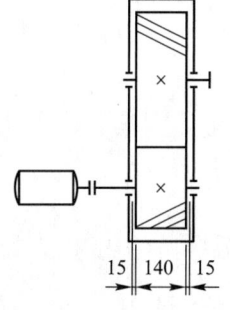

题 9.10 图

15　140　15

用角接触球轴承支承,面对面安装,轴承端面至机体内壁距离$\Delta_3 = 5$ mm,轴的材料为 45 钢调质。

9.11 某铁路货车,一节车厢及其货物总重 $F_Q = 500$ kN,车厢由四根轴八个车轮支承,作用于每根轴上的力如题 9.11 图所示,该力距钢轨中心线的距离 l 约 220 mm。考虑偏载荷等因素,计算轴的强度时,取载荷系数 $K = 1.3$。车轴材料为 45 钢调质,$[\sigma_{-1b}] = 60$ MPa,试确定车轴 A—A 截面直径。

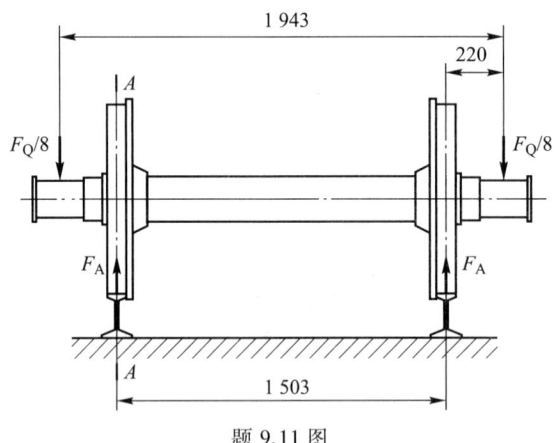

题 9.11 图

第十章 滚动轴承

10.1 滚动轴承的构造和特点

滚动轴承一般由外圈 1、内圈 2、滚动体 3 和保持架 4 组成(图 10.1)。滚动体是滚动轴承中的核心元件,由于它的存在,相对运动表面间才为滚动摩擦。滚动体在内外圈的滚道上滚动,内圈装在轴上,外圈装在轴承座孔中。保持架使滚动体均匀地分布在轴承中。滚动体的种类有球、圆柱滚子、圆锥滚子、滚针等(图 10.2)。

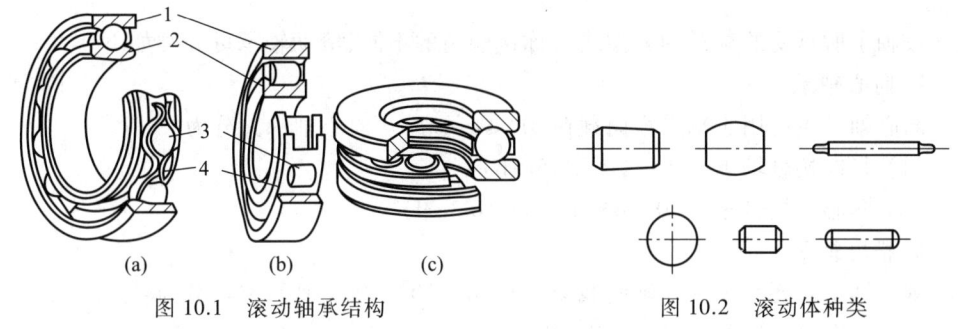

图 10.1 滚动轴承结构   图 10.2 滚动体种类

工作时在滚动体及内外圈滚道的接触处作用有接触应力。为使滚动轴承具有一定的承载能力和使用寿命,通常滚动体和内、外圈采用含铬的专用的高碳铬轴承钢(如 GCr 15、GCr 15SiMn 等)制造,此种材料经整体淬火处理硬度不低于 61 HRC,工作表面要求磨削和抛光,从而达到很高精度。

与滑动轴承相比,由于滚动轴承为滚动摩擦,故具有摩擦因数小、效率高、启动灵活、润滑简单等优点;由于滚动轴承已标准化并由轴承厂大批生产,在机械设计中只需根据工作条件选用合适的滚动轴承类型和型号进行组合结构设计即可,因此滚动轴承还具有成本低、互换性好、使用及维护方便等优点,这些优点使滚动轴承得到了广泛的应用。滚动轴承的缺点主要是抗冲击载荷能力较差、高速时有噪声、工作寿命有限,在这些方面不如液体摩擦的滑动轴承。

10.2 滚动轴承的类型和选择

10.2.1 滚动轴承的类型

滚动轴承类型繁多,可适应各种机械装置的多种要求。滚动轴承可以从不同角度进行分类。按滚动体的形状不同,可分为球轴承和滚子轴承。球形滚动体与内、外圈是点接触的,运转时摩擦损耗小,承载能力和抗冲击能力弱;滚子滚动体与内外圈是线接触,承载能力和抗冲击能力强,但运转时摩擦损耗大。按滚动体的列数,滚动轴承又分为单列、双列和多列。

如图 10.3 所示,滚动轴承的滚动体和外圈滚道接触点的法线与轴承半径方向的夹角 α 称为轴承公称接触角。

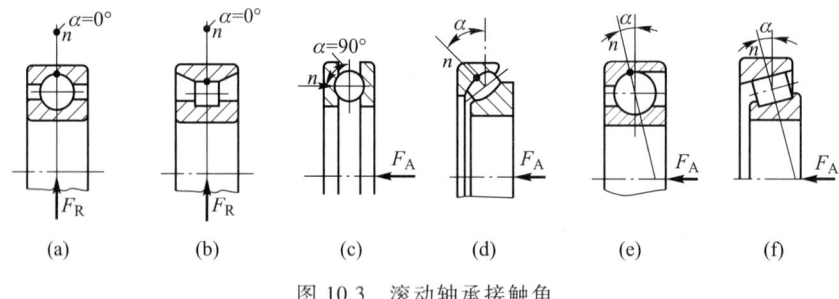

图 10.3 　滚动轴承接触角

按轴承所承受的载荷的方向或公称接触角的不同,滚动轴承可分类如下。

1. 向心轴承

向心轴承主要用于承受径向载荷,$0° \leqslant \alpha \leqslant 45°$。向心轴承又分为:

(1) 径向接触轴承($\alpha = 0°$,图 10.3a、b)

(2) 向心角接触轴承($0° < \alpha \leqslant 45°$,图 10.3e、f)

2. 推力轴承

推力轴承主要用于承受轴向载荷,$45° < \alpha \leqslant 90°$。推力轴承又可分为:

(1) 轴向接触轴承($\alpha = 90°$,图 10.3c)

(2) 推力角接触轴承($45° < \alpha < 90°$,图 10.3d)

在国家标准 GB/T 272—2017 中,滚动轴承是按轴承所承受的载荷的方向及结构的不同进行分类的。常用的滚动轴承类型及特性见表 10.1。

表 10.1 　滚动轴承的主要类型及特性

轴承名称 及类型代号	结构简图 及承载方向	极限 转速	允许偏 转角	主要特性和应用	价格比
调心球轴承 1		中	$2° \sim 3°$	主要承受径向载荷,同时也能承受少量的轴向载荷; 由于外圈滚道表面是以轴承中点为中心的球面,故能调心; 允许偏转角为在保证轴承正常工作条件下,内、外圈轴线的最大夹角	1.8
调心滚子轴承 2		低	$0.5° \sim 2°$	能承受很大的径向载荷和少量轴向载荷,承载能力较大; 滚动体为鼓形,外圈滚道为球面,因而具有调心性能	4.4

续表

轴承名称 及类型代号	结构简图 及承载方向	极限 转速	允许偏 转角	主要特性和应用	价格比
推力调心 滚子轴承 2	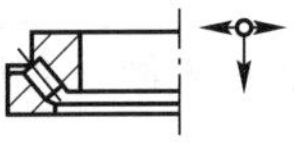	低	2°～3°	能同时承受很大的轴向载荷和不大的径向载荷； 滚子呈腰鼓形,外圈滚道是球面,故能调心	
圆锥滚子轴承 3	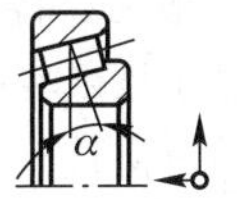	中	2′[①]	能同时承受较大的径向、轴向联合载荷,因为是线接触,承载能力大于"7"类轴承； 内、外圈可分离,装拆方便,成对使用	1.7
推力球轴承 5	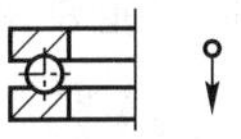 (a) 单列 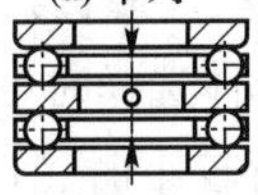 (b) 双列	低	不允许	只能承受轴向载荷,而且载荷作用线必须与轴线相重合。 具体有两种类型： 单列——承受单向轴向载荷 双列——承受双向轴向载荷 高速时,由于滚动体离心力大,球与保持架摩擦发热严重,寿命降低,故仅适用于轴向载荷大、转速不高之处； 紧圈内孔直径小,装在轴上；松圈内孔直径大,与轴之间有间隙,装在机座上	1
深沟球轴承 6	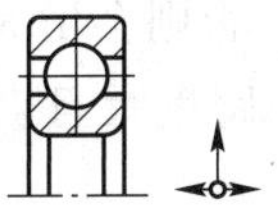	高	8′～16′	主要承受径向载荷,同时也可承受一定量的轴向载荷； 当转速很高而轴向载荷不太大时,可代替推力球轴承承受纯轴向载荷	1
角接触球轴承 7	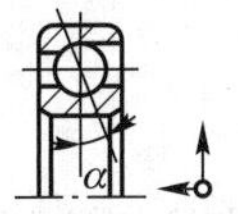	较高	2′～10′	能同时承受径向、轴向联合载荷,公称接触角越大,轴向承载能力也越大； 公称接触角 α 有 15°、25°、40°三种,内部结构代号分别为 C、AC 和 B。通常成对使用,可以分装于两个支点或同装于一个支点上	2.1

续表

轴承名称 及类型代号	结构简图 及承载方向	极限 转速	允许偏 转角	主要特性和应用	价格比
圆柱滚子轴承 N		较高	2′~4′	能承受较大的径向载荷,不能承受轴向载荷; 因是线接触,内、外圈只允许有极小的相对偏转; 轴承内、外圈可分离	2
滚针轴承 NA	(a) 带内圈 (b) 不带内圈	低	不允许	只能承受径向载荷,承载能力大,径向尺寸很小,一般无保持架,因而滚针间有摩擦,轴承极限转速低; 轴承内、外圈可分离; 可以不带内圈,如图 b 所示	

注:① 一般圆锥滚子轴承不允许有角度误差,但滚子和滚道的表面经过特殊设计后可以允许有 2′~4′ 的误差。

10.2.2 滚动轴承类型的选择

选择滚动轴承的类型非常重要,如选择不当,会使机器的性能要求得不到满足或降低轴承寿命。

在选择轴承类型时,一般要考虑所承受载荷的大小、方向、性质,转速的高低以及对刚度、调心性能、结构尺寸、轴承的装拆和经济性等的要求。具体选择时可参考以下几点:

1)当载荷较大或有冲击载荷时,宜用滚子轴承;当载荷较小时,宜用球轴承。

2)当只受径向载荷或虽同时受径向和轴向载荷,但以径向载荷为主时,应用向心轴承;当只受轴向载荷时,一般应用推力轴承,而当转速很高时,可用角接触球轴承或深沟球轴承;当径向和轴向载荷都较大时,应采用圆锥滚子轴承。

3)当转速较高时,宜用球轴承;当转速较低时,可用滚子轴承,也可用球轴承。

4)当要求支承具有较大刚度时,应用滚子轴承。

5)各类轴承在应用时应控制内、外圈间的允许偏转角,否则会增大轴承的附加载荷、降低寿命。当轴的挠曲变形大或两轴承座孔直径不同、跨度大且对支承有调心要求时,应选用调心轴承。

6)为便于轴承的装拆,可选用内、外圈可分离的轴承。

7)选择轴承要考虑经济性,各类轴承价格比见表 10.1,球轴承比滚子轴承便宜,精度低的轴承比精度高的轴承便宜,普通结构轴承比特殊结构轴承便宜。

10.3 滚动轴承代号

国家标准 GB/T 272—2017 规定了一般用途的滚动轴承代号的编制方法。滚动轴承代号由字母和数字表示,并由前置代号、基本代号和后置代号三部分构成,见表 10.2。基本代号是滚动轴承代号的主体,表示滚动轴承的基本类型、结构和尺寸。前置代号和后置代号是轴承在结构形状、尺寸、公差、技术要求等方面有改变时,在基本代号左右增加的补充代号,一般情况的补充代号可部分或全部省略。

表 10.2 滚动轴承代号的构成

前置代号	基本代号			后置代号							
成套轴承分部件	类型代号	尺寸系列代号	内径代号	内部结构代号	密封与防尘代号与外部形状代号	保持架及其材料代号	轴承零件材料代号	公差等级代号	游隙代号	配置代号	振动及噪声代号	其他代号

下面介绍常用代号。

1. 类型代号

类型代号用数字或字母表示,滚动轴承分 12 类,常用轴承类型代号见表 10.1。

2. 尺寸系列代号

滚动轴承尺寸系列代号由宽度系列和直径系列代号组成,对于某一内径的轴承,在承受大小不同的载荷时,可使用大小不同的滚动体,从而使轴承的外径和宽度相应地发生变化。显然,使用的滚动体越大,承载能力越大,轴承的外径和宽度也越大。宽度系列是指相同外径的轴承有几个不同的宽度(图 10.4a),直径系列是指相同内径的轴承有几个不同的外径(图 10.4b)。宽度系列代号、直径系列代号及组合成的尺寸系列代号都用数字表示。常用的向心轴承的尺寸系列代号见表 10.3。

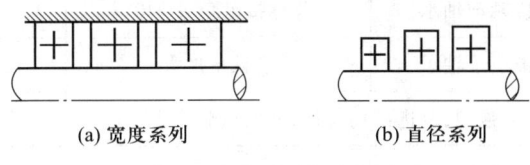

(a) 宽度系列   (b) 直径系列
图 10.4 宽度系列与直径系列

表 10.3 尺寸系列代号

宽度系列代号			直径系列代号
窄 0	正常 1	宽 2	
(0)2	12	22	轻 2
(0)3	13	23	中 3
(0)4	14	24	重 4

注:宽度系列为窄系列时,代号 0 可以省略。

3. 内径代号

内径代号表示轴承内圈孔径的大小,滚动轴承内径可以从小于 1 mm 到几百毫米变化,常用轴承内径及其代号见表 10.4。

表 10.4　内径代号

轴承内径 d/ mm	内　径　代　号	示　　例
10	00	深沟球轴承 6201 内径 $d = 12$ mm
12	01	
15	02	
17	03	
20~495 （22、28、32 除外）	用内径除以 5 得到的商数表示。当商只有个位数时，需在十位处用 0 占位	深沟球轴承 6210 内径 $d = 50$ mm
≥500 以及 22、28、32	用内径毫米数直接表示，并在尺寸系列代号与内径代号之间用"/"号隔开	深沟球轴承 62/500，内径 $d = 500$ mm 62/22，内径 $d = 22$ mm

4. 内部结构代号

内部结构代号表示轴承内部结构变化。代号含义随不同类型、结构而异，见表 10.5。

表 10.5　内部结构代号

代　号	示　　例		
C	角接触球轴承	公称接触角 $\alpha = 15°$	7210 C
AC	角接触球轴承	公称接触角 $\alpha = 25°$	7210 AC
B	角接触球轴承	公称接触角 $\alpha = 40°$	7210 B
	圆锥滚子轴承	接触角加大	32310 B
E	加强型，改进结构设计，增大承载能力		NU 207 E

5. 公差等级代号

公差等级代号表示轴承的精度等级，见表 10.6。

表 10.6　公差等级代号

	精度低————→精度高					示例
代号	/P0	/P6	/P6x	/P5	/P4	/P2	6206/P5
公差等级	0	6	6x	5	4	2	5 级

注：6x 级仅适用圆锥滚子轴承；公差等级依次由低到高，0 级最低，为普通级，在代号中可省略不表示，2 级精度最高。

6. 配置代号

配置代号是表示一对轴承的配置方式，见表 10.7。该轴承经专门选配后，成对供应。

表 10.7 配 置 代 号

代号	/DB	/DF	/DT
含义	背对背安装方式	面对面安装方式	串联安装方式
示例	7210 C/DB	7210 C/DF	7210 C/DT

7. 游隙组代号

游隙组代号见表 10.8。

表 10.8 游隙组代号

代号	/C1	/C2	—	/C3	/C4	/C5
含义	游隙符合标准规定的 1 组	游隙符合标准规定的 2 组	游隙符合标准规定的 0 组	游隙符合标准规定的 3 组	游隙符合标准规定的 4 组	游隙符合标准规定的 5 组
示例	7208C/C1	6210/C2	6210	6210/C3	6210/C4	6210/C5

注：1. 滚动轴承的径向游隙依次由小到大；

2. 径向游隙为 0 组时，在代号中省略。

8. 轴承代号的编制规则

1）轴承代号按表 10.2 所列的顺序从左至右排列。

2）当轴承类型代号用字母表示时，字母与其后的数字之间应空一个字符。

3）基本代号与后置代号之间应空一个字符，但当后置代号中有"—"或"/"时，不再留空。

4）在尺寸系列代号中，位于括号中的数字省略不写，见表 10.9。

5）公差等级代号中的/P0 省略不写。

6）公差等级代号与游隙组代号同时表示时，可取公差等级代号加上游隙组号组合表示，如/P63（公差等级 P6 级，径向游隙 3 组）。

表 10.9 常用滚动轴承的代号

轴承名称	类型代号	尺寸系列代号	轴承代号
调心球轴承	1	(0)2	1200
	(1)	22	2200
	1	(0)3	1300
	(1)	23	2300
调心滚子轴承	2	13	21300 C
调心滚子轴承	2	22	22200 C
	2	23	22300 C
圆锥滚子轴承	3	02	30200
	3	03	30300
	3	13	31300

轴 承 名 称	类 型 代 号	尺寸系列代号	轴 承 代 号
推力球轴承	5	12	51200
	5	13	51300
	5	14	51400
深沟球轴承	6	(0)2	6200
	6	(0)3	6300
	6	(0)4	6400
角接触球轴承	7	(0)2	7200 C
	7	(0)3	7300 AC
	7	(0)4	7400 B
外圈无挡边圆柱滚子轴承	N	(0)2	N 200
	N	22	N 2200
	N	(0)3	N 300
	N	23	N 2300
	N	(0)4	N 400

【例 10.1】 试说明轴承代号 7210 C/P5/DF 的意义。

【解】

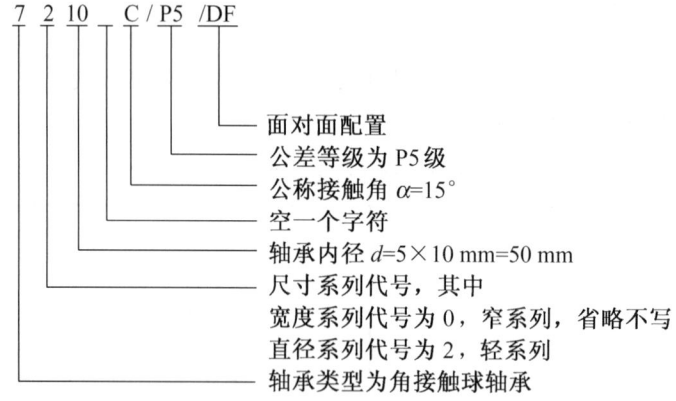

10.4　滚动轴承的失效形式和计算准则

10.4.1　滚动轴承的失效形式

1. 疲劳点蚀

　　滚动轴承是承受载荷而又旋转的支承零件,工作时内、外套圈间有相对运动,载荷通过滚动体从一个套圈传递到另一个套圈,滚动体既自转又围绕轴承中心公转,滚动体和套圈分别受到不同的脉动接触应力。以向心轴承为例,假定轴承内部无间隙,内圈承受径向载荷 F_r,如图 10.5 所示,上半圈的滚动体不受力。在 F_r 作用下,下半圈的各接触点上将产生弹性变形,内圈下移到图中虚线位置。根据各接触点处的弹性变形量,可以得到各个滚动体所受载荷的大小,其分布情况如图 10.5 所示。显然,各接触点的弹性变形量是不同的,最下面的滚动体接触点的弹性变形量最大,该滚动体所受的载荷最大。当轴承内圈转动时,内外圈和滚动体的表面上某一点,例如图 10.5 中的点 a、

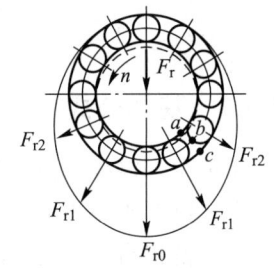

图 10.5　滚动轴承
内部的载荷分布

b、c,将处于断续接触状态,即接触—脱离—再接触—再脱离的不断重复的状态。每接触一次就产生一次接触应力。因而,工作面上的接触应力是变化的。在这种变化的接触应力的作用下,工作一段时间以后,就会在滚动体、内外圈的滚道上出现疲劳点蚀。产生点蚀的轴承将引起噪声、振动、发热,不能正常工作,即轴承因疲劳点蚀而失效。

2. 塑性变形

对于低速或摆动、不转动的轴承,在较大的静载荷或冲击载荷作用下,滚动体及内外圈的滚道上将产生局部的塑性变形或破裂,从而影响轴承平稳转动,出现振动、噪声、运转精度降低等现象,即轴承因塑性变形而失效。

3. 磨粒磨损

对于那些在多尘环境下工作的滚动轴承,由于密封不严使灰尘、杂质进入轴承中或由于润滑油不干净将杂质带进轴承中,都会造成磨粒磨损而使轴承失效。

4. 胶合

在高速重载条件下工作的轴承,因摩擦面发热而使温度急骤升高,导致轴承元件的回火,严重时将产生胶合而使轴承失效。

滚动轴承除以上四种失效形式,还有由于安装时操作不当、维护不当引起的轴承元件的破裂、锈蚀、电腐蚀等其他失效形式。

10.4.2　滚动轴承的计算准则

在选定轴承类型后,确定轴承尺寸时,应针对其主要失效形式进行必要的计算。对于转动的滚动轴承,滚动体和滚道发生疲劳点蚀是其主要失效形式,因而主要是进行寿命计算,必要时再作静强度校核;对于不转动、低速或摆动的轴承,局部塑性变形是其主要失效形式,因而主要是进行静强度计算;对于高速轴承,发热以至胶合是其主要失效形式,因而除进行寿命计算外,还应校核极限转速;对于其他失效形式可通过正确的润滑和密封、正确的操作与维护来解决。此外,为了保证轴承的正常工作,发挥其工作能力,设计合理的轴承组合结构、选择正确的密封和润滑方法也是十分重要的。

10.5 滚动轴承的寿命计算

10.5.1 基本公式

对于在一定载荷作用下运转的单个滚动轴承,出现疲劳点蚀前所经历的总转数或在一定转速下所经历的时间,称为滚动轴承的疲劳寿命。大量试验表明,滚动轴承的疲劳寿命是相当离散的,即使采用同一材料、相同的加工方法和热处理工艺生产出来的同一批轴承,在同一条件下工作,由于很多随机因素的影响,其寿命也有很大差异,最低寿命和最高寿命可相差几十倍。为此,在滚动轴承标准中引入可靠度的概念,采用可靠度为 90% 的基本额定寿命作为评价滚动轴承寿命的指标。所谓基本额定寿命 L_{10} 是指一批相同的轴承在相同的条件下运转,其中 90% 的轴承在疲劳点蚀前所能转过的总转数,单位为 10^6 r。

轴承的基本额定寿命 L_{10} 与所受的载荷有关。滚动轴承标准中规定,轴承工作温度在 100 ℃ 以下,基本额定寿命 $L_{10} = 1$ 时,轴承所能承受的最大载荷称为基本额定动载荷 C,单位为 N。对于向心轴承,基本额定动载荷 C 为径向载荷;对于角接触向心轴承,为载荷的径向分量,均用 C_r 表示;对于推力轴承为中心轴向载荷,用 C_a 表示。基本额定动载荷 C 代表了轴承的承载能力,其值越大,承载能力越大,抗疲劳点蚀能力越强。其值可从轴承样本或有关手册中查得。

滚动轴承的载荷与寿命之间的关系,可用疲劳曲线表示(图 10.6),其方程为

$$F^\varepsilon L_{10} = 常数$$

式中:F——当量动载荷(详见 10.5.2 节),N。

L_{10}——滚动轴承的基本额定寿命,10^6 r。

ε——寿命指数,对于球轴承,$\varepsilon = 3$;对于滚子轴承,$\varepsilon = 10/3$。

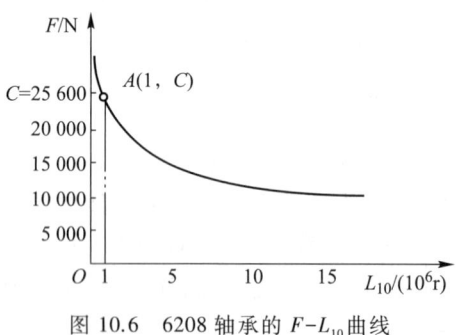

图 10.6 6208 轴承的 F-L_{10} 曲线

显然,基本额定寿命 $L_{10} = 1$ 与基本额定动载荷 C 描述了轴承疲劳曲线上的点 A,并满足方程

$$C^\varepsilon \cdot 1 = 常数$$

$$C^\varepsilon \cdot 1 = F^\varepsilon L_{10}$$

在载荷 F 作用下轴承的基本额定寿命为

$$L_{10} = \left(\frac{C}{F} \right)^{\varepsilon} \qquad (10.1a)$$

在工程计算中,一般用工作小时数(h)为单位表示轴承的基本额定寿命 L_{10h},设轴承转速为 $n(\text{r/min})$,则

$$L_{10h} = \frac{10^6 L_{10}}{60n}$$

代入式(10.1a),得

$$L_{10h} = \frac{10^6}{60n} \left(\frac{C}{F} \right)^{\varepsilon} \qquad (10.1b)$$

对于常用的普通材料轴承,考虑到在温度高于 105 ℃ 工作时,轴承材料的硬度下降,导致轴承的基本额定动载荷 C 下降,故引入温度系数 f_t 对 C 值进行修正,f_t 可查表 10.10 得到。考虑冲击与振动的影响,轴承所受到的实际载荷会大于名义载荷,故引入载荷系数 f_F 对载荷 F 进行修正,f_F 可查表 10.11 得到。则式(10.1b)变为

$$L_{10h} = \frac{10^6}{60n} \left(\frac{f_t C}{f_F F} \right)^{\varepsilon} \qquad (10.1c)$$

表 10.10　温度系数 f_t

轴承工作温度 $t/℃$	≤105	125	150	175	200	225	250	300	350
温度系数 f_t	1.0	0.95	0.90	0.85	0.80	0.75	0.70	0.60	0.50

注:f_t 亦可按下式计算:当温度 $t \leqslant 105$ ℃ 时,$f_t = 1$;当 $t = 105 \sim 250$ ℃ 时,$f_t = 150/(108 + 0.4t)$。

表 10.11　载荷系数 f_F

载 荷 性 质	举　　例	f_F
无冲击或轻微冲击	电动机、汽轮机、通风机、水泵	1.0 ~ 1.5
中等冲击	车辆、机床、起重机、冶金设备、内燃机、减速器	1.2 ~ 1.8
剧烈冲击	破碎机、轧钢机、石油钻机、振动筛	1.8 ~ 3.0

进行轴承寿命计算时,通常取机器的中修或大修期作为轴承的预期 L'_h。应取 $L_{10h} > L'_h$,轴承的预期寿命 L'_h 是指机器要求轴承工作的时间。表 10.12 给出了各种设备中轴承预期寿命 L'_h 的推荐值。

如果已知轴承转速 $n(\text{r/min})$、当量动载荷 $F(\text{N})$ 及预期寿命 L'_h,则由式(10.1c)可得

$$C' = \frac{f_F F}{f_t} \sqrt[\varepsilon]{\frac{60nL'_h}{10^6}} = \frac{f_F F}{f_t} \sqrt[\varepsilon]{\frac{nL'_h}{16\,670}} \qquad (10.1d)$$

式中:C' 的单位是 N,据此可以从轴承手册中查出已选定类型的轴承型号,该型号轴承的基本额定动载荷 $C \geqslant C'$。

表 10.12   轴承预期寿命 L'_h 的推荐值

机械的种类及其工作情况		轴承预期寿命/h
不经常使用的仪器和设备,例如汽车方向指示器,闸门、门窗开闭装置		300~3 000
航空发动机		1 000~2 000
短期或间断使用的机械,中断使用不致引起严重后果,例如轻便手提式工具、农业机械、车间用升降滑车、装配吊车、自动运输设备等		3 000~8 000
间断使用的机械,中断使用能引起严重后果,例如发电站辅助设备、供暖降温用电动机、流水作业线自动传送装置、带式运输机、不经常使用的机床等		8 000~12 000
每天 8 h 工作的机械	一般齿轮传动	12 000~20 000
	固定电动机	16 000~24 000
	机床、中间传动轴、一般机械、木材加工机械	20 000~30 000
24 h 连续工作的机械	空压机、水泵、矿山升降机	40 000~60 000
	船舶螺旋桨轴推力轴承	60 000~100 000
24 h 连续工作,中断使用能引起严重后果,例如纤维和造纸机械、电站主要设备、给排水装置、矿井水泵等		>100 000

需要指出的是,随着科技进步,对机器可靠性要求不断提高,建立在可靠度为 90% 的轴承基本额定寿命公式(10.1)已不能满足设计要求。对可靠度要求高于 90% 的特殊性能材料及特殊运转条件下轴承寿命计算,需要对现有公式进行修正,可以参见新标准 GB/T 21559.1—2023 来确定。

10.5.2   当量动载荷

基本额定动载荷 C 是在一定条件下确定的,对于同时作用有径向载荷和轴向载荷的轴承,在进行轴承寿命计算时,为了和基本额定动载荷进行比较,应把实际载荷折算为与基本额定动载荷的方向相同的一假想载荷,在该假想载荷作用下轴承的寿命与实际载荷作用下的寿命相同,则称该假想载荷为当量动载荷,用 F 表示。

当量动载荷 F 的计算式为

$$F = XF_r + YF_a \tag{10.2}$$

式中:F_r、F_a——轴承的径向载荷和轴向载荷;

X、Y——动载荷径向系数和动载荷轴向系数。

对于只能承受径向载荷 F_r 的轴承,$F=F_r$;对于只能承受轴向载荷 F_a 的轴承,$F=F_a$。

X、Y 可根据 F_a/F_r 的值与 e 值的关系,在表 10.13 中查得。e 值是一个界限值,用来判断是否考虑轴向载荷 F_a 的影响。当 $F_a/F_r>e$ 时,必须考虑 F_a 的影响;当 $F_a/F_r \leqslant e$ 时,则不考虑 F_a 的影响,取 $X=1$,$Y=0$。e 值的大小与轴承的类型及 F_a/C_0 的大小有关,可在表 10.13 中查得,C_0 是该轴承额定静载荷(见 10.6 节),可在轴承手册中查得。表中未列出 F_a/C_0 的中间值,可按线性插值法求出相对应的 e、Y 值。

表 10.13 向心轴承当量动载荷的 X、Y 值

轴承类型		F_a/C_0	e	$F_a/F_r > e$		$F_a/F_r \leqslant e$	
				X	Y	X	Y
深沟球轴承		0.014	0.19		2.30		
		0.028	0.22		1.99		
		0.056	0.26		1.71		
		0.084	0.28		1.55		
		0.11	0.30	0.56	1.45	1	0
		0.17	0.34		1.31		
		0.28	0.38		1.15		
		0.42	0.42		1.04		
		0.56	0.44		1.00		
角接触球轴承	$\alpha = 15°$	0.015	0.38		1.47		
		0.029	0.40		1.40		
		0.058	0.43		1.30		
		0.087	0.46		1.23		
		0.12	0.47	0.44	1.19	1	0
		0.17	0.50		1.12		
		0.29	0.55		1.02		
		0.44	0.56		1.00		
		0.58	0.56		1.00		
	$\alpha = 25°$	—	0.68	0.41	0.87	1	0
	$\alpha = 40°$	—	1.14	0.35	0.57	1	0
圆锥滚子轴承(单列)		—	$1.5\tan\alpha$	0.4	$0.4\cot\alpha$	1	0
调心球轴承		—	$1.5\tan\alpha$	0.65	$0.65\cot\alpha$	1	$0.42\cot\alpha$

10.5.3 角接触轴承的内部轴向力

角接触轴承的结构特点是在滚动体与外圈滚道接触处存在着接触角 α。当它承受径向载荷 F_r 时,作用在第 i 个滚动体上的法向力 F_{Qi} 可分解为径向分力 F_{Ri} 和轴向分力 F_{Si}(图 10.7)。各个滚动体上所受轴向分力的合力即为轴承的内部轴向力 F_S,作用于轴承的轴线上。

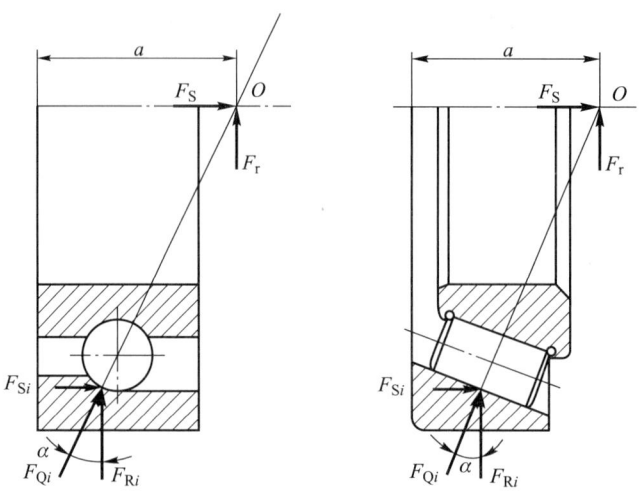

图 10.7　内部轴向力

　　内部轴向力 F_S 的大小的近似计算式见表 10.14。内部轴向力 F_S 的方向为从外圈的宽边指向窄边。由于角接触轴承受径向力后会产生内部轴向力，故常成对使用。角接触轴承中各滚动体的法向力 F_{Qi} 汇交在轴线上的点 O，该点称为轴承的压力中心，即支反力作用点。该点至轴承外圈宽边的距离 a（图 10.7）可从轴承手册上查得。简化计算时，通常取轴承宽度中点为支反力作用点。

表 10.14　角接触轴承内部轴向力 F_S 的计算公式

轴承类型	角接触球轴承			圆锥滚子轴承
	7000 C 型（$\alpha=15°$）	7000 AC 型（$\alpha=25°$）	7000 B 型（$\alpha=40°$）	
F_S	$0.4F_r$	$0.7\,F_r$	F_r	$F_r/2Y$

注：Y 为 $F_a/F_r>e$ 时的值，查手册确定。

　　在计算角接触轴承的轴向载荷时，必须考虑内部轴向力 F_S 的影响，而内部轴向力的计算依赖于轴承的布置形式。对于图 10.8 所示的正装轴承部件，轴向外载荷为 F_A，轴承 I 和 II 上的径向载荷分别为 F_{r1} 和 F_{r2}，由 F_{r1} 和 F_{r2} 产生的内部轴向力为 F_{S1} 和 F_{S2}。若把轴和两个轴承内圈视为一体，并把它作为分离体分析其轴向力，可得到轴承上的轴向载荷。若 $F_{S1}+F_A>F_{S2}$，则分离体有向右移动的趋势。由轴承部件结构可知，在沿轴向向右的方向上，轴承 II 的外圈右端经轴承盖与机体固定。由于轴承 II 受到来自机体的补充平衡力 F_W 的作用，阻止分离体向右移动，使其保持平衡。由力的平衡条件得

$$F_W + F_{S2} = F_{S1} + F_A$$

从而作用在轴承 II 上的轴向载荷为

$$F_{a2} = F_W + F_{S2} = F_A + F_{S1} \tag{10.3a}$$

作用在轴承 I 上的轴向载荷只有自身的内部轴向力，即

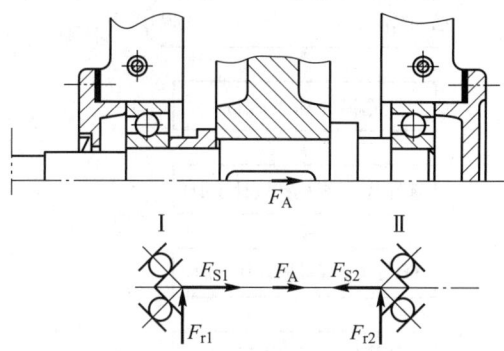

图 10.8　正装角接触球轴承轴向力

$$F_{a1} = F_{S1} \tag{10.3b}$$

对于图 10.9 所示的反装轴承部件,如果轴向外载荷和轴承 I、II 上所受的径向载荷分别与图 10.8 相同,且有 $F_{S2} + F_A > F_{S1}$,则按同样的力分析方法,可以得到作用于轴承 I 上的轴向载荷为 $F_{a1} = F_A + F_{S2}$,作用在轴承 II 上的轴向载荷为其自身的内部轴向力,即 $F_{a2} = F_{S2}$。反装与正装结构的主要区别是轴承内部轴向力的方向发生了变化,承受阻止分离体作轴向移动的轴向载荷的轴承也发生了变化。归纳上面的分析过程,可得出如下结论:① 轴承的轴向载荷与轴承部件的结构,尤其是与固定方式密切相关。② 轴承的轴向载荷可根据分离体的轴向力平衡条件确定,阻止分离体作轴向移动的轴承的轴向载荷,为轴向外载荷 F_A 与另一个轴承的内部轴向力的合力,而另一个轴承的轴向载荷为其自身的内部轴向力。

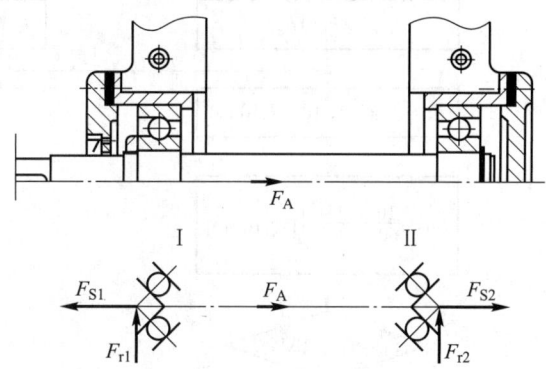

图 10.9　反装角接触球轴承轴向力

10.5.4　轴承寿命计算程序框图

通常滚动轴承的设计过程是在轴的结构设计中,先按载荷的大小和性质选择轴承的种类和型号,待结构设计后再进行寿命校核计算。滚动轴承的寿命计算程序框图如图 10.10 所示。

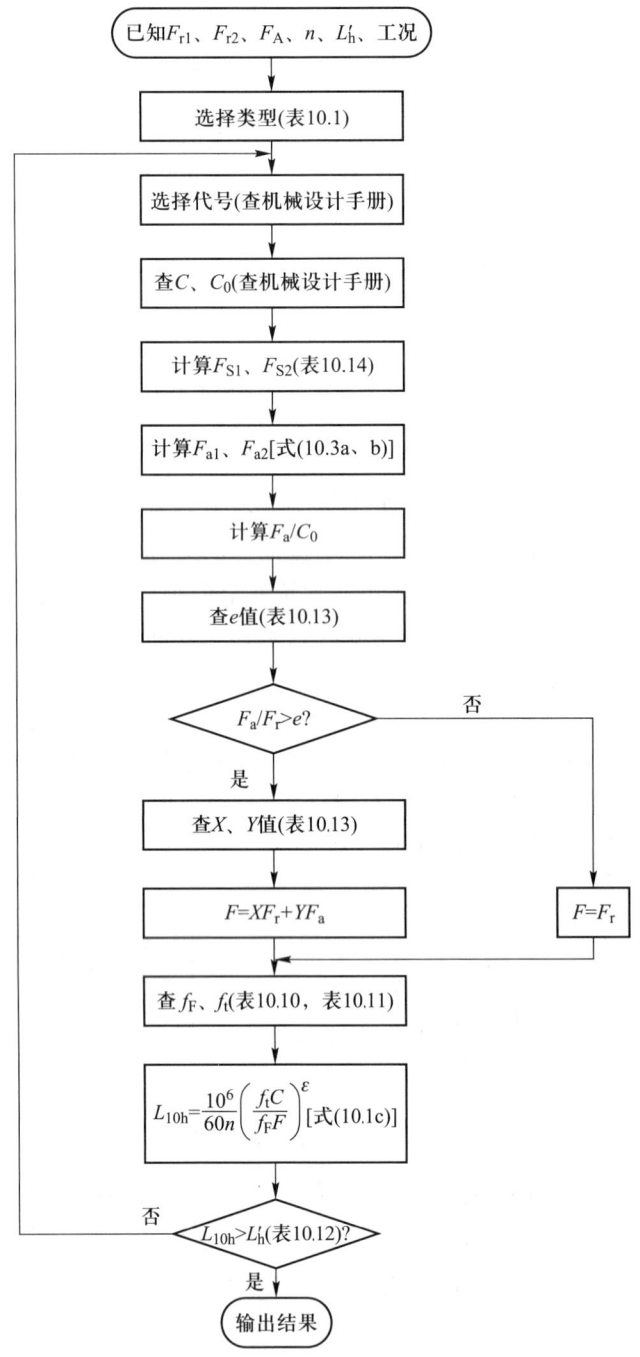

图 10.10　滚动轴承寿命计算程序框图

10.6　滚动轴承的静强度计算

对不转动、极低速转动($n \leqslant 10$ r/min)或摆动的轴承,其接触应力为静应力或应力变化次数很少,其失效形式为由静载荷或冲击载荷引起的滚动体和内外圈滚道接触处产生的过大的塑性变形(凹坑)。

轴承标准中规定,滚动轴承中受载最大的滚动体与滚道的接触中心处引起的计算接触应力达到一定值(如对于滚子轴承为 4 000 MPa)时的载荷,为轴承的基本额定静负荷 C_0,单位为 N。它是限制轴承的塑性变形的极限载荷值。各种轴承的 C_0 值可在轴承手册中查得。基本额定静载荷的方向,对向心轴承为径向载荷,对角接触轴承为载荷的径向分量,均用 C_{or} 表示,对推力轴承为轴向载荷,用 C_{oa} 表示。

为限制滚动轴承中的塑性变形量,应校核轴承承受静载荷的能力。滚动轴承的静强度校核公式为

$$C_0 \geqslant S_0 F_0 \tag{10.4}$$

式中:S_0——静强度安全系数,见表 10.15;

F_0——当量静载荷,N。

表 10.15 滚动轴承静强度安全系数 S_0

轴承使用情况	使用要求、载荷性质和使用场合	S_0
旋转轴承	对旋转精度和平稳运转要求较高,或承受强大的冲击载荷	1.2~2.5
	正常使用	0.8~1.2
	对旋转精度和平稳运转要求较低,没有冲击振动	0.5~0.8
不旋转或摆动轴承	水坝闸门装置	≥1
	附加动载荷较小的大型起重机吊钩	≥1
	附加动载荷很大的小型装卸起重机吊钩	≥1.6

当量静载荷是一个假想载荷,其作用方向与基本额定静载荷相同。在当量静载荷作用下,轴承受载最大的滚动体与滚道接触处的塑性变形量之和与实际载荷作用下的塑性变形量之和相同。

对于径向接触轴承、向心角接触轴承,当量静载荷取下面两式中计算出的较大值

$$\left.\begin{array}{l} F_{0r} = X_0 F_r + Y_0 F_a \\ F_{0r} = F_r \end{array}\right\} \tag{10.5}$$

式中:X_0、Y_0 分别为静径向系数和静轴向系数,可在表 10.16 中查得。

表 10.16 当量静载荷的 X_0、Y_0 系数

		X_0	Y_0
深沟球轴承		0.6	0.5
角接触球轴承	$\alpha = 15°$	0.5	0.46
	$\alpha = 25°$	0.5	0.38
圆锥滚子轴承		0.5	$0.22 \cot \alpha$

对于轴向接触轴承 $F_{0a} = F_a$。

对于推力角接触轴承 $F_{0a} = 2.3 F_r \tan \alpha + F_a$。

10.7　滚动轴承的极限转速

滚动轴承转速过高时,会因摩擦发热而使温度急剧升高,导致滚动轴承元件退火或胶合而失效,所以当转速较高时,还应校核滚动轴承极限转速,轴承的工作转速应小于其极限转速。

滚动轴承的极限转速是指轴承在一定载荷和润滑条件下所允许的最高转速。它与轴承类型、尺寸、载荷、游隙及精度高低、保持架的结构及材料、润滑状态、冷却条件等因素有关。在轴承手册中列出了各类轴承在脂润滑和油润滑(油浴润滑)条件下的极限转速,它仅适用于当量动载荷 $F \le 0.1C$、润滑与冷却条件正常、向心及角接触轴承受纯径向载荷、推力轴承受纯轴向载荷的 P0 级精度轴承。

当轴承的当量动载荷 F 超过 $0.1C$ 时,由于接触面上接触应力增大,润滑条件恶化,温升较大,润滑剂性能变坏,这时需将手册中的极限转速乘以小于 1 的载荷系数 f_1(图 10.11)。当向心轴承受轴向载荷时,受载滚动体数目有所增加,导致摩擦力矩增大,润滑条件相对变差,这时需将手册中查得的极限转速乘以小于 1 的载荷分布系数 f_2(图 10.12)。于是,轴承允许的极限转速为

$$n'_{\lim} = f_1 f_2 n_{\lim} \tag{10.6}$$

式中:$n_{\lim}$ 为轴承手册中列出的极限转速, r/min。

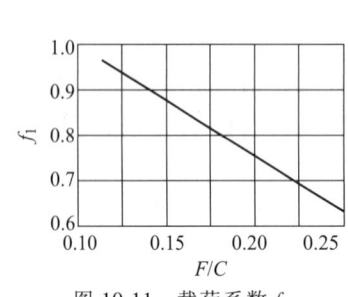

图 10.11　载荷系数 f_1

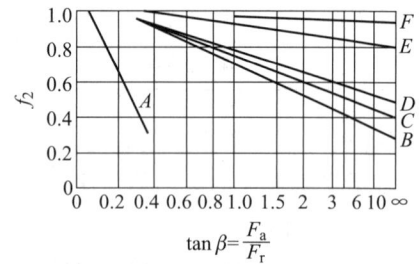

A—圆柱滚子轴承;B—调心滚子轴承;C—调心球轴承;
D—圆锥滚子轴承;E—深沟球轴承;F—角接触球轴承。

图 10.12　载荷分布系数 f_2

提高轴承精度、选用较大的游隙、改用青铜等减摩材料做保持架、改善润滑和冷却措施等能使极限转速提高 1.5~2 倍。

在高速时,滚动体上的离心力将增大外圈滚道上的压力,从而影响极限转速。减少滚动体的离心力,可以从减少滚动体的质量和回转半径两方面采取措施。例如,选用滚动体直径小的轻系列轴承或空心滚动体轴承、质量轻的陶瓷球轴承等。

10.8　滚动轴承部件结构设计

在机器中,传动件、轴、滚动轴承、机体、润滑及密封装置等组成为一个相互联系的有机整体,通常称为轴承部件。本节将介绍在进行轴承部件结构设计时,主要应考虑的几个问题。

10.8.1　轴承部件的轴向固定

为保证传动件在工作中处于正确位置,轴承部件应准确定位并可靠地固定在机体上。设计合理的轴承部件应保证把作用于传动件上的轴向力传递到机体上,不允许轴及轴上零件产生轴向移动。轴承部件的轴向固定方式主要有以下三种。

1. 两端单向固定支承

如图 10.13 所示,轴上每个支承分别承受一个方向的轴向力,限制轴的一个方向的移动,两个支承合起来限制轴的两个方向的运动。图 10.13a 为两端固定简支梁的简图,当轴向力不太大时,可采用图 10.13b 所示的不可分的一对深沟球轴承结构。对于左轴承,轴承内圈的右端面用轴肩固定,轴承外圈的左端面用轴承盖固定,左轴承可限制轴承部件向左移动;对于右轴承,轴承内圈的左端面用轴肩固定,轴承外圈的右端面用轴承盖固定,右轴承限制轴承部件向右移动。当轴向力较大时,需要选用一对角接触球轴承或圆锥滚子轴承。

当传动件上的轴向力向左时,力的传递路线为传动件、轴、左轴承、轴承盖、螺钉、机体(图 10.13b)。

两端固定支承适用于工作温度变化不大、两支点间跨距 $l \leqslant 300$ mm 的短轴。

轴工作时会受热伸长,为补偿轴的伸长,在安装时,对向心球轴承,在轴承外圈与轴承盖之间留有间隙 c(图 10.13c),通常 $c = 0.25 \sim 0.4$ mm。对角接触轴承,则要调整其内、外圈的相对轴向位置,使其留有足够的轴向间隙 c,其数值大小可查手册。

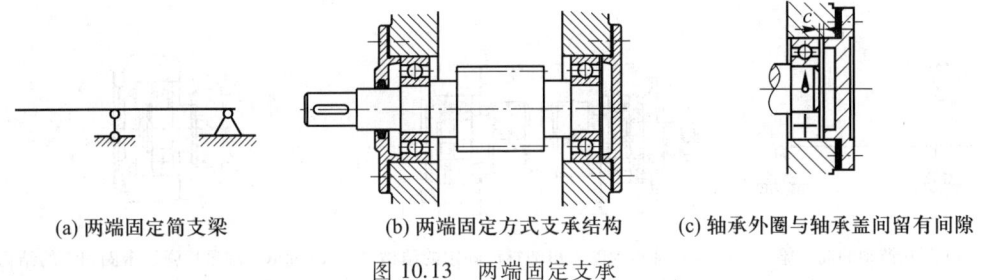

(a) 两端固定简支梁　　　　　(b) 两端固定方式支承结构　　　　(c) 轴承外圈与轴承盖间留有间隙

图 10.13　两端固定支承

2. 一端固定、一端游动支承

如图 10.14 所示,轴的固定支承限制轴的两个方向的移动,可以承受双向轴向力,而游动支承允许轴作因温度变化引起的热伸缩,即自由游动。图 10.14a 为其简图,当轴向力不太大时,可采用图 10.14b 所示不可分的深沟球轴承结构。左轴承为固定支承,轴承外圈两端分别用轴承端盖和轴承座孔凸肩使之固定在机体上,轴承内圈分别用轴肩和圆螺母使之固定在轴上。右轴承为游动支承,轴承内圈两端分别用轴肩和弹性卡圈使之固定在轴上,轴承外圈与轴承座孔间为间隙配合,并在外圈与轴承盖之间留有大于轴的热伸长量的间隙,一般为 2~3 mm。轴向游动在轴承外圈与轴承座孔间进行。当游动支承采用圆柱滚子轴承时,轴承的内圈固定在轴上,外圈固定在轴承座上,轴向游动在滚动体与座圈滚道间进行(图 10.14c)。当轴向力较大时,固定端需采用一对角接触球轴承或圆锥滚子轴承组合结构。

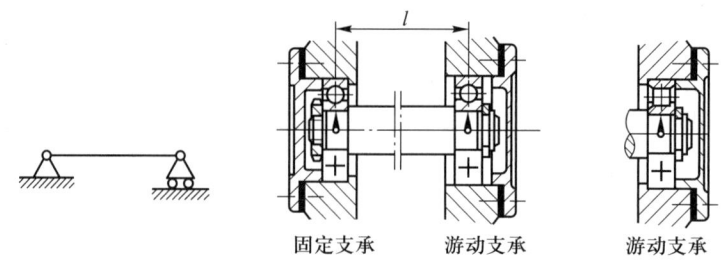

(a)一端固定、一端游动简支梁　　　　　(b)　　　　　　(c)采用圆柱滚子轴承的游动支承

图 10.14　一端固定、一端游动支承

当传动件上的轴向力向右时,力的传递路线为传动件、轴、圆螺母、左轴承、轴承座孔凸肩(图 10.13b)。

一端固定、一端游动的支承主要用于工作温度变化大且两支点间跨距 $l>300$ mm 的长轴。

3.两端游动支承

如果轴上的传动零件具有确定两轴的相对轴向位置的功能,那么两轴中的一根应采用两端游动支承结构,而另一根轴多采用两端固定支承结构。图 10.15 所示情况为人字齿轮传动,轴上的人字齿轮影响两轴相对轴向位置,通常大齿轮轴承部件采用两端固定支承,小齿轮轴承部件采用两端游动支承。该传动结构允许小齿轮轴承部件沿轴向游动,以补偿因人字齿轮两侧齿的螺旋角不绝对对称而使轮齿受力不均匀的影响。

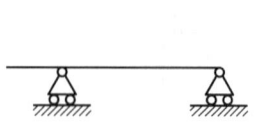 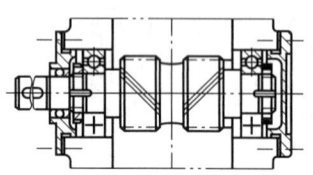 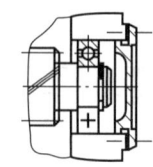

(a)两端游动的简支梁　　(b)轴承内圈采用圆螺母固定的结构　　(c)轴承内圈采用弹簧卡圈固定的结构

图 10.15　两端游动支承

除了轴承部件的整体结构设计合理以外,轴承在轴上的定位和固定也要设计合理,轴承在轴上一般用轴肩或套筒定位,这种方式有较高的定位精度和承载能力。为确保可靠定位,轴肩圆角半径必须小于轴承的圆角半径 r。为便于拆卸,轴肩高度应符合轴承的安装尺寸要求,不应大于轴承内圈高度的 3/4。

轴承内圈的轴向固定方式应根据轴向载荷的大小来确定,如选用圆螺母、套筒、轴用弹性挡圈等结构(图 10.16),外圈可采用机座孔端面、孔用弹性挡圈、轴承端盖等结构固定(图 10.17)。

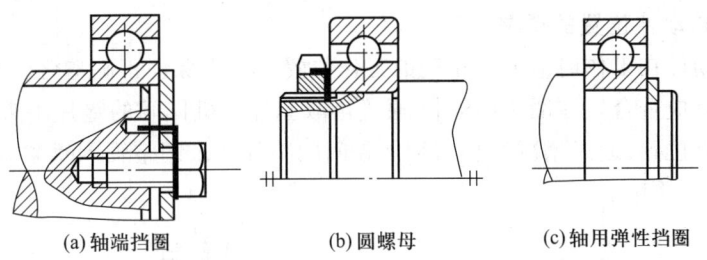

(a)轴端挡圈   (b)圆螺母   (c)轴用弹性挡圈

图 10.16 轴承内圈的轴向固定方式

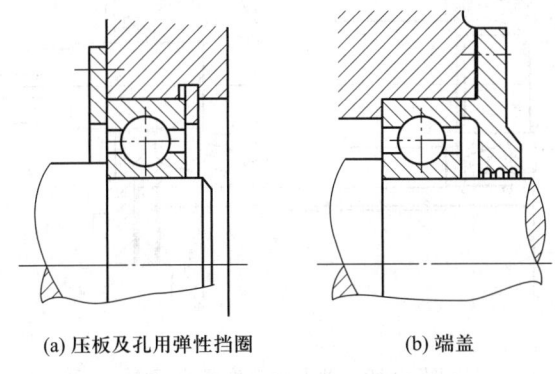

(a)压板及孔用弹性挡圈   (b)端盖

图 10.17 轴承外圈的轴向固定方式

10.8.2 轴承部件的调整

1. 轴承间隙的调整

采用两端固定支承的轴承部件,为补偿轴在工作时的热伸长,在装配时应留有相应的轴向间隙。轴承间隙的调整方法有:① 通过加减轴承端盖与轴承座端面间的垫片厚度来实现(图 10.18a);② 通过调整螺钉 1,经过轴承外圈压盖 3,移动外圈来实现,在调整后,应拧紧防松螺母 2(图 10.18b)。

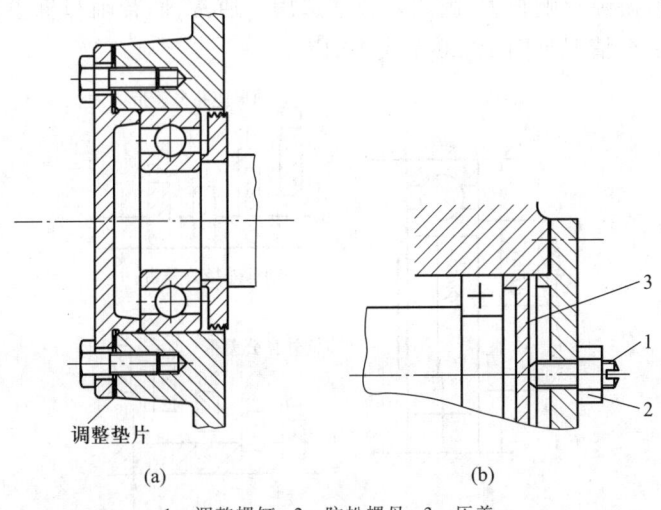

调整垫片

(a)   (b)

1—调整螺钉;2—防松螺母;3—压盖。

图 10.18 轴承间隙的调整

2. 轴上传动件位置的调整

轴上传动件在工作时应处于正确的工作位置。如为保证正确啮合,锥齿轮的两个节圆锥的顶点应重合。在图 10.19 中,通过增减套杯与机体间的垫片 1 来调整锥齿轮的节圆锥顶点位置,通过增减套杯与轴承盖间的垫片 2 来调整轴承间隙。

两个调整垫
片的作用

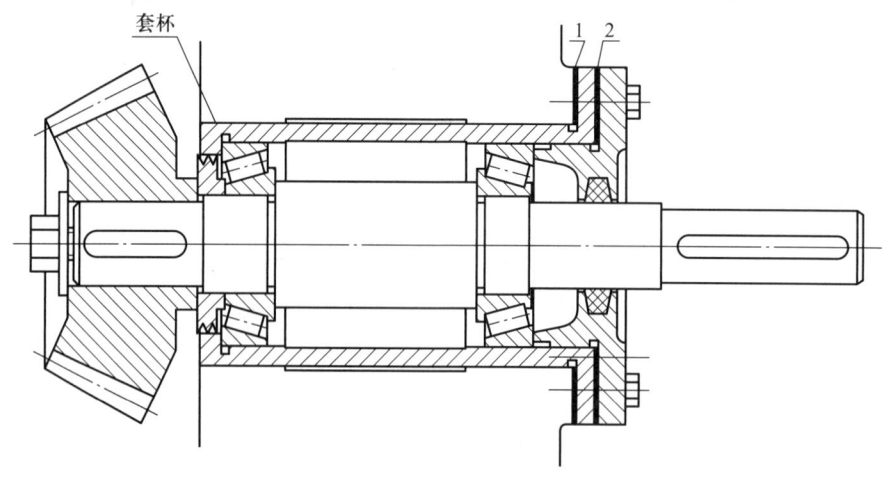

1、2—垫片。

图 10.19   轴上传动位置的调整

10.8.3   滚动轴承的配合

滚动轴承是标准件。轴承内圈的孔为基准孔,与轴的配合采用基孔制;轴承外圈的外圆柱面为基准轴,与轴承座孔的配合采用基轴制。为保证轴承正常工作,应使轴承内部留有一定的间隙,称为轴承的游隙。轴承游隙的大小对轴承寿命、旋转精度、效率、温升和噪声等都有很大的影响。向心类轴承的游隙出厂时已固定在轴承内部,称为原始游隙,装配后因配合、受力和散热等因素新形成的实际游隙,称为工作游隙。配合对轴承的工作游隙影响很大,因此要合理选用。通常,回转轴和机座孔与轴承配合的常用公差及配合情况见图 10.20 及表 10.17。

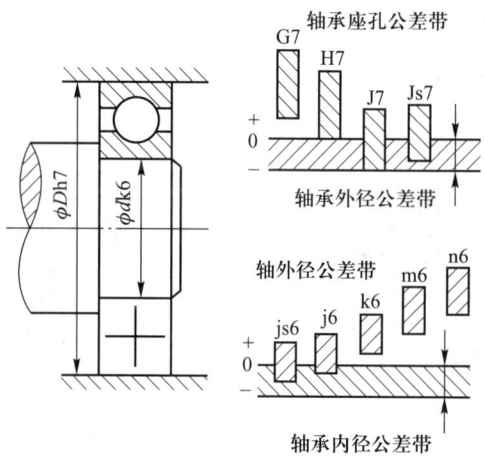

图 10.20   滚动轴承配合的常用公差及配合情况

表 10.17 滚动轴承的配合

轴承类型		回 转 轴	机 座 孔
向心轴承	球（$d = 18 \sim 100$ mm）	k5、k6	H7、G7
	滚子（$d \geq 40$ mm）		
推力轴承		j6、js6	H7

注：适用于正常载荷（如球轴承 $F/C = 0.07 \sim 0.15$）。对轻载荷或重载荷应选较松或较紧的配合。

在选择轴承配合种类时，一般的原则是对于转速高、载荷大、温度高、有振动的轴承应选用较紧的配合，而经常拆卸的轴承或游动支承的外圈，则应选用较松的配合。

需要注意的是，当外载荷方向固定不变时，内圈随轴一起转动，内圈与轴的配合应选紧一些的有过盈的过渡配合；而装在轴承座孔中的外圈静止不转时，半圈受载，外圈与轴承座孔的配合常选用较松的过渡配合，以使外圈受力最大的点能够因外圈极缓慢的移动而得到更替，从而使受载区域有所变动，发挥非承载区的作用，延长轴承的寿命。对于电动机、变速箱、泵、内燃机等通用机械，在正常载荷（球、圆锥滚子、其他滚子轴承）下，各类轴承配合选用可参考机械设计手册常用配合。

10.8.4 轴承的装拆

在设计轴承部件时，应考虑轴承的装拆，保证装拆方便，并避免在装拆过程中损坏轴承和其他零件。

安装轴承时，可用热油预热轴承来增大轴承内孔直径，以便安装，但考虑到非金属材料保持架及轴承套圈轴承钢材料回火的影响，一般温度不得超过 80 ℃，以免轴承回火；对于内圈与轴或外圈与座孔采用过盈配合时，也可用压力机通过套筒压装套圈，但应注意压装内圈时，只能内圈受力，不得使外圈受力；压装外圈时，只能使外圈受力，不能使内圈受力，以免损坏滚动体（图 10.21）。

拆卸轴承时应使用拆卸工具。为便于拆卸内圈，固定轴肩高度通常不得大于内圈高度的 3/4。若轴肩过高，就难以放置拆卸工具的钩头（图 10.22）。为了便于拆卸外圈，轴承座孔凸肩高度不得大于外圈厚度的 3/4，即留出拆卸高度 h（图 10.23a、图 10.23b）。轴肩和座孔的具体尺寸见轴承样本中相关的轴承安装尺寸 d_a 和 D_a。对于盲孔，可在端部开设专用拆卸螺纹孔（图 10.23c）。

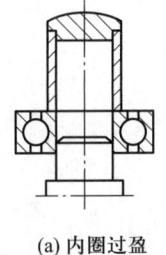

(a) 内圈过盈

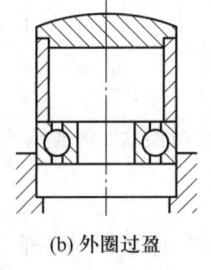

(b) 外圈过盈

图 10.21 轴承安装

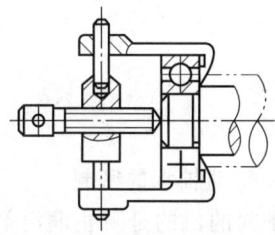

图 10.22 拆卸器拆卸轴承

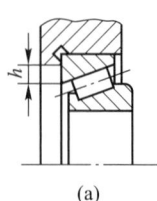 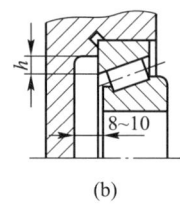 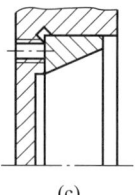

(a) (b) (c)

图 10.23 拆卸高度

10.8.5 滚动轴承的润滑和密封

滚动轴承的润滑和密封,对保证轴承正常工作起着十分重要的作用,因此必须有合理的润滑与密封方式及装置。

1. 滚动轴承的润滑

润滑的主要目的是减少摩擦和磨损,还有吸收振动、降低温度和防锈等作用。

滚动轴承的润滑方式可根据速度因数 dn 值来选择。d 为轴承内径(mm),n 为轴承转速(r/min)。dn 值间接反映了轴颈的线速度。当 $dn<1.5\times10^5$ mm·(r/min)时,可选用脂润滑;当超过时,宜选用油润滑。对某些特殊环境,如高温和真空条件下可采用固体润滑。

脂润滑可承受较大载荷,且便于密封及维护,充填一次润滑脂可工作较长时间。润滑脂的填充量一般不超过轴承空间的 1/3。当填充过多时,会因润滑脂内摩擦大,产生过多热量,使温度升高而影响轴承正常工作。

油润滑时,油的黏度可按轴承的速度因数 dn 的值和工作温度 t 来选择(图 10.24)。在浸油润滑时,油面高度不超过最低滚动体的中心,以免搅油损失过大而使温度升高。

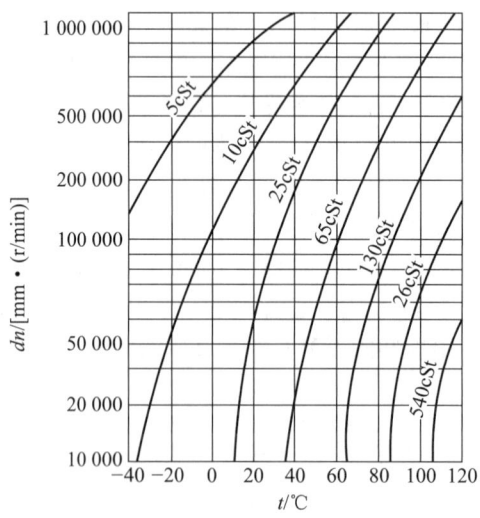

图 10.24 润滑油黏度的选择

2. 滚动轴承的密封

密封的目的是阻止润滑剂的流失和防止灰尘、水分的进入。

密封按其原理的不同可分为接触式密封和非接触式密封两大类。密封的主要类型和适用范围见表 10.18。

表 10.18　常用的滚动轴承密封形式及适用范围

密封类型	图例	适用场合	说明
接触式密封	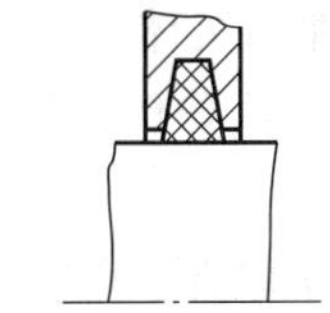 毛毡圈密封	脂润滑。要求环境清洁,轴颈圆周速度 v 不大于 4 m/s,工作温度不超过 90 ℃	矩形断面的毛毡圈被安装在梯形槽内,它对轴产生一定的压力而起到密封作用
	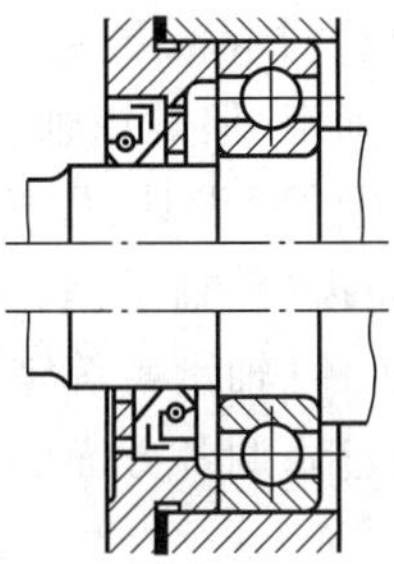	脂或油润滑。轴颈圆周速度 $v<7$ m/s,工作温度范围为 $-40\sim100$ ℃	唇形密封圈用皮革、塑料或耐油橡胶制成,有的具有金属骨架,有的没有骨架,是标准件。 单向密封
非接触式密封	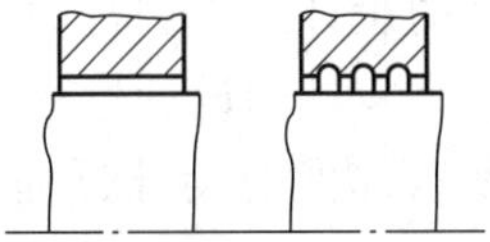 间隙密封	脂润滑。干燥清洁环境	靠轴与盖间的细小环形间隙密封,间隙越小越长,效果越好,间隙 δ 取 $0.1\sim0.3$ mm
	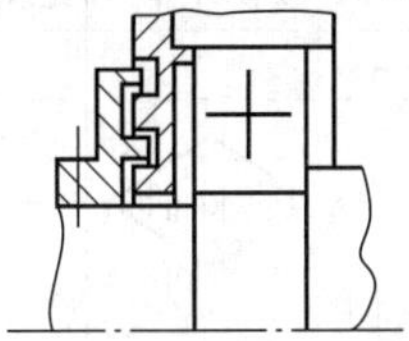 (a) 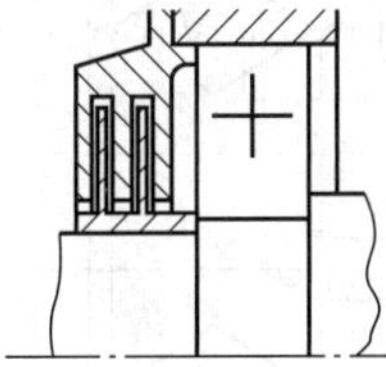 (b) 迷宫式密封	脂润滑或油润滑。工作温度不高于密封用脂的滴点。密封效果可靠	将旋转件与静止件之间的间隙做成迷宫(曲路)形式,在间隙中充填润滑油或润滑脂以加强密封效果。迷宫式密封分径向、轴向两种:图 a 为径向曲路,径向间隙 δ 不大于 0.2 mm;图 b 为轴向曲路,因考虑到轴要伸长,间隙取大些,同时轴承端盖应采用剖分的

　　选择密封方式时应考虑密封的目的、润滑剂种类、工作环境、温度、密封表面的线速度等。接触式密封适用于线速度较低的场合,为了减少密封件的磨损,轴的表面粗糙度 Ra 宜小于 1.6 μm,轴表面硬度应在 40 HRC 以上;非接触式密封不受速度限制。

10.9　减速器输出轴部件设计

一级圆柱齿轮减速器由输入轴部件、输出轴部件和机体组成。部件设计是减速器设计的最小单元。与输入轴部件相比,输出轴部件更具有代表性,下面以输出轴部件(图 9.7)为例说明部件设计方法。

在输出轴部件中,由于组成部件的各零件间相互依存、相互制约、互为条件,一些零件的相关部分设计必须同时进行,一起完成。如输出轴上大齿轮的设计,尽管其轮缘部分的设计可依据齿轮传动强度条件计算得到的数据(m、β、z_2、b_2)进行,然而轮毂、轮辐部分的设计却依赖于与之相配合的轴段的直径;同样,虽然与大齿轮相配合的轴段的直径可按轴的安装要求及前一轴段的直径来确定,但是该轴段的长度依赖于齿轮轮毂的宽度。因而,齿轮轮毂与相配合的轴段必须同时设计,即按轴径来设计轮毂孔的直径,按轮毂宽度来设计轴段长度。轴除直接与齿轮、轴承、联轴器、键、套筒等轴上零件有关系外,通过齿轮、轴承等零件,还间接与机体、轴承盖等零件有关系。因而,轴的设计更为复杂,只有在输出轴部件的设计中,通过协调各方面的关系才能完成,不可能孤立地完成。

虽然在部件设计中相关联的零件要同时设计而使得各个零件的设计过程是间断的,但是每个零件的设计仍然按照该种零件自己的设计过程进行,并没有改变。

输出轴部件的设计过程,是组成该部件的各个零件的设计过程的组合。输出轴部件的设计程序框图如图 10.25 所示,图中实线表示部件的设计过程,虚线表示每种零件的设计过程。输出轴部件设计过程主要包括:

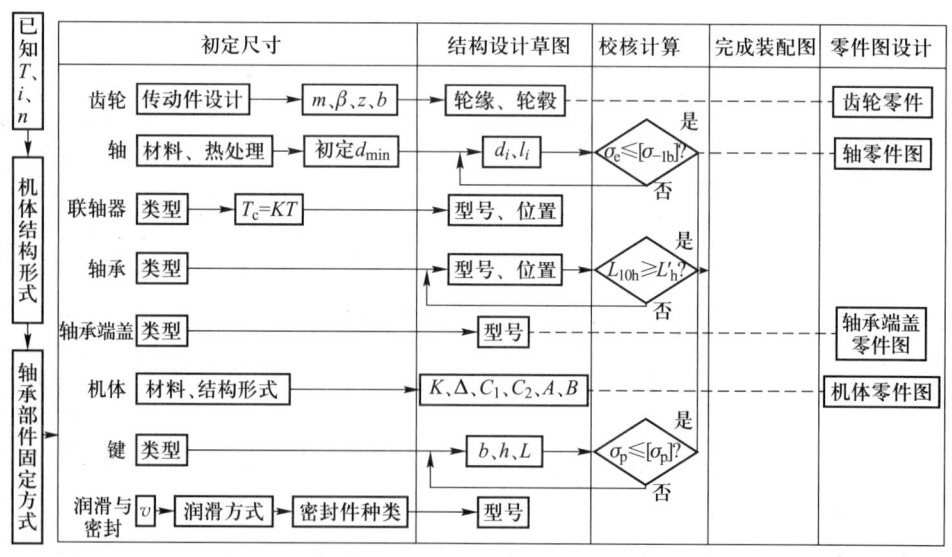

图 10.25　输出轴部件设计程序框图

1) 定初值。由于很多相关零件互为条件,使设计中出现许多未知数,通常的处理方法是先初定某些零件的主要参数的初值,使设计得以进行。在输出轴部件设计中需要给定初值的有轴的最小直径、轴承的型号等。

2）画结构草图。确定部件中所有零件的主要尺寸及其位置,完成轴的结构设计。草图达到的程度为能确定出轴承的支点和齿轮受力的作用点,能进行后面的校核计算即可。在画草图时,确定各零件的径向尺寸应以轴为线索,从轴的最小直径处开始按轴上零件的安装顺序展开设计。确定各零件的轴向尺寸,应从齿轮的两端面处开始,依照相关零件的轴向间距要求由中间向两侧展开。

3）校核计算。用以检验所定初值是否合适,如不合适,需进行修改,重复上述过程,直到满足要求为止。在输出轴部件设计中,需要进行的校核计算有轴的强度计算、键连接的强度计算、轴承寿命计算及散热计算。

4）完成部件图设计。在上述校核计算全部合格后,把草图中没完成的工作进行到底,即完成齿轮、轴、键连接、轴承、轴承盖、机体、密封件等零件的全部结构设计。

5）完成零件图设计。零件图设计是在部件图设计完成后才进行的,工程上称为从装配图上拆零件图。

最后需要指出的是,要搞好部件图设计,必须要有正确的思维方式。设计部件图时的思维方式与前面各章研究零件时的思维方式是不同的。在研究零件本身的设计规律时,主要是用分析的方法来对零件进行层层解剖,找出本质。在设计部件图时,主要是用综合的方法,既要考虑各个零件的自身规律,又要考虑该零件与其他零件的联系,根据相关零件间的既相互依存、又相互制约的关系,统筹安排,协调解决矛盾,综合权衡利弊,从而完成设计。在部件设计中,需要采用的是综合、全面地看问题的方法,要避免片面性。

【例 10.2】 试设计带式运输机中齿轮减速器的输出轴部件。已知输出轴功率 $P = 2.74$ kW,转矩 $T = 289\,458$ N·mm,转速 $n = 90.4$ r/min,圆柱齿轮分度圆直径 $d = 253.643$ mm,齿宽 $b = 62$ mm,圆周力 $F_t = 2\,282.4$ N,径向力 $F_r = 849.3$ N,轴向力 $F_a = 485.1$ N,载荷平稳,单向转动,工作环境清洁,工作温度 <100 ℃,两班工作制,使用 5 年,大批量生产。

【解】

（1）选择轴的材料

因传递功率不大,并对质量及结构尺寸无特殊要求,故选用常用材料 45 钢,调质处理。

（2）初算轴径

对于转轴,按扭转强度初算轴径,查表 9.4 得 $C = 106 \sim 118$,考虑轴端弯矩比转矩小,故取 $C = 106$,则

$$d_{min} = C \sqrt[3]{\frac{P}{n}} = 106 \times \sqrt[3]{\frac{2.74}{90.4}} \text{ mm} = 33.05 \text{ mm}$$

考虑键槽的影响,取 $d_{min} = 33.05 \times 1.05$ mm $= 34.70$ mm

（3）结构设计（图 10.26）

1）轴承部件的结构形式。为方便轴承部件的装拆,减速器的机体采用剖分式结构。因传递功率小,齿轮减速器效率高、发热小,估计轴长较短,故轴承部件的固定方

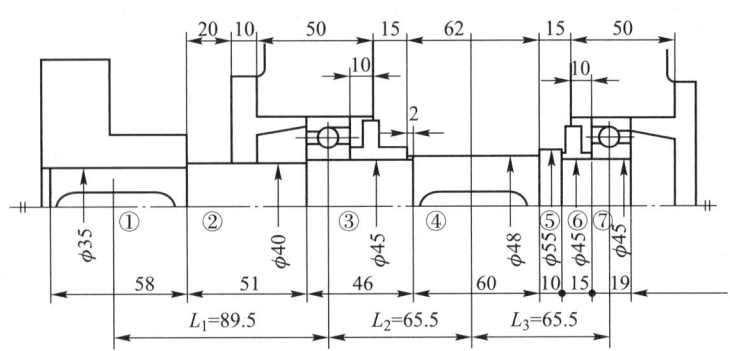

图 10.26 输出轴部件结构设计草图

式可采用两端固定方式。由此,所设计的轴承部件的结构形式如图 9.7 所示。然后,可按轴上零件的安装顺序,从 d_{min} 处开始设计。

2）联轴器及轴段①。在本题中 d_{min} 就是轴段①的直径,又考虑到轴段①上安装联轴器,因此轴段①的设计应与联轴器的设计同时进行。

为补偿联轴器所连接的两轴的安装误差,隔离振动,选用弹性柱销联轴器。查表 12.1 取 $K_A = 1.5$,则计算转矩 $T_c = K_A T = 1.5 \times 289\ 458 = 434\ 187\ \text{N·mm}$。由机械设计课程设计查得 GB/T 5014—2017 中的 LX2 型符合要求:公称转矩为 560 N·m,许用转速为 6 300 r/min,轴孔直径范围为 30~35 mm。考虑 $d_{min} = 34.70$ mm,故取联轴器轴孔直径 35 mm,轴孔长度为 60 mm,J 型轴孔,A 型键,联轴器主动端的代号为 LX2 35×60 GB/T 5014。

相应的,轴段①的直径 $d_1 = 35$ mm,轴段①的长度应比联轴器主动端轴孔长度略短,故取 $l_1 = 58$ mm。

3）密封圈与轴段②。在确定轴段②的直径时,应考虑联轴器的固定及密封圈的尺寸两个方面。当联轴器右端用轴肩固定时,由图 9.8 中公式计算得轴肩高度 $h = (0.07 \sim 0.1)d_1 = 2.45 \sim 3.5$ mm,相应的轴段②的直径 d_2 的范围为 40~42 mm。轴段②的直径最终由密封圈确定。查机械设计手册,可选用毡圈油封 JB/ZQ 4606—1997 中的轴径为 40 mm 的,则轴段②的直径 $d_2 = 40$ mm。

4）轴承与轴段③及轴段⑦。考虑齿轮有轴向力,轴承类型选用角接触球轴承。轴段③上安装轴承,其直径应既便于轴承安装,又应符合轴承内径系列。现暂取轴承型号为 7209C,查轴承手册,内径 $d = 45$ mm,外径 $D = 85$ mm,宽度 $B = 19$ mm,定位轴肩直径 $d_a = 52$ mm,轴上安装轴承的定位端面的圆角半径 $r_a = 1$ mm,故轴段③的直径 $d_3 = 45$ mm。

通常同一根轴上的两个轴承取相同型号,故轴段⑦的直径 $d_7 = 45$ mm,轴段的⑦的长度与轴承宽度相同,故取 $l_7 = 19$ mm。

5）齿轮与轴段④。轴段④上安装齿轮,为便于齿轮的安装,d_4 应略大于 d_3,而且考虑到受力增大,直径也应增大,故取 $d_4 = 48$ mm。齿轮左端用套筒固定,为使套筒端面顶在齿轮左端面上即靠紧,轴段④的长度 l_4 应比齿轮毂长略短,若毂长与齿宽相同,已知齿宽 $b = 62$ mm,故取 $l_4 = 60$ mm。

6）轴段⑤与轴段⑥。齿轮右端用轴肩固定,由此可确定轴段⑤的直径。按图 9.8

中公式计算得轴肩高度 $h = (0.7 \sim 0.01)\, d_4 = 3.36 \sim 4.8 \text{ mm}$，取 $d_5 = 55 \text{ mm}$。按图 9.8 中公式计算得轴环宽度为 $b = 1.4 \ h = [\,1.4\,(d_5 - d_4)/2\,] \text{ mm} = [\,1.4 \times (55 - 48)/2\,] \text{ mm} = 4.9 \text{ mm}$，可取轴段⑤长度 $l_5 = 10 \text{ mm}$。

为减小应力集中，并考虑右轴承的拆卸，轴段⑥的直径应根据 7209C 轴承的定位轴肩直径 d_a 确定，即 $d_6 = d_a = 52 \text{ mm}$。

7）机体与轴段②、③、⑥的长度。轴段②、③、⑥的长度 l_2、l_3、l_6 除与轴上零件有关外，还与机体及轴承盖等零件有关。通常，从齿轮端面开始向两端展开来确定这些尺寸。为避免转动齿轮与不动机体相碰，应在齿轮端面与机体内壁间留有足够间距 H，由表 9.5 可取 $H = 15 \text{ mm}$。轴承在座孔中的位置与轴承的润滑方式有关，本题中齿轮的分度圆线速度 $v < 2 \text{ m/s}$，轴承采用脂润滑，在轴上要安装挡油板，故取轴承上靠近机体内壁的端面与机体内壁间的距离 $\Delta = 10 \text{ mm}$。为保证拧紧上下轴承座连接螺栓所需扳手空间，轴承座应有足够的宽度 C，可取 $C = 50 \text{ mm}$。根据轴承 7209C 的外圈直径，由机械设计手册可查得轴承盖凸缘厚度 $e = 10 \text{ mm}$。为避免联轴器轮毂端转动时与不动的轴承盖连接螺栓相碰，而且为便于轴承盖上螺栓退出，联轴器轮毂端面与轴承盖间应有足够的间距，间距用 K 表示，可取 $K = 20 \text{ mm}$。在确定齿轮、机体、轴承、轴承盖及联轴器的相互位置后，轴段②、③、④的长度就随之确定下来，即

$$l_3 = B + \Delta + H + 2 = 19 + 10 + 15 + 2 \text{ mm} = 46 \text{ mm}$$

$$l_2 = (C - \Delta - B) + e + K = (50 - 10 - 19) + 10 + 20 \text{ mm} = 51 \text{ mm}$$

$$l_6 = (H + \Delta) - l_5 = (15 + 10) - 10 \text{ mm} = 15 \text{ mm}$$

进而轴的支点及力作用点间的跨距也随之确定下来。简化计算，取轴承宽度中间为支点。取齿轮齿宽中间及半联轴器轮毂宽中间为力作用点，则可得跨距 $L_1 = 89.5 \text{ mm}$，$L_2 = 65.5 \text{ mm}$，$L_3 = 65.5 \text{ mm}$（图 10.25）。

8）键连接。联轴器及齿轮与轴的周向连接均采用 A 型普通平键连接，分别为键 10×8×56 GB/T 1096—2003 及键 14×9×56 GB/T 1096—2003。

完成的结构设计草图如图 10.26 所示。必须指出：① 在校核计算之前所进行的结构设计是草图，只需画出校核计算所必需的结构尺寸即可，而其余结构须待校核合格之后再完成。② 在画结构草图时，要特别注意决定齿轮、机体、轴承、联轴器的相互位置关系的 5 条端面位置线，即齿轮端面、机体内壁、轴承内端面、轴承座外端面及联轴器轮毂端面。这 5 条线是相应零件的基准位置，因此在作图中应该认真核查，以防有误。

（4）轴的受力分析

1）画轴的受力简图（图 10.27b）。

2）计算支承反力。

在水平面上

$$F_{\text{R}_{1H}} = \frac{F_r L_3 + F_a d/2}{L_2 + L_3} = \frac{849.3 \times 65.5 + 485.1 \times 253.643/2}{65.5 + 65.5} \text{ N} = 894.3 \text{ N}$$

$$F_{\text{R}_{2H}} = F_r - F_{\text{R}_{1H}} = (849.3 - 894.3) \text{ N} = -45 \text{ N}$$

式中:负号表示 $F_{R_{2H}}$ 的方向与受力简图中所设方向相反。

在垂直平面上

$$F_{R_{1V}} = F_{R_{2V}} = F_t/2 = 2\ 282.4/2\ \text{N} = 1\ 141.2\ \text{N}$$

轴承 I 的总支承反力

$$F_{R_1} = \sqrt{F_{R_{1H}}^2 + F_{R_{1V}}^2} = \sqrt{894.3^2 + 1\ 141.2^2}\ \text{N} = 1\ 449.9\ \text{N}$$

轴承 II 的总支承反力

$$F_{R_2} = \sqrt{F_{R_{2H}}^2 + F_{R_{2V}}^2} = \sqrt{(-45)^2 + 1\ 141.2^2}\ \text{N} = 1\ 142.1\ \text{N}$$

3)画弯矩图(图 10.27c、d、e)。

在水平面上

a—a 剖面左侧

$$M_{aH} = F_{R_{1H}}L_2 = 894.3 \times 65.5\ \text{N} \cdot \text{mm} = 58\ 576.7\ \text{N} \cdot \text{mm}$$

a—a 剖面右侧

$$M_{aH} = F_{R_{2H}}L_3 = 45 \times 65.5\ \text{N} \cdot \text{mm} = 2\ 947.5\ \text{N} \cdot \text{mm}$$

在垂直平面上

$$M_{aV} = F_{R_{1V}}L_2 = 1\ 141.2 \times 65.5\ \text{N} \cdot \text{mm} = 74\ 748.6\ \text{N} \cdot \text{mm}$$

合成弯矩

a—a 剖面左侧

$$M_a = \sqrt{M_{aH}^2 + M_{aV}^2} = \sqrt{58\ 576.7^2 + 74\ 748.6^2}\ \text{N} \cdot \text{mm} = 94\ 966.2\ \text{N} \cdot \text{mm}$$

a—a 剖面右侧

$$M'_a = \sqrt{(M'_{aH})^2 + (M'_{aV})^2} = \sqrt{2\ 947.5^2 + 74\ 748.6^2}\ \text{N} \cdot \text{mm} = 74\ 806.7\ \text{N} \cdot \text{mm}$$

4)画转矩图(图 10.27f)。

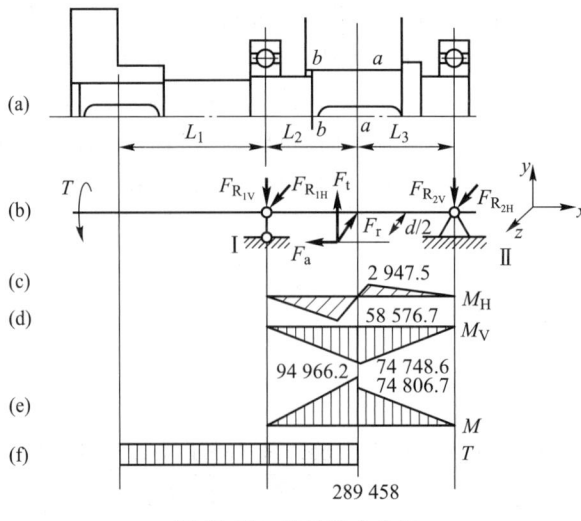

图 10.27 轴的受力分析

（5）校核轴的强度

a—a 剖面左侧，因弯矩大，有转矩，还有键槽引起的应力集中，故 a—a 剖面左侧为危险剖面。

由表 9.6，抗弯剖面模量

$$W = 0.1d^3 - \frac{bt(d-t)^2}{2d} = \left[0.1 \times 48^3 - \frac{14 \times 5.5 \times (48 - 5.5)^2}{2 \times 48} \right] \text{mm}^3$$

$$= 9\ 610\ \text{mm}^3$$

抗扭剖面模量

$$W_T = 0.2d^3 - \frac{bt(d-t)^2}{2d} = \left[0.2 \times 48^3 - \frac{14 \times 5.5 \times (48 - 5.5)^2}{2 \times 48} \right] \text{mm}^3$$

$$= 20\ 669\ \text{mm}^3$$

弯曲应力

$$\sigma_b = \frac{M}{W} = \frac{94\ 966.2}{9\ 610}\ \text{MPa} = 9.88\ \text{MPa}$$

$$\sigma_a = \sigma_b = 9.88\ \text{MPa}$$

$$\sigma_m = 0$$

扭切应力

$$\tau_T = \frac{T}{W_T} = \frac{289\ 458}{20\ 669}\ \text{MPa} = 14.00\ \text{MPa}$$

$$\tau_a = \tau_m = \frac{14.00}{2}\ \text{MPa} = 7\ \text{MPa}$$

对于调质处理的 45 钢，由表 9.3 查得 $\sigma_b = 650$ MPa，$\sigma_{-1} = 270$ MPa，$\tau_{-1} = 155$ MPa；由 9.5.3 节查得材料的等效系数 $\psi_\sigma = 0.2$，$\psi_\tau = 0.1$。

键槽引起的应力集中系数，由表 9.11 查得 $K_\sigma = 1.83$，$K_\tau = 1.63$。

绝对尺寸系数，由表 9.12 查得 $\varepsilon_\sigma = 0.84$，$\varepsilon_\tau = 0.78$。

轴磨削加工时的表面质量系数由表 9.9 查得 $\beta = 1.0$。

安全系数

$$S_\sigma = \frac{\sigma_{-1}}{\dfrac{K_\sigma}{\beta\varepsilon_\sigma}\sigma_a + \psi_\sigma\sigma_m} = \frac{270}{\dfrac{1.83}{1.0 \times 0.84} \times 9.88 + 0.2 \times 0} = 12.54$$

$$S_\tau = \frac{\tau_{-1}}{\dfrac{K_\tau}{\beta\varepsilon_\tau}\tau_a + \psi_\tau\tau_m} = \frac{155}{\dfrac{1.63}{1.0 \times 0.78} \times 7 + 0.1 \times 7} = 10.11$$

$$S = \frac{S_\sigma S_\tau}{\sqrt{S_\sigma^2 + S_\tau^2}} = \frac{12.54 \times 10.11}{\sqrt{12.54^2 + 10.11^2}} = 7.87$$

查表 9.13 得许用安全系数 $[S]=1.3\sim1.5$，显然 $S>[S]$，故 a—a 剖面安全。

对于一般用途的转轴，也可按弯扭合成强度进行校核计算。

对于单向转动的转轴，通常转矩按脉动循环处理，故取折合系数 $\alpha=0.6$，则当量应力

$$\sigma_e = \sqrt{\sigma_b^2 + 4(\alpha\tau)^2} = \sqrt{9.88^2 + 4\times(0.6\times14.00)^2}\ \text{MPa} = 19.49\ \text{MPa}$$

已知轴的材料为 45 钢，调质处理由表 9.3 查得 $\sigma_b = 650$ MPa，由表 9.7 查得 $[\sigma_{-1b}] = 55$ MPa。

显然，$\sigma_e < [\sigma_{-1b}]$，故轴的 a—a 剖面左侧的强度满足要求。

需要强调的是，轴的强度计算有三种方法：① 按转矩初步计算轴直径；② 按许用应力计算轴强度；③ 按安全系数精确计算轴强度。这三种计算方法都可以独立使用，可以单独使用任何一种或两种方法，也可以依次使用，这个按照应用场合来确定。

（6）校核键连接的强度

联轴器处键连接的挤压应力

$$\sigma_p = \frac{4T}{dhl} = \frac{4\times289\ 458}{35\times8\times(56-10)}\ \text{MPa} = 89.86\ \text{MPa}$$

取键、轴及联轴器的材料都为钢，查国标 GB/T 1095—2003 选圆头普通平键 10×8×56，查表得 $[\sigma_p]=120\sim150$ MPa。显然，$\sigma_p < [\sigma_p]$，故强度足够。

齿轮处键连接的挤压应力

$$\sigma_p = \frac{4T}{dhl} = \frac{4\times289\ 458}{48\times9\times(56-14)}\ \text{MPa} = 63.81\ \text{MPa}$$

取键、轴及齿轮的材料都为钢，查国标 GB/T 1095—2003 选圆头普通平键 14×9×56，查表 4.1 得 $[\sigma_p]=125\sim150$ MPa，显然，$\sigma_p < [\sigma_p]$，故强度足够。

（7）校核轴承寿命

由机械设计手册查 7209C 轴承得 $C=29\ 800$ N，$C_0=23\ 800$ N。

1）计算轴承的轴向力。由表 10.14 查得 7209C 轴承内部轴向力计算公式，则轴承 Ⅰ、Ⅱ 的内部轴向力分别为

$$F_{S1} = 0.4F_{R1} = 0.4\times1\ 449.9\ \text{N} = 580\ \text{N}$$

$$F_{S2} = 0.4F_{R2} = 0.4\times1\ 142.1\ \text{N} = 456.8\ \text{N}$$

F_{S1}、F_{S2} 的方向如图 10.28 所示。F_{S2} 与 F_A 同向，则

$$F_{S2} + F_A = (456.8 + 485.1)\ \text{N} = 941.9\ \text{N}$$

显然，$F_{S2}+F_A>F_{S1}$，因此轴有左移趋势，轴承 Ⅰ 是压紧端，轴承 Ⅱ 是放松端，故两轴承的轴向力分别为

$$F_{a1} = F_{S2} + F_A = 941.9\ \text{N}$$

$$F_{a2} = F_{S2} = 456.8\ \text{N}$$

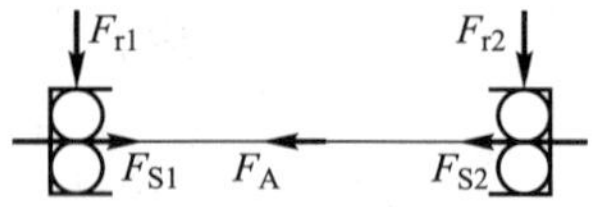

比较两轴承的受力，因 $F_{r1}>F_{r2}$ 及 $F_{a1}>F_{a2}$，故只需校

图 10.28　轴承布置及受力

核轴承 Ⅰ。

2）计算当量动载荷。由 $F_{a1}/C_0 = 941.9/23\,800 = 0.040$，查表 10.13 得 $e = 0.41$

因为 $$F_{a1}/F_{r1} = 941.9/1\,449.9 = 0.65 > e$$

所以 $$X = 0.44, \quad Y = 1.36$$

当量动载荷

$$F = XF_{r1} + YF_{a1} = (0.44 \times 1\,449.9 + 1.36 \times 941.9)\,\text{N} = 1\,918.9\,\text{N}$$

3）校核轴承寿命。轴承在 100 ℃ 以下工作，查表 10.10 得 $f_t = 1$。减速器轴承属于中等冲击，查表 10.11，$f_F = 1.2 \sim 1.8$，取 $f_F = 1.5$。

轴承 Ⅰ 的寿命

$$L_{10h} = \frac{10^6}{60n}\left(\frac{f_t C}{f_F F}\right)^3 = \frac{10^6}{60 \times 90.4} \times \left(\frac{1 \times 29\,800}{1.5 \times 1\,918.9}\right)^3\,\text{h} = 207\,828.8\,\text{h}$$

已知减速器使用 5 年，两班工作制，则预期寿命

$$L_h' = 8 \times 2 \times 250 \times 5\,\text{h} = 20\,000\,\text{h}$$

显然，$L_{10h} > L_h'$，故轴承寿命很充裕。

（8）绘制齿轮减速器输出轴承部件图（略）

思考题与习题

10.1　我国滚动轴承标准是如何对滚动轴承进行分类的？如何选择滚动轴承类型？常用的是哪几种？

10.2　滚动轴承代号由几部分组成？其中基本代号是怎么构成的？

10.3　说明下列滚动轴承代号的含义：6210、N 210、7210 C、30310/P5、DB、51210。

10.4　滚动轴承有哪些主要失效形式？针对每种失效形式应进行何种计算？

10.5　如何定义基本额定寿命 L_{10}、基本额定动载荷 C、当量动载荷 F、基本额定静载荷 C_0？

10.6　角接触轴承的内部轴向力是如何产生的？如何计算轴承的轴向力 F_a？

10.7　说明下列系数 f_t、f_F、X、Y 的含义，如何查表？

10.8　滚动轴承部件有哪几种固定方式？各适用于什么场合？

10.9　如何从轴上装拆 6210、30310 轴承？

10.10　润滑和密封的目的是什么？举例说明常用密封装置的种类？

10.11　机器中一对深沟球轴承的寿命为 8 000 h，当载荷及转速分别提高 1 倍时，轴承的寿命各为多少？

10.12　如题 10.12 图所示，某轴由一对 30208 轴承支承，两轴承分别受到径向载荷 $F_{r1} = 4\,000$ N，$F_{r2} = 2\,000$ N，轴上作用有轴向外载荷 $F_A = 1\,030$ N，载荷平稳，在室温下工作，转速 $n = 1\,000$ r/min，试计算此对轴承的使用寿命 L_{10h}。

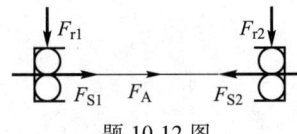

题 10.12 图

10.13 如题 10.13 图所示的轴系采用一对角接触轴承支承,已知轴承径向载荷 $F_{r1} = 2\,200\ \text{N}$、$F_{r2} = 1\,300\ \text{N}$,内部轴向力 F_S 与径向载荷 F_r 的关系式为 $F_S = 0.7F_r$,轴上的轴向载荷为 $F_A = 1\,280\ \text{N}$,求每个轴承所受的轴向力 F_{a1}、F_{a2}。

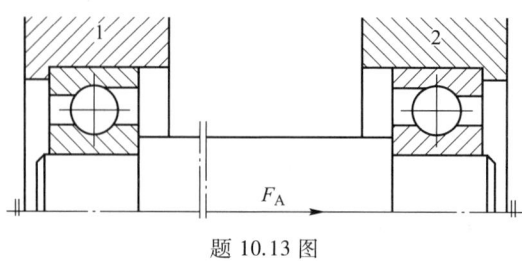

题 10.13 图

10.14 完成题 10.14 图所示滚动轴承组合结构,设计图中未完成部分(两端均为闷盖,滚动轴承采用脂润滑,而齿轮采用稀油润滑),并把错误的结构改成正确的结构。

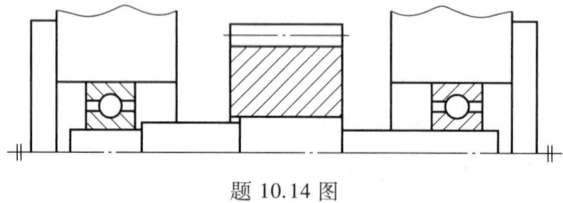

题 10.14 图

10.15 指出题 10.15 图中轴系部件的结构错误,简要说明错误原因,并在图中轴线下半部分画出正确结构。说明:两端固定支承,轴承采用脂润滑,轴端装有弹性套柱销联轴器。

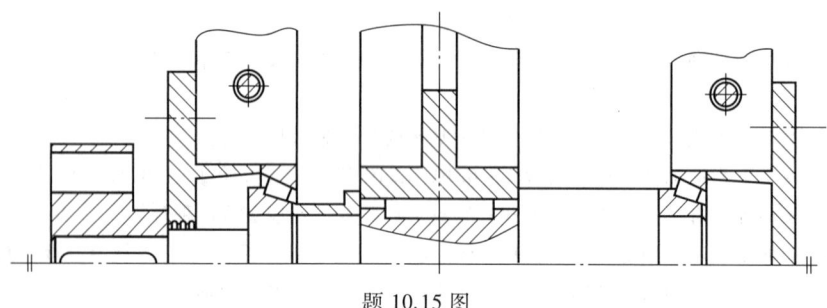

题 10.15 图

第十一章　滑动轴承

11.1　滑动轴承的分类及特点

11.1.1　滑动轴承的分类

　　滑动轴承是用来支承轴的一种重要部件。按滑动轴承承受载荷方向的不同,可分为径向滑动轴承(承受径向载荷)和推力滑动轴承(承受轴向载荷)。图 11.1 是径向滑动轴承的基本结构。轴瓦以过盈配合装在轴承座内,轴颈装入轴瓦孔中。机器工作时通常轴瓦固定不动,轴颈在轴瓦孔中旋转,为了防止轴瓦在轴承座内转动,用紧定螺钉将两者固定。为了减少轴瓦和轴颈表面相对滑动时产生的摩擦,减轻磨损,经注油孔和油沟向摩擦表面间加注润滑剂。

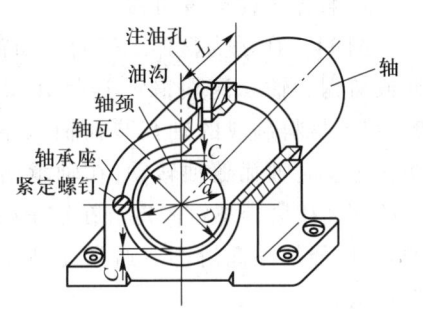

图 11.1　径向滑动轴承基本结构

　　按滑动轴承工作时轴瓦和轴颈表面间呈现的摩擦状态,滑动轴承可分为液体摩擦轴承和非液体摩擦轴承。液体摩擦轴承的摩擦表面间处于液体润滑状态,又称液体润滑轴承。根据液体摩擦的形成原理,液体润滑轴承又可分为液体动压润滑轴承和液体静压润滑轴承。非液体润滑轴承的滑动表面间则处于边界摩擦或混合摩擦状态。本章主要讨论非液体摩擦和液体动压润滑轴承的设计计算。

11.1.2　滑动轴承的特点和应用

　　与滚动轴承相比,滑动轴承有如下特点:

　　1) 在高速重载下能正常工作,寿命长。当轴的转速很高或载荷很大时,如果用滚动轴承,其寿命会很低,因为滚动轴承的寿命与轴的转速成反比,与当量动载荷的 ε 次方成反比(ε 为滚动轴承的寿命指数,$\varepsilon \geqslant 3$)。如要保证轴承有足够的寿命,则必须增大滚动轴承的尺寸,有时需要组织单件生产,很不经济。用液体摩擦轴承,因液体内摩擦取代了金属表面的摩擦,防止了磨损的发生,轴承寿命长,故轧钢机、水轮机、大型发电机、大型电动机、机床等宜用于液体摩擦轴承。

　　2) 精度高。滚动轴承零件多,工作一段时间后间隙增大,精度下降,而液体摩擦轴承只要设计合理、使用正确,就可获得满意的旋转精度。磨床主轴常用液体摩擦轴承。

　　3) 滑动轴承可做成剖分式的,能满足特殊结构需要,如发动机曲轴上装连杆的轴承必须是剖分式的,只能用滑动轴承。

4）液体摩擦轴承具有很好的缓冲和阻尼作用,可以吸收振动、缓和冲击。

5）滑动轴承的径向尺寸比滚动轴承小。

6）起动摩擦阻力较大。在起动和将要停止工作阶段,轴承常处于非液体摩擦状态下。

7）非液体摩擦滑动轴承具有结构简单、使用方便等优点,在转速不太高、不重要的轴上可以采用非液体摩擦滑动轴承。

11.2　滑动轴承的结构形式

11.2.1　径向滑动轴承

常用的径向滑动轴承有整体式和剖分式两大类。

1. 整体式径向滑动轴承

图 11.2 所示为整体式径向滑动轴承的典型结构。这种轴承的轴承座材料常用铸铁或铸钢。轴承座用螺栓连接在机架上。用减摩、耐磨材料制成的轴瓦装在轴承座内孔中。为防止工作时轴瓦随轴转动,在轴承座与轴瓦配合面的端面用紧定螺钉固定。在轴承的顶部开出注油孔,以便加注润滑剂。通常在轴瓦的内表面开有油沟。

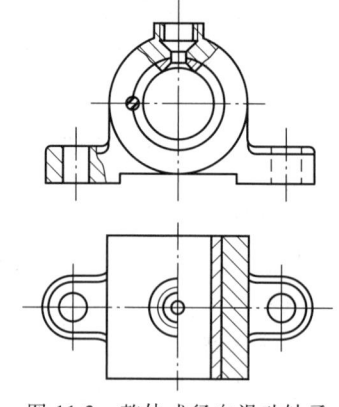

整体式轴承结构简单,在低速、轻载条件下工作的轴承和不重要的机器或手动机构中经常采用。它的缺点是磨损后间隙无法补偿;轴颈只能从轴承端部安装和拆卸,很不方便,也无法用于中间轴颈上。

图 11.2　整体式径向滑动轴承

2. 剖分式径向滑动轴承

剖分式径向滑动轴承的基本结构如图 11.3 所示。轴承座与轴承盖用双头螺柱连接,剖分轴瓦装在轴承座内,轴承座与轴承盖间采用止口定位,可保证轴瓦内孔位置准确。

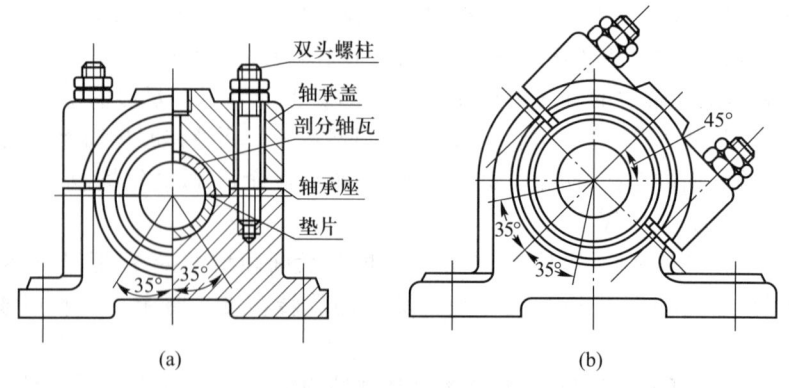

双头螺柱
轴承盖
剖分轴瓦
轴承座
垫片

(a)　　　　　　　　　　(b)

图 11.3　剖分式径向滑动轴承

这种轴承装拆方便,还可以通过增减剖分面上的调整垫片厚度来调整间隙。轴承剖分面一般为水平方向,如图 11.3a 所示。当外载荷为倾斜方向时,剖分面应为倾斜的,图 11.3b 所示为剖分面与水平方向成 45° 的倾斜结构,图中给出的 35° 为允许载荷方向偏转的范围。

径向滑动轴承是应用十分广泛的一类滑动轴承,除了上述几种结构形式外,还有调心式径向滑动轴承和调隙式径向滑动轴承。

当轴的刚度较差,或由于安装误差较大,轴颈偏斜引起轴承两端边缘接触,如图 11.4a 所示,导致轴承早期失效。这种情况在轴承宽度越大时,越严重。对于宽径比(轴承宽度 L 与轴颈直径 d 之比)$L/d > 1.5$ 的轴承,可以采用调心式径向滑动轴承,如图 11.4b 所示。其特点是:轴瓦外表面做成球状,与轴承盖及轴承座的球形内表面相配合,轴瓦可以自动调位以适应轴颈的偏斜。

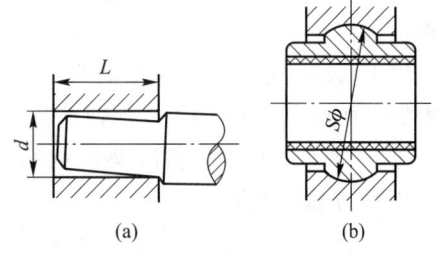

图 11.4　调心式径向滑动轴承

滑动轴承在工作中,轴颈和轴瓦不可避免地要产生磨损,影响轴承的运转精度,从而影响机器的正常工作。为了调整间隙,可以采用调隙式径向滑动轴承。具体结构和设计及计算可查阅机械设计手册。

11.2.2　推力滑动轴承

推力轴承主要用来承受轴向载荷,当与径向轴承组合使用时,可以承受复合载荷。推力滑动轴承一般由三部分组成,即推力轴颈、推力轴瓦和轴承座。在非液体摩擦滑动轴承中有时轴瓦和轴承座制成一体。图 11.5 是固定瓦推力轴承结构,其中图 11.5a 为实心轴颈。这样的轴颈端面上半径大的地方线速度大,磨损快,端面压力分布不均匀。靠近中心处的压力很高,对润滑极为不利。实际应用中多采用图 11.5b 所示的空心轴颈。由于结构需要,有时设计成如图 11.5c 所示的推力环式的推力轴承。如载荷很大,可采用图 11.5d 所示的多环推力轴承,多环推力轴承的轴承座必须是剖分的才能装配和拆卸。多环推力轴承有时可以承受双向轴向载荷。图 11.5 中表示的推力轴承尺寸可按以下经验公式计算并圆整。

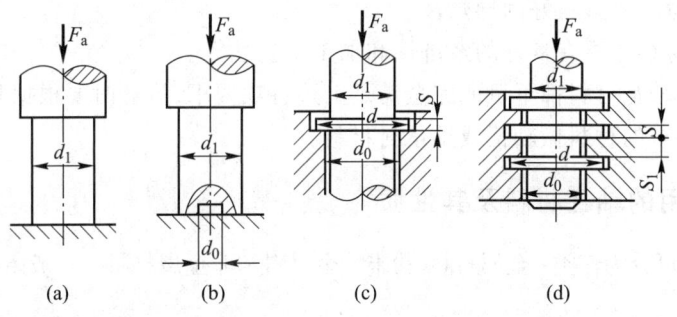

图 11.5　固定瓦推力轴承结构

空心端面轴承(图 11.5b)　　$d_0 = (0.4 \sim 0.6) d_1$;

推力环轴承(图 11.5c、d)　　$d = d_1 + 2S$, $d_0 = 1.1 d_1$;

推力环尺寸　　　　　　　　$S = (0.1 \sim 0.3) d_1$;

$$S_1 = (2 \sim 3) S_\circ$$

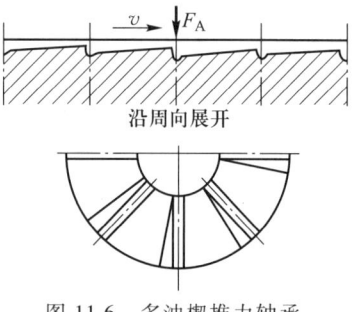

轴颈尺寸 d 和 d_1 由强度计算或结构设计确定,多环推力轴承推力环数目由计算确定。推力环数目不宜过多,一般为 2~5,否则载荷分布不均现象更为严重。

沿周向展开

以上所述的是非液体摩擦轴承的结构。对于尺寸较大的平面推力轴承,为了改善轴承的性能,便于形成液体摩擦状态,可设计多油楔形状结构,如图 11.6 多油楔推力轴承所示。

图 11.6　多油楔推力轴承

11.3　轴瓦的材料和结构

轴的材料通常为碳钢或合金钢,轴经热处理后对轴颈进行精加工。轴承座的材料为铸铁或铸钢,所谓轴承材料,指的是轴瓦和轴承衬材料,一般统称为轴瓦材料。滑动轴承的失效主要是轴瓦的胶合和磨损,所以对轴瓦的材料和结构有些特殊的要求。

11.3.1　对轴瓦材料的要求

1) 轴瓦材料要有足够的疲劳强度,才能保证轴瓦在变载荷作用下有足够的寿命。

2) 轴瓦材料要有足够的抗压强度,以防止产生过大的塑性变形。

3) 轴瓦材料要有良好的减摩性和耐磨性,即要求摩擦因数小,轴瓦磨损小。

4) 轴瓦材料应具有较好的抗胶合性,以防止因摩擦热使油膜破裂后造成胶合(即粘着磨损)。

5) 轴瓦材料对润滑油要有较好的吸附能力,易于形成抗剪切能力较强的边界膜。

6) 轴瓦材料要有较好的适应性和嵌藏性,适应性好的材料跑合性能好,嵌藏性好的材料可容纳进入润滑油中微小的固体颗粒,避免轴瓦和轴颈被刮伤。

7) 轴瓦材料要有良好的导热性。

8) 轴瓦材料还要有良好的经济性和加工工艺性等。

任何一种轴瓦材料都不可能完全满足上述各项要求,设计时要根据具体条件选择能满足主要要求的材料做轴瓦或轴承衬材料。

11.3.2　常用的轴瓦材料及其性质

轴瓦材料可分为三类:金属材料、粉末冶金材料和非金属材料。一般条件下常用的是金属材料。

1. 金属材料

金属材料包括轴承合金、青铜、黄铜、铝合金和铸铁(表 11.1)。

表 11.1 常用轴瓦材料及其性能

轴瓦材料		最大许用值			$t/℃$	轴颈硬度/HBW	特点及应用
		$[p]/$ MPa	$[v]/$ (m/s)	$[pv]/$ [MPa·(m/s)]			
锡基轴承合金	ZSnSb11Cu6	平稳载荷			150	150	综合性能好,用于高速重载轴承的轴承衬
		25	80	20			
	ZSnSb8Cu4	冲击载荷					
		20	60	15			
铅基轴承合金	ZPbSb16Sn16Cu2	15	12	10	150	150	综合性能仅次于锡基轴承合金,用于中等速度轴承的轴承衬
	ZPbSb15Sn5Cu3Cd2	5	8	5			
锡青铜	ZCuSn10P1	15	10	15	280	300~400	跑合性能差,抗胶合能力较强,承载能力强,用于中速重载轴瓦
	ZCuSn5Pb5Zn5	8	3	15			
铅青铜	ZCuPb30	25	12	30	250~285	300	承受变载荷和冲击载荷能力强,抗胶合能力差,用于重载轴承
铝青铜	ZCuAl10Fe3	15	4	12	280	300	强度高,抗胶合能力差,用于低速重载轴承
黄铜	ZCuZn16Si4	12	2	10	200	200	用于低速中载轴承
	ZCuZn38Mn2Pb2	10	1	10			
锌铝合金	ZZnAl10Cu5	20	1	10	80	80~100	强度高,导热好,不耐磨,用于低速轴承
灰铸铁	HT150	4	0.5				价格较低,用于轻载不重要轴承
	HT200	2	1				
	HT250	1	2				
酚醛塑料	PF	40	12	0.5	110		抗胶合,强度高,导热不好,不耐热,可用于水润滑场合
聚四氯乙烯	PTFE	3.5	0.25	0.035	280		减摩性好,耐腐蚀,导热不好

轴瓦材料		最大许用值				轴颈硬度/HBW	特点及应用
		$[p]/$ MPa	$[v]/$ (m/s)	$[pv]/$ [MPa · (m/s)]	$t/℃$		
尼龙	Nylon	7	5	0.1	110		摩擦因数低,有自润滑性,导热性差,吸水易膨胀
聚碳酸酯	PC	7	5	0.01	105		易于注射成形,价格低,稳定性好,导热性差
聚酰亚胺	PI			4	260		自润滑性好,强度较高,可注射或模压成形,属耐热工程塑料
橡胶		0.34	5	0.53	65		用于水润滑轴承,吸振降噪,可补偿安装误差,导热性差
木材		14	10	0.43	88		有自润滑性,耐化学腐蚀,用于要求清洁的轴承

1）轴承合金。轴承合金又称白金或巴氏合金。

锡基轴承合金,如 ZSnSb11Cu6、ZSnSb8Cu4,是以锡为基体,加入适量的锑和铜。基体材料锡较软,塑性、嵌藏性都很好。锑与锡,铜与锡都能形成硬晶粒,起支承和耐磨作用。

铅基轴承合金,如 ZPbSb16Sn16Cu2,ZPbSb15Sn5Cu3Cd2,是以铅为基体加入适量的锡和锑。

这两种轴承合金都有较好的跑合性、耐磨性和抗胶合性。锡基轴承合金的抗胶合能力更好,但轴承合金强度不高,价格很高。实际应用时,在钢或铜制成的轴瓦内表面上浇注一层轴承合金,这层轴承合金称为轴承衬,钢或铜制成的轴瓦基体称为瓦背,起增加强度的作用;轴承衬起减摩、耐磨作用。高速重载和重要用途的轴承采用轴承合金或轴承衬。

2）青铜。青铜也是一种广泛使用的轴承材料,抗胶合能力仅次于轴承合金,强度较高,是轴承合金的一种代用材料。青铜分为锡青铜,铅青铜和铝青铜。

铸锡磷青铜的减摩性和耐磨性好,机械强度高,适用于重载轴承。

铅青铜的抗疲劳强度高,抗冲击性和导热性好,高温时从摩擦表面析出的铅起润滑作用。

铝青铜的抗冲击能力中等,但抗胶合能力较低。

3）黄铜。铸造黄铜用于滑动速度不高的轴承,综合性能不如轴承合金和青铜。

4）铝合金。铝合金是近年才被使用的一种轴承材料,它的强度高,导热性好,耐腐蚀性好,价格低。可用轧制的方法和低碳钢接合做成双金属轴承。铝合金抗胶合能力差,耐磨性差,要求轴颈表面粗糙度值较小。

5）铸铁。铸铁中的片状或球状石墨成分在轴承表面上可起润滑作用,减小摩擦。铸铁是廉价的轴承材料,用于低速、轻载或不重要的轴承。

2. 粉末冶金材料

粉末冶金材料是用不同的金属粉末经压制、烧结而成的具有多孔结构的轴瓦材料,孔隙可占体积的 10% ~ 30%,轴瓦浸入热油中以后,孔隙中充满润滑油。工作时由于轴旋转时产生的抽吸作用和轴承发热的膨胀作用,油从孔隙中进入摩擦表面起到润滑作用;不工作时油又回到孔隙中。因此,这种轴承称为含油轴承,又称为自润滑轴承。常用的粉末冶金材料有铁-石墨和青铜-石墨两种。粉末冶金材料的许用压强见表 11.2。

表 11.2　粉末冶金轴承材料的许用压强[p]　　　　　　　MPa

材　　料	孔隙度/%	滑动速度/(m/s)					
		0.1	0.5	1	2	3	4
青铜-石墨 （锡 9% ~ 10%,石墨 1% ~ 4%, 其余为铜）	15 ~ 20	17.7	6.86	5.88	4.90	3.43	1.18
	20 ~ 25	14.7	5.88	4.90	3.92	2.94	0.98
	25 ~ 30	11.8	4.90	3.92	2.94	2.45	0.79
铁-石墨 （石墨 1% ~ 3%,其余为铁）	15 ~ 20	24.5	8.34	7.85	6.37	4.41	0.98
	20 ~ 25	19.6	6.86	6.37	5.39	3.43	0.78
	25 ~ 30	14.7	5.39	4.90	3.92	2.45	0.59

3. 非金属材料

非金属材料包括塑料、硬木、橡胶和碳-石墨等（表 11.1）。

以布为基体和以木为基体的轴承塑料,已用于制造滑动轴承。塑料轴承可用油或水润滑,其摩擦因数小、强度较高、耐冲击,但导热性很差、耐热性不好,使用受限制。

近年来,用尼龙 66、尼龙 6 注塑成形的小型轴承广泛用于低速轻载的机械上,它有自润滑作用,可以不加润滑剂。以尼龙为材料的滑动轴承的设计及计算可查阅设计手册。

11.3.3　轴瓦结构

轴瓦是滑动轴承的主要零件。设计轴承时,除了选择合适的轴瓦材料以外,还应合理地设计轴瓦结构,否则会影响滑动轴承的工作性能。做轴瓦时,为了节省贵重材料和增加强度,常制成双金属轴瓦,用贵重金属（如轴承合金）做轴承衬,用钢或铜做瓦背。瓦背强度高,轴承减摩性好,两者结合起来构成令人满意的轴瓦,特别是铜合金轴瓦在轴承合金轴承衬磨损后有安全作用。轴瓦的瓦背和轴承衬的连接形式参看表 11.3 或机械设计手册。对于一般的轴承材料,轴瓦可由一种材料制成。

表 11.3 轴承衬和瓦背的连接形式(表中 d 为轴颈直径/mm)

瓦背材料	轴承衬材料	应 用 场 合	轴承衬厚度	沟 槽 形 状	
钢、铸铁	轴承合金或铅青铜	用于高速重载有冲击载荷场合	$S = 0.01\,d$	(a)	说明:图 a、b 用于钢、铸铁轴瓦,图 c 用于青铜轴瓦。轴承合金贴附在轴瓦上的牢固性以青铜最好,钢次之,铸铁最差。因为钢和铸铁中都含有碳,特别是铸铁中碳质量分数更大,而轴承合金与碳贴合不牢,因此为避免轴承衬脱落,在瓦背上制作出各种形式的沟槽
	轴承合金	用于振动及冲击载荷下工作的轴承	$S = 0.01\,d$	(b)	
铸铁	轴承合金	用于平稳载荷下工作的轴承	$S = 0.01\,d$	(c)	
青铜	轴承合金	用于高速重载的重要轴承	$S = 0.01\,d$		

　　轴瓦在轴承座中应固定可靠,轴瓦形状和结构尺寸应保证润滑良好、散热容易,并有一定的强度和刚度,装拆方便。因此,设计轴瓦时应根据不同的工作条件采用不同的结构。

　　整体式轴瓦如图 11.7 所示。图 11.7a 为无油沟的轴瓦,轴瓦和轴承座一般采用过盈配合,常用的配合种类为 H7/s6。图 11.7b 为有油沟的轴瓦,润滑剂由注油孔注入,经油沟分布到轴瓦内表面上,使润滑效果得到改善。为了连接可靠,可在配合表面的端部用紧定螺钉固定,如图 11.7c 所示。图 11.7d 为另外一种形式的整体式轴瓦,也称卷制轴套,它是由单层、双层或多层材料卷制而成,其开缝可以是直缝、斜缝、搭扣等形式。轴瓦外径与内径之比一般为 1.15~1.2。

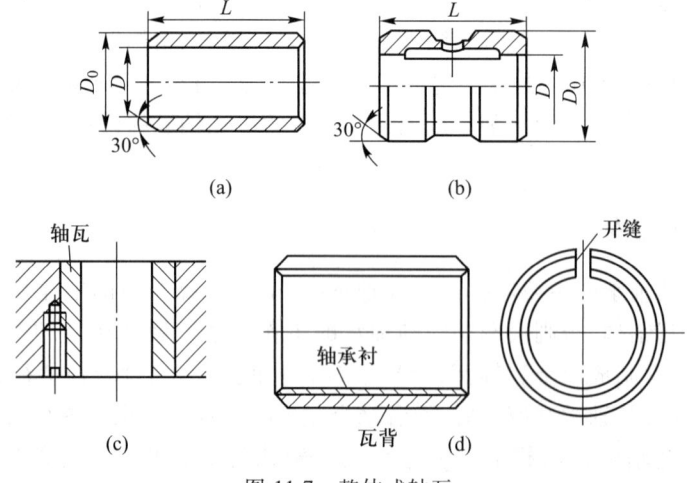

图 11.7　整体式轴瓦

图 11.8a 为剖分式轴瓦。轴瓦两端的凸缘用来实现轴向定位。周向定位采用定位销(图 11.8b),也可以根据轴瓦厚度采用其他定位方法。在剖分面上开有轴向油沟。轴瓦厚度为 b,轴颈直径为 d,一般取 $b/d>0.05$。轴承衬厚度通常由零点几毫米到 6 mm,直径大的取大值。

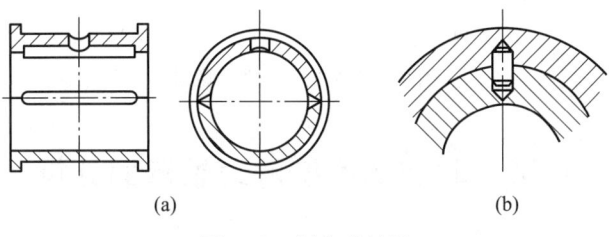

(a)　　　　　　　　　　　　　　(b)

图 11.8　剖分式轴瓦

为了向摩擦表面间加注润滑剂,在轴承上方开设注油孔,压力供油时油孔也可以开在两侧。为了向摩擦表面输送和分布润滑剂,在轴瓦内表面开有油沟。图 11.9 和图 11.10 分别表示整体轴瓦和剖分轴瓦内表面上的油沟。从图中可以看出,油沟有轴向的、周向的和斜向的,也可以设计成其他形式的油沟。设计油沟时必须注意以下问题:轴向油沟不得在轴承的全长上开通,以免润滑剂流失过多,油沟长度一般为轴承长度的 80%;液体摩擦轴承的油沟应开在非承载区,周向油沟应靠近轴承的两端,以免影响轴承的承载能力(图 11.11);竖直轴承的周向油沟应开在轴承的上端。除此之外,作用在轴上的载荷变化和轴与轴瓦的相对运动情况也影响油沟的开设。如果载荷的作用方向随轴的旋转而变化,或轴瓦旋转而轴固定,则油孔与油沟应开在轴颈上,其尺寸可参见国家标准 GB/T 6403.2—2008。

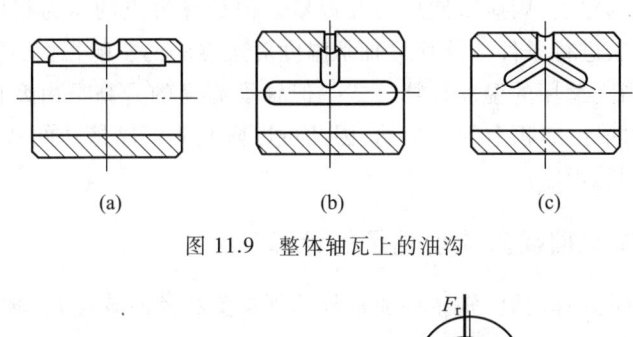

(a)　　　　　　　　(b)　　　　　　　　(c)

图 11.9　整体轴瓦上的油沟

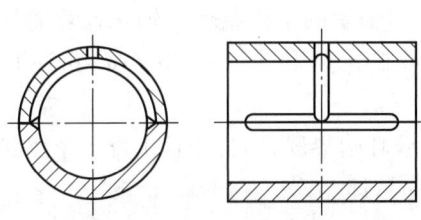

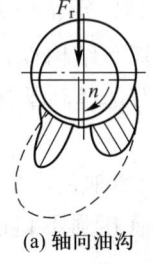

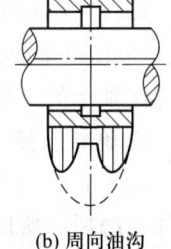

(a) 轴向油沟　　　　(b) 周向油沟

图 11.10　剖分轴瓦上的油沟　　　　图 11.11　油沟位置对承载能力的影响

对某些载荷较大的轴承,为使润滑剂沿轴向能较均匀地分布,在轴瓦内开有油室。油室的形式有多种,图 11.12 为油室的两种形式。图 11.12a 为开在整个非承载区的油室;图 11.12b 为开在两侧的油室,适于载荷方向变化或轴经常正、反向旋转的轴承。

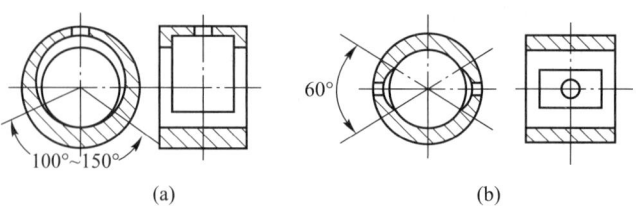

图 11.12　油室的两种型式

11.4　非液体摩擦滑动轴承的计算

滑动轴承工作在液体摩擦状态是最理想的,但是对于处于低速重载、间歇工作或要求不高的滑动轴承,要建立液体摩擦状态比较困难,有时也很不经济。此外,即使液体摩擦轴承在起动和停车阶段也经常处于非液体摩擦状态,所以非液体摩擦滑动轴承在机械系统中经常遇到。如果设计合理,维护好,非液体摩擦滑动轴承也可以满足机器运转要求。

非液体摩擦滑动轴承工作在混合摩擦状态下,在摩擦表面间有些地方呈现液体摩擦,有些地方呈现边界摩擦。其失效形式十分复杂,实践证明其主要的失效形式是磨损,严重时也发生胶合。研究表明,其失效主要取决于边界膜的抗破坏能力,也即边界膜的强度。因此,维持边界摩擦状态,保证边界油膜不破裂是非液体摩擦滑动轴承的设计准则。边界膜的强度与油的油性有关,也与轴瓦的材料有关,还与摩擦表面的压力和温度有关。通常温度高、压力大,边界膜容易破坏,因此非液体摩擦滑动轴承设计时一旦轴承材料选定后,则应限制压力和温度。但计算每点的压力很困难,目前只能用限制压强的办法进行条件性计算。轴承温度对边界膜的影响很大,但轴承内各点的温度不同,目前尚无适用的温度计算公式。但轴承温度的升高是由摩擦功耗引起的,fpv 为单位时间内单位面积上的摩擦功,因此可以限制表征摩擦功的特征值 pv 来限制摩擦功耗,即限制轴承温度。

11.4.1　非液体摩擦径向滑动轴承的计算

进行滑动轴承计算时,已知条件通常是轴颈承受的径向载荷 F_r,轴的转速 n,轴颈的直径 d(由轴的强度计算和结构设计确定的)和轴承的工作条件。轴承计算的任务是确定轴承的长径比 L/d,选择轴承材料,然后校核 p、pv 和 v。一般取 $L/d = 0.5 \sim 1.5$。

1. 验算压强

压强 p 过大不但可能使轴瓦产生塑性变形破坏边界膜,而且一旦出现干摩擦状态则加速磨损。所以,应保证压强不超过允许值 $[p]$,即

$$p = \frac{F_r}{Ld} \leqslant [p] \tag{11.1}$$

式中:F_r——作用在轴颈上的径向载荷,N;

d——轴颈直径,mm;

L——轴承宽度，mm；

$[p]$——许用压强，MPa，由表 11.1 查取。

如果式(11.1)不能满足，则应另选择材料改变 $[p]$，也可以增大 L 或增大 d 重新计算。

2. 验算 pv 值

pv 值大表明摩擦功大，温升大，边界膜易破坏，其限制条件为

$$pv = \frac{F_r \pi dn}{Ld \times 60 \times 1\,000} = \frac{\pi n F_r}{60 \times 1\,000 L} \leqslant [pv] \tag{11.2}$$

式中：n——轴颈转速，r/min；

$[pv]$——pv 的许用值，MPa·(m/s)，由表 11.1 查取。

对于速度很低的轴，可以不验算 pv，只验算 p。同样，如 pv 值不满足式(11.2)，也应重选材料或改变 L。

3. 验算速度 v

对于跨距较大的轴，由于装配误差或轴的挠曲变形，会造成轴及轴瓦在边缘接触，局部压强很大，若速度很大则局部摩擦功也很大。这时只验算 p 和 pv 并不能保证安全可靠，因为 p 和 pv 都是平均值。因此，要验算 v，使 $v \leqslant [v]$。

$$v = \frac{\pi dn}{60 \times 1\,000} \leqslant [v] \tag{11.3}$$

式中：$[v]$ 为轴颈速度的许用值，m/s，由表 11.1a 查取。

11.4.2　非液体摩擦推力滑动轴承的计算

推力滑动轴承的计算准则与径向滑动轴承相同。

1. 验算压强 p（几何尺寸参看图 11.5）

$$p = \frac{F_a}{Z \dfrac{\pi}{4}(d^2 - d_0^2)k} \leqslant [p] \tag{11.4}$$

式中：F_a——作用在轴承上的轴向力，N；

d、d_0——止推面的外圆直径和内圆直径，mm；

Z——推力环数目；

k——由于止推面上有油沟而导致止推的面积减小的系数，通常取 $k = 0.9 \sim 0.95$。

对于多环推力轴承，轴向载荷在各推力环上分配不均匀，表中 $[p]$ 值应降低 50%。

2. 验算 pv_m

$$pv_m \leqslant [pv_m] \tag{11.5}$$

式中：v_m 为环形推力面的平均线速度，m/s。其值为

$$v_m = \frac{\pi d_m n}{60 \times 1\,000}$$

式中：d_m——环形推力面的平均直径，$d_m = (d + d_0)/2$，mm；

$[pv_m]$——pv_m 的许用值，MPa·（m/s）。

由于 pv_m 值是用平均直径计算的，轴承推力环边缘上的速度较大，所以 $[pv_m]$ 应较表中给出的值低一些，对于钢轴颈配金属轴瓦，通常取 $[pv_m]=2\sim4$ MPa·（m/s）。

如以上几项计算不满足要求，可改选轴瓦材料或改变几何参数。

11.4.3　非液体摩擦径向滑动轴承的配合

为了保证滑动轴承具有足够的间隙，又有一定的旋转精度，应合理地选择配合。选择轴承配合时，要考虑轴的精度等级和使用要求，推荐的配合种类列于表 11.4。

表 11.4　非液体摩擦轴承常用的各种间隙配合

精 度 等 级	配 合 种 类	应 用 实 例
IT6	H7/g6	机床用分度头主轴轴承
IT6	H7/f6	汽车连杆轴承，齿轮及蜗杆减速器轴承，铣床、钻床主轴轴承
IT6	H7/e6	汽轮发电机、内燃机凸轮轴轴承，安装不准的轴承，多支点轴承
IT9	H9/f9	蒸汽机内燃机主轴轴承，连杆轴承，电动机、风扇、离心泵主轴轴承
IT11	H11/d11	农业机械
IT11	H11/b11	农业机械

【例 11.1】　一卷扬机卷筒轴的径向滑动轴承上作用的径向载荷 $F_r=10^5$ N，轴的转速 $n=100$ r/min，轴颈直径 $d=250$ mm，宽径比 $L/d=1$，试选择轴承材料并对轴承的工作能力进行校核计算。

【解】　卷扬机为一般机械，速度也不高，它的轴承不必选择最好的材料，可选择铸造锡青铜做轴瓦，其材料牌号为 ZCuSn5Pb5Zn5，由表 11.1 查得 $[p]=8$ MPa，$[pv]=12$ MPa·（m/s），$[v]=3$ m/s。

由已知条件可得 $L=d=250$ mm，

（1）计算压强

$$p=\frac{F_r}{Ld}=\frac{100\,000}{250\times250}\text{ MPa}=1.6\text{ MPa}<[p]=8\text{ MPa}$$

（2）验算速度

$$v=\frac{\pi dn}{60\times1\,000}=\frac{3.14\times250\times100}{60\times1\,000}\text{ m/s}=1.31\text{ m/s}<[v]=3\text{ m/s}$$

（3）计算 pv 值

$$pv=1.6\times1.31\text{ MPa·（m/s）}=2.1\text{ MPa·（m/s）}<[pv]=12\text{ MPa·（m/s）}$$

由以上计算可知，此轴承的几何尺寸合适，所选择轴承材料能满足要求。

（4）选择轴承的配合

参考表 11.4，可选 H7/e6 为轴承的配合，按此配合确定轴颈和轴瓦的加工偏差标注在零件图上。

11.5　液体动压润滑形成原理及基本方程

液体摩擦轴承分为液体动压轴承和液体静压轴承。前者又分为径向轴承和推力轴承,本节主要讲述液体动压径向滑动轴承。这种轴承的特点是轴颈和轴承两相对运动表面间完全被一层油膜分开。这层油膜的形成必须满足一定条件。因此,在讨论动压轴承的设计方法之前,必须对液体动压润滑理论中最基本的问题作简要的叙述。

11.5.1　液体动压润滑形成原理

首先讨论在直角坐标内两块互相倾斜平板间液体的流动(图 11.13)。其中板 N 不动,板 M 以速度 v 沿 x 方向移动。

1. 基本假设

① 两板间液体作层流运动;② 两板间液体是牛顿流体,其黏度只随温度的变化而改变,忽略压力对黏度的影响,而且液体是不可压缩的;③ 与两板 M、N 相接触的流体层与板间无滑动;④ 液体的重力和流动过程中产生的惯性力可以略去;⑤ 由于间隙很小,压力沿 y 方向大小不变;⑥ 平板沿 z 方向无限长,所以液体沿 z 方向无流动。

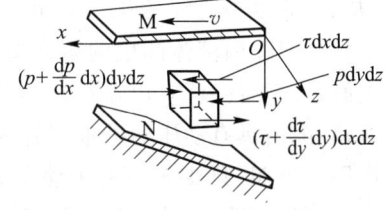

图 11.13　倾斜板间黏性流体的流动

2. 液体动压力的形成及承载原理

现从层流运动的油膜中取一微单元体进行分析。如图 11.13 所示,作用在此微单元体右面和左面的压强分别为 p 及 $\left(p+\dfrac{\mathrm{d}p}{\mathrm{d}x}\mathrm{d}x\right)$,作用在单元体上下两面的切应力分别为 τ 及 $\left(\tau+\dfrac{\mathrm{d}\tau}{\mathrm{d}y}\mathrm{d}y\right)$。在以上各力作用下沿 x 方向力的平衡方程式为

$$p\mathrm{d}y\mathrm{d}z + \tau\mathrm{d}x\mathrm{d}z - \left(p + \frac{\mathrm{d}p}{\mathrm{d}x}\mathrm{d}x\right)\mathrm{d}y\mathrm{d}z - \left(\tau + \frac{\mathrm{d}\tau}{\mathrm{d}y}\mathrm{d}y\right)\mathrm{d}x\mathrm{d}z = 0$$

整理后得

$$\frac{\mathrm{d}p}{\mathrm{d}x} = -\frac{\mathrm{d}\tau}{\mathrm{d}y} \tag{11.6a}$$

上式说明黏性液体在收敛形间隙内流动时,压力 p 沿 x 方向的变化率大小等于液体黏切应力 τ 沿 y 方向的变化率。将 $\tau = -\eta\dfrac{\mathrm{d}u}{\mathrm{d}y}$(第二章 2.7.3)的一阶导数代入式(11.6a)可得

$$\frac{\mathrm{d}p}{\mathrm{d}x} = \eta\frac{\mathrm{d}^2u}{\mathrm{d}y^2} \tag{11.6b}$$

此式说明压力沿 x 方向的变化率与速度梯度沿 y 方向的变化率成正比。

由式(11.6)可以论述液体压力的形成和压力油膜承载原理。作一个垂直于 z 轴的

截面,截面图如图11.14a 所示。分析该截面液体流动速度沿 y 方向的变化规律和两板间隙内液体压力沿 x 方向的分布规律。假如,由板 M 到板 N 沿 y 方向液体速度从入口到出口按直线规律变化(如图中虚线所示),因各截面流量为速度曲线包围的面积,当两板互相倾斜时,$h_A > h_B > h_C$ 则入口面积大于出口面积,即入口流量大于出口流量。但实际上各截面处流量必须相等,即入口和出口速度曲线不可能为直线而应为曲线,如图11.14a 中实线所示。在入口截面 AA' 到 BB' 截面各处,速度曲线内凹,$\dfrac{d^2 u}{dy^2} > 0$,故 $dp/dx > 0$,压力为递增状态。在 BB' 截面到出口截面 CC' 处速度曲线外凸,$\dfrac{d^2 u}{dy^2} < 0$,故 $dp/dx < 0$,压力为递减状态。从 AA' 到 CC' 截面速度曲线由内凹到外凸变化过程中必然有一个截面 BB',其速度按直线变化,$d^2 u/dy^2 = 0$,故 $dp/dx = 0$,压力达到最大值。速度曲线的这种变化是间隙内液体产生的压力造成的,压力变化曲线如图11.14a 所示。这种靠运动表面带动黏性液体,以足够的速度流经收敛形间隙时液体所产生的压力叫液体动压力,间隙内具有动压力的油层称为液体动压油膜。如果有一个沿 y 方向向下的载荷 F 作用于板 M,只要 F 不大于动压油膜各点动压力总和,板 M 就不会下降,而与板 N 保持一定的间隙,维持液体摩擦状态。

3. 形成液体动压力的条件

根据以上分析,形成液体动压力的必要条件是:① 液体必须流经收敛的楔形间隙,而且间隙倾角越大产生的油膜压力越大。如果板 M 和板 N 互相平行,如图11.14b 所示,则在间隙内各截面处的液体流速都按直线变化,沿 x 方向,处处有 $d^2 u/dy^2 = 0$,$dp/dx = 0$,压力无变化,两端压力为零,所以间隙内各处压力为零,不能承受外载荷。如液体流经发散形间隙(即从小口流入大口端流出),则液体流动不连续,间隙内可能存在负压区,当然也不能承受外载荷。② 液体必须有足够的速度,若液体速度为零;也得出 $dp/dx = 0$,不能产生油膜。③ 液体必须是黏性液体,即黏度 $\eta \neq 0$,否则由式(11.6)也得出 $dp/dx = 0$,不能产生油膜力。

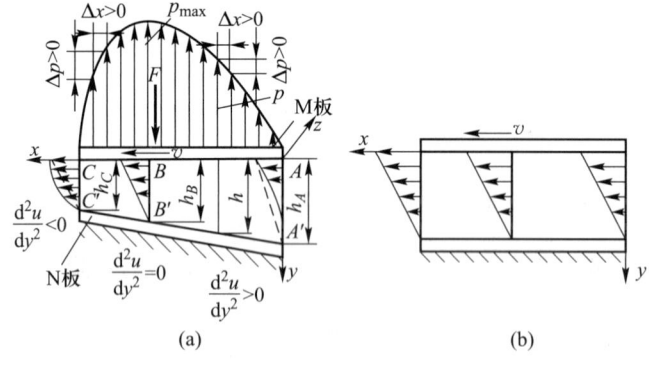

图 11.14 流体动压形成原理

11.5.2 液体动压润滑基本方程

由式(11.6b)可知,任意一点的油膜压力 p 沿 x 方向的变化率 dp/dx 与该点速度梯度(y 向)的导数有关。

首先,求油层速度分布,将式(11.6b)改写成

$$\frac{\mathrm{d}^2 u}{\mathrm{d}y^2} = \frac{1}{\eta}\frac{\mathrm{d}p}{\mathrm{d}x} \tag{11.7a}$$

由于假设 p 沿 y 方向不变,对 y 积分二次后得

$$u = \frac{1}{2\eta}\left(\frac{\mathrm{d}p}{\mathrm{d}x}\right)y^2 + C_1 y + C_2 \tag{11.7b}$$

式中:C_1 和 C_2 为积分常数,可通过边界条件来确定。边界条件为

$$y = 0 \text{ 时}, u = v; y = h \text{ 时}, u = 0$$

h 为 x 处两板间距离。把边界条件代入式(11.7b)得

$$C_1 = -\frac{v}{h} - \frac{1}{\eta}\frac{\mathrm{d}p}{\mathrm{d}x}\frac{h}{2}$$

$$C_2 = v$$

代入(11.7b)中,得

$$u = \frac{1}{2\eta}\frac{\mathrm{d}p}{\mathrm{d}x}(y-h)y + v\frac{h-y}{h} \tag{11.7c}$$

然后,求液体流量,当无侧漏时,液体在单位时间内流经 x 方向任意剖面上(z 方向取单位长度)的流量为

$$q = \int_0^h u\mathrm{d}y \tag{11.7d}$$

将式(11.7c)代入式(11.7d)中,积分后得

$$q = \frac{v}{2}h - \frac{1}{12\eta}\frac{\mathrm{d}p}{\mathrm{d}x}h^3 \tag{11.7e}$$

此式表明,任意截面处液体的流量均由速度流量[式(11.7e)等号右侧第一项]和压力流量[式(11.7e)等号右侧第二项]组成。AA' 到 BB' 之间 $\mathrm{d}p/\mathrm{d}x > 0$,压力流量为负值,表明压力阻止液体流动;由 BB' 到 CC' 之间 $\mathrm{d}p/\mathrm{d}x < 0$,压力流量为正值,表明压力推动液体流动。在截面间隙之中的 BB' 处,压力出现最大值,$\mathrm{d}p/\mathrm{d}x = 0$,此处的间隙用 h_0 表示,流量用 q_0 表示,则

$$q_0 = \frac{1}{2}vh_0 \tag{11.7f}$$

由于流量是连续的,各截面的流量必须相等,故可得

$$\frac{1}{2}vh_0 = \frac{1}{2}vh - \frac{1}{12\eta}\frac{\mathrm{d}p}{\mathrm{d}x}h^3$$

整理后即得

$$\frac{\mathrm{d}p}{\mathrm{d}x} = 6\eta v\frac{h-h_0}{h^3} \tag{11.7}$$

式(11.7)称为一维液体动压润滑基本方程,也叫一维雷诺方程。它表示液体压力的变化率与液体的黏度、流动速度和间隙之间的关系。该方程是液体动压滑动轴承设计的理论依据。从式(11.7)可以更明显地看出形成液体动压力所必须具备的三个条件,即液体具有黏性($\eta \neq 0$),有足够的速度($v \neq 0$)和具有收敛性楔形间隙($h \neq h_0$)等。

11.6 液体动压径向滑动轴承的计算

11.6.1 径向滑动轴承的工作过程

液体径向滑动轴承的轴瓦内孔和轴颈间是间隙配合,在外载荷的作用下轴颈在轴瓦孔中偏向一侧,两表面形成楔形间隙,具备形成液体动压力的条件。液体动压滑动轴承从静止、起动到稳定工作的过程可用图 11.15 表示。图 11.15a 表示轴静止时的情况,图 11.15b 为刚起动时的情况,轴为顺时针转动,由于此刻轴颈转速很低,还不能形成足以使轴浮起的动压力,轴颈与轴瓦处于非液体摩擦状态。这时轴颈和轴瓦仍处于靠边界膜润滑的接触状态,轴颈沿轴瓦向右上方滚动。当轴的转速足够大时,便形成较大的油膜力,将轴浮起,在油膜力的作用下轴心 O 向左移动,直到油膜力和外载荷 F_r 相平衡,轴在一个稳定位置旋转,轴颈和轴瓦处于液体摩擦状态,如图 11.15c 所示。径向滑动轴承的计算就是稳定工作状态下的各项计算。从以上分析可以看出,轴心 O 是在一个小的范围内变动的,只有转速稳定不变、载荷无波动时轴心才能基本稳定在某一位置,轴心位置因载荷的变化而变动较大时说明轴承的油膜刚度低。

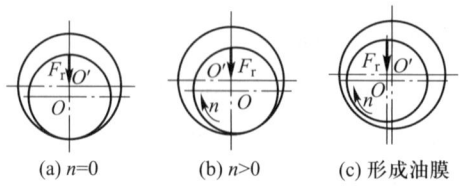

(a) $n=0$ (b) $n>0$ (c) 形成油膜

图 11.15 滑动轴承的工作过程

11.6.2 径向滑动轴承的几何参数及其基本方程的形式

建立如图 11.16 所示的极坐标。以轴心 O 为坐标原点,以 OO' 的连线为极轴的初始位置,它与外载荷 F_r 的作用线夹角为 φ_a。φ_a 是偏位角,可以根据油膜压力左右方向分力平衡条件求出。极坐标的转角用 φ 表示。

径向滑动轴承的几何参数如下:

D、d——轴承孔和轴颈的直径,mm;

R、r——轴承孔和轴颈的半径,mm;

$\Delta = D - d$——直径间隙,mm;

$C = R - r$——半径间隙,mm;

L——轴承宽度,mm;

L/d——轴承宽径比;

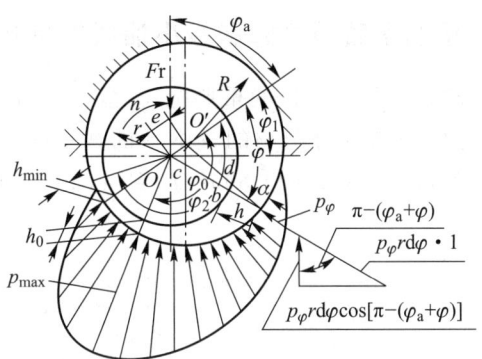

图 11.16　滑动轴承的几何参数和压力曲线

$\psi = C/r$——相对间隙；

$e = OO'$——偏心距，mm；

$\varepsilon = e/C$——相对偏心距（偏心率）；

　　　h——沿圆周方向任一位置的间隙（油膜厚度），mm，由图 11.16 推导出

$$h = C(1 + \varepsilon \cos \varphi) \tag{11.8a}$$

　　h_0——对应最大压力处的油膜厚度，mm，可用 $\varphi = \varphi_0$ 代入式（11.8a）中
　　　　求得

$$h_0 = C(1 + \varepsilon \cos \varphi_0) \tag{11.8b}$$

　$h_{\min}$——最小油膜厚度，mm，当 $\varphi = \pi$ 时对应最小油膜厚度，所以

$$h_{\min} = C(1 - \varepsilon) = \psi r(1 - \varepsilon) \tag{11.8c}$$

轴颈表面弧长增量

$$\mathrm{d}x = r\mathrm{d}\varphi \tag{11.8d}$$

将 h、h_0、$\mathrm{d}x$ 代入式（11.7）中，整理可得

$$\frac{\mathrm{d}p}{\mathrm{d}\varphi} = 6\eta v \frac{1}{r\psi^2} \frac{\varepsilon(\cos \varphi - \cos \varphi_0)}{(1 + \varepsilon \cos \varphi)^3} \tag{11.8}$$

此式即为动压润滑径向滑动轴承的基本方程。它表示压力 p 随转角 φ 变化的变化率。
径向滑动轴承的压力分布曲线如图 11.16 所示。压力油膜的起始角为 φ_1，终止角为
φ_2；在轴承的圆周方向上，由 φ_1 至 φ_2 这个范围称为承载区，承载区的压力大于零；其
他部分为非承载区，非承载区的压力为零。承载区的大小与油的黏度、轴颈转速、载荷
F_r 等有关。对于图 11.16 所示的剖分式轴瓦包角是指轴颈被连续的轴瓦圆弧包围部
分所对的圆心角，用 α 表示。油膜角（$\varphi_2 - \varphi_1$）只为包角的一部分，即包角对油膜力有
一定的影响。

　　从图 11.16 还可看出，轴心 O 相对于轴承中心 O' 总是向它本身旋转的方向偏转；
最大压力沿轴的旋转方向偏向外载荷作用线的前方，最小油膜厚度 $h_{\min}$ 位于 OO' 连线
上。应该指出的是，图中表示的压力是作用在轴颈上的压力，方向指向轴心 O 点。为
了使图面更清晰，表示压力的箭头只画至轴瓦表面为止。

11.6.3　径向滑动轴承的承载量系数和最小油膜厚度计算

最小油膜厚度是滑动轴承稳定工作的重要标志之一。影响最小油膜厚度的因素很多,可以用一个表示这些因素综合影响的量纲一的数——承载量系数来反映。为此,必须先求得油膜力的值,这可对式(11.8)从 φ_1 到 φ_2 范围内积分得出沿圆周方向压力曲线方程

$$p_{\varphi} = \frac{6\eta v}{r\psi^2} \int_{\varphi_1}^{\varphi} \frac{\varepsilon(\cos\varphi - \cos\varphi_0)}{(1 + \varepsilon\cos\varphi)^3} \mathrm{d}\varphi \tag{11.9}$$

p_{φ} 是 φ 角处一点上的压强,在轴承单位长度微小面积 $r\mathrm{d}\varphi \cdot 1$ 上的油膜力则是 $p_{\varphi}r\mathrm{d}\varphi \cdot 1$,此力作用在轴颈上,指向轴心 O。它的垂直分量(图 11.16)为

$$P_{\varphi y} = p_{\varphi}r\mathrm{d}\varphi \cdot 1 \cdot \cos[\pi - (\varphi_a + \varphi)] \tag{11.10a}$$

将式(11.9)代入式(11.10a),并在 φ_1 至 φ_2 区间内积分则得单位长度轴承上油膜力的垂直分量之和

$$P_y = \frac{6\eta v}{\psi^2} \int_{\varphi_1}^{\varphi_2} \left[\int_{\varphi_1}^{\varphi} \frac{\varepsilon(\cos\varphi - \cos\varphi_0)}{(1 + \varepsilon\cos\varphi)^3} \mathrm{d}\varphi \right] \cos[\pi - (\varphi_a + \varphi)] \mathrm{d}\varphi \tag{11.10b}$$

如果轴承无端泄,油膜压力沿轴向将按直线分布,如图 11.17 中直线 Ⅰ 所示。那么轴承的总油膜力将等于 P_yL。但有限长轴承的端泄是不可忽略的。有端泄时轴向压力曲线呈抛物线形,如图 11.17 中曲线 Ⅱ 所示,压力的最大值与无端泄时相比也略有降低。由于端泄造成的压力损失可用系数来修正。于是沿垂直方向的总油膜力 $P = P_yLK_L$

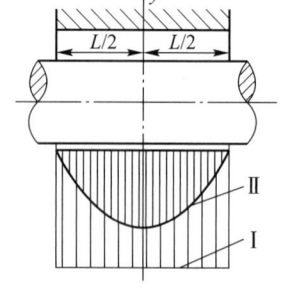

图 11.17　沿 z 方向油膜压力的分布

$$P = \frac{6\eta vL}{\psi^2} \int_{\varphi_1}^{\varphi_2} \left[\int_{\varphi_1}^{\varphi} \frac{\varepsilon(\cos\varphi - \cos\varphi_0)}{(1 + \varepsilon\cos\varphi)^3} \mathrm{d}\varphi \right]$$
$$\cos[\pi - (\varphi_a + \varphi)] \mathrm{d}\varphi K_L \tag{11.10c}$$

式中:K_L 为端泄系数,由于端泄使油膜压力降低的系数,与轴承的长径比有关。

轴承稳定工作时,外载荷 F_r 和总油膜力的垂直分量 P 相平衡,即

$$P = F_r = \frac{\eta vL}{\psi^2} \left\{ 6 \int_{\varphi_1}^{\varphi_2} \left[\int_{\varphi_1}^{\varphi} \frac{\varepsilon(\cos\varphi - \cos\varphi_0)}{(1 + \varepsilon\cos\varphi)^3} \mathrm{d}\varphi \right] \cos[\pi - (\varphi_a + \varphi)] \mathrm{d}\varphi K_L \right\}$$

$$F_r = \frac{\eta vL}{\psi^2} C_p \tag{11.10d}$$

式中:

$$C_p = 6K_L \int_{\varphi_1}^{\varphi_2} \int_{\varphi_1}^{\varphi} \left[\frac{\varepsilon(\cos\varphi - \cos\varphi_0)}{(1 + \varepsilon\cos\varphi)^3} \mathrm{d}\varphi \right] \cos[\pi - (\varphi_a + \varphi)] \mathrm{d}\varphi \tag{11.10}$$

由式(11.10d)可得

$$C_p = \frac{F_r \psi^2}{L \eta v} = \frac{\overline{F_r} \psi^2}{\eta v} \tag{11.11}$$

式中：$\overline{F_r} = F_r/L$——轴承单位长度上的载荷，N/m；

　　　　η——润滑油的黏度，Pa·s；

　　　　v——轴颈表面圆周速度，m/s；

　　　　ψ——轴承的相对间隙。

C_p 称为轴承的承载量系数，它是轴承的相对偏心距 ε、包角 α 和长径比 L/d 的函数。C_p 为量纲一的数。从式(11.10)可见，用解析法计算 C_p 是困难的，可用数值积分法求解。图 11.18 为包角 180° 时 C_p 与 ε 及 L/d 的关系曲线。设计时，根据宽径比 L/d 用式(11.11)计算 C_p，然后由图 11.18 查得 ε，再由式(11.8c)算得 h_{min}。也可由规定的最小膜厚算得 C_p，再计算轴承所承受的载荷。其他包角的 C_p-ε 曲线可查相关手册。

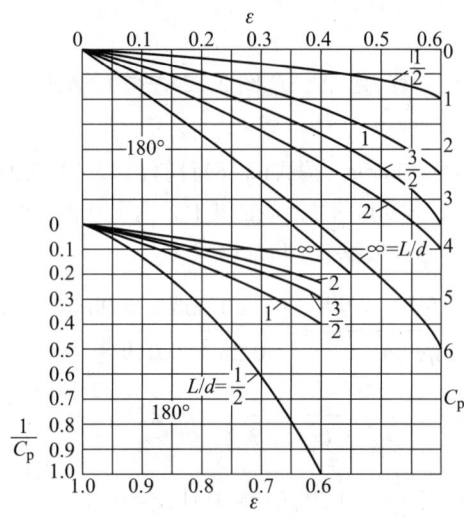

图 11.18　包角为 180° 时滑动轴承 C_p-ε 曲线

滑动轴承实现液体摩擦的充分条件是保证最小油膜厚度处的轴瓦与轴颈表面不平度高峰不直接接触，因此最小油膜厚度必须满足

$$h_{min} \geqslant [h_{min}] = K(Rz_1 + Rz_2) \tag{11.12}$$

式中：Rz_1——轴瓦表面的微观不平度的十点高度的平均值，μm。

　　　　Rz_2——轴颈表面的微观不平度的十点高度的平均值，μm，一般轴承，可分别取 Rz_1 和 Rz_2 值为 6.3 μm 和 3.2 μm 或 3.2 μm 和 1.6 μm；对重要轴承，可分别取 1.6 μm 和 0.8 μm 或 0.4 μm 和 0.2 μm。

　　　　$[h_{min}]$——保证液体摩擦的最小油膜厚度许用值，μm。

　　　　K——考虑表面几何形状误差、轴的弯曲变形和安装误差的可靠性系数，通常取 $K \geqslant 2$。

表 11.5 列出了各种加工方法能得到的表面粗糙度和微观不平度十点高度的平均值。在设计时，若最小油膜厚度不满足式(11.12)，则需修改参数重新计算，直到满足上述条件为止。

表 11.5　表面粗糙度、微观不平度十点高度及其对应的加工方法　　μm

表面粗糙度 Ra	3.2	1.6	0.8	0.4	0.2	0.1	0.05	0.025	0.012
不平度平均值	10	6.3	3.2	1.6	0.8	0.4	0.2	0.1	0.05
加工方法	精车,半精镗、中等磨光,刮(每平方厘米内 1.5~3 个点)		铰孔、精磨、精镗、刮(每平方厘米 3~5 个点)		钻石刀头镗镗磨		研磨、抛光、超精加工		

【例 11.2】　一包角为 180° 的径向滑动轴承,径向载荷 $F_r = 50\ 000$ N,轴颈直径 $d = 250$ mm,轴转速 $n = 300$ r/min,宽径比 $L/d = 1$,相对间隙 $\psi = 0.001\ 2$,用 L-AN32 号全损耗系统用油润滑,试计算最小油膜厚度 h_{min}。

【解】

1) 按平均油温 50 ℃ 计算,由第二章图 2.12 查得 L-AN32 号全损耗系统用油运动黏度 $\nu_{50} = 22 \times 10^{-6}$ m^2/s

2) 取润滑油密度 $\rho = 900$ kg/m^3,按式(2.18)计算出 L-AN32 油 50 ℃ 的动力黏度 η_{50}

$$\eta_{50} = \rho \nu_{50} = 900 \times 22 \times 10^{-6}\ \text{Pa} \cdot \text{s} = 0.019\ 8\ \text{Pa} \cdot \text{s}$$

3) 计算承载量系数 C_p。根据式(11.11)求 C_p

$$C_p = \frac{\overline{F_r}\psi^2}{\eta v} = \frac{F_r \psi^2 \times 60 \times 1\ 000}{L\eta\pi dn} = \frac{50\ 000 \times 0.001\ 2^2 \times 60 \times 1\ 000}{0.25 \times 0.019\ 8 \times 3.14 \times 250 \times 300} = 3.7$$

$$\frac{1}{C_p} = \frac{1}{3.7} = 0.27$$

4) 由图 11.18 查得,当 $\frac{1}{C_p} = 0.27$,$L/d = 1$ 时,$\varepsilon = 0.70$。

5) 按式(11.8c)计算 h_{min}

$$h_{min} = \frac{d}{2}\psi(1 - \varepsilon) = \frac{250}{2} \times 0.001\ 2 \times (1 - 0.7)\ \text{mm} = 0.045\ \text{mm}$$

6) 验算 h_{min}。按加工精度要求,取轴颈表面粗糙度等级为 $Ra0.8$,轴瓦表面粗糙度等级为 $Ra1.6$,查表 11.4 得轴瓦 $Rz_1 = 0.006\ 3$ mm,轴颈 $Rz_2 = 0.003\ 2$ mm,并取可靠性系数 $K = 2$,由式(11.12)得

$$[h_{min}] = 2 \times (0.003\ 2 + 0.006\ 3)\ \text{mm} = 0.019\ \text{mm}$$

$h_{min} > [h_{min}]$,可见该滑动轴承可以实现液体摩擦。

11.6.4　滑动轴承的热平衡计算

滑动轴承工作时,润滑油的内摩擦所消耗的功率将转化为热量。这些热量一部分被流动的润滑油带走,另一部分则通过轴承体散逸到周围空气中。在热平衡状态,单位时间内轴承所产生的摩擦热量等于同时间内流动的油所带走的热量及轴承散发的热量之和,维持轴承的温度不超过许用值。对于非压力供油的径向滑动轴承,则有

$$fF_r v = c\rho q(t_o - t_i) + h_d A(t_o - t_i) \tag{11.13}$$

式中：F_r——轴承的径向载荷，N，$F_r = pdL$，p 为轴承的压强，MPa。

v——轴颈圆周速度，m/s。

f——轴承的摩擦因数，亦即润滑油的内摩擦因数。

q——润滑油的流量，m^3/s。

ρ——润滑油的密度，kg/m^3，对于矿物油，$\rho = 850 \sim 900$ kg/m^3。

c——润滑油的比热，$J/(kg \cdot ℃)$，对于矿物油 $c = 1\ 900$ $J/(kg \cdot ℃)$。

h_d——轴承体的散热系数，$J/(m^2 \cdot ℃ \cdot s)$，散热条件不好时（如轴承体周围空气流动困难）取 $h_d = 50$ $J(kg \cdot ℃ \cdot s)$；散热条件一般时（如轴承体周围空气流动较快）取 $h_d = 140$ $J/(kg \cdot ℃ \cdot s)$。

A——轴承体散热面积，$A = \pi dL$，m^2。

t_o——润滑油的出口温度，℃。

t_i——润滑油的入口温度，℃。

令 $\Delta t = t_o - t_i$，由上式可得

$$\Delta t = \frac{\dfrac{f}{\psi}p}{c\rho \dfrac{q}{\psi vdL} + \dfrac{\pi h_d}{\psi v}} = \frac{C_f p}{c\rho C_q + \dfrac{\pi h_d}{\psi v}} \tag{11.14}$$

式中：$C_f = \dfrac{f}{\psi}$——轴承的摩擦特性数，它表征摩擦因数的大小；

$C_q = \dfrac{q}{\psi vdL}$——轴承的流量系数。

C_f 和 C_q 都是量纲为一的参数，都是相对偏心距 ε 和宽径比 L/d 的函数，其值可根据 ε 和 L/d 分别从图 11.19 和图 11.20 中查取。

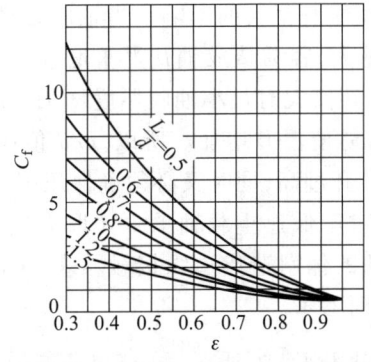

图 11.19　包角为 180°时的摩擦特性数

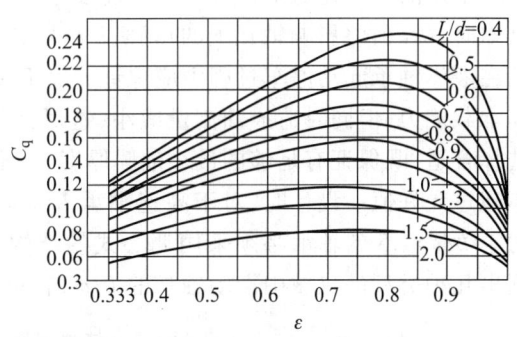

图 11.20　流量系数

由温升 Δt 和平均温度 t_m（计算 C_p 时所用油的黏度所对应的温度，通常取 $t_m = 50$ ℃），可得

$$t_o = t_m + \frac{\Delta t}{2} \tag{11.15a}$$

$$t_i = t_m - \frac{\Delta t}{2} \tag{11.15b}$$

润滑油的出口温度不应高于 70 ℃,若 t_o 太高会使油的黏度下降,承载能力下降,而且油易变质;润滑油的入口温度 t_i 应在 30~40 ℃ 之间。若 $t_i<30$ ℃,受冷却设备的限制不易达到热平衡状态;若 $t_i>40$ ℃,则轴承易达到热平衡状态,但轴承的承载能力尚未充分被利用。因此,若算得的 t_o 和 t_i 值不在上述范围时,应修改设计参数重新计算,直到合格为止。

11.6.5　耗油量和摩擦功率

1）耗油量。计算耗油量的目的是为了确定供油量,轴承工作时的耗油量

$$q = C_q \psi L d v \tag{11.16}$$

2）摩擦功率。计算摩擦功的目的是为了确定电动机功率时计入摩擦功率。

$$P_f = f F_r v \tag{11.17}$$

式中:$f=C_f\psi$——摩擦因数;

　　　　F_r——轴承径向载荷,N;

　　　　v——轴颈表面圆周速度,m/s。

11.6.6　滑动轴承主要参数和选择

在液体摩擦滑动轴承设计中已知条件通常是:作用在轴颈上的径向载荷 F_r、轴颈直径 d(按强度、刚度或结构要求确定的尺寸)、轴的转数 n 以及轴承的工作条件等。所谓轴承的设计计算,就是选择合适的参数,使轴承的最小油膜厚度 h_{min} 满足式(11.12),使温升 Δt 在规定的范围,所以关键在于参数的选择。对最小油膜厚度和温升有明显影响的参数是轴承的宽径比 L/d、轴承的相对间隙 ψ、润滑油的黏度 η 以及轴瓦和轴颈表面的不平度。

1. 轴承宽径比 L/d 的选择

轴承的宽径比对滑动轴承的强度及轴承的工作性能有很大的影响。当轴的直径已知时,L/d 值将影响轴瓦上的压强,L 越小,压强 p 越大,容易造成轴瓦严重磨损,因而在液体轴承起动停车过程中应保证 p 值不过大。L/d 值大时最小油膜厚度增加,提高承载能力,但同时造成油流量减小,这对散热不利,易使温升增加。所以,L/d 值应选择合适,既保证有足够的最小油膜厚度,又不致使温升过高,同时又必须确保压强 p 不超过允许值。设计时,对于高速轴承 L/d 取小值,对于低速重载轴承 L/d 取大值。对于 $L/d>1.5$ 的轴承必须采用调心式的结构,以免轴的偏斜造成边缘接触。表 11.6 列出几种类型的机械中滑动轴承的 L/d 值,可供设计时参考。

表 11.6　液体摩擦轴承的宽径比 L/d

机器类型	汽轮机、风机	电动机、离心泵、减速器	机　床	轧　钢　机
L/d	0.5~1.0	0.7~1.5	0.8~1.2	0.6~1.5

2. 相对间隙 ψ 和轴承配合的选择

相对间隙对轴承的工作特性有很大的影响。图 11.21 表示出相对间隙从几个方

面对轴承特性的影响。相对间隙 ψ 增加时,润滑油流量增加,温升将下降,同时摩擦功也降低。相对间隙对最小油膜厚度的影响可从式(11.11)和式(11.8c)看出。由式(11.11)决定,ψ 增加时 C_F 增大,则 ε 增加,这样会使 $h_{\min}$ 减小;而由式(11.8c)知,ψ 的增加又会使 $h_{\min}$ 增加。所以,在一定范围内 ψ 增加时 $h_{\min}$ 增加,超过这个范围 ψ 增加时 $h_{\min}$ 将减小(图 11.21)。设计时通常根据速度按经验公式初选,验算后再进行修正,选择 ψ 的经验式为式(11.18)。在式(11.18)中,载荷大时选较小值,载荷小时可选较大值。

$$\psi = (0.6 \sim 1.0) \times 10^{-3} v^{0.25} \quad (11.18)$$

选定间隙后,按间隙选择轴瓦和轴颈的配合。由于间隙的限制,选配合时往往很难单独采用基孔制或基轴制,而多采用混合配合。配合选定后按最大间隙计算最小油膜厚度并使其满足式(11.12)。按最小间隙进行热平衡计算,使轴承的温升在允许的范围。

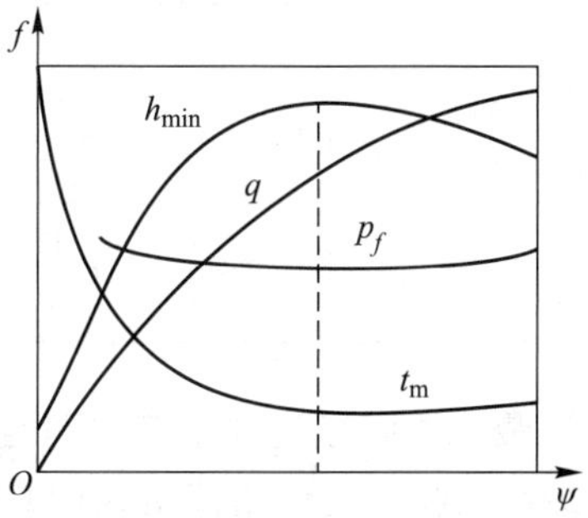

图 11.21　相对间隙 ψ 对轴承特性的影响

3. 润滑油的选择及黏度的确定

润滑油的黏度 η 也是影响轴承工作特性的参数之一。黏度高时最小油膜厚度大,有较高的承载能力;但黏度高时易发热,所以载荷大时选黏度高的油,速度高时选黏度低的油。液体摩擦轴承用的润滑油牌号及黏度参考表 11.7。在设计过程中,当最小油膜厚度不满足要求时,改选黏度高的油;当温升过高时改选黏度低的油。

表 11.7　液体摩擦轴承常用润滑油的黏度及主要用途

名　称	牌　号	运动黏度 $\times 10^{-6}/$ (m^2/s) (40 ℃)	闪点 (开口)/℃ $\leqslant$	凝固点/℃ $\leqslant$	主　要　用　途
全损耗系统用油 (GB/T 443—1989)	L-AN10	9.00~11.00	130	-5	纺织机械,机床轴承;高速轻载或中小负荷轴承集中润滑系统;中、小型齿轮、蜗杆传动浸油或喷油润滑。 低速重载的纺织机械,重型机床,锻压或铸工设备轴承
	L-AN15	13.5~16.5	150	-5	
	L-AN22	19.8~24.2	150	-5	
	L-AN32	28.8~35.2	150	-5	
	L-AN46	41.4~50.6	160	-5	
	L-AN68	61.2~74.8	160	-5	
	L-AN100	90.0~110	180	-5	
	L-AN150	135~165	180	-5	
轴承油 (SH/T 0017—1990)	L-FC10	9.00~11.00	140	-18	高速轻载轴承:8 000 r/min 以上的精密机械、机床及纺织纱锭轴承
	L-FC15	13.5~16.5	140	-12	
	L-FC22	19.8~24.2	140	-12	

名 称	牌 号	运动黏度 $\times 10^{-6}/$（m^2/s）（40 ℃）	闪点（开口）/℃ ≤	凝固点/℃ ≤	主 要 用 途
涡轮机油（GB 11120—2011）	L-TSA32	28.8~35.2	186	—	3 000 r/min 以上的汽轮机轴承
	L-TSA46	41.4~50.6	186	—	2 000~3 000 r/min 的汽轮机或水轮机轴承
	L-TSA68	61.2~74.8	195	—	2 000 r/min 以下的汽轮机或水轮机轴承

4. 最小油膜厚度许用值的确定

最小油膜厚度许用值由式（11.12）确定。轴瓦及轴颈表面不平度参考表 11.5 选择。选择表面不平度时要综合考虑需求和经济性。

11.6.7 滑动轴承摩擦特性曲线

滑动轴承工作时，润滑油的内摩擦力与轴承的摩擦特性系数 $\eta v/p$ 有关。图 11.22 为轴承的摩擦特性曲线。随着摩擦特性系数的变化，轴承将在不同的摩擦状态下工作，其摩擦因数也是不同的。在液体摩擦状态下工作时，流体速度（轴颈表面速度）增加或载荷下降时都会使 $\eta v/p$ 增加，摩擦因数增加，摩擦功增加，温度升高，η 下降，于是 $\eta v/p$ 又减小，促使 f 下降，如此相互作用使轴承能够处于某一 $\eta v/p$ 值时保持平衡。

但当载荷增加幅度很大时有可能造成油膜厚度减小以致出现非液体摩擦，一旦如此便会使摩擦因数急剧增加，油的黏度下降，f 更大，如此恶性循环以致轴承发生严重磨损。如果轴承温度过高，油的黏度就会不断下降，也会破坏轴承的液体摩擦状态，导致严重磨损。所以，对液体摩擦轴承除了进行最小油膜厚度的计算外，还要进行热平衡计算，使轴承保持热平衡，以便保证轴承稳定在液体摩擦状态下工作。

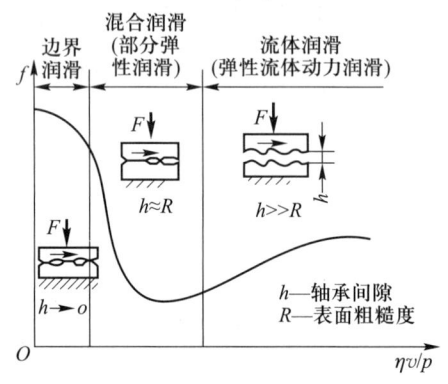

图 11.22 摩擦特性曲线

【例 11.3】 设计一离心机用液体摩擦轴承，载荷方向一定，工作稳定，采用对开轴瓦，作用在轴颈上的径向载荷 $F_r = 38\,000$ N，轴的转速 $n = 1\,500$ r/min，轴颈直径 $d = 115$ mm。

【解】

（1）初选参数

1）取 $L/d = 1$，则 $L = d = 115$ mm。

2）选择润滑油、确定黏度。由表 11.6 初选全损耗系统用油 L-AN46，由第二章

图 2.12 查得 50 ℃时油的运动黏度为 $\nu_{50} = 30 \times 10^{-6} \text{ m}^2/\text{s}$,其动力黏度为

$$\eta = \nu\rho = 30 \times 900 \times 10^{-6} \text{ Pa} \cdot \text{s} = 0.027 \text{ Pa} \cdot \text{s}$$

3）选择相对间隙及轴承配合。按式（11.18），轴承的相对间隙

$$\psi = (0.6 \sim 1.0) \times 10^{-3} v^{0.25} = (0.6 \sim 1.0) \times 10^{-3} \times \left(\frac{3.14 \times 0.115 \times 1\,500}{60}\right)^{0.25}$$

$$= 0.001\,04 \sim 0.001\,73$$

为了选择配合性质应计算出直径间隙

$$\Delta' = \psi d = (0.001\,04 \sim 0.001\,73) \times 115 \text{ mm} = 0.120 \sim 0.199 \text{ mm}$$

按此间隙选择配合使 $\Delta'_{\min} \approx 0.120 \text{ mm}$；$\Delta'_{\max} \approx 0.199 \text{ mm}$；按国家标准 GB/T 1800.2—2020 可选择 $\phi 115 \dfrac{\text{H7}}{\text{d6}}$，孔：$\phi 115^{+0.035}_{0}$，轴：$\phi 115^{-0.120}_{-0.142}$，这种配合产生的间隙为

$$\Delta_{\min} = 0.120 \text{ mm}, \quad \Delta_{\max} = 0.177 \text{ mm}$$

4）最小油膜厚度许用值计算。根据式（11.12），$[h_{\min}] = K(Rz_1 + Rz_2)$。按表 11.5 加工精度要求，轴瓦表面取表面粗糙度 $Ra = 1.6 \text{ μm}$，$Rz_1 = 0.006\,3 \text{ mm}$；轴颈表面取粗糙度 $Ra = 0.8 \text{ μm}$，取 $Rz_2 = 0.003\,2 \text{ mm}$，并取 $K = 2$，则

$$[h_{\min}] = 2 \times (0.006\,3 + 0.003\,2) \text{ mm} = 0.019 \text{ mm}$$

5）选择轴瓦材料。由于轴承所受载荷较大，选择强度高的材料铸造铅青铜 ZCuPb30，查表 11.1 得 $[p] = 25 \text{ MPa}$，$[v] = 12 \text{ m/s}$，$[pv] = 30 \text{ MPa} \cdot (\text{m/s})$。

（2）验算 p、pv 和 v 值

由于起动停车时发生非液体摩擦，故需验算 p、pv 和 v 值。

1）$p = \dfrac{F_r}{Ld} = \dfrac{38\,000}{115 \times 115} \text{ MPa} = 2.87 \text{ MPa} < [p] = 25 \text{ MPa}$

2）$v = \dfrac{\pi d n}{60 \times 1\,000} = \dfrac{3.14 \times 115 \times 1\,500}{60 \times 1\,000} \text{ m/s} = 9.03 \text{ m/s} < [v] = 12 \text{ m/s}$

3）$pv = 2.87 \times 9.03 \text{ MPa} \cdot (\text{m/s}) = 26 \text{ MPa} \cdot (\text{m/s}) < [pv] = 30 \text{ MPa} \cdot (\text{m/s})$

以上验算结果表明，所选材料是合适的。

（3）最小油膜厚度计算

计算最小油膜厚度是检验所设计的轴承是否能实现液体摩擦，即能否满足 $h_{\min} \geqslant [h]_{\min}$ 条件。

1）最大间隙时　　$\psi = \Delta_{\max}/d = 0.177/115 = 0.001\,54$

$$C_p = \frac{F_r \psi^2}{L\eta v} = \frac{38\,000 \times 0.001\,54^2}{0.115 \times 0.027 \times 9.03} = 3.2$$

$1/C_p = 1/3.2 = 0.31$ 查图 11.18，当 $L/d = 1$ 时

$$\varepsilon = 0.67$$

$$h_{\min} = \psi \frac{d}{2}(1 - \varepsilon) = 0.001\ 54 \times \frac{115}{2} \times (1 - 0.67)\ \text{mm} = 0.029\ \text{mm}$$

比 $[h_{\min}] = 0.019\ \text{mm}$ 大,能实现液体摩擦。

2)最小间隙时 $\psi = \Delta_{\min}/d = 0.120/115 = 0.001\ 04$

$$C_p = \frac{F_r \psi^2}{L \eta v} = \frac{38\ 000 \times 0.001\ 04^2}{0.115 \times 0.027 \times 9.03} = 1.5$$

由图 11.18 根据 $L/d = 1$,$1/C_F = 1/1.5 = 0.68$,用外插法求得 $\varepsilon = 0.42$,则

$$h_{\min} = \psi \frac{d}{2}(1 - \varepsilon) = 0.001\ 04 \times \frac{115}{2} \times (1 - 0.42)\ \text{mm} = 0.035\ \text{mm}$$

$h_{\min} > [h_{\min}]$,也可实现液体摩擦。

(4)热平衡计算

热平衡计算时只需计算最小间隙时的温升就可以了,因为间隙越大温升越低。

1)按 $\Delta_{\min}$ 计算摩擦因数。由图 11.19,$L/d = 1$,$\varepsilon = 0.42$ 时,$C_f = 3.2$,则

$$f = C_f \psi = 3.2 \times 0.001\ 04 = 0.003\ 3$$

2)计算温升。

① 当 $\varepsilon = 0.42$ 时,$C_q = 0.11$(图 11.20);

② 取 $c = 1\ 900\ \text{J}/(\text{kg} \cdot \text{℃})$,$\rho = 900\ \text{kg}/\text{m}^3$,$h_d = 140\ \text{J}/(\text{m}^2 \cdot \text{℃} \cdot \text{s})$(散热条件一般)

$$\Delta t = \frac{\left(\dfrac{f}{\psi}\right) p \times 10^6}{c\rho C_q + \dfrac{\pi K_s}{\psi v}} = \frac{3.2 \times 2.87 \times 10^6}{1\ 900 \times 900 \times 0.11 + \dfrac{3.142 \times 140}{0.001\ 04 \times 9.03}}\ \text{℃} = 39.1\ \text{℃}$$

3)润滑油出口温度和入口温度

$$t_o = t_m + \Delta t/2 = (50 + 39.1/2)\ \text{℃} = 69.55\ \text{℃}$$

$$t_i = t_m - \Delta t/2 = (50 - 39.1/2)\ \text{℃} = 30.45\ \text{℃}$$

因一般取 $t_o = 60 \sim 70\ \text{℃}$,$t_i = 30 \sim 40\ \text{℃}$,故本设计润滑油出口温度和进口温度均在允许范围内,所选参数是合适的。

(5)润滑油流量和摩擦功率

1)耗油量按最大间隙时计算

$$q = C_q \psi L dv = 0.11 \times 0.001\ 54 \times 0.115 \times 0.115 \times 9.03\ \text{m}^3/\text{s} = 2.02 \times 10^{-5}\ \text{m}^3/\text{s}$$

2)摩擦功率按最小间隙时计算

$$P_f = f F_r v = 0.003\ 3 \times 38\ 000 \times 9.03\ \text{W} = 1\ 132.4\ \text{W}$$

全部计算表明,最大间隙时能保证液体摩擦状态,最小间隙时能保持热平衡,设计合理。

液体动压润滑滑动轴承设计计算也可以由计算机自动完成。电算程序设计流程框图如图 11.23 所示。

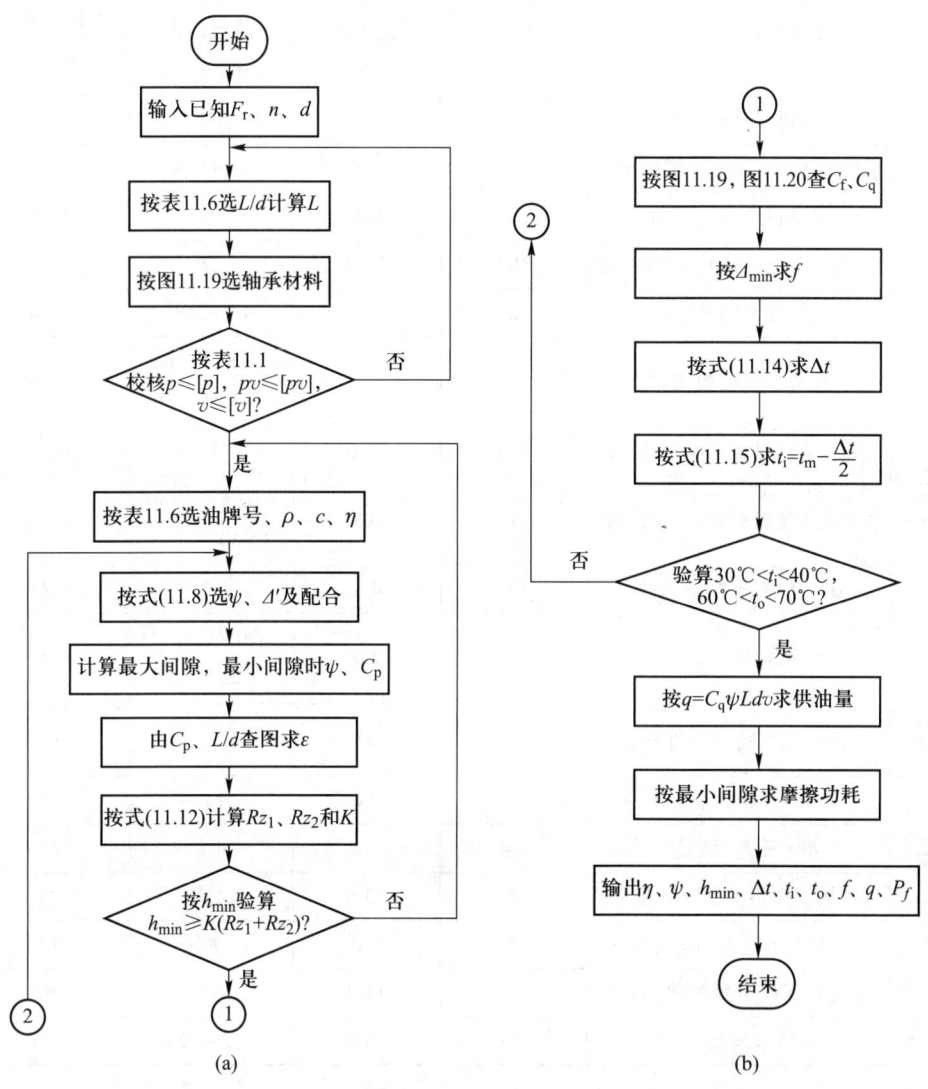

图 11.23 液体动压滑动轴承电算程序框图

11.7 其他形式滑动轴承简介

11.7.1 自润滑轴承

自润滑轴承也称无润滑轴承,它是在无润滑剂润滑的条件下,靠轴承材料本身的自润滑性润滑的轴承。这种轴承在不加润滑剂的状态下工作,难以避免磨损,因此通常选用磨损率低的材料制造。常用各种工程塑料和碳-石墨制作轴瓦材料,而采用不锈钢或碳钢镀硬铬作为轴颈材料,一般轴颈表面硬度值应大于轴瓦表面硬度值。常用自润滑轴承材料及其性能见表 11.8,各种自润滑轴承材料的适用环境见表 11.9。

表 11.8　常用自润滑轴承材料及其性能

轴承材料		最大静压力 p_{max}/ MPa	压缩弹性模量 E/ GPa	线膨胀系数 α_1/ ($10^{-6}\,℃^{-1}$)	导热系数 λ/ [W/(m·℃)]
热塑性塑料	无填料热塑性塑料	10	2.8	99	0.24
	金属瓦无填料热塑性塑料衬套	10	2.8	99	0.24
	有填料热塑性塑料	14	2.8	80	0.26
	金属瓦有填料热塑性塑料衬套	300	14.0	27	2.9
聚四氟乙烯	无填料聚四氟乙烯	2	—	86~218	0.26
	有填料聚四氟乙烯	7	0.7	(<20 ℃)60 (>20 ℃)80	0.33
	金属瓦有填料聚四氟乙烯衬套	350	21.0	20	42.0
	金属瓦无填料聚四氟乙烯衬套	7	0.8	(<20 ℃)140 (>20 ℃)96	0.33
	织物增强聚四氟乙烯	700	4.8	12	0.24
热固性塑料	增强热固性塑料	35	7.0	(<20 ℃)11~25 (>20 ℃)80	0.38
	碳-石墨填料热固性塑料	—	4.8	20	—
碳－石墨	碳-石墨(高碳)	2	9.6	1.4	11
	碳-石墨(低碳)	1.4	4.8	4.2	55
	加铜和铅的碳-石墨	4	15.8	4.9	23
	加巴氏合金的碳-石墨	3	7.0	4	15
	浸渍热固性塑料的碳-石墨	2	11.7	2.7	40
石墨	浸渍金属的石墨	70	28.0	12~20	126

表 11.9　自润滑轴承材料的适用环境

轴承材料	高温 >200 ℃	低温 <-50 ℃	辐射	真空	水	油	磨粒	耐酸、碱
有填料热塑性塑料	少数可用	通常好	通常较差	大多数可用,避免用石墨做填充物	通常差,注意配合面的表面粗糙度	通常好	一般尚好	尚好或好
有填料聚四氟乙烯	尚好	很好	很差					极好
有填料热固性塑料	部分可用	好	部分尚好					部分好
碳-石墨	很好	很好	很好,不要加塑料	极差	尚好或好	好	不好	好(除强酸外)

自润滑轴承的主要设计参数与普通滑动轴承类似。对径向轴承的宽径比 L/d 一般取为 0.35~1.5。推力轴承常取 $d/d_0 \leqslant 2$（图 11.5）。自润滑轴承的配合间隙要慎重选择，一般塑料轴承的间隙应比金属轴承的大（聚四氟乙烯除外），随材料的线膨胀系数而变化，通常取直径间隙 $\Delta' \approx 0.005d$ 不小于 0.1 mm（碳–石墨可不小于 0.075 mm）。轴瓦壁厚也应随轴颈直径 d 而变化，多用金属材料做瓦基，在其中压入薄的塑料衬套组成复合轴瓦材料。对小尺寸轴套，使用整体塑料轴瓦时，常取壁厚为 $d = 12 \sim 20$ mm。轴瓦工作表面的粗糙度应较低，一般取 $Ra = 0.2 \sim 0.4$ μm。

自润滑轴承的承载能力计算与非液体摩擦滑动轴承类似。工程上校核一般用途的自润滑轴承的承载能力时，应将其 p 值和 pv 值控制在允许范围之内，对于接触压强较低、相对滑动速度较高的轴承，还应限制其 v 值在允许范围之内。相应非金属轴承材料的 $[p]$、$[pv]$ 和 $[v]$ 值可查阅相关轴承手册。

11.7.2 多油楔滑动轴承

1. 多油楔径向滑动轴承

在动压润滑滑动轴承中，压力区的油膜如一个楔子把轴颈和轴承撑开。当轴承具有一个压力区时称单油楔轴承。当载荷发生变化或出现外界干扰时，轴颈中心就会离开原来平稳状态下的运转位置，最小油膜厚度就发生了变化。载荷增量一定时，最小油膜厚度变化量的大小表示油膜刚度。油膜刚度大，最小油膜变化量小，反之则最小油膜变化量大。单油楔轴承载荷变化时，靠一个油膜压力的变化来补偿，油膜刚度低。

对于在高速轻载下工作的滑动轴承，为了提高轴承的稳定性和油膜刚度，常采用椭圆轴承或多油楔轴承。图 11.24 为椭圆轴承，它是一种剖分式轴承，工作时在轴承的上半部和下半部各形成一个油楔，其压力区及压力分布如图所示。多油楔轴承较复杂，有的是在轴瓦内表面上人为地加工几个楔形槽，如三油楔轴承（图 11.25）。图 11.25a 为具有三个双方向的楔形间隙，可用于经常正反转的轴承，图 11.25b 所示的轴承具有三个单方向的楔形间隙，只适于单方向旋转的轴承。

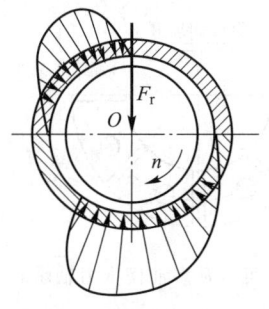

图 11.24　椭圆轴承

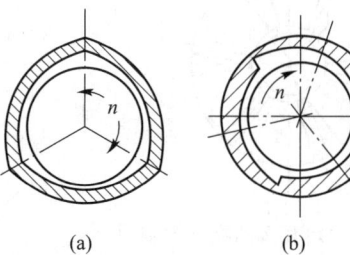

(a)　　　　(b)

图 11.25　三油楔轴承

以上为楔角固定不变的轴承，也称固定瓦多油楔轴承。如果轴瓦倾角随工作条件变化而改变，组成的轴承称为可倾瓦多油楔轴承，如图 11.26 所示。瓦块靠其背面上的球形窝被支承在调整螺钉的球形端。调整螺钉的作用是安装时用来调节间隙的大小，其球形端面采用淬火处理，并与瓦背上的球窝对研，保证具有较高的支承刚度。磨床主轴的滑动轴承有的就是用可倾瓦三油楔轴承。实际应用中也有五块瓦轴承，其原理和结构与三块瓦轴承类似。

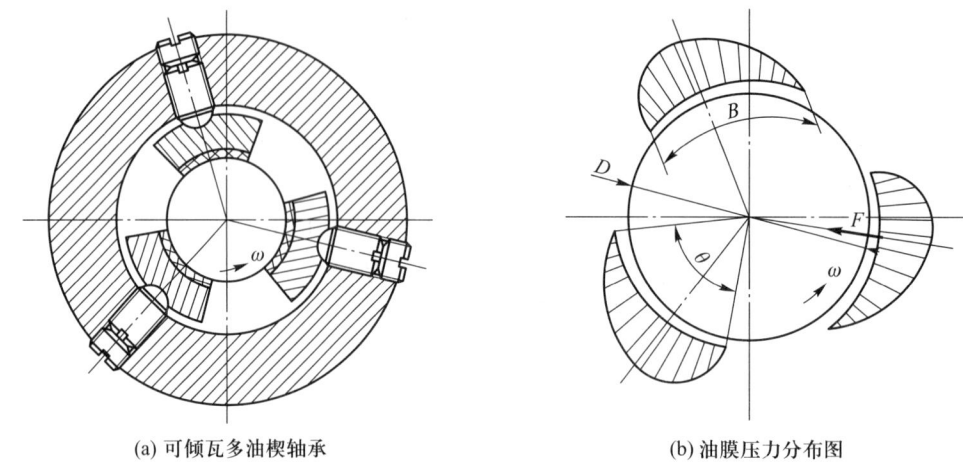

(a) 可倾瓦多油楔轴承　　　　　　　　　　(b) 油膜压力分布图

图 11.26　可倾瓦多油楔轴承

2. 多油楔推力滑动轴承

对于尺寸较大的推力轴承,为了改善轴承的工作性能,常设计成多油楔形状。根据瓦块固定与否,也分为固定瓦和可倾瓦推力轴承。图 11.27 为固定瓦多油楔推力轴承。轴瓦是由若干个倾斜的扇形止推面组成,这个倾斜面形成液体摩擦润滑状态。图 11.28 是可倾瓦多油楔推力轴承的一种典型结构。轴颈端面仍为一平面,轴承一般由 3～20 个支承在圆柱面或球面上的扇形瓦块组成,瓦块为复合结构,基体为钢,滑动面常涂覆有轴瓦材料。轴承工作时,扇形瓦块可以自动调位,以适应不同的工作条件。

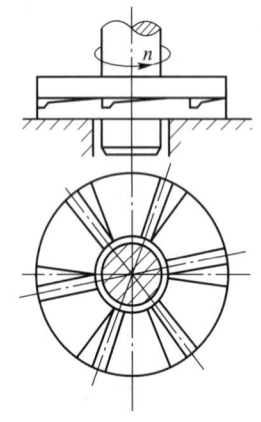　　　　　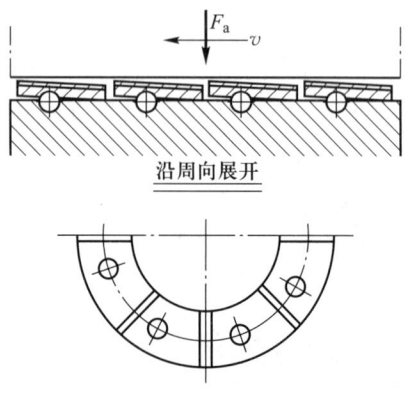

图 11.27　固定瓦多油楔推力轴承　　　　　图 11.28　可倾瓦多油楔推力轴承

动压润滑推力滑动轴承在大型动力设备中广泛采用,如水轮发电机转子主轴的推力轴承就是流体动压润滑推力滑动轴承,实践证明其性能可靠且有足够的寿命。

11.7.3　气体润滑轴承

知识拓展——
机械式硬盘中
的空气轴承

当轴颈转速极高($n>100\ 000$ r/min)时,用液体润滑剂的轴承即使在液体摩擦状态下工作,摩擦损失还是很大的。过大的摩擦损失将降低机器的效率,引起轴承过热。如改用气体润滑剂,就可极大地降低摩擦损失,这是由于气体的黏度显著地低于液体黏度的缘故。如在 20 ℃ 时，全损耗系统用油的黏度为 0.072 Pa·s，而空气的黏度为 0.89×10^{-5} Pa·s，二者的比值为 8 100。气体润滑轴承（简称气体轴承）也可以分为动压轴承、静压轴承及混合轴承，其工作原理与液体滑动轴承相同。

气体润滑剂主要是空气，它既不需要特别制造，用过之后也不需要回收。此外，氢的黏度为空气黏度的 1/2，适用于高速；氮具有惰性，在高温时使用，可使机件不致生锈等。

气体润滑剂除了黏度低的特点之外，其黏度随温度的变化也小，而且具有耐辐射性和对机器不会发生污染等优点，因而在高速（例如转速在每分钟十几万转以上，目前有的甚至已超过每分钟百万转）、要求摩擦很小、高温（600 ℃ 以上）、低温以及有放射线存在的场合，气体润滑轴承显示了它的特殊功能。如在高速磨头、高速离心分离机、原子反应堆、陀螺仪表、电子计算机记忆装置等尖端技术上，由于采用了气体润滑轴承，克服了使用滚动轴承或液体润滑滑动轴承所不能解决的困难。

空气轴承计算实例

11.7.4 电磁轴承

电磁轴承是利用电场力或磁场力使轴悬浮的轴承。它分为静电轴承和磁力轴承两大类。

所谓静电轴承，是利用电场力使轴悬浮的滑动轴承，其工作原理如图 11.29 所示。轴和轴承相当于两个电极，它们的间隙很小。在电极上施加电压就会产生静电斥力，使轴和轴承相对悬浮，脱离接触。静电轴承的壳体和定子的材料常用金属或陶瓷，电极由钢或其他有色金属制作，转子常使用有色金属或石英等。

静电轴承产生的支承力一般比较小，常应用于一些微型精密仪器中。

磁力轴承是一种利用磁场力使轴悬浮的轴承，即磁悬浮轴承。磁力轴承种类较多，按磁能分永磁型、激励型、激励永磁混合型、超导体型等。其中，永磁型结构原理如图 11.30 所示。其结构简单，无调谐和控制系统，功耗小，但刚度低，稳定性差，有退磁问题，配合不当可能出现反转。可用于中小型轴承，对于大型高承载能力的磁力轴承一般使用超导体材料制作电磁体激励线圈，其磁场强度高，承载能力大。磁力轴承适合于真空，高、低温，高、低速等场合工作。目前，已广泛用于精密仪器，精密机床以及磁悬浮列车等多种场合。

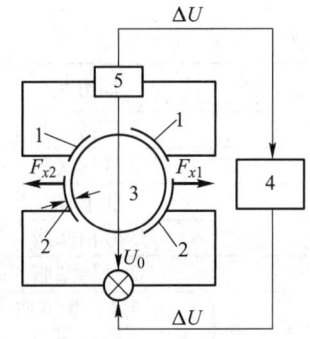

1—测量电极；2—加力电极；3—转子；
4—放大线路；5—位移传感器。
图 11.29 静电电磁轴承工作原理图

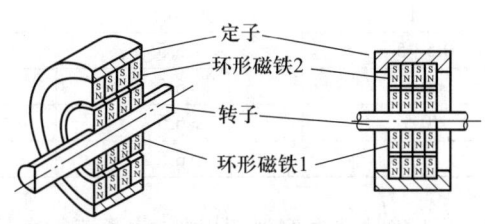

图 11.30 永磁电磁轴承结构

11.8 滑动轴承用润滑剂与润滑装置

11.8.1 滑动轴承用润滑剂的选择

1. 液体摩擦轴承用润滑油的选择

液体摩擦轴承均用润滑油来润滑。选择润滑油时,应先根据工作条件初选润滑油的黏度,然后根据油的黏度确定牌号。初选黏度时可按下列原则从表11.7中选择。

1) 重载有冲击时选择较高的黏度。

2) 高速、轻载时选择较低的黏度。

2. 非液体摩擦轴承用润滑剂的选择

非液体摩擦轴承可选用润滑油或润滑脂来润滑。这要用系数 K 来估计

$$K = \sqrt{pv^3} \tag{11.19}$$

式中:p——轴承的压强,MPa;

v——轴颈表面圆周速度,m/s。

当 $K>2$ 时选用润滑油润滑,参考表11.10来选择润滑油;当 $K \leqslant 2$ 时选用润滑脂来润滑,参考表11.11来选择润滑脂,主要考虑载荷、速度和工作温度,轻载、高速时选针入度大的润滑脂,工作温度高时选择滴点高的润滑脂。

表 11.10 非液体摩擦轴承润滑油的选择

轴颈圆周速度 v/（m/s）	平均压强 $p<3$ MPa 时选择的润滑油牌号	轴颈圆周速度 v/（m/s）	平均压强 $p=3\sim7.5$ MPa 时选择的润滑油牌号
<0.1	L-AN68、100、150	<0.1	L-AN150
0.1~0.3	L-AN68、100	0.1~0.3	L-AN100、150
0.3~2.5	L-AN46、68	0.3~0.6	L-AN100
2.5~5.0	L-AN32、46	0.6~1.2	L-AN68、100
5.0~9.0	L-AN15、22、32	1.2~2.0	L-AN68
>9.0	L-AN7、10、15		

注:表中润滑油是以40℃时运动黏度为基础的牌号。

表 11.11 滑动轴承润滑脂的选择

轴颈圆周速度 v/（m/s）	压强 p/MPa	最高工作温度/℃	润滑脂
<1	≤1	75	3 号钙基脂
0.5~5	1~6.5	55	2 号钙基脂
≤1	1~6.5	110	锂基脂
0.5~5	<6.5	120	3 号钠基脂
<0.5	>6.5	75	2 号钙基脂
<0.5	>6.5	110	1 号钙-钠基脂
0.5	>6.5	60	2 号压延机用润滑脂

除了正确地选择润滑剂以外,为了获得良好的润滑效果,还应选择适当的润滑方式和采用相应的润滑装置。

11.8.2 润滑方法与润滑装置

润滑油或润滑脂的供应方法在设计中也是很重要的,尤其是油润滑时的供应方法与零件在工作中所处的润滑状态有密切的关系。而各种需要润滑的零件所处的工作条件是不同的,使用的润滑剂也不同,故采用的润滑方法、润滑装置也有差别。下面介绍几种常见的润滑方法和润滑装置。

1. 油润滑

向摩擦表面施加润滑油的方法可分为间歇式和连续式两种。间歇式润滑是每隔一定时间用注油枪或油壶向润滑部位(如轴承等的注油孔和注油器)加注润滑剂,图 11.31 是两种注油器,其中图 11.31a 为压配式注油器,图 11.31b 为旋套式注油器。它们是常用的间歇润滑装置。对于小型、低速或间歇运动的机器可采用间歇式润滑。

间歇式润滑供油不充分,润滑效果不理想。对于比较重要的零件应采用连续润滑方式,常用的连续润滑方式有以下几种。

1) 滴油润滑。图 11.32 和图 11.33 分别是针阀油杯和油芯滴油式油杯,都可做连续滴油润滑装置。对于针阀式油杯,竖起手柄可将针阀提起,润滑油便经杯下端的小孔滴入润滑部位,不需要润滑时,放下手柄,针阀在弹簧力作用下向下移动将漏油孔堵住。对于油芯式油杯,利用油芯的毛细管吸附作用将吸取的润滑油滴入润滑的部位,这种润滑方式只用于润滑油量不需要太大的场合。

2) 油环润滑。图 11.34 为油环润滑装置。油环套装在轴颈上,油环的下部浸入油池中,轴旋转时带动油环滚动,把润滑油带到轴颈上,油沿轴颈流入润滑部位。油环润滑只能用于水平位置的轴承,转速为 50~3 000 r/min。转速太低油环带油量不足,转速过高时油环上的油大部分被甩掉也造成供油不足。

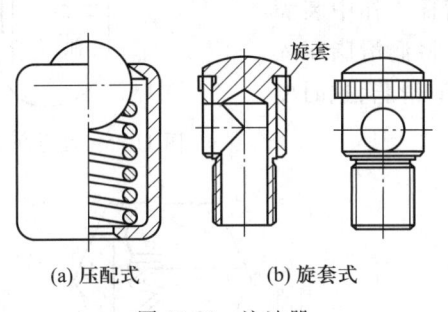

(a) 压配式   (b) 旋套式

图 11.31 注油器

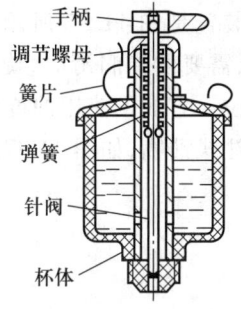

手柄
调节螺母
簧片
弹簧
针阀
杯体

图 11.32 针阀式油杯

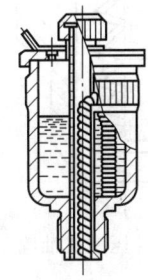

图 11.33 油芯式油杯

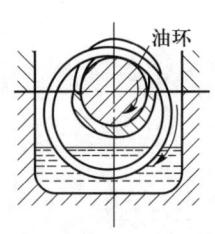
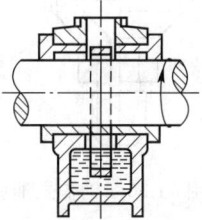

油环

图 11.34 油环润滑

　　3）浸油润滑。将轴颈浸在油池中则不需另加润滑装置,轴颈便可将润滑油带入轴承,油经油沟流入润滑部位,浸油润滑供油充分,结构也较简单,散热良好,但搅油损失大。

　　4）飞溅润滑。利用传动零件如齿轮或专供润滑用的甩油盘将润滑油甩起并飞溅到需要润滑部位,或通过壳体上的油沟将飞溅起的润滑油收集起来,使其沿油沟流入润滑部位。采用飞溅润滑时,浸在油中的零件(如齿轮,甩油盘等)的圆周速度应在 2~13 m/s。速度低于 2 m/s 时,被甩起的润滑油量太小,速度太大时润滑油产生大量泡沫不利润滑且油易氧化变质。

　　5）压力循环润滑。当润滑油的需要量很大,采用前几种润滑方式满足不了润滑要求时,必须采用压力循环供油。利用油泵供给具有足够压力和流量的润滑油,施行强制润滑。压力供油一般用在高速重载轴承中。压力供油不仅可加大供油量,还可以把摩擦产生的热量带走,维持轴承的热平衡,但需要一个供油系统,结构较复杂。

　　6）油雾润滑。图 11.35 是一种油雾润滑装置。主要由喷管 1、吸油管 2 和油量调节器 3 三部分组成。压缩空气以一定速度通过喷管,在喉头 A 处形成负压区,油被吸入喷管,吸入量可以通过调节器调节,润滑油在管中被压缩空气雾化并随之弥散至润滑部位。由于压缩空气和油雾一同被送到润滑部位,故油雾润滑有较好的冷却和清洗效果,但是排出的油雾可能会造成污染。油雾润滑主要用于 dn 值较大 $[>6\times10^5 \text{mm} \cdot (\text{r/min})]$ 的高速滚动轴承以及线速度较大(>15 m/s)的闭式齿轮传动中。

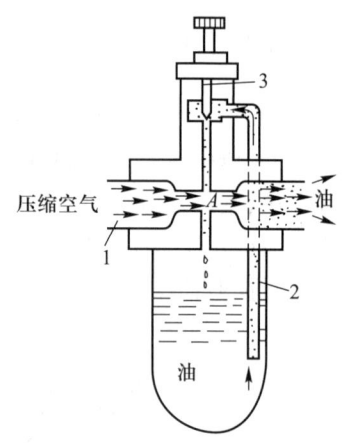

图 11.35　油雾润滑

2. 脂润滑

　　脂润滑时只能采用间歇供应方式。应用最广泛的脂润滑装置是图 11.36 所示旋盖式油脂杯。杯中装满润滑脂,需要供脂润滑时,旋动上盖即可将润滑脂压入润滑部位。有的也使用油枪向轴承补充润滑脂,这时要安装压注式油嘴,如图 11.37 所示。

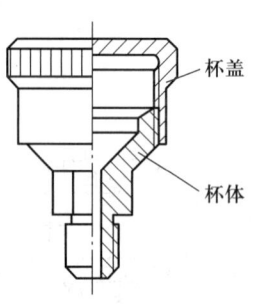

图 11.36　旋盖式油脂杯

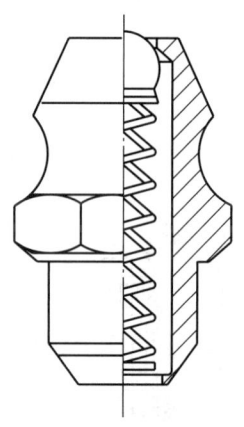

图 11.37　压注式油嘴

思考题与习题

11.1 滑动轴承的摩擦状态有几种？各有什么特点？

11.2 试述整体式和剖分式径向滑动轴承各有什么特点以及应用场合。

11.3 对滑动轴承材料有哪些主要要求？

11.4 轴瓦上为何要开油沟？油沟应开在什么位置？为什么？

11.5 设计非液体摩擦滑动轴承时为什么要验算 p、pv 和 v？

11.6 什么是润滑油的黏度和油性？

11.7 润滑油的黏度与温度、压力有什么关系？

11.8 液体动压力是怎样形成的？具备哪些条件才能形成流体动压力？

11.9 动压轴承的承载量系数的意义是什么？

11.10 动压轴承为什么必须计算最小油膜厚度和温升？

11.11 轴承参数 ψ、L/d 和速度对轴承性能有什么影响？

11.12 如果 $h_{min} \leqslant [h_{min}]$，应改变哪些参数，如何改变，并说明理由。

11.13 如果轴承温升太大，应采取什么措施？

11.14 空气压缩机主轴径向滑动轴承的轴转速 $n=3\,000$ r/min、轴颈直径 $d=160$ mm、轴承宽度 $L=240$ mm、径向载荷 $F_r=50\,000$ N，试选择该轴承材料，并按非液体摩擦滑动轴承进行校核计算。

11.15 设计一鼓风机用液体动压径向滑动轴承，已知：径向载荷 $F_r=10\,000$ N，转速 $n=1\,046$ r/min，轴颈直径 $d=100$ mm，载荷稳定，包角 $\alpha=180°$。

11.16 设计一汽轮机转子用的液体动压径向滑动轴承，载荷垂直向下，工作情况稳定，采用对开式轴承。已知载荷 $F=60\,000$ N，轴颈直径 $d=200$ mm，转速 $n=1\,000$ r/min，轴瓦包角为 $180°$，非压力供油。

11.17 已知某不完全油膜止推滑动轴承(转速较低)的止推面为空心式，外径 $d_2=120$ mm，内径 $d_1=60$ mm，轴承材料为青铜，轴颈经淬火处理。试确定该轴承所能承受的最大轴向载荷 F。

11.18 有一混合摩擦径向滑动轴承，轴颈直径 $d=60$ mm，轴承宽度 $L=60$ mm，轴瓦材料为 ZCuAl10Fe3，试求：

(1) 当载荷 $F_r=36\,000$ N，转速 $n=150$ r/min 时，校核轴承是否满足非液体润滑轴承的使用条件；

(2) 当载荷 $F_r=36\,000$ N 时，轴的允许转速；

(3) 当轴的转速 $n=900$ r/min 时的允许载荷 F_r；

(4) 轴的允许最大转速 n_{max}。

第十二章　联轴器 离合器 制动器

12.1　概　　述

联轴器和离合器都是用来连接两轴使其一同回转并传递运动和动力的常用部件。而制动器主要用于迫使机器迅速停止运转或减低速度。联轴器与离合器的主要区别在于：联轴器必须在机器停车后，经过装拆才能使被连接两轴接合或分离；而离合器通常可使工作中的两轴随时实现接合或分离。联轴器和离合器的类型很多，其中常用的联轴器和离合器已经标准化。在设计时，先根据工作条件和要求选择合适的类型，然后按轴的直径 d、转速 n 和计算转矩 T_c 从标准中选择所需要的型号和尺寸。必要时对少数关键零件作校核计算。

计算转矩

$$T_c = KT \tag{12.1}$$

式中：T——轴的名义转矩，$N \cdot mm$；

　　　K——载荷系数，见表 12.1。

联轴器、离合器和制动器的种类很多，本章仅介绍几种具有代表性的结构。

表 12.1　载荷系数 K（电动机驱动时）

机 器 名 称		K	机 器 名 称	K
机床		1.25~2.5	往复式压气机	2.25~3.5
离心水泵		2~3	胶带或链板运输机	1.5~2
鼓风机		1.25~2	吊车、升降机、电梯	3~5
往复泵	单行程	2.5~3.5	发电机	1~2
	双行程	1.75		

注：1. 刚性联轴器取较大值，弹性联轴器取较小值，摩擦离合器取中间值；

　　2. 当原动机为活塞式发动机时，将表内 K 值增大 20%~40%。

12.2　联　轴　器

常用联轴器的分类及适用条件见表 12.2。

刚性联轴器和无弹性元件的挠性联轴器均无缓冲作用，有弹性元件的挠性联轴器具有缓冲和减振作用。

表 12.2　联轴器的分类及适用条件

刚性联轴器			挠性联轴器						
			无弹性元件的挠性联轴器			有弹性元件的挠性联轴器			
套筒联轴器	夹壳联轴器	凸缘联轴器	十字滑块联轴器	齿式联轴器	万向联轴器	弹性套柱销联轴器	弹性柱销联轴器	轮胎联轴器	膜片联轴器
适用于两轴能严格对中并在工作中不发生相对偏移、载荷平稳、转速稳定的场合			适用于两轴有偏斜或工作中有相对偏移、载荷速度有变化的场合						
			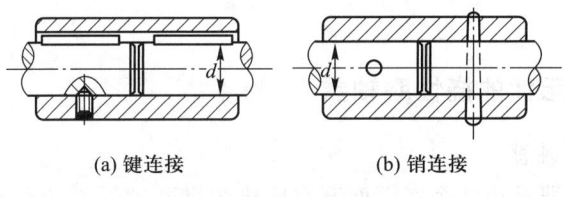						
			(a) 轴向位移	(b) 径向位移		(c) 角位移		(d) 综合位移	

12.2.1　刚性联轴器

1．套筒联轴器

　　套筒联轴器由套筒、键、紧定螺钉或销钉等组成(图 12.1)。套筒将被连接的两轴连成一体;键连接实现套筒与轴的周向固定并传递转矩;紧定螺钉或销钉被用作套筒与轴的轴向固定(销钉可同时起套筒与轴的周向固定作用)。该联轴器结构简单、径向尺寸小,故常用于要求径向尺寸紧凑或空间受限制的场合,它的缺点是装拆时轴需作轴向移动。

(a) 键连接　　　　　　　(b) 销连接

图 12.1　套筒联轴器

2．夹壳联轴器

　　夹壳联轴器由纵向剖分的两个半联轴器、螺栓和键组成(图 12.2)。由于夹壳外形相对复杂,故常用铸铁铸造成形。它的特点是径向尺寸比套筒联轴器大,但装拆方便,克服了套筒联轴器装拆需轴向移动的不足,但由于其转动平稳性较差,故常用于低速。

3．凸缘联轴器(GB/T 5843—2003)

　　凸缘联轴器是把两个带有凸缘的半联轴器用键分别与两轴连接,然后用螺栓把两个半联轴器连成一体,以传递运动和转矩(图 12.3)。螺栓可以用半精制的普通螺栓(图 12.3a),亦可以用加强杆螺栓(图 12.3b)。采用普通螺栓连接时,联轴器用一个半

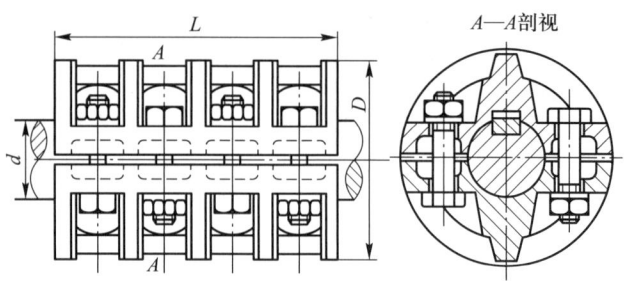

图 12.2　夹壳联轴器

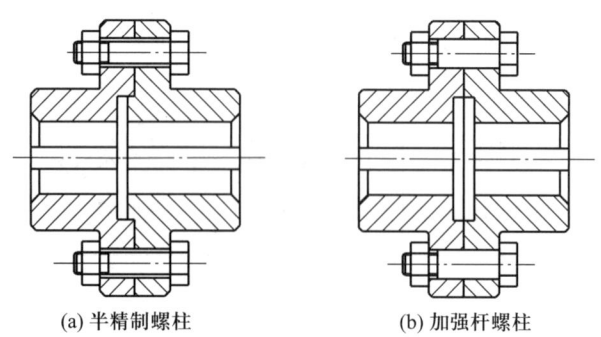

(a) 半精制螺柱　　　　　　　　(b) 加强杆螺柱

图 12.3　凸缘联轴器

联轴器上的凸肩与另一个半联轴器上的凹槽相配合而对中,转矩靠半联轴器接合面间的摩擦力矩来传递。采用加强杆螺栓连接时,靠加强杆螺栓来实现两轴对中,靠螺栓杆承受剪切及螺栓杆与孔壁承受挤压来传递转矩。

　　由于凸缘联轴器属于固定式刚性联轴器,对所连接两轴间的位移缺乏补偿能力,故对两轴对中性的要求很高。但由于其结构简单、成本低、传递转矩大,在固定式刚性联轴器中应用最广。

12.2.2　无弹性元件的挠性联轴器

1. 十字滑块联轴器

　　十字滑块联轴器是由两个在端面开有凹槽的半联轴器 1、3 和一个两面都有凸榫的十字滑块 2 组成(图 12.4),凹槽的中心线分别通过两轴的中心,两凸榫中线互相垂直并通过滑块的中心。如两轴轴线有径向位移,当轴回转时,滑块上的两凸榫可在两半联轴器的凹槽中滑动,以补偿两轴轴线的径向位移。

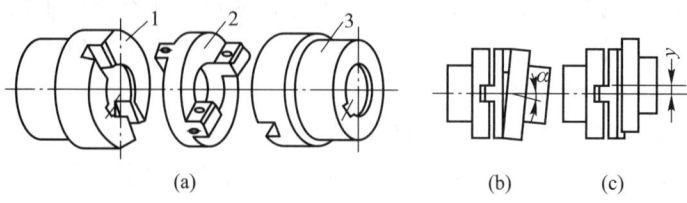

(a)　　　　　　　　　　(b)　　　　(c)

图 12.4　十字滑块联轴器

十字滑块联轴器许用的径向位移 $[y] \leqslant 0.04d$（d 为轴的直径），许用的角位移 $[\alpha] \leqslant 30'$。

由于滑块和凹槽间的相对滑动会产生摩擦和磨损，故工作时应采取润滑措施。

由于当轴转速较高时十字滑块的偏心会产生较大的离心力，故十字滑块联轴器常用于低速。

十字滑块联轴器的优点是径向尺寸小、结构简单。

2. 齿式联轴器（JB/T 7001~7003—2007）

齿式联轴器由两个具有外齿的半联轴器和两个用螺栓连接起来的具有内齿的外壳组成（图 12.5）。由于外齿轮的齿顶制成球面（球面中心位于轴线上），齿侧又制成鼓形，且齿侧间隙较大，所以这种联轴器允许两轴发生综合位移。一般许用的径向位移 $[y] = 0.3 \sim 0.4$ mm，许用轴向位移 $[x] = 4 \sim 20$ mm，许用角位移 $[\alpha] = 1°15'$。

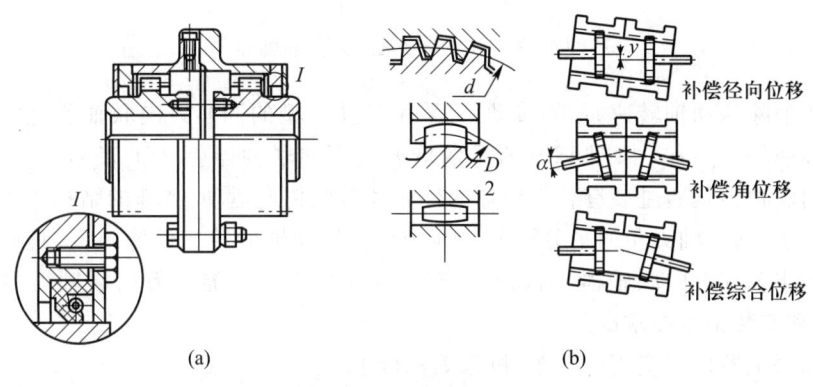

图 12.5 齿式联轴器

工作时齿面间产生相对滑动，为减少摩擦和磨损，在外壳内储有润滑油对齿面进行润滑，用唇形密封圈密封。

齿式联轴器有较多的齿同时工作，因而传递转矩大。其外形尺寸紧凑、工作可靠，但结构复杂、成本高，常用于低速的重型机械中。

3. 万向联轴器

万向联轴器由两个叉形零件和一个十字形零件组成（图 12.6）。十字形零件的四端分别用铰链与两个叉形零件相连接。因此，当一轴固定时，另一轴可以在任意方向偏斜 α 角，角位移最大可达 45°。

这种联轴器，当主动轴以等角速度 ω_1 回转时，从动轴的角速度 ω_2 将在一定范围（$\omega_1 \cos \alpha \leqslant \omega_2 \leqslant \omega_1 / \cos \alpha$）内作周期性的变化，从而引起动载荷。

为消除从动轴的速度波动，通常将万向联轴器成对使用，并使中间轴的两个叉子位于同一平面上，同时还应使主、从动轴的轴线与中间轴的轴线间的偏斜角 α 相等，即 $\alpha_1 = \alpha_2$（图 12.7），从而主、从动轴的角速度相等。应指出的是，中间轴的角速度仍旧是不均匀的，所以转速不宜太高。

小型十字轴式万向联轴器的结构如图 12.8 所示。

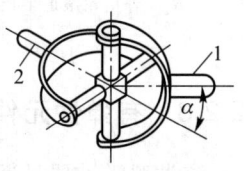

图 12.6 万向联轴器示意图

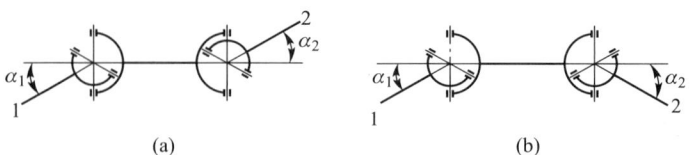

图 12.7 双万向联轴器

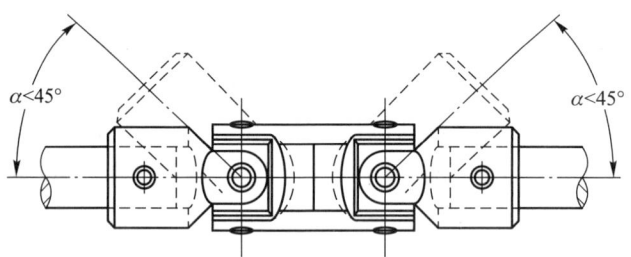

图 12.8 小型十字轴式万向联轴器

　　为了消除从动轴转速 ω_2 的波动,可采用其他类型的同步万向联轴器,使得主、从动轴同步回转 $\omega_1 = \omega_2$,如图 12.9 所示的球笼式万向联轴器(GB/T 7549—2008)。球笼式万向联轴器是通过装有若干钢球的球笼和星轮传递运动,特殊的结构使传力点始终保持在主、从动轴夹角的平分线上,从而使主、从动轴的转速保持同步,其动力学性能优于十字轴式万向联轴器,因而在轿车中应用较多。球笼式万向联轴器的结构复杂,制造和安装精度要求高。

　　万向联轴器广泛应用于汽车、机床等机械中。

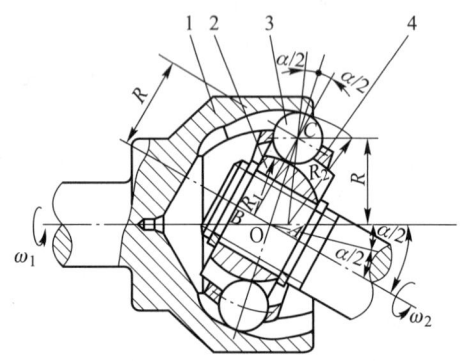

1—外星轮(主动轴);2—内星轮(从动轴);3—钢球;4—球笼;

A—外星轮滚道中心;B—内星轮滚道中心;C—钢球中心;

R—钢球中心至外星轮轴线及至内星轮轴线的距离;R_1—内星轮滚道半径;

R_2—外星轮滚道半径;α—外星轮轴线与内星轮轴线夹角;O—外星轮轴线与内星轮轴线交点。

图 12.9 球笼式万向联轴器

12.2.3　有弹性元件的挠性联轴器

　　该类型联轴器是通过联轴器中含有的弹性元件的弹性变形,来补偿两轴轴线的相对位移和缓和载荷的冲击与吸收振动。

1. 弹性套柱销联轴器(GB/T 4323—2002)

这种联轴器在结构上与刚性凸缘联轴器很相似,只是两半联轴器的连接不是用螺栓而是用带橡胶套的柱销(图 12.10)。

这种联轴器通过橡胶套传递力并靠其弹性变形来补偿径向位移和角位移,靠安装时留的间隙 c 来补偿轴向位移。

橡胶套是易损件,因此在设计时应留出距离 A,以便于更换橡胶套,不用拆移机器。其数值大小可查阅相关手册。

这种联轴器结构简单、制造容易、装拆方便、成本较低。它适用于转矩小、转速高、频繁起动或正反转、需要缓和冲击和吸收振动的地方。弹性套柱销联轴器在高速轴上应用十分广泛。

2. 弹性柱销联轴器(GB/T 5014—2003)

弹性柱销联轴器在结构上和刚性凸缘联轴器很相似,它用尼龙柱销代替连接螺栓(图 12.11)。为了防止柱销滑出,在联轴器两端设有挡圈。

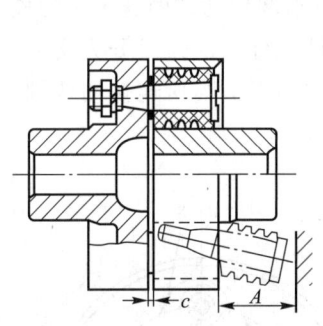

图 12.10　弹性套柱销联轴器

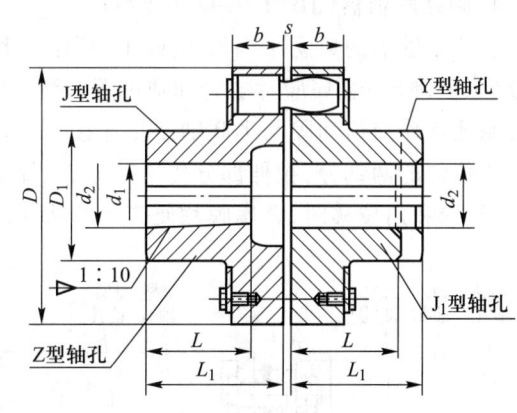

图 12.11　弹性柱销联轴器

这种联轴器靠尼龙柱销传递力并靠其弹性变形来补偿径向位移和角位移,靠安装时留的间隙 s 来补偿轴向位移。

尼龙柱销联轴器结构简单、制造方便、成本低。它适用于转矩小、转速高、正反向变化多、起动频繁的高速轴。

3. 轮胎式联轴器(GB/T 5844—2002)

轮胎式联轴器的结构如图 12.12 所示。两半联轴器 3 分别用键与轴相连,1 为橡胶制成的特型轮胎,用压板 2 及螺钉 4 把轮胎 1 紧压在左右两半联轴器上,通过轮胎来传递转矩。为了便于安装,在轮胎上开有切口。

由于橡胶轮胎易于变形,故允许的相对位移较大,角位移可达 5°~12°,轴向位移可达 0.02D,径向位移可达 0.01D,其中 D 为联轴器的外径。

轮胎式联轴器的结构简单、使用可靠、弹性大、寿命长,不需润滑,但径向尺寸大。这种联轴器可用于潮湿多尘,起动频繁之处。

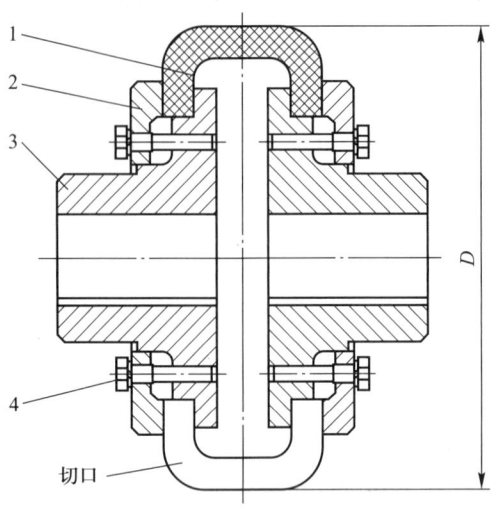

图 12.12　轮胎式联轴器

4. 膜片联轴器（JB/T 9147—1999）

膜片联轴器的典型结构如图 12.13 所示。其弹性元件为一定数量的很薄的多边环形（或圆环形）金属膜片叠合而成的膜片组，膜片上有沿圆周均布的若干个螺栓孔，用铰制孔螺栓交错间隔与半联轴器相连接。这样将弹性元件上的弧段分为交错受压缩和受位伸的两部分，拉伸部分传递转矩，压缩部分趋向皱折。当所连接的两轴存在轴向、径向和角位移时，金属膜片便产生波状变形。

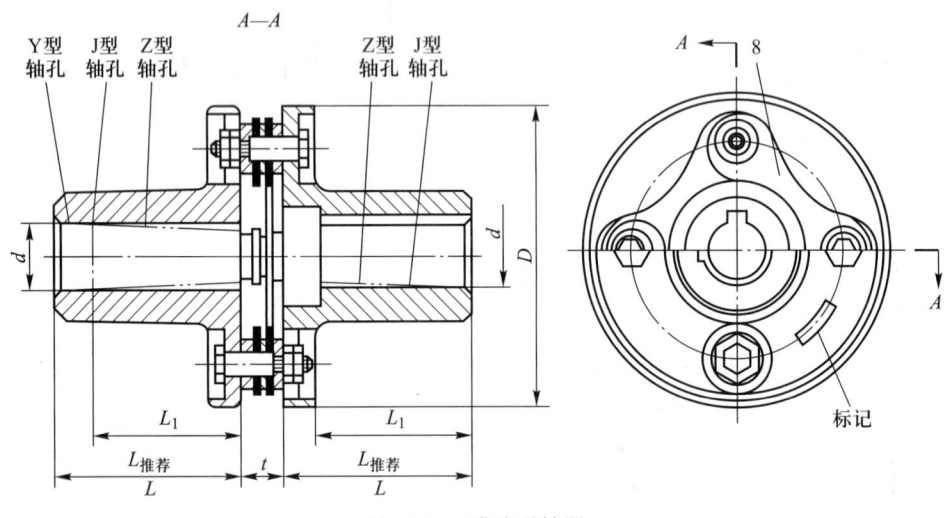

图 12.13　膜片联轴器

这种联轴器结构比较简单，弹性元件的连接没有间隙、不需润滑、维护方便、平衡容易、质量小、对环境适应性强、发展前途广阔，但扭转弹性较低，缓冲减振性能差，主要用于载荷比较平稳的高速传动。

12.3 离 合 器

离合器应满足的基本要求：接合与分离迅速可靠；接合平稳，操作方便省力；调节维修方便；尺寸小、质量轻；耐磨性好、散热好等。其分类如下：

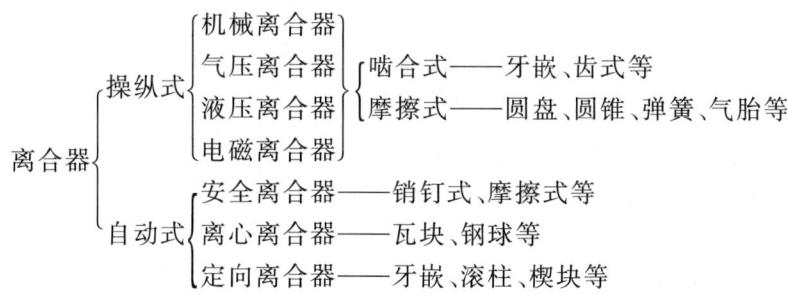

12.3.1 操纵式离合器

1. 牙嵌离合器

牙嵌离合器主要由端面带齿的两个半离合器组成（图 12.14），通过齿面接触来传递转矩。半离合器 1 固定在主动轴上，可动的半离合器 2 装在从动轴上，操纵滑环 4 使它沿着导向平键 3 移动，实现离合器的接合与分离。在固定的半离合器中装有对中环 5，即使离合器脱开，从动轴端也可在对中环中自由转动，以保持两轴对中。

牙嵌离合器的牙形有三角形、梯形、锯齿形等（图 12.15）。三角形牙的齿顶尖，强度低、易损坏，用于传递小转矩的低速离合器。梯形牙的强度高，能传递较大的转矩，且齿面磨损后能自动补偿间隙，应用较广。锯齿形牙强度最高，但只能单向工作，因另一牙面有较大倾斜角，工作时产生较大轴向力迫使离合器分离。

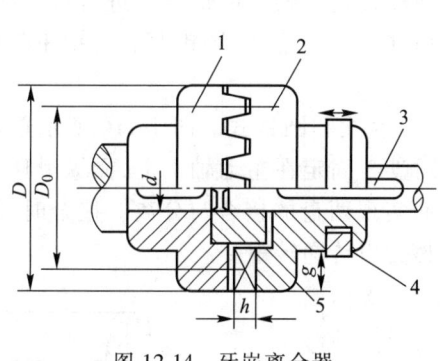

图 12.14　牙嵌离合器

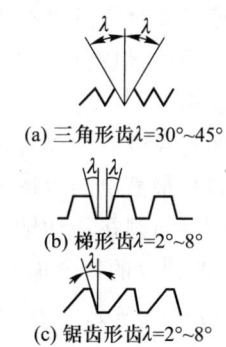

(a) 三角形齿$\lambda=30°\sim45°$

(b) 梯形齿$\lambda=2°\sim8°$

(c) 锯齿形齿$\lambda=2°\sim8°$

图 12.15　牙嵌离合器的牙形

离合器牙数一般取 3~60 个。要求传递转矩大时，应取较少牙数；要求接合时间短时，应取较多牙数，但牙数越多，载荷分布越不均匀。

为提高齿面耐磨性，牙嵌离合器的齿面应具有较大的硬度。牙嵌离合器的材料通常采用低碳钢（渗碳淬火处理）或中碳钢（表面淬火处理），对不重要的和静止时离合的牙嵌离合器也可采用铸铁。

牙嵌离合器的承载能力主要取决于齿根弯曲强度 σ_b,对于频繁离合的牙嵌离合器,将产生齿面磨损。因此,常通过限制齿面压强 p 来控制磨损。

即

$$\sigma_b = \frac{KTh}{zD_0 W} \leqslant [\sigma_b] \tag{12.2}$$

$$p = \frac{2KT}{zD_0 A} \leqslant [p] \tag{12.3}$$

式中:K——载荷系数,见表 12.1;

T——轴传递的转矩,N·mm;

z——齿数;

D_0——平均直径,mm;

h——齿高,mm;

W——齿根处抗弯剖面模量,mm^3;

A——每个牙的有效挤压面积,对梯形和矩形牙,$A = bh$,b 为牙宽,h 为牙的工作高度。

对于表面淬硬的钢制牙嵌离合器,当停车离合时:$[\sigma_b] = \dfrac{\sigma_s}{1.5}$ MPa,$[p] = 90 \sim 120$ MPa;当低速运转离合时:$[\sigma_b] = \dfrac{\sigma_s}{3}$ MPa,$[p] = 50 \sim 70$ MPa。

牙嵌离合器结构简单、尺寸小,工作时无滑动,因此应用广泛。但它只适宜在两轴不回转或转速差很小时进行离合,否则会因撞击而断齿。

2. 摩擦式离合器

摩擦式离合器可以在不停车或主、从动轴转速差较大的情况下进行接合与分离,并且较为平稳,但在接合与分离过程中,两摩擦盘间必然存在相对滑动,引来摩擦片的发热和磨损。

摩擦式离合器的类型很多,有单盘式、多盘式和圆锥式。图 12.16 所示单盘式摩擦离合器是最简单的摩擦式离合器,其中圆盘 3 固定在主动轴 1 上,操纵滑环 5 可使圆盘 4 沿导向键在从动轴上 2 上移动,从而实现两盘的接合与分离。接合时,轴向压力 F_Q 使两圆盘的接合面间产生足够的摩擦力以传递转矩。

图 12.17a 所示为多盘式摩擦离合器。这种离合器有内外两组摩擦片,如图 12.17b、c 所示。外摩擦片 5 上的外齿与半离合器 2 上的纵向槽形成类似导向花键的连接。操纵滑环 7 向左移动,杠杆 8 将内、外摩擦片相互压紧,使离合器接合;操纵滑环 7 向右移时,杠杆 8 在弹簧片 9 的作用下将内、外摩擦片松开,使离合器分离。螺母 10 可调整摩擦片间的压力。

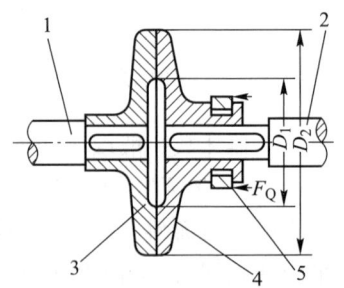

图 12.16 单盘式摩擦离合器

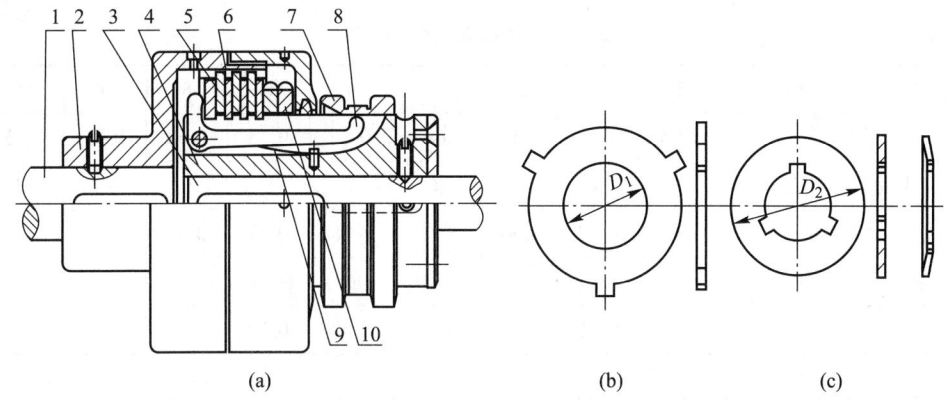

图 12.17 多盘式摩擦离合器

圆盘摩擦离合器所传递的最大转矩 $T_{\max}$（N·mm）及作用在摩擦面上的压强 p（MPa）分别为

$$T_{\max} = zfF_Q \frac{D_1 + D_2}{4} \geqslant KT \tag{12.4}$$

$$p = \frac{4F_Q}{\pi(D_2^2 - D_1^2)} \leqslant [p] \tag{12.5}$$

式中：D_1、D_2——摩擦片接合面的内外直径，mm；

z——接合面的数目；

K——载荷系数，见表 12.1；

F_Q——轴向压力，N；

f——摩擦因数，见表 12.3；

$[p]$——许用压强，$[p] = K_V K_z K_n [p_0]$，MPa，其中 $[p_0]$ 为基本许用压强，MPa，见表 12.3，K_V、K_z、K_n 分别为平均圆周速度系数、主动摩擦片系数、每小时接合次数系数，见表 12.4。

表 12.3　摩擦因数 f 及基本许用压强 $[p_0]$

工作条件	摩擦材料	摩擦因数 f	基本许用压强 $[p_0]$ / MPa	
			圆盘式	圆锥式
油润滑	淬火钢-淬火钢	0.06	0.6~0.8	—
	淬火钢-青铜	0.08	0.4~0.5	0.6
	铸铁-铸铁或淬火钢	0.08	0.6~0.8	1
	钢-夹布胶木	0.12	0.4~0.6	—
	淬火钢-金属陶瓷	0.1	0.8	—
干式摩擦	压制石棉-钢或铸铁	0.3	0.2~0.3	0.3
	淬火钢-金属陶瓷	0.4	0.3	—
	铸铁-铸铁或淬火钢	0.15	0.2~0.3	0.3

表 12.4　系数 K_V、K_z、K_n 值

平均圆周速度/(m/s)	1	2	2.5	3	4	6	8	10	15
K_V	1.35	1.08	1	0.94	0.86	0.75	0.68	0.63	0.55
主动摩擦片数	3	4	5	6	7	8	9	10	11
K_z	1	0.97	0.94	0.91	0.88	0.85	0.82	0.79	0.76
每小时接合次数	90	120	180	240	300	≥360			
K_n	1	0.95	0.80	0.70	0.60	0.50			

设计时,先根据工作条件选择摩擦面材料,根据结构要求初步定出接合面的直径 D_1 和 D_2。对于在油中工作的离合器,$D_1 = (1.5 \sim 2)d$,$D_2 = (1.5 \sim 2)D_1$;对于在干式摩擦下工作的离合器,$D_1 = (2 \sim 3)d$,$D_2 = (1.5 \sim 2.5)D_1$,d 为轴径。然后由式(12.5)求出轴向压力 F_Q,由式(12.4)求出所需的摩擦接合面的数目 z。为保证离合器分离的灵活性,摩擦接合面数目不应过多,一般 $z \le 30$。

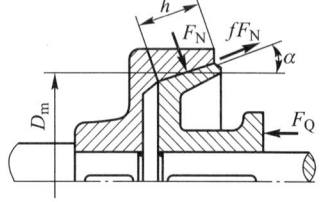

图 12.18 为圆锥式摩擦离合器。与单盘式摩擦离合器相比较,由于锥形结构的存在,使圆锥式摩擦离合器可以在同样外径尺寸和同样轴向压力 F_Q 的情况下产生较大的摩擦力,从而传递较大的转矩。

图 12.18　圆锥式摩擦离合器

12.3.2　自动式离合器

自动式离合器是一种能根据机器运动或动力参数(转矩,转速,转向等)的变化而自动完成接合和分离动作的离合器,常用的有安全离合器、离心离合器和定向离合器。

1. 安全离合器

安全离合器的种类很多,它们的作用是当转矩超过允许数值时能自动分离。

图 12.19 所示为销钉式安全离合器。这种离合器的结构类似于刚性凸缘联轴器,但不用螺栓,而用钢制销钉连接。过载时,销钉被剪断,销钉的尺寸 d_0 由强度决定。为了加强剪断销钉的效果,常在销钉中紧配一硬质的钢套。因更换销钉既费时又不方便,故这种联轴器不宜用在经常发生过载的地方。

图 12.20 为摩擦式安全离合器,其结构类似多盘式摩擦离合器,但不用操纵机构,而是用适当的弹簧 1 将摩擦盘压紧,弹簧施加的轴向压力 F_Q 的大小可由螺母 2 进行

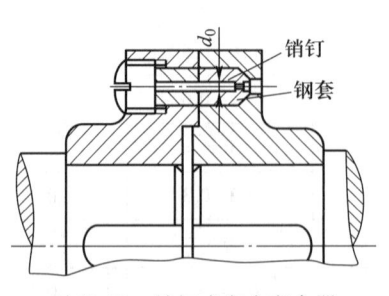

图 12.19　销钉式安全离合器

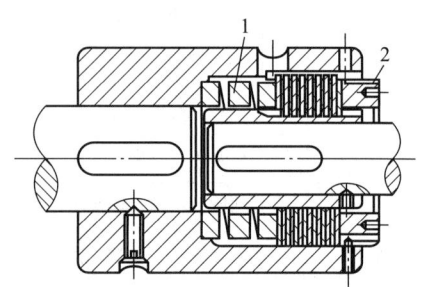

图 12.20　摩擦式安全离合器

调节。调节完毕并将螺母固定后,弹簧的压力就保持不变了。当工作转矩超过要限制的最大转矩,摩擦盘间即发生打滑而起到安全作用。当转矩降低到某一值时,离合器又自动恢复接合状态。

2. 离心离合器

离心离合器的特点是当主动轴的转速达到某一定值时能自动接合或分离。

瓦块式离心离合器的工作原理如图 12.21 所示。在静止状态下,弹簧力 F_s 使瓦块 M 受拉,从而使离合器分离(图 12.21a),或弹簧力 F_s 使瓦块 M 受压,从而使离合器接合(图 12.21b),前者称为开式,后者称为闭式,当主动轴达到一定转速时,离心力 F_c>弹簧力 F_s,而使离合器相应地接合或分离,调整弹簧力 F_s,可以控制需要接合或分离的转速。

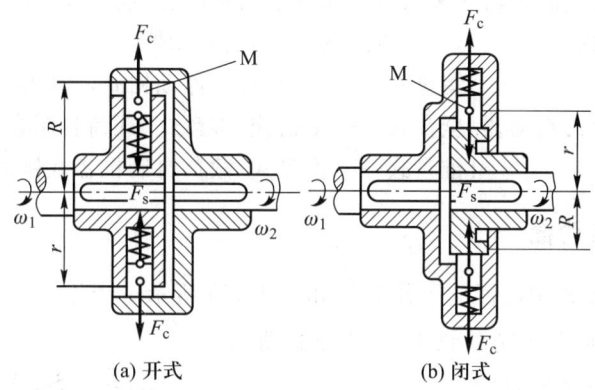

(a) 开式   (b) 闭式

图 12.21 瓦块式离心离合器

开式离合器主要用于起动装置,如在起动频繁时,机器中采用这种离合器,可使电动机在运转稳定后才接入负载,而避免电动机过热或防止传动机构受动载过大。闭式离合器主要用作安全装置,当机器转速过高时起安全保护作用。

3. 定向离合器

定向离合器的特点是只能按一个转向传递转矩,反向时自动分离。图 12.22 为一种应用广泛的滚柱式定向离合器。它是由星轮 1、外圈 2、滚柱 3 和弹簧顶杆 4 等组成。滚柱被弹簧顶杆以不大的推力向前推进而处于半楔紧状态,当星轮为主动轴作如图 12.22 所示的顺时针方向转动时,滚柱被楔紧在星轮和外圈之间的楔形槽内,因而外圈将随星轮一起旋转,离合器处于接合状态。但当星轮逆向作反时针方向转动时,滚柱被推向楔形槽的宽敞部分,不再楔紧在槽内,外圈就不随星轮一起旋转,离合器处于分离状态。这种离合器工作时没有噪声,宜用于高速传动,但制造精度要求较高。

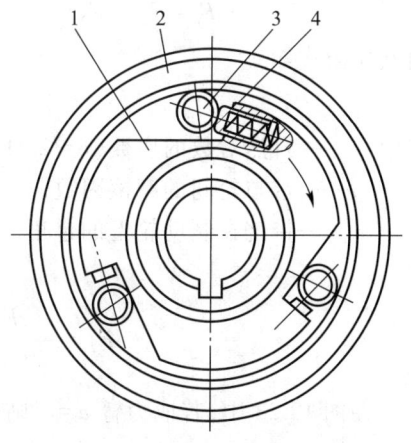

图 12.22 滚柱式定向离合器

12.4 制 动 器

制动器是利用摩擦力来降低运动物体的速度或迫使其停止运动的装置,多数常用制动器已经标准化、系列化。制动器的种类很多,按工作状态分,有常闭式和常开式。常闭式制动器经常处于紧闸状态,施加外力时才能解除制动,例如起重机的起升和变幅机构及矿山机械的卷扬机都选用常闭式制动器;常开式制动器经常处于松闸状态,施加外力时才能制动,例如起重机的行走和回转机构及车辆等,则多采用常开式制动器。按照制动零件的结构特征分类如下:

$$制动器\begin{cases}带式制动器——简单带式、差动带式、综合带式制动\\块式制动器——长行程块式、短行程块式制动器\\内涨式制动器——双蹄式、多蹄式制动器\\盘式制动器\begin{cases}钳盘式——固定钳式、浮动钳式制动器\\全盘式——单盘式、多盘式、载荷自制盘式制动器\\锥盘式——锥盘式、载荷自制锥盘式制动器\end{cases}\end{cases}$$

12.4.1 带式制动器

最为常见的带式制动器的工作原理如图 12.23 所示。当施加外力 F_Q 时,利用杠杆 3 收紧闸带 2 而抱住制动轮 1,靠带和制动轮间的摩擦力达到制动的目的。

计算时设制动力矩为 T,圆周力为 F,制动轮直径为 D,则

$$F = \frac{2T}{D}$$

制动力矩作用在带上时,将使带的两端产生拉力 F_1 和 F_2,则

$$F = F_1 - F_2$$

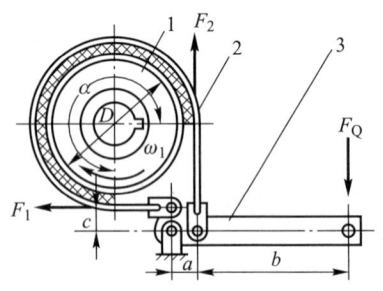

1—制动轮;2—闸带;3—杠杆。

图 12.23　带式制动器

由欧拉公式知

$$F_1 = F_2 e^{f\alpha}$$

式中:e——自然对数的底数($e \approx 2.718$);

　　　　f——带与轮间的摩擦因数;

　　　　α——带绕在制动轮上的包角,一般为 $\pi \sim 3\pi/2$。

则

$$F_2 = \frac{F}{e^{f\alpha} - 1} = \frac{2T}{D}\frac{1}{(e^{f\alpha} - 1)}$$

在图 12.23 中,若取力臂 $a = c$,则由力的平衡式可得杠杆上的制动所需力为

$$F_Q = \frac{a}{a+b}(F_2 + F_1) = \frac{2T}{D}\frac{a}{(a+b)}\frac{e^{f\alpha} + 1}{e^{f\alpha} - 1} \tag{12.6}$$

此力可用人力、液力、电磁力等方式来施加。为了增加摩擦作用,闸带材料一般为钢带上覆以石棉基摩擦材料。

带式制动器制动轮轴和轴承受力大,带与轮间压力不均匀,从而磨损也不均匀,且易断裂,但结构简单、尺寸紧凑,可以产生较大的制动力矩,所以目前也常应用。

12.4.2　块式制动器

块式制动器如图 12.24 所示,靠瓦块与制动轮间的摩擦力来制动。通电时,电磁线圈 1 的吸力吸住衔铁 2,再通过一套杠杆使瓦块 5 松开,机器便能自由运转。当需要制动时,则切断电流,电磁线圈释放衔铁 2,依靠弹簧力并通过杠杆使瓦块 5 抱紧制动轮 6。其结构原理如图 12.25 所示。

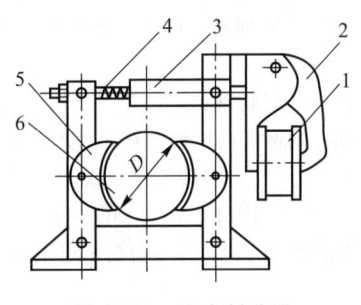

图 12.24　块式制动器

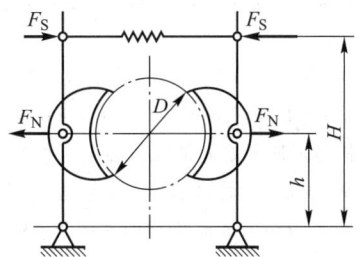

图 12.25　块式制动器原理图

电磁块式制动器制动和开启迅速、尺寸小、质量小,易于调整瓦块间隙,更换瓦块、电磁铁也方便,但制动时冲击大,电能消耗也大,不宜用于制动力矩大和需要频繁制动的场合。

12.4.3　内涨式制动器

图 12.26 为内涨式制动器工作简图。两个制动蹄 2、7 分别通过两个销轴 1、8 与机架铰接,制动蹄表面装有摩擦片 3,制动轮 6 与需要制动的轴固连。当压力油进入油缸 4 后,推动左右两个活塞,克服拉簧 5 的作用使制动蹄 2、7 分别与制动轮 6 相互压紧,即产生制动作用。油路卸压后,弹簧 5 使两制动蹄与制动轮分离松闸。这种制动器结构紧凑,广泛应用于各种车辆以及结构尺寸受到限制的机械中。

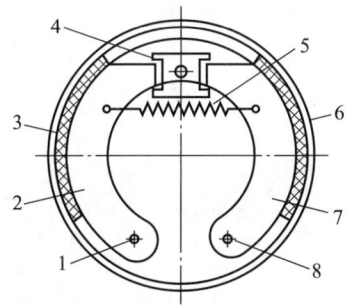

图 12.26　内涨式制动器

思考题与习题

12.1　联轴器的常用类型有哪些？并说明其特点。

12.2　画图说明任何一种无弹性元件的挠性联轴器是如何补偿两轴的位移的。

12.3　联轴器如何选用？

12.4　离合器有哪些种类，并说明其工作原理及应用。

12.5　离合器如何选用？什么是常开式离心式离合器？什么是常闭式？各用于什么场合？

12.6　联轴器和离合器各应用于何种场合？

12.7　在题 12.7 图带式运输机的驱动装置中，电动机与齿轮减速器之间、齿轮减速器与卷筒轴之间分别用联轴器连接，有两种方案：① 高速级选用有弹性元件的挠性联轴器，低速级选用刚性联轴器；② 高速级选用刚性联轴器，低速级选用有弹性元件的挠性联轴器。试问上述两种方案哪个好，为什么？

12.8　带式运输机中减速器的高速轴与电动机采用弹性套柱销联轴器。已知 Y160L-6 型电动机的功率 $P=11$ kW，转速 $n=970$ r/min，电动机轴径为 42 mm，减速器高速轴的直径为 35 mm，试选择电动机与减速器之间的联轴器。

12.9　两轴用齿式联轴器相连，型号是 G Ⅱ CL2 联轴器 40×112 JB/T 7001～7003—2007。已知：轴的转速 $n=730$ r/min，传递的功率 $P=30$ kW。试验算该联轴器的公称转矩是否满足要求。

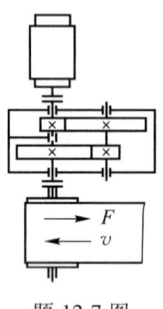

题 12.7 图

第十三章 弹 簧

学习要点及
思维导图

13.1 弹 簧 概 述

13.1.1 弹簧的功用

弹簧是一种应用十分广泛的弹性元件,在载荷的作用下它可以产生较大的弹性变形将机械功或动能转变为势能,在恢复变形时,则将势能转变为机械功或动能。它在机械设备、电器、仪表、军工设备、交通运输及日常生活器具等方面得到广泛的应用。其主要功用是:

1) 缓冲和吸振。利用弹簧变形来缓和冲击和吸收振动时的能量,如汽车、火车车厢下的减振弹簧、联轴器中的吸振弹簧等。这类弹簧具有较大的弹性变形能力。

2) 储存及输出能量。利用弹性变形所储存的能量做功,如钟表弹簧、枪栓弹簧、自动机床中刀架自动返回装置中的弹簧等。这种弹簧既要求有较大的弹性,又要求作用力较稳定。

3) 控制机构的运动。利用弹簧的弹力保持零件之间的接触,以控制机构的运动,如内燃机中的阀门弹簧,制动器、离合器、凸轮机构、调速器中的控制弹簧,安全阀上的安全弹簧等。这类弹簧要求在某一定变形范围内的刚度变化不大。

4) 测量力的大小。利用弹簧变形量与其承受的载荷呈线性关系的特性来测量载荷的大小,如测力器及弹簧秤中的弹簧。这类弹簧要求其受力与变形呈线性关系。

13.1.2 弹簧的类型和特点

按承受载荷的不同,可分为拉伸弹簧、压缩弹簧、扭转弹簧和弯曲弹簧等;按弹簧形状不同,可分为螺旋弹簧、碟形弹簧、环形弹簧、板弹簧、盘簧等。表13.1列出了弹簧的主要类型和特性线。

螺旋弹簧是用弹簧丝卷绕制成的,因为制造简便,所以应用最广。碟形弹簧和环形弹簧能够承受很大的冲击载荷,并有良好的吸振能力,因此常用作缓冲弹簧。在载荷相当大和弹簧轴向尺寸受限制的地方,可采用碟形弹簧。环形弹簧是目前最强力的缓冲弹簧,近代重型列车、锻压设备和飞机着陆装置中经常用它作为缓冲零件。板弹簧常用于承受方向尺寸有限制而变形量又较大的场合,因为板弹簧有较好的消振能力,所以在火车、汽车等车辆中应用广泛。当受载不是很大而轴向尺寸又很小时,可以采用盘簧,盘簧在各种仪器中广泛地用作储能装置。

本章主要介绍圆柱螺旋压缩(拉伸)弹簧的设计计算。

表 13.1　弹簧的主要类型和特性线

形状	螺　旋　形		其　他　形	
载荷	简图	特性线	简图	特性线
拉伸	圆柱形拉伸螺旋弹簧 	无、有预应力拉伸弹簧 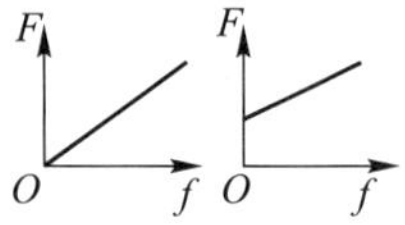		
压缩	圆柱形压缩螺旋弹簧 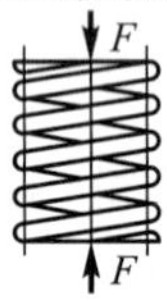	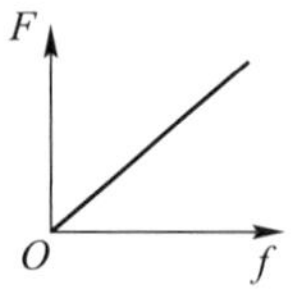	环形弹簧 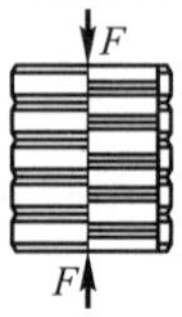	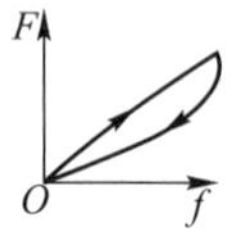
	变节距圆柱形压缩螺旋弹簧 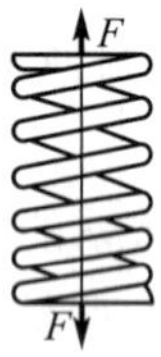	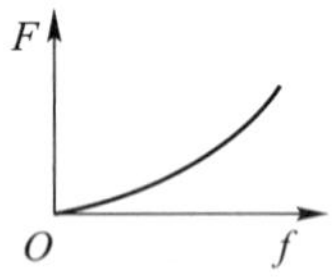	碟形弹簧 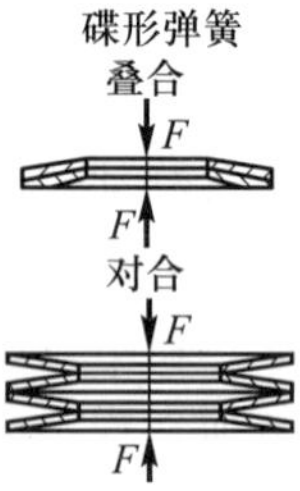 叠合 对合	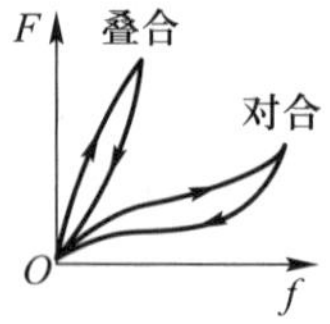 叠合 对合
	圆锥形压缩螺旋弹簧 	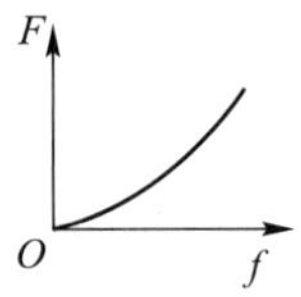	橡胶弹簧 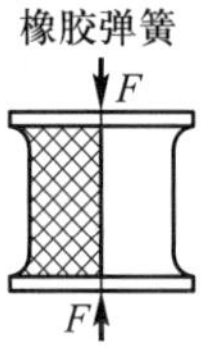	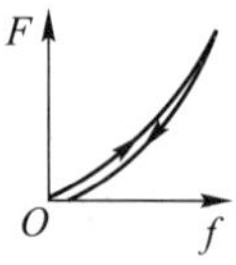
			空气弹簧 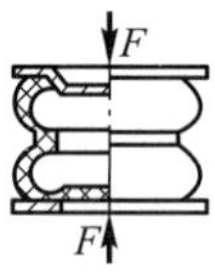	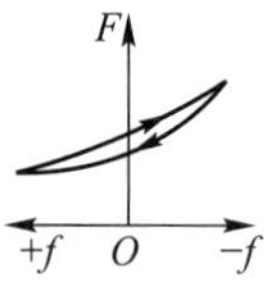

续表

形状载荷	螺 旋 形		其 他 形	
	简图	特性线	简图	特性线
扭转	圆柱形扭转螺旋弹簧 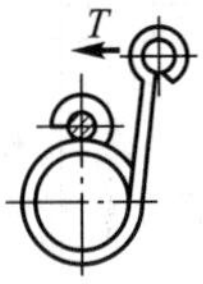	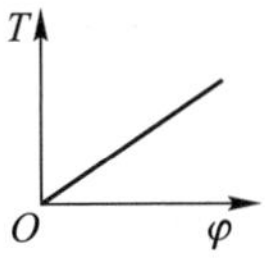	蜗卷形盘簧 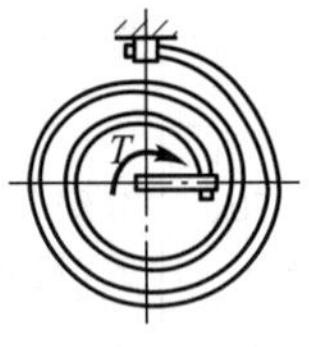	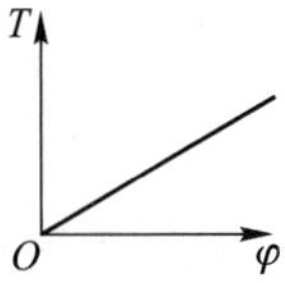
			扭杆弹簧 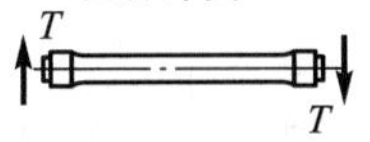	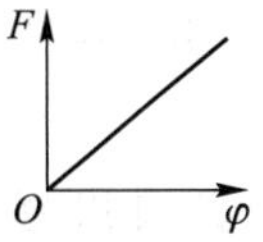
弯曲			板弹簧 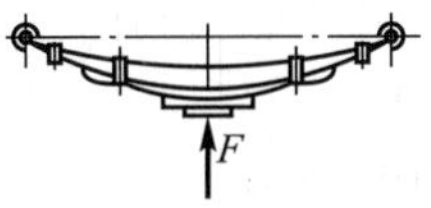	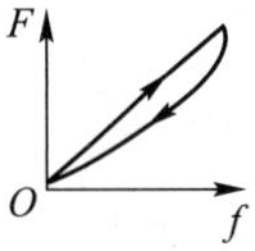

注:F——工作载荷;f——变形量;T——转矩;φ——角变形(扭转角)。

13.2 圆柱螺旋弹簧的材料、结构和制造

13.2.1 弹簧的材料及许用应力

对弹簧的材料的主要要求是:

1) 必须有较高的弹性极限、强度极限、疲劳极限和冲击韧性;

2) 具有良好的热处理性能,热处理后应有足够的经久不变的弹性,且脱碳性要小;

3) 对冷拔材料要求有均匀的硬度和良好的塑性。

选择弹簧材料时,应综合考虑弹簧的功用、重要程度、工作条件(如载荷的大小和性质、周围的介质和工作温度等)以及加工和热处理等各种因素。

常用的弹簧材料有碳素弹簧钢丝、合金弹簧钢丝、不锈钢丝等。当受力较小而又有防腐蚀或防磁等特殊要求时,可用不锈钢或青铜等材料制造,其缺点是不易热处理,力学性能较差,所以在一般机械中很少采用。根据需要,有时也可采用非金属材料制作弹簧,如橡胶、塑料、软木和空气等。

弹簧常用材料及性能见表 13.2;弹簧钢丝的抗拉极限强度 σ_b 见表 13.3;弹簧许用应力见表 13.4。

表 13.2 弹簧常用材料及性能

材料名称	牌 号	直径规格/mm	切变模量 G/GPa	弹性模量 E/GPa	推荐硬度范围/HRC	推荐温度范围/℃	性 能
碳素弹簧钢丝,GB/T 4357	65Mn,70,72A,72B,82A,82B	B 级:0.08~13.0 C 级:0.08~13.0 D 级:0.08~6.0	79	206	—	−40~130	强度高,性能好,B 级用于低应力弹簧,C 级用于中等应力弹簧,D 级用于高应力弹簧
重要用途碳素弹簧钢丝,YB/T 5311	65Mn,70,T8MnA,T9A	E 组:0.08~6.0 F 组:0.08~6.0 G 组:1.0~6.0					强度和弹性均优于碳素弹簧钢丝,用于重要的弹簧,F 组强度较高,E 组略低,G 组较低
油淬火-回火碳素弹簧钢丝,YB/T 5103	55,60,60Mn,65,65Mn,70,70Mn,75,80	A 类,B 类2.0~12.0				−40~150	强度高,性能好,适用于普通机械用弹簧,B 类较 A 类温度高
油淬火回火硅锰弹簧钢丝,YB/T 5104	60Si2MnA	A 类,B 类,C 类2.0~14.0				−40~200	强度高,弹性好,易脱碳,用于较高载荷的弹簧。A 类用于一般用途和汽车悬挂弹簧,C 类用于汽车悬挂弹簧
硅锰弹簧钢丝	60Si2MnA,65Si2MnWA,70Si2MnA	1.0~2.0			45~50	−40~200	温度高,弹性较好,易脱碳,用于普通机械的较大弹簧
铬钒弹簧钢丝	50CrVA	0.8~12.0				−40~210	高温强度性能稳定,用于较高工作温度下的弹簧,如内燃机阀门弹簧等

续表

材料名称	牌 号	直径规格/mm	切变模量 G/GPa	弹性模量 E/GPa	推荐硬度范围/HRC	推荐温度范围/°C	性 能
弹簧不锈钢丝,YB(T)11	A 组 1Cr18Ni9, 0Cr19Ni10, 0Cr17Ni2Mo2 B 组 1Cr18Ni9, 0Cr18Ni10 C 组 0Cr17Ni8Al	A 组,B 组,C 组 0.8~12.0	71	193	—	-200~300	耐腐蚀,耐高、低温,用于腐蚀或高、低温工作条件下的小弹簧

表 13.3 弹簧钢丝的抗拉极限强度 σ_b MPa

钢丝直径/mm	碳素弹簧钢丝		油淬火回火碳素弹簧钢丝		弹簧用不锈钢丝		
	B 级	C 级	A 类	B 类	A 组	B 组	C 组
0.08	2 400	2 740			1 618	2 157	
0.09	2 350	2 690			1 618	2 157	
0.10	2 300	2 650			1 618	2 157	
0.12	2 250	2 600			1 618	2 157	
0.14	2 200	2 550			1 618	2 157	1 961
0.16	2 150	2 550			1 618	2 157	1 961
0.18	2 150	2 450			1 618	2 157	1 961
0.20	2 150	2 400			1 618	2 157	1 961
0.22	2 110	2 350			—	—	—
0.23	—	—			1 569	2 059	1 961
0.25	2 040	2 300			—	—	—
0.26	—	—			1 569	2 059	1 912
0.28	2 010	2 300			—	—	—
0.29	—	—			1 569	2 059	1 912
0.30	2 010	2 300			—	—	—
0.32	1 960	2 250			1 569	2 059	1 912
0.35	1 960	2 250			1 569	2 059	1 912
0.40	1 910	2 250			1 569	2 059	1 912
0.45	1 860	2 200			1 569	1 961	1 912
0.50	1 860	2 200			1 569	1 961	1 912

钢丝直径/ mm	碳素弹簧钢丝		油淬火回火碳素 弹簧钢丝		弹簧用不锈钢丝		
	B 级	C 级	A 类	B 类	A 组	B 组	C 组
0.55	1 810	2 150			1 569	1 961	1 814
0.60	1 760	2 110			1 569	1 961	1 814
0.65	1 760	2 110			1 569	1 961	1 814
0.70	1 710	2 060			1 569	1 961	1 814
0.80	1 710	2 010			1 471	1 863	1 765
0.90	1 710	2 010			1 471	1 863	1 765
1.0	1 660	1 960			1 471	1 863	1 765
1.2	1 620	1 910			1 373	1 765	1 667
1.4	1 620	1 860			1 373	1 765	1 667
1.6	1 570	1 810			1 324	1 667	1 569
1.8	1 520	1 760			1 324	1 667	1 569
2.0	1 470	1 710	1 618	1 716	1 324	1 667	1 569
2.2	1 420	1 660	1 569	1 667	1 275	1 569	1 471
2.5	1 420	1 660	1 569	1 667	—	—	—
2.6					1 275	1 569	1 471
2.8	1 370	1 620			—	—	—
2.9	—	—			1 177	1 471	1 373
3.0	1 370	1 570	1 520	1 618	—	—	—
3.2	1 320	1 570	1 471	1 569	1 177	1 471	1 373
3.5	1 320	1 570	1 471	1 569	1 177	1 471	1 373
4.0	1 320	1 520	1 422	1 520	1 177	1 471	1 373
4.5	1 320	1 520	1 373	1 471	1 079	1 373	1 275
5.0	1 320	1 470	1 324	1 422	1 079	1 373	1 275
5.5	1 270	1 470	1 275	1 373	1 079	1 373	1 275
6.0	1 220	1 420	1 275	1 373	1 079	1 373	1 275
6.5	1 220	1 420	1 275	1 373	981	1 275	
7.0	1 170	1 370	1 226	1 324	981	1 275	
8.0	1 170	1 370	1 226	1 324	981	1 275	
9.0	1 130	1 320	1 226	1 324		1 128	
10.0	1 130	1 320	1 177	1 275		981	
11.0	1 080	1 270	1 177	1 275		—	
12.0	1 080	1 270	1 177	1 275		883	
13.0	1 030	1 220	—				

注：① 表中 σ_b 均为下限值。

② 碳素弹簧钢丝用 25～80,40Mn～70Mn 钢制造；油淬火回火碳素弹簧钢丝的 A 类用 65～70,60Mn～70Mn 钢制造,B 类用 65～80,65Mn～70Mn 钢制造；弹簧用不锈钢丝用 1Cr18Ni9、0Cr19Ni10、0Cr17Ni12Mo2、0Cr17Ni18Al 钢制造。

表 13.4 弹簧许用应力 MPa

钢丝类型或材料		油淬火回火钢丝	碳素钢丝	不锈钢丝	65Mn	55Si2Mn 55Si2MnB 60Si2Mn 60Si2MnA 50CrVA	55CrMn 60CrMn
压缩弹簧许用应力 $[\tau]$	Ⅲ类	$0.55\sigma_b$	$0.50\sigma_b$	$0.45\sigma_b$	570	740	710
	Ⅱ类	$(0.40\sim0.47)\sigma_b$	$(0.38\sim0.45)\sigma_b$	$(0.34\sim0.38)\sigma_b$	455	590	570
	Ⅰ类	$(0.35\sim0.40)\sigma_b$	$(0.30\sim0.38)\sigma_b$	$(0.28\sim0.34)\sigma_b$	340	445	430
拉伸弹簧许用切应力 $[\tau]$	Ⅲ类	$0.44\sigma_b$	$0.40\sigma_b$	$0.36\sigma_b$	380	495	475
	Ⅱ类	$(0.32\sim0.38)\sigma_b$	$(0.30\sim0.36)\sigma_b$	$(0.27\sim0.30)\sigma_b$	325	420	405
	Ⅰ类	$(0.28\sim0.32)\sigma_b$	$(0.24\sim0.30)\sigma_b$	$(0.22\sim0.27)\sigma_b$	285	370	360
扭转弹簧许用弯曲应力 $[\sigma]$	Ⅲ类	$0.80\sigma_b$	$0.80\sigma_b$	$0.75\sigma_b$	710	925	890
	Ⅱ类	$(0.60\sim0.68)\sigma_b$	$(0.60\sim0.68)\sigma_b$	$(0.55\sim0.65)\sigma_b$	570	740	710
	Ⅰ类	$(0.50\sim0.60)\sigma_b$	$(0.50\sim0.60)\sigma_b$	$(0.445\sim0.55)\sigma_b$	455	590	570

注：① σ_b 为弹簧材料抗拉强度的下限值,见表 13.3。

② 对比较重要的弹簧,许用应力应当降低;经强化处理、喷丸处理能提高疲劳强度。

③ 根据所受负荷和循环次数,弹簧的负荷类型分为 3 类：Ⅰ类(无限疲劳寿命)——冷卷弹簧负荷循环次数 $N\geqslant10^7$ 次、热卷弹簧负荷循环次数 $N\geqslant2\times10^6$ 次的动负荷；Ⅱ类(有限疲劳寿命)——冷卷弹簧负荷循环次数 $N\geqslant10^4\sim10^6$ 次、热卷弹簧负荷循环次数 $N\geqslant10^4\sim10^5$ 次的动负荷；Ⅲ类(静负荷)——恒定不变的负荷或 $N<10^4$ 次的动负荷。

13.2.2 螺旋弹簧的制造

螺旋弹簧的制造过程主要包括：① 卷绕：冷卷法,热卷法；② 钩环的制作或两端的加工；③ 热处理；④ 工艺试验及必要的强压或喷丸等强化处理。

卷绕的方法有冷卷和热卷两种。冷卷主要用于簧丝直径 $d<(8\sim10)$ mm 时,冷卷弹簧多用冷拉的、预先已经进行了热处理的优质碳素弹簧钢丝,卷成后制作低温回火以消除应力。热卷主要用于簧丝直径较大时,热卷的温度根据簧丝直径的不同在 800~1 000 ℃ 范围内选择,卷成后要进行淬火及回火处理。拉伸弹簧在卷绕过程中,如果使弹簧丝绕其自身轴线旋转,卷成后各圈间将产生压紧力,弹簧丝中也产生一定的预应力,这种弹簧称为有预应力的拉伸弹簧。这种弹簧一定要在外加拉力大于初拉力 F_0 后,各圈间才开始分离。因此,它较无预应力的拉伸弹簧轴向尺寸小。

为提高弹簧的承载能力,可进行强压强拉处理或喷丸处理。压缩弹簧的强压(拉伸弹簧为强拉、扭转弹簧为强扭)处理是在弹簧卷成后,用超过弹簧材料弹性极限的载荷把它压缩到各圈相接触并保持 6~48 h,从而在弹簧丝内产生塑性变形,并产生与工作应力方向相反的残余应力。经过强压处理的弹簧,最大工作应力明显降低,弹簧的承载能力约可提高 25%。喷丸处理使用钢丸或铸铁丸以一定速度 50~80 m/s² 喷击弹簧,使其表面受到冷作硬化,产生有益的残余应力,从而在弹簧受载时,抵消一部分工作应力,以提高其承载能力。喷丸处理后,弹簧的承载能力约可提高 20%。

弹簧经强压强拉处理后,不允许再进行任何热处理,也不宜在高温 150~450 ℃ 和长期振动情况下工作,否则将失去上述作用。此外,弹簧还须进行工艺试验及精度、疲劳等试验,以检验弹簧是否符合技术要求。要特别指出的是,弹簧的持久强度和抗冲击强度,在很大程度上取决于弹簧丝的表面状况,所以弹簧丝表面必须光洁,没有裂纹和伤痕等缺陷。重要用途的弹簧还须进行表面保护处理(如镀锌等),普通的弹簧一般涂油或漆。

压缩螺旋弹簧的端部结构形式很多,见表 13.5。对于重要的压缩弹簧或弹簧指数 C($C=D/d$ 即弹簧中径与簧丝直径之比)较小的压缩弹簧(一般 $C<10$),应将端面磨平,使两端支承端面与轴线垂直,减少在受载荷时产生歪斜的可能,如表 13.5 中的 Y I 型和 Y II 型。

表 13.5 圆柱压缩螺旋弹簧的端部结构及代号(摘自 GB/T 23935—2009)

类 型	代号	简 图	端部结构形式
冷卷压缩弹簧(Y)	Y I	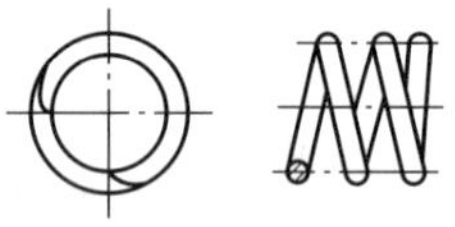	两端圈并紧磨平 $n_z \geq 2$
	Y II	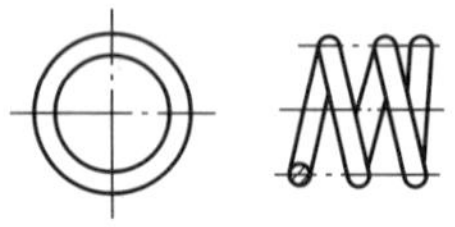	两端圈并紧不磨 $n_z \geq 2$
	Y III	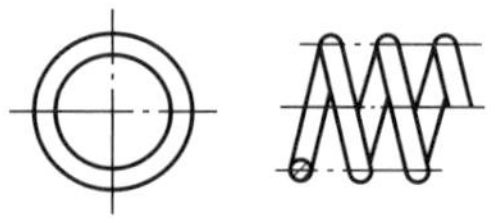	两端圈不并紧 $n_z < 2$
热卷压缩弹簧(RY)	RY I	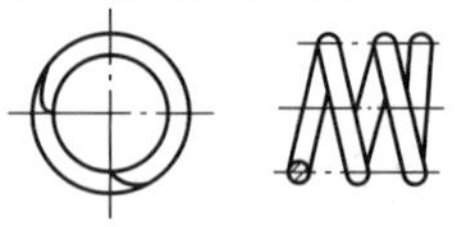	两端圈并紧磨平 $n_z \geq 1.5$
	RY IV	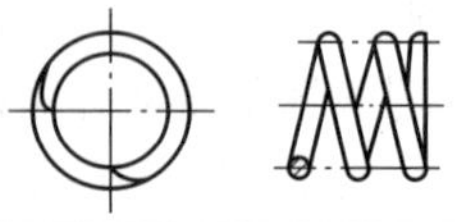	两端圈制扁、并紧不磨 $n_z \geq 1.5$

对于拉伸弹簧,为便于连接和加载,其两端应做出钩环,见表 13.6。表中 L I ~ L VI 钩环形式制作方便,但钩环过渡处因弯曲产生较大弯曲应力,从而降低拉伸弹簧的强度。为减轻或消除这种影响,可以采用图中 L VII 和 L VIII 所示的附加钩环的结构形式。

表 13.6　圆柱螺旋拉伸弹簧的端部结构及代号(摘自 GB/T23935—2009)

类型	代号	简图	端部结构形式	类型	代号	简图	端部结构形式
冷卷拉伸弹簧(L)	L I		半圆钩环	冷卷拉伸弹簧(L)	L VI		圆钩环压中心
	L II		长臂半圆钩环		L VII		可调式拉簧
	L III		圆钩环扭中心(圆钩环)		L VIII		具有可转钩环
	L IV		长臂偏心半圆钩环		L IX		长臂小圆钩环
	L V		偏心圆钩环		L X		连接式圆钩环

13.3　圆柱螺旋压缩(拉伸)弹簧的设计

　　圆柱形螺旋压缩弹簧与螺旋拉伸弹簧除结构有区别外,两者的应力、变形与作用力之间关系等基本相同。

　　这类弹簧的设计计算主要内容有:确定结构形式和特性线;选择材料和确定许用应力;由强度条件确定弹簧丝的直径和弹簧中径;由刚度条件确定弹簧的工作圈数;确定弹簧的基本参数、尺寸等。

13.3.1　弹簧的几何参数和尺寸

　　圆柱形螺旋弹簧的主要几何参数和尺寸有:中径 D、外径 D_2、内径 D_1、节距 t、螺旋角 α、弹簧丝直径 d(图 13.1)和旋绕比 C、工作圈数 n 等。它们之间的关系及计算公式列于表 13.7 中。

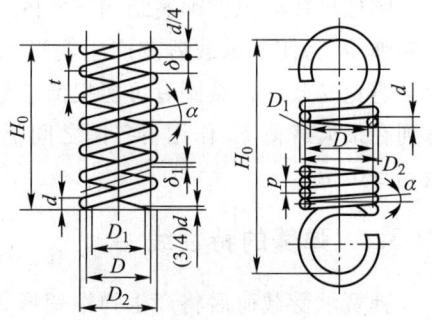

图 13.1　圆柱形螺旋弹簧的几何参数

表 13.7　圆柱螺旋压缩和拉伸弹簧的几何尺寸计算公式

参　数　名　称	压　缩　弹　簧	拉　伸　弹　簧
弹簧丝直径 d	参见表 13.8	
弹簧中径 D	$D = Cd$	
弹簧外径 D_2	$D_2 = D+d = D_1+2d$	
弹簧内径 D_1	$D_1 = D-d = D_2-2d$	
旋绕比 C	$C = D/d$	
有效圈数 n	用于计算弹簧总变形量的簧圈数量	
总圈数 n_1	$n_1 = n+n_z$（n_z：支承圈数）	$n_1 = n$
节距 p	推荐 $0.28D \leqslant t < 0.5D$	$t = d$
螺旋角 α	$\alpha = \arctan(t/\pi D)$	
自由高度 H_0	两端圈并紧磨平：$H_0 = nt+(n_z-0.5)d$ 两端圈并紧不磨：$H_0 = nt+(n_z-1)d$	$H_0 = nd+H_h$ （H_h：挂钩轴向长度）
展开长度 L	$L = \dfrac{\pi D n_1}{\cos \alpha}$	$L = \dfrac{\pi D n_1}{\cos \alpha}+L_h$ （L_h：挂钩展开长度）
弹簧质量 m	$m = \dfrac{\pi}{4}d^2 L\rho$	

表 13.8　弹簧材料直径（摘自 GB/T 1358—2009）　　　　　　　　　　mm

弹簧丝直径	第一系列	0.10	0.12	0.14	0.16	0.20	0.25	0.30	0.35	0.40	0.45
		0.50	0.60	0.70	0.80	0.90	1.00	1.30	1.60	2.00	2.50
		3.00	3.50	4.00	4.50	5.00	6.00	8.00	10.0	12.0	15.0
		16.0	20.0	25.0	30.0	35.0	40.0	45.0	50.0	60.0	
	第二系列	0.05	0.06	0.07	0.08	0.09	0.18	0.22	0.28	0.32	0.55
		0.65	1.40	1.80	2.20	2.80	3.20	5.50	6.50	7.00	9.00
		11.0	14.0	18.0	22.0	28.0	32.0	38.0	42.0	55.0	

　　圆柱形螺旋拉伸弹簧结构尺寸的计算公式与压缩弹簧相同,但在使用公式时对于压缩弹簧,为使其承载后有产生变形的可能,各圈之间应有足够的间隙（$\delta \geqslant \lambda_{lim}/n$）。为了避免受载后弹簧圈有可能提前接触并紧及由此引起弹簧刚度不稳定,设计时应考虑到在最大载荷 F_2 作用下各圈之间仍留有适当的间隙 δ_1,这个间隙 δ_1 称为余隙,一般 $\delta_1 \geqslant 0.1d$。

13.3.2　弹簧的特性线

　　弹簧承受载荷后将产生弹性变形,表示载荷与相应变形之间关系的曲线称为弹簧的特性线,如图 13.2 所示。弹簧的特性线可分为三种类型：直线型 a,渐增型 b,渐减

型 c。图 13.3 和图 13.4 分别为圆柱形螺旋压缩和拉伸弹簧及其特性线。对于圆柱形螺旋压缩弹簧,为了使弹簧可靠地稳定在安装位置上,通常工作前要预先加一压力 F_1,称 F_1 为弹簧的最小工作载荷。在其作用下弹簧的自由高度 H_0 被压缩到 H_1,相应的压缩变形量为 λ_1。F_2 为弹簧承受的最大工作载荷,在其作用下弹簧高度被压缩到 H_2,相应的压缩变形量为 λ_2。λ_1 与 λ_2 之差称为弹簧的工作行程,即 $h = \lambda_2 - \lambda_1 = H_1 - H_2$,$F_{\text{lim}}$ 为弹簧的极限工作载荷,在它的作用下弹簧丝内的应力达到了弹簧材料的屈服极限。此时,相应的弹簧高度为 H_{lim},压缩变形量为 λ_{lim}。λ_{lim} 一般应略小于或等于弹簧各圈完全并紧时的全变形量 λ_b。

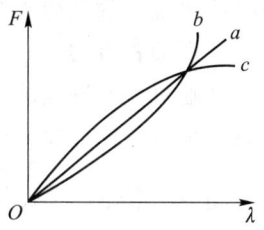

图 13.2 弹簧的特性线

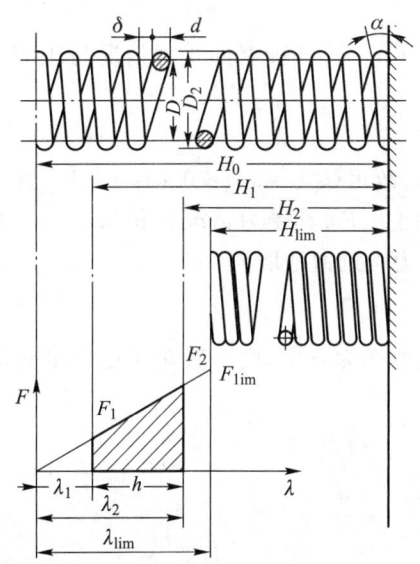

图 13.3 圆柱形螺旋压缩弹簧及其特性线

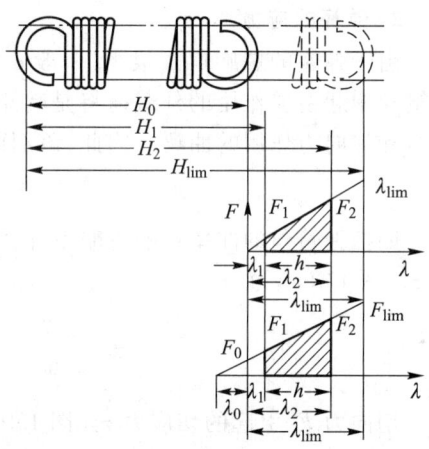

图 13.4 圆柱形螺旋拉伸弹簧及其特性线

弹簧的最小工作载荷通常取为 $F_1 = (0.1 \sim 0.5) F_{\text{lim}}$。最大载荷 F_2 由弹簧的工作条件决定,但应略小于极限工作载荷 F_{lim},通常取 $F_2 \leqslant 0.8 F_{\text{lim}}$。

极限工作载荷的 F_{lim} 大小应保证弹簧丝中所产生的极限切应力 τ_{lim} 在以下范围内:

对于 I 类弹簧 $\tau_{\text{lim}} \leqslant 1.67 [\tau]$

对于 II 类弹簧 $\tau_{\text{lim}} \leqslant 1.25 [\tau]$

对于 III 类弹簧 $\tau_{\text{lim}} \leqslant 1.12 [\tau]$

圆柱形螺旋拉伸弹簧分为无预应力和有预应力两种,如图 13.4 所示,无预应力的拉伸弹簧(图 13.4a)的特性线与压缩弹簧类似;但有预应力的拉伸弹簧(图 13.4b)应使最小工作拉力大于初拉力(或称安装拉力),即 $F_1 > F_2$。

对于圆柱形螺旋弹簧(压缩或拉伸),由于载荷与变形成正比,故特性线为直线,即

$$\frac{F_1}{\lambda_1} = \frac{F_2}{\lambda_2} = \cdots = 常数$$

弹簧的特性线需要绘制在弹簧工作图中,作为检验和实验时的依据。

13.3.3　弹簧的强度计算

压缩弹簧和拉伸弹簧的簧丝受力情况是相似的。现就图 13.5 所示的压缩弹簧在通过弹簧轴线的载荷 F 作用下的情况进行受力和应力分析。

1. 弹簧的受力

在通过弹簧轴线的平面 A—A 内,弹簧丝的剖面呈椭圆形(图 13.5b 中实线),而在垂直于弹簧丝的平面 B—B 内,则为圆形(图 13.5b 中虚线),两剖面夹角为弹簧的螺旋升角 α。当弹簧受载荷 F 作用时,在 A—A 剖面上作用有扭转力矩 $F\dfrac{D}{2}$ 和剪切力 F。而在 B—B 剖面上则作用有扭转力矩 $T=\dfrac{FD}{2}\cos\alpha$、弯矩 $M=\dfrac{FD}{2}\sin\alpha$、切向力 $F_{t}=F\cos\alpha$ 及法向力 $F_{n}=F\sin\alpha$(图中力矩用矢量表示)。拉伸弹簧的受力情况与压缩弹簧相同,只是以上各作用载荷计算式取负值。

2. 弹簧的应力

由于弹簧的螺旋角 α 很小(一般 $\alpha=5°\sim9°$),故可认为 $\sin\alpha\approx0$,$\cos\alpha\approx1$。这样弹簧丝中起主要作用的外载荷将是转矩 T 和切向力 F_{t},其受力情况就相当于一个受转矩和切向力作用的曲梁。因此,该剖面上的应力可近似地取为

$$\tau=\tau_{T}+\tau_{F}$$

如把弹簧丝的曲率影响忽略不计,将其近似地视为直梁,则由转矩 T 引起的切应力 τ_{T}(图 13.6a)为

$$\tau_{T}=\frac{T}{W_{T}}=\frac{FD/2}{\pi d^{3}/16}=\frac{8FD}{\pi d^{3}}$$

切向力 F_{t} 引起的切应力 τ_{F}(图 13.6b)为

$$\tau_{F}=\frac{F_{t}}{A}=\frac{F}{\pi d^{2}/4}=\frac{4F}{\pi d^{2}}$$

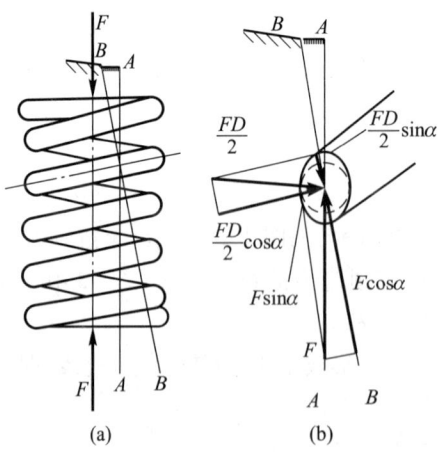

图 13.5　弹簧的受力分析

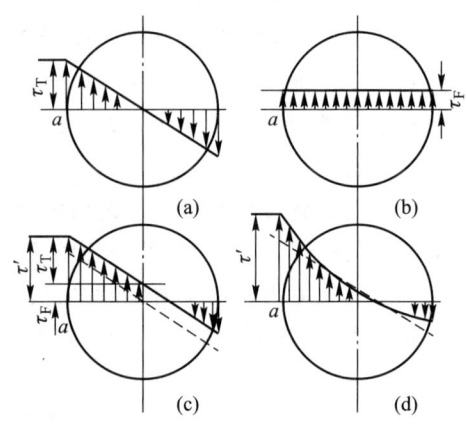

图 13.6　弹簧剖面应力分析

根据力的叠加原理可知,在弹簧丝内侧点 a 的合成应力最大(图 13.6c)。这与实际弹簧丝破坏的危险点是一致的。点 a 的最大合成应力为

$$\tau' = \frac{8FD}{\pi d^3} + \frac{4F}{\pi d^2} = \frac{8FD}{\pi d^3}\left(1 + \frac{d}{2D}\right) = \frac{8FD}{\pi d^3}\left(1 + \frac{1}{2C}\right)$$

式中: $C = \dfrac{D}{d}$ 称为旋绕比,它是弹簧设计的一个重要参数。当弹簧丝直径 d 一定时, C 值越小,刚度越大,并且曲率越大,内、外侧应力差越大,通常取 $C = 4 \sim 16$ 。荐用的不同弹簧丝直径的旋绕比见表 13.9。

表 13.9　旋绕比 C

d/mm	$0.2 \sim 0.5$	$0.5 \sim 1.1$	$1.1 \sim 2.5$	$2.5 \sim 7.0$	$7 \sim 16$	>16
C	$7 \sim 14$	$5 \sim 12$	$5 \sim 10$	$4 \sim 9$	$4 \sim 8$	$4 \sim 6$

因 $2C \gg 1$,取 $1 + \dfrac{1}{2C} \approx 1$,这意味着此时弹簧丝中的应力主要取决于应力 τ_{T} ,而 τ_{F} 的影响极小,即上式为 $\tau' = \dfrac{8FD}{\pi d^3}$ 。

如果考虑弹簧升角和曲率以及 τ_{F} 的影响,引入一个修正系数 K ,则弹簧丝剖面上实际应力的分布将如图 13.6d 所示,内侧点 a 合成应力最大,其强度条件

$$\tau' = K\frac{8FD}{\pi d^3} = K\frac{8FC}{\pi d^2} \leqslant [\tau] \tag{13.1}$$

式中: K 为曲度系数,其值与弹簧指数 C 有关,可由下式计算

$$K = \frac{4C - 1}{4C - 4} + \frac{0.615}{C} \tag{13.2}$$

当按强度条件计算弹簧丝直径 d 时,应以最大工作载荷 F_2 代替式中的 F ,则得

$$d \geqslant \sqrt{\frac{8KF_2C}{\pi[\tau]}} = 1.6\sqrt{\frac{KF_2C}{[\tau]}} \tag{13.3}$$

式中: $[\tau]$ 为弹簧材料的许用切应力,MPa,可由表 13.4 查取,式(13.3)为弹簧丝直径的计算公式,由它求得的直径应圆整成标准值。

对于碳素弹簧钢丝,由于 $[\tau]$ 和 C 都与直径 d 有关,设计时需要试算,先估计 d 值,查得 C 、 $[\tau]$ 后按式(13.3)计算 d ,如计算值与估计值不符时,应重新估计 d 值再计算,直到两者相符为止。初算时,可取 $C = 5 \sim 8$ 。

13.3.4　弹簧的刚度计算

1. 弹簧的变形

圆柱形螺旋压缩(拉伸)弹簧受载荷后产生的轴向变形量可根据材料力学公式求得,即

$$\lambda = \frac{8FD^3n}{Gd^4} = \frac{8FC^3n}{Gd} \tag{13.4}$$

式中：G——弹簧材料的切变模量（表 13.2）；

n——弹簧的工作圈数。

如果以最大工作载荷 F_2 代替 F，则最大轴向变形量 λ_2 如下：

1）对于压缩弹簧和无预应力的拉伸弹簧

$$\lambda_2 = \frac{8F_2C^3n}{Gd} \tag{13.4a}$$

2）对于有预应力的拉伸弹簧

$$\lambda_2 = \frac{8(F_2 - F_0)C^3n}{Gd} \tag{13.4b}$$

用弹簧钢丝冷卷制成的拉伸弹簧，不再淬火，均有一定的初拉力。选取初拉力时，推荐的预应力 τ_0' 值可在图 13.7 的阴影区内选取。与预应力对应的初拉力按下式计算：

$$F_0 = \frac{\pi d^3 \tau_0'}{8KD} \tag{13.5}$$

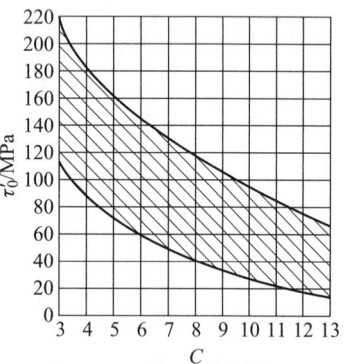

图 13.7 拉伸弹簧的预应力

2. 弹簧的刚度

弹簧的载荷变量 $\mathrm{d}F$ 与变形量 $\mathrm{d}\lambda$ 之比，即产生单位变形所需的载荷称为弹簧刚度，用 K_F 表示，拉伸和压缩弹簧的刚度为

$$K_F = \frac{\mathrm{d}F}{\mathrm{d}\lambda}$$

弹簧刚度也就是弹簧特性线上某点的斜率，它越大，弹簧越硬。弹簧刚度 K_F 为常数的弹簧称为定刚度弹簧，其特性线为一直线，等节距圆柱螺旋弹簧就是定刚度弹簧。而 K_F 变化的弹簧称为变刚度弹簧，其特性线为一曲线，等节距圆锥螺旋弹簧及不等节距圆柱螺旋弹簧都是变刚度弹簧。定刚度的压缩、拉伸弹簧的刚度为

$$K_F = \frac{F}{\lambda} = \frac{Gd}{8C^3n} = \frac{Gd^4}{8D^3n} \tag{13.6}$$

影响弹簧刚度的因素很多，从式（13.6）可知，K_F 与 C^3 成反比，即弹簧指数 C 值对 K_F 的影响很大，C 值越小的弹簧，刚度越大，曲率也越大，卷制困难，工作时引起较大的扭转切应力，但 C 值太大弹簧卷成后容易松开。因此，合理地选择 C 值就可有效地控制弹簧刚度。此外，K_F 还与 G、d 成正比，与 n 成反比。

弹簧工作圈数 n 的多少取决于弹簧的变形或刚度，可由式（13.4）或式（13.6）计算。一般 $n \geq 2$，压缩弹簧的总圈数 $n_1 = n + n_z$，n_z 为支承圈数。

对于有预应力的拉伸弹簧，计算以上参数时，应将公式中的 F 换成 $(F_2 - F_0)$。当 $d \leq 5$ mm 时，$F_0 \approx \frac{1}{3}F_1$；当 $d > 5$ mm 时，$F_0 \approx \frac{1}{4}F_1$。

13.3.5 弹簧的稳定性

压缩弹簧的自由高度 H_0 与中径 D 之比,称为高径比,即 $b = \dfrac{H_0}{D}$。

高径比 b 的值较大时,当轴向载荷 F 达到一定值后,弹簧就会发生较大的侧向弯曲而丧失稳定(图 13.8),这是不允许的。压缩弹簧自由高度越大,越容易失稳。弹簧的稳定性还与弹簧两端的支承形式有关。

为保证压缩弹簧的稳定性,其高径比 b 值应满足下列要求:

两端固定时 $\qquad\qquad\qquad\qquad b < 5.3$

一端固定另一端自由转动时 $\qquad b < 3.7$

两端均自由转动时 $\qquad\qquad\quad b < 2.6$

当 b 值不满足上述要求时,应进行稳定性验算。保持稳定性时的临界载荷由下式计算

$$F_c = C_B K_F H_0 \qquad\qquad (13.7)$$

式中:C_B 为不稳定系数,它为失稳时的临界变形 λ_c 与自由高度 H_0 之比,即 $C_B = \dfrac{\lambda_c}{H_0}$,其值可根据高径比 b 及不同的支承型式从图 13.9 查得。

为保证弹簧工作的稳定性,最大工作载荷 F_2 与临界载荷 F_c 之间应满足以下关系

$$F_2 \leqslant \frac{F_c}{2 \sim 2.5} \qquad\qquad (13.8)$$

如不满足,应重新选取参数,改变 b 值,提高 F_c。如受条件限制不能改变参数时,可内加导杆(图 13.10a)或外加导套(图 13.10b),或者采用组合弹簧。导杆或导套与弹簧间的直径间隙是 $2c$,可按表 13.10 选取。

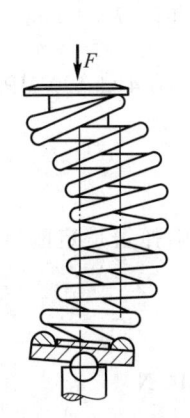

图 13.8 压缩弹簧的失稳

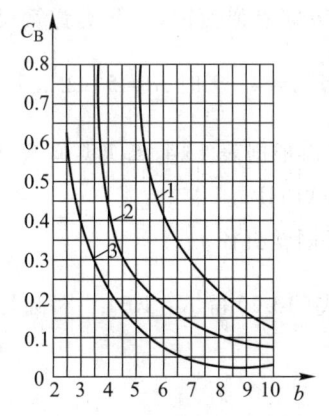

1—两端固定;2—一端固定,一端自由;
3—两端自由。

图 13.9 不稳定系数 C_B

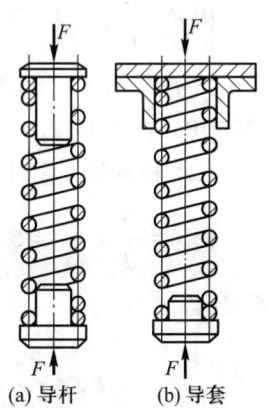

(a) 导杆 (b) 导套

图 13.10 导杆和导套

表 13.10 弹簧与导杆(或导套)之间的直径间隙

中径 D/ mm	≤5	>5~10	>10~18	>18~30	>30~50	>50~80	>80~120	>120~150
间隙 $2c$/ mm	0.6	1	3	3.5	4	5	6	7

13.3.6 圆柱形螺旋弹簧的设计

1. 受静载荷圆柱形螺旋弹簧的设计

对于所受载荷不变化或变化平稳,且载荷变化次数不超过 10^3 次的弹簧,可按静强度设计。设计的一般步骤如下:

(1) 选择材料和确定许用应力

1) 初选弹簧指数 C,通常 $C = 5 \sim 8$;由式(13.2)计算曲度系数 K。

2) 根据初选 C 值及安装空间估计中径 D,按表 13.3 提供的弹簧丝直径系列,估取弹簧丝直径 d。

3) 选择材料,根据所选材料及初选直径 d 确定许用切应力 $[\tau]$。

(2) 根据强度条件由式(13.3)试算弹簧丝直径 d',得到满意的结果后,查表 13.3,圆整为标准弹簧丝直径 d,然后由 $D = Cd$ 计算 D

(3) 根据变形条件由式(13.4)或式(13.6)计算弹簧工作圈数 n

(4) 计算弹簧其他尺寸,如 D_2、D_1、H_0、p、α 和 L 等主要尺寸

(5) 验算稳定性

(6) 绘制弹簧工作图(包括特性线图)

【例 13.1】 试设计一圆柱形压缩螺旋弹簧,一端固定,另一端可自由转动。载荷作用次数不多,但要求工作可靠、动作灵活。已知预调压力 $F_1 = 480$ N,压缩量 $\lambda_1 = 14$ mm,工作行程 $h = 1.9$ mm,弹簧中径 $D \approx 20$ mm。

【解】

(1) 选择材料并确定许用应力 $[\tau]$

根据设计要求,选用 C 级碳素弹簧钢丝,Ⅱ类弹簧设计,用 Y Ⅰ 结构。

因 $d = \dfrac{D}{C}$,查表 13.8,当 $C = 4 \sim 9$ 时,$d = 5 \sim 2.2$,可估取钢丝直径 $d = 4$ mm。由表 13.3 查取 $\sigma_b = 1\,520$ MPa,再根据表 13.4 知,Ⅱ类弹簧,$[\tau] = 0.4\sigma_b = 0.4 \times 1\,520$ MPa = 608 MPa,查表 13.2,$G = 79\,000$ MPa。

(2) 根据强度条件确定钢丝直径

因 $C = \dfrac{D}{d} = \dfrac{20}{4} = 5$,由式(13.2)得 $K = 1.31$。因圆柱形压缩螺旋弹簧是定刚度弹簧,所以

$$F_2 = \frac{\lambda_2}{\lambda_1}F_1 = \frac{\lambda_1 + h}{\lambda_1}F_1 = \frac{14 + 1.9}{14} \times 480 \text{ N} = 545.14 \text{ N}$$

代入式(13.3),得

$$d' \geqslant 1.6 \sqrt{\frac{KF_2C}{[\tau]}} = 1.6 \times \sqrt{\frac{1.31 \times 545.14 \times 5}{608}} \text{ mm} = 3.88 \text{ mm}$$

取标准钢丝直径 $d = 4$ mm,这与原估计值一致,故可用。

(3)根据变形条件确定弹簧的工作圈数

由式(13.4a)知

$$n = \frac{Gd}{8F_2C^3}\lambda_2 = \frac{79\ 000 \times 4}{8 \times 545.14 \times 5^3} \times (14 + 1.9) = 9.22$$

取 $n = 9$ 圈(亦可取 $n = 9.5$ 圈)。

由式(13.6)知,此时弹簧的刚度为

$$K_F = \frac{Gd}{8C^3n} = \frac{79\ 000 \times 4}{8 \times 5^3 \times 9} \text{ N/mm} = 35.11 \text{ N/mm}$$

实际最大工作载荷

$$F_2 = K_F(\lambda_1 + h) = 35.11 \times (14 + 1.9) \text{ N} = 558.249 \text{ N}$$

$$F_1 = K_F\lambda_1 = 35.11 \times 14 \text{ N} = 491.54 \text{ N}$$

(4)计算弹簧的极限变形量,并验算极限切应力

由 $F_2 \leqslant 0.8F_{lim}$,则 $\lambda_2 \leqslant 0.8\lambda_{lim}$,取 $\lambda_{lim} = \dfrac{\lambda_2}{0.8} = \dfrac{\lambda_1 + h}{0.8} = \dfrac{15.9}{0.8}$ mm $= 19.875$ mm。同理取

$F_{lim} = \dfrac{F_2}{0.8} = \dfrac{558.249}{0.8}$ N $= 697.81$ N。由式(13.1)计算极限切应力

$$\tau_{lim} = K\frac{8F_{lim}D}{\pi d^3} = 1.31 \times \frac{8 \times 697.81 \times 20}{3.14 \times 4^3} \text{ MPa} = 555.6 \text{ MPa}$$

对 Ⅱ 类弹簧,$1.25[\tau] = 1.25 \times 608$ MPa $= 760$ MPa,则 $\tau_{lim} < 1.25[\tau]$,满足要求。

(5)计算弹簧其他尺寸

外径 $D_2 = D + d = (20 + 4)$ mm $= 24$ mm

内径 $D_1 = D - d = (20 - 4)$ mm $= 16$ mm

支承圈数 $n_z = 2$ 圈

总圈数 $n_1 = n + n_z = 11$ 圈

弹簧间隙 $\delta = \dfrac{\lambda_{lim}}{n} = \dfrac{19.875}{9}$ mm ≈ 2.2 mm

取 $\delta = 2.5$ mm

节距 $p = d + \delta = (4 + 2.5)$ mm $= 6.5$ mm

自由高度 $H_0 = nt + 1.5d = (9 \times 6.5 + 1.5 \times 4)$ mm $= 64.5$ mm

并紧高度 $H_b \approx (n_1 - 0.5)d = (11 - 0.5) \times 4$ mm $= 42$ mm

总变形量 $\lambda_b = H_0 - H_b = (64.5 - 42)$ mm $= 22.5$ mm $> \lambda_{lim}$

螺旋角 $\alpha = \arctan\dfrac{t}{\pi d} = \arctan\dfrac{6.5}{3.14 \times 20} = 5°54'$

钢丝展开长度

$$L = \frac{\pi D n_1}{\cos\alpha} = \frac{3.14 \times 20 \times 11}{\cos 5°54'} \text{ mm} = 695 \text{ mm}$$

（6）验算稳定性

$$\text{高径比 } b = \frac{H_0}{D} = \frac{64.5}{20} = 3.22 < 3.7$$

故不需进行稳定性验算。

（7）绘制弹簧工作图（图 13.11）

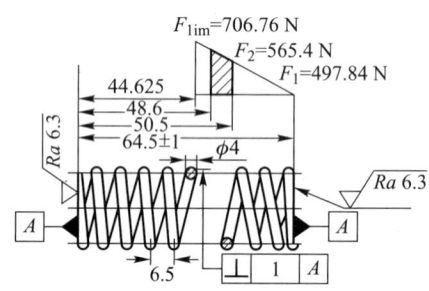

图 13.11　压缩螺旋弹簧工作图

2. 受变载荷圆柱形螺旋弹簧的强度验算

受交变载荷的弹簧除了按最大工作载荷及变形进行如前所述的设计计算外，还应根据具体情况进行如下的疲劳强度、静强度安全系数和振动验算。

（1）疲劳强度验算

疲劳强度安全系数为

$$S = \frac{\tau_0 + 0.75\tau_{\min}}{\tau_{\max}} \geqslant [S] \tag{13.9}$$

$$\tau_{\min} = \frac{8KCF_{\min}}{\pi d^2}$$

$$\tau_{\max} = \frac{8KCF_{\max}}{\pi d^2}$$

式中：τ_0——弹簧材料的脉动循环剪切疲劳极限，MPa，按载荷循环次数 N 由表 13.11 查取；

$\tau_{\min}$——最小切应力，MPa；

$F_{\min}$——最小工作载荷，N；

$\tau_{\max}$——最大切应力，MPa；

$F_{\max}$——最大工作载荷，N；

$[S]$——许用安全系数，当弹簧计算和材料的性能数据精确度高时，取 1.3~1.7；精确度较低时，取 1.8~2.2。

表 13.11　弹簧材料的脉动循环剪切疲劳极限 τ_0

载荷循环次数 N	10^4	10^5	10^6	10^7
$\tau_0/$ MPa	$0.45\sigma_b$	$0.35\sigma_b$	$0.32\sigma_b$	$0.30\sigma_b$

注：① 此表适用于优质钢丝、不锈钢丝、铍青铜和硅青铜丝；

　　② 对强化处理的弹簧，表值可提高 20%；

　　③ σ_b 为材料的抗拉强度极限，MPa；

　　④ 对硅青铜丝和不锈钢丝，$N=10^4$ 时的 τ_0 值可取 $0.35\sigma_b$。

（2）静强度安全系数验算

用峰值载荷进行静强度校核，静强度安全系数为

$$S_s = \frac{[\tau]}{\tau_{max}} \geqslant [S_s] \tag{13.10}$$

式中：$[\tau]$——弹簧材料的许用切应力，由表 13.2 查取，MPa；

　　　$[S_s]$——静强度许用安全系数，取值与 $[S]$ 相同。

（3）振动验算

受高频率循环载荷的圆柱螺旋弹簧，当载荷循环频率接近或等于弹簧的自激振动固有频率时，会发生共振而导致破坏。因此，应对弹簧进行振动验算，以保证载荷激励频率远低于其基本自激振动固有频率。

圆柱螺旋弹簧的基本自激振动固有频率 f（在弹簧两端固定的情况下）为

$$f = \frac{1}{2\pi}\sqrt{\frac{c}{m}} \tag{13.11}$$

式中：f——弹簧的基本自激振动固有频率，Hz；

　　　c——弹簧刚度，N/m；

　　　m——弹簧质量，kg。

弹簧的基本自激振动固有频率 f 不应低于其工作频率 f_g 的 10 倍，以免引起严重的振动，即

$$f \geqslant (10 \sim 20)f_g \tag{13.12}$$

弹簧的载荷循环频率一般是预先知道的，当弹簧的自激振动固有频率不能满足上述条件时，可增大弹簧的刚度 c 或减小弹簧的质量 m，重新进行验算。

思考题与习题

13.1　影响弹簧强度、刚度及稳定性的主要因素各有哪些？为提高强度、刚度和稳定性可采用哪些措施？

13.2　现有两个弹簧 A、B，它们的簧丝直径、材料及有效工作圈数均相同，仅中径 $D_A>D_B$，试问：

（1）当承受的载荷 F 相同时，哪个变形大？

（2）当载荷 F 以相同的大小连续增加时，哪个可能先断？

13.3 有一圆柱形螺旋拉伸弹簧,其簧丝直径 $d = 5$ mm,簧丝中径 $D = 24$ mm,有效工作圈数 $n = 26$,材料为 B 级低应力碳素弹簧钢丝,承受静载荷。试求:

(1) 弹簧允许承受的最大工作载荷 F_2;

(2) 在工作载荷为 F_2 时弹簧的总变形量 λ_2。

13.4 试设计一受静载荷的圆柱形螺旋压缩弹簧。已知预加载荷 $F_1 = 500$ N,最大工作载荷 $F_2 = 1\ 200$ N,工作行程 $h = 60$ mm,要求弹簧内径 D_1 不大于 50 mm。

第十四章 机架零件

14.1 概 述

14.1.1 机架的类型

机架零件支承着机器中的全部零件,保证组成机器的各零件都处于正确的工作关系,承受各零件传递到机架上的作用力。

常见的机架结构可分为以下几类:① 机座类,如各种机床的床身;② 箱体类,如减速器的箱体;③ 机架类,如起重机的桁架式机架。表 14.1 列出了常见机架的几种类型。

表 14.1 常见机架的类型

机座	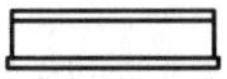 卧式机座	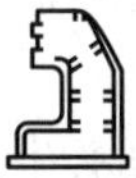 立式机座	 门式机座	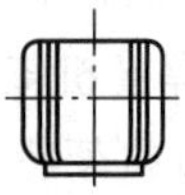 耳式机座
箱体	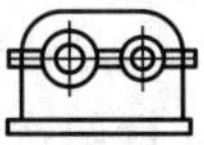 减速器箱体	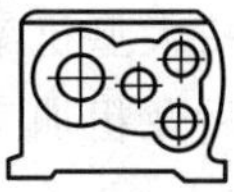 变速箱箱体	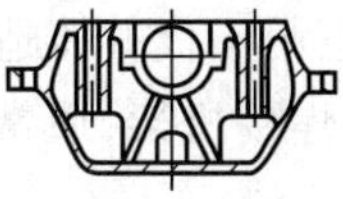 内燃机曲轴箱体	
机架	 桁架式机架	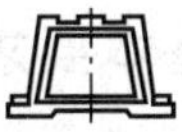 框架式机架	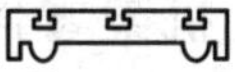 台架式机架	

14.1.2 常用机架零件的材料及制造方法

1. 铸造机架

机架零件的结构形状比较复杂,而且刚度要求高,采用铸件。

灰铸铁的熔点低,流动性好,吸振性好,制作成本低,机械加工性也好,所以灰铸铁是机架零件应用最多的材料。对于受力不大、尺寸较小的机架零件(如一般机床的床身和底座)可用 HT150。对于受力较大、尺寸较大及较重要的机架零件(如带有导轨的一般床身、立柱、横梁、齿轮箱体等),常用 HT200、HT250。对于承受大载荷、高耐磨性的重要机架零件(如压力机机身、带有导轨的重载机床床身等),应用 HT300、HT350。

对于承受中等以上冲击载荷的重要机架常用 QT500-7、QT600-3 等球墨铸铁。

对于导轨要求高耐磨性的机架(如数控机床、坐标镗床等的机架)常采用铬钼合金铸铁、磷铜钛铸铁等。

受载情况严重的重要机架零件(如轧钢机机架、横梁)常用铸钢制造,如 ZG270-500、ZG310-570。由于钢液的流动性差,在铸型中凝固冷却时的体收缩和线收缩都比较大,故不宜设计形状复杂的机架。铸钢的吸振能力较铸铁差,但强度高。

要求轻量化的机架零件,可采用铸铝合金或压铸铝合金,如 ZL101、ZL104、ZL401 或 YL112、YL102 等。

对于铸铁、铸钢或铸铝铸造的机架毛坯或粗加工后必须经过时效处理,使其充分释放内应力和变形,待其形状和尺寸稳定后再进行精加工。常用的时效处理方法有:

1)人工时效。将铸件缓慢加热到共析点以下,一般为 500~600 °C,保温一段时间,然后缓慢冷却,以消除应力。

2)自然时效。铸件粗加工后,放在室外相当长的一段时间,一般为一年以上,使铸件的内应力自然松弛或消除。效果好,但周期长,占地面积大,积压资金多。

3)热冲击时效。将铸件快速加热,使其产生的热应力与铸件的剩余应力叠加,使剩余应力松弛。

4)振动时效。将激振器装在机架上,使机架产生共振,持续一段时间,一般只要数十分钟,即可使机架内部产生局部的微观塑性变形,消除应力,时间短,效果好。

2. 焊接机架

焊接机架零件由钢板、型钢焊接而成,生产周期短、结构设计灵活、强度高、比铸造件的耗材少,但在批量较大时,价格高、抗振性较差。因此,焊接机架主要用于承受大而复杂的载荷(尤其是具有大的拉伸载荷时)、结构形状不很复杂、单件小批生产的机架零件,也用于代替铸造困难的特大型机架零件。

对于焊接机架,通常应在焊后及粗加工后分别进行两次去应力热处理,以消除内应力。

此外,还有铆接机架、预应力机架、钢筋混凝土机架等。

14.1.3　机架零件设计的基本要求

1. 足够的强度和刚度

机架零件是机械的基础零件,承受机械工作时的全部载荷,包括静载荷、动载荷及移动的载荷,如机架的刚度和强度不够,则会影响整机的工作性能和使用寿命。对于承受大载荷的机架零件,如锻压和冲压机械的机架,其截面尺寸往往由强度条件决定;对于机床等有高精度要求的机械,其机架零件的截面尺寸往往由刚度条件决定。

2. 结构力求简单,改善制造和装配工艺性

机架零件本身结构形状较复杂,为改善其工艺性,应力求结构简单。

铸件应有良好的铸造工艺性,壁厚应尽可能均匀和平缓过渡,有合适的铸造斜度和铸造圆角,合理配置加强筋。

焊接机架应有良好的焊接工艺性,选择合适的焊缝形式和注意焊缝位置,尽可能减少其变形。

尽量减少加工表面的数量和面积,减少加工中机架零件的装卡和翻转次数;同一平面上的多个需加工表面,应尽可能布置在同一高度上,以便于加工和测量;同一轴心线上的各孔直径应相同或依顺序递减;开孔位置和大小适宜,既便于装卡、吊装、定位、加工和测量,又便于机架内部零件装配和检查,又不致使机架刚度和强度减低过多。

3. 散热良好,传热均匀

机架应有良好的散热性能,尤其应注意传热的均匀性。不均匀的传热会使机架零件产生热变形和热应力,影响整机的精度和强度。

4. 良好的减振和隔振性

任何机械工作时都有不同程度的振动,振动经机架最终传到基础和地基,不仅影响机械系统的动态性能,也会影响周围设备的正常工作。为使机械-基础-地基系统的振动能满足机械系统正常工作的要求,应进行系统动力学分析。

机械设计时,对转速较高的旋转零部件应进行动平衡,以减少振动;对往复运动机械(如冲压机械)则很难消除其惯性冲击引起的振动,除采取适当措施限制往复移动零件的运动速度外,还需采取减振和隔振措施。提高系统的刚度、使振动频率避开系统的固有频率、增加阻尼等均可有效地减小振动。采用隔振器是常用的隔振措施。

当采用隔振器时,机架必须考虑隔振器的安装和调整、维修。

此外,机架零件还应有良好的经济性、吊装、搬运、安装方便以及考虑外观造型等方面的要求。

机架零件的设计主要解决设计计算和结构设计两方面的问题。

14.2　机架零件设计中应注意的几个问题

14.2.1　计算载荷

由于机架零件是机器中最大的零件,常是最费工时、最贵的零件,并且其损坏后常导致机器发生严重事故,故在设计中应多加关注。在计算机架零件时,应以可能出现的最大载荷作为计算载荷,以便在过载时仍具有足够的强度。

目前,大多机架零件的设计都是采用类比设计法,即按照经验公式、经验数据或比照现有同类机架零件进行设计。由于经验设计的误差较大,故许用应力通常取得比较小。值得注意的是,经验设计对那些不太重要的机架虽然是可行的,但终究带有一定的盲目性,导致设计的机架过于笨重。对于结构形状复杂、受外界影响因素多的机架零件,难以用力学分析方法准确计算其应力和应变,在经验设计的基础上,还要用模型或实物进行实验测试,以便用测得的数据进一步修改结构与尺寸。对于重要的机架零件,可用有限元法进行精确计算,它是目前较精确决定机架零件结构尺寸行之有效的现代设计方法。

知识拓展——
机架零件的
有限元分析

14.2.2　截面形状的合理选择

截面形状的合理选择是机架设计中的一个重要问题。绝大多数的机架受力情况都很复杂,往往要产生拉伸(或压缩)、弯曲和扭转等变形。当受到弯曲或扭转时,截面形状对其强度和刚度有很大的影响。如果能够正确设计机架的截面形状,在既不增大截面积,又不增加(或减小)零件质量的前提下,合理地改变截面形状可增大它的抗弯截面系数和惯性矩,能够提高机架零件的强度和刚度。几种截面积相等而形状不同的梁,在弯曲强度、弯曲刚度、扭转强度和扭转刚度等方面的相对比较值见表 14.2。

表 14.2   几种截面形状梁的相对强度和相对刚度(截面积 ≈ 2 900 mm²)

相对比较项目		Ⅰ(基本型)	Ⅱ	Ⅲ	Ⅳ
相对强度	弯曲	1	1.2	1.4	1.8
	扭转	1	43	38.5	4.5
相对刚度	弯曲	1	1.15	1.6	1.8
	扭转	1	8.8	31.4	1.9

从表 14.2 可以看出,主要受弯曲的零件以选工字形截面为好,其相对的弯曲强度和刚度都为最大;主要受扭转的零件,从强度方面考虑,以选用圆形截面为最好,空心矩形的次之,其他两种形状的强度则比前两种小许多倍;仅从刚度方面考虑,以选用空心矩形截面的最为合理。机架受载情况一般都比较复杂(拉压、弯曲、扭转可能同时存在),对刚度要求又高时,应综合考虑各方面情况,以选用空心矩形截面比较有利。这种截面的机架也便于附装其他零件,因此多数机架的截面都以空心矩形为基础。对于受动载荷的机架零件,为了提高它的吸振能力,也应采用合理的截面形状。不同尺寸的工字形截面钢梁在受弯曲作用时的相对性能比较值见表 14.3。

表 14.3   不同尺寸工字形截面钢梁在受弯曲作用时的相对性能比较

相对比较项目	Ⅰ(基本型)	Ⅱ	Ⅲ
相对惯性矩	1	0.72	0.82
相对抗弯截面系数	1	0.91	1
相对质量	1	0.82	0.89
相对最大变形能	1	1.13	1.21

由表 14.3 可知,方案 Ⅱ 的动载性能比方案 Ⅰ 大 13%,而相对质量降低 18%,但静载强度同时降低约 10%(比较抗弯截面系数)。方案 Ⅲ 将受压翼缘缩短 40 mm、受拉翼缘放宽 10 mm,质量减少约 11%,静载强度不变,而动载性能约增加 21%。由此可见,只要合理设计截面形状,即使截面面积并不增加,也可以提高机架承受动载的能力。

14.2.3　间壁和筋

一般说来,提高机架零件的强度和刚度可采用以下两种方法:① 增加壁厚。这种方法并非在任何情况下都能见效,即使见效,也很可能不符合经济性原则。② 在壁与壁之间设置间壁和筋。这种方法在提高强度和刚度方面常常是最有效的,因此经常采用。设置间壁和筋的效果在很大程度上取决于布置是否正确,不适当的布置效果不显著,甚至会增加铸造难度和浪费材料。几种不同型式间壁的梁在刚度方面的相对比较见表 14.4。

表 14.4　几种不同型式间壁的梁在刚度方面的相对比较

相对比较项目		Ⅰ(基本型)	Ⅱ	Ⅲ	Ⅳ	Ⅴ
相对质量		1	1.14	1.38	1.49	1.26
相对刚度	弯曲	1	1.07	1.51	1.78	1.55
	扭转	1	2.08	2.16	3.30	2.94
相对刚度/ 相对质量	弯曲	1	0.94	0.85	1.20	1.92
	扭转	1	1.83	1.56	2.22	2.34

由表 14.4 可知,方案 Ⅴ 的斜间壁具有显著效果,其弯曲刚度比方案 Ⅰ 的弯曲刚度大约 0.5 倍,扭转刚度比方案 Ⅰ 的扭转刚度大约 2 倍,而相对质量仅增加了约 26%。虽然方案 Ⅳ 的交叉间壁弯曲刚度和扭转刚度都有所增加,但材料却要多耗费 49%。若以相对刚度和相对质量之比作为评定间壁设置的经济性指标,则显而易见,方案 Ⅴ 比方案 Ⅳ 好,方案 Ⅱ、Ⅲ 的弯曲刚度相对增加值反不如质量的增加值,二者比值小于 1,说明这种间壁设置是不可取的。

14.2.4　壁厚的选择

对于空心的机架零件,在选择其最小壁厚时,不仅应满足强度、刚度和振动稳定性等方面的要求,还应满足制造工艺要求。即最小壁厚应保证液态金属能够通畅地流满型腔,补偿由木模、造型、安放砂芯等造成的误差,并在清理铸件时具有所需的强度。通常,这样确定的最小壁厚要比按强度、刚度要求确定的壁厚大得多。当机械的外廓尺寸一定时,由于其质量主要取决于壁厚,因而在满足强度、刚度、振动稳定性及制造工艺性等要求的情况下,应尽量选用较小的壁厚。常用材料铸造箱体的壁厚推荐值见表 14.5,表中 $N(\mathrm{m})$ 为当量尺寸,按式(14.1)计算。

$$N = \frac{2L + B + H}{3\,000} \tag{14.1}$$

式中:L、B、H 为箱体的长、宽、高(mm)。

表 14.5　常用材料铸造机架零件的壁厚 t 推荐值

当量尺寸 N/m	箱 体 材 料 / mm			
	灰铸铁	铸钢	铸铝合金	铸铜合金
0.3	6	10	4	6
0.75	8	10~15	5	8
1.0	10	15~20	6	
1.5	12	20~25	8	
2.0	16	25~30	10	
3.0	20	30~35	≥12	
4.0	24	35~40		
5.0	26	40~45		
6.0	28	45~50		
8.0	32	55~70		
10.0	40	>70		

注：① 此表为砂型铸造壁厚数据。

　　② 球墨铸铁、可锻铸铁壁厚减小 20%。

　　③ 此表为外壁厚 δ。箱内壁厚度：铸铁、铸铝合金箱体 $(0.8~0.9)\delta$，铸钢件箱体 $(0.7~0.8)\delta$，铸铜合金箱体 $(0.8~0.85)\delta$。

　　间壁和筋的厚度一般可取为主壁厚的 0.6~0.8 倍。筋的最大高度约为主壁厚的 5 倍。

　　铸钢件由于铸造工艺的要求（钢水比铁水的流动性差），其最小壁厚应比铸铁件约大 20%~40%，碳素钢铸件取小值，合金钢铸件取大值。

　　同一铸件的壁厚应力求趋于相近。当壁厚不同时，在厚壁和薄壁相连接处应设置平缓的过渡圆角或斜度。圆角或过渡斜度的尺寸见相关手册或图册。铸钢件的过渡圆角或斜度应比铸铁件适当增大。

14.3　机架零件的结构设计

　　机架零件设计的重点是结构设计，现以减速器机体为例介绍在进行机架零件结构设计时应考虑的问题。减速器是由机体及安装在机体内的齿轮传动、蜗杆传动组成的独立传动装置，常用于原动机和工作机之间。

　　减速器机体是减速器的主要零件之一。它用以密封、支承和固定各传动件的轴承部件，使之具有较高的传动质量及良好的润滑和密封。减速器机体设计中的强度和刚度主要是根据经验公式进行计算的。减速器机体的结构设计是机体设计中的主要任务。减速器机体结构设计的任务是确定机体的结构形式和各部分的尺寸。由于组成减速器的各个零、部件最终都要安装在机体上，故在设计时应全面综合考虑各个零件对机体结构的影响。这也是减速器机体设计的难度比其他零、部件大的原因。机体结构设计中要考虑的主要问题有以下几个方面：① 机体的结构形式；② 轴承部件正确的工作位置和足够的支承强度和刚度；③ 机体的固定；④ 机体的加工工艺性；⑤ 机体的工业造型；⑥ 机体内传动件与轴承的润滑与密封；⑦ 减速器的装拆和修理、维护、回收的工艺性。

14.3.1　减速器机体结构形式

根据轴承部件装配的需要，机体结构形式有剖分式和整体式两大类。

剖分式机体（图 14.1）沿传动轴线分成机座和机盖两部分，并用螺栓连接成一体。剖分式机体的特点是拆装方便，其缺点是增加了零件数量。剖分式结构常用于大尺寸的减速器。

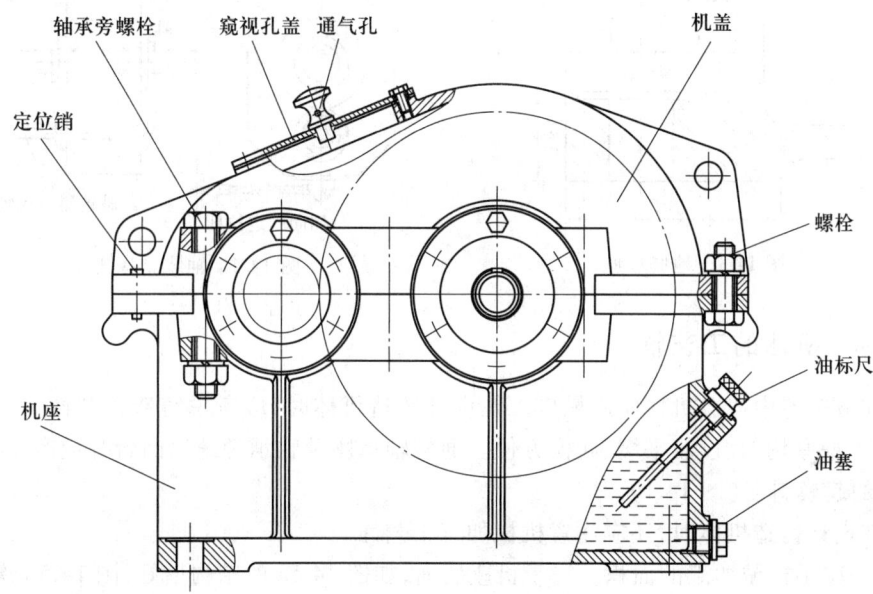

图 14.1　剖分式机体

整体式机体（图 14.2）用于小型减速器（中心距 $a \leqslant 120 \text{ mm}$）。整体式机体的优点是刚度大、结构简单、零件数量少，缺点是装配较困难。图 14.2 为蜗杆减速器机体。蜗杆轴承部件从下面的轴承座孔中装入，蜗轮轴承部件从上面的大孔中装入。因此，在设计机体尺寸时应考虑轴承部件的安装问题。

14.3.2　轴承座支承刚度

传动件上的载荷通过轴、轴承作用在轴承座上，如果轴承座刚度不够，变形过大，将直接影响传动的啮合质量。提高轴承座支承刚度的措施有：① 保证轴承座有足够的厚度，一般为机体壁厚的 $2 \sim 2.5$ 倍；② 为轴承座加支承筋；③ 提高剖分式轴承座的螺栓连接刚度，使两个轴承旁连接螺栓距离尽量靠近，并在轴承座旁留出有适当高度的凸台（图 14.1）。

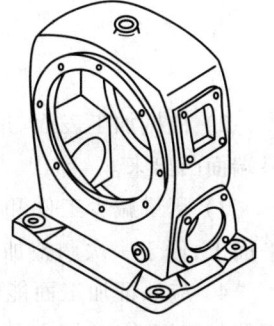

图 14.2　整体式机体

减速器下箱体的有限元分析

14.3.3　机体的固定

减速器工作时,由于输入转矩和输出转矩不等,机体将受到很大的倾覆力矩,为防止机体倾覆,必须加以固定。常用的固定方式有地脚底座式和轴装悬挂式。

地脚底座式固定是用螺栓将底座凸缘固定在基础上。在设计时应保证底座凸缘有足够的刚度(图 14.3)。目前,地脚底座式固定方式的应用较为广泛。

轴装悬挂式减速器(图 14.4)的输出轴为空心轴,套装在被传动的工作机输入轴上并用拉杆周向固定,以防止其绕空心轴转动。轴装悬挂式减速器结构简单、安装方便、外廓尺寸小、成本低,常用于较轻的小型减速器上。

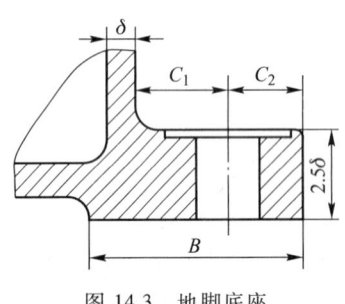 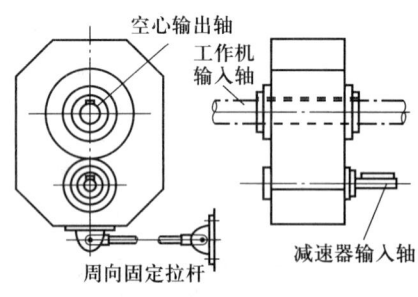

图 14.3　地脚底座　　　　　图 14.4　轴装悬挂式

14.3.4　机体的工艺性

在减速器中铸造机体应用最广。在设计铸造机体时,应考虑铸造工艺性,力求形状简单、壁厚均匀、过渡平缓、起模方便。通常轴承座及轴承旁螺栓凸台都应有 $1:10 \sim 1:20$ 的起模斜度(图 14.1)。

在设计铸造机体时,还应注意机械加工工艺性。

1)减小机械加工的面积。对于机座底面,如图 14.5a 的结构最好,图 14.5b 次之,而图 14.5c 最差。

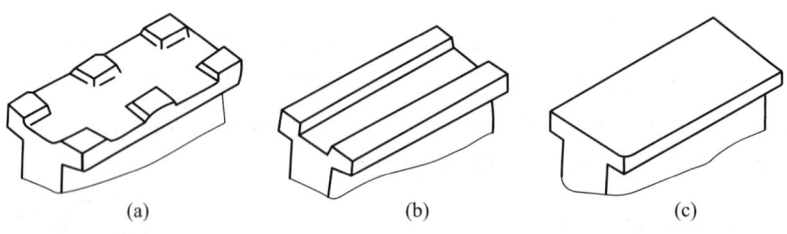

(a)　　　　　　　　(b)　　　　　　　　(c)

图 14.5　机座底面结构形式

2)机械加工表面与非加工表面要明显区分开,如图 14.6 所示,要把加工的轴承座端面凸出来。

3)尽量减少工件和刀具的调整次数。如图 14.6 所示,两个轴承座的端面在同一平面上,便于一次调整加工。

4)应保证加工面能够方便地加工。如图 14.7 所示,图 a 中刀具与机座凸缘干涉,不能加工沉头座,图 b 的设计是正确的。

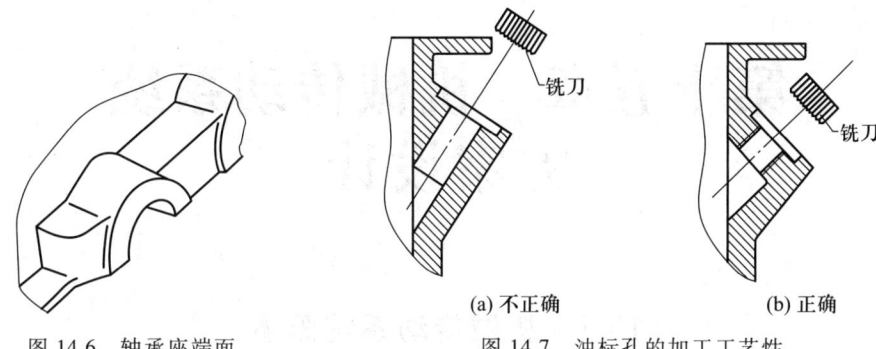

图 14.6　轴承座端面　　　　图 14.7　油标孔的加工工艺性

14.3.5　机体的几何造型

图 14.1 所示的机体几何造型是圆柱齿轮减速器机体中最常用的,机座为方形,机盖形状为"两圆弧加一切线",两圆弧的中心为两齿轮的中心,半径分别为各自的齿顶圆半径、内壁至齿顶圆间的间距及壁厚三者之和。目前,在设计机体造型时开始注意从工业美学的角度考虑,如方箱式机体(图 14.8)为人们所采用的越来越多。方箱式机体外观平整,没有凸缘,机盖和机座采用内六角螺钉连接;没有外筋,采用内筋来增加轴承的刚度。

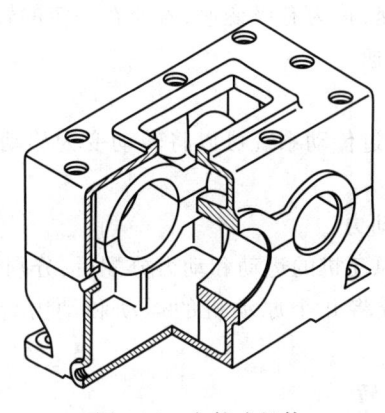

图 14.8　方箱式机体

思考题与习题

14.1　机架零件的功能是什么?

14.2　机架零件的常见形状有哪些?

14.3　对机架零件的一般要求有哪些?

14.4　试述减速器剖分式和整体式机体的结构特点?

14.5　在设计中可采取哪些措施来保证减速器机体上的轴承座的支承刚度?

14.6　减速器机体为什么要固定? 有哪些固定方式?

14.7　如何提高减速器的铸造机体的铸造工艺性和机械加工工艺性?

14.8　对减速器机体有哪些精度要求?

第十五章 机械传动系统
方案设计

15.1 机械传动系统概述

15.1.1 机械传动系统的功能

机械传动系统是机器中将原动机的动力和运动传递给工作机的中间装置,是机器的重要组成部分。它的一般功能有:

1. 减速或增速

通过传动系统将原动机的速度降低或增高,使之与工作机的速度一致。

2. 变速

在原动机转速一定的条件下,通过传动系统输出多种速度以满足工作机的要求。若只能输出有限的几种转速,称为有级变速;若能在一定的转速范围内,输出其中任意选定的转速,则称为无级变速。

3. 改变运动形式

原动机通常是转动,通过传动系统可以将转动变为移动、摆动或间歇运动以满足工作机的要求。

4. 分配或合成运动和动力

通过传动系统将一个原动机的运动和动力分配后,分别传递到一个机器的几个工作机上去;或通过传动系统将几个原动机的运动和动力合成后传递到一个工作机上去。

5. 实现停歇、制动或反转

15.1.2 机械传动的分类

按传力原理,机械传动可分为摩擦传动、啮合传动和推压传动三类;按结构,机械传动可分为直接接触传动和有中间挠性件(或刚性件)的传动;按传动比能否改变,机械传动可分为固定传动比传动和变传动比传动。常用机械传动的类型如图 15.1 所示。

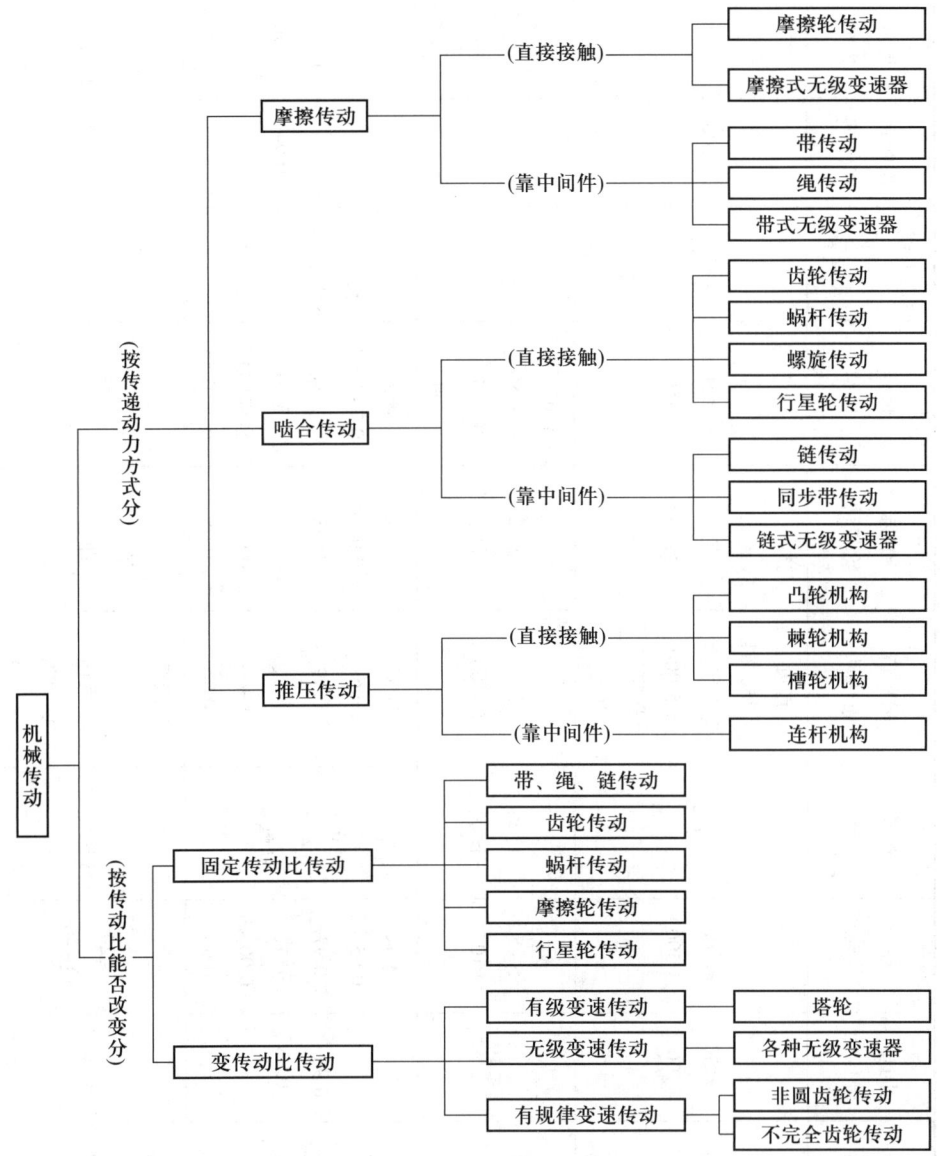

图 15.1 常见机械传动的类型

15.2 常用机械传动的主要性能、特点和选择

15.2.1 常用机械传动的主要性能和特点

常用机械传动的主要性能和特点见表 15.1,可供选择传动类型时参考。

表 15.1　常用机械传动的主要性能和特点

传动类型＼项目	摩擦轮传动	平带传动	V带传动	同步带传动	链传动	螺旋传动	圆柱齿轮传动	锥齿轮传动	蜗杆传动	渐开线行星齿轮传动	摆线针轮传动	谐波传动
常用功率 P/kW	≤20 (200)	≤20 (3 500)	≤40 (300)	≤50 (100)	≤100 (3 500)	小功率	直齿≤750, 斜齿人字齿≤5 000 (还可以更大)	直齿≤1 000	≤50 (750)	(3 500)	≤100 (250)	≤100 (2 200)
单级传动比 i	≤7~10 (15~25)	2~3 (5)	2~4 (7)	≤10	5~8 (10)	传动比大	3~5 (10)	2~3 (8)	闭式10~40(80) 开式15~60	3~9	11~87	50~500
传动效率 η	闭式0.90~0.96 开式0.80~0.88	0.94~0.98	0.90~0.94	0.96~0.98	闭式0.95~0.97 开式0.90~0.93	滑动螺旋0.3~0.6，滚动螺旋≥0.9	闭式0.96~0.99 开式0.94~0.96	闭式0.94~0.98 开式0.92~0.95	闭式0.7~0.92 开式0.5~0.7 自锁蜗杆0.4~0.45	变化很大从为0~0.98	0.9~0.94	0.69~0.90
许用圆周速度 $v/(\mathrm{m/s})$	≤15~25	≤60	≤25~30	≤100	≤20 30~40	低速传动	7级精度≤25 5级精度斜齿≤130	直齿<5 曲齿5~40	$v_s≤15$ (35)	基本同齿轮传动		

续表

项目 ＼ 传动类型	摩擦轮传动	平带传动	V 带传动	同步带传动	链传动	螺旋传动	圆柱齿轮传动	锥齿轮传动	蜗杆传动	渐开线行星齿轮传动	摆线针轮传动	谐波传动
外廓尺寸	大	大	大	大	大	小	小	小	小	小	小	可小可大
工作平稳性	好	好	好	好	差	一般	一般	一般	好	一般	一般	一般
吸振缓冲能力	好	好	好	好	中等	差	差	差	差	差	差	差
自锁能力	无	无	无	无	无	可有	无	无	可有	无	无	无
过载保护能力	有	有	有	无	无	无	无	无	无	无	无	无
使用寿命	短	短	短	短	中等	滑动螺旋短，滚动螺旋长	长	长	中等	长	长	长
对制造安装精度的要求	中等	低	低	低	中等	滑动螺旋低，滚动螺旋高	高	高	高	高	高	高
对润滑条件的要求	一般 不需要	不需要	不需要	不需要	中等	高	高	高	高	高	高	高
环境适应性	一般	不能接触酸、碱、油类及粉尘、爆炸性			好	一般	一般	一般	一般	一般	一般	一般

15.2.2　机械传动类型的选择

1. 选择机械传动类型的依据

1）工作机的性能参数和工况要求,如工作机拖动负载的工作阻力(F)或阻力矩(T)、工作机的运动参数(线速度 v 或转速 n、反转、停歇)及运动精度要求等。据此选用的传动类型的功率、速度(或转速)应在其适用的功率、速度(或转速)范围内。

2）原动机的额定转速和调速性能。由原动机的额定转速和工作机的转速可以确定传动系统总传动比,据此选用的传动类型的传动比应在其适用的传动比范围内。若单级传动比不能满足要求时,可采用多级传动。

3）对机械传动系统结构尺寸和安装位置等的设计要求,如要求结构紧凑,两轴相交布置等。

4）机械传动系统的工作条件,如温度、湿度、粉尘、腐蚀、易燃、易爆、噪声等方面的要求。

5）制造工艺性和经济性要求,如制造和维护费用、生产批量、使用寿命、传动效率等。

2. 选择机械传动类型的基本原则

1）大功率传动,应优先选用传动效率高的齿轮传动,以减少能耗,降低成本。

2）中小功率传动,宜选用结构简单、价格低、标准化程度高的带传动或链传动,以降低制造成本。

3）载荷变化较大时,应选用具有吸振缓冲能力的带传动或摩擦轮传动。

4）工作中可能出现过载时,应选用具有过载保护作用的带传动。

5）工作温度较高、潮湿、多粉尘、易燃易爆场合,宜选用链传动、齿轮传动或蜗杆传动。

6）要求两轴保持准确的传动比时,应选用齿轮传动、蜗杆传动或同步带传动。

7）要求能自锁时,应选用螺旋传动或蜗杆传动。

8）要求传动尺寸紧凑时,应优先选用齿轮传动。当传动比较大又要求尺寸紧凑时,可选用蜗杆传动或行星齿轮传动。

9）两轴中心距较大时,应选用带传动或链传动。

10）当要求间歇运动时,可选用槽轮机构、棘轮机构、凸轮机构或不完全齿轮机构。

11）当两轴平行布置时,可选用摩擦轮传动、带传动、链传动或圆柱齿轮传动。当两轴相交布置时,可选用锥摩擦轮传动或锥齿轮传动。当两轴交错布置时,可选用蜗杆传动或螺旋齿轮传动。

12）要求反转时,首先考虑采用电动机反转,然后再考虑采用变速箱。

15.3　机械传动系统方案的设计与设计示例

机械传动系统方案的设计是一项比较复杂的工作,为了较好地完成此项任务,设计者不仅需要对各种机械传动的性能、运动、工作特点和适用场合等有较深入而全面地了解,而且需要有比较丰富的相关知识和设计实践经验,经过多方面分析比较,才能拟订出比较合理的机械传动系统方案。但是机械传动系统方案的设计并无一成不变的模式可循,设计者可以充分发挥自己的创造能力。下面介绍机械传动系统方案设计的一般原则、步骤和示例,供设计时参考。

15.3.1 机械传动系统方案设计的一般原则

1）合理地选择传动类型(见 15.2.2)。

2）传动链尽量简短,机构尽可能简单,以利于减小结构尺寸、降低成本、提高传动总效率和传动精度。

3）在多级传动中,应合理布置各类传动的顺序,其原则是:

① 带传动宜布置在高速级,使之与原动机相连,而其他传动布置在带传动之后,这样有利于发挥带传动的传动平稳、吸振缓冲和过载保护的特点,并有利于整个传动系统的结构尺寸紧凑、匀称。

② 链传动平稳性差,且有冲击、振动,不适于高速级,应将其布置在低速级。

③ 当传动中既有直齿轮,又有斜齿轮时,斜齿轮传动应布置在高速级,以发挥其传动平稳的特点;当传动中既有开式齿轮传动又有闭式齿轮传动时,闭式齿轮传动应布置在高速级,以减小闭式齿轮传动的外廓尺寸,降低成本,而开式齿轮传动制造精度低、润滑不良、工作条件差,磨损严重,放应布置在低速级。

④ 当需要改变轴的布置方向时,可选用锥齿轮传动,应布置在高速级,以减小其直径和模数,降低加工困难程度。

⑤ 蜗杆传动可实现较大的传动比,结构紧凑,传动平稳,但传动效率低,故应布置在中小功率的高速级传动中。

⑥ 在传动系统中,用以改变运动形式的连杆机构、凸轮机构、间歇运动机构等,一般应布置在传动系统的最后一级。

4）合理地将总传动比分配到传动系统的各级传动中,其原则是:

① 各类传动的传动比应在推荐的范围内(见表 15.1)。

② 应使各级传动的尺寸协调,结构紧凑、匀称。

③ 各个传动零件彼此不发生干涉,各个传动零件与轴不发生干涉。

④ 对闭式齿轮传动,应使各级大齿轮的直径相近,以便于齿轮的浸油润滑。

5）保证机器的安全运转。例如无自锁性能的机构,应设置制动器,而对于起重机械,虽有蜗杆传动能够自锁,但标准规定必须设置制动器以保证安全,安全制动器通常布置在低速级,以保证安全可靠。为防止机器因过载遭受损坏,应选用有过载保护功能的摩擦传动机构或设置安全联轴器;当传动系统的起动载荷过大,超过了原动机的起动力矩,则应在传动系统中设置离合器,使原动机能空载起动。

6）注重经济性要求,在满足机器功能要求的前提下,从设计制造、安装调试维修、能源和原材料消耗、使用寿命和运维管理诸方面进行综合考虑,使传动方案的费用最低。

7）适应科学技术的发展,努力实现机、电、液、气传动机构相结合,充分利用和发挥各门技术的优势,使设计的传动系统方案更为完善和经济。

15.3.2　机械传动系统方案设计的一般步骤

1）根据设计任务书的设计参数和要求,确定机器的工作原理和技术要求。

2）根据工作机的性能参数和机器工作条件,选择原动机的类型、功率和运动参数,并确定传动系统总传动比。

3）选择传动系统所需的传动类型,拟定从原动机到工作机之间的传动系统总体布置方案,并绘制传动系统示意图。

在这一阶段,需要进行多方案比较和技术经济评价,从中选出最佳方案。

4）根据传动方案的设计要求,将总传动比分配到各级传动。

5）确定传动系统各轴传递的功率、转矩和转速。

6）对传动系统的各个传动件进行承载能力计算,确定其几何参数和尺寸。

7）绘制传动系统的机构运动简图、总装配图、部件图和零件图。

15.3.3　机械传动系统方案设计示例

【**例 15.1**】　试对图 15.2 所示简易冲压机及其送料装置的传动方案进行分析。

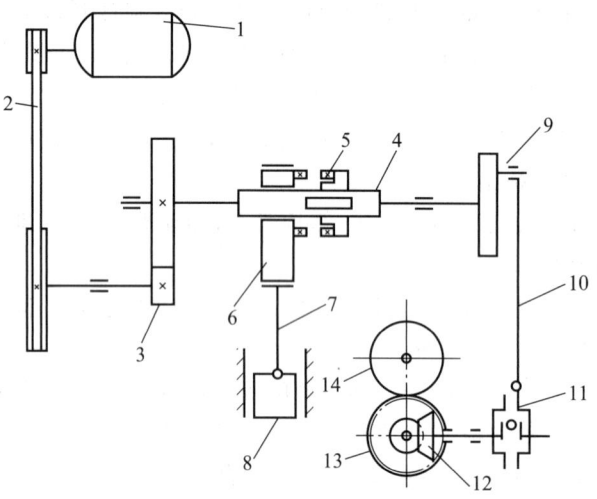

1—电动机；2—V 带传动；3—开式圆柱齿轮传动；4、6—曲轴；5—牙嵌离合器；7—连杆；
8—滑块；9—曲柄；10—摆杆；11—超越离合器；12—锥齿轮传动；13、14—送料滚子。

图 15.2　简易冲压机及其送料装置传动方案

【**解**】

1）冲压机的冲压过程由原动机 1→V 带传动 2→开式圆柱齿轮传动 3→曲柄滑块机构(4、5、6、7、8、9)来实现。这种传动类型的选择与布置是合理的,因为:

① 选用 V 带传动且放在高速级

a）V 带传动具有振缓冲和过载保护作用,这是冲压机所需要的;

b）高速级转矩小,可减小 V 带的尺寸和根数,也可减小 V 带轮的尺寸,从而减少成本。

② 选用开式圆柱齿轮传动放在低速级

a）低速级转矩大,齿轮传动能够承受;

b）低速级转矩大，开式圆柱齿轮传动的大齿轮尺寸较大，质量较大，惯性矩较大，具有飞轮的作用，可以满足冲压机的要求。

③ 选用曲柄滑块机构放在传动系统的最后一级

a）将回转运动变为上下往复直线运动，实现冲压工作，而且偏置曲柄滑块机构具有急回特性，可以节省空行程时间，提高生产效率。

b）采用了牙嵌离合器，可以实现偏心套与偏心轴之间的相对偏心量的调整，从而调整冲压行程。

2）冲压机工作时的送料过程由原动机 1→V 带传动 2→开式圆柱齿轮传动 3→曲柄摆杆机构（9、10）→超越离合器 11→锥齿轮传动→送料滚子 13、14 来实现。这种传动类型的选择与布置是合理的，因为：

① 选用 V 带传动且放在高速级，开式圆柱齿轮传动放在低速级，这是冲压机的要求。而且利用了低速级输出的动力和转速，作为送料装置的原动力，这既节省了原动机，又便于冲压与送料过程的协调。

② 选用曲柄摆杆机构，将回转运动变为往复摆动。

③ 选用超越离合器 11，将摆杆 10 的往复摆动变成锥齿轮传动的定向、间歇转动，并通过锥齿轮传动实现传动件轴线方向的变化，满足送料方向的要求。

④ 定向、间歇转动的锥齿轮传动，带动滚子 13、14 在滑块 8 上升时完成间歇送料的功能。

【例 15.2】 6 种剪板机实现活刀口开合运动传动方案见表 15.1，刀剪每分钟摆动 25 次，电动机功率 5.5 kW，电动机转速 720 r/min。试比较表中各传动方案的优劣。

【解】

1）传动系统的总传动比

$$i = \frac{n_m}{n_w} = \frac{720}{25} = 28.8$$

2）传动系统的方案选择。根据总传动比的要求和给出的已知条件，有 7 个方案可供选择，见表 15.2。

表 15.2 机械传动系统方案的比较

方案	传动系统及各级传动化	方案简图	优点和缺点比较
a	电动机→V 带→齿轮→凸轮 $i_1 = 6.4, i_2 = 4.5$	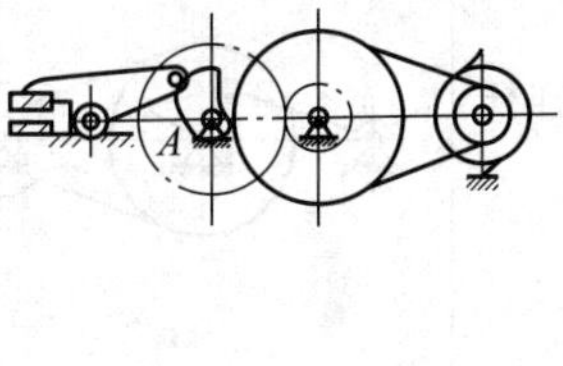	剪板机工作速度低，载荷重且有冲击，活动刀剪除要求适当的摆角、急回速比及增力性能外，其运动规律并无特殊要求，方案 a 采用凸轮机构变换运动形式不如方案 b 采用连杆机构变换运动形式好

续表

方案	传动系统及各级传动化	方案简图	优点和缺点比较
b	电动机→V带→齿轮→连杆 $i_1 = 6.4, i_2 = 4.5$		方案 b 高速级采用 V 带传动,可发挥其缓冲吸振的特点,使剪铁时的冲击振动不致传给电动机,且当过载时 V 带在带轮上打滑对机器的其他机件起安全保护作用,虽然其外廓尺寸大一些,但结构和维护都比方案 c、d 和 e 方便
c	电动机→链→齿轮→连杆 $i_1 = 6.4, i_2 = 4.5$		方案 c 高速级采用链传动,噪声、振动大,剪板机冲击较大,缓冲吸振能力不如方案 b,所以该方案不好
d	电动机→齿轮→齿轮→连杆 $i_1 = 6.4, i_2 = 4.5$		方案 d 采用二级齿轮传动,效率高、尺寸小,但不能缓冲吸振,成本也较高。另外,由于齿轮尺寸小,转动惯量小,需要加一个飞轮来满足剪切要求,所以该方案不好
e	电动机→蜗杆→连杆 $i = 28.8$		方案 e 采用一级蜗杆传动,尺寸最小,但效率低,功耗大,不能缓冲吸振,材料及加工成本高,转动惯量小,需要另外加一个大飞轮来满足剪切要求,所以该方案不好
f	电动机→齿轮→V带→连杆 $i_1 = 4.5, i_2 = 6.4$		方案 f 中 V 带靠摩擦传动,承载能力低,不宜放在低速级,尺寸太大;而齿轮放在高速级,噪声较高,制造安装精度要求高,所以该方案不好

续表

方案	传动系统及各级传动化	方 案 简 图	优点和缺点比较
g	电动机→V 带→齿轮→连杆 $i_1 = 4.5, i_2 = 6.4$		方案 g 高速级用 V 带传动,可缓冲吸振,且大带轮可作飞轮用,能解决剪板机短时最大负载所需的储能需要。其结构简单、维护方便。但比较之下,方案 b 高速级传动比 i_1 较方案 g 的大,这样转速较高的大带轮更大,飞轮效果佳,同时,传动比 i_2 较小,使齿轮结构紧凑,所以方案 b 最好。但若不考虑飞轮效果,通常选用方案 g

【例 15.3】 试设计工件装配输送线上转位装置传动系统方案。

要求:被装配工件在输送滚轴上输送到托盘上后,托盘上升,使工件离开输送滚轴,并转动 90°,然后托盘下降落到原来的位置,转位后的工件在输送滚轴上继续前进。

【解】 转位装置传动系统方案如图 15.3 所示。

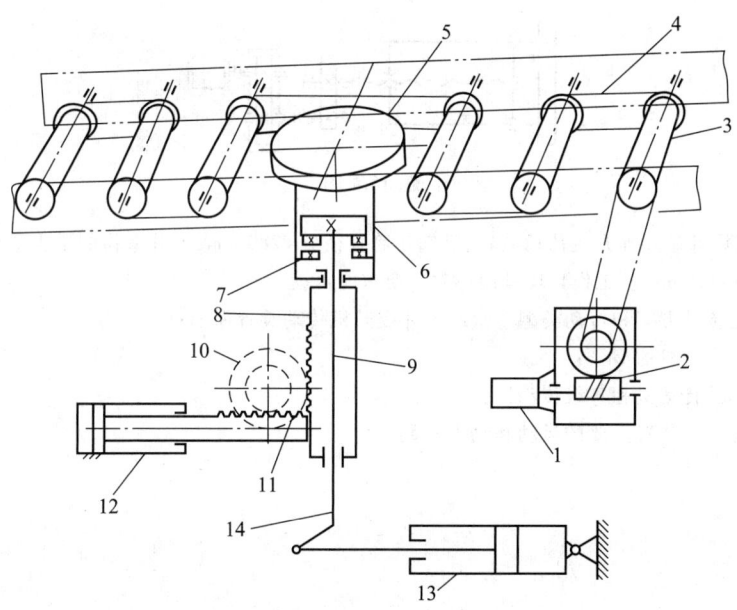

图 15.3 转位装置传动系统方案

其工作原理是:工作时,电动机 1 通过蜗杆减速器 2、滚轴 3 及链传动 4 带动放在滚轴 3 上的工件向前输送,当工件输送到托盘 5 上面后,光电传感器接收到信号,控制

气缸 12 推动齿条 11 向右移动,通过齿轮 10 驱动齿条套筒 8 与托盘座 6 向上运动,托盘座 6 内的牙嵌离合器接合子与固连在传动轴 9 上的牙嵌离合器的接合子接合,控制系统控制气缸 13 工作推动摆杆 14 转动,由于摆杆与传动轴固接,故托盘进行转位。完成转位后,托盘下落至原来的位置,工件在滚轴上继续前进。

在此方案中,由于采用了气缸驱动,使传动系统结构大为简化,显然机、电、液、气相结合的机械设计是势在必行的趋势。

思考题与习题

15.1 试述常用机械传动的类型有哪些?机械传动的主要性能有哪些?

15.2 选择机械传动类型时应考虑哪些主要因素?

15.3 对下列减速传动方案进行分析:

(1) 电动机→链传动→直齿圆柱齿轮传动→斜齿圆柱齿轮传动→工作机;

(2) 电动机→开式直齿圆柱齿轮传动→闭式直齿圆柱齿轮传动→工作机;

(3) 电动机→V 带传动→闭式直齿圆柱齿轮传动→链传动→工作机。

15.4 题 15.4 图所示为螺旋推力机传动装置,已知电动机功率 $P_d = 4$ kW,转速 $n = 1\,440$ r/min,被推物料的移动速度 $v = 0.4$ m/min,螺杆螺距 $P = 6$ mm,单线,螺旋传动效率 $\eta_s = 0.40$,其他传动(包括齿轮及轴承)总效率 $\eta = 0.87$,求:

(1) 螺杆转速及其与电动机之间的传动比;

(2) 螺旋的推力 F;

(3) 根据以上数据,图示传动方案是否合适,试提出另外三种传动方案(其中包括一种不用螺旋传动的推力机方案)。

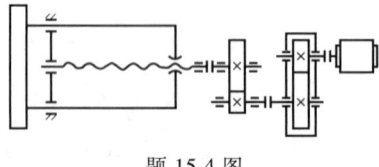

题 15.4 图

15.5 试设计矿井提升机传动装置,已知卷筒直径 $D = 280$ mm,提升重物的重力 $F = 6\,000$ N,重物上升速度 $v = 0.5$ m/s。工作环境潮湿、多尘,要求能自锁。

(1) 确定传动方案和传动类型并绘制矿井提升机传动装置简图;

(2) 选择电动机的型号;

(3) 计算总传动机和各级传动比;

(4) 计算传动装置主要的运动和动力参数。

第十六章　机械系统现代设计方法简介

机械零部件设计的流程通常是针对可能的失效形式、选用合适的材料和热处理，采用合适的计算方法对与失效有关的主要指标在结构设计前进行设计计算，或在设计后进行校核验算，以保证零件在设计寿命之内不发生失效。为了寻求保证设计质量、加快设计进度、避免或减少设计失误，并适应科学技术发展的要求，在设计中引入了现代设计方法。现代设计方法是推动产品设计、制造、装配、运行、维护等各个环节的动力。随着机械系统的复杂性、环境影响、服务属性等发生的显著变化，机械设计理论与方法也需不断地向前发展，特别是借助于计算机技术以及互联网的优势，提高现代设计理论与方法的适应性。本章主要对有限元设计、优化设计、可靠性设计等理论与方法进行简要介绍，并结合工程设计案例，使学习者对这些设计方法的知识性和实用性有初步的了解。

16.1　概　　述

16.1.1　传统设计与现代设计

从广义上讲，设计是指发展过程的安排，包括发展的方向、程序、细节及达到的目标。狭义上的设计是指将客观需求转化为满足该需求的技术系统的活动。机械产品的设计属于后者。

通俗地讲，设计是把各种先进科学技术成果转化为生产力的一种手段和方法。就机械系统和结构范畴而言，其设计过程在本质上是一个创新过程，是从给定的合理的目标参数出发，通过各种方法和手段创造出一个所需的优化系统或结构的过程。所以，任何设计都是开发和创造新的系统和结构的过程。

设计活动受到社会生产力和技术水平的制约。在不同时期，设计的内容以及人们对设计的理解都是不同的。在技术发展的进程中，设计也从传统设计逐渐过渡到现代设计。最早的设计是由经验丰富、技术熟练的手工艺人进行的，这种设计只存在于手工艺人的头脑中，产品也是比较简单的。随着生产的发展，图纸的出现满足了多人同时参与制造的需要，并实现了经验和知识的记录和改进。到了 20 世纪后期，随着计算机技术的高速发展，人们通过运用相关的科学技术原理，可以有效地完成复杂的、高集成度的综合性计算。此外，产品的设计不仅涉及技术领域，还要考虑使用者的安全性、舒适性，以及环境、能源等社会问题。

一般说来，传统设计方法的特点是静态的、经验的、手工式的，现代设计方法的特点是动态的、科学的、计算机化的。现代设计是传统设计活动的延伸和发展，是随着设计实践经验的积累，逐步归纳、演绎、综合而发展起来的。在一定意义上，传统设计方法是被动地重复分析产品的性能,而现代设计方法则可以做到主动地设计产品的参数。

进入 21 世纪以来,全球制造业面临新技术革命和产业革命的挑战,主要表现为新一代信息通信技术快速发展并与制造技术深度融合。我国的制造业进入新一轮迅速发展期,向着数字化、智能化发展,船舶、机床、汽车、工程机械等产业的产品创新尤为迅速。总体而言,我国正处于从制造业价值链的低端向中高端、从制造大国向制造强国、从"中国制造"向"中国创造"转变的关键历史时期。随着移动互联网、物联网、云计算和大数据等技术的成熟,生产制造领域将具备收集、传输及处理大数据的高级能力,推动传统制造业的重构。但是,在此过程中面临的许多新问题,如机械产品附加值不高、技术创新能力较弱、能源消耗大等,为机械产品设计现代化提出了挑战。提升产品设计的创新能力和竞争力是现代设计方法学研究的首要问题。在《中国制造 2025》国家发展战略中,提出了创新设计、协同设计、生态设计、智能设计等设计手段。在该规划中,还提出建设若干具有世界影响力的创新设计集群,发展各类创新设计教育,激发全社会创新设计的积极性和主动性。

16.1.2　机械系统设计模式

机器的设计过程大体分为市场调查研究、方案拟定、技术设计、编制技术文件、样机试制和鉴定等主要步骤。在完成每个步骤时,都要应用一定的具体方法和工具来分析问题和解决问题。

在设计中,可以把设计程式(纵向主线)和具体设计技术(横向方法)的纵横交叉关系看作一个三维结构模式,称为系统工程设计方法模式,如图 16.1 所示。可见,机械系统设计是一个考虑多因素、多层次的复杂的科学方法体系。

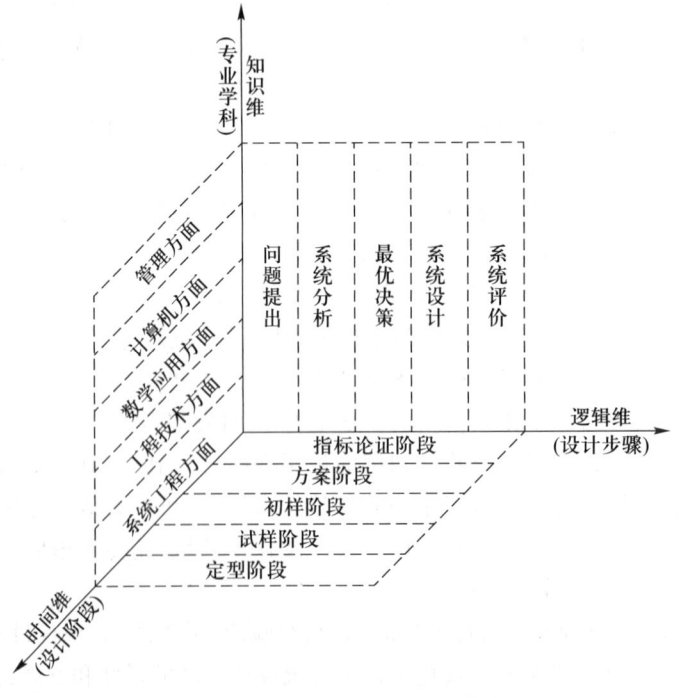

图 16.1　系统工程设计方法模式

在分析中,机械结构的模型可用一组代表外力(外载荷)、结构尺寸和强度(或刚度)等关系的方程式来表述。例如,求解一般的机械结构系统的静态问题时可用式(16.1)表示,求解动力学问题用式(16.2)表示。

$$F = Kq \tag{16.1}$$

$$M\ddot{q} + D\dot{q} + Kq = f(t) \tag{16.2}$$

式中:K 是结构的刚度特性,M 是结构的质量特性,D 结构的阻尼特性,F 和 $f(t)$ 分别是静载荷和动载荷,q 是结构静态位移或动态位移响应。

机械结构的静态或动态问题的求解方法及相应的表述形式见表 16.1。

表 16.1 机械结构设计问题的求解方法和相应的表述形式

提法	表述形式			
	输入载荷 F 或 $f(t)$	结构系统特性 K 或 M、D、K	输出 q(位移、应力或动态响应)	问题的表述方式或表达方程式
结构分析(有限元法)	F 或 $f(t)$ 已知	K 或 M、D、K 已知	求 q	$Kq = F$ 静态分析 $M\ddot{q} + D\dot{q} + Kq = f(t)$ 动态分析
参数识别	F 或 $f(t)$ 未知	K 或 M、D、K 已知	用实验方法求出 q	载荷的参数识别
	F 或 $f(t)$ 已知	K 或 M、D、K 未知		结构的参数识别
优化设计	F 或 $f(t)$ 已知	结构特性(几何尺寸、形状或拓扑)可变	以 q 等为约束条件求最佳的几何尺寸、形状或拓扑	$\min J(q_i)$ s.t.[①] $h_i(q_i) = 0$ $g_j(q_i) \leqslant 0$(包括侧面约束)
最优控制	控制变量 u 未知	结构特性(K 或 M、D、K)已知	工作指标 J 已知	$\min J(q, u)$ s.t. $\dot{q} = Aq + B$

注:① s.t.表示受约束于。

16.2 有限元法简介

有限元分析方法使随着计算机的发展而迅速发展起来的一种现代设计计算方法,是 20 世纪 50 年代首先在连续体力学领域——飞机结构静、动态特性分析中应用的一种有效的数值分析方法,随后在求解热传导、电磁场、流体力学等连续性问题中得到了广泛的应用。

基于功能完善的有限元分析软件和高性能的计算机硬件对设计的结构进行详细的力学分析,以获得尽可能真实的结构受力信息,就可以在设计阶段对可能出现的各种问题进行安全评判和设计参数修改。据有关资料,一个新产品可能出现的问题中有60%以上可以在设计阶段消除,要做到这一点,就需要类似有限元分析这样的分析手段。

16.2.1　有限元分析的目的和概念

任何具有一定使用功能的构件(称为变形体,deformed body)都是由满足要求的材料制造的,在设计阶段,需要对该构件在载荷作用下的内部状态进行分析,以检验所使用材料是否安全可靠。描述可承力构件的力学信息一般有三类:(1)构件中因承载在任意位置上所引起的移动(称为位移,displacement);(2)构件中因承载在任意位置上所引起的变形状态(称为应变,strain);(3)构件中因承载在任意位置上所引起的受力状态(称为应力,stress)。若该构件的形状简单,且外力分布也比较单一,如:杆、梁、柱、板等,便可采用材料力学的方法,一般都可以给出解析公式;若该构件几何形状、承受的载荷或者材料特性较为复杂时,一般很难得到准确的结果,甚至根本得不到结果。

有限元分析的目的是,针对具有任意复杂几何形状的变形体,完整获取在复杂外力作用下变形体内部的准确力学信息,即求取该变形体的三类力学信息(位移、应变、应力)。在准确进行力学分析的基础上,可以对所设计对象进行强度、刚度等方面的评判,以便对不合理的设计参数进行修改,以得到较优化的设计方案;然后,再次进行方案修改后的有限元分析,以进行最后的力学评判和校核,确定出最后的设计方案。

采用有限元方法,可以针对具有任意复杂几何形状的结构进行分析,并能够得到准确的结果。这是因为有限元方法是基于"离散化逼近"(discretized approximation)的基本策略,可以采用较多数量的简单函数的组合来"近似"代替非常复杂的原函数。

一个复杂的函数可通过一系列的基底函数(base function)的组合来"近似",也就是函数逼近,典型的方法包括:① 基于全域的展开(如采用傅立叶级数展开);② 基于子域(sub-domain)的分段函数(pieces function)组合(如采用 2 分段线性函数的连接)。下面是分别采用全域逼近(图 16.2a)与分段逼近(图 16.2b)的方法实现一个一维函数近似的例子。

比较上述两种方式,可以看出,第一种方式所采用的基本函数非常复杂,是在全域上定义的高次连续函数;第二种方式所采用的基本函数是在子域上定义的简单函数(线性函数),它通过各个子域组合出全域,函数的连续性阶次较低。第一种函数逼近方式,即为力学分析中的经典瑞利-里茨(Rayleigh-Ritz method)方法;而针对第二种的函数逼近方式,就是现代力学分析中的有限元方法的思想,其中的分段就是"单元"的概念。

基于分段函数描述的优势在于:① 可以将原函数的复杂性"化繁为简",使得描述和求解成为可能;② 所采用的简单函数可以人工选取,因此可取最简单的线性函数,或取从低阶到高阶的多项式函数;③ 可以将原始的微分求解变为线性代数方程。但是,这种处理中所采用的简单函数,其描述能力和效率都较低,且由于简单函数的描述能力较低,必然使用数量众多的分段来进行弥补,因此带来较多的工作量。

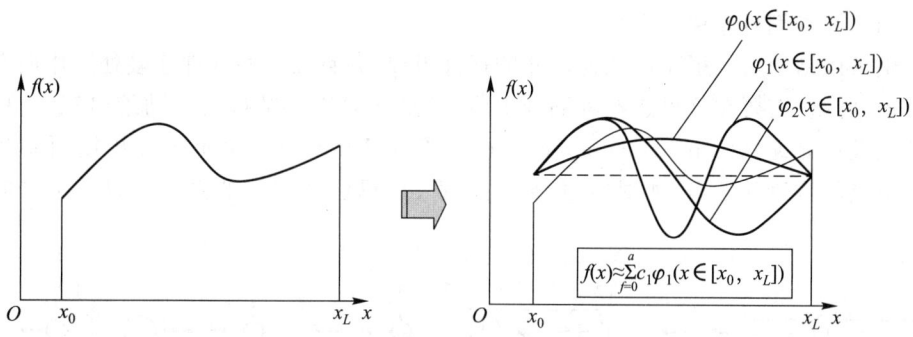

(a) 基于全域$[x_0, x_L]$的函数展开与逼近

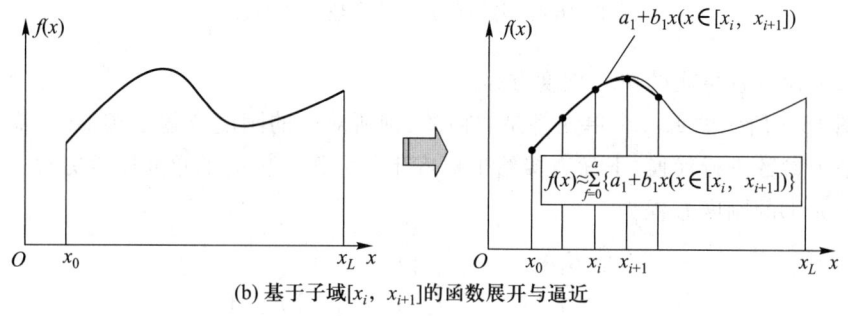

(b) 基于子域$[x_i, x_{i+1}]$的函数展开与逼近

图 16.2 一维函数近似的两种方式

16.2.2 有限元分析的基本流程

下面以一个具体实例来介绍有限元分析的基本流程。

【例 16.1】 采用杆单元的方法,求解如图 16.3 所示结构的所有力学参量。相关的材料参量和尺寸为 $E_1 = E_2 = E_3 = 2 \times 10^5 \text{ Pa}, 3A_1 = 2A_2 = A_3 = 0.06 \text{ m}^2, l_1 = l_2 = l_3 = 0.1 \text{ m}$。

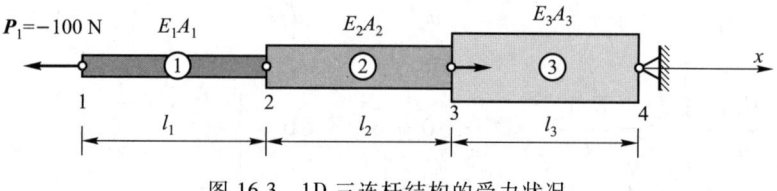

图 16.3 1D 三连杆结构的受力状况

【解】

所谓基于单元的分析方法,就是将原整体结构按几何形状的变化性质划分节点并进行编号,然后将其分解为一个个小的构件(单元),基于节点位移,建立每一个单元的节点平衡关系(单元刚度方程);然后,将各个单元进行组合和集成,以得到该结构的整体平衡方程(也叫做整体刚度方程),按实际情况对方程中一些节点位移和节点力给定相应的值(处理边界条件),就可以求解出所有的节点位移和支反力;最后在得到所有的节点位移后,就可以计算每一个单元的其他力学参量(如应变、应力)。

下面给出该问题的有限元分析过程。

（1）节点编号和单元划分

由于该结构由三根不同几何尺寸的杆件组成，并且在一些杆件连接处还作用有集中载荷，因此，需要在杆件连接处划分出节点，这样对于该结构就自动给出三个单元，其节点及单元编号（numbering of element）见图16.3将每一个单元分离出来，并标出每一个节点的位移和外力，如图16.4所示，注意，这里位移和力的方向都以 x 正方向来标注。

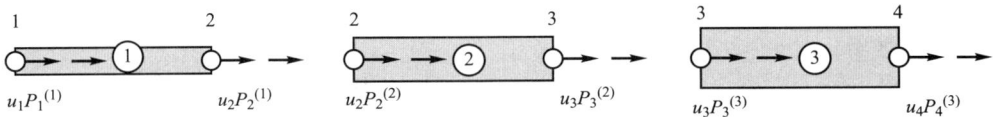

图 16.4　各个单元的节点位移和外力

（2）建立各单元的单元刚度方程

图 16.4 所示的每一个单元都是类似的，则所对应的刚度方程也类似，只需要将其中的各个参数进行代换，下面直接给出对应于单元①、②、③的单元刚度方程。

单元①的刚度方程为

$$
\begin{bmatrix}
\dfrac{E_1 A_1}{l_1} & -\dfrac{E_1 A_1}{l_1} \\[3mm]
-\dfrac{E_1 A_1}{l_1} & \dfrac{E_1 A_1}{l_1}
\end{bmatrix}
\begin{bmatrix}
u_1 \\ u_2
\end{bmatrix}
=
\begin{bmatrix}
P_1^{(1)} \\ P_2^{(1)}
\end{bmatrix}
$$

同理，可以获得单元②和③的单元刚度方程。

（3）获得整体结构的刚度方程

由于整体结构是由各个单元按一定连接关系组合而成的，因此，需要按照节点的对应位置将以上各单元方程进行组装，以形成一个整体刚度方程，即

$$
\begin{array}{cccc}
u_1 & u_2 & u_3 & u_4 \\
\downarrow & \downarrow & \downarrow & \downarrow
\end{array}
$$

$$
\begin{bmatrix}
\dfrac{E_1 A_1}{l_1} & -\dfrac{E_1 A_1}{l_1} & 0 & 0 \\[3mm]
-\dfrac{E_1 A_1}{l_1} & \dfrac{E_1 A_1}{l_1}+\dfrac{E_2 A_2}{l_2} & -\dfrac{E_2 A_2}{l_2} & 0 \\[3mm]
0 & -\dfrac{E_2 A_2}{l_2} & \dfrac{E_2 A_2}{l_2}+\dfrac{E_3 A_3}{l_3} & -\dfrac{E_3 A_3}{l_3} \\[3mm]
0 & 0 & -\dfrac{E_3 A_3}{l_3} & \dfrac{E_3 A_3}{l_3}
\end{bmatrix}
\begin{bmatrix}
u_1 \\ u_2 \\ u_3 \\ u_4
\end{bmatrix}
=
\begin{bmatrix}
P_1^{(1)} \\ P_2^{(1)}+P_2^{(2)} \\ P_3^{(2)}+P_3^{(3)} \\ P_4^{(3)}
\end{bmatrix}
$$

为表达更清楚，在刚度矩阵上方标明了所对应的变量。上述过程实际上就是将各个单元方程按照节点编号的位置进行集成。

将该结构的材料参数和几何尺寸参数代入式中，则有

$$
\begin{bmatrix}
4 \times 10^4 & -4 \times 10^4 & 0 & 0 \\
-4 \times 10^4 & 1 \times 10^5 & -6 \times 10^4 & 0 \\
0 & -6 \times 10^4 & 1.8 \times 10^5 & -1.2 \times 10^5 \\
0 & 0 & -1.2 \times 10^5 & 1.2 \times 10^5
\end{bmatrix}
\begin{bmatrix}
u_1 \\ u_2 \\ u_3 \\ u_4
\end{bmatrix}
=
\begin{bmatrix}
P_1 \\ P_2 \\ P_3 \\ P_4
\end{bmatrix}
$$

（4）处理边界条件并求解

将已知的节点位移和节点力代入后，则得到

$$
\begin{bmatrix}
4 \times 10^4 & -4 \times 10^4 & 0 & 0 \\
-4 \times 10^4 & 1 \times 10^5 & -6 \times 10^4 & 0 \\
0 & -6 \times 10^4 & 1.8 \times 10^5 & -1.2 \times 10^5 \\
0 & 0 & -1.2 \times 10^5 & 1.2 \times 10^5
\end{bmatrix}
\begin{bmatrix}
u_1 \\ u_2 \\ u_3 \\ u_4 = 0
\end{bmatrix}
=
\begin{bmatrix}
-100N \\ 0 \\ 50N \\ P_4
\end{bmatrix}
$$

由 $u_4 = 0$，划掉上述刚度矩阵的第 4 列和第 4 行，求解上述方程，有

$$
\left.
\begin{aligned}
u_1 &= -4.583\,33 \times 10^{-3}\ \text{m} \\
u_2 &= -2.083\,33 \times 10^{-3}\ \text{m} \\
u_3 &= -4.166\,67 \times 10^{-4}\ \text{m}
\end{aligned}
\right\}
$$

（5）求支反力

在求得所有节点位移后，可求出支反力

$$
P_4 = -1.2 \times 10^5 \times u_3 = 50\ \text{N}
$$

（6）求各个单元的其他力学量（应变、应力）

求出各个单元的应变，即

$$
\varepsilon_1^{(1)} = \frac{u_2 - u_1}{l_1} = \frac{(-2.083\,33 + 4.583\,3) \times 10^{-3}}{0.1} = 2.499\,97 \times 10^{-2}
$$

$$
\varepsilon^{(2)} = \frac{u_3 - u_2}{l_2} = \frac{(-0.416\,667 + 2.083\,33) \times 10^{-3}}{0.1} = 1.666\,7 \times 10^{-2}
$$

$$
\varepsilon^{(3)} = \frac{u_4 - u_3}{l_3} = \frac{(0 + 4.166\,67) \times 10^{-4}}{0.1} = 4.166\,67 \times 10^{-3}
$$

求出各个单元的应力，即

$$
\sigma^{(1)} = E_1 \varepsilon^{(1)} = 4.999 \times 10^3\ \text{Pa}
$$

$$
\sigma^{(2)} = E_2 \varepsilon^{(2)} = 3.333\,3 \times 10^3\ \text{Pa}
$$

$$
\sigma^{(3)} = E_3 \varepsilon^{(3)} = 8.333\,3 \times 10^2\ \text{Pa}
$$

由此可以看出，有限元分析思路就是将复杂的几何和受力对象划分为有限数目的形状比较简单的单元，然后给出单元节点的位移和受力描述，构建起单元的刚度方程，再通过单元与单元之间的节点连接关系进行单元的组装，可以得到结构的整体刚度方程，进而根据位移约束和受力状态，处理边界条件，并进行求解。

16.2.3　有限元方法的解题步骤

（1）建立模型

根据实际情况将工程结构简化为既便于有限元分析又不使结构性质失真的计算

模型,称为建模。模型简化越少,模型结构越接近于实际结构,但是需要划分的单元数越多,单元节点数越多。

建模的方法有很多,可以凭借经验、积累的有关有限元分析资料和相应知识,也可以通过试算,将同一个问题的不同计算模型的结果进行比较以确定最优的结果,还可以参考他人完成的类似分析来建模。判断模型是否为最优的根据是在满足计算精度的条件下,计算效率最高、分析简单。

(2)计算模型的离散化

此步骤解决单元类型、单元形状、单元数目及复杂边界的离散等问题。

对于简单的计算模型,可以采用一种单元类型进行有限元网格划分;对于复杂的模型,往往采用多种不同类型的单元组合进行离散化处理。

进行计算模型的离散化处理时,应遵循如下的原则:

1)对重点关注的区域,单元应该划分得细密一些;

2)对于位移、温度、应力等变化剧烈或变化梯度大的地方,单元尺寸应该尽量小一些;

3)尽量采用规则单元进行网格划分,避免单元形状扭曲、相邻单元尺寸相差过大;

4)尽可能将集中载荷作用点离散成有限元网格的节点,这样集中载荷可以直接作为节点外载荷加到求解域的平衡方程上;

5)可以通过试算,通过逐步加密单元网格的方式,确定合适的网格密度,以实现既不影响计算精度、又不做无谓的大量计算。

(3)前处理

在完成单元类型选择、确定单元节点编号、节点坐标、单元编号,以及单元采用的材料信息等处理后,还要进行载荷处理,将体积力、表面力、集中载荷等按照一定的方法等效到节点上,得到等效节点的集中载荷向量;需要确定计算模型的边界条件;最后形成包含节点信息、单元信息、载荷信息、边界条件信息的数据文件。

(4)求解

将上述形成的数据文件作为输入数据文件,启动计算程序进行求解,得到各节点的位移和应力。

若要获得模型中某点的位移或应力,需要先确定该点所在单元和该单元上的节点,然后从结果文件中调出各节点的位移和坐标,利用坐标插值的方法求得该点的位移,然后根据单元内部的应力方程求得该点的应力。

(5)后处理

后处理包括各种等值线及各种结算结果曲线处理,将节点和单元内部的结果对应到具体的结构上,绘制等值线空间分布曲线及各种结果曲线;动态显示变形曲线、振型曲线等。最后,将各种计算结果形成输出文件并保存。

16.2.4 常用单元类型简介

有限元分析的最大特点就是标准化和规范化,这种特点使得大规模分析和计算成为可能,当采用了现代化的计算机以及所编制的软件作为实现平台时,则复杂工程问题的大规模分析就变为了现实。实现有限元分析标准化和规范化的载体就是单元。常用典型单元如图 16.5 所示。

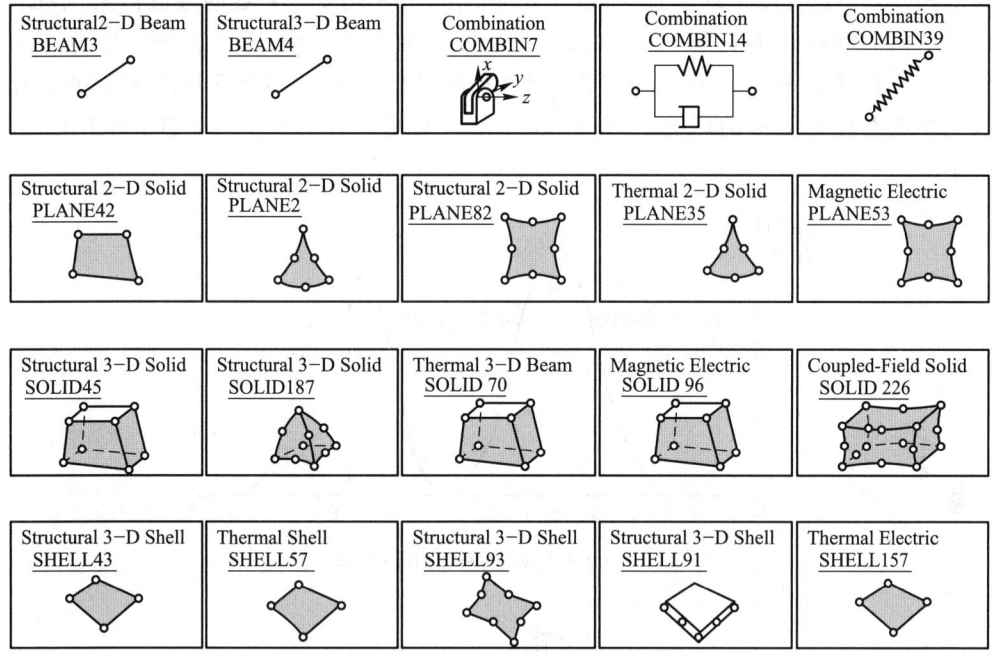

图 16.5 常用典型单元(ANSYS 平台)

16.2.5 常用大型有限元分析软件

由于有限元方法分析问题的范围非常广泛,分析对象非常灵活,可以分析零、部件或系统的性能,可以分析应力、变形、温度、磁场、电场、振动、冲击、碰撞、随机响应等问题,有限元方法已经逐步被认为是一个机械领域专业人员必须掌握的工具。人们已经将三维实体造型、自动网格划分等前处理、有限元计算、结果后处理和结构优化等高度集成,使用 NASTRAN、ALGOR、ADINA、IDEAS、ANSYS 等商业化软件来完成分析和计算;另外,也可以使用 Creo、Unigraphics 等软件进行三维设计和造型,通过这些程序自带的接口程序将造型结果转化为有限元标准输入数据文件,经过添加相关的约束、载荷等数据,就可以采用通用的有限元程序进行计算、分析和处理。在相关的软件说明书和使用手册中有详细的介绍和典型案例分析。

16.3 机械可靠性设计简介

16.3.1 可靠性设计的目的和意义

传统的机械零部件设计以计算安全系数为主要内容,以零部件材料的强度和零件所承受的应力都是单值为前提来进行计算和分析。

机械可靠性设计方法则认为,零件的应力、强度以及其他的设计参数,如载荷、几何尺寸和物理量等都是多值的,即这些参数或变量都是呈分布状态的。互不干涉的应力和强度分布曲线如图 16.6a 所示。假设强度分布和应力分布均为正态分布。对于同样大小的强度平均值 μ_F 和应力平均值 μ_S,其平均安全系数的数值仍为 μ_F/μ_S,但是这时的零件是否安全,不仅取决于平均安全系数的大小,还取决于强度分布和应力分布的离散程度。在零件工作过程中,随着时间的推移和环境等因素的变化以及材料老化等因素的影响,可能导致应力和强度分布曲线发生干涉,如图 16.6b 所示。

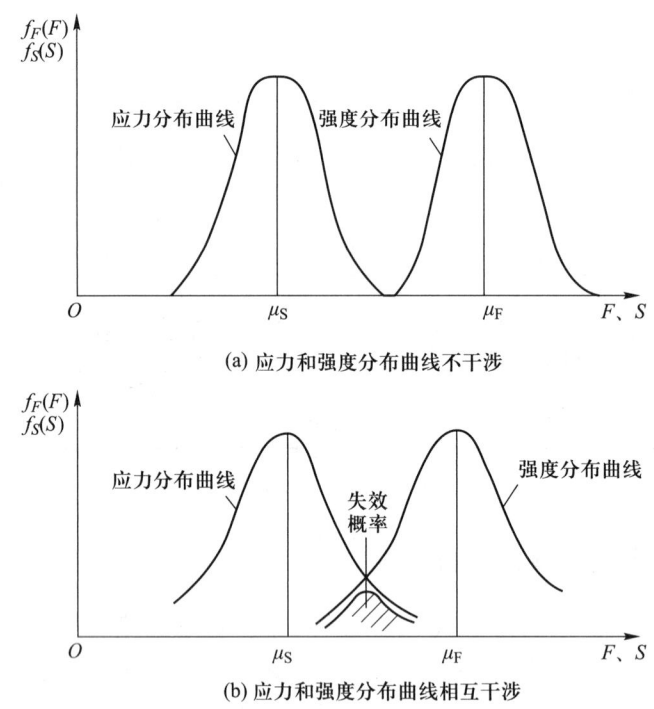

图 16.6 机械零件的应力和强度分布曲线

　　可靠性设计是将设计变量看作离散变量的概率设计方法。该方法对于复杂机械系统的设计尤为重要,因为机械系统越复杂,组成零部件和元器件越多,出现失效的概率就越大。

　　产品的可靠性定义为:产品在规定条件下和规定时间内完成规定功能的能力。这里规定时间指的是产品出厂后的一段时间,称为产品的保险期;规定的功能,指的是保持功能参数在一定界限内的能力。

　　产品丧失规定的功能,称为出故障,对于不可修复或者不予修复的产品又称为失效。为保持或恢复产品能够完成规定功能的能力而采取的技术管理措施称为维修。

　　产品完成规定功能包括:(1) 性能不超过规定范围的性能可靠性;(2) 结构不断裂破损的结构可靠性。这两方面的可靠性称为狭义可靠性。狭义可靠性、可用性和保险期综合起来考虑的可靠性称为广义可靠性。

16.3.2　可靠性设计的基本指标

可靠性设计中,用概率和统计的数学方法对可靠性指标进行描述:

1. 可靠度(Reliability)与失效率(Failure Rate)

产品在规定条件下以及规定时间内,保持规定工作能力的概率,即产品的可靠度。也就是说,某个零部件在规定的寿命期限内和在规定的使用条件下,无故障地进行工作的概率,就是该零部件的可靠度。

令 $R(t)$ 代表零件的可靠度,$Q(t)$ 代表零件失效的概率或者零件的故障概率,当对总数为 N 个零件进行实验,经过时间 t 后,有 $N_Q(t)$ 个零件失效,$N_R(t)$ 个零件继续正常工作,则该类零件的可靠度为

$$R(t) = \frac{N_R(t)}{N} \qquad (16.3)$$

它的失效概率为

$$Q(t) = \frac{N_Q(t)}{N} \qquad (16.4)$$

则有

$$R(t) = 1 - Q(t) \qquad (16.5)$$

2. 失效(故障)概率密度函数和失效率

失效(故障)概率密度函数也是用来描述随机变量取值规律的一个函数,它的定义为:在时间 t 附近的单位时间内失效的零件数与总数之比值,通常用 $f(t)$ 表示,即:

$$f(t) = \frac{1}{N} \frac{\mathrm{d}N_Q(t)}{\mathrm{d}t} \qquad (16.6)$$

或者

$$f(t) = \frac{\mathrm{d}}{\mathrm{d}t} Q(t) \qquad (16.7)$$

图 16.7 所示为零件的失效概率密度曲线。$Q(t)$ 代表在 t 时刻 $f(t)$ 曲线下面 A–A 线左侧的面积,右侧的面积则为可靠度 $R(t)$。

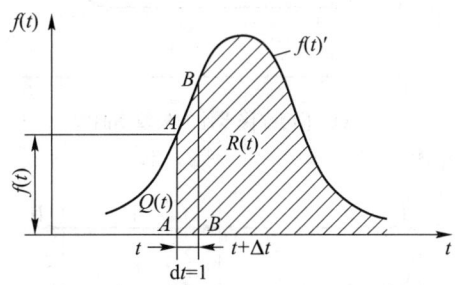

图 16.7　零件的失效概率密度曲线 $f(t)$

失效率是在时刻 t 仍然正常工作着的每个零件在下一单位时间内发生故障(失效)的概率。失效率的定义为

$$\lambda(t) = \frac{1}{N_R(t)} \frac{\mathrm{d}Q(t)}{\mathrm{d}t} \qquad (16.8)$$

联立式(16.3)、式(16.6)与式(16.8)可知:

$$\lambda(t) = \frac{f(t)}{R(t)} \tag{16.9}$$

3. 平均寿命(Mean Time to Failures, MTTF)

平均寿命是指产品寿命的平均值。对于可修复产品,常用平均无故障工作时间(Mean Time Between Failures, MTBF)。

根据概率论中的定义,随机变量 t 的均值是

$$\mu_t = \int_0^\infty t f(t)\, \mathrm{d}t \tag{16.10}$$

式中:$f(t)$ 是故障概率密度函数。将其代入到上式中,整理得:

$$\mu_t = \int_0^\infty R(t)\, \mathrm{d}t \tag{16.11}$$

16.3.3　机械可靠性研究中的常用概率分布

常见机械零件的失效率与时间的关系如图 16.8 所示。典型的失效率曲线分为三个区域:① 早期失效期 Ⅰ:这一阶段失效率较高且下降速率很大,这是由于设计、加工或装配上存在缺陷引起的失效。② 偶然失效期 Ⅱ:这是正常使用阶段,由于一些偶然因素引起产品失效,是随机的,该区域的时间长短对应的是零部件的正常工作寿命。③ 功能失效期 Ⅲ:在此阶段由于产品老化、疲劳、磨损等造成产品失效率急剧上升,可靠度急剧下降。对于不可维修的零部件其失效率曲线如图 16.8a 所示。对于可维修零件,在其正常使用一段时间后,采取有效措施进行维护,可以使其保持或恢复其功能的时间得到有效延长,获得足够的累计寿命,见图 16.8b。

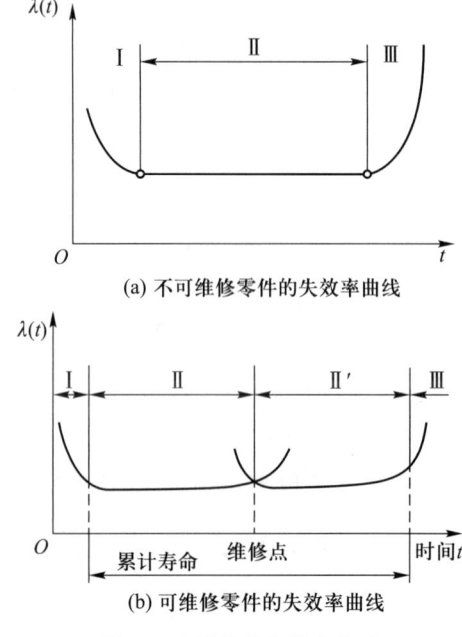

(a) 不可维修零件的失效率曲线

(b) 可维修零件的失效率曲线

图 16.8　零件的失效率曲线

失效概率曲线的三个区域反映了产品零件的三种失效率或故障模式。它们均具有一定的概率分布特性。下面介绍一下机械可靠性研究中常用的几种概率分布。

1. 指数分布

当失效率为常数时, $\lambda(t) = \lambda$,此时可靠度为

$$R(t) = \mathrm{e}^{-\int_0^t \lambda(t)\,\mathrm{d}t} = \mathrm{e}^{-\lambda \int_0^t \mathrm{d}t} = \mathrm{e}^{-\lambda t} \tag{16.12}$$

可得:

$$f(t) = \lambda(t)R(t) = \lambda R(t) = \lambda \mathrm{e}^{-\lambda t} \tag{16.13}$$

随机失效一般服从指数分布规律。对于正常使用期内由于偶然因素而发生的失效事件,常用指数分布来描述,即认为其失效概率为常数。为了反映出随机变量的特点,一般还要给出分布的数学期望(或称均值) μ 和方差(或标准离差) σ^2 。指数分布的均值 $\mu = 1/\lambda$,方差 $\sigma^2 = (1/\lambda)^2$ 。

2. 正态分布

正态分布是一种常见的具有对称性的分布。机械产品的性能参数(如零件的应力和强度等)多数满足正态分布,零部件的寿命也是正态分布。功能失效区域的曲线也具有正态分布的特征。正态分布通常记为 $N(\mu_x, \sigma_x)$,其中 μ_x 为变量 x 的均值, σ_x 为标准差,分布曲线如图 16.9 所示。

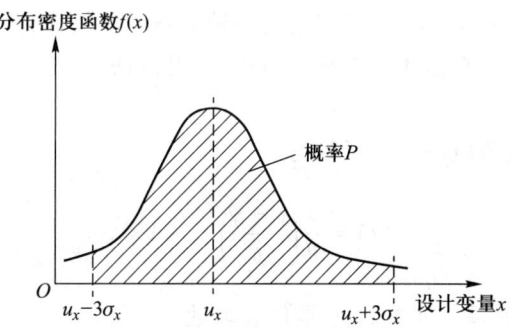

图 16.9 机械零件设计参量(强度、应力、尺寸等)的正态分布曲线

正态分布的概率密度函数

$$f(t) = \frac{1}{\sigma\sqrt{2\pi}} \mathrm{e}^{-\frac{1}{2}\left(\frac{t-\mu}{\sigma}\right)^2} \tag{16.14}$$

正态分布的失效概率为

$$Q(t) = \int_{-\infty}^{t} \frac{1}{\sigma\sqrt{2\pi}} \mathrm{e}^{-\frac{1}{2}\left(\frac{t-\mu}{\sigma}\right)^2}\,\mathrm{d}t \tag{16.15}$$

可靠度为

$$R(t) = 1 - Q(t) = \int_{t}^{\infty} \frac{1}{\sigma\sqrt{2\pi}} \mathrm{e}^{-\frac{1}{2}\left(\frac{t-\mu}{\sigma}\right)^2}\,\mathrm{d}t \tag{16.16}$$

失效率为

$$\lambda(t) = \frac{f(t)}{R(t)} = \frac{e^{-\frac{1}{2}\left(\frac{t-\mu}{\sigma}\right)^2}}{\int_t^\infty e^{-\frac{1}{2}\left(\frac{t-\mu}{\sigma}\right)^2}dt} \tag{16.17}$$

式中：μ 是随机变量的均值，$\mu = \int_{-\infty}^\infty tf(t)dt$；$\sigma$ 是随机变量 t 的标准离差，$\sigma = \left[\int_{-\infty}^\infty (t-\mu)^2 f(t)dt\right]^2$。

　　若令 $z = \dfrac{t-\mu}{\sigma}$，则将一般的正态分布转化为标准正态分布，如图 16.10 所示。为了便于计算，对于不同的 z 值，给出相应的失效概率 $Q(t)$，并制成正态分布函数表或标准正态分布面积表。对于机械零件来说，考虑到 $z = \dfrac{t-\mu}{\sigma}$ 是把应力分布函数、强度分布函数和可靠度三者联系起来的表达式，所以此式又称为可靠度方程。可以看出，可靠度设计不仅包括了应力和强度的均值，还考虑了二者的离散分布程度。强度均值大于应力均值越多，传统安全系数设计法会认为越安全，但此时如果应力和强度的离散程度很大，z 会减小，可靠度反而减小，因此安全系数法设计的结果不一定可靠。这也是可靠度设计与安全系数法设计的不同之处。

　　3. 威布尔分布

　　威布尔分布是工程实际中广泛应用的一种分布。一般地，零件的疲劳寿命和强度等都可以用威布尔分布来描述。它具有通用性，可以认为，正态分布、指数分布都是它的特例。

　　威布尔分布的失效概率密度函数为

$$f(t) = \frac{b}{\theta}\left(\frac{t-\gamma}{\theta}\right)^{b-1} e^{-\left(\frac{t-\gamma}{\theta}\right)^2} \tag{16.18}$$

式中：b 是形状函数；θ 是尺度参数；γ 是位置参数。

　　图 16.11 给出了参数 b 对威布尔分布的失效率曲线。由图可知，当 $b<1.0$ 时，用它可以描述零件的早期失效分布。此时 $\lambda(t)$ 的曲线和早期失效阶段的曲线形状相似。

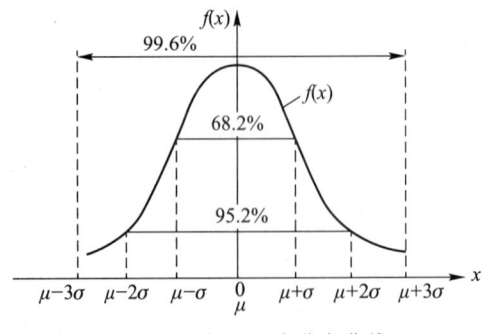

图 16.10　标准正态分布曲线　　　　图 16.11　参数 b 对威布尔分布的
失效率曲线的影响

【例 16.2】 一钢丝绳受到拉伸载荷 $F \sim N(544.3, 113.4)$ kN,已知钢丝的承载能力 $Q \sim N(907.2, 136)$ kN,求该钢丝的可靠度 R。

【解】

$$\beta = \frac{\mu_Q - \mu_F}{\sqrt{\sigma_Q^2 + \sigma_F^2}} = \frac{907.2 - 554.3}{\sqrt{136^2 + 113.4^2}} = 2.049\ 4$$

则

$$R = \Phi(2.049\ 4) = 97.982\%$$

若钢丝绳 Q 的均方差降为 90.7 kN,此时:

$$\beta \approx 2.5 \quad R = \Phi(2.5) = 99.39\%$$

比较上述分析,安全系数 $\mu_Q/\mu_F \approx 1.64$ 并未改变,但 $\sigma_Q \downarrow \Rightarrow R \uparrow$。

【例 16.3】 已知某轴承 $L_{10} = 6\ 000$ h,求 $R = 94\%$、95.5% 时的寿命,以及 $L_{10} = 3\ 000$ h 时的可靠度。

【解】

当 $R = 94\%$ 时,

$$a_1 = \left(\frac{\ln 0.94}{\ln 0.9}\right)^{\frac{1}{1.5}} = 0.701\ 28 \Rightarrow L_n = 0.701\ 28 \times 6\ 000\ \text{h} = 4\ 207.7\ \text{h}$$

$R = 95.5\%$ 时,

$$a_1 = \left(\frac{\ln 0.955}{\ln 0.9}\right)^{\frac{1}{1.5}} = 0.575\ 88 \Rightarrow L_n = 0.575\ 88 \times 6\ 000\ \text{h} = 3\ 455.26\ \text{h}$$

$L_n = 3\ 000$ h 时,

$$L_n = \left(\frac{\ln(1 - n\%)}{\ln 0.9}\right)^{\frac{1}{\beta}} L_{10} \Rightarrow \left(\frac{\ln R}{\ln 0.9}\right)^{\frac{1}{\beta}} = \frac{L_n}{L_{10}}$$

$$\ln R = \left(\frac{3\ 000}{6\ 000}\right)^{1.5} \ln 0.9 = -0.037\ 25 \Rightarrow R = 96.343\ 5\%$$

16.3.4 机械系统的可靠性设计

机械系统常由许多子系统组成,而每个子系统又可能由若干个单元(如零部件)组成。因此,单元的功能及其实现功能的概率都直接影响系统的可靠度。

机械系统的可靠性设计包括可靠度分析和可靠度分配。系统可靠度分析是指在系统组成零部件的结构完全确定、相互之间的失效影响关系明确、可靠度已知的情况下,利用建立的可靠度模型,求出系统总的可靠度,以检验是否满足要求。对于系统总可靠度已知、零部件之间的失效影响概率确定、系统可靠度模型清楚的情况,需要合理地确定各零部件地可靠度,进而确定零部件的主要结构参数,达到系统价格和性能最优,这是可靠度分配的问题,也是可靠度优化的问题。

16.4　优　化　设　计

优化设计方法是机械系统现代设计理论与方法中的重要组成部分。优化设计问题可以看作是在外载荷和给定约束条件下,采用何种结构几何尺寸或形状、拓扑情况,结构特性取得最佳的问题。在设计过程中,借助计算机和数值计算方法,从大量的可行设计方案中寻找一种最佳的设计方案,从而实现利用理论设计代替经验设计,用精确计算代替近似计算,用优化设计代替一般的安全寿命的可行性设计。

16.4.1　优化设计数学模型概述

机械优化设计主要包括两个问题:① 将设计问题转化为确切反映问题实质并适合于优化计算的数学模型,包括选取适当的变量,建立优化问题的目标函数和约束条件。目标函数是设计问题所要求的最优指标与设计变量之间的函数关系式,约束条件反映的是设计变量取值范围和变量之间的关系。机械设计优化设计问题的数学模型可以是解析式、实验数据或经验公式。对于机械类的分析对象来说,主要根据力学、机械设计基础知识和各专业机械设备的具体知识来推导方程或方程组(动力学问题中多为偏微分或常微分方程组的形式);② 求得该数学模型的最优解,可以归结为在给定的条件下求目标函数的极值或最优值的问题。

16.4.2　机械优化设计三要素

(1) 设计变量的选择

设计变量是可能影响设计质量和设计结果的可变参数。在机械优化设计中,一些工艺、结构等相关参数可以预先设为定值,视为某个设计方案的设计常数,而其他的基本参数,则需要在优化设计中不断迭代、修改,一直处于变化的状态,这些基本参数成为设计变量,或优化参数。

合理选择一定数量的设计变量,关系到模型的规模和建模的难度,也直接关系到优化结果是否合理。在进行机械优化设计时,需要对各种参数进行分析,确定设计的原始参数、设计常数和设计变量。在选择设计变量时,需要注意以下几点:① 将对性能和结构影响较大的参数选为设计变量;② 注意区分独立变量和相关变量。独立变量是指在边界约束范围内和模型中其取值不受其他变量取值变化影响的参数。有些参数的取值收到其他参数影响或相互之间存在一定影响,称为相关变量。

(2) 目标函数的建立

将机械结构的某种性能或结构表示成为设计变量的一个计算函数,该函数是的设计得以优化,称为目标函数,用它可以评价设计方案的好坏,所以也称为评价函数。目标函数可以是结构质量、体积、功耗、产量、成本或其他性能指标和经济指标等。

建立目标函数过程中,当对某一个性能有特定要求而这个要求又很难满足时,则针对这一性能进行优化将得到满意的效果。但是在某些设计中,可能存在两个或多个优化目标,这就成了多目标函数问题。

（3）约束条件的确定

设计空间是所有设计方案的集合。在工程问题中,根据约束的性质可以分为性能约束和边界约束:性能约束是指针对性能要求而提出的限制条件,边界约束是指对设计变量的取值范围加以限制的约束。

约束又可以按其数学表达式形式分为等式约束和不等式约束。约束函数有的可以表达成显示形式,即反映设计变量之间明显的函数关系,如平面连杆机构的尺寸优化设计问题;有的只能表达成隐式形式,例如复杂结构的性能约束函数(应力、频率等),需要通过有限元法或动力学计算求得。

（4）优化结果的处理与分析

优化问题的数学模型是实际优化问题的数学抽象。在明确设计变量、约束条件、目标函数后,优化问题就可以表示成为一般数学形式,可以简写为

求 x 使

$$\min_{x \in R} f(x)$$

式中: x 为设计变量; R 为优化问题的可行域。

在优化求解后,必须根据初始数据、中间结果和最终结果进行对比分析,以确定计算过程和最终结果是否具有合理性和可行性。在机械结构设计的实际应用中,对设计变量的敏感度分析对进一步提高工程优化设计的质量具有重要的意义。

16.4.3 优化设计问题的基本解法

求解优化问题有很多方法,这里仅简要介绍一下解析解法和数值解法的基本思想。

解析解法是把研究对象用数学方程(数学模型)描述出来,然后用数学解析方法(如微分、变分方法等)求出优化解。但是在很多条件下,优化设计的数学描述比较复杂,因而不便于甚至不可能利用解析方法进行求解;另外,有时对象本身的机理无法用数学方程进行描述,而只能通过大量试验数据用插值或拟合等方式来构造出一个近似函数式再来求解,并通过试验来验证;或者直接以数学原理为指导,任取一点开始探索性计算,并通过与实验结果的比较,逐步改进求得优化解。这种方法属于迭代性质的数值解法。数值解法不仅可以用于求复杂函数的优化解,也可以用于处理没有数学解析表达式的优化设计问题。

参 考 文 献

[1] 宋宝玉,王黎钦. 机械设计. 北京:高等教育出版社,2010.

[2] 张锋,宋宝玉,王黎钦. 机械设计. 2版. 北京:高等教育出版社,2017.

[3] 濮良贵,陈国定,吴立言. 机械设计. 10版. 北京:高等教育出版社,2019.

[4] 吴宗泽,吴鹿鸣. 机械设计. 北京:中国铁道出版社,2016.

[5] [美] 罗伯特·诺顿(Robert L. Norton) 编,黄平 等译. 机械设计(原书第5版). 北京:机械工业出版社,2016.

[6] 邱宣怀. 机械设计. 4版. 北京:高等教育出版社,1997.

[7] [美] 大卫 G. 乌尔曼(David G. Ullman) 著,刘莹,郝智秀,林松 译. 机械设计过程. 北京:机械工业出版社,2015.

[8] 冯仁余,张丽杰. 机械设计典型应用图例. 北京:化学工业出版社,2015.

[9] 张锋,古乐. 机械设计课程设计. 哈尔滨:哈尔滨工业大学,2020.

[10] 王黎钦,陈铁鸣. 机械设计. 6版. 哈尔滨:哈尔滨工业大学,2015.

[11] 敖宏瑞,丁刚. 机械设计课程设计指导书. 3版. 北京:高等教育出版社,2022.

[12] 龚溎义,敖宏瑞. 机械设计课程设计图册. 4版. 北京:高等教育出版社,2022.

[13] 宋宝玉. 简明机械设计课程设计图册. 2版. 北京:高等教育出版社,2013.

[14] 宋宝玉,张锋. 机械设计学习指导. 北京:高等教育出版社,2012.

[15] 吴宗泽,刘莹. 机械设计教程. 3版. 北京:高等教育出版社,2019.

[16] 吴昌林,张卫国,姜柳林. 机械设计. 3版. 武汉:华中科技大学出版社,2011.

[17] 彭文生,李志明,黄华梁. 机械设计. 北京:高等教育出版社,2002.

[18] 陈铁鸣. 新编机械设计课程设计图册. 4版. 北京:高等教育出版社,2020.

[19] 潘承怡,解宝成. 机械结构选用及创新技巧. 北京:化学工业出版社,2022.

[20] 张春林,赵自强,李志香. 机械创新设计. 4版. 北京:机械工业出版社,2021.

[21] 卢耀祖,郑惠强. 机械结构设计. 上海:同济大学出版社,2004.

[22] 成大先. 机械设计手册. 6版. 北京:化学工业出版社,2016.

[23] 闻椿邦. 机械设计手册. 6版. 北京:机械工业出版社,2018.

[24] 中国机械设计大典编委会. 中国机械设计大典:机械设计实践卷. 南昌:江西科学技术出版社,2002.

[25] 吴宗泽,高志. 机械设计师手册. 北京:机械工业出版社,2019.

[26] 徐灏. 机械设计手册. 北京:机械工业出版社,2003.

[27] 徐锦康. 机械设计. 北京:高等教育出版社. 2003.

[28] 王德伦,马雅丽. 机械设计. 2版. 北京:机械工业出版,2020.

[29] 孔凌嘉,王晓力. 机械设计. 第3版. 北京:北京理工大学出版社,2018.

[30] 张鹏顺,陆思聪. 弹性流体动力润滑及其应用. 北京:高等教育出版社,1995.

[31] 齐毓霖. 摩擦与磨损. 北京:高等教育出版社,1986.

[32] 徐博滋,陈铁鸣,韩永春. 带传动. 北京:高等教育出版社,1988.

[33] 温诗铸,黄平,田煜,马丽然. 摩擦学原理. 5版. 北京:清华大学出版社,2018.

[34] 石淼森. 固体润滑技术. 北京:化学工业出版社,1998.

［35］ 张锋.机械设计思考题与习题解答.北京:高等教育出版社,2010.

［36］ 修世超,孟祥志,宋万里.机械设计习题与解析.2版.北京:科学出版社,2015.

［37］ 高源.机械设计(第十版)同步辅导及习题全解.北京:中国水利水电出版社,2021.

［38］ 宋宝玉,张锋.机械设计学习指导与自检题选.哈尔滨:哈尔滨工业大学出版社,2010.

［39］ 张锋,古乐.机械设计课程设计手册.北京:高等教育出版社,2010.

［40］ 吴宗泽,于亚杰.机械设计与节能减排.北京:机械工业出版社,2012.

［41］ 王成焘.现代机械设计-思想与方法.上海:上海科学技术文献出版社,1999.

［42］ 高社生,张玲霞.可靠性理论与工程应用.北京:国防工业出版社,2002.

［43］ 朱孝录,鄂中凯.齿轮承载能力分析.北京:高等教育出版社,1992.

［44］ 杨平,廉仲主编.机械电子工程设计.北京:国防工业出版社,2001.

［45］ (德)穆斯等编著,孔建益译.机械设计.16版.北京:机械工业出版社,2012.

［46］ (日)畑村洋太郎著,周德信等译.机械设计实践—日本式机械设计的构思和设计方法.北京:机械工业出版社,1998.

［47］ 白清顺,陈时锦,刘亚忠,孙靖民.现代机械系统设计理论与方法.哈尔滨:哈尔滨工业大学出版社,2019.

郑重声明

高等教育出版社依法对本书享有专有出版权。任何未经许可的复制、销售行为均违反《中华人民共和国著作权法》,其行为人将承担相应的民事责任和行政责任;构成犯罪的,将被依法追究刑事责任。为了维护市场秩序,保护读者的合法权益,避免读者误用盗版书造成不良后果,我社将配合行政执法部门和司法机关对违法犯罪的单位和个人进行严厉打击。社会各界人士如发现上述侵权行为,希望及时举报,我社将奖励举报有功人员。

反盗版举报电话 (010)58581999 58582371

反盗版举报邮箱 dd@hep.com.cn

通信地址 北京市西城区德外大街 4 号
高等教育出版社知识产权与法律事务部

邮政编码 100120

防伪查询说明

用户购书后刮开封底防伪涂层,使用手机微信等软件扫描二维码,会跳转至防伪查询网页,获得所购图书详细信息。

防伪客服电话 (010)58582300